| 전면개정판 |

The American War in Iraq
이라크 전쟁

Invasion by Bush, Withdrawal by Obama, and Another Invasion by the Islamic State

부시의 침공에서 오바마의 철군, 그리고 IS 전쟁까지 ㅣ 이근욱 지음

한울
아카데미

■ 이 연구는 2010년도 서강대학교 교내연구비 지원에 의한 연구입니다.
(연구년 지원사업: 201011002.01)

■ 이 도서의 일부 내용은 논문의 형태로 다음과 같이 학술지에 실렸습니다.
이근욱, 2011, 「이라크 전쟁과 정보의 실패」, ≪국제문제연구≫, 제11권 2호 (여름), 39~63쪽.

추천의 글

오랫동안 미디어를 통해 우리 귓전을 때리던 이라크 전쟁이 시작된 지도 8년
이 지났다. 당사국뿐 아니라 지리적으로 멀리 떨어진 한국에도 중요한 사건
인 이라크 전쟁을 정리하고 분석하는 책이 이제는 나올 법하다고 생각하던
참이었다. 그리고 마침 서울대학교와 하버드대학교에서 국제정치학을 전공
하고 학문적 업적을 꾸준히 쌓아온 이근욱 교수가 이라크 전쟁을 다룬 책을
낸다는 소식을 들었을 때 반가웠고 시기적절하다는 생각이 들었다.

지금 이 시점에서 이라크 전쟁 연구는 어떤 의미가 있을까? 이는 세 가지
로 정리해 볼 수 있다. 첫째, 이라크 전쟁은 오늘날 국제정치의 권력구조 변
화에서 분수령을 이룬 사건이었다. 요즈음 미국의 하락과 중국의 상승이 많
이 거론되는데, 이는 특히 2008년 세계금융위기 발발 이후부터였다. 그러나
세계금융위기 못지않게 미국의 상대적 힘을 기울게 한 것은 이라크 전쟁이었
다. 미국의 이라크 전쟁 비용이 총 3조 달러를 넘어서게 될 것이라는 평가가
있듯이, 이라크 전쟁은 경제적 비용도 막대했지만, 그것 못지않은 타격은 미
국적 가치와 권위, 즉 연성권력soft power의 추락이었다. 미국이 이라크 전쟁에
온 힘을 쏟고 있는 동안, 중국은 내실을 기하며 실력을 쌓고 전 세계를 상대
로 조용히 영향력을 확대했다. 이처럼 상대적 권력구조의 변화 과정에서 획
을 그은 사건이 바로 이라크 전쟁이었던 것이다. 한국의 이라크 전쟁 참전은
물론이거니와 한반도에 미쳐오는 이러한 변화의 파장 때문에도 한국에서의
이라크 전쟁 연구는 의미가 크다.

둘째, 이라크 전쟁은 미래의 전쟁이 어떤 양상으로 전개될 것인지를 보여주는 중요한 사건이었다. 미국은 2003년 이라크 공격 이후 20일 만에 바그다드를 함락하고 후세인 정권을 무너뜨렸지만, 그 후 수년 동안 이라크의 정치적·사회적 상황은 악화되었고 안정을 되찾지 못했다. 왜 이러한 일이 벌어졌는가 하는 문제는 오늘날 국제정치학자들의 중요한 연구 대상이기도 하다. 이근욱 교수는 미국의 군사 당국이 군사력 구조와 무기 체계 등의 관점에서 본 '전쟁의 미래'에 대해서는 예측을 했을지 몰라도 정치적·사회적 환경 변화가 전쟁의 양상에 미치는 영향을 고려한 '미래의 전쟁'에 대해 예측하는 데는 실패했다고 주장한다. 그는 앞으로도 강대국이 압도적 군사력으로 주도권을 장악하겠지만, 전투 이후의 상황을 수습하는 것이 어려워지는 전쟁이 나타날 것이고, 그래서 외교적인 능력과 정치적 설득력이 더욱 중요해졌다고 강조한다.

셋째로 이라크 전쟁 연구가 한국의 국제정치학계에서 중요한 또 다른 이유는 한국의 국제정치학계에서 중동 정치 연구가 아직도 매우 취약하다는 데 있다. 오늘날 중동 지역에서는 국제정치의 중요한 사건이 끊임없이 벌어지고, 그 파장이 직간접적으로 한반도에도 미치고 있다. 그런데도 한국에는 중동 지역을 전문으로 연구하는 국제정치학자가 대단히 부족한 것이 현실이다. 한국이 사회문화적으로 서구적 패러다임에 익숙하고 큰 영향을 받아왔던 것이 그 주된 이유일 것인데, 앞으로 힘써 강화해야 할 연구 분야가 바로 중동 정치 분야일 것이다. 이러한 상황에서 이 책은 한국인 독자들이 중동 지역 국제정치의 핵심적인 단면을 파악하고 중동에 대한 이해의 깊이를 키우는 데 큰 기여를 하게 될 것이라 기대한다. 특히 후배 연구자들이 중동 지역 국제정치에 더욱 많은 관심을 쏟고 연구하는 데 이 책이 좋은 자극제 역할을 해주길 바란다.

이근욱 교수는 이처럼 중요한 의미가 있는 이라크 전쟁 연구를 성공적으로 수행했다. 엄청나게 방대한 자료를 꼼꼼하게 추적함으로써, 어떻게 미국 정부가 이라크 억지抑止에 대한 비관론과 민주주의 국가 건설에 대한 낙관론의 기묘한 조합을 통해 전쟁을 시작하게 되었는지, 어떻게 그러한 국가 건설에 대한 낙관론이 서서히 무너져갔는지, 어떻게 이라크 전쟁이 내부의 종파 내전으로 발전해 갔고, 미국이 이것을 수습하는 데 실패했는지, 2007년 1월 미국 정부의 새로운 전략 추구로 어떻게 안정화의 길에 접어들게 되었는지, 현재 지속되고 있는 그러한 '불안한 안정'의 한계가 무엇인지를 상세하게 짚어준다. 그리고 이처럼 세세한 사건에 대한 구체적 실상을 보여주면서 여러 세력 간 갈등의 복잡한 메커니즘을 쉽게 이해할 수 있게 해준다. 이와 더불어 이러한 미시적 사건에 대한 추적을 거시적 국제정치의 권력구조 및 전쟁의 양상 변화의 맥락과도 연관 지어 설명함으로써, 독자가 나무와 숲을 함께 볼 수 있도록 안내한다.

이러한 거시적이고 입체적인 조망과 분석을 통해 세기적인 대사건을 더 깊고 더 폭넓게 이해하며 여기에서 교훈을 이끌어낼 수 있다면, 미래 세계는 분명히 더 나은 방향으로 발전할 수 있을 것이다. 이처럼 중요하고 의미 있는 저작을 내놓아 학계에 공헌하게 된 이근욱 교수의 노고를 격려하고 축하한다.

서울대학교 명예교수, 전 외교통상부 장관
윤영관

10년 만에 또다시 책머리에

이렇게 개정판을 내고 싶지 않았다. 2011년 11월 『이라크 전쟁』이 출간되었을 때, 기분은 무척 좋았다. 책 자체가 우선 멋지게 나왔고 특히 표지에 대해 많은 사람들이 호평해 주었다. 책 내용에 대해서도 아주 만족스러웠다. 당시 석사과정 대학원생이었던 이연주 씨는 "정말 감명 깊게" 읽었다고 하면서, "꼭 다른 사람이 쓴 것 같았어요"라는 이해하기 어려운 호평(?)을 해주었다. 이라크 전쟁에 대한 연구가, 특히 2003년 3월 미국의 침공 이후의 상황 전개에 대한 연구가 실질적으로 없는 상황에서 하나의 분야를 개척했다는 자부심까지 느낄 수 있었다. 물론 이러한 자부심은 치기稚氣였지만, 그래도 450페이지 단행본을 쓴 입장에서는 충분히 허용될 수 있는 것이라고 생각한다.

하지만 개정판을 내고 싶지는 않았다. 결론 마지막 부분에서 더 이상 고칠 필요가 없기를 희망했다. "가혹한 상처를 입은 이라크는 재건과 통합에 엄청난 어려움을 경험할 것이며, 이러한 상처는 지속적으로 이라크 정치에 문제점으로 작용할 것이다. 하지만 모든 문제는 극복할 수 있으며 이러한 상처와 문제점을 어떻게 극복하는가, 무엇보다도 이러한 전쟁에서 어떠한 교훈을 배우는가에 따라서 미래 세계의 방향은 달라질 수 있다. 이것이 아마도 이라크 전쟁의 가장 큰 교훈이자 가장 중요한 유산일 것이다." 2007년 여름 이후 어렵게 ― 엄청난 인명 피해 끝에 ― 달성된 안정성이 유지되기를 기원했다. 그렇다면, 이라크 전쟁에 대한 새로운 연구는 필요하지 않을 것이고 나도 개정판을 출간하지 않아도 된다고 보았다.

2013년 3월 한국고등교육재단(KFAS)과의 인연으로 바그다드를 방문하게 되었고, 안정화된 이라크를 직접 경험할 수 있었다. 위성사진으로만 보았던 바그다드 시내를 직접 보았으며, 거주구역을 격리하기 위한 장벽T-Wall을 만져보기까지 했다. 너무나도 많은 시체가 바그다드를 가로지르는 티그리스강에 던져졌고 민물고기들이 그 시체를 뜯어먹었다는 그래서 "이제는 물고기 맛이 이상하게 변해 먹을 수 없다"는 이라크의 끔찍함이 사라지기를 기원했다. 2013년 3월 바그다드 공항에서 출국 비행기를 기다리면서, 나는 더 이상 — 최소한 앞으로 몇 십 년 동안 — 이라크에서 별다른 일이 없기를, 이러한 '불안정한 안정'이 유지되면서 그래서 내가 『이라크 전쟁』의 개정판을 내지 않아도 되기를 기도했다.

하지만 현실은 가혹했다. 이라크 국민들에게 현실은 너무나도 가혹했다. 미군 침공 직전인 2003년 1월에서 2011년 말까지의 9년 동안 12만 명이 이라크 인들이 희생되었다. 2006년과 2007년을 정점으로 이라크 상황은 안정화되었고 2011년 12월 미군이 완전 철수했던 시점에서, 불안정한 안정이 가능할 것이라는 희망적인 예측이 가능했다. 하지만 그 희망적인 예측 자체는 그냥 희망에 지나지 않았고, 불안정한 안정은 유지되지 못했다. 2012년 1월에서 2017년 12월까지 6년 동안 8만 2000명에 가까운 이라크 민간인들과 군인/경찰이 희생되었으며, 지금 현재로도 죽음의 그림자는 이라크 전체에 드리워져 있다. 그리고 이와 같은 참혹함과 고통 때문에 개정판을 내게 되었다.

어처구니없지만, 이라크 전쟁은 '나의 전쟁'이었다. 그리고 앞으로도 '나의 전쟁'일 것이다. 이라크 전쟁이 '나의 전쟁'이 되면서 내 연구 관심사 또한 변경되었다. 『이라크 전쟁』 자체가 이라크에서 미국이 수행했던 군사작전에 대한 그리고 그 과정에서 나타났던 미국 군사조직의 대반란작전을 학습하는 과정에 대한 연구이었고, 덕분에 점차 관심은 미국의 아프가니스탄 전쟁으로 옮아갔다. 하지만 언어 부분은 여전히 강력한 걸림돌로 작용하고 있다. 『이라크 전쟁』 출간 이후 어떤 분이 이메일로 "아랍어도 못하는 사람이 중동에 대한 책을 썼다"는 사실을 질책했다. 그리고 동일한 이유에서 한국연구재단에 신청한 아프가니스탄 전쟁 관련 저술지원 사업 또한 '지역 언어능력의 부재'에 대한 지적 때문에, 연속 3회 떨어졌다. (하지만 2018년 봄 3전4기 끝에 성공했고, 이제는 미국의 아프가니스탄 전쟁에 대한 단행본을 출간하게 되었다) 그럼에도 불구하고 - 해당 언어를 하지 못함에도 불구하고 - 연구를 하지 않는다는 것은 그리고 개정판을 쓰지 않는다는 것은 이라크에서 벌어진 엄청난 고통을 간과하는 것이다. 이러한 질책과 한계에도 불구하고, 나는 '나의 전쟁'을 그리고 '나의 전쟁'을 초래한 정치적 역동성을 기록하기로 결심했다.

이번 개정판을 준비하면서 여전히 많은 분들의 도움을 받았다. 서강대학교 정치외교학과 동료 교수들과 대학원생들은 여러 가지 측면에서 지원을 아끼지 않았다. 특히 고광영, 김선영, 노경현, 노진국, 안아람, 안주현, 윤해영, 이연주, 임정현 씨 등은 대학원 과정에서 바쁜 일정을 쪼개서 자료 검색 및 정리에 많은 도움을 주었다. 육군 장교의 신분으로 위탁교육을 와서 연구과정에서 많은 도움을 주었던 이유정 소령님과 박주형 소령님, 김강우 대위님, 김창준 대위님과 김동현 대위님께 감사드린다. 무엇보다 원고를 읽고 마지막 부분에서 많은 피드백을 주었던 대학원생인 표선경 씨의 지원이 없었더라면, 개정판 작업은 매우 어려웠을 것이다. SK 이노베이션의 이나경 부사장님은 이라크 인명/지명 표기 부분에서 많은 도움을 주셨으며, 개정판이 나오는 과정에서 지원을 아끼지 않았다. 2013년 3월 바그다드를 방문했던 것은 개정판을 내는 과정에서 많은 원동력이 되었다. 당시 환대해 주셨던 김현명 대사님과의 대화는 중요한 격려로 작용했다. 무엇보다 바그다드 방문에 동반해 주셨던 최종현학술원의 박인국 원장님께 이번 기회에 감사의 말씀을 전하고 싶다.

무엇보다 고마운 것은 우리 가족이다. 우선 부모님과 장모님에게도 지금까지의 지원과 도움에 깊이 감사드린다. 아내 조영진 이화여자대학교 국제대학원 교수와 이제 각각 중학교와 초등학교를 다니는 두 딸 이다경, 이수경은 이번 개정판 원고를 작성하는 데 정서적으로 항상 함께했다. 참혹한 내용을 정리하면서, 역설적이지만 가족의 소중함을 더욱 강하게 느끼게 되었다.

개정판 원고는 가족들의 도움이 없었다면 불가능했을 것이다.

마지막 소망이 있다면, 더 이상 『이라크 전쟁』을 개정할 필요가 없는 것이다. 2011년 11월 『이라크 전쟁』을 출간했던 시점에서, 상황이 안정되기를 기원했지만 현실은 가혹했다. 이제 개정판을 내면서 다시 한번 이라크의 상황 안정을 기원한다. 그리고 현실의 가혹함이 또다시 드러나지 않기를 또한 기원한다. 이것으로 — 매우 건방진 표현이지만 — '나의 전쟁'이 종결되기를 바란다.

2021년 7월

책머리에

"책을 써." 벌써 8년도 넘은, 2003년 1월이었다. 미국은 이라크를 침공하기 위해 군사력을 집중하고 있었고, 나는 박사학위를 받고 나서 박사 후 연구원 Post-Doctoral Research Fellow으로 일하고 있었다. 그러던 중 한국에 있는 친구에게서 이메일이 왔다. 미국과 이라크가 전쟁을 벌일지, 전쟁이 일어나면 어떻게 될지 나의 생각을 묻는 것이었다. 나는 부시 행정부가 이라크를 침공하지 않고 물러서기에는 너무 일을 크게 벌였고, 따라서 전쟁이 일어날 것이라고 했다. 그리고 미국이 전투에서 압도적으로 승리하겠지만, 이후 사태를 거의 수습하지 못할 것이라는 말도 덧붙였다. 친구는 다시 이메일로 왜 미국이 사태를 수습하지 못할 것인지를 물었고, 이에 나는 통상 전쟁과 게릴라 전쟁이 군사력 사용이라는 측면에서 서로 큰 차이를 보인다는 말과 함께, 미국이 베트남 전쟁에서 많은 교훈을 얻었지만, 2003년 1월 시점에도 그 교훈이 과연 미국 군사 조직 내부에 남아 있을지 회의적이라고 전했다. 이후에도 그 친구와 몇 번 이메일을 주고받았는데, 한번은 그가 이렇게 말했다. "책을 써. 이라크 전쟁에 대한 책을 말이야. 너는 침공에 찬성하잖아. 그러니까, 찬성하는 사람이 실패하는 전쟁에 대한 책을 쓰라고."

그렇다. 나는 부시 행정부의 이라크 침공에 찬성했다. 후세인의 핵무기 때문이 아니라 침공으로 세상에서 한 명의 독재자가 사라지고, 이로써 세상이 조금은 더 나은 곳이 될 것이라는 생각 때문이었다. 물론 이러한 생각은 상당 부분 감정적인 것이었다. 냉정하고 이성적인 판단으로는 미국이 전투 이후의 사태를 수습하지 못하고 수렁에 빠질 것으로 보았지만, 그래도 어느 정도 희생을 치르고, 또 어느 정도 시간이 지나면 미국이 사태를 수습해 이라크에 안정적인 체제를 구축할 수 있기를 기대했다. 하지만 이것은 정말 희망적인 관측일 뿐이었고, 결국 전쟁은 냉정하게 예측했던 길을 따라 전개되었다. 그리고 이러한 예측은 군사 및 안보 문제를 연구하는 이들 대부분이 제시했던 것이었다. 이라크라는 수렁에서 미군은 헤어나지 못했고, 사상자는 증가했다. 그리고 나는 2004년 3월부터 서강대학교 정치외교학과에서 강의를 시작했다.

무슨 이유에서인지 나는 이라크 전쟁에 대해 '부담'을 느꼈다. 나 자신의 견해가 실제로는 아무런 영향력도 없지만, 내가 침공에 찬성했다는 사실에 일종의 '죄책감'을 가지고 있었던 것이다. 특히나 전투 이후의 상황이 엉망진창이 될 것이라고 보면서도 왜 전쟁을 지지했는지에 대해서는 스스로도 그러한 시각을 논리적으로 이해하지 못했고, 8년이 지난 지금까지도 그러하다. 후세인이라는 독재자를 증오했던 것은 분명하고, 북한이든 남한이든 존재하는 모든 종류의 독재 정권을 파괴할 수만 있다면 그렇게 하고 싶다는 마음이 강렬했다. 미국이 베트남 전쟁에서 얻은 교훈을 바탕으로 이라크 전쟁에서는 전투 이후의 상황을 안정화할 수 있기를 기대했다. 즉, 나와 많은 전문가의 예측이 틀리기를 바랐던 것이다. 하지만 아쉽게도 예측은 틀리지 않았고, 상황은 안정되지 않았으며, 사람들은 — 미군과 이라크 저항 세력, 그 누구보다도 이라크 민간인들은 — 죽어 나갔다.

2004년 여름, 나는 여름방학을 틈타 외국에서 박사과정에 있던 아내에게 합류했다. 아내는 열심히 논문을 쓰고, 나는 도서관에서 유유자적하던 중 우연히 《타임》지 하나를 보게 되었다. 이라크 전쟁 특집호였는데, 거기에서 퍼트레이어스에 관한 기사를 읽었다. 그러자 그동안 잊고 있던 이라크 전쟁에 대한 '부담'이 되살아났다. 그리고 그때 처음으로 책을 쓸 것을 심각하게 고민했다. 말도 안 되는 이야기이나, 책을 쓰면 그러한 부담에서 어느 정도 해방될 수 있지 않을까 하고 생각하기까지 했다(지금 다시 생각해 봐도 정말 말도

안 되는 해괴망측한 생각이다). 그러나 책을 쓰는 것은 정말 어려운 일이었다. 국제정치이론을 전공한 나에게 이라크 전쟁처럼 지역에 대한 이해가 필요한 주제를 책으로 쓰는 일은 거의 불가능해 보였다. 전공이 안보 문제security affairs에 관한 것이어서 군사적 측면에 대해서라면 어느 정도는 쓸 수 있다고 보았지만, 종교 문제가 개입된 데다 부족 문제가 핵심을 차지하는 전쟁에 대해서는 쓸 자신이 없었다. 그러나 일단 공부는 해보자는 생각에 책을 구해서 읽기 시작했고, 《뉴욕타임스》와 《워싱턴포스트》 등에서 필요하다고 생각되는 기사를 찾아 정리하기 시작했다.

이렇게 2년 정도 책과 신문을 읽으면서 많은 정보를 축적했다. 책은 아니더라도 이제 논문은 쓸 수 있겠다는 생각이 들었고, 2006년부터 연구를 진행해, 그 과정에서 짧은 논문을 하나 쓰게 되었다. 이라크 전쟁 사상자 데이터를 분석해 보려던 것이었는데, 시간이 부족한 탓에 뚜렷한 성과를 내지 못하고 중단해야 했다. 한편으로 2008년 3월 이라크 침공 5주년에 맞춰 책을 내겠다는 구상을 하기도 했지만, 이 또한 중단했다. 이후로도 계속 이라크 전쟁에 대한 책과 신문 기사, 각종 자료를 정리하면서 언젠가 책을 써야지 하고 다짐했지만, 과연 그것을 언제 실행에 옮길 수 있을지는 자신이 없었다. 그렇게 시간은 흘러, 정리한 노트는 점차 두꺼워졌고 급기야 400쪽을 넘어섰다. 2009년 『왈츠 이후』라는 책을 출간하면서 책을 쓰는 것에 대해 자신감을 얻었고, 『왈츠 이후』 원고를 넘긴 다음부터 책 쓰는 작업을 조금씩 시작했다. 정리한 노트를 중심으로 원고를 작성했지만, 사실관계를 확인하고 좀 더 정확한 정보를 찾으려는 과정에서 또 많은 시간이 지났다. 결국 목표로 했던 2010년 9월 1일에 출간하지는 못했지만, 그래도 2010년 가을에 일차로 원고를 완성할 수 있었다.

이 책을 쓰면서 많은 분께 도움을 받았다. 서강대학교 정치외교학과 교수님들은 아낌없는 격려로 힘을 불어넣어 주셨다. 그리고 서강대학교는 본인이 신청한 '이라크 전쟁과 21세기 국제분쟁의 양상'이라는 프로젝트를 승인하고, 안식년을 시작하는 시점에 원고를 최종 마무리하는 데 결정적인 도움을 주었다. 이번에도 서강대학교 정치외교학과 대학원 학생들에게 도움을 많이 받았다. 윤소영 석사는 자신의 논문에서 미국 이라크 정책 실패 사례에 대한 매우 흥미로운 분석을 했다. 윤소영 석사의 논문을 지도하면서 필자는 이라크 전쟁에 대한 생각을 가다듬을 수 있었다. 석혜림 석사는 이라크 전쟁 사상자 자료를 수집하고 정리하는 업무를 맡아서 기대 이상으로 성실하게 처리해 주었다. 정민경 석사와 정미나 석사과정생은 원고를 읽고 문제점을 지적해 주었다. 학부 조교인 장대건 씨는 필자가 부탁하는 다양한 자료를 꼼꼼하게 정리해 주었으며, 원고를 읽고 부족한 부분을 알려주었다. 도움을 주었던 이들은 모든 교수가 꿈꾸는 완벽한 연구조교들이었다. 그리고 이러한 연구조교 시스템을 제공한 서강대학교와 서강대학교 정치외교학과에 다시 한 번 감사를 전한다. 2004년 봄에 시작해 6년 이상 계속되고 있는 안보연구 모임 참석자들은 필자의 이라크 전쟁 저술 계획에 대해 많은 조언과 격려를 해주었다. 한편 인터넷, 특히 구글과 위키피디아가 없었다면, 필자는 필요한 정보를 절대로 확보할 수 없었을 것이다. 이라크에 한 번도 가보지 않고 아랍어도 전혀 모르는 상황에서 그것 없이 이 책을 쓰는 것은 거의 불가능에 가까웠을 것이다. 그리고 도서출판 한울의 최규선 씨는 『왈츠 이후』와 마찬가지로 이번 원고도 훌륭한 책으로 만들어주었다.

학문의 길에 들어서 이번 책을 쓰기까지 세 명의 스승에게 큰 도움을 받았다. 서울대학교 외교학과의 윤영관 교수께서 추천사를 써주셨다. 미국의 이라크 침공이 있었던 2003년에 외교부 장관을 역임한 윤영관 교수께서는 장관 재직 시의 경험과 학자로서의 통찰력 그리고 논리적 분석력에 기초해 훌륭한 글을 보내주셨다. 또한 필자의 하버드 대학 박사과정 지도교수였던 로젠Stephen Peter Rosen과 마틴Lisa L. Martin 교수께서는 책 곳곳에 도저히 지울 수 없는 흔적을 남겼다. 군사안보 및 국제정치이론에 관심만을 가지고 있던 나를 지금과 같은 수준으로 끌어올려 주었으며, 군사 문제에 대한 시각과 국제정치이론에 대한 능력을 길러주었다. 로젠과 마틴 교수께서 한국어로 출판된 이 책을 읽지는 못하겠지만, 이번 기회에 감사의 말씀을 전한다. 앞의 세 분은 이번 책의 내용을 떠나서, 필자가 학자로서의 길을 가는 데 큰 도움을 주었다. 이 점을 항상 그리고 진심으로 감사한다.

누구보다도 가족들이 많은 도움을 주었다. 우선 저를 낳아주신 부모님께 감사드린다. 그리고 우리 딸 다경多耿이는 아빠가 컴퓨터 앞에서 무슨 일을 하는지 모르지만, 아빠가 자기가 아니라 컴퓨터와 '친하게 지내는 것'을, 그것도 '뽀로로가 나오는 컴퓨터와 친하게 지내는 것'을 용납해 주었다. 다경이를 돌보아 주시고 주말마다 거의 키우다시피 해주시는 장모님께 깊이 감사드린다. 가장 큰 고마움을 느끼는 것은 아내다. 자신도 박사학위를 가진 대학교수이지만, 남편이 책을 쓴다고 하자 거의 모든 부분에서 희생해 준 나의 자랑스러운 아내 조영진 박사. 주말이면 다경이와 함께 전적으로 시간을 보내면서 책을 쓰는 데 필요한 절대적인 시간을 마련해 주었던 나의 아내에게 이 책을 바친다.

2011년 10월
이근욱

차례

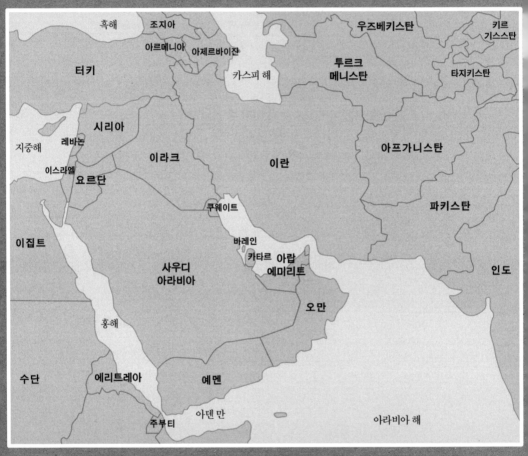

중동 지역

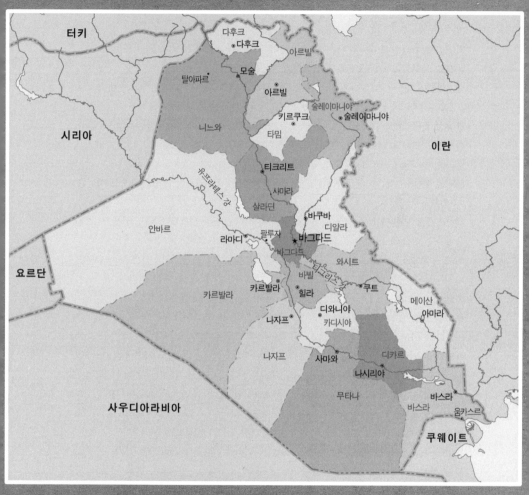

터키

다후크
◦다후크

아르빌

탈아파르·
◦모술

니느와

아르빌
◦

슐레이마니야
키르쿠크◦   ◦슐레이마니야

타밈

시리아

유프라테스 강

티크리트◦

사마라◦

살라딘

바쿠바
◦
디알라

이란

안바르

팔루자
라마디◦ ◦ ★바그다드
바그다드

와시트

요르단

카르발라
◦카르발라

바빌
티그리스강
힐라◦   ◦쿠트

디와니야
◦카디시야

메이산
◦아마라

나자프
◦

나자프

사마와
◦

디카르
나시리야
◦

바스라
◦

무타나

바스라
◦움카스르

사우디아라비아

쿠웨이트

이라크

주요 인물

가너, 제이 Jay M. Garner 재건 및 인도적 사안 담당처 책임자(2003)

게이츠, 로버트 Robert M. Gates 미국 국방장관(2006~2011)

네그로폰테, 존 John D. Negroponte 유엔 주재 미국 대사(2001~2004), 이라크 주재 미국 대사 (2004~2005), 국가정보국장(2005~2007), 국무부 부장관(2007~2009)

라이스, 콘돌리자 Condoleezza Rice 미국 국가안보좌관(2001~2005), 국무장관(2005~2009)

럼즈펠드, 도널드 Donald H. Rumsfeld 미국 국방장관(2001~2006)

말리키, 누리 Nouri al-Maliki 이라크 총리(2006~2014)

매케인, 존 John McCain 미국 공화당 상원의원(1987~2018), 공화당 대통령 후보(2012), 2018 년 사망

매크리스털, 스탠리 Stanley A. McChrystal 미군 특수부대 사령관(2003~2008), 아프가니스탄 주 둔군 지휘관(2009~2010), 국제안보지원군 사령관(2009~2010)

매티스, 제임스 James N. Mattis 미군 제1해병사단장(2003~2005), 중부군 사령관(2010~2013), 미 국 국방장관(2017~2019)

맥팔런드, 션 Sean MacFarland IS 전쟁 이라크 주둔 미군 사령관(2015~2016)

무바라크, 호스니 Hosni Mubarak 이집트의 독재자, 대통령(1981~2011)

바그다디, 아부 바크르 Au Bakr al-Baghdadi IS의 수장. 2019년 사망

바르자니, 네치르반 Nechirvan Barzani 이라크 쿠르드족 정치인, 쿠르드족 자치정부 총리(2006~ 2009, 2012~2019), 자치정부 대통령(2019~), 삼촌인 마수드 바르자니로부터 권력 승계

바르자니, 마수드 Masoud Barzani 이라크 쿠르드족 정치인, 쿠르드족 자치정부 대통령(2005~ 2017), 조카인 네치르반 바르자니에게 권력 승계

바이든, 조지프 Joseph R. Biden, Jr. 미국 부통령(2009~2017), 미국 대통령(2021~)

벤알리, 지네 엘 아비디네 Zine El Abidine Ben Ali 튀니지의 독재자, 대통령(1987~2011)

부시, 조지 George W. Bush 미국 대통령(2001~2009)

브리머, 폴 L. Paul Bremer III 연합군임시행정청(CPA) 행정책임자(2003~2004)

빈라덴, 오사마 Osama Bin Laden 알카에다 창시자, 2011년 사망

사드르, 무크타다 Muqtada al-Sadr 젊은 시아파 종교 지도자이자 정치 지도자

산체스, 리카도 Ricardo Sanchez 이라크 주둔 다국적군 사령부 사령관(2003~2004)

솔레이마니, 가셈 Qasem Soleimani 이란 혁명수비대 사령관, 2020년 미국에 의해 암살

스카이, 에마 Emma Sky 오디에어노 장군의 정치자문(2006~2011)

시스타니, 알리 Ali al-Sistani 시아파 종교 지도자

신세키, 에릭 Eric K. Shinseki 미국 육군참모총장(1999~2003), 보훈부 장관(2009~2014)

아미리, 하디 Hadi al-Amiri 이라크 시아파 정치인, 바드르 군단 사령관

아바디, 하이다르 Haider al-Abadi 이라크 정치인, 총리(2014~2018)

아부리사, 압둘 사타르 Abdul Sattar Abu Risha 이라크 각성운동의 지도자, 2007년 사망

아사드, 바샤르 Bashar al-Assad 시리아의 부자 세습 독재자, 대통령(2000~)

아이켄베리, 칼 Karl W. Eikenberry 아프가니스탄 주재 미국 대사(2009~2011)

알라위, 아야드 Ayad Allawi 이라크 임시정부 총리(2004~2005)

알와니, 아흐메드 Ahmed al-Alwani 이라크 수니파 정치인, 국회의원. 2013년 12월 불체포특권을 박탈당하고 체포됨.

압둘-마흐디, 아딜 Adel Abdul-Mahdi 이라크 정치인, 총리(2018~2019)

애비제이드, 존 John P. Abizaid 미군 중부군 사령관(2003~2007)

앨런, 존 John Allen 미국의 군인, 미국 중부군 사령관 대행(2010), 아프가니스탄 국제안보지원군 사령관(2011~2013), IS 대응 대통령 특사(2014~2015), 브루킹스 연구소 소장(2017~)

오디에어노, 레이먼드 Raymond T. Odierno 미군 제4보병사단 지휘관(2001~2004), 이라크 주둔 다국적군 군단 사령관(2006~2008), 이라크 주둔 다국적군 사령부 사령관(2008~2009), 이라크 주둔 미군 사령부 사령관(2010), 합동군 사령부 사령관(2010~2011), 미국 육군참모총장(2011~2015)

오바마, 버락 Barack H. Obama 일리노이주 상원의원(1997~2004), 연방 상원의원(2005~2008), 미국 대통령(2009~2017)

울포위츠, 폴 Paul D. Wolfowitz 네오콘의 핵심 인물, 미국 국방부장관(2001~2005), 세계은행 총재(2005~2007)

자르카위, 아부 무사브 Abu Musab al-Zarqawi 이라크 알카에다 조직 지도자(2004~2006), 2006년 사망

자브르, 바얀 Bayan Jabr 이라크 과도정부 내무장관(2005~2006), 재무장관(2006~2010)

자파리, 이브라힘 Ibrahim al-Jaafari 이라크 부통령(2004~2005), 이라크 과도정부 총리(2005~2006)

존스, 제임스 James L. Jones 미군 해병대 사령관(1999~2003), 나토 유럽연합군 사령관(2003~2006), 미국 국가안보보좌관(2009~2010)

체니, 딕 Dick Cheney 미국 부통령(2001~2009)

치어렐리, 피터 Peter W. Chiarelli 이라크 주둔 다국적군 군단 사령관, 미국 육군참모차장(2008~2012)

카다피, 무아마르 Muammar Gaddafi 리비아의 독재자, 대통령(1969~2011), 2011년 처형

카드히미, 무스타파 Mustafa al-Kadhimi 이라크 정치인, 이라크 정보국 국장(2016~2020), 총리(2020~)

카르자이, 하미드 Hamid Karzai 아프가니스탄 대통령(2001~2014)

케이시, 조지 George W. Casey, Jr. 이라크 주둔 다국적군 사령부 사령관(2004~2007)

크로커, 라이언 Ryan C. Crocker 파키스탄 주재 미국 대사(2004~2007), 이라크 주재 미국 대사(2007~2009)

트럼프, 도널드 Donald J. Trump 미국 대통령(2017~2021)

파월, 콜린 Colin L. Powell 미국 국무장관(2001~2005)

팰런, 윌리엄 William J. Fallon 미군 중부군 사령관(2007~2008)

퍼트레이어스, 데이비드 David H. Petraeus 미군 101공수사단장(2003~2004), 이라크 안전이양준비 사령부 사령관(2004~2005), 이라크 주둔 다국적군 사령부 사령관(2007~2008), 중부군 사령관(2008~2011), CIA 국장(2011~2012)

페이스, 더글러스 Douglas J. Feith 미국 국방부 정책차관보(2001~2005)

프랭크스, 토미 Tommy R. Franks 미군 중부군 사령관(2000~2003)

하시미, 타리크 Tariq Hashimi 이라크 수니파 정치인, 이라크 부통령(2006~2012). 2012년 궐석 재판에서 사형 판결

할릴자드, 잘메이 Zalmay M. Khalilzad 아프가니스탄 주재 미국 대사(2003~2005), 이라크 주재 미국 대사(2005~2007), 유엔 주재 미국 대사(2007~2009)

후세인, 사담 Saddam Hussein 이라크 대통령(1979~2006), 2006년 사망

힐, 크리스토퍼 Christopher R. Hill 미국 외교관, 주한 미국 대사(2004~2005), 동아시아·태평양 차관보(2005~2009), 주 이라크 미국 대사(2009~2010)

주요 용어

CTS Counterterrorism Service 이라크 대테러특수부대

EFP Explosively Formed Penetrator 성형작약탄을 사용한 사제폭발물

IED Improvised Explosive Devices 사제폭발물

PMF Popular Mobilization Forces 2014년 IS 침공에 대한 시아파 중심의 이라크 민병대

국가안전보장회의 National Security Council: NSC 백악관 산하 안보 관련 정책기구

국가정보보고 National Intelligence Estimate: NIE 미국 정보기관의 합동 정보 보고서

국제안보지원군 International Security Assistance Force: ISAF 아프가니스탄 주둔 나토 연합군

군사기능대행회사 Private Military Company: PMC 전투 및 보급, 훈련 등 군사기능을 대행하는 민간기업

대반란작전 Counterinsurgency: COIN 반란 상황을 진압하는 것을 목적으로 이루어지는 군사작전

리히 조항 Leahy Law 다른 국가의 군 또는 경찰 병력이 인권을 유린한 경우 해당 부대의 훈련 및 무장에 필요한 지원이 금지된다는 미국 법 조항

마흐디군 Jaish al-Mahdi, Mahdi Army: JAM 사드르가 통제하는 시아파 민병대

미국 의회조사국 Government Accountability Office: GAO 미국 의회 산하의 회계 감사 및 조사 기관

바드르 군단 Badr Corps 시아파 중심의 이라크 민병대 군사조직

아프가니스탄 보안군 Afghan Security Forces: ASF 아프가니스탄 경찰 및 군 병력

연합군임시행정청 Coalition Provisional Authority: CPA 미국 및 기타 연합국이 이라크 점령 행정을 위해 만든 행정 기구

이라크 구호 및 재건 자금 Iraq Relief and Reconstruction Fund: IRRF 미국 의회에서 승인한 이라크 재건 및 구호 예산

이라크 민방위군 Iraq Civil Defense Corps: ICDC 2003년 9월에 창설된 이라크의 민방위군

이라크 보안군 지원 예산 Iraq Security Forces Fund: ISFF 미국 의회에서 승인한 이라크 보안군 지원 예산

이라크 보안군 Iraq Security Forces: ISF 이라크의 군과 경찰을 지칭하는 미군 용어

이라크 안전이양준비 사령부 Multi-National Security Transition Command-Iraq: MNSTC-I 이라크 주둔 다국적군 사령부 휘하에 수립된 이라크 보안군 훈련 관련 업무를 담당하는 특수 사령부

이라크 알카에다 조직 al-Qaeda in Iraq: AQI 이라크 내부에서 활동하는 알카에다 조직

이라크 이슬람최고위원회 Islamic Supreme Council of Iraq: ISCI 이라크 이슬람혁명최고위원회의 후계 조직으로, 이라크 시아파 정치 조직

이라크 이슬람혁명최고위원회 Supreme Council for the Islamic Revolution in Iraq: SCIRI 이라크 시아파 정치 조직

이라크 임시행정법 Transitional Administrative Law: TAL 2004년 3월에서 2006년 5월까지 효력을 가졌던 이라크 임시헌법

이라크 주둔 다국적군 군단 Multi-National Corps in Iraq: MNC-I 이라크 주둔 다국적군 전투 사령부 (2009년 12월 31일 해체)

이라크 주둔 다국적군 사령부 Multi-National Forces in Iraq: MNF-I 이라크 주둔 다국적군 전략 사령부(2009년 12월 31일 해체)

이라크 주둔 미군 사령부 United States Forces-Iraq: USF-I 2010년 1월 창설된 이라크 주둔 미군 사령부(MNF-I와 MNC-I의 업무를 승계)

이라크의 아들 Sons of Iraq: SOI 수니파로 구성된 이라크 무장 조직

이라크통치위원회 Iraq Governing Council: IGC 이라크 통치를 위해 연합군임시행정청에서 임명한 자문기구

재건 및 인도적 사안 담당처 Office of Reconstruction and Humanitarian Assistance: ORHA 미국이 이라크 재건 및 구호를 위해 창설한 정부 기구(2003년 5월 해체)

전진기지 Forward Operating Bases: FOB 대규모 미군 병력이 주둔하는 전진기지

전투초소 Combat Outposts: COP 중대 규모의 미군 병력이 주둔하는 기지, 증파 과정에서 핵심적 역할 수행

통일이라크연합 United Iraqi Alliance: UIA 2005년 이라크 선거에서 승리한 이라크 시아파 정치 세력의 연합체

특수계획국 Office of Special Plans: OSP 미국 국방부 산하 조직

페시메르가 Peshmerga 이라크 북부 쿠르드족 민병대

합동치안초소 Joint Security Stations: JSS 미군 대대 병력이 주둔하는 기지, 증파 과정에서 핵심적 역할 수행

서론
왜 이라크 전쟁을
이야기하는가

냉전 종식 직후, 미래 세계를 놓고 다양한 전망이 나왔다. 낙관론자들은 미래 가 평화로울 것이라고 보면서, 앞으로 국가들이 대규모 군사력을 동원해 수 행하는 전쟁interstate war은 사라질 것으로 예측했다. 그러나 한편으로는 강대 국 전쟁의 가능성이 여전히 존재한다는 주장과 함께, 특히 소련의 붕괴로 유 럽 대륙에서 전통적인 강대국이었던 영국, 프랑스, 독일 등이 그 지위를 회복 하고 다극체제multipolarity가 나타나면서 국제적인 불확실성이 증대하고 전쟁 가능성도 커질 것이라는 비관론 또한 강하게 대두했다.[1] 하지만 지난 20년 동안 미국이 유일한 강대국 지위를 유지하면서 일극체제unipolarity가 등장했 고, 이에 따라 강대국 전쟁은 나타나지 않았다. 하지만 일극체제에서 유일한 강대국인 미국의 부시 행정부는 2003년 3월에 이라크를 침공했고, 후세인 Saddam Hussein 정권을 파괴하는 데 성공했다. 그러나 전쟁은 계속되었고, 미국 은 2010년 8월에 전투 병력을 철수할 때까지 7년간, 그리고 2011년 훈련교관 등을 포함한 모든 병력을 철수할 때까지 8년이 넘는 기간 동안 '이라크 전쟁' 을 수행했다. 이 전쟁으로 이라크에서 민간인만 10만 명 이상이 생명을 잃었 고, 이라크 사회는 2006년부터 본격적으로 벌어진 종파 내전sectarian civil war[2]

에서 엄청난 피해를 입었다. 2007년 가을부터 이라크 상황은 상당 부분 안정되었지만, 인명 피해는 지속적으로 발생했으며, 이라크 전쟁은 지금까지 계속되고 있다.

이 책은 이라크 전쟁을 이야기한다. 그것은 바로 2003년 3월 미국의 침공으로 시작되어 2011년 말 현재까지 계속되고 있는 전쟁이다. 독자가 이라크 전쟁을 제대로 이해할 수 있도록 이라크 전쟁에서 나타난 변화와 미국의 대응을 종합적이고 체계적으로 분석했다. 이라크 전쟁에 관한 정보는 많다. 그런데 그것이 너무나 많은 탓에 오히려 일반 독자가 이라크 전쟁을 체계적으로 이해하기란 쉽지 않다. 이라크 전쟁은 한국에도 매우 큰 의미가 있다. 한국은 이라크 전쟁에 병력을 직접 파견했으며, 이라크 전쟁은 석유 자원 수입의 중요한 원천인 중동 지역에서 발생한 가장 중요한 분쟁이기 때문이다. 그러나 우리는 대부분 이라크 전쟁과 그것을 둘러싼 전체적인 그림을 제대로 이해하지 못한다. 이라크에서 발생하는 공격 빈도의 차이와 전쟁 양상의 변화, 이라크 내부에 존재했던 종파 분쟁sectarian conflict 등의 다양한 측면은 이라크 전쟁에 대한 '전체적인 그림'을 이해할 때에만 파악할 수 있다. 특히 침공 과정에서의 잘못된 의사 결정과 부시 행정부의 편견 등이 강조되고 2006년의 끔찍한 유혈 사태에 초점이 맞춰지면서, 2007년 여름 이후의 다양한 성과와 그 배경에 대해서는 정확한 이해가 부족하다.

그렇다면 우리는 왜 이라크 전쟁을 알아야 하는가? 세계에 존재하는 다양한 분쟁 가운데 본격적으로 '선택'되어 연구의 대상이 되는 것은 일부에 지나지 않는다. 2010년 현재에도 아프리카에서 전개되는 다양한 분쟁, 예를 들어 수단 다르푸르Darfur 지역의 분쟁은 이라크 전쟁보다 더 많은 인명 피해를 냈지만, 이에 대한 연구는 드물며 거의 주목받지 못한다.[3] 그렇다면 왜 이라크 전쟁을 연구해야 하는가? 그리고 이러한 연구가 한국에서 이루어져야 하는 필요성은 무엇인가? 단순히 미국의 연구를 활용하는 대신 한국인 연구자가 이라크 전쟁을 연구하고 이를 책으로 펴내는 까닭은 무엇인가? 이것이 서론에서 다루는 핵심 사안이다.

이라크 전쟁의 중요성

이라크 전쟁은 우선 일반적인 차원에서 중요한 의미를 지닌다. 2001년 이후 아프가니스탄 전쟁이 최소한 초기 단계에서는 상대적으로 수월하게 전개되어 많은 주목을 받지 못한 반면, 이라크 전쟁은 2003년 침공 단계의 눈부신 군사적 성공이 이후의 상황 안정으로 이어지지 않으면서, 사실상 2011년 철군까지 미국 대외 정책의 핵심 문제로 자리 잡았다. 21세기 현실 국제정치에서 미국이 차지하는 비중 때문에, 미국의 부시 행정부가 직면한 핵심 문제는 곧 현실 세계에 강력한 파장을 일으켰다. 2001년 봄 매우 위험한 상황이었던 미국과 중국 관계는 봉합되었으며, 북한과 이란의 핵무기 개발은 사실상 방치되었고, 아프리카의 내전 등에 대한 '세계 여론'의 관심은 사라져버렸다.[4] 대신 '테러와의 전쟁'과 이어서 벌어진 이라크 전쟁이 미국 정책의 핵심으로 부각되었고, 이에 반대하는 국가들과 부시 행정부의 상호 작용이 국제정치의 상당 부분을 만들어냈다. 즉, 2000년대 국제정치를 이해하는 데 이라크 전쟁에 대한 분석은 필수적이며, 이라크 전쟁을 논하지 않고서 미국의 대외 정책 일반 또는 북한 등에 대한 부시 행정부의 정책을 분석할 수는 없다.

특히 중국의 상대적인 힘이 빠르게 증가하는 상황에서 미국은 이라크 전쟁에 자신의 힘을 쏟아부었고, 결과적으로는 중국의 부상을 더욱 촉진했다. 2007년에 조금씩 진행되어 2008년 9월에 폭발한 세계 금융위기로 미국의 힘은 결정적으로 약화되어, 미국이 유일한 강대국인 일극체제 대신에 미국과 중국이라는 두 개의 강대국이 존재하는 새로운 양극체제bipolarity 가능성이 현실적으로 부각되었다. 중국과 인접한 북한에 대한 군사적 압력은 중국을 자극할 위험 때문에 사용할 수 없게 되었고, 북한이나 이란처럼 미국과 대립하는 국가는 중국에 접근했다. 미얀마나 수단처럼 국내 문제로 서방측에 소외된 국가도 중국의 지원에 의존해 정권을 유지하고 있다. 이러한 상대적 힘의 변화가 가속화된 배경에는 결국 이라크 전쟁이 있었고, 이를 정확하게 이해하려면 미국의 이라크 전쟁을 이해해야 한다.

그렇다면 왜 아프가니스탄 전쟁이 아니라 이라크 전쟁을 분석하는가? 미국의 아프가니스탄 전쟁은 이른바 '테러와의 전쟁'이라는 구호에 가장 적절한 전쟁이었다. 미국은 2001년 10월에 이미 아프가니스탄에 군사력을 사용했고, 2002년에는 탈레반Taliban 정권을 무너뜨렸지만, 20년이 지난 지금까지도 해결의 실마리가 보이지 않는다. 즉, 아프가니스탄 전쟁은 이라크 전쟁보다 더 오랫동안 미국을 '괴롭히고' 있으며, 따라서 지난 20년 동안의 국제정치를 파악하는 데 좋은 소재가 될 수도 있다. 그런데도 이라크 전쟁은 아프가니스탄 전쟁보다 국제정치를 이해하는 데 더 중요한 소재다. 첫째, 미국은 아프가니스탄 전쟁보다 이라크 전쟁에 더 많은 자원을 투입했고, 따라서 미국의 상대적 힘의 약화와 중국의 부상이라는 국제정치의 변화를 파악하는 데 이라크 전쟁에 대한 이해는 필수적이다. 2009년 오바마 행정부가, '선택에 의한 이라크 전쟁'보다 '필요에 따른 아프가니스탄 전쟁'에 집중하겠다고 선언하기까지, 부시 행정부는 '필요하지는 않지만 자신들의 선택으로 침공했던 이라크'의 상황을 안정화하려고 많은 노력을 기울였다. 하지만 그것은 2003년부터 2007년까지 계속 실패만을 거듭했고, 이라크에 투입된 경제적·군사적 자원은 별다른 효과도 내지 못한 채 낭비되었다. 그런 반면에 부시 행정부는 아프가니스탄 전쟁에는 그다지 많은 관심을 기울이지 않았고, 따라서 미국의 행동과 그에 따른 국제정치의 변화를 이해하는 데 이라크 전쟁은 아프가니스탄 전쟁보다 더 중요하다.

둘째, 이라크 전쟁은 큰 변화를 보여주었다. 아프가니스탄 전쟁은 '꾸준히 상황이 악화'되고, 20년이 지난 현재에도 여전히 상황이 호전되지 않고 있지만, 이라크 전쟁은 상황이 매우 극적으로 변화했다. 2006년 2월을 분기점으로 이라크 전쟁은 이전과 이후의 성격이 변화했고, 동시에 2007년 여름을 정점으로 이라크 전쟁은 또다시 변화하면서 상황은 매우 빠른 속도로 안정되었다. 이러한 변화는 그 자체로서 흥미로우며, 학문적 분석의 대상이 될 수 있다. 과연 무엇 때문에 이러한 상황 변화가 일어날 수 있었는가? 예를 들어 공격 빈도가 2007년 여름 이후 3개월 만에 2분의 1로, 10개월이 지나자 4분의

1로 감소했고, 2년이 조금 지나자 10분의 1로 줄어들었다. 그렇다면 공격 빈도는 무엇 때문에 이처럼 감소했는가? 이것은 군사력 사용과 관련된 연구에서는 매우 흥미로운 현상이며, 학문적 분석의 대상이 될 수 있다. 동시에 이러한 변화와 그 결정 요인을 이해하는 것은 앞으로 아프가니스탄 전쟁을 전망하는 데 중요하다. 즉, 미국은 '이라크에서 얻은 성공의 비결'을 아프가니스탄 전쟁에 적용하려고 할 것이며, 따라서 향후 아프가니스탄 전쟁의 전개 양상을 분석하려면 이라크 전쟁에서 나타난 변화를 정확하게 파악할 필요가 있다.

이라크 전쟁을 이해해야 하는 또 다른 이유는 한국의 동맹국인 미국의 전쟁이었다는 사실이다. 2010년 8월에 전투 병력을 철수할 때까지 7년 동안 미국은 이라크 전쟁을 수행하면서 자신의 군사력 구조를 상당 부분 바꾸었으며, 그에 따라 주한 미군의 병력 구조도 변화했다. 기존에 배치되었던 전투 병력이 이라크로 이동·배치되었고, 동시에 군사 혁신에 기초하여 새로운 기술을 사용하는 무기 체계의 개발과 그것을 사용하는 새로운 부대의 창설 등도 늦춰졌다. 예를 들어 미 공군은 F-22 등 '최첨단 무기'를 더는 구매하지 않겠다고 결정했고, 주한 미군의 지상군 병력을 차출해 이라크에 배치했다.[5] 즉, 한국으로서는 동맹국인 미국의 군사력 변화에 관심을 기울여야 하며, 따라서 미국이 수행하는 전쟁, 특히 이라크 전쟁처럼 미국이 오랫동안 수행하는 전쟁은 미국의 군사력 구조를 변화시키기 때문에 더욱더 관심을 쏟을 필요가 있다.

무엇보다도 한국은 이라크 전쟁에 참가했다. 미국의 동맹국으로서 한국은 2003년 4월에 서희부대와 제마부대를 파견해 '이라크 재건 및 의료 지원'을 담당하게 했고, 2004년 8월에는 전투 병력을 중심으로 3000여 명의 병력을 갖춘 자이툰부대가 이라크 북부 아르빌Arbil에 주둔했다. 자이툰 부대는 2008년 12월에 철수할 때까지 인명 피해 없이 임무를 완수했다.[6] 앞으로도 한국은 이라크 전쟁과 비슷한 전쟁에 미국의 동맹국으로서 전투 병력을 파견하게 될 가능성이 있다. 주지하다시피 한국은 1960년대 미국의 베트남 전쟁에도 참가했다. 한국은 베트남 전쟁에 1964년부터 1973년까지 9년 동안 총인원 32만 명의 병력을 파견했고, 이 전쟁에서 한국 파병군은 5099명이 전사하고 1만 1232명이 부상했다.[7] 미래에도 이라크 전쟁이나 베트남 전쟁과 같은 전쟁에 한국이 개입할 가능성은 충분히 있다. 그러므로 지금 우리가 이라크 전쟁을 이해하는 것은 우리의 미래를 대비하는 차원에서도 반드시 필요한 작업이다.[8]

미래의 전쟁과 이라크 전쟁

미래를 전망하는 것은 매우 어렵지만, 반드시 필요하다. 국제정치의 핵심 문제인 전쟁과 관련해서도 미래를 전망하는 것은 쉽지 않지만, 그것을 포기해서는 안 된다. 전쟁과 관련해서는 독립적으로 두 가지를 예측해야 하는 탓에, 전쟁에 관해 전망하기란 특히나 어려운 일이다.

첫 번째 예측은 전쟁 자체에 대한 것으로, 특히 다양한 기술 발전에 따른 전쟁의 변화에 관한 것이며, 이것을 전쟁의 미래future of war에 대한 전망이라고 부를 수 있다. 전쟁의 미래는 새로운 무기 체계를 개발하고 이를 집중적으로 사용할 새로운 군사 조직을 창설하는 행동과 관련된 것으로, 군사기술 또는 군사용으로 사용할 수 있는 민간기술에 초점이 맞춰진다. 여기에는 그 밖의 요인, 예를 들어 정치적·사회적 요인은 중요한 역할을 하지 않는다. 여기서 핵심 사항은 '어떤 무기를 사용하는가'이며, 군사력 형태와 새로운 무기 및 군사기술에 대한 논의가 가장 중요한 사안이다.

두 번째 예측은 전쟁 자체의 변화가 아니라 전쟁을 사용하는 정치적 환경의 변화, 특히 국제체제의 구조에 따른 국제정치의 변화가 전쟁에 영향을 주면서 나타나는 변화에 관한 것이다. 다시 말해, 군사기술이 발전하여 군사력의 구조 등이 바뀜으로써 나타나는 전쟁의 변화가 아니라, 국가가 변화하여 다른 형태의 정치적 목적을 추진하고, 따라서 동일한 구조의 군사력을 다른 방식으로 사용함으로써 변화하는 전쟁을 예측하는 것이다. 이것을 미래의 전쟁war of future에 대한 예측이라고 부를 수 있다. 여기서는 군사기술보다 정치적·사회적·경제적 변화에 따라 나타나는 전쟁의 양상 또는 형태 변화에 초점을 맞춘다. 즉, '어떤 전쟁을 수행하게 되는가'에 집중하며, 군사력의 형태보다는 군사력 사용 방식과 목표 등이 핵심 사안으로 부각된다.[9]

미국은 '전쟁의 미래'에 대해서는 정확하게 예측했지만, '미래의 전쟁'을 전망하는 데는 실패했다고 볼 수 있다. 1990/91년 걸프 전쟁에서 미국은 냉전 기간 자신이 잘 준비했던 '전쟁의 미래'에서 성공했고 자신이 익숙한 방식으로 전투를 수행하여 승리했다. 그리고 정치적 차원에서 결정되는 '미래의 전쟁'은 고려하지 않았다. 이러한 승리 자체는 미국에게 오히려 독毒으로 작용했다. 2003년 침공 과정에서도 동일한 역동성이 작용했다. 군사적으로 성공하면서 미국은 정치적 차원과는 무관한 '전쟁의 미래'에서 승리의 순간Moment of Unaccustomed Triumph을 만끽했다.[10] 침공 과정에서 미국이 동원한 군사력과 군사기술은 탁월했고, 이라크 정부는 침공군을 방어하는 데 실패했다. 이라크의 군사력은 미군과의 전투에서 붕괴했고, 바그다드Baghdad는 전투 개시 20일이 지나자 함락되었으며, 후세인 정권은 소멸했다. 하지만 미국은 침공 이후의 상태에 대해서는 전혀 대비하지 못했으며, 자신의 군사력이 지닌 파괴력에만 초점을 맞춘 나머지 이라크를 점령한 다음에 발생할 다양한 문제는 예상하지 못했다. 다시 말해서 미국은 미래의 전쟁에 대해 냉정하게 예측하기보다는 근거 없는 낙관론에 기초해 전략을 구상했다. 점령이 시작되면서 이라크 전쟁은 부시 행정부로서는 전혀 예상하지 못했던 방향으로 전개되었고, 미국이 동원했던 첨단 군사력은 그 강력한 파괴력으로 말미암아 이후 '사태'에서는 오히려 부작용만을 일으켰다.

미국 군사력 구조와 무기 등의 하드웨어에서 나타난 문제점보다 더욱 심각한 문제점은 미국 군사력의 소프트웨어, 즉 군사 지휘관들이 드러낸 전략적 능력의 한계다. 2001년부터 20년 동안 미국은 아프가니스탄과 이라크에서 전쟁을 수행했고, 이 과정에서 미국 군사 조직의 문제점이 노출되었다. 예컨대, 2001년부터 2010년 말까지 이라크와 아프가니스탄, 미국 중부군 사령부 Central Command: CENTCOM를 지휘했던 미군 장군은 12명이 교체되었으며, 이 가운데 3명은 해임 또는 사실상 해임되었다. 12명 가운데 성공적으로 임무를 수행했다고 평가되는 인물은 퍼트레이어스David H. Petraeus와 오디에어노 Raymond T. Odierno 단 두 명에 지나지 않는다. 다른 지휘관은 전쟁의 성격을 이해하지 못했거나, 이해했다 해도 적절하게 대처하지 못했다고 평가된다.[11] 즉, 대부분 냉전 기간에 양성된 미군 지휘관들은 '미군이 소련군 전차부대를 중부 유럽에서 저지하는 문제'에 지나치게 집중한 나머지 다른 양상의 전쟁에 적응하지 못했고, 결국 이라크 전쟁에서 실패했다는 것이다. 따라서 냉전 종식으로 전쟁의 양상이 변화했으며, '새로운 전쟁'을 수행하려면 이전과는 다른 군사교육과 군사훈련, 진급체계가 필요하다는 것이다. 21세기에 필요한 지휘관은 단순한 군인warrior이 아니라 정치적 감각을 지니고 외교관으로 행동하는 능력까지 갖춘 인물warrior-diplomat이어야 한다. 하지만 미군 지휘관들은 이라크 전쟁에서 그러한 능력을 거의 보여주지 못했다.[12]

그렇다면 미래 세계에서는 어떤 전쟁이 더욱 많이 일어날 것인가? 이것은 미래 세계에서 나타나는 상대적 힘의 배분에 따라 결정될 것이며, 특히 현재 나타나는 미국과 중국 중심의 양극체제는 미래 세계에서 나타날 전쟁의 형태를 결정할 것이다. 그리고 미래 세계가 1945년에서 1991년 사이의 냉전과 유사한 양극체제로 전개된다면, 미래 세계에서 나타날 전쟁 및 군사적 대립은 냉전 시기의 전쟁 및 군사적 대립과 유사한 양상을 띨 가능성이 크다. 즉, 강대국 사이에 전면 전쟁은 벌어지지 않고 핵무기 등을 동원한 상호 억지 등 정치적 대립이 발생할 수 있지만, 양측이 '주변 지역'에서 군사력을 사용할 가능성은 있다. 미국이 1960년대와 1970년대에 베트남에서, 그리고 소련이 1980년대에 아프가니스탄에서 '자신의 영역을 보호하고 확대하기 위해' 전쟁을 수행했듯이, 미국과 중국도 21세기에 이와 비슷한 방식으로 군사력을 사용할 가능성이 크다. 하지만 냉전 시기의 전쟁이 국지적으로 통제되어 미국과 소련의 전면 전쟁으로 확대되지 않았듯이, 21세기의 다양한 전쟁도 미국과 중국 사이의 전면 전쟁으로는 확대되지 않을 것이며, 제한적인 충돌을 잘 관리하면서 전반적인 평화가 유지될 것이다.[13]

이러한 측면에서 이라크 전쟁은 미래의 전쟁을 분석하는 데 많은 시사점을 준다. 미래 세계에서도 전쟁은 사라지지 않을 것이며, 여러 지역에서 제한적인 전쟁이 벌어질 것이다. 이 가운데는 미국과 소련이 한국 전쟁과 베트남 전쟁, 중동 전쟁과 아프가니스탄 전쟁 등에 제한적으로 참가했듯이, 미국과 중국이 제한적으로, 그리고 단독으로 참가하는 전쟁이 있을 것이다. 그리고 그러한 전쟁은 강대국이 직접 참가해 자신의 압도적인 군사력을 사용하는 전쟁이 될 것이다. 따라서 미국의 베트남 전쟁과 소련의 아프가니스탄 전쟁, 미국의 이라크 전쟁 등은 미래 세계에서 벌어질 전쟁의 형태를 보여준다고 할 수 있다. 그러므로 이 책에서 다루는 미국의 이라크 전쟁은 미래의 전쟁이다. 이것이 기술적 발전으로 나타나는 '전쟁의 미래'를 보여주지는 않는다고 해도, 정치적 환경 변화에 따라서 나타나는 '미래의 전쟁'을 보여준다고 할 수 있다. 바로 이 때문에 우리는 이라크 전쟁을 이해해야 한다. 앞으로 세계에서 나타날 분쟁은 이라크 전쟁처럼 강대국이 압도적인 군사력으로 주도권을 장악하지만 전투 이후의 상황을 수습하는 것이 어려워지는 상황으로 전개될 것이다. 하워드Michael Howard가 지적했듯이, 이라크 전쟁은 "군사 조직이 좋아하는 형태의 전쟁이 아니며, 그에 대한 정치적 지지도 강력하지 않다. 하지만 이러한 형태의 전쟁은 미래에 나타날 형태의 전쟁이며, 이것이 우리가 경험할 평화"다.[14]

어떻게 이해할 것인가

이 글은 '이라크 전쟁을 이해할 수 있는 형태'로 만드는 것을 목표로 한다. 앞서 말했듯이, 이라크 전쟁에 관해서는 너무나 많은 정보가 존재하는 탓에 이라크 전쟁을 체계적으로 이해하는 것은 쉽지 않다. 그리고 이라크 전쟁의 전체적인 상황에 관한 정보가 부족하며, 단편적인 사항에 관한 정보만으로 이라크 전쟁의 전체적인 그림을 재구성하는 것은 매우 어렵다. 따라서 필자는 '이라크 전쟁을 이해하기 위한 전체적인 그림'을 제공할 것이다. 2006년 12월에 필자는 서강대학교 학부 학생을 대상으로 간단한 조사를 했는데, 조사 결과 학생들은 이라크 전쟁에서 다음과 같은 것이 연상된다고 밝혔다. 즉, '무의미한 전쟁, 혼란 상태, 수니파Sunnis와 시아파Shias의 분열, 고통스러운 파병, 이슬람과 기독교 간의 갈등, 내전 상태, 21세기 식민지 전쟁, 승리 가능성이 없다' 등이 떠오른다는 것이다. 동시에 상당수는 '아는 것이 거의 없다'고 답변했다.[15] 2006년 12월은 이라크 내전이 최악의 상황으로 치닫던 시기였다. 그리고 당시 미국에서는 부시 행정부가 중간선거에서 패하고, 국방장관이 사임했으며, 곧이어 새로운 전략이 등장하기 직전이었다. 하지만 이라크 전쟁에 대한 이해는 부족했으며, 학생들의 솔직한 고백처럼 사람들은 대부분 '아는 것이 거의 없는' 상태였다.

학계나 언론에서도 이라크 전쟁을 본격적으로 분석하려는 시도는 이루어지지 않았다. 중동 문제에 대한 관심이 적은 상황에서 이라크 전쟁에 관한 연구는 이라크 침공과 관련된 미국의 외교정책이나 군사정책을 분석하는 데 집중되었다. 한국교육학술정보원KERIS이 제공하는 학술연구정보서비스(www.riss.kr)에서 '이라크 전쟁'을 검색해 보면 이러한 상황이 잘 드러난다. 2011년 10월을 기준으로, 우선 이라크 전쟁을 다룬 단행본은 거의 없다. 정확도순 검색에서 나타나는 이라크 전쟁 관련 연구는 2003년에서 2004년 사이에 나온 것이며, 이후 출판된 것은 일반적인 연구에서 이라크 전쟁이 단편적으로 언급된 저술이다. 연구논문도 사정은 비슷하다. 이라크 전쟁 자체를 다룬 연구는 다섯 편 남짓일 뿐, 주로 이라크 전쟁에서 나타난 미국의 외교정책 및 군사정책과 관련된 내용이다.

한국 언론은 이라크 전쟁에 관해 보도했다. 하지만 보도는 체계적이지 않았으며, 이라크 전쟁에 관해 단편적인 정보만을 제공한 탓에 이라크 전쟁을 분석하는 데 오히려 혼란만 가중되었다. 특히 2007년 여름을 정점으로 상황이 빠르게 안정되면서, 언론 보도의 한계도 드러났다. 언론은 상황 안정의 원인을 적절하게 분석하지 못했으며, 안정된 상황은 '뉴스거리'가 되지 않는 탓에 이라크 전쟁에 관한 보도의 양도 줄어들었다. 결국 이라크 상황 악화에 대해서는 정보가 있지만 상황 안정에 대해서는 많은 정보가 존재하지 않으며, 이 때문에 사람들 대부분은 이라크 전쟁이 '악화된 상황에서 정체'되어 있다고 인식한다.

이 글은 '이라크 전쟁의 정치 및 군사사political-military history of the Iraq war'다. 이 글에서 필자는 이라크 전쟁에 관한 정치적·군사적 맥락을 제공함으로써, 현재 단편적으로 그리고 과잉 공급된 정보를 제대로 이해하기 위한 체계를 마련해 보려고 한다. 그리고 이러한 맥락의 핵심은 군사적·정치적 상황이다. 이라크 전쟁은 말 그대로 전쟁이므로, 이 글은 군사적 상황 전개와 이러한 폭력을 사용하게 되는 정치적 상황 전개에 초점을 맞출 것이다. 클라우제비츠Carl von Clausewitz가 간파했듯이, 전쟁은 다른 수단으로 수행되는 정치의 연장이다. 따라서 이라크 전쟁에서도 저항 세력의 공격과 종파 내전 등을 이해하려면 정치적 상황을 파악할 필요가 있다. 다만 여기서 이라크 전쟁의 경제적·문화적·사회적 상황에 관한 논의는 피할 것이다. 이러한 측면을 다루는 문제는 필자의 능력을 넘어서며, 별도의 연구가 필요하다.

이라크 전쟁의 정치적·군사적 상황을 파악하기 위해 필자는 영어로 쓰인 자료, 특히 미국 정부나 군이 공개한 자료와 언론 보도 등에 집중했다. 이라크인이 아랍어로 출판한 자료는 사용하지 않았으나, 이 가운데 영어로 번역되어 접근이 가능한 일부 자료나 연구를 인용했다. 미국 자료에 기초했기 때문에 연구 과정에서 어느 정도 편향이 있었을 가능성이 있다. 하지만 다음 두 가지 사안이 고려되어야 한다. 첫째, 아랍어라는 언어적인 장벽은 넘을 수 없었다. 이라크 전쟁을 연구하는 데 아랍어 자료도 참고하는 것이 바람직하다는 것은 분명하지만, 현실적으로 이라크에서 발간된 아랍어 자료를 사용하는 것은 필자의 언어 능력으로는 불가능했다.[16] 대신 이러한 문제점을 해결하기 위해 미국 정부가 발간한 공식 보고서에 집중했으며, 동시에 부시 행정부의 전쟁 개시와 수행 과정에 대해 비판적인 다양한 자료를 참고했다.

둘째, 이 글은 '미국의 이라크 전쟁'에 관한 것으로, 이라크 전쟁 과정에서 미국의 정치적·군사적 역할에 초점을 맞춘다. 따라서 미국 자료에 기초하는 것은 단순히 언어적 문제를 넘어서 논리적으로 정당화될 수 있다. 이라크 전쟁에서 미국은 중요한 교전 당사자였으며, 동시에 이라크에서 후세인의 수니파 정부를 무너뜨리고 그 대신에 시아파 정부를 수립했으며, 이후 종파 내전에서도 핵심적인 역할을 했다. 즉, 미국의 이라크 전쟁을 분석하려면 미국 자료를 참고해야 한다.[17]

무엇에 초점을 맞추는가

이 글에서 초점을 맞추는 부분, 즉 이 글에서 강조하는 부분은 이라크 전쟁에서 나타난 변화다. 이라크 전쟁은 부시의 침공으로 시작되었다. 침공 이전에도 이라크에서는 다양한 갈등이 존재했지만, 후세인 정권의 강력한 억압 때문에 이러한 갈등이 내전으로 확대되지는 않았다. 하지만 부시 행정부의 침공은 이전까지 작동했던 억압 장치를 파괴했고, 미국이 초기에 가지고 있었던 낙관론은 사라졌다. 부시 행정부는 '판도라의 상자'를 열어버렸고, '세상의 모든 악恶이 해방'되었다. 상황이 수습되지 않으면서, 이라크는 수니파와 시아파의 종파 내전과 미국 점령군에 대한 저항 세력의 공격, 테러 조직의 확대 등으로 엄청난 고통을 당했다. 신화 속 이야기처럼 부시 행정부는 이라크 종파 내전이 극단적으로 확대된 상황에서 '조기 철군'이라는 방식으로 판도라의 상자를 닫으려고 했다. 하지만 신화에서처럼 미국은 상자를 열어두었고, 덕분에 '세상의 모든 악'과 함께 희망이 등장했다. 결국 2007년 여름 이후 상황은 안정화되었고, 2010년 여름에는 미군 전투 병력이 철수했으며, 2011년 12월 미군의 모든 병력이 이라크에서 일단 철수했다.

이라크 전쟁을 단순히 '미국의 이라크 침공'이라는 측면에서만 분석할 수는 없다. 미국의 침공이 이라크 내부에서 발생한 다양한 폭력 사태와 '전쟁'을 촉발한 것은 사실이지만, 이러한 시각에서 이라크 전쟁 전체를 파악하는 것은 적절하지 않다. 1990~1991년 걸프 전쟁Gulf War은 미국과 이라크의 전쟁이었으며, 구분 가능한 전선에서 미국과 이라크는 정규군을 동원해 전투했다. 미국이 시아파와 쿠르드족 주민의 봉기를 부추겼지만, 이러한 이라크 내부 문제는 걸프 전쟁에서 핵심 사안이 아니었으며, 미국은 약속과는 달리 시아파 봉기를 지원하지 않았다. 특히 미국은 이라크 본토를 침공하지 않았으며, 시아파 봉기와 그에 대한 무력 진압을 방관했다.[18] 그러나 이라크 전쟁은, 미국의 침공으로 이라크 내부의 수니파와 시아파 전쟁이 시작되고 뒤늦게 현실을 인식한 미국이 상황을 수습하려고 노력했지만 계속 실패하면서, 마지막 순간에 '감행한 도박'이 성공하는 과정이었다. 그리고 이 과정에서 수니파와 시아파는 상대에게 무자비한 폭력을 가했으며, 자살공격을 비롯한 민간인 공격을 감행하고, 상대의 종교 시설을 파괴했다. 이라크 인접 국가들은 각자 자신과 같은 종파 집단을 지원하면서, 사우디아라비아의 지지를 받는 수니파와 이란의 지원을 받는 시아파가 이라크의 운명을 놓고 대결했다.[19] 이러한 상황에서 미국은 방향감각을 상실했으며, 군사력은 낭비되고 정책은 표류했다.

그렇다면, 어떻게 해서 이러한 변화가 일어났는가? 침공 과정에서 나타난 낙관론은 이라크 내부의 정치 갈등에 대한 준비 부족으로 이어졌다. 이라크 사회를 하나의 통합된 것으로 파악하면서, 내부에 존재했던 수니파와 시아파의 대립을 무시했고, 후세인 정권이 기본적으로 수니파 정권이라는 사실을 간과했다. 미국의 침공으로 후세인 정권이 무너지고 새롭게 등장한 이라크 정부에 시아파 정권이 들어서면서, 이라크에서는 미국의 군사력으로 정권에서 밀려난 수니파와 미국의 침공 덕분에 정권을 장악한 시아파 사이에 권력 투쟁의 성격을 띤 종파 내전이 시작되었다. 2006년 2월에 벌어진 시아파의 성지聖地에 대한 공격으로 이러한 권력 투쟁은 더욱 격렬해졌고, 수니파와 시아파 사이의 종파 내전은 극단으로 치달았다. 부시 행정부는 해결책을 찾지 못했으며, 미국 내에서는 철군을 요구하는 목소리가 커졌다. 하지만 미국은 전쟁을 포기하지 않았고, 판도라의 상자를 닫기보다는 뚜껑을 계속 열어두면서 희망이 나오기를 기다렸다. 2007년 1월에 미국은 기존과는 다른 방식으로 이라크 전쟁을 수행하겠다고 선언했고, 이러한 미국의 전략 변화가 2006년 가을에 시작된 수니파 지역의 변화와 맞물리면서 이라크의 상황이 안정되는 데 결정적 요인으로 작용했다.

과연 이라크에도 평화가 찾아올 것인가? 부시의 침공으로 미국의 이라크 전쟁이 시작된 것은 분명하며, 이는 여러 가지 의미에서 역사적 사실이다. 하지만 오바마의 철군이 미국의 이라크 전쟁을 종식할 수 있는가? 이것은 결국 미국이 이라크 내부의 수니파와 시아파 대립을 어느 정도까지 해결할 수 있느냐에 달렸다. 이러한 '해결'을 위해 1400년 동안 계속된 종파적 대립을 완벽하게 해소할 필요는 없다. 그러나 수니파와 시아파가 상대방을 정치적으로 인정하고, 서로 최소한의 안전을 보장하는 조치는 있어야 한다. 즉, 이라크 전쟁의 큰 부분을 차지하는 종파 내전이 기본적으로 수니파와 시아파의 정치적 대립에서 출발했기 때문에, 정치적 대립을 완화하고 정치적 대결에서 '패배'한다 해도 파멸하지 않고 다음 선거 등의 기회를 기다릴 수 있는 환경을 조성해야 한다. 바그다드에서 권력을 장악한 집단이 이라크 주민 전체의 운명을 결정하는 것이 아니라, 권력을 분산하고 제한하며 특히 석유 자원을 적절하게 배분하는 제도적 장치와 합의가 필요할 것이다.

이러한 해결책을 찾아내는 데 필요한 힘은 미국이 보유한 막강한 군사력이 아니라, 외교적인 능력과 정치적인 설득력이다. 이라크 전쟁을 시작하는 데 사용했던 미국의 힘은 이라크 전쟁을 끝내는 데 도움이 되지 않으며, 편견과 낙관론에 사로잡히면서 정치적 능력 부족으로 시작된 전쟁은 결국 정치적 능력을 회복해야 해결할 수 있다. 그리고 이것이 이라크 전쟁에서 가장 쉽게 간과되지만 동시에 가장 중요한 부분이며, 이 책에서 강조하는 사항이다.

1부

이라크 전쟁의 배경

세상 모든 것에는 배경이 있다. 어떤 사물을 이해하려면 배경에 관한 지식이 필요하다. 하지만 그렇다고 모든 배경 사항을 알아야 하는 것은 아니다. 이라크 전쟁의 원인으로 흔히 지목되는 석유 문제를 이해하기 위해 탄화수소의 화학적 특성과 석유가 형성되는 지질학적 과정을 반드시 알아야 하는 것은 아니듯이 말이다. 하지만 이라크 전쟁 당사국에 관한 기본 지식과 중요한 결정에 관한 지식은 숙지할 필요가 있다.

2003년 3월 20일에 미국이 이라크를 침공하면서 시작된 이라크 전쟁의 초기 당사자는 침공국 미국과 침공 대상국 이라크다. 훗날 이러한 당사자는 변화하지만. 최소한 전쟁 초기 단계에서는 미국과 이라크라는 두 국가가 당사자였다. 그리고 이 두 국가 사이에는 이라크 전쟁 이전부터 서로가 엮인 '역사'가 있었다. 여기서는 이러한 '역사'의 측면에서 이라크 전쟁의 배경을 이라크와 미국에 초점을 맞춰 논의한다.

1장

걸프 전쟁과
후세인

미국의 이라크 침공으로 시작된 이라크 전쟁을 이해하려면 이라크 정치에 관한 지식, 특히 이라크 바트당Baath Party 정부와 그 지도자로서의 후세인에 관한 지식이 반드시 뒷받침되어야 한다. 바트당은 1968년 집권한 이후 2003년 미국의 침공으로 정권을 상실할 때까지 35년 동안 이라크를 통치했으며, 이라크의 소수 종파인 수니파가 다수 종파인 시아파를 지배할 수 있는 기회를 제공했다.

또한 2003년 3월에 시작된 이라크 전쟁을 이해하는 데는 그보다 12년 전에 있었던 걸프 전쟁에 관한 지식도 필요하다. 1990년 8월, 이라크가 쿠웨이트를 침공하자 미국을 비롯한 국제사회는 군사적으로 대응했다. 유엔은 여러 번에 걸친 유엔안전보장이사회 결의안으로 군사력 사용을 승인했고, 1991년 1월 미국 군사력을 중심으로 한 다국적군은 쿠웨이트로 진격해 이라크 군사력의 상당 부분을 파괴했다. 미국 군사력은, 특히 미국의 지상군 군사력은 놀라운 효율성을 발휘했으나, 미국은 정치적 결정을 통해 바그다드까지 진격하여 후세인을 권좌에서 끌어내리지는 않았다. 그 대신에 이라크의 추가 팽창을 막기 위해 억지deterrence 및 봉쇄containment를 추진했다.

걸프 전쟁 이후 후세인은 권력 기반을 강화하고자 두 가지 조치를 취했다. 첫째, 걸프 전쟁 당시 시아파는 미국의 지원을 기대하면서 바트당·수니파 정권에 대항했으나, 후세인은 군사력을 동원해 시아파 봉기를 분쇄했다. 이후 시아파에 대한 탄압은 강화되었으며, 전쟁 이후 경제 봉쇄 상황에서 부족해진 자원을 자신의 지지 기반인 수니파에게 집중적으로 배분했다. 둘째, 바트당은 전통적으로 이슬람의 종교적 색채를 정치 영역에서 배제했으며, 정치적 권위를 순수 정치적 정당성에서 찾으면서 종교에 의존한 정치를 지양했다. 하지만 걸프 전쟁 이후 후세인은 자신의 통치를 점차 수니파 이슬람에 기초해 정당화했으며, 그전까지 추진했던 세속화secularization 정책을 포기했다. 이러한 조치는 후세인의 정권을 유지하는 데 도움이 되었지만, 이라크 전쟁 당시 미국의 침공으로 수니파의 바트당 정권이 붕괴한 이후 사태의 전개에 큰 영향을 끼쳤다.

근대 이라크 탄생과 바트당 집권

이라크가 위치한 지역은 흔히 메소포타미아Mesopotamia라고 부르는 티그리스강과 유프라테스강 사이의 지역으로, '비옥한 초승달 지대'라는 별칭이 붙은, 고대 문명의 발상지다. 약 7000년 전에 조직화된 문명이 출현했으며, 수메르Sumer 문명은 지금으로부터 약 5000년 전에 문자를 발명해 자신들에 관한 기록을 남겼다. 지금으로부터 약 1400년 전인 622년 이슬람교가 생겨난 이후, 이라크는 750년에 세워진 아바스 왕조Abbasid Caliphate의 근거지였으며, 특히 762년 바그다드가 만들어지면서 번영을 이루었다. 그러나 1258년에 칭기즈칸의 손자였던 훌라구Hulagu Khan가 이라크를 침공하여 바그다드를 점령하고 철저하게 파괴했으며, 이후 이라크 지역은 주변에 대한 영향력을 상실했다. 몽골족이 세운 일한국Ilkhanate은 이란에 중심을 두고 지금의 이라크를 통치했으며, 1500년대에 터키의 오스만 제국Ottoman Empire이 이라크 지역으로 팽창했지만, 완전한 통제권을 확보하지는 못했다.

이러한 상황에서 1914년 8월에 유럽에서 벌어진 제1차 세계대전은 이라크의 운명에 결정적인 영향을 미쳤다. 터키는 유럽 전쟁에 독일과 오스트리아·헝가리 제국의 동맹국으로서 영국, 프랑스, 러시아 등에 맞서 전쟁을 치렀다. 영국은 터키를 전선에서 이탈시키고자 1915년 4월에 터키 수도인 이스탄불 부근의 갈리폴리Gallipoli 반도에 상륙했으나, 케말 파샤Kemal Pasha가 지휘하는 터키군의 강력한 저항으로 더는 진격하지 못하고 1916년 1월에 철수할 때까지 교두보를 유지하는 데 그쳤다. 하지만 영국은 자신이 통제하던 이집트에서 메소포타미아 지역으로 진격했으며, 특히 아라비아의 로런스Thomas E. Lawrence라고 알려진 영국군 장교는 아라비아반도 지역의 아랍 부족을 선동해 터키의 지배에 저항하는 반란을 일으키는 데 성공했다.[1]

하지만 영국은 중동 지역에 대해 서로 모순되는 세 가지 약속을 했다. 첫째, 영국 정부는 유대인의 지지를 확보하기 위해 현재의 이스라엘·팔레스타인 지역에 유대인 국가를 만들겠다는 의사를 천명했으며, 1917년 11월에 밸푸어Arthur Balfour 영국 외무장관은 이 내용을 서한으로 작성해 로스차일드Walter Rothschild에게 전달했다. 둘째, 이집트 총독이었던 맥마흔Henry McMahon은 터키에 대한 아랍인들의 반란을 유도하기 위해서, 전쟁에서 승리하면 터키 제국을 해체하고 중동에서 아랍 독립국가 형성을 지원하겠다며 1915년과 1916년에 여러 번의 서한을 통해 약속했다. 셋째, 영국과 프랑스는 전쟁에서 승리하는 경우에 터키가 지배하는 중동 지역을 분할해서 각자 통치하기로 합의했으며, 1916년 5월에 이 내용은 사이크스-피코 협정Sykes-Picot Agreement으로 문서화되었다. 최종적으로 영국이 존중한 약속은 프랑스와의 사이크스-피코 협정이었으며, 영국은 1916년에 바그다드를 점령하고 이라크 지역에 위임통치령British Mandate of Mesopotamia을 창설했다.[2]

1920년에 아랍인들은 수니파와 시아파라는 종파를 초월하여 영국의 위임통치에 저항했으나 실패했고, 1921년 8월에 영국은 아랍 지도자로서 터키와의 전쟁을 수행했던 파이살Faisal bin al-Hussein bin Ali al-Hashemi을 이라크 왕국의 초대 국왕으로 추대했다. 이렇게 만들어진 이라크 왕국은 이전에 터키 제국이 수니파 중심의 바그다드, 시아파 중심의 바스라Basra, 쿠르드족Kurds 중심의 모술Mosul 세 지역으로 나뉘었던 영역을 하나로 통합한 것이었다. 이 때문에 파이살 국왕은 "이라크 국민이라는 개념은 존재하지 않는다No Iraqi People"고 토로하기도 했다.3 1932년 10월에 영국은 군대 주둔권을 보유하면서 이라크 독립왕국을 선포했으나, 여전히 이 지역을 간접적으로 통치했다. 제2차 세계대전 중이었던 1941년 5월에 이라크 왕국은 영국의 실질적인 지배에서 벗어나기 위해 독일과 손을 잡으려고 했으나, 영국은 발 빠르게 대처하여 이라크 전체를 점령하고 1947년 10월까지 통치했다. 전쟁 이후 영국은 다시 간접적인 통치로 복귀했다. 하지만 영국이 후견하는 이라크 왕국은 주기적으로 쿠데타에 시달렸으며, 결국 1958년 7월 14일에 발생한 쿠데타로 왕국은 붕괴하고 이라크 공화국이 탄생했다. 쿠데타를 주동했던 카심Abd al-Karim Qasim 장군은 권좌에 올라 공산주의와 민족주의 세력을 기반으로 권력을 유지했고, 1959년 5월에 영국군을 이라크에서 철수시키는 데 성공했다. 하지만 1963년 2월에 발생한 또 다른 쿠데타로 카심은 실각하고 처형되었다. 그로부터 5년이 지난 1968년 7월에 바트당은 쿠데타로 정권을 장악했고, 바트당의 주요 지도자였던 후세인이 이라크를 통치하게 되었다.

바트당의 바트Ba'ath는 아랍어로 부활을 의미한다. 바트당은 아랍 지역에서 널리 등장했던 세속적 아랍 민족주의 정당으로, 아랍 지역 전체를 하나로 통합하는, 아랍의 부활을 핵심 가치로 추구했다. 1940년 시리아에서 결성된 바트당은 여러 아랍 국가에 지부를 두었으며, 이라크와 시리아에서 정권을 장악했다. 1963년 시리아 바트당은 쿠데타로 권력을 장악해 2010년 현재까지 시리아를 통치하고 있으며, 권력을 바트당 지도자 세습에 의해 이양했다. 이라크 바트당은 1963년 쿠데타에 가담해 정권을 장악했지만, 얼마 가지 못해 권력에서 밀려났다. 그러나 1968년 권토중래하여 다시 권력을 장악했으며, 2003년 미국의 침공이 있기까지 이라크를 통치했다. 바트당은 정치 영역을 종교적 권위에 기초하여 정당화하지 않고, 정치 영역 특유의 정치 권위와 정당화를 추구한다는 측면에서 세속화를 추구했다. 무엇보다 후세인의 이라크 바트당 정권은 이슬람 율법sacred law of Islam인 샤리아Sharia에 따른 법률체계를 거부했고, 서구식 법률에 기초한 행정체계와 사법체계를 구축했다. 이 때문에 시리아와 이라크처럼 바트당이 집권한 아랍 국가는 종교적 색채가 옅으며, 따라서 바트당 세력은 민주주의를 구현하지는 않았으나 정치 영역의 독자성을 인정한다는 측면에서 매우 세속적이고 근대적이다.

후세인은 바트당의 핵심 인물로 1950년대 말부터 활동을 시작해, 1968년 2월에 벌어진 쿠데타로 정권을 장악하고 나서는 바트당 정권 혁명지도위원회Revolutionary Command Council 부위원장으로서 자신의 영향력을 확대했다. 바트당 군사정권 대통령이었던 바크르Ahmad Hassan al-Bakr에게 건강상의 문제가 있어, 후세인은 그를 대신해 막강한 권력을 행사했으며, 1969년에는 부통령 직위에 오르면서 사실상 대통령으로 활약했다. 특히 '바트당 혁명 수호'를 명분으로 후세인은 이라크의 군과 경찰, 정보기관을 장악했고, 1979년 7월에 바크르가 '건강상의 이유'로 사임하자 공식적으로 대통령 직위를 승계했다. 집권과 함께 후세인은 자신에게 도전하는 세력을 제거하기 위해 바트당 및 정부 중요 직위에 있는 인사를 숙청했다. 대통령 취임 일주일 후인 7월 22일에 소집된 바트당 전당대회에서 주요 간부 가운데 68명이 체포되어 전원이 처형되었다. 새롭게 승진한 사람들 또한 안전하지 못했고, 계속되는 숙청으로 8월 1일까지 500여 명이 처형되었다.[4]

후세인은 매우 유리한 상황에서 집권했다. 1972년 6월에 후세인은 이라크 석유 생산을 관장하던 외국 기업을 국유화하는 정책을 추진했고, 1973년 10월에 발생한 1차 석유 위기로 석유 가격이 1배럴당 3.12달러에서 5.12달러, 그리고 12월에는 11.65달러로 상승하면서 엄청난 경제적 이익을 보았다. 후세인이 대통령으로 취임한 1979년 7월에는 이란에서 이슬람 혁명이 일어나 정권이 붕괴하고 석유 생산이 사실상 중단되어 석유 가격이 다시 상승해 1979년 12월에는 24달러까지 올랐다.[5] 후세인의 이라크 바트당 정권은 이러한 자원을 이용해 문맹 퇴치를 위한 무상 의무교육 프로그램을 도입하고, 중동 지역 최고의 의료체계를 구축하는 등 이라크 근대화를 추진했다. 이러한 공적을 인정하여 유네스코UNESCO에서는 후세인에게 크룹스카야 상Nadezhda K. Krupskaya Award을 수여하기도 했다.[6] 또한 후세인의 바트당 정권은 도시화와 함께 이라크 경제의 다변화를 추진했고, 제조업 육성과 농업 기계화에도 많은 자원을 사용했다.

이와 동시에 후세인은 1970년대부터 핵무기를 보유하기 위해 노력했다. 프랑스와 접촉하여 이스라엘이 디모나Dimona에 건설한 지하 원자로와 동일한 시설을 도입했다. 1975년 9월에 이라크는 프랑스 정부와 3억 달러 상당의 계약을 맺고, 프랑스로부터 40메가와트 규모의 원자로와 부대시설, 초기 연료로 75킬로그램의 무기급 고농축 우라늄을 도입했다. '오시라크Osiraq'로 명명된 원자로 시설은 바그다드 남동쪽 20킬로미터 지점에 터를 잡고, 1979년에 공사가 시작되었다.[7] 이를 두고 주변 국가들은 이라크가 핵무기를 개발하려 한다고 파악했다. 이에 따라 이란은 이란·이라크 전쟁 초기인 1980년에 이 시설을 공격했으나 완전히 파괴하지는 못했다. 한편 1981년 6월 7일에 이스라엘은 오시라크 원자로를 폭격해 완공 직전의 원자로를 완전히 파괴했다.[8]

이와 함께 후세인은 이슬람 혁명으로 혼란에 빠진 이란을 공격했다. 1979년 2월에 이란 왕정이 붕괴하고 이슬람 신정정치theocracy가 이란을 통치하면서, 한때 미국의 강력한 지역 동맹국이었던 이란은 미국과의 대립 구도에 들어갔다. 이라크는 이러한 정세를 틈타 1980년 9월에 이란을 공격했다. 초기 전투에서는 이라크가 승리했지만, 이란이 반격에 성공하면서 1982년 6월 무렵에 전선은 전쟁 이전의 국경선에서 고착되었다. 양측 어느 쪽도 상대의 전선을 돌파하지 못하는 상황에서, 탄도미사일로 상대의 도시를 파괴하거나 대함미사일을 이용해 상대의 유조선을 공격했다. 결국 전쟁은 8년 동안 지속되다가, 1988년 8월에 종식되었다. 이 과정에서 이란과 이라크 양국은 모든 자원을 동원해 전쟁을 수행했으며, 특히 석유 가격이 하락하는 상황에서 치러졌던 전쟁이었던 탓에 양국은 그전까지 축적했던 경제력을 완전히 소모했다. 전쟁 비용은 양국이 각각 5000억 달러에 달했으며, 사상자는 총 100만 명 이상이었다.[9] 이 때문에 이라크는 1981년 이스라엘의 공격으로 파괴된 원자로 시설을 복구하지 못했으며, 결국 핵무기 계획은 중단되었다.

이란의 이슬람 혁명은 기본적으로 시아파의 혁명이었다. 이슬람 세계 전체에서 시아파는 소수 종파다. 이슬람교도의 90%는 수니파이며, 10% 정도가 시아파다.[10] 하지만 시아파는 중동 지역의 이란과 이라크에 집중되어 있으며, 이란 인구의 90% 이상, 이라크 인구의 65% 정도가 시아파다. 이 때문에 중동 지역의 수니파 국가들은 '시아파의 위협'을 두려워했으며, 후세인의 수니파 소수 정권이 시아파가 다수를 차지하는 이라크를 통치하고 다른 시아파 국가인 이란과 전쟁을 수행하자 이를 지원했다. 사우디아라비아와 쿠웨이트는 400억 달러를 지원했다. 하지만 전쟁 이전에는 외환보유고가 350억 달러였던 이라크는 이란과의 전쟁에서 550억 달러어치의 무기를 수입했고, 전쟁이 종식되는 시점에 GDP는 380억 달러에 지나지 않았다. 즉, 이라크는 자신의 경제 규모만큼의 외채를 사우디아라비아와 쿠웨이트에 빚지고 있었다.[11] 후세인은 이라크가 수니파 국가를 대표해 시아파 이란과 전쟁을 했고, 따라서 그러한 희생을 감안해 채무가 탕감되어야 한다고 주장했다. 하지만 채권국들은 이라크에 대한 채권을 포기하지 않았으며, 이러한 갈등은 결국 1990년 8월 이라크의 쿠웨이트 침공과 걸프 전쟁으로 이어졌다.

걸프 전쟁(1990년 8월~1991년 2월)

1990년 8월 2일에 이라크는 쿠웨이트를 침공했고, 서방 세계는 후세인을 '극단주의 시아파 이란'에 맞서 싸우는 중동 세력균형의 유지자에서 중동 지역 최고의 팽창주의 지도자로 인식하게 되었다. 이전까지 후세인은 중동 및 제3세계에 흔히 존재하는 독재자였으나, 쿠웨이트 침공 이후에는 중동 지역 최고의 악인으로 낙인찍힌 것이다. 이전까지는 묵인되었던 소수민족 및 반정부 세력에 대한 탄압이 부각되었고, 이것이 후세인 정권의 대외적 공격성과 맞물려 알려지면서 이라크 정권 교체의 필요성을 강조하는 의견에 힘이 실렸다. 그리고 후세인 정권에 대한 이러한 인식은 최종적으로는 2003년 3월에 일어난 미국의 이라크 침공으로 이어졌다.

이러한 쿠웨이트 침공 원인은 크게 다음 세 가지였다. 첫째, 이란과의 전쟁으로 파산 지경에 처한 이라크의 경제 상황이었다. 사우디아라비아와 쿠웨이트는 이라크에 제공한 경제 지원을 탕감하지 않았으며, 이에 이라크는 쿠웨이트를 침공해 자산을 약탈하고 사우디아라비아에 외채를 탕감해 줄 것을 강요하려고 했다. 둘째, 이라크는 사실상 내륙에 위치한 국가로서 항구는 하나뿐이다. 남부 지역의 바스라는 티그리스·유프라테스강에 위치한 항구 도시이며 바다로 직접 연결된다. 그 대신에 움카스르Umm Qasr가 페르시아만으로의 수출을 담당한다. 그러나 쿠웨이트는 4개의 항구를 보유하고 있다. 셋째, 이라크는 쿠웨이트가 석유 가격을 유지하기 위한 석유수출국기구Organization of Petroleum Exporting Countries: OPEC의 합의를 어기고 할당량보다 많은 석유를 생산하고 있다고 비난했다. 그리고 쿠웨이트가 이라크 인접 지역에서 석유를 채굴했기 때문에 이라크 석유 생산에 타격을 주었으며, 특히 채굴용 시추봉을 수직이 아니라 비스듬하게 사용slant-drilling했다고 비난했다. 종합해 보면, 이라크는 수니파의 이익을 위해 시아파 이란과 전쟁을 했으므로 이때 발생한 비용을 사우디아라비아와 쿠웨이트와 같은 수니파 국가들이 공동으로 부담해야 하며, 쿠웨이트의 석유 증산과 편법 시추로 재정적 손해를 보았다고 주장한 것이다. 이와 더불어 이라크는 쿠웨이트를 합병하여 석유 수출을 위한 항구를 확보할 수 있다고 판단했다.

이러한 배경에서 1990년 7월에 이라크 정부는 쿠웨이트가 본래 이라크의 일부였으며, 따라서 쿠웨이트를 독립국가로 인정할 수 없다고 선언했다. 하지만 1963년에 이라크 정부는 쿠웨이트 정부를 승인하고 국경선을 인정했기 때문에, 이러한 일방적인 선언은 용납될 수 없었다.[12] 이라크는 '쿠웨이트 문제'를 해결하기 위해 군사력을 사용하겠다고 위협하면서 국경선에 병력을 집결시켰다. 이에 대응해 미국은 해군력을 동원하여 페르시아만에 항공모함 전투단을 배치하는 동시에 외교적 노력도 기울였다. 1990년 7월 25일에 이라크 주재 미국 대사 글래스피April Glaspie는 후세인과 면담했고 미국의 '우려'를 전달했다. 하지만 글래스피 대사는 후세인에게 "쿠웨이트와의 국경분쟁과 같은 아랍 내부 문제에 대해 미국 정부는 특별한 견해가 없다We have no opinion on the Arab-Arab conflicts, like your border disagreement with Kuwait"라고 말하면서 이라크의 쿠웨이트 침공을 승인하는 듯한 인상을 남겼다.[13] 1990년 7월 31일에 이라크와 쿠웨이트 간 협상은 최종적으로 실패했고, 8월 2일에 이라크는 쿠웨이트를 침공해 점령하고 합병을 선언했다.

점령 자체는 어려움이 없었다. 5개 사단의 이라크군은 침공한 지 몇 시간 만에 수도인 쿠웨이트시티Kuwait City를 함락했고, 48시간 내에 쿠웨이트 전체를 장악했다. 쿠웨이트군은 대부분 사우디아라비아로 피신했다. 쿠웨이트 국왕 가족과 정부 인사를 비롯해 전체 인구의 절반인 약 40만 명이 사우디아라비아로 탈출했다. 하지만 서방 국가는 이라크의 쿠웨이트 침공을 묵과하지 않았고, 유엔은 침공 당일인 8월 2일에 유엔안전보장이사회 결의안UN Security Council Resolution 660을 통해, 침공을 비난하고 이라크군이 즉시 쿠웨이트에서 철수할 것을 명령했다. 하지만 이라크는 유엔안전보장이사회의 결의안을 무시했고, 1990년 8월 6일에 유엔은 유엔안전보장이사회 결의안 661을 통해 이라크에 대한 경제적 제재를 부과했다. 이로써 모든 유엔 가맹국은 석유를 포함한 물품을 이라크에서 수입할 수 없게 되었고, 인도적 지원을 제외한 모든 물품의 수출도 금지되었다. 8월 9일 유엔안전보장이사회는 결의안 662로써 이라크의 쿠웨이트 합병을 불법illegal으로 규정했다. 그리고 8월 25일에는 유엔안전보장이사회 결의안 665를 통해, 경제적 제재를 집행하기 위한 해상봉쇄를 결정했다.

또한 미국은 이라크의 쿠웨이트 침공 및 합병을 용납하지 않겠다고 선언했다. 1990년 8월 7일에 사우디아라비아 정부는 미국에 군사 지원을 요청했고, 부시 행정부는 우선적으로 이라크 군사력의 남하와 사우디아라비아 침공을 저지하기 위해 군사력을 배치했다.[14] 미국이 사용한 군사력은 아이젠하워와

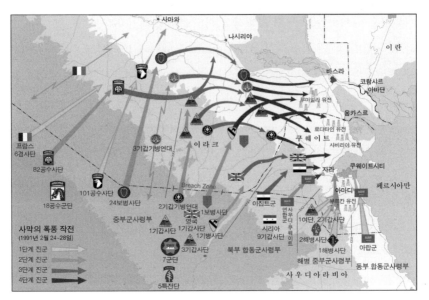

사막의 폭풍 작전 시 부대 이동을 나타낸 지도
자료: Global Security

인디펜던스호의 항공모함 전투단naval battle groups 2개와 48대의 F-15기로서, 8
월 8일 중동 지역에 전개되었다. 지상군 전력으로는 82공수사단82nd Airborne
Division이 같은 날 사우디아라비아에 배치되기 시작했다. 이러한 군사행동은
'사막의 방패 작전Operation Desert Shield'이라는 이름으로 진행되었고, 이는 미국
이 다른 국가의 지원을 확보하고 추가 군사력을 집중하면서 이라크군을 쿠웨
이트에서 축출하는 '사막의 폭풍 작전Operation Desert Storm'으로 발전했다. 최종
적으로 미국이 배치한 병력은 약 54만 3000명으로, 이는 2003년 이라크 침공
에 동원된 병력의 2배가 넘는 규모였으며, 그 밖의 33개국 병력까지 포함하
면 80만 명에 가까운 군사력이 사우디아라비아에 집결했다.[15]

미국이 군사력을 배치하기 시작하자 이라크는 이른바 인간 방패를 사용했
다. 이라크가 쿠웨이트를 침공하는 과정에서 상당수 외국인이 억류되었고,
후세인은 그들을 서방 국가의 공격을 막기 위한 인질로 사용한 것이다. 1990년
8월 23일에 이라크는 영국인 인질과 후세인의 면담을 방송했고, 여기에서 후

세인은 "서방측 손님guest의 존재가 전쟁을 방지하기를 바란다"라고 말했다.[16]

이라크에 대한 군사력 사용은 1990년 11월 29일에 통과된 유엔안전보장이사회 결의안 678로써 승인되었다. 이 결의안에 대해 중국은 기권을 선언하고 쿠바와 예멘은 반대했지만, 유엔안전보장이사회를 구성하는 다른 12개 국가가 찬성해 통과되었다. 유엔안전보장이사회는 이전까지 이라크에 부과된 모든 결의안을 수용하고 쿠웨이트에서 즉각 철수할 것을 명령하면서, 1991년 1월 15일까지 이라크가 쿠웨이트에서 철수하지 않는다면 유엔 회원국은 군사력을 포함한 모든 수단을 동원해 이라크의 쿠웨이트 철수를 강제할 수 있다고 선언했다. 이에 미국을 포함한 34개국이 군사력을 동원했다. 일본과 독일은 정치적 문제로 직접적인 군사력을 동원하지는 않았지만, 그 대신에 100억 달러와 66억 달러에 달하는 재정을 지원했다. 소련은 군사력을 동원하지 않은 대신 이라크에 압력을 가해 결의안 수용을 유도했지만 실패했다.

1990년 9월 11일에 부시 대통령은 의회 연설에서 이라크가 중동 평화를 위협한다고 역설했으며, 쿠웨이트 망명정부와 사우디아라비아 정부는 로비를 통해 미국의 군사개입과 이라크 군사력 파괴를 요구했다.[17] 군사력 배치가 완료되고 철수 명령에 대한 시한이 임박했던 1991년 1월 12일에 미국 의회는 부시 행정부의 군사력 사용을 허용했다. 당시 미국 상원은 찬성 52, 반대 47로, 하원은 찬성 250, 반대 183으로 행정부에 군사력 사용 권한을 부여했다.

전투는 공습으로 시작되었다. 미군을 중심으로 한 연합군은 1991년 1월 17일에 공습을 시작해 지상군 공격이 시작되었던 2월 23일까지 6주 동안 이라크 군사력을 파괴했다. 연합군 공군은 약 10만 회 출격해 8만 8500여 톤의 폭탄을 투하했다.[18] 이라크는 전쟁에 참여하지 않은 이스라엘을 탄도미사일로 공격했다. 이스라엘 민간인을 공격하면 이스라엘이 이라크에 보복할 것이고, 이를 통해 후세인은 전쟁의 의미를 이라크의 쿠웨이트 침공이라는 아랍 국가들 사이의 갈등에서, 아랍과 이스라엘 사이의 갈등으로 변질시키려고 했다. 미국은 이스라엘의 참전을 막기 위해 이스라엘에 패트리어트 대공미사일 부대를 급파해 이라크의 스커드미사일을 요격하기 시작했다. 덕분에 이스라엘 정부는 전쟁에 참가하지 않았으며, 전쟁의 기본 갈등은 '한 아랍 국가가 다른 아랍 국가를 공격'한, 아랍 국가 내부의 갈등으로 유지되었다.[19]

한편 미국은 이라크가 독가스 등의 화학무기를 사용할 가능성이 크다고 판단했고, 특히 후세인이 북부 지역의 쿠르드족을 공격하면서, 그리고 이란과의 전쟁에서 독가스를 사용했기 때문에, 이러한 우려는 상당히 심각하게 받아들여졌다. 이에 미국은 이라크가 화학무기 또는 생물학무기를 사용하는 경우에 핵무기를 사용해 보복하겠다는 결정을 내리고, 이를 명시적이고 공개적으로 위협했다. 1991년 1월 9일, 미국 정부는 이라크 정부에 보낸 공개서한에서 "생화학무기 사용은 용납할 수 없다"라고 선언했다. 만약 이라크가 생화학무기를 사용한다면, "미국은 모든 무기를 사용해 이라크에 보복할 것이며, 후세인 정권을 소멸시키는 데 그치지 않고 생화학무기 사용을 결정한 개인을 처벌하겠다"라고 공언했다.[20]

전투 시작 직전인 1991년 2월 22일에 이라크는 쿠웨이트에서 철수하겠다는 의사를 밝혔고, 연합군은 48시간의 말미를 주었지만, 결국 전투가 발생했다. 그리고 2월 23일에 연합군 지상군은 쿠웨이트로 진격했다. 이어 벌어진 전투에서 이라크는 완벽하게 패배했다. 제공권을 상실한 상태에서 징집병으로 구성된 이라크 정규군 보병부대는 붕괴했으며, 지원병으로 구성된 공화국수비대Republican Guard 또한 미군의 진격을 저지하지 못했다. 이라크는 징집병 중심의 보병으로 쿠웨이트 점령군을 편성하고, 후방에 엘리트 전투부대를 배치해 연합군의 공격에 대비했다. 즉, 연합군의 쿠웨이트 진격을 보병으로 저지하면서 연합군에 사상자를 강요하고, 기회를 포착해 공화국수비대 등으로 반격하겠다는 구상이었다. 하지만 연합군은 사우디아라비아에서 쿠웨이트로 진격하지 않고 우회해 이라크를 직접 공격했다. 우익右翼이 돌파된 이라크군은 쿠웨이트를 방어하지 못했고, 쿠웨이트시티로 진격한 쿠웨이트군은 인명 피해가 거의 없이 수도를 되찾았다. 그리고 이라크가 후방에 배치한 군사력은 소모되지 않은 연합군 지상 전력과 직면했다.

파괴된 차량으로 가득한 이른바 '죽음의 고속도로(Highway of Death)'
자료: Department of Defense

    2월 24일에 미군과 영국군은 이라크 영토로 진격했으며, 2월 26일 밤 쿠웨이트에서 생존한 이라크 군사력은 고속도로를 통해 이라크로 철수하기 시작했지만, 연합군의 공습으로 완전히 파괴되고 말았다.[21] 이라크로 진격한 미군은 이라크와 쿠웨이트 국경에 매복하여 미군의 진격을 기다리고 있는 이라크 공화국수비대를 공격했다. 2월 26일 오후에 미군 기계화부대의 정찰중대는 이라크 기갑사단 1개 연대를 격파하는 놀라운 전투력을 발휘했으며, 이후 모든 전투에서 미군은 사격술과 같은 기본적인 전투 기술에서 이라크군을 능가했다.[22] 특히 '동부 73번 지역 전투Battle of 73 Easting'에서 9대의 전차와 12대의 장갑차로 구성된 미군 정찰중대는 40분간 벌어진 전투에서 이라크군의 전차 37대와 장갑차량 32대를 파괴했다. 이라크군은 반격했지만, 미군 중대는 이를 격퇴하면서 이라크군 전차와 장갑차량, 그리고 일반차량 113대를 격파했다. 하지만 미군 피해는 장갑차 1대에 그쳤다. 미군 전차는 전투 개시 10초 동안 세 번 사격해 이라크 전차 3대를 파괴했으며, 미군의 전체 명중률은 85%에 달했다. 이러한 미군의 사격술은 다른 전투에서도 드러난다.[23]

군사기술에도 차이가 있었지만, 기술적 차이로는 전투에서 나타난 결과를 충분히 설명하지 못할 정도였다. 전쟁에서 미군을 중심으로 한 연합군은 380명이 전사하고 776명이 부상한 데 비해, 이라크의 병력 손실은 2만~3만 5000명 정도로 추산된다. 공군력이 사용되지 않고 양측이 조우한 동부 73번 지역 전투 등에서 미국은 사격술과 같은 기본 전투 기술에서 이라크군을 능가했으며, 냉전 기간에 소련군을 방어하기 위해 연마한 미군의 전투력은 걸프 전쟁에서 유감없이 발휘되었다.[24] 하지만 이라크군은 내부 문제 때문에 자신의 군사적 잠재력을 활용하지 못했다. 특히 흥미로운 것은 이라크 방공부대의 효율성으로, 소련에서 도입한 최신식 대공미사일 시스템은 연합군 공군의 공격을 저지하는 데 실패했다. 걸프 전쟁에서 연합군 공군은 43대의 항공기를 대공 포화로 상실했으나, 베트남 전쟁에서 북베트남 방공부대는 미군 폭격기 2000여 대를 격추했다. 이처럼 이라크의 군사력이 비효율적이었던 것은 이라크 군사력이 정권에 도전하는 것을 막기 위해 후세인이 개입하여 효율성을 극대화하기보다는 정치적 신뢰도를 확보하는 방향으로 군대를 구성했기 때문이다.[25]

한편 미국을 비롯한 연합국은 전세를 압도적으로 이끌고 갔는데도 이라크 본토 깊숙이 진격해 후세인 정권을 전복하지는 않았다. 지상 전투는 100시간 후에 종결되었고, 휴전협정이 체결되어 미군은 1991년 3월 10일에 철수하기 시작했다. 그러면서 미국은 후세인 정권이 쿠데타로 전복되기를 바랐다. 한편 부시 대통령은 훗날 회고록에서, 이라크를 침공하면 불필요한 비용이 들어갈 것이라고 판단해 후세인의 권력 유지를 허용했다고 주장했다. 특히 적대적인 국가에서 점령 업무를 수행할 필요는 없으며, 전쟁으로 약화된 후세인 정권은 조만간 무너질 것이라고 보았다.[26]

이러한 구상에 따라 미국은 남부 지역에 집중 거주하는 이라크 내 시아파의 봉기를 유도했다. 시아파는 외부의 지원을 기대하고 수니파 중심의 후세인 정권에 도전했으나, 미국은 봉기가 시작된 이후에는 시아파를 지원하지 않았다. 휴전협정에서 이라크는 공군력을 사용할 수 없도록 규정되었지만,

연락을 위한 헬리콥터는 허용되었고, 후세인은 시아파 봉기를 진압하기 위해 자신의 남은 군사력과 헬리콥터를 활용했다. 결국 시아파 봉기는 북부 지역의 쿠르드족 봉기와 함께 실패했으며, 약 10만 명의 인명이 희생되고 40만 명이 추방되면서 끝났다.

전쟁 이후의 이라크

걸프 전쟁이 끝나자 유엔은 이라크에 두 개의 비행금지구역no fly zone을 설정했다. 쿠르드족을 보호하기 위해 북위 36도 이북 지역을, 남부 지역에는 북위 33도 이남을 비행금지구역으로 설정했다. 이러한 조치는 1991년 4월 5일에 통과된 유엔안전보장이사회 결의안 688을 근거로 이루어졌으며, 1996년에는 남부 지역의 비행금지구역이 32도 이남 지역으로까지 확대되었다. 미국은 비행금지구역을 강제하기 위해 5000여 명 규모의 공군 병력을 사우디아라비아에 주둔시켰다. '남부 지역 감시 작전Operation Southern Watch'을 통해 미국은 비행금지구역을 강제하는 동시에 이라크의 군사력 이동을 관찰하고 필요한 경우에는 공군력을 동원해 제한적인 공격을 감행했다. 이라크가 비행금지구역을 자꾸 침범하고 군사력을 증강하는 등 유엔사찰위원회 활동에 협력하지 않자, 미국은 1998년 12월 16~19일 이라크에 제한적인 공습을 감행해 바그다드의 중요 시설을 파괴했다. 이러한 군사행동의 목적은 이라크 군사력을 파괴하는 것이 아니라 억제하는 것이었으며, 후세인의 장악력을 약화시키려는 의도도 있었다.

하지만 사우디아라비아에 미국 군사력을 장기 주둔시키는 것은 여러 문제를 낳았다. 특히 여성의 권리가 제한된 엄격한 이슬람 국가인 사우디아라비아에서 미군에 소속된 여군의 활약은 큰 충격이었다. 여성이 운전을 할 수 없고 외출할 때 베일로 얼굴을 가려야 하는 사회에서, 여성이 항공기를 조종하고 반팔 차림으로 생활하는 것은 사우디아라비아 보수파에게 용납하기 어려

이슬람 극단주의자의 테러로 파괴된 코바르타워
자료: Department of Defense

운 일이었다. 사우디아라비아 정부는 미군을 '단기고용'한다는 태도를 취했으며, 미군 주둔지를 사막 지역으로 한정하고 미군 병사들의 음주를 금지하며 사우디아라비아 군인이 공동지휘권을 행사한다는 조건을 제시했다.[27]

이러한 상황에서 폭탄 공격이 발생했다. 1995년 11월 13일, 사우디아라비아의 수도 리야드Riyadh에 위치한 미국계 회사에 대한 공격으로 미국인 5명을 포함해 7명이 사망하고 60여 명이 부상당했다.[28] 또한 1996년 6월 25일에는 미군 군사시설인 코바르타워Khobar Towers가 공격을 당했다. 사우디아라비아 테러 조직은 다란Dhahran에 위치한 미군 공군기지의 숙소인 코바르타워 옆에 분뇨트럭으로 위장한 폭탄트럭을 접근시켜 폭파했고, 8층 건물이 붕괴하면서 19명의 미군과 1명의 사우디아라비아 민간인이 사망하고 370여 명이 부상했다. 공격을 감행한 테러 조직은 아프가니스탄 전쟁에 참가했던 사우디아라비아 출신의 이슬람 극단주의자들로 구성되었으며, 훗날 알카에다 al-Qaeda의 일부로 편입되었다.[29] 공격 이후 미군은 해안 지대인 다란에서 내류의 공군기지로 철수했으며, 2003년 12월에 미군은 사우디아라비아에서 완전히 철수해 카타르로 이동했다.

전쟁 이후 미국은 이라크 군사력을 해체하기 위해 많은 노력을 기울였다. 특히 유엔안전보장이사회 결의안 687을 통해 이라크가 보유하고 있다는 대량살상무기Weapons of Mass Destruction: WMD와 사정거리 150킬로미터 이상의 탄도미사일을 제거하려고 했다. 또한 유엔특별위원회United Nations Special Commission: UNSCOM를 구성해 이라크 군사력 해체를 위한 사찰을 시도했다. 이후 이라크 군사력에 관련된 유엔안전보장이사회 결의안만 11개에 달할 정도로 미국은 이라크의 대량살상무기 보유를 우려했다.

그러나 후세인은 유엔특별위원회에 협력하지 않았고, 그 때문에 전쟁 이후에도 이라크에 대한 경제적 제재는 지속되었다. 이로 말미암아 이라크에서는 50만 명 어린이가 영양실조와 의약품 부족으로 사망한 것으로 추정된다. 한편 1990년 750억 달러에 이르렀던 이라크의 GDP는 이후 100억 달러로 추락했으며, 1999년에 이르러서도 237억 달러에 지나지 않았다. 전체 인구의 60%가 정부 배급에 의존했으며, 하루에 섭취하는 열량은 1100칼로리로, 성인 하루 권장 열량인 2500칼로리의 절반도 되지 않아 영양실조가 급증했다. 유엔은 이라크가 인도적 목적으로 의약품과 식량을 수입할 수 있도록 제한된 범위에서 석유 판매를 허용했고, 이는 유엔안전보장이사회 결의안 986을 통해 식량 수입을 위한 석유 수출 프로그램Oil for Food Program으로 확대되었다. 이를 통해 이라크는 매달 45만 톤의 식량을 수입할 수 있었지만, 동시에 부패와 밀수가 만연했고, 경제 부문에서 정부 지출이 차지하는 비중이 70%로 증가하는 부작용을 낳았다.[30]

하지만 후세인은 이러한 프로그램을 이용해 이라크 군사력 강화에 필요한 자재와 무기를 수입했으며, 이에 유엔안전보장이사회는 결의안 1284에 근거해 유엔특별위원회의 기능과 권한을 강화하여 유엔사찰위원회United Nations Monitoring, Verification and Inspection Commission: UNMOVIC로 개편했다. 반면 미국에서는 1998년 10월에 공화당 보수파의 주도로 「이라크해방법Iraq Liberation Act」이 통과되고, 이라크를 봉쇄 또는 억지하는 것은 어려우므로 정권 교체를 할 필요가 있다는 여론이 조성되었다. 이라크 망명자로 구성된 전투부대를 이라크에 잠입시키고, 미국이 항공 지원을 제공해 이라크 군사력을 파괴하며, 궁극적으로는 정권을 교체한다는 구상이 거론되었으나, 이러한 구상은 탁상공론에 지나지 않았다.[31]

이라크 국내의 불안을 부추기는 외부 세력은 미국에 국한되지 않았다. 특히 이란은 이라크와의 전쟁 때 억류한 시아파 포로를 중심으로 바드르 조직 Badr Organization을 구축하고 하부 군사 조직으로 바드르 여단Badr Brigade을 창설해 이라크와의 전쟁에 투입했다. 동시에 이란은 이라크 시아파 중심의 이슬람 혁명 조직인 이라크 이슬람혁명최고위원회Supreme Council for the Islamic Revolution in Iraq: SCIRI를 창설하고 이라크 남부 지역의 시아파 봉기를 선동했다. 하지만 후세인은 자신의 남은 군사력을 동원해 이를 무자비하게 진압하고, 이후 시아파를 가혹하게 탄압했다. 시아파의 주요 성직자가 봉직하는 모스크를 폐쇄했으며, 특히 이란 출신으로 1951년부터 이라크에 거주하면서 시아파 성직자의 교육을 담당했던 시아파 종교 지도자인 시스타니Ali al-Sistani 세력을 탄압했다. 또한 바그다드에서 활동한 시아파 종교 지도자인 사드르Mohammad Sadeq al-Sadr는 가난하고 젊은 시아파 주민을 중심으로 후세인의 수니파 정권에 저항했으나 1999년 2월 19일에 암살되었다.[32] 사드르의 지지자 가운데 450여 명이 처형되고, 3000명 이상이 투옥되었다.[33]

후세인은 이러한 상황에서 이전까지 바트당 정권이 유지했던 세속화 정책을 포기했다. 본래 바트당은 교육을 확대하고 여성의 사회 활동을 장려했다. 종교적 권위에 의존하지 않으면서 정치 영역에서 독자적인 정당성을 추구한다는 측면에서 매우 근대적이었다. 그리고 이러한 정책의 연장에서 후세인은 종교 지도자에 의존하지 않았다. 하지만 미국과 이란이 시아파를 선동해 자신의 정권을 위협하자, 후세인은 수니파 이슬람에 의존하게 되었다. 즉, 이전까지 보여주었던 근대적인 측면은 사라지고, 그 대신에 후세인은 신정정치의 요소를 도입해, 점차 수니파 이슬람을 기반으로 정권을 유지하려고 했다.

이에 이전까지는 종교적 상징이 없었던 이라크 국기에 후세인은 자신의 글씨로 '알라는 위대하다Allahu Akbar'라는 문장을 새겨 넣었다.[34] 동시에 후세인은 시아파의 성지聖地인 나자프Najaf에 위치한 이슬람 세계 최대의 공동묘지이자, 세계에서 가장 큰 공동묘지 가운데 하나인 '평화의 계곡Wadi al-Salam'을 훼손했다. 수니파 정권은 세계의 모든 시아파가 죽은 다음에 묻히기를 희망하는 이 묘지 한복판에 고속도로를 건설했고, 이에 항의하는 시아파 주민에게 발포했다. 후세인의 이러한 행동은 미국 침공 이후 이라크 전쟁이 변질되는 데 큰 영향을 주었다.

2장

9·11 테러와
아프가니스탄 침공

걸프 전쟁 이후 미국의 이라크 전략은 억지와 봉쇄였다. 미국의 41대 대통령 부시George H. W. Bush는 이라크의 정권 교체를 시도하기보다 억지와 봉쇄를 통해 이라크의 팽창을 방지할 수 있다고 판단했다. 이후 집권한 클린턴Bill Clinton의 민주당 행정부는 부시의 공화당 행정부가 추진했던 이라크 억지 및 봉쇄 정책을 계승했다. 하지만 2000년 대통령 선거에서 부시 대통령의 아들인 공화당의 부시George W. Bush가 당선되자 미국의 전략 기조가 달라지기 시작했다.

부시 대통령 취임 초기에 핵심적인 외교 문제는 미국과 중국의 갈등이었다. 공화당 후보였던 부시는 선거 기간부터 중국을 '전략적 동반자strategic partner'가 아니라 '경쟁자competitor'로 파악했으며, 다른 국가의 정부나 국가 형성에 개입하는 것보다는 강대국 경쟁이 더욱 중요한 문제라고 보았다. 이러한 경향은 2001년 4월에 발생한 정찰기 충돌 문제로 더욱 강화되었지만, 9·11 테러로 미국의 전략과 정책은 엄청난 변화를 겪었다. 이 공격으로 약 3000명이 사망했고, 미국은 테러 조직을 억지하는 것은 불가능하며 직접 테러 조직을 파괴해야만 미국의 안전이 보장된다고 판단했다. 그리고 이에 대한 첫 번째 행동으로 미국을 공격한 알카에다가 자리 잡은 아프가니스탄의 탈레반 정권을 공격했다. 침공 초기에 많은 우려가 있었지만, 아프가니스탄 침공 자체는 성공적이었으며, 큰 저항 없이 상황은 안정되었다. 이 과정에서 미국의 부시 행정부는 중국과의 갈등을 극복하고, 2002년 북한의 핵무기 보유 선언과 이란의 핵무기 프로그램 등의 문제를 무시한 채, 이라크 침공과 정권 교체라는 목표를 향해 돌진한다.

부시 행정부의 등장과 중국과의 대립 가능성

냉전 이후의 국제정치는 미국 중심의 일극체제였다. 이러한 측면에서 퍼거슨Niall Ferguson은 진정으로 21세기가 시작된 것은 미국에 대한 테러 공격이 있었던 9·11(2001년 9월 11일)이 아니라, 베를린 장벽이 무너지고 소련이 몰락하면서 미국이 오직 하나의 초강대국으로 부상한 11·9(1989년 11월 9일)라고 보았다.[1] 미국에 대한 테러 공격은 미국이 유일한 강대국이라는 사실에서 초래된 결과이자 현상일 뿐이며, 이러한 결과를 불러온 원인은 베를린 장벽과 소련의 붕괴에서 시작된 미국의 일극체제라는 것이다. 하지만 1990년대 후반 이러한 일극체제에서도 잠재적인 도전자가 부상했고, 이 때문에 상당히 많은 갈등이 일어났다. 이러한 갈등은 군사 충돌로 확대되지 않았지만, 잠재적 폭발력이 있었으며, 일극체제의 안정성unipolar stability을 위협했다. 이러한 불안정성을 불러일으킨 도전자는 중국이었다.[2]

중국과의 분쟁은 다양한 차원에서 나타났다. 1990년대 초 중국은 톈안먼天安門 사건과 신장新疆 소요 등 많은 내부 문제에 직면했으나, 강력한 탄압으로 그러한 문제를 억누르는 데 성공했고, 이후 나타난 빠른 경제성장은 내부 불만을 잠재우는 데 큰 역할을 했다. 경제성장으로 중국은 자신의 잠재적 힘을 축적했고, 미국에서는 중국의 무역수지 흑자와 공격적인 의도를 우려하는 목소리가 커졌다. 1998년 6월 미국 하원의 결의안에 기초해 조직된 콕스위원회Cox Committee는 그러한 경향을 잘 보여준다. 위원회는 중국 정부가 미국의 핵무기 및 탄도미사일 기술에 대해 스파이 활동을 했는지 검토했고, 최종 보고서에서 중국이 미국의 핵무기 설계 정보를 빼냈다고 결론지었다. 그리고 이러한 스파이 활동은 일부에 국한되거나 최근에 집중된 것이 아니라 매우 오랫동안 광범위하게 이루어졌으며, 앞으로도 이러한 스파이 활동은 계속될 것이라고 지적했다.[3]

　2000년 미국 대통령 선거가 진행되면서 공화당 후보였던 부시는 중국에 대한 강경책을 예고했다. 공화당 후보로 선정되기 이전부터 부시는 중국과의 대결이 불가피하다고 선언했으며, 클린턴 행정부가 중국을 '전략적 동반자'로 규정한 것에 불만을 표시하면서, 중국을 미국의 '경쟁자'로 보았다. 또한 중국이 미국의 안보에 가장 큰 장기 위협이 될 것이라고 주장하면서, 대만 Republic of China과의 군사관계 및 교류를 강화하는 「대만안보강화법Taiwan Security Enhancement Act」이 필요하다고 역설했다.[4] 이처럼 중국을 경계하는 태도는 부시 행정부에서 국가안보보좌관national security advisor과 국무장관을 지낸 라이스 Condoleezza Rice의 글에서 잘 드러난다. 2000년 초 기고한 논문에서 라이스는 공화당 외교 및 군사정책에 대해 논의하면서, 중국과의 대결을 미국이 직면한 가장 중요한 세 가지 문제의 하나로 지목했다.[5] 특히 라이스는 중국이 동아시아의 안정을 위협하며, 대만 문제를 해결하려고 군사력을 사용할 가능성이 있음을 명시적으로 논했다. 또한 클린턴 행정부가 아프리카와 발칸반도 문제에 지나치게 개입했으며, 군사력을 민족 건설nation-building에 사용하면서, 미국 및 동맹국의 안보를 위한 군사력을 약화시켰다고 비난했다. 특히 라이스는 "82공수사단을 동원해 어린이들이 유치원에 가는 것을 보호해서는 안 된다"라고 주장하면서, 클린턴 행정부의 대외 정책을 비판했다.[6]

　미국이 직면한 위협이 중국에서 비롯된다는 주장은 이 시기에 널리 퍼지기 시작했다.[7] 어떤 강대국이든 새롭게 부상하는 경우에 기존 세력균형 상태에서의 안정성이 저해되고 전쟁의 가능성이 커진다는 주장이 제기되었으며, 따라서 미국은 중국의 부상을 막기 위해 중국의 힘을 강화하는 경제 교류와 투자를 줄이고 일본이나 한국 등 동아시아 동맹국의 군사력 증강을 촉구해야 한다는 제안도 있었다. 한편 한반도에 대한 미국의 직접적인 개입이 줄어든다면 한국과 일본은 중국의 위협에 대응하기 위해 동맹 등의 방식으로 서로 협력할 것이며, 미국은 역외균형자offshore balancer로서 힘을 비축하고 문제 발생 시 최후의 순간에 개입해야 한다는 주장도 있었다.[8]

그리고 이러한 태도는 부시 대통령 취임 직후에 미국과 중국의 위기로 비화되었다. 2001년 4월 1일에 남중국해의 공해 상공인 하이난섬海南島 남동쪽 약 100킬로미터 부근에서 미국 전자전 정찰기 EP-3가 정찰 도중 이를 감시하기 위해 출동한 중국 전투기 J-8과 충돌했다. 이 사고로 중국 전투기가 추락하면서 조종사가 사망했으며, 미국 정찰기는 하이난섬에 불시착했다. 승무원 24명은 중국 당국에 억류되었고, 정찰기 기체는 중국 정부가 '불법 입국에 대한 조사'를 목적으로 압류했다. 승무원 석방을 위한 협상이 이루어졌으며, 결국 중국 주재 미국 대사가 중국 외교부장에게 보낸 서한에서 미국은 중국 전투기 조종사가 사망한 것에 대해 '매우 유감'으로 생각하며, 중국 영토에 착륙하는 과정에서 정확한 설명 없이 영공을 침범해 '매우 유감'이라는 의사를 밝혔다. 사고가 난 지 열흘 정도 지난 4월 11일에 정찰기 승무원들은 석방되었으며, 기체는 중국 당국이 분해하여 모든 부품을 미국에 전달하는 형태로 반환되었다.[9]

이 사건이 일어난 이후 많은 사람은 미국과 중국 사이에 '새로운 냉전New Cold War'이 시작되었다고 평가했으며, 이러한 사건이 축적되면 미국과 소련의 냉전과 같은 대립이 일어날 것이라고 보았다.[10] 새로운 냉전에서 중요한 의제는 대만 문제였을 것이며, 이러한 세계에서 국제정치는 냉전 초기와 유사한 형태로 전개되었을 것이다. 다만 미국과 중국 사이에 존재하는 높은 경제적 상호의존economic interdependence은 미국과 중국 관계가 극단적인 대립으로 치닫지 않게 하는 제동장치로 작동했을 것이다. 하지만 2001년 9월 11일 아침, 그러한 가능성은 사라지고 전혀 새로운 세계가 나타났다.

9·11 테러 공격

2001년 9월 11일 아침, 이집트 출신의 아타Mohamed Atta가 지휘하는 19명의 하이재커hijacker는 모두 4대의 민간 항공기를 납치했다. 납치된 항공기는 모두 동부에서 서부로 향하던 항공기로, 미국 대륙을 횡단하는 데 필요한 연료를 적재한 상태였다. 아침 8시 46분에 첫 번째 비행기가 뉴욕의 세계무역센터World Trade Center 북쪽 빌딩에 충돌했고, 9시 3분에는 두 번째 비행기가 남쪽 빌딩에 충돌했다. 10시 직전에 남쪽 빌딩이 무너졌고, 10시에 북쪽 빌딩 또한 붕괴되었다. 세 번째 항공기는 9시 37분 미국 국방부 건물에 충돌했다. 마지막 항공기는 펜실베이니아 상공에서 승객의 저항으로 납치범들이 항공기에 대한 통제권을 상실하고, 10시 3분에 추락했다.[11]

이러한 공격으로 하이재커 19명을 포함해 70개 국가의 국민 2995명이 사망했다. 이는 전체 인명 피해가 1941년 12월 일본의 진주만 공격으로 발생한 2345명의 군인 전사자와 57명의 민간인 희생자보다 많은, 미국에 대한 단일 공격으로는 가장 큰 인명 손실을 가져온 공격이었다. 19명의 하이재커 가운데 15명이 사우디아라비아 출신이었고, 2명은 아랍에미리트 국적이었으며, 이집트와 레바논 국민이 각각 1명씩이었다. 하이재커의 국적으로 미뤄볼 때, 9·11 테러 공격은 중동 지역에서 미국이 가장 중요시하는, 그리고 세계에서 가장 부유한 국가의 하나인 사우디아라비아가 미국을 공격한 것이었다. 하지만 사우디아라비아 정부가 관여하거나 사전에 이러한 공격 가능성을 인지하고 있지는 않았다. 하이재커들은 폭발물이나 총기를 사용하지 않았고, 당시에는 기내 소지가 허용되었던 문구류 및 호신용 칼, 치한퇴치용 가스를 이용해 항공기를 장악했다. 항공기 조종사를 무력화한 다음, 미리 비행훈련을 받은 하이재커가 각자 정해진 목표물에 돌진해 건물을 파괴했다.

테러 공격을 현장에서 지휘했던 이집트 국적의 아타는 독일에서 건축학을 전공하던 학생이었으며, 주로 함부르크를 중심으로 활동했다. 한편 테러 공격 계획을 세우고 실행 결정을 내린 것은 무하마드Khali Shaikh Muhammad라는 인

**2001년 9월 11일, 테러
공격을 받은 세계무역센터**
자료: TheMachineStops
(Robert J. Fisch)

물이었다. 그는 파키스탄 출신의 부모에게서 태어난 쿠웨이트 시민으로, 미국에서 대학 교육을 받았고 공학 학사학위를 받은 다음에 아프가니스탄에서 소련군에 대항해 싸웠다. 무하마드는 미국의 이스라엘 정책에 격분했고, 결국 9·11 테러의 기획을 담당했다.[12] 즉, 하이재커와 공격 지휘관은 이슬람 이외의 지역을 경험하고 그것에 대해 많은 것을 알고 있었으며, 흔히 생각하는 것처럼 종교적인 광신도이거나 서구적 교육을 받지 않은 이들은 아니었다. 아타와 무하마드 등은 독일과 미국에서 공학 학위를 받은 인재였다.

이러한 기획을 뒷받침했던 것은 빈라덴Osama Bin Laden의 알카에다였다고 한다. 빈라덴은 사우디아라비아 국왕 가족과 밀접하게 연결된 가문 출신으로 건설업과 금융업에 종사하며, 그 가문이 소유한 기업체는 매년 50억 달러의 수익을 내는 것으로 알려져 있다. 1979년 12월에 소련이 아프가니스탄을 침공하자, 빈라덴은 상속받은 자산과 자기 가문의 영향력을 이용해 아프가니스탄의 무자헤딘Mujahideen 게릴라를 지원했으며, 1989년 2월에 소련군이 철수하면서 초래된 아프가니스탄 내전과 힘의 공백 상태에서 알카에다를 창설했다.[13] 이후 빈라덴은 과격성을 띠기 시작하면서, 예멘과 알제리 등지에서 폭탄 테러를 감행했으며, 1990년대 중반에 보스니아 내전으로 많은 이슬람교도가 학살되자 보스니아에 대한 군사적 지원을 중동 지역에 촉구했다. 또한

1996년에 발생한 코바르타워 공격에 간접적으로 관여했으며, 이슬람교의 성지인 메카Mecca와 메디나Medina가 있고 자신의 고향이기도 한 사우디아라비아에서 미군이 철수할 것을 요구했다. 그리고 1998년에는 미국의 이스라엘 정책을 격렬히 비난하기도 했다.

9·11 테러 직후에 빈라덴은 자신이 테러 공격에 관여하지 않았다며 혐의를 부인했지만, 2004년 11월에는 자신이 공격을 지시했다고 명시적으로 인정했다. 하지만 이러한 인정은 빈라덴이 자신의 '업적'을 과시하기 위한 의도적인 거짓말일 수 있으며, 이를 뒷받침할 만한 증거가 없다는 측면에서 많은 문제가 있다. 공격에 대한 미국 측의 공식 보고서를 작성한 9·11위원회9·11 Commission는 2004년에 공개한 최종 보고서에서, 9·11 테러 공격에 가담한 하이재커는 모두 알카에다 구성원이며, 빈라덴의 지시를 받았다고 선언했다. 그리고 보고서에서는 알카에다 지휘부가 9·11 공격으로 구체화되는 테러 계획을 1999년 4월에 승인했으며, 빈라덴 자신이 직접 공격에 참여할 사람을 선발했다고 주장했다.[14] 하지만 이러한 결론을 증명할 명확한, 또는 법정에서 사용될 수 있을 정도의 증거는 제시되지 않았으며, 단순한 첩보 또는 정보 수준의 증거만이 있었다. 영국 정부 관계자들도 그러한 증거가 빈라덴이 테러 공격을 지시했다는 사실을 어느 정도 보여주지만 기소하기에 충분하지는 않다고 결론을 내렸다.

하지만 부시 행정부는 미국 본토가 공격을 당했다는 충격 속에서 테러와의 전쟁War on Terror을 선언하고, 미국의 안전을 지키려면 테러리스트 조직을 말살해야 한다고 주장했다. 그리고 9·11 공격이 알카에다의 소행이라는 '증거'에 기초해 알카에다를 범인으로 지목했으며, 알카에다와 연결된 아프가니스탄의 탈레반 정권을 공격했다. 이후 부시 행정부는 이라크 후세인 정권이 알카에다를 지원하고 있으며, 따라서 이라크를 공격해 정권을 교체해야 한다고 결론을 내렸다.

아프가니스탄과 탈레반

아프가니스탄은 인구가 약 2900만 명이고, 면적은 65만 제곱킬로미터로, 남한의 60% 정도의 인구가 남한보다 6.5배 큰 국토에서 살아가는 국가다. 내륙 국가로서 아프가니스탄은 인도 북부에 독자적인 제국을 건설하기도 했으며, 인도에 침입했던 세력들은 이 지역을 중요한 근거지로 사용했다. 알렉산더 대왕은 현재의 아프가니스탄을 통해 인도 북부를 공격했으며, 이후 남겨진 그리스 문화는 초기 불교 예술인 간다라 미술에 많은 영향을 주었다. 7세기부터 이슬람 세력이 침투했으며, 10세기 후반 무렵 아프가니스탄은 이슬람교 지역으로 바뀌었다. 1219년 칭기즈칸이 이끄는 몽골군은 아프가니스탄 지역을 초토화했으나 몽골의 지배는 오래가지 않았고, 16세기 초에 만들어진 무굴제국Mughal Empire은 아프가니스탄에서 시작해 인도 북부를 통치하면서 19세기까지 유지되었다.

영국 세력의 인도 침투와 함께 러시아 세력이 남하하면서, 아프가니스탄은 인도 지배권을 둘러싼 영국과 러시아의 각축장으로 변모했다. 특히 문제가 되었던 지점은 카이베르 고개Khyber Pass로, 전통적으로 중앙아시아에서 인도로 이동하는 데 반드시 거쳐야 했던 곳이다. 영국은 러시아의 남하 가능성을 저지하기 위해 1839년과 1878년에 아프가니스탄을 침공했으나, 러시아의 지원을 받는 아프가니스탄 이슬람 정권을 무너뜨리지 못했다. 덕분에 아프가니스탄은 독립을 유지했으며, 파슈툰Pashtun 부족을 중심으로 한 왕국이 1973년 공화정 혁명 시기까지 존재했다.[15] 당시 국왕의 사촌이자 전직 총리였던 칸Mohammed Daoud Khan은 1973년 무혈 쿠데타로 정권을 장악하고 나서, 소련의 지원을 바탕으로 여성의 권리를 신장하고 경제를 근대화하기 위해 힘을 쏟았다. 하지만 1970년대 중반 미국과의 관계를 강화하기 시작하면서 국내적으로 이슬람 근본주의자와 공산주의자라는 두 개의 반대 세력에 직면했다. 1978년 4월에 공산주의자가 주동한 쿠데타로 칸은 사살되고, 이후 집권한 공산주의 정부는 급격한 근대화와 봉건적 관습의 철폐를 추진했다. 이러한 정책, 특히 여성의 권리 강화와 토지개혁은 보수적 이슬람 근본주의자의 반발을 불러일으켰고, 1978년 중반에 반란이 시작되자 공산주의 정부는 수만 명을 처형하는 무자비한 유혈 진압으로 대응했다.

소련은 아프가니스탄 내전이 발생하자 공산주의 정부를 군사적으로 지원했다. 하지만 1979년 12월에 소련은 군사력을 동원해 아프가니스탄의 수도인 카불Kabul을 장악하고 공산주의 정부의 지도자들을 '제거'한 다음 사실상 직접 통치를 시도했다. 소련이 아프가니스탄을 침공하면서, 1970년대에 미국과 소련 사이에 존재했던 데탕트détente는 종식되었다. 베트남 전쟁에서 소련이 북베트남과 베트콩을 지원했듯이, 미국은 소련에 대항하는 이슬람 근본주의자로 구성된 무자헤딘 게릴라에게 무기와 자금을 제공했다. 특히 미국은 스팅어Stinger 휴대용 대공미사일 1000기를 무자헤딘 게릴라에게 공급했으며, 새로운 대공미사일을 사용해 아프가니스탄 게릴라들은 소련군 헬리콥터를 격추했다. 당시 소련과 대립하고 있었던 중국이 미국과 함께 게릴라를 지원했으며, 아프가니스탄 인접 국가인 파키스탄도 난민을 수용하고 게릴라 기지 및 훈련소를 운영하면서 미국의 개입에 적극적으로 동조했다. 그리고 사우디아라비아는 저항 조직에 자금을 지원했다.[16]

결국 소련은 상황을 통제하지 못했다. 무자헤딘 게릴라들이 소련의 무장 점령과 공산주의식 근대화 정책에 격렬하게 저항하자, 소련은 자신이 직접 전투를 수행하기보다는 아프가니스탄 공산주의 정부의 군사력을 활용하는 방안을 추진했다. 소련이 구축한 아프가니스탄 민주공화국Democratic Republic of Afghanistan은 약 30만 명의 병력을 보유했으나, 효과적인 군사력으로는 작동하지 못했다. 1988년 5월에 시작된 소련군 철수는 1989년 2월에 완료되었다. 아프가니스탄 민주공화국은 국민의 지지를 확보하지 못한 상황에서 소련의 원조에 기초해 유지되었지만, 1991년 12월에 소련이 붕괴하고 아프가니스탄에 대한 지원도 중단되자 1992년 3월 무자헤딘 게릴라에 의해 무너졌다.[17] 하지만 무자헤딘 게릴라에게 아프가니스탄을 재건할 능력이 없었던 탓에 아프가니스탄에서는 혼란이 계속되었다. 중앙정부가 사실상 존재하지 않는 상황에서 이전의 무자헤딘을 구성했던 이슬람 근본주의자 내부 파벌이 군벌로 변모했으며, 아프가니스탄에 존재하는 다양한 부족 집단의 갈등까지 겹치면서 내부 사정을 통제하는 것은 거의 불가능한 상황에 처했다. 더욱이 소련이 붕괴하고 냉전이 종식된 상황에서 미국을 비롯한 다른 국가가 아프가니스탄 문제에 개입하지 않았기 때문에 혼란은 가중되었다.

이 와중에 아프가니스탄 남부의 파슈툰 부족을 중심으로 한 수니파 이슬람 근본주의 운동이 세력을 강화했으며, 이것이 탈레반으로 발전했다. 파슈툰 부족의 중심 도시인 칸다하르Kandahar에서 시작된 탈레반은 젊은 학생으로 구성되었고, 상대적으로 부패하지 않았으며, 무엇보다 아프가니스탄 주요 지역을 장악하는 데 성공했다. 하지만 탈레반 역시 국가 전체를 운영할 능력이 없었으며, 파키스탄에 거주하는 파슈툰 부족을 통해 파키스탄 정부 및 정보기관의 지원에 의존했다. 1996년 9월에 탈레반은 무자헤딘 군벌과의 전투에서 승리하고 수도인 카불을 장악했다.[18] 이슬람 근본주의 정권답게 탈레반은 이슬람 율법인 샤리아에 입각하여, 여성의 교육과 고용을 허용하지 않고, 영화·텔레비전·음악·춤 등을 금지했으며, 모든 남자들이 턱수염을 기를 것을 명령했다. 탈레반 정권은 기본적으로 파슈툰 부족 정권이기 때문에, 아프가니스탄 북부의 부족 등은 저항했으며, 특히 우즈베크Uzbek 부족과 타지크Tajik 부족을 중심으로 구성된 북부동맹Northern Alliance과 탈레반 간에 벌어진 내전은 2001년 9월까지 지속되었다.[19]

수니파 이슬람 근본주의 집단인 탈레반은 우상숭배를 금지했다. 하지만 과거 역사의 유물이자 현재 아프가니스탄에 신자가 존재하지 않는 불교 유적에 대해서는 어느 정도 관용을 허용했다. 불교를 처음으로 국교로 삼았던 마우리아 왕조의 아소카Ashoka, B.C. 304~.B.C. 232 왕은 알렉산더 대왕의 원정 결과 아프가니스탄 지역에 남아 있던 그리스 문화를 수용해 간다라 예술 양식을 발전시켰다. 이후 10세기까지 아프가니스탄에는 초기 불교 예술 유적이 많이 남아 있었다. 탈레반 정권 최고 지도자인 오마르Mullah Mohammed Omar는 1999년 7월 아프가니스탄에 존재하는 불상 등을 보존할 것을 지시하기도 했다. 하지만 탈레반 정권은 태도를 바꿔 불교 유적을 파괴하기 시작했다. 2001년 3월 2일에 탈레반은, 6세기에 세워져 1500년 동안 보존되었고, 중국 당나라의 현장玄奘이 감상하기도 했던 바미얀Bamyan 석불을 폭파했다. 탈레반은 석불 유적이 이교도의 우상이라고 비난하면서, 불상을 단순히 '바위와 진흙으로 만들어진 물건'이라고 규정하고는 대포와 폭약을 사용해 불교 유적을 파괴했다.[20]

알카에다와 탈레반

알카에다가 공식적으로 출범한 것은 1988년 상반기로 추정된다. 그러나 그 기본 조직은 1984년에 아잠Abdullah Azzam과 빈라덴이 창설한 아프가니스탄 지원국Afghan Services Bureau에서 출발한다. 이 조직은 사우디아라비아를 중심으로 소련에 대항하는 아프가니스탄 게릴라를 지원하는 데 필요한 자금을 동원했으며, 아랍 세계에서 지원병을 모집해 훈련한 다음 아프가니스탄에 잠입시켰다. 아프가니스탄 지원국은 특정 정부의 공식 기관은 아니었으나, 사우디아라비아에 기반을 두고 사우디아라비아 정부의 지원을 받았기 때문에, 1년에 6억 달러까지도 동원할 수 있었다.[21] 이 시기에 아프가니스탄 지원국은 미국에서도 활동했고, 아잠은 미국에서 이슬람교도가 많이 거주하는 뉴욕과 로스앤젤레스 등 33개 도시를 방문하기도 했다.

창설자인 아잠은 팔레스타인 출신으로, 1967년 이스라엘이 요르단강 서안지구West Bank를 점령하자 사우디아라비아로 이주해 대학교수로 활동하면서 빈라덴을 알게 되었다. 아프가니스탄에서 소련군이 철수하자, 아프가니스탄의 재건을 강조하는 아잠과 중동 지역의 이슬람 혁명을 중시하는 빈라덴의 대립이 표출되었다. 빈라덴은 자신의 스승이었던 아잠과 직접적으로 대립하지 않았으나, 1989년 11월에 아잠이 암살되고 자연스럽게 빈라덴이 조직을 통솔하게 되면서 아프가니스탄 지원국은 알카에다로 변화했다. 1990년대에 들어서면서 중동 지역의 이슬람 혁명 조직 및 극단주의자들은 빈라덴의 알카에다와 밀접한 협력 관계를 유지하게 되었고, 일부 조직은 알카에다의 일부로 통합되었다.

알카에다는 세르비아인에게 학살당하는 보스니아의 이슬람교도와, 힌두교도의 박해를 받는 인도 북부 카슈미르의 이슬람교도, 유대인의 탄압에 신음하는 팔레스타인의 이슬람교도 등을 돕는다는 명분으로 조직의 힘을 축적했다. 1991년에 걸프 전쟁이 발생하고 이후에도 이라크 억지 및 비행금지구역 문제로 미군이 사우디아라비아에 주둔하자, 알카에다는 미국에 대해 적대감을 품게 되었다. 여기에 팔레스타인 문제와 이스라엘에 대한 미국의 지원 문제로 그러한 반감은 더욱 커졌다. 이슬람 근본주의 조직으로서 알카에다는 후세인의 세속화 성향을 혐오했으나, 이라크를 적대시하는 미국에도 강한 적대감을 품고 있었던 것이다.

이후 알카에다는 아프가니스탄 지원국의 영향력을 이용해 탈레반 세력의 성장을 지원했으며, 소련과 전쟁하는 동안 동반자 관계를 유지했던 파키스탄 정보부와 힘을 합쳐 탈레반 세력이 정권을 장악하는 데 중요한 역할을 했다. 이후 빈라덴은 아프가니스탄에 알카에다 훈련소 등을 구축했고, 미국 및 서방 국가에 대한 공격과 함께 중동 지역에 이슬람 혁명을 실현하고자 노력했다. 특히 1996년 수단 정부가 알카에다를 추방하자, 아프가니스탄이 중요한 기지로 부상했다.[22] 아프가니스탄에 건설한 기지에서 알카에다는 군사훈련과 종교교육에 집중했으며, 무기를 수입하고 이슬람 극단주의를 표방하는 여러 단체와 교류했다. 아프가니스탄의 기지에서 훈련받은 인원은 1만 5000명 정도로 추산되며, 탈레반 정권의 요청에 따라 기지에서는 탈레반 전투 요원의 훈련도 대행했다.[23]

알카에다는 출범 직후부터 미국을 공격했다. 1992년 12월에는 소말리아로 이동하던 미군 병력을 알카에다가 예멘에서 공격했으나 성공하지 못했다. 1993년 2월에 알카에다 조직원은 세계무역센터 건물의 기초 부분을 폭파해 건물 전체를 붕괴시키려 했으나, 건물은 무너지지 않았다. 1996년 국제회의 참석을 위해 필리핀을 방문했던 클린턴 대통령 암살 시도 역시 실패했다. 1998년 8월에 알카에다는 탄자니아와 케냐에 위치한 미국 대사관에 폭탄 테러를 감행해 220명이 사망하는 인명 피해를 입혔으나, 희생자는 대부분 탄자니아와 케냐 국민이었으며, 미국인은 12명만이 사망했다. 2000년 10월에는 예멘에서 보급품을 선적하던 미국 구축함 콜USS Cole호에 대한 자살공격을 감행해 미국 병사 17명을 살해했다.[24] 이러한 일련의 공격 가운데 가장 큰 것이 9·11 테러였다. 이후에도 알카에다는 미국에 대한 공격을 계속 시도하고 있으나, 9·11 테러에 버금갈 만큼 '성공적인 공격'은 없었다.

미국의 아프가니스탄 침공

9·11 공격 이후 미국은 알카에다를 범인으로 지목하고 알카에다와 연결되어 있는 아프가니스탄의 탈레반 정권에 알카에다와 그 지도자인 빈라덴의 인도를 요구했다.[25] 하지만 탈레반 정권은 빈라덴이 테러 공격에 관여했다는 증거를 제시하라고 반박하면서, 증거를 제출한다면 이를 검토한 다음에 아프가니스탄에서 이슬람 법정을 통해 재판을 하겠다고 주장했다. 부시 행정부는 이러한 반박을 거부하고, 2001년 10월 7일에 특수부대와 미국 중앙정보국Central Intelligence Agency: CIA 공작원을 중심으로 구성된 군사력을 동원해 아프가니스탄을 침공했다. 미국은 공군력으로 탈레반 군사력과 정부 시설, 알카에다 근거지를 공격했으며, 동시에 아프가니스탄 일반 주민의 고통을 경감하기 위해서 물과 식량, 의약품 등을 아프가니스탄 전역에 투하했다.

또한 미국은 북부동맹의 반격을 촉구했다. 파슈툰 부족 중심의 탈레반 정권과 내전을 벌이고 있던 우즈베크 부족과 타지크 부족 중심의 북부동맹은 2001년 9월 마수드Ahmad Shah Massoud의 암살로 와해될 위기에 직면했으나, 미국의 지원을 받아 기사회생했다. 미국 공군의 엄청난 화력 덕분에 북부동맹은 군사적 열세를 극복할 기회를 포착했으나, 직접적인 군사행동을 시작하지는 않았다. 초기에 미국은 영국의 군사기지인 인도양의 디에고가르시아Diego Garcia섬에서 출격하여 고공 폭격을 감행했으나, 10월 중순에는 항공모함 전투단을 배치하고 지상 목표물을 더욱 정교하게 공격하기 시작했다. 11월 초 탈레반 군사력은 와해되고 북부동맹은 폭격 유도를 담당하는 극소수 미군 특수부대의 도움을 받아 수도인 카불로 진격했으며, 11월 12일에 카불을 함락했다. 이후 탈레반 정권은 빠른 속도로 무너졌으며, 북부동맹은 거의 모든 지방 수도를 장악했다. 탈레반 주력 부대와 알카에다 군사력의 상당 부분은 토라보라Tora Bora 지역으로 철수해 장기적인 저항을 시작했다.

아프가니스탄 내전은 기본적으로 부족 전쟁의 성격을 띠고 있었기 때문에, 파키스탄에 소속되어 있는 파슈툰 부족은 탈레반 정권을 지원했다. 이 때문에 미국의 동맹국으로 부시 행정부를 지지했던 파키스탄 정부는 탈레반을 지원하는 강력한 국내 세력과 탈레반을 파괴하려는 강력한 동맹국의 압력 사이에서 심각한 문제에 직면했다. 특히 1999년 10월에 쿠데타로 권력을 장악한 무샤라프Pervez Musharraf는 국내의 지지 기반을 공고히 하는 동시에 외교적 지원도 확보해야 했기 때문에 무척 어려운 처지에 놓였다. 과거 파키스탄은 아프가니스탄 내전에 깊이 관여했고, 파슈툰 부족 중심의 탈레반 정권을 지원했기 때문에, 미국의 압력을 수용해 탈레반 정권을 적대시하기는 어려웠다.[26]

2001년 12월, 탈레반이 탄생한 도시이자 확고한 지지 기반인 칸다하르가 함락되면서, 아프가니스탄에서 전투는 종식되었다.[27] 유엔안전보장이사회는 파슈툰 부족을 포함해 아프가니스탄의 주요 부족 대표를 독일의 본Bonn에 초청하여 향후 정치 일정에 합의하는 데 성공했다. 또한 아프가니스탄 부족 대표들은 새로운 정부와 헌법이 마련될 때까지 아프가니스탄 정부 역할을 수행할 임시정부Afghan Transitional Authority를 구성하고, 임시정부의 수장으로 카르자이Hamid Karzai를 선출했다. 무자헤딘 출신으로 소련에 저항했던 카르자이는 소련군 철수 이후 아프가니스탄의 혼란을 종식할 수 있는 유일한 방안으로 탈레반 정권을 지지했다. 하지만 파키스탄 정보부의 지나친 개입을 비판하면서, 같은 파슈툰 부족으로 구성된 탈레반 정권을 적대시하고 북부동맹에 관여했다. 미국의 압도적 군사력으로 탈레반 정권이 붕괴하자, 카르자이는 탈레반을 대신해 파슈툰 부족의 지도자로 부상하면서 상당한 지도력을 보여주었다. 덕분에 아프가니스탄 상황은 빠르게 안정되었다.

2002년 6월과 7월에 카르자이는 로야지르가Loya Jirga라고 부르는 대규모 부족 대표자 회의를 개최해 정국을 장악했다. 특히 6월 13일 2000여 명이 모인 대규모 회의에서 카르자이는 아프가니스탄 임시정부 대통령으로 선

2002년 6월 13일에 개최된 로야지르가에서 아프가니스탄 임시정부 대통령으로 선출된 하미드 카르자이
자료: Department of State

출되었으며, 헌법 초안을 마련할 권한을 위임받았다. 2003년 12월, 카르자이가 준비한 헌법안이 500여 명의 부족 대표가 참석한 로야지르가에서 토의되어, 결국 2004년 1월 4일에 최종 승인되었다. 하지만 이 과정에서 많은 문제가 있었으며, 상당한 비판이 존재했다. 그러나 정치 일정은 계속 추진되어, 2004년 10월 새로운 헌법에 따라 대통령 선거가 치러졌고, 결국 55%의 지지를 얻은 카르자이가 승리했다. 그리고 2005년 9월에는 총선이 시행되었다.

미국의 아프가니스탄 침공은 유엔의 승인을 받지 않은 상태에서 시작되었다. 2001년 11월 14일에 유엔안전보장이사회는 결의안 1378을 통해 빈라덴과 알카에다에 기지를 제공한 탈레반 정권을 비난했지만, 이것은 비난에 그쳤으며, 미국에 군사력 사용 권한을 부여하지는 않았다. 그 대신에 미국은 유엔헌장 51조에 규정된 자위권right of self-defense 행사로 침공을 정당화했다. 2001년 12월 6일에 유엔안전보장이사회는 결의안 1383을 통해 독일의 본에서 열리는 아프가니스탄 대표자 회의를 승인했고, 이에 대한 지지를 회원국에 촉구했다. 또한 12월 20일에 유엔안전보장이사회는 결의안 1386으로 아프가니스탄 대표자 회의의 합의를 수용하고, 아프가니스탄 임시정부 수립과

질서 유지를 위해 국제안보지원군International Security Assistance Force: ISAF을 창설해 파병할 것을 결정했다. 수도인 카불 지역의 질서 유지를 위해 만들어진 국제 안보지원군은 2003년 10월 13일에 발표된 유엔안전보장이사회 결의안 1510 에 따라 임무 지역이 아프가니스탄 전체로 확대되었다. 2003년 8월 나토NATO, 북대서양조약기구에 지휘권이 이양되었고, 2010년 현재까지도 나토 병력 중심으 로 구성되어 있다.

이러한 측면에서 유엔은 미국의 침공을 사후 승인했다. 유엔안전보장이사 회가 군사력 사용을 명시적으로 그리고 사전에 승인하고 나서 미국이 아프가 니스탄을 공격한 것은 아니었다. 1991년 걸프 전쟁에서 미국은 유엔안전보 장이사회의 승인을 확보했고, 그것에 기초해 이라크 공격을 감행했다. 하지 만 아프가니스탄 공격에서는 이러한 사전 승인이 없었다. 하지만 침공 및 점 령이 있은 이후, 유엔은 미국이 주관한 아프가니스탄 대표자 회의 결과와 임 시정부 등을 승인했고, 질서 유지를 위한 국제안보지원군 창설을 결의했다.

동시에 미국의 침공은 성공적이었다. 우선 미국은 대규모 지상군 군사력 을 직접 사용하지 않고, 특수부대와 공군력만을 동원해 아프가니스탄에서 승 리했다. 민간인 사상자도 매우 적었으며, 미군 사상자 또한 최소화하는 데 성 공했다.[28] 유엔안전보장이사회의 승인이 없었지만, 미국은 침공 이후 사후 승인을 확보했다. 무엇보다도 아프가니스탄 상황은 빠르게 안정되었다. 아 프가니스탄 대표자 회의는 매우 성공적이었으며, 카르자이를 중심으로 구축 된 임시정부는 쉽게 정국을 장악했다. 2006년 들어 탈레반 세력의 반격이 시 작되고 아프가니스탄은 큰 혼란에 직면했지만, 침공 이후 4년 동안 미국의 아프가니스탄 침공은 성공으로 인식되었다. 이러한 성공은 이라크에서도 성 공할 수 있다는 부시 행정부의 낙관론으로 이어졌으며, '낙관론으로 전략을 대신'했던 미국의 이라크 침공과 실패를 가져왔다.

2부

전투의 승리 그리고 전쟁의 시작

(2003년 3~6월)

2003년 3월 이전의 상황을 정리하면 다음과 같다. 미국은 아프가니스탄에서 승리했으며, 상황을 안정화하는 데 성공했다. 탈레반 정권은 붕괴했으며, 미국이 선택한 카르자이는 아프가니스탄 부족 대표자 회의에서 대통령으로 추대되었다. 미국은 유엔안전보장이사회의 사전 승인을 받지 않고 전쟁을 시작했지만, 전투에서 승리하고 나서 사후 승인을 확보했다. 미국 지상군 병력은 사실상 사용되지 않았으며, 전투 이후 나토 동맹국이 적극적으로 동참하는 가운데, 미국은 다른 문제에 집중할 수 있었다. 이것은 매우 유리한 상황이었다. 그리고 이러한 상황은 이라크 전쟁에 대한 낙관론을 낳았다. 부시 행정부는 이라크의 대량살상무기에 대해 심각한 우려를 표하면서 시간이 흐를수록 상황이 나빠진다는 비관론을 유포했다. 그리고 이러한 비관론과 더불어, 전쟁을 하면 이라크를 쉽게 이길 수 있다는 낙관론을 상정했던 것이다. 이처럼 낙관론과 비관론의 기묘한 조합은 결국 미국의 이라크 침공과 정권 교체 시도로 이어졌다. 문제는 부시 행정부가 이라크 침공과 그 이후 사태를 정확하고 냉정하게 판단하지 못했다는 사실이다. 정권 핵심부를 장악했던 네오콘은 자신들의 희망 사항과 편견에 근거해 이라크 전쟁을 결정했고, 그 과정에서 나타났던 정당한 회의론과 비관적인 전망을 무시했다. 전투에서의 승리에 대해서는 어느 누구도 의심하지 않았지만, 전쟁 이후의 상황에 대해서는 아무런 대비도 없었다.

이렇게 시작된 전쟁에서 미국은 놀라운 전투력을 보여주었다. 3월 20일에 시작된 침공은 성공적이었으며, 부시 대통령은 5월 1일 '임무 완수'를 선언했다. 하지만 이는 전쟁의 시작일 뿐이었다. 전후 처리는 실패했고 결국 미국은 이라크 장기 점령을 선언했다. 이라크 정부에 주권이 이양되었던 2004년 6월까지 15개월 동안 그리고 그 이후에도 부시 행정부의 정책은 실패로 점철되었으며, 결국 이라크 전쟁은 8년 이상 지속되는 전쟁이 되고 말았다.

3장

낙관론과 비관론,
그 기묘한 조합

미국은 이라크를 침공했다. 1991년 걸프 전쟁에서 미국은 쿠웨이트를 수복하고 이라크 군사력을 파괴했지만, 이라크 본토를 공격하지 않았으며, 후세인 정권을 전복하지 않고 그 존속을 허용했다. 이후 클린턴 행정부는 이라크의 추가 팽창과 공격적인 군사력 건설을 억지했으며, 제한적인 폭격과 공군력 사용 금지 그리고 경제 봉쇄를 통해 이라크의 힘을 약화시키는 데 주력했다. 하지만 2001년 1월에 출범한 부시 행정부는 이라크에 대해 좀 더 '근본적인 해결책'을 모색했으며, 특히 2001년 9월 11일에 발생한 테러 공격 이후에 미국은 이라크를 억지 또는 봉쇄하는 것이 불가능하다고 판단했다. 이에 따라, 이라크를 침공해 후세인 정권을 무너뜨리고 새로운 민주주의 정권을 수립하는 것이 유일한 해결책이라고 보았다. 그리고 이것만이 미국을 또 다른 테러 공격, 특히 핵무기를 사용한 테러 공격에서 보호할 수 있다고 보았다. 이라크 봉쇄 또는 억지에 대해 제기된 강력한 비관론은, 이라크 침공이 쉬우며 독재 정권이 사라지면 민주주의가 저절로 발전할 것이라는 낙관론과 결부되었다.

하지만 이러한 주장은 쉽게 수용되지 않았으며, 이라크를 봉쇄 또는 억지할 수 없다는 주장을 증명할 근거는 매우 희박했다. 특히 후세인이 핵무기를 포함한 대량살상무기를 개발하고 있다는 증거는 사실상 존재하지 않았다. 엄격하고 냉정한 판단에 기초한 비관적인 평가가 아니라 자신들의 정치적 성향에 따른 이라크 억지에 대한 비관론이 편견으로 작동했다. 이와 함께 부시 행정부는 이라크에서 민주주의가 쉽게 자리 잡을 것이라는 근거 없는 낙관론에 기초하여 이라크 정책을 추진했다. 민주주의나 민주화 과정에 관한 모든 연구와 중동 지역에 관해 실질적인 지식을 지닌 전문가, 그리고 거의 대부분의 외교관이 이라크의 민주주의 가능성에 회의적인 견해를 나타냈다. 하지만 부시 행정부가 제시한 장밋빛 전망은 또 다른 편견으로 작동하면서, 조심스러운 견해는 모두 무시되었다.

너무나도 기묘한 낙관론과 비관론의 조합은 결국 부시 행정부의 이라크 침공으로 이어졌다. 그리고 이러한 기묘한 조합은 결국 민주주의가 쉽게 자리를 잡을 것이라는 낙관론의 파산과 함께, 이라크가 핵무기를 만들고 있고 이를 억지하지 못할 것이라는 비관론의 붕괴라는 현실에 직면했다. 이것이 침공 이후 18년이 지난 현재까지도 지속되고 있는 이라크 전쟁이다.

부시 행정부의 등장과 이라크 정책의 변화

2000년 11월에 시행된 미국 대통령 선거에서는 엄청난 논란이 벌어졌다. 플로리다에서는 특이하게 생긴 투표용지 때문에 많은 혼란이 있었고, 민주당의 고어Al Gore 지지표와 공화당의 부시 지지표의 차이가 너무나도 작아 재검표를 하는 일까지 벌어졌다. 결국 미국 연방대법원이 개입해 부시가 선거에서 승리했다는 판결을 내린 끝에 부시 행정부가 출범했다.[1] 8년 만에 새롭게 등장한 공화당 행정부는 매우 보수적인 이념 성향을 드러냈다. 특히 대외 정책에서는 명칭에 신보수주의neoconservative의 의미가 담긴 네오콘NeoCon의 영향력에 좌우되었다. 이들은 냉전 이후의 세계에서 미국이 유일한 강대국이며,

이제 미국 스스로 자신의 우월적 지위를 인정하고 이를 적극적으로 활용해야 한다고 보았다.

이러한 기본 원칙에 따라 네오콘 중심의 부시 행정부는 기존의 이라크 정책에서 탈피해 봉쇄 또는 억지가 아니라 이라크의 정권 교체를 추진했다. 이러한 주장은 이미 1990년대에 제기되었다. 1998년 2월, 네오콘으로 이루어진 40명의 '외교전문가' 집단은 클린턴 대통령에게 보내는 공개서한에서, 이라크를 침공해 정권 교체를 단행하는 것이 이라크 문제를 해결할 유일한 방법이라고 주장했다. 그리고 이러한 주장은 1998년 10월 하원에서 압도적인 지지를 받으며 상원에서 만장일치로 통과된 '이라크해방법Iraq Liberation Act'에서 재차 확인되었다. 군사전문가와 중동 및 이라크 문제에 정통한 외교관들은 이러한 움직임에 반대했으며, 특히 제한적 군사력 사용을 통해 이라크 정권 교체를 유도한다는 제안을 "군사문제에 관해서는 전혀 모르는 사람들의 환상"이라고 비판했다.[2]

부시 행정부와 네오콘의 등장으로 이라크 망명자들의 영향력은 빠르게 커졌다. 후세인은 정권을 강화하는 과정에서 반대 세력을 양산했고, 이들 가운데 일부는 미국과 유럽에 기반을 두고 후세인 정권에 반대하는 운동을 벌였다. 1991년 걸프 전쟁 이후 이라크 망명자 집단은 네오콘과 밀접한 관계를 맺으면서 미국의 정책을 움직이기 시작했다. 예를 들어, 대표적인 망명자인 찰라비Ahmed Chalabi는 수학을 전공한 은행가로서 요르단에서는 예금 사기 및 횡령으로 기소되었으나 해외로 도피했고 결석재판으로 22년 형이 확정된 범죄자였다. 그런데 찰라비는 1992년에 이라크민족회의Iraqi Natioinal Congress: INC라는 단체를 세우고 네오콘의 지원을 확보했다. 하지만 네오콘 이외의 세력은 찰라비를 전혀 신뢰하지 않았으며, 특히 미국 국무부와 중앙정보국은 찰라비의 주장을 믿지 않았고, 그를 "이라크에서는 전혀 지지를 받지 못하지만 워싱턴에서만 신뢰를 받는 인물"이라며 혹평했다.[3]

그런데 부시 행정부 내부의 네오콘 세력만이 전쟁을 지지한 것은 아니었다. 민주당을 지지하는 일부 세력 또한 이라크 침공에 찬성했다. 민주당 지지자들은 이라크 문제를 해결하는 데 침공보다는 외교 협상을 선호했지만, 일부는 군사력을 사용해야 한다는 주장을 적극적으로 폈다. 대표적인 사례는 미국 중앙정보국의 중동전문가로서 클린턴 행정부에서 국가안전보장회의National Security Council: NSC에 근무했던 폴락Kenneth M. Pollack이다. 그는 자신의 전문성에 기초해, 이라크를 억지 또는 봉쇄할 수 없다는 주장을 강력하게 제시했다. 그의 주장은 후세인이 매우 공격적이므로 억지하기 어렵고 따라서 이라크의 대량살상무기 위협을 해결하려면 이라크를 침공해 정권 교체를 실현해야 한다는 것이었다. 폴락 자신이 민주당원이었기 때문에, 그의 주장에는 네오콘의 논리가 지니지 못했던 정치적 설득력이 있었으며, 민주당 지지자들이 전쟁의 필요성을 받아들이는 데 큰 역할을 했다.[4] 또한 《뉴욕타임스 New York Times》의 유명한 칼럼니스트인 프리드먼Thomas L. Friedman은 2001년 12월, 이라크 침공을 주장하면서 아랍 지역의 과격파를 제거하고 중도파를 지원해 장기적 평화를 구축하는 데 필요한 '제3차 세계대전World War III'의 필요성을 역설했다. 침공 이후에도 그의 이러한 태도는 변하지 않았고, 특히 2004년 1월에만 총 6개의 칼럼을 통해 "테러와의 전쟁은 자유사회에 대한 전체주의사회의 도전과 그에 대한 자유세계의 반격"이라고 규정하면서, 중도파 이슬람과 연합해 알카에다와 같은 극단파를 제거해야 한다고 강조했다.[5] 상당히 많은 수의 민주당원이 자신의 자유와 평등에 대한 신념에 의거해 미국의 이라크 침공을 지지했다. 후세인 독재 정권이 자행하는 인권침해와 소수민족 탄압 등은 민주당 지지 세력에게는 용납하기 어려운 것이었으며, 이번 기회에 '문제를 해결'할 수 있다는 희망에 전쟁을 지지했던 것이다.[6] 반면 공화당 지지자 일부는 침공과 정권 교체에 반대했다. 대표적 인물은 1991년 걸프전쟁 당시 국가안보보좌관을 역임한 스코크로프트Brent Scowcroft다. 그는 아프가니스탄 침공에 찬성했으나, 2002년 8월 《월스트리트저널Wall Street Journal》에 기고한 글에서, 부시 행정부가 준비하고 있는 이라크 침공은 불필요하며, 미국은 '테러와의 전쟁'에 집중해야 한다고 주장했다.[7]

이러한 상황에서 2001년 1월에 부시 행정부가 출범하고, 이라크 정권 교체는 미국 정부의 공식 입장으로 확립되었으며, 9·11 테러 이후 극단적으로 강화되었다. 테러가 있은 지 이틀이 지난 2001년 9월 13일에 이라크 침공 작전이 입안되었으며, 9월 29일에 럼즈펠드Donald H. Rumsfeld 국방장관은 전쟁 계획을 검토했다. 부시 대통령은 11월 21일 럼즈펠드에게 이라크 전쟁 계획을 제출하라고 지시했다.[8] 하지만 럼즈펠드는 자신의 회고록에서, 부시가 이라크 침공을 명령했으며, 그 시기는 2001년 9월 26일 무렵이라고 주장했다. 9·11 테러 직후인 9월 15일에 부시 대통령은 이라크가 아니라 아프가니스탄이 미국의 목표라고 규정했지만, 9월 26일 무렵에는 침공을 통한 이라크 문제 해결에 몰두했다는 것이다.[9] 테러 공격 이후 미국은 아프가니스탄을 공격해 특수부대를 중심으로 탈레반 정권과 전쟁을 치르고 있었다. 하지만 부시 행정부는 두 번째 전쟁을 계획했으며, 아프가니스탄 전쟁이 완료되지 않은 상황에서 이라크 침공을 고려했다.[10]

본래 이라크 침공은 2003년이 아니라 2002년 봄으로 예정되어 있었다. 부시와 럼즈펠드는 되도록 빠른 시일 내에 이라크를 침공하기를 원했고, 이에 필요한 군사작전의 입안을 2001년 12월에 요구했다. 침공의 목표는 확실했다. 후세인 정권을 타도하고 이라크의 바트당 정권을 교체해 대량살상무기 및 테러리스트와 관련된 위협을 근본적으로 제거한다는 것이었다. 모두 세 번의 회의를 거쳐 12월 28일에는 미군 약 10만 명과 연합국 병력 약 15만 명 정도로 구성된 약 25만 명의 병력을 동원하는 침공 계획의 초안이 부시에게 보고되었다. 이 계획에서 침공은 2002년 4월 또는 5월로 예정되어 있었다.[11] 이 시기에 부시 행정부는 이라크에 대한 공격적 태도를 숨기지 않았으며, 2002년 1월 29일에 부시는 연두교서the State of the Union Address에서 북한, 이란과 함께 이라크를 악의 축axis of evil으로 지칭했다. 하지만 전쟁 계획은 사실상 1년이 미뤄졌다. 특히 기상 조건과 이라크 침공을 위한 병력 이동 등의 준비 문제로 전쟁이 연기되었고, 전쟁 계획을 정교하게 작성할 시간이 주어졌다.[12] 이 과정에서 부시 행정부, 특히 국방부 내부 민간 책임자들은 최대한 빨리 공격을 개시하고자 되도록 적은 규모의 군사력만 동원하려 했다. 동원되는 병력이 크면 클수록 이라크 접경 지역으로 병력을 이동·배치하고 필요한 물자를 보급하는 데 많은 시간이 걸리기 때문이었다.

이러한 정책은 객관적인 정보를 종합해 이루어졌다기보다는, 정권을 주도하는 네오콘의 신념에 기초해 이루어진 것이었다. 우선, 정책이 먼저 결정되고 이러한 결정을 뒷받침하는 논리와 증거는 나중에 개발되었다. 특히 국방부 산하의 특수계획국Office of Special Plans: OSP은 '최악의 상황과 가장 적은 가능성을 조합'하면서 정책 논리를 왜곡했고, 이라크 침공 결정에 불리한 증거는 공개하지 않았다.[13] 또한 국무부 등 전쟁에 반대하는 정부 부처는 정책 결정 과정에서 배제되었다. 침공과 관련된 모든 결정은 국방부가 주도했고, 이 과정에서 전쟁에 대한 회의적인 견해와 전쟁 결과에 대한 조심스러운 의견은 무시되었다. 이라크와 협상을 한다는 빌미로 전쟁 이후의 상황에 대해서는 어떠한 계획 검토도 허용되지 않았으며, 전쟁 이후 이라크 정부 및 국가 형성에 대한 다양한 분석은 거부되었다.[14] 전투에서 미국이 승리한다는 사실에는 의문의 여지가 없었고, 이 때문에 전쟁에 반대하는 주장은 주로 전투 이후 상황 안정화와 관련된 어려움을 강조했다. 전투 및 전쟁이 국방부의 관할이라는 것은 명백하지만, 전쟁 이후 상황 안정화와 복구가 국방부의 관할 사항인지에 대해서는 논란이 많았다. 그러나 부시 대통령은 2002년 12월 18일과 2003년 1월 20일에 전후 상황 안정화 또한 국방부의 관할이라고 선언하고 이를 문서화했다. 결국 전쟁과 관련된 모든 문제는 국방부가 다루게 되었으며, 전쟁에 회의적인 견해를 묵살할 수 있는 행정적 여건도 조성되었다.[15]

무엇보다도, 미국 정부 내부의 정책 결정은 심각한 문제를 야기하는 방식으로 이루어졌다. 예를 들어, 국방부가 모든 문제를 독점적으로 처리하면서 럼즈펠드 자신과 네오콘의 견해만이 수용되었으며, 다른 모든 정부 부처는 전혀 관여하지 못했다. 국무부는 침공에 반대했기 때문에 당연히 배제되었고, 백악관 산하의 모든 안보정책을 총괄하게 되어 있는 국가안전보장회의 또한 정책 총괄 및 조정 기능을 적절하게 수행하지 못했다. 다른 부처의 반대를 무릅쓰고 정책을 추진하면서, 특히 정책을 총괄하는 부서가 기능을 하지 못하는 상황에서, 국방부는 침공이라는 자신의 정책을 추진하기 위해 미국 정부 전체의 결정을 왜곡하고 정책 결정 과정의 파편화를 가져왔다. 그리고 이러한 행동은 국방부에만 국한된 것이 아니라, 이라크 침공 이후에는 미국 정부 전체의 의사 결정 방식으로 굳어진 것이 사실이다.

낙관론과 비관론의 기묘한 조합

왜 전쟁이 일어나는가에 대해서는 다양한 설명이 있을 수 있다. 여기서 중요한 사실은 전쟁이 벌어지면 인명 피해와 재산 손실이 발생하는데도, 해당 국가는 협상으로 문제를 해결하지 못하고 군사력을 동원해 전쟁을 한다는 사실이다. 즉, 전쟁과 협상은 갈등 해결이라는 동일한 목적을 달성하기 위해 서로 대체할 수 있는 수단이며, 국가는 각자의 상황에 따라 전쟁 또는 협상을 선택한다.

이러한 측면에서 전쟁은 낙관론과 비관론이 결합할 때 발생하기 쉽다. 현재의 상황이 계속 악화될 것이며, 따라서 상대방이 협상을 통해 이루어진 합의를 지키지 않을 것이라고 비관적으로 전망하는 경우에, 해당 국가는 협상보다 전쟁을 선택하게 된다. 이와 함께, 전쟁으로 문제를 해결할 수 있으며 전쟁이 더욱 효율적인 해결 방식이라는 낙관론이 존재할 때 협상보다는 전쟁을 선택할 가능성이 커진다. 군사적 낙관론이 존재하는 경우에도 협상으로 문제를 해결할 수 있다는 낙관론이 강력하다면 협상을 통해 문제를 해결하게 되며, 협상 결과에 대한 비관론이 존재하는 경우에도 군사적 비관론이 동시에 존재한다면 전쟁은 발생하지 않는다. 미국의 이라크 침공은 이러한 협상에 대한 비관론과 군사력 사용에 대한 낙관론이 동시에 존재했던 경우이며, 결국 전쟁으로 이어졌다.

우선 부시 행정부는 협상으로 '이라크 문제'를 해결할 수 없다고 판단하면서, 미국이 직면했던 상황을 비관적으로 보았다. 이러한 비관론의 핵심은 다음 세 가지로 구성되었다. 첫째는 후세인이 핵무기 등 대량살상무기를 만들고 있으며, 이러한 시도를 막을 수 없다는 인식이다. 유엔의 사찰과 경제 봉쇄 등으로는 이라크의 핵무기 개발을 막을 수 없고, 1990년대 동안 이라크는 자신의 핵무기 계획을 조금씩 진척해 왔다는 판단이다. 즉, 후세인이 핵무기를 보유하게 되는 것을 미국이 막을 수 없다는 비관론이다. 둘째는 이라크가 일단 핵무기를 보유하면 1990년에 쿠웨이트를 침공했듯이 주변 국가, 특히 사우디아라비아와 쿠웨이트를 다시 공격할 것이라는 비관적인 전망이다. 핵무기를 보유하면 이라크는 미국 등이 중동에 개입하는 것을 억지할 수 있으며, 따라서 쿠웨이트 등을 침공할 것이라는 우려다. 특히 이라크의 핵무기 보유를 막을 수 없다는 우려는 이라크가 자신의 우세한 재래식 군사력을 동원해 중동 지역의 패권을 장악하는 것도 막을 수 없다는 매우 비관적인 결론으로 이어진다. 비관론의 세 번째 핵심은 이라크가 핵무기를 보유하면 후세인이 핵무기를 테러리스트에게 넘겨줄 것이고, 그 결과로 미국 및 서방 세계에서 핵무기 테러가 발생할 것이라는 주장이다. 이라크의 핵무기 보유를 막을 수 없으므로 미국은 핵무기 테러의 위험에 직면하며, 그 또한 막을 수 없게 된다. 이라크의 핵무기와 관련하여 당시 대통령 국가안보보좌관이던 라이스는 한 방송에 출연해, 미국은 "후세인이 핵무기를 보유한다는 사실을 알고 있으며, 핵무기를 보유한다는 결정적 증거가 버섯구름이어서는 안 된다"라고 말하기도 했다.[16]

하지만 이러한 비관론은 논리적이거나 경험적인 측면에서 많은 문제가 있었다. 우선, 이라크가 핵무기를 개발하는 것을 막을 수 없다는 비관론은 경험적으로 잘못된 판단이었으며, 전쟁 이후에 드러났듯이 정보 분석과 해석에 심각한 오류가 있었다. 후세인은 1970년대 후반부터 핵무기 개발을 추진했지만, 1981년 6월에 이스라엘의 공격으로 핵무기 개발 계획의 핵심이었던 오시라크 원자로가 파괴되면서 좌절했다. 이후 이란과의 전쟁을 치르면서 핵무기 개발에 필요한 자원을 소모했으며, 1988년에 이란과의 전쟁이 종식되면서 다시 개발을 추진했지만 자원 부족으로 지지부진했다. 1990년 8월에 쿠웨이트를 침공하기까지 이라크의 핵무기 개발은 거의 진척되지 못했다. 걸프 전쟁으로 개발 시설이 대부분 파괴되었고, 이후 유엔의 사찰과 경제 봉쇄로 핵무기 개발에 필요한 기술을 획득하지 못했다.[17]

그러나 미국 정보기관은 이러한 측면을 정확하게 파악하지 못했다. 이라크 망명자들은 후세인이 핵무기를 거의 완성했다는 과장된 주장을 했으며, 이러한 잘못된 정보를 정확하게 취사선택해야 하는 정보기관은 오히려 그들의 주장에 휘둘렸다. 정권을 장악한 네오콘도 자신의 신념에 맞춰 이라크 망명자들의 과장된 또는 거짓된 주장을 무비판적으로 수용했고, 이렇게 수용된 주장은 다시 이라크 망명자들이 자신들의 입지를 강화하려고 정보를 과장하면서 더 부풀려졌다. 예를 들어, 미국에서 핵물리학 박사학위를 취득한 함자 Khidir Hamza는 1994년 미국으로 망명해 자신이 1970년대 초반부터 22년 동안 이라크의 핵무기 개발 계획을 주관했다고 주장했다. 그는 2000년에 자신의 주장을 책으로 냈으며, 미 의회에서 후세인이 핵무기를 보유했다고 단언했다. 또한 커브볼curveball이라는 암호명으로 알려진 또 다른 '과학자'는 자신이 바그다드 공대를 수석으로 졸업하고 박사학위를 가지고 있으며, 1980년대 중반부터 이라크 생화학무기 개발을 담당했다고 주장했다. 특히 그가 강조했던 것은 이라크에 생화학무기를 제조할 수 있는 이동식 공장 시설이 있으며, 이 때문에 사찰로는 이라크 대량살상무기 계획을 적발할 수 없다고 주장했다. 하지만 이러한 모든 주장은 거짓이었다.[18]

이라크가 핵무기를 보유하면 그것으로 미국의 개입을 억지하고 자신의 우세한 통상전력을 사용해 중동 지역에서 군사적 패권을 장악할 것이라는 비관론에는 논리적으로 많은 문제가 있었다.[19] 우선 이라크 핵무기 계획은 매우 과장되었으며, 실제로 이라크는 핵무기를 보유하지 못했다. 그리고 미국은 중동 지역의 중요성 때문에 자신에게 적대적인 국가가 이 지역에서 군사적 패권을 장악하는 것을 간과하지 않을 것이다. 즉, 이라크가 핵무기로 위협한다고 해도, 미국은 중동의 전쟁에 개입해 이라크의 쿠웨이트 점령을 저지할 것이며, 실제로 1990년 이라크가 생화학무기를 사용할 가능성이 있는 상황에서 미국은 걸프 전쟁을 치렀다. 또한 미국은 이라크의 핵무기 사용 위협에 다양한 방식으로 대응할 수 있으며, 무엇보다 미국이 보유한 핵무기를 사용해 이라크 수도 지역에 보복 위협을 가할 수도 있었다. 실제로 미국은 1991년 이라크가 생화학무기를 사용할 경우 바그다드에 핵공격을 가하겠다고 위협했다.[20] 이러한 사항을 고려한다면 이라크가 핵무기를 이용해 미국의 개입을 억지할 가능성은 매우 적으며, 따라서 이와 관련한 비관론은 근거가 희박하다고 볼 수 있다.[21]

세 번째 비관론인 이라크의 핵무기를 이용한 테러 조직의 공격 또한 실현 가능성이 매우 낮다. 이라크가 핵무기를 보유하지도 못했지만, 설사 보유했다고 해도 엄청난 투자를 통해 제조한 핵무기를 자신이 통제하지 못하는 테러 조직에 넘겨줄 가능성은 거의 없었다.[22] 후세인의 바트당 정권은 독재 정권으로서 자신에게 도전할 가능성이 있는 모든 세력에게 적대적이었으며, 이는 이라크 외부에서 활동하는 테러 조직에게도 마찬가지였다. 특히 외부의 테러 조직이 이라크 내부의 불만 세력과 연계해 정권에 도전할 가능성이 있으므로, 후세인 자신이 어렵게 만든 핵무기를 테러 조직에 넘겨줄 가능성은 매우 작았다. 또한 핵무기를 제조하는 데 많은 비용이 들기 때문에, 테러 조직에 핵무기를 무상으로 제공할 가능성은 없었다. 만약 핵무기를 판매하는 것이 가능했다 할지라도, 빈라덴이 통제하는 알카에다만이 핵무기를 구입할 정도의 자금력을 지니고 있었다. 문제는 알카에다가 이라크의 바트당 정권이 추진하는 정교분리와 세속화 정책에 반대하는 극렬한 이슬람 근본주의 세력이었고, 따라서 이라크 내부의 후세인 반대 세력과 힘을 합할 가능성이 크다는 사실이었다. 즉, 후세인은 다른 테러 조직보다도 알카에다를 경계했으며, 알카에다의 힘을 강화할 어떠한 조치도 취하지 않았을 것이다. 실제로 후세인은 이라크 내부의 알카에다 활동을 억압했다.

한편 이라크 문제와 관련된 미국의 판단이 일관되게 비관적이었던 것은 아니다. 부시 행정부는 일부 부분에 대해 강한 낙관론을 가지고 있었으며, 이에 기초해 침공을 정당화했다. 첫째, 부시 행정부는 전쟁이 매우 쉽게 끝날 것으로 보았다. 많은 사람의 우려와는 달리 전투는 쉽게 종식되며, 주요 전투가 종식되면 이후 상황은 매우 빠르게 안정될 것이라고 여겼다. 이에 근거하여 럼즈펠드는 2001년 9월 29일 이라크 침공을 논의하는 회의에서 미국이 이라크를 점령하고 군정military administration을 시행할 필요는 없다고 단언했고, 이후 회의에서는 전투에만 초점을 맞췄다.[23] 이에 국방부는 럼즈펠드 장관과 페이스Douglas J. Feith 국방부 정책차관보를 중심으로 이라크 점령을 최대한 빨리 종식하고 이라크 신생 정부에 주권을 이양하는 방안을 추진했다. 오직 필요한 것은 전투에서 발생하는 피난민과 민간인 사상자 문제를 해결하기 위한 지원과 재건 노력이라는 것이었다.

둘째, 네오콘은 이라크 침공이 민주주의 수립을 위한 해방 전쟁이며, 따라서 이라크 국민들은 미군을 해방자liberators로 환영할 것이라고 보았다. 후세인 정권을 파괴하면 모든 사람이 미국에 협조할 것이며, 저항 세력은 나타나지 않을 것이라는 낙관론이다. 이러한 낙관론에 근거해 럼즈펠드는 미군이 점령자가 아니라 해방자이므로 이라크 점령 및 군정 계획을 세울 필요가 없다고 강변했으며, 몇 년간 군정을 시행하면서 점진적으로 주권을 이양해야 한다는 국무부의 주장에 반대했다. 전투 직후에 나타날 수 있는 혼란은 대량살상무기 탐색과 관련해서만 논의되었으며, 저항 세력의 가능성은 전쟁 준비를 위한 회의에서 전혀 논의되지 않았다.[24] 전투가 종식되면 전쟁은 종결되며, 질서 유지 및 점령 행정을 위한 병력은 필요하지 않고, 전투를 치를 최소한의 병력만으로 이라크 '해방 전쟁'을 수행할 수 있다고 보았다. 2002년 6월에 부시에게 보고된 내용은 5만여 명의 병력을 사전에 배치하고 공격 결정이 이루어지면 다시 5만여 명을 증원해 최종적으로 10만 명 정도의 병력으로 이라크를 침공하는 방안이었다.[25]

셋째, 후세인의 바트당 독재 정권을 무너뜨린 다음에 이라크에서는 민주주의가 수립될 것이며, 민주주의 확립 과정은 매우 순조롭게 진행될 것이라는 낙관론이 작동했다. 따라서 미국은 이라크에서 쉽게 철수할 수 있으며, 미국이 이라크에 군사력을 유지할 필요는 없다는 견해다.[26] 즉, 미국은 이라크를 침공해 후세인 독재 정권만을 파괴하고, 이라크 정부와 행정조직으로 대표되는 이라크 '국가state'는 그대로 유지되며, 이러한 이라크 국가를 새로운 민주주의 정치 세력이 주도한다는 것이다. 따라서 조속히 선거를 실행해야 하며, '이라크인의, 이라크인을 위한, 이라크인에 의한 정부'가 등장할 때까지 '짧은 기간'에만 미국이 개입하면 된다고 보았다.[27]

전쟁 결과 이러한 낙관론은 모두 현실과는 동떨어진 허황된 그리고 망상에 가까운 것이었다는 사실이 드러났다. 이라크 대량살상무기와 관련된 부시 행정부의 비관론이 경험적이고 이론적인 차원에서 문제가 있었다면, 네오콘의 낙관론은 이라크 침공을 추진하기 위해서 조심스러운 의견을 의도적으로 무시하면서 만들어졌다. 전쟁을 일으키는 데 어느 정도 기여했지만, 폴락과 같은 민주당원도 후세인 억지 가능성에 대해서는 비관적이었으며, 부시 행정부의 핵심 세력인 네오콘을 제외하고는 대부분 이라크 전쟁 이후의 상황에 대해 낙관적 견해를 표방하지 않았다. 이 때문에 이라크 전쟁 계획을 수립하는 과정에서 네오콘에 동조하는 국방장관과 미국 군부 사이에 많은 갈등이 발생하기도 했다.

계획과 갈등

부시 행정부는 이라크를 침공하지 않을 경우에 최악의 상황이 촉발될 것으로 판단하고, 동시에 전쟁 이후에는 최선의 상황이 전개될 것이라고 보았다. 하지만 실제 전투를 담당해야 하는 군인들은 최악의 상황을 상정하고 더욱 조심스러운 태도를 견지한다. 따라서 미국 군부는 네오콘이 말하는 전후 상황의 조속한 안정, 해방자 미군에 대한 이라크인의 환영, 이라크 민주주의 확립 가능성 등에 대해 조심스러운 태도를 나타냈다. 미국 육군이 제시한 해결책은 압도적인 병력을 동원하는 것이었다. 육군은 1991년 걸프 전쟁에 동원했던 것과 비슷한 규모인 50만 명 정도의 병력을 동원하는 방안을 제시했지만, 럼즈펠드 국방장관은 이를 거부했고, 1차 침공 병력은 16만 명 정도로 결정되었다.[28] 그런데 럼즈펠드는 추가 병력 삭감을 요구했고, 혁명적 군사혁신Revolution in Military Affairs: RMA에 기초한 새로운 군사력이 지닌 정밀 타격과 정보 처리 능력으로 강화된 10만 명 미만의 병력으로 침공할 것을 지시했다.[29]

그러나 미군, 특히 육군은 침공 병력이 너무나도 적다고 보았다. 보스니아 등지에서의 평화유지군 활동 경험에 따라 미국은 질서 유지를 위해서는 민간인 1000명당 20~25명의 병력이 필요하다고 보았다. 이를 토대로 인구가 약 3000만 명인 이라크에서 질서를 유지하려면 60만~75만 명의 병력이 필요할 것으로 계산했다.[30] 하지만 20만 명도 되지 않는 동원 병력 규모에 육군 지도부는 큰 우려를 나타냈고, 결국 이라크 침공 직전인 2003년 2월, 당시 육군참모총장이었던 신세키Eric K. Shinseki는 상원 국방위원회에서 주요 군사작전이 종결된 이후 이라크 치안 유지에는 최소한 '수십만several hundred thousands' 명의 병력이 필요하다고 증언했다. 하지만 럼즈펠드 국방장관과 울포위츠Paul D. Wolfowitz 국방부부장관은 이러한 주장을 "터무니없다wildly off the mark"라고 반박하면서, "이러한 숫자가 어떻게 등장하는지 모르겠다"라고 말했다.[31] 그들은 아프가니스탄에서 더 적은 병력으로 더 많은 인구를 통제한 경험으로 미뤄볼 때 20만 명 미만의 병력으로도 충분하다고 강변했다. 그러나 도시지역에서 질서를 유지하는 데는 농촌보다 더욱 많은 병력이 필요하고, 도시가 거의 없는 아프가니스탄과는 달리 이라크에서는 전체 인구의 70%가 도시에 거주하므로 실제로는 더 많은 병력이 필요했다.[32] 하지만 럼즈펠드는 미군 수뇌부가 추가 병력이 필요하다는 주장을 공식적으로 밝히지 않았으며, 바로 이러한 이유에서 침공 병력의 증강이 공식적으로 논의되지 못했다고 회고했다. 그는 "만약 병력 증강이 공식적으로 요청되었다면 자신은 당연히 이 문제를 논의했을 것"이라고 자신의 결정을 옹호했고, 군 수뇌부가 "공식적으로는 문제를 거론하지 않고 항상 투덜거리기만 했다"라고 주장했다.[33]

군부가 제출한 계획은 네 단계로 구성되어 있었는데, 1단계는 '억지와 교전', 2단계는 '주도권 장악', 3단계는 '중요 작전', 4단계는 '전후 작전'으로 이루어졌다. 하지만 럼즈펠드는 4단계인 '전후 작전'을 무시했으며, 이를 강조해 병력 증강을 요구하는 지휘관들을 소외시켰다. 침공 계획을 세우는 과정에서 합동참모본부Joint Chiefs of Staff: JCS는 무력화되었고, 일부 장교는 다른 직위로 좌천되기도 했다. 한편 작전 계획을 담당했던 애비제이드John P. Abizaid는 병력 문제를 거론했다가 침공 계획을 논의하는 회의에 참석하지도 못한 채 복도에서 기다리고, 전투 계획은 국방부 소속의 '민간인'들만이 논의하는 경우도 있었다.[34]

전후 처리를 담당할 조직으로 재건 및 인도적 사안 담당처Office of Reconstruction and Humanitarian Assistance: ORHA가 만들어졌지만, 그 임무는 재건 및 인도적 사안에 국한되었으며, 점령 행정의 권한은 부여되지 않았다. 그리고 재건 및 인도적 사안 담당처는 전쟁 직전인 2003년 1월 20일에 창설되었으나, 임무 수행에 필요한 인원과 예산은 주어지지 않았다.[35] 무엇보다도 국방부 산하에 창설되면서, 전후 처리를 담당하는 재건 및 인도적 사안 담당처와 전투를 담당하는 미국 지역 사령부인 중부군 사령부 간에 명령 계통이 불분명했다. 그 때문에 재건 및 인도적 사안 담당처와 중부군 사령부는 많은 갈등을 빚었고, 전후 처리와 관련된 계획을 수립하는 데 어려움이 발생했다. 예를 들어, 재건 및 인도적 사안 담당처는 중부군 사령부가 보유한 군용 통신선을 사용하지 못했으며, 독자적인 통신선을 사용했지만 보안상 이유로 기밀 사항에 대한 접근이 금지되었다. 또한 독자 업무 공간을 배정받지 못해 쿠웨이트에서는 힐튼호텔에서 업무를 시작했다.[36]

무엇보다 큰 문제는 국방부가 재건 및 인도적 사안 담당처가 자신의 산하에서만 활동하게 하기 위해 국무부 등과 심하게 경쟁했다는 사실이다. 파월 Colin L. Powell로 대표되는 국무부는 전쟁에 회의적이었으며, 럼즈펠드 장관과 파월 장관의 경쟁의식으로 재건 및 인도적 사안 담당처를 둘러싼 혼란은 더욱 가중되었고, 재건 및 인도적 사안 담당처는 국무부와 정책 협의를 하지 말라는 명령을 받기도 했다. 미국 정부 전 부처가 참여하는 전후 처리에 대한 계획 검토 회의가 2003년 2월 21일에 있었는데, 여기에서 재건 및 인도적 사안 담당처 책임자인 가너Jay M. Garner는 국무부가 독자적으로 이라크 전후 문제에 관해 방대한 연구를 했다는 사실을 알게 되었다. '이라크의 미래Future of Iraq'라는 제목의 그 프로젝트는 2002년 10월에 시작되어 모두 13권의 최종 보고서를 내놓았다.[37] 하지만 이러한 연구는 국무부 프로젝트였기 때문에 국방부에는 통보되지 않았고, 사전 협의가 없었기 때문에 재건 및 인도적 사안 담당처는 이를 참고할 수 없었다. 재건 및 인도적 사안 담당처 책임자는 국무부 프로젝트 책임자였던 워릭Thomas Warrick을 재건 및 인도적 사안 담당처 임원으로 임명했으나, 럼즈펠드는 이러한 인사 조치를 승인하지 않았고 결국 워릭을 해임했다.[38] 또한 2003년 3월 15일에 국방부가 전후 처리와 관련된 모든 사항을 통제하겠다고 또다시 강조하면서 재건 및 인도적 사안 담당처 인사의 출국을 저지했고, 국무부 출신 인사를 재건 및 인도적 사안 담당처에서 완전히 제거했다. 그리고 재건 및 인도적 사안 담당처 인원의 쿠웨이트 도착과 함께 이라크 침공이 시작되었다.

전쟁 비용에 관한 계획도 존재하지 않았다. 그리고 이 부분에서도 희망적인 관측과 낙관론이 엄밀한 계획과 전략적 판단을 대신했다. 침공 후 상황은 조속히 안정될 것이므로, 전쟁 비용은 이라크의 석유 수출 대금으로 충당할 수 있으며, 복구 및 재건에 17억 달러 정도의 비용이 들어갈 것이라고 추산했다.[39] 여기에 추가되는 다른 비용까지 포함해 부시 행정부가 거론한 전쟁 비용은 400억 달러였다. 하지만 대통령 경제정책 보좌관이었던 린지Lawrence B. Lindsey는 2002년 9월 15일에 언론과 인터뷰하는 자리에서, 전쟁 비용이 미국 GDP의 약 1~2%에 해당하는 1000억~2000억 달러라고 발언했다. 이에 럼즈펠드는 이러한 숫자가 "매우 높은very, very high 추산이며, 거의 실없는 소리baloney에 가깝다"라고 대응했다. 2002년 12월에 린지는 사임했고, 전쟁 비용은 2007년 8월에 이미 400억 달러를 넘어섰다.[40]

4장
전투의 승리와
파산한 낙관론

부시 행정부는 이라크 전쟁에 대해 적절한 전략을 가지고 있지 않았다. 대신 '낙관론으로 전략을 대신'하고 침공했다. 부시 행정부가 첫 번째로 시작한 것은 '이라크에 대한 정보 왜곡'이었다.[1] 부시 대통령이 직접 유엔총회에, 그리고 파월 국무장관이 유엔안전보장이사회에 각각 참석해 이라크 대량살상무기에 대해 역설했으며, 다양한 '증거'를 제시하면서 이라크 침공의 당위성을 강조했다. 또한 다양한 방식으로 미국 국내의 여론을 동원했고, 결국 미국 의회의 군사력 허용 결의안을 확보했다. 하지만 유엔안전보장이사회는 이라크에 대한 군사력 사용을 명시적으로 허용하는 결의안을 승인하지 않았고, 미국은 기존 결의안을 확대해석해 이라크 침공을 정당화했다.

2003년 3월 20일 이라크 현지 시각으로 오전 5시 30분, 바그다드 공습과 함께 대기하고 있던 지상군이 진격하면서 이라크 침공이 시작되었다. 전투는 어느 누구도 기대하지 못했던 방식으로 진행되었으며, 미군이 대부분을 차지하는 침공군은 사실상 아무런 저항도 받지 않고 진격해 전투 시작 2주 정도가 지난 4월 4일 바그다드 공항에 미군 3기갑사단 병력이 진입했다. 어느 정도 저항이 있었지만 바그다드는 곧 함락되었고, 4월 9일 바그다드 중심

에이브러햄링컨호에 걸린 '임무 완수(mission accomplished)' 현수막. 부시는 2003년 5월 1일 이 현수막을 배경으로 연설했다.

자료: U.S. Navy

가에 있던 후세인 동상을 미국 장갑차량이 끌어내렸으며, 이를 지켜보던 군중은 환호했다. 5월 1일에 부시 대통령은 조종사 복장을 한 채 네이비원Navy one을 타고, 페르시아만에 정박해 있던 항공모함 에이브러햄링컨USS Abraham Lincoln호에 착륙해 '임무 완수mission accomplished'를 선언했다.[2]

'전투'에서 미국은 완벽하게 승리했다. 하지만 '전쟁'의 목적인 이라크 대량살상무기는 그때부터 찾아야 했으며, 이라크 민주화 또한 독재 정권을 무너뜨린 2003년 5월부터 시작이었다. 이러한 측면에서 부시는 너무나도 빨리 '임무 완수'를 자랑했다. 하지만 이러한 성급함에 더해, 전략의 부재와 준비 부족이 전후 처리 과정에서 심각한 문제로 불거졌다. 후세인 정권이 사라지자 이라크인은 수도 바그다드를 약탈하기 시작했고, 도시를 점령한 미군은 이러한 사태에 대비해 미리 명령을 받거나 준비를 갖추지 않은 상태였던 탓에, 이를 방관했다. 이 과정에서 이라크 정부의 행정시설과 기반시설이 파괴되었고, 국가를 통치하는 데 필요한 행정 데이터가 소실되었다. 하지만 럼즈펠드 국방장관은 "자유는 본래 어지럽다"라고 주장하면서 이러한 사태의 중요성을 인정하지 않았다. 하지만 "이라크를 침공하면서 미국은 미국 자신이 전혀 이해하지 못하는 힘을 풀어버린 것"이다.[3] 이후에도 부시 행정부는 낙관론을 버리지 못했고, 계속해서 이라크 사태를 악화시켰다.

전쟁의 명분과 정보 왜곡

이라크 전쟁의 명분은 두 가지였다. 첫째, 후세인 독재 정권은 이라크에서 심각한 인권침해를 자행하고 있으며, 자신의 정권을 유지하기 위해 민주주의를 말살하고 있다는 사실이었다. 바트당은 정권을 장악하고자 두 번의 군사 반란을 주동했으며, 수니파 정권으로서 시아파와 쿠르드족을 탄압했다. 1988년 '인종 청소'를 자행해 쿠르드족 5만~10만 명 정도가 사망했으며, 20만 명에 달하는 피난민이 발생했다. 시아파는 이라크 주민의 다수를 차지했지만, 정권은 시아파와 대립하고 있는 수니파가 장악했으며, 후세인은 수니파의 일원으로서 시아파를 가혹하게 탄압했다. 1991년 봄 시아파는 미국과 이란의 지원을 기대하면서 봉기했지만 실패했고, 이를 진압하는 과정에서 후세인의 수니 정권은 군사력을 동원해 민간인을 무자비하게 공격했다. 또한 후세인은 자신의 정권을 유지하려고 바트당 내부에 존재할 수 있는 자신에 대한 반대 및 도전 세력을 가차 없이 제거했다. 특히 걸프 전쟁 이후 미국이 다양한 방식으로 반대 세력을 지원하자, 자신의 정치적 생존을 위해 엄청난 숙청을 감행했으며, 숙청 대상자는 끔찍한 방식으로 처형되었다.

침공의 두 번째 명분은 이라크의 후세인 정권이 유엔안전보장이사회 결의안을 위반하면서 대량살상무기를 지속적으로 제조하고 있다는 것이었다. 1991년 4월 유엔안전보장이사회 결의안 687을 시작으로 유엔은 이라크에 대량살상무기를 포기할 것을 요구했고, 유엔특별위원회를 통해서 이라크 대량살상무기 해체와 관련된 사찰을 시도했다.[4] 하지만 사찰은 원활하게 진행되지 않았고, 미국은 이에 대해 제한적인 공습을 통해서 이라크에 보복했지만, 이를 이유로 침공을 고려하지는 않았다. 1990년대 후반 미국 보수파는 이라크 정권 교체를 제안했지만, 이러한 주장은 수용되지 않았고 정책으로 반영되지 않았다. 9·11 테러 공격 이후 부시 행정부는 후세인 정권의 전복을 정책 목표로 설정하고 이를 실행하는 데 필요한 명분을 축적하고자 유엔을 이용했다. 특히 미국이 추구했던 것은 유엔안전보장이사회에서 이라크 침공을 명시적으로 승인하는 결의안이 통과되고, 미국의 군사력 사용이 합법화되는 상황이었다.

가장 강력하게 작용했던 명분은 두 번째인 대량살상무기였다. 2001년 초 정권 교체를 결심했던 부시 행정부는 9·11 테러 이후 이 문제를 강조하기 시작했다. 후세인 정권은 억지할 수 없으며, 알카에다와 연계되어 있고, 핵무기 제조에 근접한 단계에 있으며, 일단 핵무기를 보유하면 이를 사용할 의지를 가질 것으로 보았다.[5] 이러한 주장은 근거가 매우 빈약했다. 이 때문에 이를 설득하려고 대통령과 국무장관이 직접 국제사회를 상대했고, 이른바 '증거'를 제시하면서 이라크 침공의 명분을 확보하려고 노력했다. 2002년 9월 12일, 부시 대통령은 9·11 테러 1주년을 맞이해 유엔총회에서 연설했다. 우선 부시는 이라크가 테러 조직에 대한 지원을 금지하는 유엔안전보장이사회 결의안 1373을 위반했고, 현재 알카에다 조직의 생존자들은 이라크에 피신해 있다고 비난했다. 이와 더불어, 후세인 정권이 이라크 국민을 억압하고 있으며, 2001년 유엔인권위원회UN Commission on Human Rights에서 이라크의 인권침해가 '극심extremely grave'한 상태라고 지적한 것을 인용하기도 했다. 또한 이라크가 유엔안전보장이사회 결의안을 위반하면서 대량살상무기를 제조하고 있으며, 이라크 국민의 생존을 위해 허용된 '식량 수입을 위한 석유 수출 프로그램'을 악용해 군사력 증강에 필요한 물자를 수입하고 있다고 고발했다. 그리고 후세인 정권이 유엔사찰위원회의 활동을 방해했고, 결국 이러한 이유에서 사찰 활동이 중단되었다고 주장했다.[6]

이라크 문제에 대한 결의안이 없는 상황에서 미국 국내적으로는 군사력 동

2002년 9월 12일,
유엔총회에서 연설하는
부시 대통령
자료: White House

원에 필요한 권한을 의회가 행정부에 부여했다. 유엔총회 연설 직후부터 부시 행정부는 상·하원 합동 결의안의 형태로 의회가 행정부에 이라크에 대한 군사력 사용 권한을 부여할 것을 요청했다. 2002년 10월 2일, 공화·민주 양당의 공동 발의로 결의안이 상정되었다. 일주일 정도의 토의를 거친 다음 10월 10일 오후에 하원에서는 찬성 296에 반대 133으로, 상원에서는 자정을 넘기고 다음 날인 11일 새벽 0시 50분에 찬성 77에 반대 23으로 통과되었다. 이후 10월 16일에 부시 대통령이 법안 형태의 결의안에 서명함으로써, 부시 행정부는 최소한 국내법적으로는 군사력 사용에 대한 합법성을 보장받을 수 있었다.[7]

미국은 유엔안전보장이사회 결의안을 확보하려고 노력했으나, 그 성과는 모호했다. 2002년 11월 8일에 만장일치로 통과된 유엔안전보장이사회 결의안 1441은 이라크가 이전의 유엔안전보장이사회 결의안을 무시하고 대량살상무기와 탄도미사일을 개발하고 있다고 지적하면서, 유엔 사찰에 협력하지 않으며 거짓 보고를 한다고 비난했다. 이에 따라 유엔안전보장이사회는 이라크 정부에 '무장해제 의무를 이행할 마지막 기회final opportunity'를 준다고 상기시키면서, 이라크가 이번에도 이행하기를 거부한다면 '심각한 결과serious consequences'에 직면할 것이라고 경고했다.[8] 하지만 '심각한 결과'에 군사적 침공이 포함되는지에 대해서는 합의가 없었으며, 러시아와 중국, 프랑스 등 유엔안전보장이사회 상임이사국의 반대로 군사력 사용을 승인하는 문구는 배제되었다. 전쟁을 결심했던 부시 행정부는 영국의 지원을 받아 좀 더 강한 내용이 담긴 결의안이 나오기를 원했으나 실패했다. 결의안 1441을 통과시키기 위해 네그로폰테John D. Negroponte 유엔 주재 미국 대사는 미국이 전쟁을 결정하지는 않았다고 주장하면서, 명시적으로 "결의안 1441에는 자동적인 군사력 사용 조항은 없다"고 선언했다.[9]

결의안이 통과된 직후인 11월 13일 이라크는 사찰단 활동을 받아들였고, 11월 27일에는 유엔사찰위원회UNMOVIC와 국제원자력기구International Atomic Energy Agency: IAEA의 연합 사찰단이 이라크에 입국했다.[10] 하지만 사찰단은 대량살상무기와 관련된 뚜렷한 증거를 찾아내지 못했으며, 일부 위반 사항과 보고서 오류를 적발했지만 대부분 사소한 것이었다. 또한 2002년 12월 7일 이라크는 1만 2200쪽에 달하는 보고서를 제출했으나, 많은 부분에서 오류와 모순된 정보, 조작의 흔적이 드러났다. 특히 1998년까지 활동했던 유엔사찰위원회가 적발했던 생화학무기에 대한 정보가 전혀 존재하지 않았으며, 따라서 후세인 정권이 생화학무기를 숨기고 있다는 의혹을 불러일으켰다. 이라크는 생화학무기를 폐기했다고 주장했으나, 폐기 과정에 사찰단이 참여하지 않았기 때문에 이러한 주장은 확인되지 않았다. 2003년 1월 27일에 유엔사찰위원회 단장이었던 블릭스Hans Blix는 유엔안전보장이사회에서 "이라크가 결의안을 수용하지는 않은 듯하며, 대량살상무기의 폐기를 이행했다는 증거가 없다"라고 밝혔다.[11]

이러한 배경에서 파월 국무장관은 유엔안전보장이사회를 최종적으로 설득하기 위해 애썼다. 그는 2003년 2월 5일 유엔안전보장이사회 전체 회의에 참석해 이라크가 알카에다를 보호하고 있으며, 여전히 생화학무기를 생산하고 있다고 주장하면서, 이라크 북부 지역의 생화학무기 훈련장에 대한 정찰 사진 등 다양한 '증거'를 제시했다. 또한 파월은 "나 자신이 보기에 후세인이 핵무기를 생산하려고 한다는 데 의심의 여지가 없다"라고 하면서, "미국은 후

세인이 핵무기를 자신이 선택하는 시간과 장소에서 사용하도록 위험을 무릅쓸 수 없다"라고 단언했다.[12]

하지만 이러한 그의 노력에도 프랑스와 러시아, 중국 등의 상임이사국을 설득하지는 못했다. 미국의 전통적인 유럽 동맹국인 독일도 전쟁에 반대했다. 아프가니스탄에 독일군을 파견하고 후세인을 '끔찍한 독재자horrible dictator'라고 지칭했던 독일 외무장관 피셔Joschka Fischer는 2003년 2월 뮌헨Munich에서 열린 제39차 안보회의Security Conference에서 럼즈펠드 국방장관도 지켜보는 가운데 기존 원고를 읽는 대신 이라크 전쟁에 대한 자신의 반대 의견을 제시했다. 독일어로 연설하다가 마지막에 영어로 "미안합니다. 저는 납득할 수 없습니다Excuse me. I am not convinced"라고 선언했다.[13] 결국 미국은 유엔안전보장이사회 결의안 없이, 그리고 전통적인 동맹국의 지지 없이 사실상 단독으로, 영국만이 지원하는 가운데 이라크 침공을 개시했다.

미국의 침공

침공을 위해 집결한 군사력은 30만 명이 되지 않았고, 그 가운데 6분의 5인 25만 명 정도가 미국의 군사력이었다. 이것은 1991년 걸프 전쟁에 미군 54만여 명을 중심으로 약 80만 명의 군사력이 투입된 것과는 비교할 수 없는 병력 규모였다. 하지만 그 병력이 만들어낸 파괴력은 더욱 강력했다. 미국은 육군 2개 보병사단(3사단, 4사단)과 101공수사단을 동원했고, 제1해병사단1st Marine Division을 중심으로 구성된 해병원정군Marine Expeditionary Force: MEF을 배치했다.[14] 영국군은 3개 연대(기갑연대, 공중강습연대, 특수작전연대)를 하나로 묶어 독립 작전을 수행할 수 있게 편성된 1기갑사단을 동원했다. 이와 함께, 미국과 영국은 인접 해역에 자신의 해군력을 집중했다. 특히 미국은 항공모함 전투단 4개를 동원해 300여 대의 항공 전력을 전개했으며, 해군 전력을 통해서 800여 발의 순항미사일을 발사했다. 전 세계에 위치한 미국 항공 전력이 공

중급유 및 기타 수단을 이용해 이라크 목표물을 공격했다.[15]

그런데 이에 대항하는 이라크 군사력은 병력 면에서만 우위를 점했을 뿐 기술과 기능의 측면에서는 완벽한 열세를 보였다. 후세인은 40만 명 정도의 병력을 동원했지만, 이러한 병력상의 우위는 무의미했다. 자신의 군사력을 정치적으로 신뢰할 수 없었기 때문에 군사 조직 내부의 파벌을 조장하고 상호 감시체제를 구축하는 과정에서 군사적 효율성은 이미 엄청난 타격을 입은 상태였다.[16] 정규군을 신뢰할 수 없었던 탓에 후세인은 자신과 같은 부족 그리고 같은 수니파 출신으로 구성된 사담 민병대Fedayeen Saddam와 지역 민병대인 알쿠드al-Quds Army를 창설했으며, 바트당이 통제하는 바트 민병대Baath Army를 이라크 정규군과 별도로 유지했다. 또한 정규군과 유사한 무장을 갖춘 공화국수비대와 특수공화국수비대Special Republic Guards가 존재했으며, 그 명령 계통은 이라크 정규군과는 독립된 형태로 운영되었다.[17] 미국이 침공한 상황에서도 여단 이상의 부대 이동은 후세인의 명시적인 승인이 있는 경우에만 가능했다. 명령 없이 이동하는 경우에는 부대 지휘관이 처형되고 가족은 투옥되었다. 연합작전을 위한 어떠한 사전 준비도 이루어지지 않았으며, 쿠데타의 위험 때문에 연합작전을 수행하기 위한 협의조차 금지되었다. 주요 지휘관은 군사적 역량이 아니라 정치적 충성심에 따라 발탁되었으며, 능력이 있고 후배들의 존경을 받으며 주변에 대해 지도력과 영향력을 지닌 사람들은 제거되었다. 비밀경찰이 모든 군사 지휘관을 감시했으며, 비밀경찰 또한 복수의 조직으로 구성되어 서로 경쟁했다.

공격은 3월 19일에 시작되었다. 부시 행정부는 이라크가 독재 국가이고 후세인이 모든 권한을 장악하고 있기 때문에 후세인을 제거한다면 문제가 해결될 것으로 판단했다. 이러한 예측은 지극히 논리적이었고, 전쟁 이후 여러 조사에 따르면 후세인이 사망하거나 연락이 두절될 경우에 이라크 전쟁 지휘체계는 붕괴되었을 가능성이 컸다. 이에 따라 미국은 3월 19일에 후세인이 가족을 만나려고 바그다드 교외 농장 지역에 위치한 별장에 나타났다는 첩보를 입수하자, 이곳에 40발의 미사일 공격을 감행했다. 거의 모든 미사일이 목표에 명중했지만, 미국이 계획했던 지휘부 타격 공격decapitation strike은 핵심 목표물인 후세인이 그곳에 나타나지 않아 실패했다.[18]

1991년 걸프 전쟁에서 미국은 1월 17일에 공습을 시작해 2월 23일에 지상군이 진격할 때까지 38일 동안 이라크를 공습했다. 쿠웨이트 해방이라는 목표를 추구했던 1991년 걸프 전쟁에서 미국은 쿠웨이트와 그 인접 지역에 배치된 이라크 군사력을 파괴해야 했으며, 따라서 미군 좌익左翼이 이라크군을 포위하는 형태의 작전이 이루어졌다. 이라크 지상군을 파괴하는 동시에 이라크군이 이동해 이라크 내부로 숨어버리는 것을 막기 위한 공습이 이루어졌다.

그런데 2003년 미국은 공습과 동시에 지상군 이동을 시작했다. 이른바 '충격과 공포shock and awe'라고 선전된 이 공습은 매우 정확했으며, 기상 조건의 간섭을 받지 않고 목표물을 파괴했다.[19] 지상군 또한 이라크 군사력을 파괴하기보다는 이라크 지휘부를 제거하는 데 초점을 맞췄으며, 따라서 대규모 교전을 벌이기보다는 이라크 방어진지를 우회하고 빠른 속도로 진격해 바그다드를 점령하는 것을 목표로 했다. 부시 행정부는 이라크 군사력의 파괴가 아니라 이라크의 정권 교체를 목표로 했고, 이라크 군사력의 파괴는 부차적인 것이었다. 특히 후세인 체포 또는 살해는 문제의 근원을 제거하는 것이었기 때문에, 바그다드를 되도록 빠른 시간 내에 함락하는 방향으로 군사행동이 계획되었다. 시간이 지체되면 후세인을 비롯한 이라크 지휘부가 자취를 감출 수 있기 때문에 공습과 함께 지상군이 진격했으며, 더욱이 미국 지상군의 진격을 저지하기 위해 후세인이 전투를 지휘하게 되면 후세인의 위치를 파악할 수 있기 때문에 지상군의 진격은 필수적이었다.[20]

2003년 3월 20일에 미국 지상군이 본격적으로 이라크를 침공했고, 동시에 이라크 군사력은 붕괴하기 시작했다. 이전에도 미군 특수부대가 이라크 내부에 잠입해 '다양한 활동'을 했고 공습에 대비한 준비조치를 취했지만, 지상군이 본격적으로 활동하지는 않았다. 1991년 4월 유엔안전보장이사회 결의안 688에 따라 설정된 비행금지 구역 이북에서는 미국 특수부대와 중앙정보국이 쿠르드족 민병대인 페시메르가Peshmerga에게 무기와 자금을 제공하고,

실질적으로는 군사기지를 구축했다. 미국은 이를 이용해 제4보병사단을 터키 지역에서 이라크 북부의 쿠르드족 지역으로 이동시키고, 남쪽으로 진격하려고 했다. 2003년 3월 1일에 터키 의회는 미군이 터키 영토에서 작전을 시작하는 것을 거부했고, 이 때문에 터키에서 남쪽으로 그리고 쿠웨이트에서 북쪽으로 진격한다는 미국의 초기 계획은 실현되지 못했다.

그 대신에 미군은 티그리스강과 유프라테스강을 따라서 이라크 중심부인 바그다드로 진격했다. 이때 미군은 최대한 빠른 속도로 진격하기 위해 병력 규모를 감축했다. 미국 지상군은 적은 규모에도 빠른 스피드와 정확한 정보, 정교한 파괴력으로 무장함으로써 바그다드를 향해 거침없이 진격해 나갔다. 이러한 상황에서도 이라크 지도부는 미국의 침공보다는 바그다드에서 벌어질 수 있는 군사 반란 또는 민중 봉기를 염려해 주력 부대를 수도 부근에 집결시키는 동시에 일부를 지방 주요 도시에 분산 배치했다. 미군의 진격을 늦추기 위한 작전은 없었다. 대표적으로 유프라테스강을 건널 수 있는 대형 교량은 개전 초기에 폭파되지 않고 미군이 장악했으며, 남부 지역의 유전 또한 파괴되지 않았다.[21] 미군이 이라크 병력 밀집 지역을 회피하면서 진격했기 때문에 이라크 남부 지역의 주요 도시는 실질적으로 거의 피해를 입지 않았다. 예를 들어 나시리야Nasiriyah 공격은 처음에는 계획에 없었으나, 미국 수송 부대가 실수로 시내에 진입해 이라크 정규군의 포로가 되었고 이들을 구출하기 위해 3월 23일에 대규모 군사작전이 시작되었다. 그 결과 유프라테스강을 가로지르는 대형 교량을 미군과 영국군이 장악했다. 이라크 제2의 도시인 남부의 바스라는 영국군이 담당하고 있었지만, 외곽에서는 간헐적인 전투만 있었을 뿐 바스라 시가 내부로는 진격하지 않았다. 4월 6일이 되어서야 본격적인 전투가 있었지만, 이미 바그다드가 함락된 상황에서 이라크 지상군의 저항은 강력하지 않았다.

미군의 진격은 신속했다. 이라크 정규군이 실질적으로 저항하지 않고 사담 민병대 병력만이 조직화되지 않은 방식으로 저항했으나 막대한 사상자만을 내고 실패했다. 후세인 정권은 정규군을 신뢰하지 않았으며, 미국의 침공에 정규군 부대가 저항하지 않을 것이라고 예상했다. 이 때문에 후세인은 정규군 병력을 즉결처분할 수 있는 권한을 부여한 특수부대를 배치했고, 이들은 저항을 거부하는 이라크 정규군 병사를 무차별적으로 처형했다. 미군과 전투가 벌어지면 정규군 병력은 후세인에게 충성을 다하는 독전대督戰隊와 비밀경찰 병력을 살해하고 미군에 투항했다.[22] 3월 25일에 서쪽에서 모래폭풍이 몰아쳤고, 군사작전이 3일 동안 중단되었다. 하지만 미군은 이 기간을 이용해 휴식 및 보급 문제를 해결하고 다시 전진했다. 그러나 이라크는 이 기간을 적절하게 사용하지 못했다. 미군은 모래폭풍이 부는 가운데에서도 공습을 통해 이라크의 전투력을 감소시켰고, 모래폭풍이 지나자 다시 진격했다. 바그다드 외곽에 위치한 교통의 요충지인 나자프가 3월 31일에 함락되면서, 본격적으로 바그다드를 공격할 도로가 확보되었다.

4월 1일에 미군은 바그다드 서쪽의 카르발라 지협Karbala Gap에 도달했다. 유프라테스강과 대규모 저수지 그리고 호수로 둘러싸인 40킬로미터 정도의 좁은 지역은 서쪽에서 바그다드로 들어갈 수 있는 유일한 통로였다. 저수지에는 댐이 있었으며, 유프라테스강을 건널 수 있는 대형 교량이 카르발라 지협에 집중되어 있었다. 후세인 정권은 이 지역을 방어하기 위해 공화국수비대의 정예부대 3개 사단을 배치했으나, 미군은 이 지역을 돌파하지 않고 동쪽에서 바그다드를 공격하는 기동을 취하면서 이라크군을 속이는 데 성공했다. 미군은 4월 1일에 카르발라 지협에서 본격적인 공격을 시작했으며, 2일에는 대형 교량 하나를 장악하고 폭파 장치를 해체하는 데 성공했다.[23] 그리고 이를 통해 미군 3사단이 바그다드로 진격했고, 그 과정에서 공화국수비대 병력은 패주했다. 4월 3일에 미군 1개 중대가 바그다드 국제공항[24] 부근까지 진출했으나, 주로 사담 민병대 병력만이 반격하고 정규군의 저항은 미미했다. 4월 4일 바그다드 외곽 고속도로에서 M1 에이브럼스Abrams 전차 2대와 브래들리 전투차량Bradley Fighting Vehicle 2대로 구성된 소수의 미군 병력은 이라크 전차 12대와 교전을 벌여 5분 만에 이라크 병력을 전멸시켰다. 이후 전차 5대가 증강된 미군은 이라크 전차 22대를 격파했으며, 800~1300미터의 짧은 거리에서 벌어진 전차전에서 미군은 16대의 이라크 전차를 파괴했지만, 이라크 전차는 미군 전차 및 장갑차를 전혀 명중시키지 못했다.[25]

바그다드 함락과 후세인 정권 붕괴

미군 3사단 병력은 계속 전진하여 바그다드 국제공항을 점령하고 본격적으로 바그다드를 공격할 준비를 시작했다. 4월 5일 새벽, 바그다드 국제공항을 기지로 삼은 미군은 전차 29대와 전투 장갑차량 14대로 구성된 특수정찰부대를 보내 바그다드 시가지에 대한 전투정찰[26]을 시작했다. 이라크 민병대는 저항했지만, 저항은 조직적이지 않았고, 미군의 정찰활동을 저지하지 못했다. 사담 민병대는 미군 전차에 기관총과 휴대용 로켓을 난사했지만, 실질적인 피해는 전혀 입히지 못했고, 오히려 엄청난 병력 손실만을 입었다. 동원된 모든 미군 전차와 장갑차량이 피격되었지만, 전차 1대를 제외하고는 파괴된 차량은 없었으며, 파괴된 전차의 승무원도 모두 무사히 구출되었다. 그리고 간단한 수리와 연료 및 탄약 보충을 마친 미군 병력은 다시 전투에 나섰다.

4월 7일 아침, 미군은 전차 70대와 전투차량 60대를 동원해 두 번째 전투정찰을 개시했다. 사담 민병대는 더욱 필사적으로 미군에 저항했지만, 미군 병력은 막강한 항공 지원을 등에 업고 JSTARSJoint Surveillance and Target Attack Radar System 등을 통해 뛰어난 정찰 정보를 제공받으면서 1시간 만에 바그다드 중심에 위치한 관공서 지역을 장악했다.[27] 그리고 미군 병력이 이곳에서 진지를 구축하고 민병대와 본격적으로 교전하자, 미군은 바그다드 중심부와 바그다드 국제공항을 연결하는 보급로를 확보하기 위해 전투를 시작했다. 바그다드 시가지는 전투 지역으로 바뀌었다. 민병대는 미군을 축출하기 위해 파상공격을 퍼부었으나 실패했다. 4월 7일 아침에 시작된 두 번째 전투정찰은 4월 8일 오전까지 계속되었다. 그리고 이 과정에서 후세인이 최후까지 동원할 수 있었던 군사력은 소멸했고, 이와 함께 후세인을 중심으로 한 바트당 정

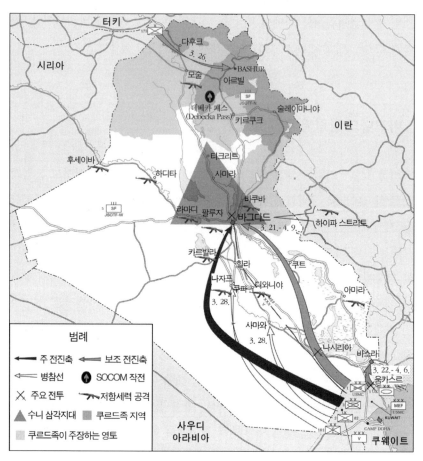

이라크 전쟁에서 미군 및 연합군의 주요 작전과 전투를 나타낸 지도
자료: ADuran

권은 파멸했다.

후세인 정권의 파멸을 상징적으로 보여주었던 사건은 후세인 동상의 파괴였다.[28] 바그다드를 함락한 미군은 4월 9일 시내 중심부에 위치한 12미터 높이의 후세인 동상을 끌어내렸다. 처음에는 이라크인들이 해머로 동상을 파괴하려 했으나 실패했고, 미군은 동상의 머리 부분에 성조기를 덮고는 전차를 동원해 동상을 끌어내렸다. 이에 이라크인들은 동상의 머리 부분을 절단해서 바그다드 시내에 끌고 다녔고, 이 광경은 CNN을 통해 생중계되었다.

이는 사실 이라크인들이 자발적으로 한 행동이 아니었다. 미군은 거기에 이라크인들을 동원했으며, 필요한 장비를 제공했다. 처음에 사용했던 해머는 물론, 최후에 사용되었던 전차도 당연히 미군이 동원한 것이었다. 그 진실성에 문제가 있지만, 후세인 동상이 파괴되는 장면은 그 자체로 이라크 전쟁에서 미국이 전투에서 승리했고, 후세인 정권이 붕괴했다는 사실을 상징적으로 보여주었다.

하지만 정권이 붕괴하는 순간에도 후세인 정권은 현실과 동떨어진 행동을 했다. 대표적인 것은 당시 이라크 정부 대변인Information Minister이었던 사하프Muhammad Saeed al-Sahhaf의 발언이다. 그는 미군과 영국군 병력이 이라크 민간인을 학살하고 있으며, 의도적으로 민간인 거주 지역을 폭격하고 있다고 주장했다. 가장 황당한 발언은 두 번째 전투정찰이 진행되고 있던 2003년 4월 7일에, "바그다드에는 미군 병사가 단 한 명도 없으며, 바그다드 교외까지 접근한 소수의 미군 병력은 바그다드시 경계선에서 모두 자살했다"라고 한 것이었다. 그리고 그는 4월 8일 텔레비전 방송에 등장해 "미군이 항복하고 있다"라고 선언했다. 하지만 그 순간 미군은 바그다드를 사실상 장악하고 있었다.[29]

바그다드 약탈과 미국 전략의 파탄

바그다드 함락 과정에서 미군은 이라크 군대로서는 상상할 수도 없는 강력한 힘을 보여주었다. 이러한 군사력은 단순히 미국의 기술적 우위로만 만들어지지는 않았다. 물론 GPS를 사용해 목표물을 정확하게 파괴할 수 있는 능력, 지상 전투를 관제할 수 있는 JSTARS, 많은 전투 정보를 처리해 실시간으로 지휘관에게 제공할 수 있는 능력 등은 미국이 보유한 군사력의 하드웨어적 측면이었다. 이와 함께 미군이 보여준 뛰어난 사격술과 야간투시경night vision 사용 방식, 그리고 국가훈련장National Training Center: NTC[30]에서의 훈련으로 다져진 작전 능력 등에 힘입어, 미군은 이라크군이 갖추지 못한 군사적 소프트웨어를 보유했다. 동시에 미군은 이라크군이 전혀 구현할 수 없었던 강력한 소부대 응집력unit cohesion을 보여주었다. 모든 부대원은 자신의 부대원을 지키기 위해 전투에 참여했으며, 이 때문에 미군은 병사들에게 전투를 강요할 필요가 없었다.[31] 이라크에서 미군은 지원병으로 구성된 군대가 보여줄 수 있는 탁월한 직업 정신professionalism을 구현했다.

하지만 미국이 보유한 군사적 효율성은 바그다드를 함락하고 후세인 동상을 쓰러뜨린 다음에 그 효용을 다했다. 국방장관과 대통령이 낙관론에 기초해 전쟁을 시작한 탓에, 후세인 정권을 무너뜨린 다음에 벌어질 사태는 전혀 대비해 놓지 않았던 것이다. 미군은 점령군이 아니라 해방군이었기 때문에 점령 행정을 담당할 충분한 병력이 없었고, 결국 전투 직후 질서를 유지할 수 없었다. 이러한 상황에서 바그다드에서는 약탈이 횡행했고, 미군은 명령을 받지 못한 상태에서 아무런 계획 없이 이러한 약탈을 방관하고 말았다. 그리고 이 과정에서 이라크 정부의 행정력을 재건할 기반시설과 데이터가 완전히 파괴되었다. 약탈이 주로 여성과 어린이에 의해 이루어져, 미군은 이들을 제지하거나 이들에게 무력을 사용할 생각조차 하지 않았다. 결국 미군이 방관하는 가운데 이라크 정부 재산과 행정 데이터가 소실되었다.

약탈은 남부에서 시작되었다. 움카스르는 이라크가 보유한 유일한 항구로서, 페르시아만으로 이어지는 석유 수출의 핵심 지역이다. 미군은 개전 직후 항구를 장악하고 항구 설비를 점검했다. 그리고 3월 28일, "설비가 낡기는 했지만 충분히 사용할 수 있다"고 평가하고, 이를 사용해 230톤의 화물을 하역했다. 항구를 순찰하는 병력이 없는 상황에서 4월 1일에 발생한 약탈로 "지반에 단단히 고정된 크레인을 제외한 모든 항구 시설"이 사라졌다. 항구 관리 사무실의 의자와 책상부터 발전기, 지게차, 화물수송용 컨베이어벨트까지 모두 약탈당했다. 사무용 컴퓨터가 사라지면서 항구 운영에 필요한 데이터도 소실되었다. 이러한 약탈은 바스라를 거쳐 4월 9일에 미군이 후세인 동상을 쓰러뜨리는 시점부터 본격적으로 시작되었다.[32] 인구가 약 600만 명인 바그다드를 2만 5000여 명의 병력으로 점령했지만, 이 병력은 질서를 유지하기에는 턱없이 부족한 규모였다. 게다가 미군은 이라크의 대량살상무기에 대한 우려 때문에, 병력을 바그다드에 배치하기보다는 북쪽으로 진격시켜서 후세인 잔존 세력을 소탕하려고 했다.[33] 계엄령을 선포하고 유지하는 것은 불가능했고, 후세인 지지 세력의 약탈과 파괴 행동이 아니라 일반 주민이, 그것도 주로 여자와 어린이가 약탈을 하고 있었기 때문에, 이를 저지하는 것은 매우 어려웠다.

바그다드 약탈은 철저했다. 모든 정부 건물은 내부에서 완전히 파괴되었다. 모든 사무용 집기가 사라졌고, 심지어 건물 내부의 부엌 설비와 전선, 배관 파이프까지 사라졌다. 감옥에서는 죄수들이 탈옥하는 것은 물론, 감옥 내부의 침구까지 약탈당했다. 서류함을 약탈하기 위해 모든 서류를 바닥에 내팽개쳤고, 결국 보건부Ministry of Health 건물 일부에서는 바닥에 흩어진 종이 서류 높이가 1미터에 이르렀으며, 총 6톤의 종이가 쓰레기로 배출되었다. 이렇게 약탈된 설비는 이라크 인근 국가에서 중고로 거래되었으며, 이 때문에 시리아와 요르단 등지에서는 물가가 하락하기도 했다.[34] 4월 10일에는 바그다드의 이라크 국립박물관이 약탈되어, 메소포타미아 문명의 유물까지 사라졌다. 약 5000년의 세월 동안 원형을 유지했던 유물 중 일부는 약탈 과정에서 파괴되기도 했다. 하지만 사라진 유물은 그다지 많지 않았으며, 약탈된 유물의 상당수는 회수되었다.

이러한 과정에서 후세인 정권이 권력을 유지하기 위해 축적했던 모든 행정 데이터도 사라졌다. 이라크 국민에 대한 신분 기록 및 주민등록 데이터는 철저하게 파괴되었으며, 후세인 정권에서 비밀경찰 관련자들은 자신들의 안전을 위해서 이러한 파괴를 주도했다. 통상부Ministry of Trade에서 이라크 국민에게 배급할 식량을 수입하기 위해 가지고 있던 식량배급 데이터만이 기적적으로 약탈에서 살아남았고, 이후 미국은 이 데이터에 의존해 이라크 점령 행정을 시행했다.[35]

하지만 이러한 상황에서도 미국은 낙관론을 포기하지 않았다. 4월 11일에 열린 기자회견에서 럼즈펠드는 바그다드에서 벌어진 약탈에 대해 질문을 받자, "그런 일은 있을 수 있다. 하지만 자유는 본래 지저분하고, 약탈은 자유를 위해 지불해야 하는 대가다"라고 답변했다. 이라크 침공을 지휘했던 중부군 사령관 프랭크스Tommy R. Franks는 2003년 4월 16일 약탈이 진행되던 바그다드를 방문해 병력 철수 계획을 요구했다.[36] 그는 2003년 9월까지 이라크에 미군 1개 사단만을 주둔시키고, 침공에 가담했던 나머지 3개 사단 병력을 철수하겠다고 선언했다. 그리고 5월 1일에 부시는 페르시아만에 정박한 미국 항공모함 에이브러햄링컨호에서 '임무 완수'를 선언했다. 하지만 미국은 자신이 전혀 이해하지 못하는 힘을 풀어버렸고, 부시 행정부가 이해하지 못하는 사이에 진정한 의미의 이라크 전쟁이 시작되었다.

5장
전쟁의 시작과
이라크 점령

2003년 5월, 부시 행정부는 득의의 절정에 있었다. 오랫동안 추진했던 이라크 정권 교체를 단행했고, 139명이 전사하고 548명이 부상하는 비교적 경미한 인명 피해만 입은 채 침공은 성공했다. 후세인은 사라졌고, 그의 동상이 파괴되었으며, 미군은 바그다드를 점령했다. 침공에 동원된 병력은 곧 집으로 돌아갈 수 있을 듯했고, 프랭크스는 병력을 철수하기 위한 계획을 수립할 것을 명령했다. 그리고 부시는 '임무 완수'를 선언하면서, 승리자로서의 행복을 만끽했다.

하지만 상황은 낙관적이지 않았다. 바그다드는 약탈당했고, 이 과정에서 이라크 국가 행정에 필수적인 데이터가 사라졌다. 주민과 인구에 관한 데이터가 사라져 정부를 구성하기 위한 선거인명부를 만들 수 없었고, 선거로 의회와 정부를 구성하려는 구상은 현실적으로 불가능했다. 무엇보다도 이라크에서는 미군 점령에 대한 저항이 시작되었다. 2003년 3월 29일에 바그다드에서 남쪽으로 160킬로미터 정도 떨어진 나자프에 설치된 미군 검문소가 자살폭탄suicide bomber 공격을 받았고, 미군 병사들은 이에 경악했다.[1] 한편 바그다드에서 서쪽으로 70킬로미터 정도 떨어진 수니파의 거점 도시인 팔루자

Fallujah에서는 미군의 점령에 항의하는 시위가 벌어졌다. 2003년 4월 28일 저녁, 시위가 격렬해지고 '총격'까지 일어나자 미군은 시위대에 발포했으며, 결국 이라크 민간인 17명이 사망하고 70명 이상이 부상했다.[2]

문제는 부시 행정부가 이러한 상황에 적절하게 대처할 전략을 제시하지 못했고, 이라크 현장에서 변화에 신속하게 대처할 행정조직조차 구축하지 못했다는 사실이다. 이라크 침공으로 발생할 수 있는 인도적 문제에 대처하기 위한 재건 및 인도적 사안 담당처ORHA가 창설되었지만, 정작 관장 사항인 인도적 사안은 존재하지 않았으며, 점령 행정을 담당하게 되었다. 하지만 재건 및 인도적 사안 담당처는 2003년 5월에 연합군임시행정청Coalition Provisional Authority: CPA으로 대체되면서, 업무 인수인계가 정확하게 이루어지지 않았다. 새롭게 만들어진 연합군임시행정청은 이라크 군대를 해산하고 바트당 구성원을 모든 공직에서 몰아내면서 이라크 상황을 더욱 악화시켰다. 이라크 전쟁은 점차 비정규전 양상을 띠었으며, 이라크 내부의 정치 질서 구축이 핵심 문제로 부각되었다. 결국 미국은 전쟁 이전에 구상했던 단기 점령을 포기하고 장기 점령을 선언했다.

단기 점령 구상과 포기

부시 행정부는 낙관론에 기초해서 그리고 낙관론으로 전략을 대신하여 이라크를 침공했다. 전투에서 승리해 후세인 독재 정권을 파괴했기 때문에 모든 문제가 해결되었다고 보았으며, 그래서 미군은 이라크에 주둔할 필요가 없고 되도록 빠른 시일 안에 철수할 수 있을 것으로 판단했다. 미군이 바그다드를 함락했을 때 이라크 시아파 주민들은 미군을 열렬히 환영했는데, 이는 그러한 낙관론을 더욱 부추겼다. 후세인을 중심으로 구성된 수니파 정권 치하에서 억압받았던 시아파 주민들은 수니파 정권을 무너뜨린 미군을 '해방자'로서 환영했다.[3]

전후 상황을 통제하기 위한 행정조직인 재건 및 인도적 사안 담당처는 피난민 문제를 다루기 위한 조직이었지만, 명확한 전략이 존재하지 않는 상황에서 이라크 임시정부를 수립하고 국가조직을 재건하기 위한 노력을 시작했다. 재건 및 인도적 사안 담당처의 책임자인 가너는 자신의 권한을 폭넓게 해석하여, 이라크를 재건하는 데 기존 체제를 부분적으로 수용하려고 했다. 특히 가너는 후세인 정권에서 행정 경험을 쌓았던 수니파 엘리트에게 새로운 기회를 주려고 했으며, 이라크 군부 지휘관들과 접촉해 이라크군의 조직과 병력을 이용하려고 했다. 또한 후세인이 구축했던 바트당 조직을 인수해 새롭게 수립되는 이라크 정부에서 활용하려고 했다. 한편 가너는 바그다드 시내의 발전소를 다시 가동하고자 했다. 바그다드 전투로 발전 및 송전 설비가 파괴되어 바그다드 주민들은 전력공급을 받지 못했다. 문제 해결을 위해 가너는 바트당 간부 출신으로 바그다드 전력망에 정통한 인물에게 전력 복구 임무를 맡겼다.[4] 또한 가너는 이라크군을 해체하기보다 조직 전체를 사용하고자 했다. 2003년 3월 10일, 그는 이에 관해 대통령에게 보고하는 자리에서 대통령의 승인을 받았고, 이라크군 조직을 이용해 이라크 재건에 필요한 노동력을 확보하고 기존 체제를 어느 정도 수용하는 부분에 대해서 재가를 얻어냈다.[5]

미국은 이라크의 정권 교체와 민주화를 목표로 했을 뿐, 어떠한 세력으로 민주화를 추진할 것인지에 대해서는 명확한 전략을 세워두지 않았다. 단기 점령과 조속한 주권 이양이 중요한 사안으로 부각되면서 기존 체제와 바트당 조직을 이용하는 것은 논리적으로 불가피한 선택이었다. 장기 점령을 결정했다면 부시 행정부가 이라크 내부 정치 세력을 만들어내고 이들에게 주권을 이양하는 것이 가능했을 것이다. 하지만 미국의 전략 목표가 이라크 정권 교체였고, 그 수단으로 단기 점령을 선택한 이상, 주권 이양의 상대방이 될 이라크 정치 세력을 되도록 빨리 구성해야 했으며, 이를 위해서는 기존 정치 세력을 받아들여야 했다. 결국 기존 바트당 세력과 시아파 종교 세력이 중요한 역할을 하게 되었다.[6] 미국 국무부와 재건 및 인도적 사안 담당처는 2003년

4월 15일에 바그다드 남동쪽의 시아파 도시인 나시리야에서 '이라크의 미래 Future of Iraq' 프로젝트 주관으로 이라크 임시정부 수립을 위한 준비 회의를 소집했다. 그런데 경비 병력이 회의 장소에 모여든 이라크 민간인에게 발포해 10여 명이 사망하는 사건이 일어났고, 이러한 상황에서 회의는 별다른 성과를 내지 못했다.[7] 4월 28일에는 재건 및 인도적 사안 담당처의 주관으로 임시정부 수립을 위한 이라크 지도자 회의가 바그다드에서 개최되었고, 시아파 지도자와 수니파 지도자가 모두 참석했다. 대표자들은 4주 후에 다시 만나 이라크 임시정부를 수립하기로 합의했으며, 가너는 합의 사항을 미국과 이라크 언론에 공개했다.[8]

단기 점령을 추진하면서 부시 행정부는 이라크 점령 행정에 필요한 자원을 투입하지 않았다. 프랭크스 장군은 이라크 점령에 추가 병력이 필요하다고 보고 5만여 명의 병력을 요청했지만, 4월 21일 럼즈펠드는 이라크에 추가되는 병력은 없다고 선언하고 병력 이동을 거부했다. 전선 지휘관들과 재건 및 인도적 사안 담당처의 책임자인 가너 등은 추가 병력을 요구했지만 받아들여지지 않았다. 이와 동시에 부시 행정부는 점령에 필요한 예산을 확보하지 않았다. 전투로 파괴된 이라크 시설을 복구하는 데 필요한 예산만을 의회에 요구했고, 4월 16일에 부시 행정부는 24억 7500만 달러에 달하는 이라크 구호 및 재건 자금Iraq Relief and Reconstruction Fund: IRRF을 구성했다. 미국 정부는 이 가운데 약 18억 4000만 달러만을 2003년 11월 6일에 의회 승인을 받아 지불했고, 나머지는 다른 동맹국들이 제공했다. 이러한 예산은 이라크를 전면적으로 재건하기에는 부족했고, 단기적인 점령 행정과 피난민 처리, 구호물자 배급 등에만 겨우 충당할 수 있었다.

즉, 미국은 정책과 행동, 자원 배분 등을 단기 점령이라는 목표에 맞췄으며, 이러한 측면에서, 정책의 현실 가능성은 논외로 하더라도, 최소한 논리적 일관성은 유지되었다. 단기 점령을 추진하려면 점령 업무를 담당하는 행정 조직을 변경하기보다는 기존 조직을 지속적으로 활용해야 했다. 그러나 부시 행정부는 후세인 동상을 끌어내린 지 12일이 지난 4월 21일에 연합군임시

행정청을 창설하고, 재건 및 인도적 사안 담당처의 책임자인 가너에게 연합군임시행정청 운영을 맡겼다. 하지만 2주가 지난 5월 6일에 가너는 해임되었고, 브리머L. Paul Bremer III가 연합군임시행정청 책임자administrator로 임명되어 5월 12일 바그다드 현지에 도착했다.[9] 이와 함께 미국의 점령 정책이 첫 번째 큰 변화를 겪으면서 기존 바트당 정권 체제가 해체되기 시작했다.

연합군임시행정청과 브리머, 장기 점령 정책의 시작

매우 꼼꼼하고 세부 사항에 집착하는 전직 외교관인 브리머는 키신저Henry A. Kissinger와 밀접한 관계를 맺고 있었으며, 클린턴 행정부에서 공직을 맡지 않은 덕에 부시 행정부의 '정치적 기준'을 통과할 수 있었다. 국무부는 브리머가 전직 외교관이었기 때문에 임명에 반대하지 않았고, 럼즈펠드는 정치적 성향에 기초해 브리머를 선택했다.[10] 일단 임명되자 브리머는 이라크 현장 지휘관의 역할을 하면서, 국무부와 국가안전보장회의 등을 무시하고 국방장관과 대통령에게 직접 보고했다. 이 때문에 이라크 점령 정책이 추진되는 과정에서 많은 문제가 발생했다. 브리머는 2003년 5월 12일 바그다드에 도착하면서 블랙워터Blackwater라는 군사기능대행회사Private Military Company: PMC 소속 직원의 경호를 받았다. 이 장면은 미국의 이라크 전략이 어떻게 표류했는지를 상징적으로 보여준다. 부시 대통령이 '임무 완수'를 선언한 지 2주가 지나기 전에 미국의 점령 행정 책임자가 교체되고, 새로 부임한 행정 책임자는 군사기능대행회사의 호위를 받아야 신변의 안전이 보장되었던 것이다.[11]

브리머는 기존의 바트당과 이라크군 조직에 기초하여 이라크 정부를 구성할 생각이 없었다. 럼즈펠드는 연합군임시행정청의 권한을 '이라크 임시 통치temporary governance of Iraq'라고 명시적으로 규정했고, 이를 통해 미국의 이라크 점령이 단기에 그치지 않고 어느 정도 지속할 것이라는 묵시적인 결정을 내렸다. 즉, 미국의 이라크 점령 정책이 일차적으로 변화한 것이다. 이러한 정책 변화에 따라 브리머는 후세인 체제를 파괴하고, 바트당 또는 이라크군 등에 기초해 이라크 임시정부를 조속히 구성하여 주권을 이양한다는 기존 계획을 포기했다.

처음에 연합군임시행정청은 유엔안전보장이사회의 결의안 없이 미국의 일방적인 결정으로 2003년 4월 21일에 창설되었다. 하지만 유엔안전보장이사회는 5월 22일에 결의안 1483을 만장일치로 승인해 연합군임시행정청 창설을 추인하고 미국과 영국이 "명령체계가 통일된 점령국occupying powers under unified command으로서 이라크에 대한 책임을 진다"라고 선언했다.[12] 이로써 미국은 이라크 점령에 대한 정당성과 합법성 문제를 해결했으며, 이라크 임시정부를 구성하고 이라크 정부 수입을 사용할 권한을 획득했다. 특히 미국은 이전 후세인 정권에 대한 유엔 제재를 종식하고 연합군임시행정청이 이라크 석유 수출 대금으로 이루어지는 이라크개발기금Development Fund for Iraq을 사용할 수 있게 하면서, 자신들이 바라는 형태의 이라크를 만들어낼 수 있는 정당성과 현실적인 힘을 확보했다.

전쟁 이전에 미국은 영국의 지지를 바탕으로 이라크 침공에 대한 유엔안전보장이사회의 명시적인 결의안을 확보하려고 노력했지만, 성공하지 못했다. 가장 근접한 결의안은 2002년 11월에 승인된 결의안 1441이었으나, 이는 이라크에 '무장해제 의무를 이행할 마지막 기회'를 제공하면서 무장해제를 이행하지 않는 경우에는 '심각한 결과serious consequences'에 직면한다는 경고에 지나지 않았다. 동시에 미국 대표는 이러한 결의안이 자동적으로 군사력 사용으로 이어지지는 않는다고 명시적으로 선언했다. 따라서 전쟁의 정당성과 합법성에 대한 논의가 존재했으며, 이라크 전쟁 당시 유엔사무총장이었던 아난Kofi Annan은 미국의 침공이 '엄격하게는 불법적illegal 행동'이었다고 주장했다.[13] 하지만 유엔은, 정확하게는 유엔안전보장이사회는 미국의 이라크 침공을 사전 승인하지는 않았지만, 결의안 1483으로써 '불법적인 이라크 침공'을 추인, 즉 사후 승인했다. 따라서 미국의 이라크 침공은 정당성 문제는 별개로 하더라도 합법성은 확보한 것이라고 봐야 한다.[14]

이러한 맥락에서 바트당 조직의 완전한 해체를 목적으로 하는 연합군임시행정청령 1호CPA Order No.1가 5월 16일에 공포되었다. 후세인 정권의 바트당 조직에서 상위 4단계의 지위를 차지했던 사람들은 모든 직위에서 해임되고, 장차 모든 공직에 취임할 수 없게 되었다.[15] 이 조치로 이라크는 기존 체제를 완전히 청산할 수 있었지만, 동시에 행정 경험이나 행정 능력을 지닌 인재를 활용할 수 없게 되었다. 2003년 3월 바트당 구성원은 200만 명 정도인 것으로 추정되었는데, 그 1%인 2만 명이 '청산'되었다.[16] 동시에 1만~1만 5000명 정도의 교사와 국영기업체 책임자의 약 25%가 즉각 파면되었다. 일부 점령군 지휘관들은 직권으로 고용을 유지하고 사면을 실시했지만, 급여 지급은 바그다드에 위치한 연합군임시행정청의 권한이었기 때문에, 결국 무의미했다.[17] 또한 후세인이 계급을 남발하여 대령이 병력 400명 정도의 대대를 지휘하는 중간 수준의 지휘관이었고,[18] 대령급 장교 대부분은 장성 진급을 위해 바트당에 가입했다. 그들은 미국의 바트당 청산 결정으로 대부분 해임되었고, 이 때문에 훗날 이라크 군사 조직을 재건하는 과정에서 이라크 보안군Iraq Security Forces: ISF 운영에 필요한 중간 수준 지휘관이 부족해졌다. 당시 이라크 군사작전을 담당했던 산체스Ricardo Sanchez는 바트당 청산이 "이라크 정부를 파괴했다"라고 평가했다.[19] 그것은 명목상 바트당 청산Debaathification이었을 뿐 실제로는 바트당 숙청이었고, 이라크 종파 문제와 직결되어 있었다. 후세인 정권이 수니파 정권이었기 때문에 기존 체제에서 바트당에 가입하고 상급 지위를 차지한 사람들은 거의 대부분 수니파였다. 따라서 바트당 청산은 이라크에서 수니파의 권력 기반을 파괴했으며, 특히 "미래에도 공직에 취임할 수 없다"라는 규정은 수니파의 정치 참여를 계속해서 봉쇄하는 결과를 초래했다. 이에 대해 수니파 지도자들은 "이것은 바트당 청산이 아니다. 수니파 숙청Desunnification이다"라며 반발했다.[20]

5월 23일에 연합군임시행정청은 연합군임시행정청령 2호CPA Order No.2를 통해 이라크 군대를 무조건 해산하고 급여와 퇴직금을 지급하지 않는다고 선언했다.[21] 이러한 조치는 3월 10일 가너가 부시 대통령에게 보고하여 승인받았던, 기존 이라크군 병력을 노동력으로 사용한다는 결정을 번복하는 것이었으며, 워싱턴과 사전 조율 없이 연합군임시행정청이 일방적으로 내린 것이었다. 전쟁 이전에 이라크는 37만 5000명 정도의 정규군 병력을 보유했으며, 이와 비슷한 규모의 각종 민병대와 보안군security forces이 정권 유지를 위해 존재했다. 연합군임시행정청령 2호로 기존 이라크군 조직은 해산되었고, 60만 명 정도가 이 조치로 실직했다. 5월 말 바그다드에서는 급여와 퇴직금 지급을 요구하는 이라크 전직 병사들의 시위가 발생했으며, 연합군임시행정청은 이에 적극적으로 대처하지 않았다. 이 때문에 새로운 적대 세력이 형성되었고, 이들은 저항 세력에 가담했다.[22]

이라크 정치에서 군대가 지닌 상징성은 매우 컸다. 따라서 이라크 군대를 해산하는 행동은 이라크 자체를 해산하는 것으로 비추어졌다.[23] 이러한 조치를 입안했던 네오콘과 브리머는 2003년 5월, 이라크 군대는 이미 소멸되었다고 주장했으며, 그러한 주장은 사실이다.[24] 하지만 소멸되어 버린 군사력은 이라크 정규군이며, 공화국수비대 등은 조직을 어느 정도 유지하고 있었다. 또한 가너는 이라크 정규군 세력과 접촉하여, 기존 조직을 유지하면서 이라크군 병력을 이용할 방안을 모색하고 있었다. 그러나 연합군임시행정청의 일방적인 조치로 이라크 병력이 완전히 해산되었고, 병사들은 자신들의 무기를 휴대하고 사라졌으며, 이라크 저항 세력은 바로 이러한 무기를 사용할 수 있었다. 다시 말해, 연합군임시행정청은 이라크군을 해체함으로써, 저항 세력에 병력과 무기를 공급했던 것이다.[25]

이어 연합군임시행정청은 장기 점령을 위한 본격적인 행동에 들어갔다. 바트당 조직을 해체하고 바트당 구성원의 정치 참여를 금지하는 동시에 이라크군 조직을 해산하면서, 연합군임시행정청은 이라크 정치 질서를 완전한 백지 상태에서 새롭게 건설할 수 있게 되었다. 가너가 이라크의 기존 체제를 부분적으로 수용하고 되도록 빠른 시일 안에 선거를 치러 이라크 임시정부를 구성하려고 했다면, 브리머는 미국이 임명한 인사로 구성된 이라크 임시정권을 세우려고 했다. 2003년 6월에 연합군임시행정청은 선거에 관한 모든 논의를 중단했다. 점령에 대한 정확한 전략이 없었고, 가너 등은 단기 점령을 추진했기 때문에, 많은 전선 지휘관들은 자신의 재량권을 이용해 부분적인 선거를 공언했다. 예를 들어 북부의 모술 지역을 점령했던 101공수사단은 지휘관인 퍼트레이어스의 명령으로 2003년 5월에 시의회를 소집하고 시장을 선출했다. 이라크 중부의 나자프를 담당하고 있던 해병 제1원정군MEU 사령관 콘웨이James Conway 소장은 2003년 7월 4일에 지역 선거를 치르기로 결정하고 후보자 등록 및 투표지 인쇄를 시작했다. 하지만 연합군임시행정청은 이러한 모든 조치를 취소했다.[26]

2003년 7월 13일, 연합군임시행정청은 '이라크인의 이익을 대표하는 방법'으로 이라크통치위원회Iraq Governing Council: IGC를 수립했다.[27] 이라크통치위원회는 시아파 대표 13명, 수니파 대표 5명, 쿠르드족 대표 5명, 투르크와 아시리아 소수민족 대표 각 1명씩 총 25명으로 구성되었고, 그중 3명은 여성이었다.[28] 이라크통치위원회는 주로 후세인에게 반대했던 정치 지도자나 종교 지도자로 구성되었으며 부분적인 정책 결정권을 가지고 있었지만, 기본적으로는 연합군임시행정청에 대한 자문기구였다. 무엇보다 대표성이 부족했다. 선발 과정에서 지역 및 부족지도자들이 배제되면서, 이라크 주민들의 대부분은 이라크 통치위원회의 대표성을 인정하지 않았다. 즉, 이라크통치위원회는 제한적인 그리고 대표성이 취약한 임시정부였다. 아랍 국가들로 이루어진 아랍연합Arab League은 이라크통치위원회를 이라크 정부로 승인했지만, 이라크통치위원회는 완전한 정부로서 기능하지는 못했다. 연합군임시행정청은 이라크통치위원회의 결정에 대한 거부권을 가지고 있었고, 이라크통치위원회가 연합군임시행정청의 주요 위원회에 파견할 수 있는 대표자 수는 제한되었다.

후세인에게 반대했던 세력을 기반으로 이라크통치위원회가 구성되는 것은 피할 수 없으며 당연한 조치였다. 하지만 그러한 세력은 주로 바트당의 세속화 정책에 반대했던 이슬람 성직자였기 때문에, 이라크통치위원회 내부에서는 이슬람 세력, 특히 정치 영역에 종교적 기준을 적용하려는 이슬람 근본주의 세력이 강력한 영향력을 발휘했다. 2003년 12월 29일, 이라크통치위원회는 15분 동안 토의한 후 전격적으로 이전의 세속적인 남녀평등에 기초한 가족법을 폐지하고 이슬람 율법인 샤리아 원칙에 의거한 가족법을 선포했다. 이에 따르면, 여성은 결혼과 이혼, 위자료, 재산 상속 등에서 많은 차별을 받게 되었다. 이전까지 상당히 평등한 가족법의 혜택을 보았던 이라크 여성들은 이러한 가족법 개악에 항의했다. 한편 이라크통치위원회는 바그다드가 함락된 날을 국경일로 선포하고, 후세인 정권에서 활동했던 인물들을 '처리'하기 위해 특별재판소를 설치했으며, 저항 세력에 동조적인 방송국의 허가를 취소했다.

연합군임시행정청은 '이라크에 대한 책임'을 지고 있었기 때문에 이라크 정부의 자산까지도 사용할 수 있었다. 럼즈펠드는 연합군임시행정청의 임무를 '이라크 복구와 민주화 과정 지도'로 규정했고, 이에 따라 연합군임시행정청은 이라크 국가 기능을 대행하기 위한 자원을 필요로 했다. 이라크 재건을 위해 2003년 4월 미국 의회가 승인한 이라크 구호 및 재건 자금IRRF은 그 이름에 걸맞게 이라크 구호 및 재건에 사용해야 했기 때문에 이라크 국가 활동에 사용하기 어려웠고, 자금 규모도 작았다. 그 대신에 연합군임시행정청은 1995년 유엔안전보장이사회 결의안 986으로 허용된 식량 수입을 위한 이라크 석유 수출 프로그램 대금, 침공 직전에 동결된 미국 내 이라크 정부 자산, 전쟁 과정에서 몰수한 이라크 국가 자산 등을 사용했다. 이로써 2004년 6월 활동을 종료하는 시점에 연합군임시행정청은 약 200억 달러의 자금을 관리했다.[29]

묵시적으로 장기 점령을 시작한 미국은 연합군임시행정청을 통해 이라크 경제개혁을 단행했다. 단기 점령을 고려하는 경우에는 경제체제 전체의 변화를 구상하기는 어려우며, 개혁 조치를 집행하는 과정에서 나타나는 많은 저항과 문제점을 해결할 수 없다. 하지만 장기 점령을 결정한 이후 연합군임시행정청은 이라크 경제체제를 바꾸기 위해 여러 가지 조치를 취했으며, 2003년 10월에는 화폐개혁을 단행했고, 금융시장의 자유화와 국영기업체의 민영화 등을 추진했다. 또한 이라크 정부 부채를 채권단과의 협상을 통해 어느 정도 해결했다. 하지만 연합군임시행정청의 장기 점령 정책은 가장 핵심적인 부분인 인구조사와 그에 기초한 선거인명부 작성에서 심각한 문제점을 드러냈다. 그리고 이 문제를 둘러싸고 침공을 지지했던 시아파와, 침공을 통해 후세인의 수니파 정권을 무너뜨린 미국의 관계가 악화되기 시작했다.

선거와 주권 이양 문제

미국의 침공을 받기 전까지 이라크는 바트당 일당 독재 체제였으며, 다른 정치 조직은 존재하지 않았다. 해외에서 활동하는 정치 조직이 있었지만, 이들은 이라크 내에서는 무의미했고 오랫동안 이라크인과 접촉하지 못했다. 대신 이슬람 사원과 종교 단체는 허용되었으며, 1990년대에 걸쳐 이슬람 종교 단체의 정치적 영향력은 증가했다. 특히 걸프 전쟁 이후 수니파 정권에 대한 시아파의 봉기가 있었고, 봉기를 주도한 것은 시아파 종교 지도자들이었다. 봉기가 실패한 이후 많은 시아파 지도자들은 가혹한 운명에 직면했다. 해외로 망명했던 지도자들은 이라크 이웃 국가이자 유일한 시아파 국가인 이란에서 망명 생활을 했으며, 이라크에 잔류했던 지도자들은 최소한 가택 연금을 당하거나 최악의 경우에는 암살 및 처형 등의 운명에 처하기도 했다. 이 과정에서도 시아파 세력을 보전했던 것은 정당 등의 정치 조직이 아니라 종교 조직이었고, 이 때문에 후세인 정권이 몰락한 이후 이라크 정치는 종교 세력이 직접 전면에 나서거나 정당 세력을 배후에서 지원하는 형태로 이루어졌다. 이로써 이라크 전쟁은 미국에 대한 이라크인의 민족주의적 저항이 아니라 이라크 내 시아파와 수니파의 이슬람 종파 내전civil war의 성격을 띠게 되었다.

이러한 측면에서 시아파의 핵심 인물은 시스타니였다. 1930년 이란에서 태어나 1951년부터 이라크에 거주했던 그는 침공 당시 73세로, 1992년 시아파 종교 지도자 가운데 최고의 권위인 아야톨라Grand Ayatollah의 지위에 올랐다. 그리고 1999년 동료 아야톨라였던 사드르가 암살되자, 이라크 시아파 최고의 지도자로 부상했다. 1994년에 수니파 정권은 시스타니가 주관하는 모스크를 폐쇄하고, 시스타니를 가택 연금에 처했다. 2003년 3월 미국 침공 직후부터 시스타니는 파트와fatwa라고 불리는 종교적 견해를 발표하면서 정치에 간접적으로 관여했다. 다른 핵심 인물은 1999년 암살된 사드르의 아들인 무크타다 사드르Muqtada al-Sadr다. 그는 이슬람 종교 지도자로서의 권위는 없었지만, 아버지의 후광으로 자신의 정치적 기반을 확보했으며, 특히 바그다드의 9개 행정구역 중 하나인 사드르시티Sadr City를 2011년 현재까지 통제하고 있다. 또한 1982년 이란의 지원으로 만들어진 이라크 시아파 조직인 이라크 이슬람혁명최고위원회SCIRI는 미국의 이라크 침공 이후 시아파를 결집하면서, 사실상 정당 조직으로 기능했다.[30]

그런데 럼즈펠드를 비롯한 미국의 관계자들 대부분은 이라크 종교 지도자에 관한 지식을 전혀 가지고 있지 않았다. 브리머는 시스타니를 비롯한 시아파 종교 지도자들과 대화하기를 거부했고, 이들이 사실상 이라크의 정치 지도자라는 사실을 인정하지 않았다. 특히 브리머는 무크타다 사드르를 증오했고, 그가 취하는 입장을 의도적으로 무시했다.[31] 이러한 상황에서 미국의 장기 점령 움직임에 대해 시아파 세력은 저항했다. 미국의 침공으로 수니파 정권이 무너지고 선거를 통한 정권 획득이 실현 가능해지자 시아파는 조속한 선거를 요구했고, 이라크 장기 점령을 계획하는 미국 그리고 연합군임시행정청과 대립했다. 시아파는 대부분 미국의 침공으로 자신들이 혜택을 입었다고 보고 '미국이라는 개American dog'의 유용성을 인정했지만, 무크타다 사드르는 이라크 민족주의를 강조하면서 미군이 즉각 철수할 것을 주장했다.[32] 반면 미국의 침공으로 정권을 잃은 수니파는 미국을 저주했으며, 미국의 침공을 1258년 바그다드를 함락하고 철저히 약탈하여 아바스 왕조를 파괴했던 훌라구의 침공에 비유했다. 시아파도 수니파의 이러한 인식을 상당 부분 공유했으나, 이것이 이라크라는 하나의 공동체 또는 민족의식을 만들어내지는 못했다.

　문제는 시스타니가 선거 연기를 비난하고 즉각적인 선거를 요구하면서 발생했다. 현지 미군 지휘관들은 각자의 재량으로 점령 지역에서 제한적인 선거를 계획했지만, 연합군임시행정청은 이러한 모든 선거 계획을 백지화했으며, 장기 점령을 구상했지만 이를 묵시적으로만 추진했다. 이라크의 민주주의 실현을 중요한 명분으로 내세웠던 전쟁에서 미국은 민주주의의 핵심인 선거를 허용하지 않는 자기모순적인 행동을 취했고, 이로써 명분을 상실했다. 특히 연합군임시행정청이 이라크 임시헌법 제정을 이라크통치위원회에 명령하고 임시행정법Transitional Administrative Law: TAL에 대한 논의가 시작되면서 시스타니는 이에 반대 의사를 표명했다. 그는 헌법 제정을 위한 의회 소집을 요구했고, 동시에 이라크통치위원회처럼 미국이 임명하는 형태가 아니라 선거로 임시정부를 구성해야 한다고 주장했다.[33]

　당시 이라크에서 선거를 바로 시행하는 것은 기술적 문제로 거의 불가능했다. 핵심 문제는 선거인명부였다. 이라크는 독재 국가였기 때문에 선거를 시행하지 않았고, 따라서 선거인명부는 존재하지 않았다. 인구조사census는 이루어졌으며, 1997년 후세인 정권은 모두 73개 문항에 대한 인구정보를 수집했다. 하지만 이러한 정보를 선거인명부로는 사용할 수 없었으며, 바그다드가 함락되는 가운데 벌어진 약탈과 방화로 자료가 소실되었다. 선거를 치르기 위해 전국적으로 약 40만 명의 초·중·고등학교 교사를 총동원하여 12개 항목의 기본적인 인구정보를 수집하고 이에 기초해 선거인명부를 작성하는 계획이 논의되었다. 인구조사를 담당하는 인구조사국Census Bureau은 공식적으로 이러한 방안을 2003년 11월 1일 이라크통치위원회에 보고했지만, 관련 서류는 이라크통치위원회 내부에서 사라져버렸다. 동시에 이라크의 치안 상황이 2003년 가을부터 급격하게 악화되면서 인구조사를 시행하는 것이 불가능해졌다.[34] 즉, 치안 악화로 인구조사가 이루어지지 못하고, 인구조사를 할수 없어 선거인명부를 만들지 못하며, 선거인명부가 없어 선거를 시행하지 못하고, 선거를 시행하지 못해 주권을 이양할 정부를 구성하지 못하며, 주권을 행사할 이라크 정부가 존재하지 않아 저항 세력이 존재하고, 저항 세력의 존재로 치안이 악화되는 악순환이 발생했다.

장기 점령 선언

2003년 5월 초, 연합군임시행정청이 출범하고 브리머가 부임하면서 미국의 정책은 명시적으로는 아니더라도 묵시적으로 변화하기 시작했다. 단기 점령과 조속한 주권 이양을 포기하고 장기 점령을 모색하기 시작한 것이다. 이러한 구상은 브리머가 2003년 9월 8일 자 《워싱턴포스트Washington Post》에 기고한 글에서 공개되었다. 이전까지 부시 행정부는 이라크 장기 점령을 묵시적으로 추진했지만, 브리머는 이러한 묵시적 정책을 명시화하고, 이를 워싱턴과 상의하지 않은 채 일방적으로 발표했다.[35]

브리머는 미국이 이라크인을 '해방liberation'했다고 선언하고, 미국의 침공을 '훌륭한 행동noble deed'이라고 규정했다. 하지만 모든 경우에 자유와 주권은 차이가 있고, 주권을 이양하기 위해서는 선거가 필요하지만, 현재 상황에서는 조속한 시일 안에 선거를 시행할 수 없다고 했다. 특히 브리머는 선거인명부와 선거법, 정당법 등을 걸림돌로 지적하면서, 무엇보다도 이라크 헌법은 후세인 시기에 만들어진 것으로 민주주의 헌법이 아니며, 이라크의 종교와 문화를 고려한 새로운 헌법이 필요하다고 했다. 이어서 미국은 이라크에 주권을 이양하기 위해 7단계 조치를 구상했고, 이 가운데 이라크통치위원회 구성과 이라크통치위원회가 구성한 헌법제정준비위원회, 그리고 이라크 정부 부처의 장관 임명 등의 첫 3단계는 이미 완료했다고 밝혔다. 이후 4단계로 헌법을 제정하고, 5단계로 헌법안에 대한 토의와 국민투표를 통한 최종 확정, 6단계로는 헌법에 기초한 선거와 정부 구성, 마지막 7단계로 연합군임시행정청의 해산과 이라크 정부에 대한 주권 이양을 거론했다.[36]

이러한 장기 점령과 선거 연기, 단계별 주권 이양 선언은 이전까지 묵시적으로 추진했던 정책을 명시적으로 선언한 것이기 때문에, 실질적으로 큰 변화가 일어난 것은 아니었다. 하지만 이러한 공개 선언은 조속한 주권 이양을 주장하는 이라크 시아파의 저항을 불러왔으며, 이라크 내부 상황이 더욱 악화되도록 기름을 부은 형국이었다. 선거를 시행해서 주권을 이양하는 것이 당장은 불가능하다는 주장은 매우 논리적이었으며, 아난 유엔사무총장의 이라크 특사Secretary-General's Special Representative in Iraq도 시아파 지도자인 시스타니를 만난 자리에서 즉각적인 선거 시행은 어렵다고 지적했다. 한편 2003년 8월 19일에 이라크 주재 유엔대표부가 저항 세력의 자살폭탄 공격을 받아 유엔사무총장 특사를 포함한 22명이 사망하고 100여 명이 부상하는 사건이 발생했다.[37] 이와 함께 미국의 점령 정책에 동조하는 지도자들은 암살의 위협에 노출되었다. 8월 29일에는 시아파의 중심 도시인 나자프에서 이라크 이슬람혁명최고위원회의 정신적 지도자인 하킴Mohammed Baqir al-Hakim이 폭탄 공격으로 희생되었다.[38] 10월 26일에는 바그다드 중심가에 위치한 한 호텔이 28발의 로켓 공격을 받아, 1명의 미군 장교가 사망하고 17명이 부상했다. 당시 호텔에 미국 국방부부장관인 울포위츠가 투숙했으나 무사했다.

이라크 안전 상황은 장기 점령이 명시적으로 선언되기 이전부터 악화되었다. 안전이 확보되지 않기 때문에 인구조사를 할 수 없었고, 인구조사를 강행하는 경우에는 조사를 직접 담당하는 조사원들이 공격의 대상이 되어 엄청난 희생을 치르게 될 가능성이 농후했다. 하지만 선거를 하지 않는다면 정부를 구성할 수 없고, 결국 미국의 점령이 연장되면서 이에 대한 무력 저항이 강화될 것이었다. 그리고 저항의 강화는 이라크 안전 상황을 더욱 악화시키게 된다. 이러한 상황에서 미국은 이라크를 구성하는 세 개의 집단 가운데 두 개인 수니파와 시아파 무장 집단과 군사적으로 충돌했고, 결국 이라크 전쟁이 본격적으로 시작되었다.

3부

전쟁의 전개와 국가 형성
그리고
악화되는 상황
(2003년 6월~2006년 2월)

장기 점령이 결정되면서, 이라크 전쟁의 본질이 변화했다. 2003년 3월의 전쟁이 '이라크와의 전쟁War with Iraq'이었다면, 이라크 장기 점령이 결정되고 연합군임시행정청이 만들어진 이후에는 '이라크 내부의 전쟁War in Iraq'이 시작되었다. 그리고 부시 행정부는 이미 끝난 '이라크와의 전쟁'에 집착하면서 새롭게 시작된, 또는 본질이 달라지면서 등장한 '이라크 내부의 전쟁'을 정확하게 인식하지 못했다. 전쟁 자체를 인정하지 않는 상황에서, 이라크 상황 통제를 담당하고 있던 연합군임시행정청은 적절하게 기능하지 못했다. 복구는 거의 이루어지지 않았고, 전쟁 이전에 공급되었던 전력과 수도, 연료 등의 공급도 사실상 중단되었으며, 그 밖의 공공서비스도 제공되지 않았다. 안전이 확보되지 않는 상황에서 부시 행정부는 이라크 정부를 구성하고 미군을 철수한다는 방향으로 정책을 다시 수정하고 선거를 추진했다. 하지만 수니파가 선거에 참여하지 않으면서, 새롭게 만들어진 이라크 국가는 시아파와 쿠르드족이 통제하게 되었고, 수니파는 소외되었다. 쿠르드족은 북부 지역에 독립국가에 가까운 자치령을 구축하려고 했기 때문에, 이라크 전체에 시아파가 주도하는 국가를 건설하려는 시아파는 수니파와 모든 부분에서 충돌했고 승리했다. 하지만 미국은 이러한 상황을 통제하지 못했다. 침공을 통해 수니파 후세인 정권을 무너뜨렸지만, 새로운 이라크 국가가 효율적이고 정당성을 가지도록 구성하지 못했다. 2004년 봄에 발생한 두 개의 전투로 미국은 이라크 저항 세력과의 전쟁에 본격적으로 돌입했다. 미군 병력은 수니파와는 팔루자에서 그리고 시아파와는 나자프에서 충돌하면서, 이라크 전쟁은 미국과 수니파, 시아파라는 세 개의 세력이 서로를 적대시하는 삼면 전쟁으로 확대되었다. 그리고 이와 동시에 이라크 전쟁은 점차 그 성격이 변질되기 시작했다. 이 과정에서 이라크 전쟁은 다른 모든 전쟁과 마찬가지로 추악하고 잔인한 모습을 드러냈다. 민주주의를 중요한 명분으로 했던 이라크 전쟁에서 이라크 포로는 고문을 당했고, 극소수의 미군 병력은 고문을 즐기면서 기념사진까지 촬영했다. 수니파는 자살공격을 통해서 이라크 안전 상황을 파괴하기 위해 민간 목표물을 공격하고 민간인을 살상했고, 시아파는 수니파를 말살하기 위해서 자신들이 통제하고 있는 이라크 국가 공권력을 악용했다. 그리고 이 모든 것은 이라크를 더욱 혼란스러운 상황으로 몰아넣었고, 이라크인의 고통을 가중시켰다

6장
국가의 형성과
실패

부시 행정부는 이라크 독재 정권을 파괴했다. 따라서 미국이라는 국가는 이라크에 부시 행정부가 파괴한 후세인 정권을 대체할 새로운 국가를 건설할 도의적 책임이 있었다. 이와 동시에, 국가 건설state-building에 실패할 경우에는 중동 지역에서 미국이 누릴 이익은 심각하게 침해될 것이 예상되었다. 이라크가 아랍계 수니파, 아랍계 시아파, 쿠르드족 수니파라는 최소 세 개의 다른 집단으로 이루어져 있었던 탓에 민족 건설nation-building은 쉬운 일이 아니었다. 하지만 그러한 상황에서도 다민족국가를 구성하는 것이 불가능한 일은 아닌데, 이를 위해서는 국가권력을 주요 집단들이 적절하게 나눠 가지는 것이 필요했다.[1] 그런데 당시 이라크에서는 시아파와 쿠르드족이 권력을 장악하고 수니파가 배제되면서 심각한 문제가 발생했다.

한편으로는 점령 행정을 담당했던 연합군임시행정청이 이라크 재건을 위해서 실질적으로 아무런 행동을 취하지 못했다. 연합군임시행정청은 전후 복구를 담당할 정도의 물적 자원을 확보하지 못했고, 인적 자원도 매우 부족했다. 그리고 명확한 재건 계획을 제시하지도 못했다. 이에 따라 이라크 점령 정책은 방향을 잃어버린 채 표류했다. 초기에 점령 계획은 단기 점령에서 장기 점령으로 바뀌었으나, 이는 다시 단기 점령으로 바뀌었으며, 2003년 11월에는 주권 이양에 관한 기본 일정이 제시되었다. 이어 이라크 임시정부를 수립하고 2004년 6월에 주권을 이양하면서 연합군임시행정청은 해산되었고, 미국은 점령국의 자격이 아니라 이라크 정부의 요청에 따라 이라크에 군사력을 유지하는 동맹국으로서 그 지위를 변경했다.

가장 큰 문제는 안전이었다. 이라크를 점령한 미국은 이라크 민간인을 보호하지 못했으며, 수니파 저항 세력은 미국과 이라크 정부의 통제력을 약화시키기 위해 이라크 민간인을 공격했다. 미군 사상자도 늘면서 이라크 전쟁에 대한 미국 내 지지가 감소했다. 더 심각한 문제는 미국이 이라크에서 민간인을 보호하지 못하면서 이라크인의 지지를 잃고 있다는 사실이었다. 또한 시아파가 통제하는 이라크 정부는 정부군, 경찰과는 별도로 민병대를 구성하고 자신들만의 군사력을 보유했다. 이 때문에 연합군임시행정청과 이라크 정부는 국가 운영에 필요한 기능을 하지 못했고, 이라크 안전은 지속적으로 악화되는 가운데, 재건 사업도 계획에 따라 추진되지 못했다.

악화되는 안전

이라크 침공에서 미군 139명과 영국군 3명이 전사하여 침공군 전체 전사자는 172명이었다. 하지만 부시가 '임무 완수'를 선언한 5월 1일 이후에도 전사자는 줄어들지 않았다. 저항 세력의 공격은 증가했고, 2003년 5월에 42명, 6월에 36명, 7월에 49명, 8월에 43명이 전사하여 '임무 완수' 발표 이전과 비슷한 수인 170명이 전사했다. 그리고 9월에도 33명, 10월에 47명, 11월에 110명, 12월에는 48명의 병사가 저항 세력의 공격으로 목숨을 잃었다. 2003년 한 해 동안 발생한 전사자는 580명이었으며, '임무 완수'를 발표한 이후의 전사자는 408명이었다. 이 가운데 미군 전사자는 전체 486명이었으며, 5월 이후 발생한 전사자는 347명이었다.[2] 임무를 수행하다가 생명을 잃은 사람보다 임무를 완수한 이후에 죽은 군인이 2배 이상 많은 것이다. 그리고 전사자는 계속 늘어났다.

전사자의 증가는 본격적인 전쟁이 '임무 완수' 선언 이후에 시작되었다는 사실을 보여준다. 하지만 부시 행정부는 이라크 전쟁이 본격적으로 시작되었다는 것을 부인했다. 럼즈펠드는 이라크 저항 세력의 공격은 '후세인 잔존 세력의 발악pathetic last stand by Baathists'이며, '미래의 희망이 없는 극소수 개인의 행동work of a few dead-enders'이라고 규정했다. 2003년 6월 30일, 국방장관은 "게릴라 전쟁guerrilla war이라는 용어를 사용하지 않는 것은 현재 이라크에 게릴라 전쟁이 존재하지 않기 때문"이라고 주장했다.[3] 그리고 2003년 5월에 42명이 전사한 사건을 놓고 기자들이 이라크 저항 세력에 대해 의문을 제기하자 "대도시에서는 사람이 죽으며, 바그다드도 예외는 아니다. 워싱턴에서도 한 달에 215건의 살인 사건이 발생한다"라는 답변이 돌아왔다.[4] 많은 사람이 베트남 전쟁에서 게릴라 전쟁을 연상하기 때문에 베트남 전쟁에 관한 논의는 금지되었다. 2003년 7월 국방부 조사단과 저항 세력 문제를 논의하면서 베트남이라는 단어가 등장하자, 브리머는 "베트남? 베트남 전쟁이라고? 여기는 베트남이 아니오. 여기는 이라크요" 하고 말하며 소리를 지르기도 했다.[5] 부시도 현실을 부정했다. 2003년 11월에 열린 회의에서 이라크 저항 세력에 관한 논의가 나오자, 부시는 "행정부 소속의 어느 누구도 저항 세력이라는 표현을 쓰지 않기를 바란다. 나는 현재 저항 세력이 존재한다고 보지 않는다"라고 단언하여 논의 자체를 금지했다.[6]

게릴라 전쟁을 인정하는 순간, 부시 행정부가 강조했던 낙관론은 사라지게 된다. 후세인 정권을 무너뜨리면 이라크 국민이 미군을 해방자로 환영할 것이라는 낙관론은 이라크 침공을 합리화하는 데 중요한 역할을 했다. 대통령이 '임무 완수'를 선언한 지 얼마 지나지 않은 상황에서 이라크에서 '게릴라 전쟁'이 존재한다는 사실을 인정하면, 몇 개월 전까지 강조했던 '해방군'이라는 논리는 무너지게 된다. 이 때문에 국방장관을 비롯한 중요 정책결정자들은 이를 계속 부인했다. 하지만 현장에서 '게릴라 전쟁'에 휘말리는 군인들은

후세인 체포 당시 촬영된 사진
자료: U.S. Army

현실을 부정하지 않았으며, 이러한 인식은 결국 이라크 전쟁을 지휘하는 지역 최고 지휘관에게까지 확산된다. 프랭크스의 후임으로 중부군 사령관이 되어 이라크 전쟁 지휘를 담당했던 애비제이드는 2003년 7월 16일 취임 기자회견에서 미국이 현재 이라크에서 '고전적인 게릴라 전쟁classical guerrilla-type war'에 처해 있다고 시인했다.[7] 제4보병사단의 지휘관인 오디에어노도 처음에는 게릴라 전쟁을 인정하지 않았으나, 2003년 7월에 저항 세력의 존재를 시인했다.[8] 그러자 럼즈펠드는 2003년 11월 11일 '게릴라 전쟁'이라는 표현을 피하면서도 본질적으로 의미가 같은 '저강도 전쟁low-intensity war'이라는 표현을 사용해 현실을 수용했다.[9]

하지만 게릴라 전쟁에서 승리하기 위한 방법은 사용되지 않았다. 미군은 이러한 게릴라 전쟁을 수니파의 두려움과 반격이라는 측면에서 파악하지 않고 기존 바트당 체제의 잔존 세력과 후세인 정권의 마지막 부활 노력이라고 보았기 때문에, 게릴라 전쟁을 지휘하는 수뇌부를 파괴하는 데 집중했다. 이에 따라 미군은 자신의 정보력을 동원해 후세인 또는 그의 아들들을 체포하려고 했다. 그리고 2003년 7월에 드디어 목표를 달성했다. 7월 22일, 미군 특수부대는 이라크 북부의 모술에 은거하고 있던 후세인의 두 아들인 우다이 Uday Saddam Hussein al-Tikriti와 쿠사이Qusay Saddam Hussein al-Tikriti를 찾아냈고, 교전 끝에 두 명 모두를 사살했다.[10] 이어 미군은 2003년 12월 13일에 바그다드 북서쪽에 위치한 티크리트에서 후세인을 체포했다. 후세인은 저항하지 않고 투항했으며, 재판을 거쳐 2006년 12월 30일에 처형되었다.[11] 하지만 이러한 '성공'에도 불구하고 수니파 주민들은 후세인을 계속해서 지지했으며, '사담 만세' 등의 낙서는 수니파 거주 지역에서 흔히 볼 수 있었다. 특히 체포된 후세인의 입을 강제로 벌리고 치아 검사를 하는 장면이 공개되자 수니파 주민들은 격분했고 미국의 점령에 더 강력하게 저항했다.[12] 결국 이라크 저항 세력은 꺾이지 않았으며, 공격은 계속되고 안전은 악화되었다.

  게릴라 전쟁에 대한 전통적인 대응 방식은, 먼저 게릴라 전쟁을 기존 정부를 전복하려는 반란 세력insurgency의 군사행동으로 규정하고, 기존 정부가 반란 세력에 대응하는 대반란작전對反亂作戰, Counterinsurgency: COIN을 펼치는 것이다. 이는 평화유지작전Peacekeeping Operation: PKO과 유사하며, 군사작전의 주요 목표는 적군의 섬멸이 아니라 반란 세력의 정치적 기반을 허물어서 기존 정부에 대한 일반인의 지지를 확보하는 것이다. 이러한 군사행동은 제국주의 국가들이 많이 경험했던 것으로, 영국과 프랑스, 미국 등의 군대는 이에 관해 많은 연구를 했다. 제2차 세계대전 이전까지 대반란작전은 강대국 사이의 대규모 전쟁large wars과 구분해 소규모 전쟁small wars이라고도 불렸으며, 영국은 식민지 전쟁 및 반란 진압의 경험에 기초해 대반란작전에 관한 연구를 1896년에 책으로 냈고, 미국 해병대United States Marine Corps는 중남미 국가에 대한 오랜 기간에 걸친 군사개입과 사실상의 식민통치 경험을 1940년에 『소규모 전쟁 교범Small Wars Manual』이라는 제목의 야전교범Field Manual: FM으로 정리했다.[13] 로런스T. E. Lawrence나 마오쩌둥毛澤東 등이 반란 세력 입장에서 게릴라 전쟁을 분석했다면, 영국과 미국 군인들은 반란을 진압하는 식민 정부의 관점에서 동일한 문제를 검토했다.[14] 1950년대에 영국은 당시 자국의 식민지였던 말레이Malay에서 공산 게릴라의 무장투쟁에 직면했으나 성공적으로 진압했고, 결국 말레이는 말레이시아로 독립했다. 프랑스도 같은 기간에 인도차이나반도와 알제리에서 식민지 전쟁을 수행했으며, 이러한 교훈은 책으로 출간되었다.[15]

그런데 제2차 세계대전에서 미국 육군은 압도적인 물량을 사용해 적군을 섬멸하는 전쟁에 익숙했고, 이후 냉전에서도 전차를 이용해 서부 유럽을 침공하는 소련군에 맞서기 위한 군사작전을 준비했다. 그 때문에 미국은 게릴라 전쟁에 익숙하지 않았고, 1940년에 출간된 『소규모 전쟁 교범』도 육군에서는 사용되지 않고 잊혔다. 결국 미군은 베트남 전쟁에서 패했다.[16]

다시 말해, 2003년 여름, 미국은 베트남 전쟁 이후 최초의 게릴라 전쟁에 직면했지만, 이에 대응하고자 군사력을 사용한 방식은 적절하지 않았다. 베트남 전쟁과 그 이전에 겪은 식민지 전쟁의 경험을 무시한 채, 저항 세력을 기존 바트당 체제의 잔존 세력이라고 여겨 이를 섬멸하려고 했다. 후세인 세력을 파괴한다면 이라크를 안정시킬 수 있다고 보고 강력한 군사력을 동원했으며, 그것도 무차별적으로 사용했다. 압도적인 파괴력으로 저항 세력을 빠르게 섬멸할수록 이라크 전쟁에서 '승리'할 것으로 보았고, 따라서 게릴라가 등장하는 지역을 파괴하고 게릴라 동조자를 무조건 체포하는 방식으로 게릴라 지지 세력을 말살하려고 했다. 하지만 전쟁 상황이 언론에 노출된 상황에서 이러한 방식으로는 게릴라 전쟁에서 승리할 수 없었다. 결국 미국은 군사력을 제한적으로 사용하면서 전쟁에서 승리해야 하는 상황에 처했다. 이라크인을 무력으로 그리고 공포심으로 정복해 점령을 받아들이게 하는 것은 사실상 불가능했기 때문에, 다른 방식으로 이라크인의 지지를 확보하는 것이 핵심 문제로 떠올랐다.

연합군임시행정청의 무능과 점령 행정의 실패

이에 연합군임시행정청은 이라크에 뛰어난 사회간접시설을 건설함으로써 이라크인의 지지를 확보한다는 전략을 추진했다. 후세인 독재 정권에서는 제공되지 않았던 사회서비스를 이라크인에게 제공하면 이라크인들이 미국의 점령과 이후 미국이 지지하는 정권을 받아들일 것이라는 구상이었다. 더

좋은 상하수도와 더 나은 쓰레기 처리, 더 편리한 교통체계를 구축해 미국 점령의 혜택을 보여주려고 했다. 이러한 효용에 기초한 전략은 대반란작전의 핵심이며, 기본적인 접근은 옳았다. 모든 식민지 전쟁에서 식민 당국은 기존 정권보다 자신이 우월하다는 것을 보여주려고 많은 노력을 기울였으며, 몇몇 경우에서 최소한 식민지 주민들의 소극적인 지지를 확보하는 데 성공했다.

하지만 연합군임시행정청은 목표 달성에 실패했다. 특히 수도 바그다드에서 이러한 실패는 더욱 뚜렷하게 나타났다. 상하수도 시설은 파괴된 채로 복구되지 않았고, 쓰레기는 처리되지 않았으며, 교통 체증은 극심했다. 무엇보다 연합군임시행정청은 바그다드에 충분한 전력을 공급하는 데 실패했다. 전쟁 이전에 이라크는 하루에 약 4000메가와트의 전력을 생산했지만, 전쟁 직후인 2003년 6월에 평균 전력 생산량은 약 3500메가와트를 넘지 못했다.[17] 문제는 이라크 전력 시설이 이미 낙후되었다는 사실이다. 생산한 전력을 소비 지역으로 송전하고 동시에 배급하는 부분은 1980년대 초반 수준에 머물러 있었으며, 이란과의 전쟁과 이후 걸프 전쟁에서 입은 피해는 거의 복구되지 않은 상황에서 2003년에 미국이 침공했다. 전력 생산 문제는 침공 이전부터 중요한 사안으로 주목을 받았고, 따라서 바그다드 점령 직후인 2003년 4월 13일에 전력망 점검을 위한 특별 조직이 창설되었다. 하지만 바그다드 전체 전력망 지도는 약탈 과정에서 사라졌으며, 결국 침공 직후 이라크 전력 생산량은 약 700메가와트에 지나지 않았다. 4월 17일 벡텔Bechtel사에 이라크 전력망 점검 계약이 주어졌으며, 세계은행도 이라크 전력망을 점검했다. 그 결과 이라크 전력망을 수리하는 데 벡텔은 60억 달러, 세계은행은 그 두 배가 넘는 136억 달러가 필요하다고 추정했다. 하지만 부시 행정부는 이라크 재건 전체에 184억 달러를 책정했고, 그 가운데 일부만이 전력망 복구에 배당되었다. 이후 55억 달러가 추가로 배정되었지만, 악화된 상황에 대처하기는 부족했다. 이라크가 필요로 하는 전력은 약 6500메가와트였으나, 실제 생산된 전력은 약 3500메가와트에서 거의 증가하지 않았다.[18]

또 다른 문제는 이라크의 안전과 기술 수준이었다. 미국에 협력하는 기술자들은 살해 위협을 받았으며, 실제로 일부는 살해되었다. 전력망과 관련된 회의 장소는 빈번히 공격에 노출되었고, 2003년 6월 말에는 거의 매일같이 전력망과 전기 기술 인력에 대한 공격이 발생했다. 또한 미국이 제공한 전력망 재건 물자 가운데 470만 달러어치가 어디론가 사라졌으며, 발전한 전력을 소비 지역으로 보내는 송전탑과 송전선 가운데 700여 개가 파괴되어 이란과 쿠웨이트 등지에서 고철로 처분되었다.[19] 이라크 발전 및 송전 시설이 너무나도 낙후되었다는 것 또한 문제였다. 전력 생산의 대부분을 차지하는 발전소에서 중유heavy oil를 사용하는데, 이라크 정유 시설은 이에 필요한 중유를 충분히 생산하지 못했고, 결국 외국에서 중유를 수입하는 사태가 발생했다. 이를 대체하기 위해 수입한 최신식 발전기는 천연가스를 사용하는데, 이라크는 산유국이지만 천연가스를 연료로 사용하지 않았고, 그래서 천연가스를 저장하고 수송하는 시설도 갖추고 있지 않았다. 이 때문에 발전 설비는 4개월 동안 작동하지 못했고, 이후 천연가스를 수입해 전력을 생산했다.[20]

상하수도 문제에서도 연합군임시행정청은 실질적으로 아무런 진전을 보이지 못했다. 침공 이전에는 3000만 명의 이라크 인구 가운데 1300만 명 정도가 상수도 시설을 이용했지만, 전쟁을 거치면서 이 숫자는 400만 명으로 줄어들었다. 상수도 시설이 제대로 복구되지 않았고, 하수도 시설이 파괴된 상황에서 화장실의 분뇨와 하수도가 엉키면서 바그다드 한복판을 지나는 티그리스강이 오염되어 공공 위생을 위협했다.[21]

한편 도로 위에서도 큰 혼란이 빚어졌다. 후세인 정권 시기에는 가솔린에 보조금을 지급해 1갤런에 4센트라는 엄청나게 낮은 가격이 적용되었다. 하지만 자동차 소유는 철저하게 통제되었기 때문에 도로 상황은 원활했고, 사람들은 낮은 가격의 혜택을 보았다. 침공 이후 보조금은 그대로 지급되는 상황에서 자동차 수입이 허용되어 바그다드 도로 사정은 급격히 악화되었으며, 낮은 가격으로 가솔린 소비량이 많아 주유소에는 항상 가솔린이 부족했다. 결국 높은 가격에 가솔린을 판매하는 암시장이 등장하기도 했다.[22]

이라크 경제 재건의 핵심인 석유 생산에서도 연합군임시행정청의 무능은 그대로 드러났다. 이라크는 석유 매장량에서는 세계 3위이지만, 걸프 전쟁 이후 석유 생산은 투자 부족으로 계속 감소했고, 원유 정제 능력도 떨어져 국내에서 소비하는 가솔린은 요르단과 터키에서 수입하는 실정이었다. 후세인 정권은 매년 40억 달러에 달하는 보조금을 사용해 국내에 값싼 가솔린을 제공했고, 이에 드는 비용은 하루에 1000만 달러가 넘었다. 침공 과정에서 미군은 유전 지대를 빠르게 장악해 석유 생산 시설은 거의 피해를 입지 않았으나, 바그다드 함락 이후 벌어진 약탈로 석유 생산 시설은 물론 이와 관련된 모든 기록이 파괴되었다. 침공 이전까지 하루에 1300만 배럴을 생산했던 이라크는 2003년 봄에는 하루에 겨우 30만 배럴만을 생산할 수 있었다.[23] 문제는 석유 생산 및 수송 시설에 대한 저항 세력의 공격이었다. 특히 2003년 6월부터 이에 대한 공격이 시작되었고, 11월까지 대규모 공격만 13번 발생했다. 2004년 6월 말에 연합군임시행정청이 해체될 때까지 석유 시설에 대한 공격은 70회 이상 이루어졌다. 석유 생산이 차질을 빚자 중유를 사용하는 발전 시설이 문제를 일으키고, 전력이 생산되지 않아 석유 생산이 감소하는 악순환이 발생했다.[24]

이라크에 뛰어난 사회간접시설을 건설함으로써 이라크인의 지지를 확보한다는 연합군임시행정청의 원대한 포부는 실패했고, 이른바 '게릴라 전쟁'은 지속되었다. 이러한 상황에서 사람들 사이에는 연합군임시행정청이 '완벽한 무능Cannot Produce Anything'을 줄인 말이라는 농담이 떠돌았다.[25] 무엇보다 연합군임시행정청에는 주어진 임무를 수행할 능력이 없었다. 조직이 필요로 하는 인력 가운데 3분의 1은 채워지지 않았으며, 배치된 인력도 평균 90일 정도만 근무하고 떠났다. 2004년 6월 연합군임시행정청이 해체되는 시점에 연합군임시행정청 직원은 1196명이었는데, 이 가운데 2003년 4월부터 14개월 전 기간 근무했던 사람은 7명에 지나지 않았다.[26] 연합군임시행정청 직원들은 대부분 자신이 맡은 분야에 대한 경험이 전혀 없었다. 예컨대 테니스 선수 출신의 직원이 이라크 안보 문제를 다루고, 이라크 주식시장 문제는 학부에서 정치학을 전공한 24세의 공화당원이 담당하기도 했다. 연합군임시행정청에 근무했다는 것이 꽤 중요한 경력으로 작용했기 때문에 부시 행정부는 공화당원에게 자리를 나누어주었다. 연합군임시행정청 근무자를 선발하는 면접에서는 공공연하게 지원자의 지지 정당을 물어보기도 했다. 이 때문에 근무자들은 연합군임시행정청에 3개월 정도 짧은 기간만 머물며 이력서를 장식하고 나서 좀 더 나은 직장이나 법학 또는 경영학 전문대학원 등에 지원하고는 이라크를 떠나버렸다.[27] 연합군임시행정청 책임자인 브리머는 미국의 이라크 군사 점령을 담당하는 점령군 사령관 산체스와는 상극이었다. 점령 당국의 민간 책임자와 군사 책임자가 서로 대립한 탓에 점령 정책은 조율되지 않았고, 많은 문제가 발생했다.[28] 그리고 무엇보다도 점령 정책이 표류했다.

점령 정책의 표류

2003년 9월 15일 브리머의 《워싱턴포스트》 기고로 이라크 장기 점령 계획이 확고하게 결정된 것은 아니었다. 조속한 시일 안에 선거와 주권 이양이 이루어지기를 원하는 시아파의 요구가 거세지자 부시 행정부는 점령 정책을 다시 검토했다. 점령을 통해 정치적 목적을 달성하려면 장기적인 점령이 필요하다. 가장 성공적인 점령 사례로는 제2차 세계대전 직후의 독일과 일본을 꼽을 수 있다. 1945년 5월에 시작된 연합군의 서독 점령은 1949년 5월 서독 정부가 구성될 때까지 4년 동안, 그리고 소련의 동독 점령은 1949년 10월까지 4년 5개월 정도 계속되었다. 또한 미국은 1945년 9월부터 1952년 4월까지 7년 동안 일본을 점령했으며, 이 기간에 많은 개혁 조치를 취했다.[29] 이와 함께, 점령국인 미국과 소련은 피점령국인 독일과 일본에 군사력을 유지했고, 소련은 1994년 8월까지, 미국은 2011년 현재까지 나토의 일원으로 독일에 군사력을 주둔시키고 있으며, 일본에도 2009년 12월을 기준으로 3만 6000명 정도의 병력을 유지하고 있다.[30] 이러한 사례와 달리, 부시 행정부는 이라크 점령을 되도록 단기간에 끝내려고 했고, 처음 예상이 빗나가자 장기 점령을 구상했다. 하지만 이러한 방침은 네오콘 내부에서 비판의 목소리가 커지고 이라크의 상황이 악화되기 시작하자, 조속한 주권 이양의 필요성이 부각되면서 다시 변경되었다.

앞서 살펴보았듯이, 낙관론에 기초해 이라크를 침공했던 부시 행정부는 2003년 5월에 연합군임시행정청을 출범시키면서 이라크 장기 점령을 구상했고, 브리머는 이를 《워싱턴포스트》 기고를 통해 공개했다. 문제는 이와 함께 이라크 저항 세력의 공격이 급증했고, 이에 부시 행정부는 미군의 존재가 저항 세력의 공격을 불러오므로 미국의 점령을 조속히 종식해야 한다고 보았다는 사실이다. 상황을 안정시키고 주권을 이양하기보다, 주권을 이양함으로써 상황을 안정시킬 수 있다고 보았다. 이러한 주장은 미국의 이라크 정책에서 핵심이 안정적인 이라크를 만드는 것이 아니라 이라크에서 철수하는 것이라는 사실을 시사하며, 주권 이양이 이라크 정책의 목표가 아니라 미군 철수를 달성하기 위한 수단이라는 것을 보여준다. 한편으로 이는, 미국의 이라크 정책에서 가장 큰 문제가 미국의 이라크 점령이므로 미국이 점령을 종식하여 연합군임시행정청을 해체하고 이라크 정부를 구성해 주권을 이양하면 문제도 대부분 해결될 것이라는, 또 다른 형태의 낙관론이라고도 할 수 있다. 미국은 이라크에서 이질적인 요소이며, 이라크에서 발생하는 문제는, 하나의 생명체인 이라크가 이질적 요소에 대해 나타내는 면역반응이라는 것이다. 이전까지의 조기 철군 주장이, 철군하면 상황이 쉽게 안정될 것이라는 네오콘의 낙관론에 기초했다면, 2003년 가을부터 등장한 단기 점령 및 조기 철군 주장은, 이라크 상황을 안정화하는 것이 매우 어려운 상황이므로 상황을 안정시키기 위해 철군해야 한다는 비관론에 기초했다. 즉, 미국은 자신이 이라크에 존재하는 한 이라크 상황을 안정화할 수 없으며, 상황을 안정시키려면 우선적으로 미국이 이라크에서 '사라져야' 한다는 것이다.

이러한 비관론에 기초한 단기 점령론은 부시 행정부의 백악관에서 시작되었다. 이를 체계적으로 제안한 사람은 당시 국가안보보좌관이었던 라이스로,

전쟁을 결정하는 과정에서도 럼즈펠드의 낙관론에 대해 상당히 조심스러운 태도를 보였다. 점령 단기화를 추진한 사람은 미국 국가안전보장회의의 이라크 담당관National Security Council Deputy for Iraq으로 활동했던 블랙웰Robert Blackwell이었다. 2003년 4월까지 인도 대사를 지낸 블랙웰은 2003년 8월에 이라크 담당관으로 정부에 복귀하여 미국의 점령 기간을 줄이는 방안을 추진했다.[31] 이라크 상황이 안정되지 않자, 2003년 10월에 부시는 라이스 휘하 국가안전보장회의의 일부로 이라크안정화그룹Iraq Stabilization Group이라는 임시 부서를 신설했다. 그리고 블랙웰은 이 조직의 실무 책임자로서 이라크 정책에 관여했으며, 점령의 단기화를 제안했다.[32]

하지만 이러한 정책 변화는 이라크 시아파의 강력한 요구에서 비롯되었고, 국가안전보장회의는 이러한 시아파의 요구를 받아들인 측면이 강하다. 시아파 종교 지도자인 시스타니는 연합군임시행정청과 전혀 접촉하지 않았고, 브리머도 시스타니와 교류하지 않았다. 종교 지도자로서 시스타니는 정치적 사안에 대해 침묵을 지켰지만, 이라크 주권 이양이 조속히 이루어져야 한다는 점을 강조했으며, 새롭게 만들어지는 헌법은 미국이 임명한 이라크통치위원회가 아니라 이라크인이 선출한 조직에서 제정해야 한다고 주장했다.[33] 즉, 장기 점령과 이라크통치위원회를 통해 이라크 헌법 제정 과정을 통제하려는 브리머의 정책은 용납할 수 없으며, 2003년 가을에 선거를 시행할 수 없다면 조속히 선거를 시행할 수 있도록 준비하라는 것이다. 또한 무크타다 사드르가 통제하는 시아파 과격 세력Sadrists은 즉시 선거를 시행해 정부를 구성하라고 요구하면서 자신의 군사력을 과시했으며, 이라크통치위원회를 대신할 자신의 정부와 내각 명단을 발표하기도 했다. 여기에는 유엔도 가담했다. 2003년 10월 16일에 유엔안전보장이사회는 결의안 1511에서 연합군임시행정청이 '되도록 빠른 시일 안에 주권government responsibilities and authorities을 이라크인에게 이양할 것'을 요구했다.[34]

결국 브리머는 2003년 11월 15일, 주권 이양 및 점령에 대한 정책 변화를 선언했다. 연합군임시행정청은 2004년 6월 말까지 이라크임시행정부Iraqi

Transitional Administration를 수립하고 주권을 이양하기로 이라크통치위원회와 합의했다. 이에 따라, 이라크 헌법이 완성될 때까지 한시적으로 효력을 가지는 임시행정법TAL을 2004년 2월까지 입법하고, 이에 기초해 이라크임시의회 Iraqi Transitional National Assembly를 2004년 5월까지 구성하기로 했다.[35] 또한 미국으로 대표되는 연합국은 이라크 경찰,

이라크 임시정부에 주권을 이양한다는 내용의 문서에 서명하는 브리머
자료: U.S. Army

보안군과 함께 "이라크 주권 이양이 평화롭게 이행되도록 노력하며, 민주적이고 안전한 이라크 주권국가 형성에 기여"한다는 목표를 제시했다.[36]

　다양한 폭력과 저항 세력에 시달리는 이라크에서 1년 이내에 헌법을 제정하고 정부를 구상한다는 계획은 야심 찬, 따라서 실현 가능성이 의심되는 목표였으며, 엄격한 시한을 설정했다는 측면에서 많은 문제가 있었다. 이러한 계획에 브리머는 반대했다. 하지만 부시 행정부가 철군을 통한 이라크 상황 안정을 추진하고, 이라크에서 주도권을 장악한 시아파가 조속한 주권 이양을 요구하자, 이라크 현지에서 점령 정책을 집행했던 브리머는 그러한 압력에 굴복했고, 곧 주권 이양에 대한 합의가 이루어졌다. 최종적으로 2004년 6월에 이라크 국가가, 최소한 이라크 임시정부가 새롭게 만들어지고, 미국은 점령국에서 이라크의 동맹국으로 지위를 변경했다. 하지만 이 과정에서 부시 행정부는 이라크를 구성하는 집단 가운데 북부 지방에서 사실상 독립국가를 구성한 쿠르드족을 제외한 아랍 민족과는 모두 적대관계에 들어섰다. 수니파 아랍인은 자신의 정권을 파괴한 부시 행정부를 증오하고 권력을 회복하려고 했으며, 미국의 침공으로 새롭게 권력을 장악할 기회를 잡은 시아파 아랍인은 그러한 기회를 절대 놓치지 않으려고 했다. 그리고 이러한 저항은 이라크 내부에 적어도 두 개의 독립적인 저항 세력을 만들어냈으며, 팔루자와 나자프에서 미국 점령 당국과 충돌했다.

7장

새로운 국면의
전개

 '전쟁'은 여러 '전투'로 점철된다. 하지만 모든 전쟁에는, 그 전쟁이 게릴라 전쟁이라고 해도, 결정적인 그래서 전환점이 되는 전투가 존재한다. 이러한 전투는 전쟁의 성격을 바꿔 이후 전쟁의 전개에 많은 영향을 준다. 한국 전쟁에서는 1950년 9월 인천상륙작전이 미국의 군사적 우위를 증명했다면, 1950년 11월과 12월의 장진호 전투는 중국의 개입으로 미국이 후퇴하고 이제는 협상으로 전쟁을 종결해야 한다는 사실을 상징적으로 보여주었다.[1] 이라크 전쟁에서도 이러한 전투가 존재하며, 그것은 이라크 주권 이양을 전후하여 벌어져, 새롭게 만들어진 이라크의 정치적 운명을 결정했다.

 2004년에 발생한 두 개의 전투는 이라크 전쟁에서 매우 중요한 전환점이 되었다. 이 전투의 여파는 2007년까지 이라크 전쟁의 '정치적 환경'을 결정했다. 2004년 4월에 발생한 제1차 팔루자 전투First Battle of Fallujah가 침공으로 권력을 상실한 수니파가 미국 점령군에 맞서 저항한 것이었다면, 2004년 8월에 시작된 나자프 전투Battle of Najaf는 미국의 침공으로 권력을 장악한 시아파와 미군이 충돌한 것이었다. 이후 미국은 이라크를 구성하는 주요 종파의 지지를 받지 못하고 수니파의 저항을 받으면서 시아파와 충돌하는 상황에 처하게 된다. 단기전으로 구상되었던 전쟁은 1년 넘게 계속되었으며, 미군을 해방군으로 환영할 것이라는 낙관론은 환상에 지나지 않은 것으로 판명되었다.

하지만 미군은 이러한 상황에 적절하게 대응하지 못했다. 우선 미군은 2004년 6월까지는 이라크 점령군으로, 이후에는 이라크 주둔군 자격으로 작전을 수행하면서 자신의 상대방을 정확하게 파악하지 못했다. 단지 '저항 세력insurgents'이라는 포괄적인 표현을 사용하면서 미군을 공격하는 적대 세력이 하나의 단일한 집단이라고 인식했으며, 수니파와 시아파 사이에 존재하는 적대감을 파악하거나 활용하지는 못했다. 또한 미국은 이라크 전쟁을 수행하면서 정치적 수단보다는 군사력을 지나치게 많이 사용했다. 공격이 발생하는 경우에는 용의자 전원을 체포했으며, 야간에는 거주 지역을 무차별적으로 수색해 결국 이라크인의 강력한 반발을 초래했다. 이러한 군사력 사용은 미국에 대한 지지를 약화시켰고 동시에 과격파의 입지를 강화하면서, 결국은 미국에 대한 공격을 초래하는 악순환으로 이어졌다. 표면적으로 미군은 저항 세력의 존재를 인정하고 게릴라 전쟁의 교훈을 수용하려고 했다. 그러나 실질적으로는 어떠한 조치도 취하지 않았다. 결국 미국은 베트남 전쟁의 실패를 그대로 재현하고 있었다.

제1차 팔루자 전투(2003년 4월)

팔루자는 바그다드 서부에 위치한 공업 도시로, 주민은 대부분 수니파다. 이 때문에 팔루자는 후세인 정권을 지지했으며, 바트당 정권 핵심의 상당수는 팔루자와 그 인근 지역 출신이었다. 바그다드 함락 이후인 2003년 4월 말, 이라크에서는 처음으로 팔루자에서 미군 점령에 항의하는 시위가 발생했다. 4월 28일 저녁, 시위가 격화되어 총격과 미군에 대한 공격이 발생하자 미군이 시위대에 발포해 17명이 사망하고 70여 명이 부상했다. 시위가 격렬해진 4월 28일은 후세인의 생일로, 팔루자에서는 전통적으로 이를 축하하는 축제가 열렸으나, 2003년에는 축제 대신 미군에 대한 시위가 발생했다.[2] 그런데 같은 시기에 이라크 시아파 지역에서는 후세인 정권의 몰락을 축하하는 축제가 진행되고 있었다. 2003년 12월에 후세인이 체포되자 바그다드는 축제 분위기였지만, 팔루자에서는 폭동이 발생했고, 바트당 지지자들은 "미국 침략자에게 저항하겠다"라고 맹세했다.[3]

팔루자는 '100개의 모스크가 있는 도시City of One Hundred Mosques'라는 별칭에서 알 수 있듯이 매우 종교적이고 보수적인 도시였다. 팔루자에서 강력한 영향력을 행사하는 수니파 이슬람 교리는 와하비즘Wahhabism으로, 이는 18세기 사우디아라비아에서 시작된 이슬람 근본주의였다. 신의 단일성을 강조하는 와하비즘은 우상숭배와 성인숭배를 거부하고, 초기 이슬람의 가르침과 이슬람 경전 문구에 대한 충실한 해석을 강조하면서 신학 논쟁의 필요성을 부정했다. 오늘날 사우디아라비아와 쿠웨이트에서 주류를 차지하는 이슬람 분파가 와하비즘이며, 따라서 지난 50여 년 동안 와하비즘은 이슬람 세계에서 그 영향력이 계속 증가했다. 문제는 이러한 영향력 때문에 팔루자는 사우디아라비아와 밀접하게 연결되어 있었고, 이라크 전쟁을 기독교 세력의 이슬람 침공이자 또 다른 십자군 전쟁으로 보는 수니파 근본주의 세력의 지원을 받았다는 사실이다.[4]

더 큰 문제는 남겨진 무기였다. 이라크 침공 과정에서 미국이 다른 목표는 도외시한 채 오직 바그다드 함락에만 집중한 탓에 팔루자는 전쟁 와중에도 아무런 피해를 입지 않았다. 미군은 이 지역까지 진격하지 않았으며, 지역을 방어하던 이라크 지상군은 침공 및 바그다드 함락 직후에 소멸했다. 이 과정에서 상당량의 무기가 방치되었고, 그 대부분을 저항 세력이 차지하면서 미군을 공격하는 데 사용했다. 훗날 팔루자는 이러한 무기 덕분에 '수니 삼각지대Sunni triangle'라고 부르는 수니파 저항 세력의 중심을 차지하면서, 바그다드에서 벌어지는 수니파와 시아파 사이의 전투에 무기를 공급했다. 후세인은 미국의 침공에 대비해, 그리고 시아파 봉기 가능성을 봉쇄하기 위해 수니파 지역에 많은 무기고를 건설했고, 민간 저항 조직과 민병대를 조직하는 데 필요한 인력을 배치했다. 이 때문에 대표적인 수니파 지역이자 바트당 지지 기반이었던 팔루자에는 저항 세력을 구성하고 무장할 모든 자원이 풍부했다.[5]

2003년 내내 팔루자에서는 미국 점령군에 저항하는 움직임이 이어졌다. 팔루자의 이슬람 성직자들은 설교를 통해 반미 감정을 고취했고, 2003년 10월 말부터 저항은 더욱 거세졌다. 11월 2일에는 미군 수송 헬리콥터 2대가 대공미사일에 격추되어 15명이 사망하고 20명이 부상하는 사건이 발생했다. 이에 미군은 대공미사일을 발사한 지점에 폭격을 가하고 무기를 은닉한 가옥을 파괴했다. 미군에 대한 박격포 공격이 발생하면, 미군은 155밀리미터 곡사포를 동원해 박격포 발사 지점을 초토화했다. 하지만 저항 세력의 힘은 줄지 않았으며, 오히려 미군 점령 당국에 협력하는 이라크 경찰과 공무원을 협박함으로써 미군의 행정력만이 줄어들었다. 특히 이라크 경찰은 미군과 협력하면 자신과 가족의 생명이 위험에 빠진다고 여겨 미군에 협력하기를 거부했고, 일부는 시내 순찰을 포기했으며, 경찰관 제복을 착용하지 않겠다고 버티는 이도 있었다. 2003년 8월부터 2004년 1월까지 팔루자에서는 총 262회의 무력 충돌이 발생했으며, 그중 61회는 휴대용 로켓 또는 박격포를 이용한 공격이었다. 헬리콥터를 격추하려는 시도는 8번이 있었고, 그중 3번이 성공해 미군 헬리콥터가 격추되었다. 미군이 사제폭발물, 즉 IEDImprovised Explosive Devices를 사전에 발견해 제거하거나 공격을 받은 횟수는 270회에 달했다.[6] 이 과정에서 많은 온건파 성직자와 유력자들이 팔루자를 떠났으며, 팔루자가 점차 '해방구'의 성격을 띠면서 외부에서 과격파가 유입되기 시작했다. 그리고 이러한 과정을 통해 미군에 대한 공격은 거세졌다.

결국 2004년 3월 31일, 최악의 상황에서 최악의 사고가 발생했다. 침공을 위해 2003년 3월 동원되었던 병력은 1년의 배치 기한tour을 마치고 이라크 전역에서 교대했고, 팔루자에서도 82공수사단이 철수하고 제1해병사단이 점령을 담당하게 되었다. 그리고 1주일이 지난 3월 31일에는 미국의 군사기능대행회사인 블랙워터의 직원 4명이 팔루자 중심가에서 살해당하고 시체가 훼손되었다. 팔루자 주둔군 사령관인 매티스James N. Mattis는 이 문제를 그 사안에 국한해서 처리하려고 했으나, 시체 훼손 문제가 언론에 보도되면서 부시 대통령은 팔루자 전체에 대해 해병대가 전면 공격을 개시할 것을 명령했다.[7] 매티스는 전면 공격이 적절하지 않다고 항의했지만, 현장 지휘관의 이러한 항의는 고려되지 않았고, 결국 공격이 선언되었다. 며칠간의 준비를 마치고 4월 5일에 미군은 공격을 시도했다.[8]

하지만 20여 명의 과격파 지도자들과 600여 명의 병력, 1000여 명의 협력자로 구성된 팔루자 저항 세력은 미군의 공격에 쉽게 굴복하지 않았다. 미군은 자신의 병력 부담을 줄이고자 현지 사정을 잘 아는 이라크 경찰 및 보안군 병력을 동원했지만, 이라크 병력은 전투에 도움이 되지 않았다. 병력 대부분은 탈영했으며, 일부는 전투 명령을 거부했다. 685명의 대대 병력 가운데 106명이 탈영하고 104명은 항명했다. 남은 70%의 병력은 전투에 참가하지 않았다.[9] 결국 미군은 해병대 병력만으로 팔루자를 공격했으며, 부족한 병력을 막강한 화력으로 대체했다. 공습과 포격으로 저항 세력의 근거지를 파괴하면서 진격했고 작전 개시 3일 후에는 팔루자 전체의 4분의 1을 장악하고 수백 명의 저항 세력 병력을 사살했다. 한편 전체 25명의 이라크통치위원회 구성원 가운데 5명에 지나지 않는 수니파 대표는 팔루자 공격에 격렬하게 항의했다. 그리고 "미군의 팔루자 공격은 불법이며, 수니파를 학살하는 행동은 절대로 용납될 수 없다"라는 주장은 효과를 발휘했다. 4월 9일에 연합군임시행정청은 공격을 중지할 것을 발표했고, 브리머는 팔루자를 장악한 저항 세력과 협상을 시작했다.[10]

협상 결과, 팔루자는 이라크인으로 구성된 '팔루자 여단Fallujah Brigade'에 이양되었으며, '자율적인 질서 유지와 행정'을 담당하게 되었다. 하지만 팔루자 여단의 지휘관으로 임명되었던 전직 이라크 장교는 바트당원이자 열렬한 후세인 지지자로 판명되어 취임 직후 경질되었다. 팔루자 여단에서 필요한 무기는 미군이 제공했다. 하지만 이러한 무기는 모두 사라져버렸고, 결국은 수니파 저항 세력의 손에 들어갔다. 이와 더불어 팔루자는 사우디아라비아 등지에서 새롭게 진입한 알카에다가 장악했고, 이곳을 기지로 하여 많은 이라크인과 외국인이 납치되어 살해되거나 몸값을 지불하고 풀려났다. 이전에 미군에 협력했던 이라크인과 이라크 경찰은 그들의 첫 번째 목표물이 되었다. 팔루자에 주둔했던 이라크 경찰 대대의 지휘관이었던 술레이만Suleiman al-Mural 중령은 강력한 지도력과 부대 장악력으로 미군의 기대를 받았지만, 2004년 8월 9일에 납치되어 고문을 받은 후 살해되었다. 하지만 팔루자 여단은 아무런 조치를 취하지 않았으며, 이라크 경찰 병력은 술레이만 살해 소식이 퍼지자 집단 탈영하여 소멸했다.[11]

나자프 전투(2004년 4~5월, 8월)

바그다드에서 남쪽으로 약 160킬로미터 떨어진 곳에 위치한 나자프는 전통적으로 시아파의 도시이자 성지로서, 이라크 시아파의 근거지다. 특히 나자프에는 이슬람의 창시자이자 예언자인 무함마드Muhammad의 조카인 동시에 사위였던 4대 칼리프Caliph 알리Ali Ibn Ani Talib의 무덤이 있어, 나자프를 순례하기 위해 수백만의 시아파 이슬람교도가 찾는다.[12] 이곳에서 시아파는, 최후의 순간까지 이슬람의 순수성을 지키려고 노력하다가 서기 660년에 불행하게 암살된 알리를 추모하면서 자신들의 종파적 정체성을 강화했다. 그리고 이러한 순례객의 존재는 나자프에 엄청난 관광 수입을 가져다주었고, 나자프를 장악하는 집단은 이를 바탕으로 막대한 자원을 동원하는 동시에 이라크와 시아파 전체에 막강한 영향력을 행사할 수 있었다.[13] 그런데 후세인은 시아파 성지인 나자프에 위치한 이슬람 최대의 공동묘지이자 세계에서 가장 큰 공동묘지의 하나인 '평화의 계곡' 가운데에 고속도로를 건설했으며, 알리의 묘지가 있는 알리 모스크Imam Ali Mosque를 침범하고 내부 구조물을 훼손하기도 했다.

문제는 미국이 이라크 인구의 절반이 넘는 시아파를 적절하게 포섭하는 데 실패하고 그들과 충돌하기 시작했다는 사실이다. 2003년에도 주권 이양과 관련해 어느 정도의 충돌이 있었지만, 본격적인 충돌은 2004년 4월 제1차 팔루자 전투와 동시에 발생했다. 팔루자 공격을 준비하고 있었던 연합군임시행정청은 바그다드를 중심으로 영향력을 확대하고 있던 젊은 시아파 지도자인 무크타다 사드르가 통제하는 신문인 《알하우자Al Hawza》를 3월 28일에 폐간했다. 이 신문은 시아파가 수니파에게 복수해야 한다는 주장을 공공연하게 폈으며, 미국 점령에 맞서 무장투쟁을 벌일 것을 선동했다. 폐간 조치는 무크타다 사드르의 강한 반발로 이어졌다. 그는 자신의 지지자를 끌어모았고, 특히 자신이 2003년 6월에 창설한 마흐디군Jaish al-Mahdi, Mahdi Army: JAM을 동원했다.[14] 4월 2일에 사드르는 미국의 이라크 점령을 성토했고, 다음날 바그다드의 일부인 사드르시티에서 소요 사태가 발생했다. 결국 4월 4일에 마흐디군은 미군을 공격해 미군 7명이 전사하고 58명이 부상하면서 무력 충돌이 시작되었다.[15]

이후 전투는 남부의 나자프와 바스라 지역으로 확산되었고, 마흐디군은 곳곳에서 중요 거점을 점령하고 미군 및 점령군을 공격했으며, 이 과정에서 마흐디군도 큰 인명 피해를 입었다. 4월 5일에 브리머는 무크타다 사드르를 '무법자outlaw'라고 비난하면서, 마흐디군의 활동을 용인하지 않겠다고 선언했다. 특히 브리머는 사드르에게 2003년 말 발급되었던 살인 교사 혐의 체포영장을 집행하겠다는 의도를 밝혔고, 결국 군사력을 동원해 마흐디군을 점령지역에서 축출하는 데 성공했다. 하지만 사드르시티에서는 마흐디군이 점령한 경찰 시설을 회복하지 못했으며, 이에 사드르는 이라크 민족주의 지도자로서 자신의 입지를 강화하기 위해, "팔루자에서 투쟁하고 있는 수니파 이라크 저항 세력에 원조를 제공"하겠다고 선언하기도 했다.[16]

이후 전투는 나자프를 중심으로 전개되었다. 1500명 정도의 병력으로 도시를 장악한 마흐디군은 미군과 협상하여 자신들의 현실적인 힘과 영향력을 인정받으려고 했다. 특히 수니파 도시인 팔루자에서 미군이 저항 세력의 현실적인 힘을 인정하고 팔루자 여단의 창설을 허용했기 때문에 마흐디군 또한 이와 유사한 조직을 만들려고 했다. 하지만 2004년 5월에 미국은 군사력을 동원해 사드르가 장악하고 있는 지역을 공격했으며, 마흐디군은 수백 명의 사상자를 내면서 장악 지역을 상실했다. 한 달간의 전투로 마흐디군이 장악한 지역은 나자프 부근만으로 축소된 상황에서 휴전이 성립되었으며, 2004년 6월 28일에 출범한 이라크 임시정부는 사드르에게 마흐디군을 해산하고 정부에 참여할 것을 제안했다. 하지만 이러한 타협은 이루어지지 않았다.

2004년 8월, 나자프에서 마흐디군이 이라크 경찰서를 공격하면서 미군이 개입했고, 결국 또다시 충돌이 발생했다. 미군은 전차와 장갑차를 동원해 나자프 시내에서 전투를 감행했으며, 마흐디군은 '평화의 계곡' 지역에서 미군을 박격포로 공격했다. 결국 전투는 미군이 마흐디군을 시아파 성지인 알리 모스크에 몰아넣고 주변을 포위하면서 일단락되었다. 그런데 전투 과정에서 알리 모스크는 부분적으로 손상되었고, 주변 지역의 민간 건물은 거의 완전히 파괴되었다.[17] 중화기를 사용할 수 없는 상황에서 미군은 정밀 폭격으로 모스크 주변에 있는 일반 건물 및 구조물을 하나씩 파괴하기 시작했고, 결국 시스타니가 직접 개입해 미군과 마흐디군은 휴전하고 양쪽 병력은 모두 나자프에서 철수하는 것으로 사태가 종결되었다. 마흐디군 병력은 무기를 포기하고 나자프를 떠났지만, 어느 누구도 체포되거나 구금되지 않았고, 대부분은 바그다드로 귀환하여 사드르시티로 돌아갔다.[18]

제2차 팔루자 전투(2004년 11월)

저항 세력과 알카에다가 통제하던 팔루자 여단은 2004년 가을이 되자 형식적으로 존재했던 조직마저 사라졌으며, 이에 대한 미국의 영향력도 완전히 소멸했다.[19] 미국은 6월 28일에 주권을 이양한 뒤 연합군임시행정청을 해체하고 '정상적인 외교관계'를 통해 이라크에 영향력을 행사하려고 했다. 이에 따라, 이라크에서 사실상 총독으로 권한을 행사했던 브리머는 미국으로 귀환했고, 유엔 주재 미국 대사였던 네그로폰테가 이라크 주재 미국 대사로 파견되었다. 미국은 이라크에 대한 원조를 통해 이전에 연합군임시행정청이 추진했던 프로그램을 계속 이어나갔고, 이때 특히 주력했던 것은 이라크 보안군 창설과 훈련이었다. 그러나 66억 달러의 예산과 1년 이상의 시간, 25만 명의 이라크 인원이 투입되었는데도, 효율적인 이라크 보안군은 만들어지지 않았다. 훈련의 중요성을 인정하면서도 훈련을 담당할 교관 인원은 확충되지 않았고, 필요 인원의 50%만이 배치되었다. 훈련을 담당할 조직(이라크 안전이양준비 사령부)이 창설되었지만, 구체적인 성과를 내기에는 시간이 부족했다.[20] 이러한 상황에서 팔루자 문제가 다시 폭발했다.

이라크 잠정정부는 시아파를 중심으로 구성되었고, 따라서 수니파 저항 세력의 거점인 팔루자 공격에는 찬성했다. 미국에서도 2004년 11월 대통령 선거에서 부시가 승리함으로써, 공격에 대한 정치적 부담이 약화되었다. 공격 시작 이전에 이라크 잠정정부는 팔루자에 대한 공격 의지를 오랜 기간 내비쳤고, 수니파 저항 세력에 동조적인 알자지라Aljazeera 방송[21]의 이라크 지국을 2004년 8월에 폐쇄하고 병력을 집결시켰다. 이에 팔루자에 거주하던 민간인은 10월 말 대부분 피난을 떠나 28만 명이던 인구는 3만 명 정도로 감소했다.

2004년 11월 7일, 이라크 잠정정부는 수니파 저항 세력과 알카에다의 기지로서 기능한 팔루자를 공격하기 시작했다. 동원된 병력은 미군 해병대 10개 대대였지만, 이라크 보안군 3개 대대가 대기하고 있었고, 전투가 시작된 다음에는 미군 연대에 이라크 보안군 대대가 각각 배속되어 예비대로 작전을 수행했다. 미군은 전차와 항공기를 동원해 저항 세력의 거점 건물을 파괴하고, 주택을 불도저로 완전히 밀어버리기도 했다.[22] 11월 13일에 작전이 실질적으로 종료될 때까지 팔루자는 540여 차례의 폭격과 야포 및 박격포 포격 약 1만 4000회, 전차 주포 공격 2500여 회를 받아 파괴되었다. 전투 이전에 존재했던 3만 9000여 동의 건물 가운데 1만 8000여 동이 파손되었다. 전투 이후에도 팔루자는 거의 복구되지 못했고, 피난민은 대부분 돌아오지 않았다. 2005년 4월을 기준으로 9만여 명이 팔루자에 돌아왔지만, 주택의 절반 이상이 파손되고, 그중 1만여 채는 거주할 수 없는 상태였다. 미국과 이라크

전투로 심하게 파손된 팔루자 시가지 모습
자료: USMC

정부는 주민에게 각각 200달러와 100달러의 보상금을 지불했고, 파괴된 가옥 가치의 20%를 보상했다.[23]

　11월 16일에 미군 수색대는 알카에다 조직과 지휘부를 발견했다. 자르카위Abu Musab al-Zarqawi가 지휘했던 알카에다 조직은 2003년 3월 미국 침공 이후 이라크에서 본격적으로 활동하면서 수니파 주민들과 연계했다. 특히 팔루자를 중심으로 외국인을 납치하고 테러 공격으로 시아파를 공격했으며, 바그다드에서 벌어지는 시아파와 수니파 전쟁에 무기와 병력을 공급하는 역할을 했다.[24] 팔루자 공격의 목표 가운데 하나는 바로 이러한 이라크 알카에다 조직 al-Qaeda in Iraq: AQI의 조직망을 파괴하는 것이었다. 하지만 미군은 자르카위를 체포하거나 사살하는 데 실패했고, 그 대신 팔루자에 있는 이라크 알카에다 조직의 작전 기지를 파괴하는 데 만족해야 했다.[25] 그러나 이로써 최소한 미국은 이라크 서부 지역의 수니파 저항 세력 근거지를 파괴했다.

미국의 대응과 전략적 모순

미국의 이라크 침공은 잘못된 결정이었다. 그리고 이러한 결정이 내려지는 데는 잘못된 정보가 중요한 역할을 했고, 부시 행정부의 핵심이던 네오콘은 정보의 객관적 가치보다는 자신의 편견과 선입관에 부합하는 정보만을 선택적으로 받아들임으로써 문제를 더욱 악화시켰다. 압도적인 군사력 덕분에 미국은 침공 과정에서 사실상 아무런 어려움이 없었다. 하지만 문제는 침공이 성공하고 후세인 정권을 무너뜨린 다음부터 발생했다. 이전까지 이라크를 지배했던 수니파는 자신들의 몰락을 인정하지 않았고, 미국 점령군을 몰아내고 사우디아라비아와 같은 수니파 아랍 국가의 도움을 받아 이라크에서 수니파 정권을 회복할 수 있다고 보았다. 반면에 시아파는 그동안 수니파 정권 치하에서 억눌렸던 감정이 폭발하면서, 부시 행정부가 가져다준 시아파의 우위를 지켜내려고 했다.

하지만 미국은 이러한 상황을 인정하지 않았고, 전쟁이 점차 게릴라 전쟁으로 변화하고 있다는 사실조차 부정했다. 특히 미국의 군사력은 게릴라 전쟁이 아닌 전면 전쟁을 상정해 구축되었으며, 따라서 군사훈련은 대부분 대규모 전차 전투에 초점을 맞춰 이루어졌다. 이 때문에 이라크 전쟁이 게릴라 전쟁으로 변화하면서 미군은 많은 어려움에 직면했다.[26]

미국의 문제는 자신이 익숙하지 않은 전쟁을 자신이 선택해 시작했다는 사실이다. 베트남 전쟁에서 미국 육군은 '육군 개념army concept'에 집착한 나머지 상대방이 제2차 세계대전에서의 독일군이나 냉전 기간의 소련군이 아니라는 사실을 망각했다.[27] 게릴라 전쟁에서 승리하기 위해서는 일반 주민들의 지지를 확보winning the hearts and minds해야 하는데, 인도차이나에서 미국은 베트콩 병력을 사살하는 데 초점을 맞췄고, 강력한 화력을 사용하면서 발생하는 민간인 피해는 도외시했다. 이 때문에 미국은 베트남 전쟁 초기에 민간인의 지지를 확보하는 데 실패했고, 1968년 이후 민간인을 보호하고 민간인에게 더 많은 혜택을 주는 방향으로 전술을 변경했지만, 전쟁의 향방을 바꾸기에는 이미 늦은 상태였다.[28] 하지만 베트남 전쟁이 끝난 이후에도 미군은 크게 변화하지 않았다. 소련과의 군사적 대치 상황이 지속되면서 대규모 전차 전투와 화력의 집중 사용이 강조되었고, 게릴라 전쟁에 대한 훈련은 도외시되었다. 1991년 걸프 전쟁도 게릴라 전쟁이 아니라 소련식으로 훈련된 이라크 정규군과의 전투였기 때문에 이러한 경향은 1990년대 이후에도 지속되었다.

이라크에서도 같은 문제가 발생했다. 수니파 저항 세력과의 전투에서 미군은 저항 세력이 존재하거나 존재할 것으로 추정되는 지역을 포격 또는 폭격으로 파괴했다. 팔루자 전투에서처럼, 저격수가 은신하고 있는 건물을 폭파했고, 저항 세력이 박격포 공격을 하는 경우에는 포격 지점을 찾아내 대포병포격으로 지역 전체를 파괴했다. 이처럼 과다한 화력 사용은 심각한 문제를 야기했다.[29] 특히 수니 삼각지대 북부를 담당한 제4보병사단은 포병artillery에 의존한 채 게릴라 전쟁을 수행하면서, 민간인의 지지를 확보하기 위한 노력을 도외시했고, 결국 저항 세력에 대한 민간인의 지지를 강화하는 결과를 낳았다. 문제가 발생하면 무조건 포격으로 대응했으며, 군복무 적령기의 모든 남성을 무차별적으로 구금했다. 이 때문에 일부 미군 지휘관은 제4보병사단의 행동을 '범죄crime'로 규정하고, 그러한 행동으로 상황이 오히려 악화되었다고 판단했다.[30] 하지만 제4보병사단 일부 장교는 자신들의 목표가 이라크인의 지지를 확보하는 것이 아니라 저항 세력을 섬멸하는 것이라고 공공연하게 주장했다. 병사들은 저항 세력의 거점에 들어가서는 "문을 박차고 진입한 다음, 눈에 띄는 모든 물체에 두 발씩 발사"하는 훈련을 받았다. 결국 수색과정에서 많은 이라크 민간인 사상자가 발생하고, 그들의 가족은 저항 세력을 지지하게 되었다. 어떤 장교들은 부하에게 "적과 싸울 때는 항상 적을 죽여라"라고 설교하기도 했다.[31]

이러한 전술적 문제는 사실 부차적인 것일 수 있다. 가장 큰 문제이자 미국이 직면한 가장 심각한 사안은 바로 전략적 모순이었다. 후세인 정권의 대량살상무기 제거와 함께 거론되었던 이라크 전쟁의 목표는 이라크 민주주의 국가의 수립이었다. 그런데 미국은 기존에 존재하던 이라크 국가를 파괴한 다음에 이를 대신할 새로운 그리고 민주주의에 입각한 이라크 국가를 건설하는 데 근본적인 모순에 직면했다. 수니파 정권을 무너뜨리고 시아파에게 권력을 쥐어준 상황에서, 다시 수니파에게 상당 부분의 권력을 제공해야 했던 것이다. 이 때문에 일부 미군 지휘관들은 미국이 전략적으로 전쟁에서 지고 있다고 판단했으며, 상황이 악화되면서 결국 이라크 내전 또는 분할 가능성이 커지고 있다고 보았다. 통합된 그리고 민주주의에 기초한 새로운 이라크 국가를 건설하는 것이 매우 어렵다는 비관론이 점차 확산되었지만, 부시 행정부, 특히 럼즈펠드 국방장관은 이를 무시했다.[32]

핵심 문제는 다음 두 가지였다. 첫째, 후세인 정권은 세속적인, 즉 종교의 정치적 영향력을 최소화하려는 정치 세력인 동시에 수니파 정권이었다. 미국은 이러한 정권을 파괴하면서 시아파에게 권력을 넘겨주었으나, 정권을 장악한 시아파는 수니파를 포용하지 않고 오히려 수니파를 권력에서 배제했다. 이 때문에 새로운 이라크 국가는 종교의 영향력에서 독립적으로 구축되지 못하고 오히려 이슬람 종파에 기초한 두 개의 집단이 서로 대결하는 과정에서 만들어졌다. 특히 시아파는 새로운 국가권력을 수니파를 탄압하는 수단으로 사용했다. 이러한 상황을 개선하려면 수니파가 어느 정도 권력을 보장받는 동시에 종교와는 독립된, 그리고 이슬람 근본주의와는 거리를 두는 정치 세력이 등장해야 했다. 그런데 문제는 이러한 정치 세력이 2003년 3월까지 이라크를 통치했지만, 미국이 이를 파괴했다는 사실이다.[33] 즉, 이라크에서 미국은 이라크 국가 형성이라는 목표를 달성하기 위해 후세인 정권과 유사한 정치 세력을 후원해야 했다. 다시 말해, 자신이 파괴한 정치 세력을 자기 손으로 부활시켜야 하는 상황이었던 것이다.

둘째, 이라크 내부에서 수니파와 시아파가 갈등하는 상황에서, 미국은 이라크를 구성하는 주요 정치 세력 모두와 대립했다. 팔루자 전투는 원인이라기보다는 결과였으며, 근본 원인은 미국 침공으로 권력을 상실하고 시아파의 탄압에 노출된 수니파의 저항이었다. 하지만 팔루자 전투를 계기로 수니파는 2005년 1월부터 시작되는 이라크 선거 등의 국가 형성 과정을 거부했고,

새롭게 출범한 이라크 국가는 이 때문에 시아파와 쿠르드족이 통제하게 되었다. 이러한 결과를 막기 위해서는 수니파의 정치 참여와 권력 공유를 보장해야 했지만, 후세인 정권이라는 수니파 정치 세력을 군사력으로 파괴한 미국으로서는 이러한 행동을 하기가 매우 어려웠다. 한편 나자프 전투는 미국이 시아파 일부 무장 세력과 충돌한다는 사실을 보여주었다. 사드르가 통제하는 마흐디군과의 충돌은 예정되어 있지 않았으며, 이러한 측면에서 이는 이전에 발생한 사태의 단순한 결과라기보다는 이후의 사태 전개에 영향을 미치는 원인이었다. 이 때문에 미국은 수니파를 포섭하거나 정치 과정에 적극적으로 동참할 것을 요구하기가 어려웠다. 미국이 수니파에게 접근하는 경우에는 시아파의 무력 저항 가능성이 증대하고, 수니파에게 접근하지 않는 경우에는 시아파가 이라크 국가를 홀로 장악해 문제를 악화시킬 가능성이 매우 컸다. 결국 미국은 시아파 무장 세력과의 충돌로 시아파에 대한 통제력만 상실한 채 이라크 국가 형성 과정에서 주도권을 잃었다.

대량살상무기 제거라는 목표가 사라진 상황에서, 미국은 이라크에 민주주의 국가 건설이라는 자신의 목적을 추구해야 했다.[34] 하지만 미국은 이러한 목표를 추구하는 데 필요한 형태의 군사력을 가지고 있지 않았으며, 그나마 보유한 군사력을 사용하는 방식에서도 이라크인의 지지를 확보하기보다 화력에 지나치게 의존함으로써, 오히려 이라크 저항 세력에 대한 이라크인의 지지를 강화하는 상황을 초래했다. 그리고 미국은 자신이 파괴한 정권과 유사한, 또는 그 정권을 지지했던 수니파를 포섭해야 했지만, 이러한 포섭을 적극적으로 할 수 없는 상황에 처했다. 그리고 미국은 오히려 이라크 내 모든 주요 세력과 대립했으며, 2004년에는 수니파와 시아파 무장 세력과 충돌하고 전략적인 주도권을 상실했다. 미국의 주도권 상실은 결국 부시 행정부가 만들어낸 이라크 국가가 실패국가failed states가 되는 데 결정적으로 작용한다.

8장
전쟁의 추악함과 멍청함
그리고 잔인함

2004년은 부시 행정부에 시련의 해였다. 부시 행정부가 제시했던 이라크 전쟁의 명분이 모두 무너졌다. 2004년 4월에 미국의 CBS 방송은 이라크 아부 그라이브Abu Graib 감옥에서 미군이 이라크 죄수를 고문하고 학대한 사실을 폭로했다. 추가로 공개된 사진에서 미군이 저지른 행동이 드러나면서 '이라크 민주주의 수립'이라는 미국의 전쟁 명분 하나가 큰 타격을 입었다. 후세인 독재 정권이 이라크인을 체포하고 구금해 고문하던 시설에서, 미군이 이라크인을 체포하고 구금해 고문했다. 결국 고문하는 사람만 달라졌을 뿐, 고문은 사라지지 않았다. 즉, 미군은 이라크인을 해방한다는 명분으로 이라크를 침공해서는 이라크인을 해방하기는커녕 고문했다.

한편 2004년 9월에는 이라크 전쟁의 가장 중요한 명분이었던 대량살상무기가 존재하지 않는다는 공식 보고서가 공개되었다. 2003년 4월부터 미국을 중심으로 영국과 오스트레일리아가 참가한 가운데 이라크조사단Iraq Survey Group이 구성되었고, 이들은 이라크에서 활동하면서 후세인 정권이 추진했던 대량살상무기 제조와 관련된 증거를 수집했다. 2003년 10월에 중간 보고서가 공개되었고, 이후 추가 조사를 거쳐 2004년 9월에 최종 보고서가 발표되었다. 이에 따르면, 후세인은 핵무기를 비롯한 생물학 또는 화학무기 개발을 1990년대 초반에 포기했다. 다만 유엔사찰단을 수용하는 경우에는 자신의 대외적 입지가 약화될 수 있어 사찰을 거부했을 뿐이었다. 결국 부시 행정부는 잘못된 정보에 기초해 존재하지도 않는 대량살상무기를 포기하라고 강요했고, 존재하지 않는 핵무기를 포기하지 않는다는 명분으로 이라크를 침공했던 것이다.

이처럼 이라크 전쟁의 명분이 점차 무너지는 상황에서 이라크인이 당하는 고통은 조금씩 커졌다. 계속 악화되는 치안과 경제 상황은 그들의 생존을 위협했고, 기본적인 서비스가 제공되지 않으면서 정부에 대한 기대는 줄어들고 오히려 개별 지역을 통제하는 세력에 대한 충성도가 커졌다. 이러한 현상은 시아파와 수니파 모두에게서 나타났으며, 이 때문에 이라크 국가가 구심점을 잃고 상황이 더욱 악화되는 악순환이 벌어졌다.

아부 그라이브 감옥: 고문과 가혹행위 그리고 전쟁의 추악함

이라크 전체 인구에서 후세인이 속한 수니파는 소수였기 때문에, 바트당 정권은 권력을 유지하기 위해 무자비한 방법을 사용했다. 특히 정권에 도전할 위험이 있는 세력은 철저하게 탄압했으며, 영장 없는 체포와 고문 등은 너무나도 흔히 자행되었다. 그리고 이러한 행동, 특히 고문이 집중적으로 이루어졌던 장소가 바로 바그다드 서쪽에 인접한 아부 그라이브 감옥이었다. 1만 5000여 명의 죄수를 수용할 수 있었던 이 감옥은 2002년 후세인의 명령으로 증축되었다. 2003년 3월 침공 직전에 후세인은 이라크의 모든 죄수에게 사면령을 내렸고, 이 때문에 아부 그라이브 감옥은 완전히 비어 있었으며, 이후 약탈 과정에서 감옥과 관련된 서류는 소실되고 설비는 거의 대부분 사라져버렸다. 일부에서는 후세인 정권이 이 시설에서 1000명 이상의 정치범을 처형해 인근 공동묘지에 매장했다고 주장하기도 했다.

미국의 이라크 침공으로 후세인 정권이 붕괴하자 미군은 악명 높은 아부그라이브 감옥을 수리해 그대로 사용했다. 2003년 가을부터 저항 세력의 공격이 시작되자 미국은 저항 세력에 동조한 이들과 저항 세력의 근거지에 있던 사람들을 체포했다. 그러나 언어 장벽 때문에 필요한 정보를 확보하지 못하자 미국 정보당국은 수감자를 고문하기 시작했고, 이로써 심각한 법률적 문제가 발생했다.[1]

이러한 상황에서 벗어날 방법은 고문을 합법화하는 것이었다. 2002년 8월 1일에 미국 법무성Department of Justice 소속 법률가 일부는 특수한 경우에는 고문이 가능하다는 해석을 법률 의견서legal memorandum의 형태로 제시했다. 모두 세 건의 상호 연관된 법률 의견서로 이루어진 이른바 '고문 의견서Torture Memos'에 따르면, 잠을 재우지 않는 행위sleep depravation와 죄수를 거꾸로 매달아 놓는 행위binding in stress positions, 물고문waterboarding 등은 테러와의 전쟁을 수행하는 과정에서는 합법적인 것으로 인정할 수 있으며, 죄수를 단순히 "잔인하고, 비인간적이고, 모멸적으로 취급cruel, inhuman, or degrading treatment"한다고 해서 고문이 성립하는 것은 아니라고 보았다. 그리고 이에 더해 고문을 "장기 손상, 육체적 기능 상실 또는 사망 등을 초래하는 물리적 상해, 또는 수개월이나 수년 동안 지속되는 정신적 손상을 초래하는 심각한 고통을 주는 극단적인 행위"라고 정의했다. 즉, 고문 의견서는 고문을 매우 협소하게 정의하고 금지함으로써 실질적으로 고문에 해당하는 심문 방법을 광범위하게 허용했다.[2]

또한 '고문 의견서'는 대통령의 권한을 폭넓게 이해하면서, 고문을 일반적으로 금지하는 경우에는 대통령의 전쟁 수행 권한이 침해된다고 보았다. 특히 테러와의 전쟁 상황에서 대통령의 권한을 제한하는 것은 미국의 자위권을 불필요하게 제한한다고 지적했다. 체포된 테러리스트를 심문하는 과정에서는 기존과는 다른 방식을 사용할 수 있으며, 이러한 방식은 합법적이며 법률상 금지되어 있는 고문이 아니라고 규정했다. 법무성이 중앙정보국에 제공한 법률 의견서에 기초해 고문 행위가 미국 법 집행과 기소 대상에서 면제되면서, 고문은 사실상 합법화되었다.[3]

동시에 부시 행정부는 미국 사법 당국의 관할권에서 해방되어 테러 용의자를 '자유롭게' 심문하는 방법을 모색했다. 2002년 1월에 법무성은 미국이 쿠바에 보유한 관타나모 해군 기지Guantánamo Naval Base[4]는 미국의 영토가 아니므로 미국 법원의 관할권 밖에 있으며, 따라서 미국 법이 완벽하게 적용되지 않는다고 판단했다. 이후 부시 행정부는 아프가니스탄 등지에서 테러 용의자 및 협력자를 관타나모로 수송해 구금하고 심문했다. 미국 법률이 적용되지 않는다는 법무성의 유권 해석을 빌미로 관타나모 기지에서는 고문이 자행되었고, 특히 한국 전쟁에서 중국군이 미군 포로에게 사용한 고문 방식을 미군이 아랍게 테러 용의자에게 사용하기도 했다. 바로 이러한 이유로 관타나모 기지 문제는 미국 국내적으로 매우 심각한 정치 문제로 비화되었다.[5]

이와 함께 교전 당사자의 법적 지위가 미묘한 문제로 부각되었다. 엄격한 의미에서 이라크 저항 세력은 군복을 입은 정규군uniformed soldiers 또는 식별 가능한 표식을 한 게릴라guerrillas with distinctive insignia가 아니기 때문에 국제법으로 보호받는 교전 당사자가 아니다. 부시 행정부는 이러한 부분을 강조하면서 이라크 저항 세력을 비합법적 교전 당사자unlawful combatants로 규정하고, 따라서 포로 문제에 대한 1949년 제네바합의Geneva Convention Relative to the Treatment of Prisoners of War는 적용되지 않는다고 판단했다.[6] 하지만 고문을 받지 않을 권리는 교전 당사자 자격과는 무관하게 모든 인간에게 주어지고 국제법으로도 인정되는 인권의 기본 원칙이다.

이라크에서 저항 세력의 공격이 거세지고 미군이 적절하게 대응하는 데 실패하면서, 이라크 주둔 미군은 저항 세력에 관해 더 많은 정보를 확보하고자 많은 노력을 기울였다. 이라크 정규군 병력이 사라진 상황에서 그리고 식별 가능한 표식을 한 게릴라 병력이 존재하지 않기 때문에, 체포된 사람들은 대부분 비합법적 교전 당사자로 분류되었으며, 국제법에서 규정하는 전쟁 포로prisoners of war의 지위를 누리지 못했다. 특히 일부 미군 병력은 엄청난 수의 테러 용의자와 저항 세력 동조자, 미군에 대한 공격이 있었던 지역에 거주하는 주민을 무차별적으로 체포했다. 오디에어노가 지휘하는 제4보병사단은

아부 그라이브 감옥에서 촬영된 미군의 포로 학대 장면
자료: U.S. Government

수니 삼각지대를 담당하는 부대로서, 수니파 저항 세력으로 의심되는 주민을 체포했으며, 포로 심문을 담당하는 부대로부터 항의를 받기도 했다.

이 때문에 이라크 감옥은 포화 상태가 되었고 엄격한 원칙에 따라서 심문하고 정확한 정보를 분석할 인원은 심각할 정도로 부족했다. 포로 심문에 대한 훈련이 부족한 미군 전투 병력은 포로를 인질로 보고, 일단 체포한 다음 포로에게 정보를 요구하여 정보를 말하면 석방했다.[7] 정보를 획득하지 못하면 포로를 수용 시설에 넘겼고, 바그다드 근교에서 군사작전이 집중된 탓에 아부 그라이브 감옥에는 특히 많은 수의 포로가 수용되었다. 하지만 미군이 현장에서 사살한 포로는 많지 않았고, 오히려 미군은 포로를 미군에 대한 공격이 발생하는 경우에 처형하겠다고 위협하는 인질로 사용했으며, 동시에 무고한 수니파 주민을 체포하는 것으로 수니파 주민에게 보복했다.[8]

문제는 부시 행정부가 테러와의 전쟁을 명분으로 특정 종류의 고문을 허용한 상황에서, 아부 그라이브 감옥에 포로 심문 및 정보 분석을 담당할 적절한 인원이 배치되지 않았다는 것이다. 이 때문에, 심문을 담당한 일부 병력이 이라크 포로를 학대하기 시작했고, 일부 포로는 고문 과정에서 죽기도 했다. 이러한 사실은 2003년 말에 이미 알려졌고, 미국 고위 지휘관들은 관련 조사 보고서를 작성하기도 했다. 또한 2004년 4월 28일에 CBS의 〈60분60 Minutes〉이라는 프로그램에서 이를 보도했고, 5월 10일에는 포로 학대 및 고문에 관해 허시Seymour Hersh가 쓴 기사가 《뉴요커New Yorker》에 실렸다.[9]

언론에 드러난 사실들은 충격적이었다. 일부 병력은 이라크 포로를 가학적으로 대하는 범죄 행위를 매우 체계적으로 자행했다. 미군 병력은 포로를 구타하는 것은 물론이고, 두건으로 눈을 가리고 전기 고문을 하거나 군건으로 위협했다. 나체 상태에서 사진을 찍고, 성행위를 연상시키는 자세를 취하게 하며, 옷을 벗긴 상태에서 며칠 동안 감금하거나 여성 속옷을 착용하게 하는 등 강한 수치심을 유발했다. 이와 함께 여성 포로를 강간한 경우도 있었으며, 이라크 남성 포로들을 서로 강간하도록 협박하고 사진을 촬영했다. 일부 병력은 자신이 찍은 사진을 '기념품'으로 소장했으며, 이메일을 통해 이를 돌려보기 시작했다.[10] 이 과정에서 정보가 새어 나갔으며, 미군 내부의 수사가 2003년 말에 시작되었고, 2004년 1월 미군 범죄수사대가 아부 그라이브 병력에 대해 집중적으로 수사를 벌였다.

언론에 사건이 흘러 나가자 미국 정부는 아부 그라이브 사건을 수사할 특별위원회를 결성했으며, 2004년 5월 27일에 최종 보고서가 작성되었다.[11] 수사와 폭로 등으로 밝혀진 바에 따르면, 당시 이라크 주둔 다국적군 사령부Multi-National Forces in Iraq: MNF-I 사령관이었던 산체스와 국방장관 럼즈펠드는 아부 그라이브 감옥에서 벌어진 포로 학대와 고문에 대해 이미 인지했으나, 이를 적극적으로 제지하지 않았고 사실상 승인했다.[12] 언론 보도가 있자 럼즈펠드는 사의를 표명했지만, 부시 대통령은 사직서를 반려했고, 결국 럼즈펠드는 2006년 11월까지 국방장관 직위를 유지했다. 산체스는 2004년 6월에 이라크 주권 이양과 함께 이라크 주둔 다국적군 사령부 사령관 직위를 케이시George W. Casey, Jr.에게 넘기고 독일에 있는 제5군단 사령관으로 전출되었다. 최종적으로 처벌된 인원은 미군 병사들이었다. 미국 정부는 아부 그라이브 사건을 일부 병사가 벌인 '말썽'으로 간주했으며, 결국 11명이 기소되고 유죄 판결을 받아 징역형이 집행되었다.

하지만 이 사건은 더욱 심각한, 그리고 가장 근본적인 문제를 야기했다. 전쟁의 명분이었던 이라크 대량살상무기가 존재하지 않는 상황에서, 그리고 후세인 정권이 대량살상무기를 포기했다는 공식 발표가 나오는 상황에서, 이라크에서 발생한 포로 학대와 고문은 미국의 전쟁 명분을 심각하게 훼손했다. 특히 이라크 전쟁이 게릴라 전쟁으로 변질되는 과정에서 이라크인의 정치적 지지를 확보하는 것이 핵심 사항이었으나, 아부 그라이브 사건은 미국 점령 당국은 물론 이라크 정부에 대한 이라크인의 지지를 약화하는, 그리고 이라크 저항 세력에 대한 정치적 지지를 강화하는 효과를 가져왔다. 이러한 효과는 CBS에서 보도가 나온 직후에 이미 인식되었다. CBS 보도를 보지 못한 제 1해병사단 지휘관 매티스는 텔레비전 앞에 모인 병사 중 한 명에게 어떤 뉴스가 나왔느냐고 물었다. 그러자 그 병사는 "장군님, 웬 미친놈들 때문에 이번 전쟁은 졌습니다"라고 대답했다.[13] 이것은 아부 그라이브 사건에 대한 정확한 지적이었다.

이라크조사단 보고서:
존재하지 않는 대량살상무기와 전쟁의 멍청함

미국의 이라크 침공에서 중요한 명분 가운데 하나는 후세인 정권이 유엔의 결의를 무시한 채 대량살상무기를 만들고 있다는 것이었다. 하지만 이라크에 대량살상무기가 존재하는지에 대해, 그리고 이라크가 유엔의 결의를 위반한 정도가 침공을 필요로 할 정도로 심각한지에 대해서는 전쟁 이전부터 많은 논란이 있었다. 미국은 침공 과정에서 자국 병력을 대량살상무기 공격으로부터 보호하기 위해 여러 가지 조치를 취했으며, 모든 전투 병력은 방독면과 그 밖의 화생방 보호 장비를 착용했다. 또한 미군은 75특수단Expeditionary Task Force-75: XTF-75을 창설해, 전투 과정에서 대량살상무기로 의심되는 모든 시설과 장비를 파괴하라고 지시했다. 하지만 75특수단의 임무는 사찰이 아니라 이라크 대량살상무기 위협의 제거였기 때문에 관련 정보를 체계적으로 수집하거나 그에 대해 어떤 판단을 내리지는 않았다.

2003년 6월, 미국과 영국 정부는 자국민과 오스트레일리아 국민으로 구성된 대규모 조사단을 창설했다. 핵심 인원은 민간 및 정부 소속 군사정보 전문가들이었으나, 이라크 치안 상황이 악화되면서 대규모 경호 인력이 동원되었고, 그중 2명이 조사 과정에서 사망했다. 190여 명의 통역 인원이 바그다드에서 대량살상무기와 관련된 중요 서류를 선별하고, 이를 카타르에 위치한 시설에서 900여 명의 인원이 영어로 요약하거나 번역했다. 1차로 선별되었던 문서의 양만 3600만 쪽에 달했으며, 이 가운데 3분의 1이 분석되었다. 또한 점령한 건물에서 발견된 2만여 개 상자에 담겨 있던 문서가 추가되면서 문서의 양은 거의 두 배로 증가했다. 침공 이후 체포 및 자수 등으로 확보한 이라크 주요 인사들에 대한 심문 기록도 엄밀하게 분석되기 시작했다. 이러한 과정을 통해, 이라크조사단은 미국 중앙정보국 국장Director of Central Intelligence: DCI에게 후세인의 대량살상무기 계획에 대해 조사한 결과를 보고서로 작성해 보냈다.[14]

2003년 6월 조사단이 창설되었을 당시 조사단 책임자는 케이David A. Kay로, 그는 걸프 전쟁 이후 이라크 대량살상무기와 그 밖의 재래식무기에 대한 사찰을 담당한 경력을 지닌 민간 전문가였다. 조사단 활동이 시작되고 4개월이 지난 2003년 10월에 이라크조사단은 중간 보고서를 발표했고, 케이 조사단장은 의회 증언을 통해 그 내용을 공개했다. 이에 따르면, 후세인 정권은 대량살상무기 관련 계획을 가지고 있었고 활동을 하기는 했지만, 실제 생화학무기와 핵무기를 제조했다는 증거는 존재하지 않았다. 이라크는 비밀 실험실을 유지했고, 유엔사찰단에 보고하지 않은 시설을 보유했다. 생물학무기를 연구하기 위해 상당한 자원을 투자했고, 어느 정도 데이터도 축적했지만, 유엔사찰단에 이러한 활동 사실을 숨겼다.[15]

하지만 2004년 1월 23일에 케이는 이라크조사단장의 직위를 사임하면서, 이라크에 대량살상무기가 없으며 걸프 전쟁 이후 후세인 정권이 대량살상무기 제조를 사실상 추진하지 않은 것으로 보인다는 폭탄선언을 했다. 1월 28일에는 "부시 행정부를 포함한 우리 모두는 이라크 대량살상무기에 관련해서 잘못된 판단을 했으며, 앞으로 조사가 더욱 진행된다고 해도 이라크에서 대량살상무기를 찾아내지는 못할 것"이라고 주장했다.[16] 이어 케이는 이라크 정보 분석에 대한 조사가 독립적인 기관에서 이루어져야 한다고 제안하면서,

부시 행정부가 정보 분석가들에게 압력을 가해 결과를 조작하지는 않은 것 같다고 증언했다.

2004년 2월, 부시 대통령은 이러한 제안을 받아들여 이라크정보위원회Iraq Intelligence Commission를 소집하고, 2003년 3월 침공 직전까지 이라크와 관련된 정보를 분석하는 데서 발생한 오류를 분석할 것을 명령했다. 공화당과 민주당의 연합으로 구성된 위원회는 2005년 3월에 600쪽이 넘는 최종 보고서를 완성했고, 이 보고서에서 이라크정보위원회는 미국 정보 당국이 이라크 대량살상무기와 관련해 정부에 잘못된 정보를 보고했다고 비판했다.[17] 이와 더불어, 이러한 '정보 실패major intelligence failure'가 단순한 정보 분석에만 있었던 것이 아니라, 잘못된 정보 분석을 최종 정책결정자에게 제시했다는 측면에서 더욱 심각한 문제가 있다고 비판하면서, 정보기관의 조직을 개편해야 한다고 제안했다. 특히 미국 정보기관의 일부는 명백하게 잘못된 정보에 기초해 과장된 결론을 이끌어냈으며, 이러한 정보 왜곡은 이라크 침공이라는 심각한 정책 오류를 초래했다고 지적했다.[18]

2004년 9월, 이라크조사단은 우여곡절 끝에 최종 보고서를 제출했다. 그 결론은 2004년 1월에 사임했던 케이의 주장과 다르지 않았다. 후세인은 이라크의 모든 전략적 결정을 독점했으며, 미국의 침공을 받기 전까지 유엔 경제 제재를 극복하고 이란과의 경쟁에서 이라크의 수니파 정권을 유지하려고 했다. 1991년 걸프 전쟁이 끝난 직후 핵무기 개발을 사실상 포기했고, 이후 핵무기 개발을 적극적으로 시도하지 않았으며, 따라서 이라크의 핵무기 개발 능력은 1991년을 정점으로 지속적으로 약화되었다. 화학무기 또한 1991년을 기점으로 대부분 폐기했고, 일부 남아 있는 화학무기는 전략적 가치를 위해 남긴 것이 아니라 단순 실수로 폐기되지 않았던 것으로 보인다. 생물학무기를 개발하려는 노력은 1995년까지 계속되었지만 결국 포기했고, 이후 더는 노력을 기울이지 않았다. 후세인은 경제적 제재가 풀리고 이라크 경제가 회복되면 언젠가는 대량살상무기를 보유하고자 했고 핵무기 보유를 희망했지만, 대부분의 노력은 탄도미사일과 전술화학무기 개발에 집중되었고, 그 또한 1991년 이후에는 체계적으로 이루어지지 않았다.

즉, 부시 행정부는 존재하지 않는 대량살상무기를 명분 삼아 이라크를 침공했던 것이다. 후세인 독재 정권을 무너뜨리는 데 성공했지만, 이후의 사태를 전혀 수습하지 못했고, 이라크 상황은 계속 악화되었다. 이 과정에서 가장 큰 고통을 받은 이들은 미국의 침공과 이후 저항 세력의 활동, 수니파와 시아파 대립으로 희생되었던 이라크인이었다.

명분이 사라진 전쟁의 피해자:
이라크인의 피해와 전쟁의 잔인함

미국의 침공으로 '해방'된 이라크인은 이후 어떤 삶을 영위했는가? 이에 대해서는 체계적인 자료가 존재하지 않는다. 기본적인 인구데이터까지 멸실된 탓에 이라크 사회 전체에 발생한 피해를 정확히 알기란 어렵다. 이라크인이 경험한 고통은 단편적으로만 알려져 있다. 이라크인의 생활수준은 미국 침공 이후 전반적으로 하락했다. 2007년 9월 추산한 바에 따르면, 이라크 전체 인구 약 3000만 명 가운데 200만 명 정도가 해외로 빠져나가고, 220여 만 명이 국내에서 난민으로 생활하고 있다. 2003년에는 50% 정도가 상하수도 시설을 이용했지만, 2007년에는 30% 정도만이 상수도 시설을 사용하고 있다. 침공 이전에 19% 정도였던 어린이 영양실조는 2007년 들어 28%로 증가했다.[19] 전력은 고질적으로 부족하여, 2004년 말 바그다드에서는 하루에 4시간 정도만 전기가 공급되었고, 산유국인데도 가솔린이 부족해 자동차에 기름을 채우려면 몇 시간씩 주유소에서 기다려야 했다.[20] 2005년 말, 이라크의 실업률은 40%에 달했고 27%의 이라크인이 하루에 1달러 미만의 소득으로 생활했지만, 미국이 지원하는 원조 및 재건 사업은 대부분 외국 기업이 수주하면서 이라크 고용은 2%만 증가했다.[21]

경제 부문에서 화폐개혁은 성공적이었다. 2003월 7월에 계획이 발표되고,

그해 10월 15일에 시행된 화폐개혁은 연합군임시행정청이 집행했던 모든 정책 가운데 유일하게 성공한 정책으로 평가된다. 이라크 경제 활성화를 위해 모두 90톤의 새로운 화폐를 7개의 해외 인쇄소에서 인쇄했고, 이를 항공기를 이용해 27번에 걸쳐 이라크로 수송했다. 이후 243개 은행으로 분산 수송하여 이전 화폐와 교환했다. 이후 이라크 통화는 안정되었고, 2007년에는 미국 달러화에 비해 이라크 디나르dinar의 가치가 절상되기도 했다.[22] 반면 경제 자유화가 추진되면서 기존 이라크 생산의 90%를 담당했던 국영기업체의 사유화가 시도되면서 기업들이 구조조정을 감행하자 이라크의 실업률은 40%에 이르렀다. 결국 연합군임시행정청은 경제 자유화 및 기업 구조조정을 중단하고 모든 직원에게 임금을 지불했다. 이후 구조조정 과정에서 해고된 사람들이 사유화를 추진한 회사 임원을 보복 살인하는 사건이 발생하면서 사유화는 최종적으로 포기되었다.[23]

이라크 의료체계는 1980년대까지는 중동 지역에서 가장 선진적이었으나, 이란과의 전쟁과 걸프 전쟁을 거치면서 많이 낙후되었다. 2003년 4월에 벌어진 약탈로 거의 모든 병원의 설비가 파괴되었으며, 이후 연합군임시행정청은 이를 복구하는 데 실패했다. 미국은 질병 예방에 초점을 맞추고 많은 수의 소규모 병원을 건설하려고 했지만, 이라크 당국은 기존의 대형 병원 체제를 유지하기를 원했다. 견해 대립으로 큰 진전이 없는 상황에서 주권 이양이 결정되면서 의료개혁은 중단되었다. 텔레비전 방송은 정치적 중요성이 큰데도 적절하게 개혁되지 않았고, 연합군임시행정청이 설립한 이라크 국영방송Iraqi Media Network은 이라크인에게 외면당했다. 그 대신에 이라크인은 알자지라 방송에 심취했고, 연합군임시행정청의 발표문을 내보내고 이라크에서는 구할 수도 없는 재료로 음식을 만드는 아랍어 요리 프로그램을 방송하는 국영방송을 무시했다.[24] 한편 후세인 시절에는 허용되지 않았던 위성방송이 선풍적인 인기를 끌면서 이라크인은 더욱 많은 정보와 새로운 오락 프로그램을 접하게 되었다. 특히 사우디아라비아와 이란은 위성방송을 통해 자신들에게 유리한 방향으로 이라크 내부 여론을 몰아가기 시작했다. 사우디아라비아 정부는 수니파 주민을 상대로 하는 위성방송에 많은 지원을 했고, 이를 통해 이라크에서 수니파 정치 세력을 결집하고자 많은 노력을 기울였다.

가장 큰 문제는 역시 안전이었다. 부시 행정부와 이라크 점령 당국은 이라크인이 생명에 위험을 느끼지 않고 생활할 수 있는 환경을 조성하지 못했다. 미군뿐 아니라 이라크인에게도 큰 위협인 사제폭발물, 즉 IED는 2004년 2만 6496개에서 2005년에는 3만 4131개로 증가했다.[25] 보통 저항 세력과의 전쟁은 누가 더 나은 정부를 제공하느냐의 문제로 귀결되며, 따라서 정부 능력에서 압도outgovern하는 편이 더욱 폭력적으로 행동outgun하는 편보다 우위에 선다. 하지만 문제는 이라크에서 점령 당국과 새로운 이라크 정부가 저항 세력의 폭력적인 행동을 통제하지 못한다는 사실이었다. 저항 세력이 이라크인을 위협하는 상황에서 점령 당국, 그리고 주권 이양 이후에는 이라크 정부가 이라크인을 적절하게 보호하지 못했다.

침공 이후 2005년 6월까지 모두 2만 5000여 명에 달하는 이라크 민간인이 목숨을 잃었다. 한편 소득이 높은 사람들은 납치 대상이 되었고, 특히 의사가 주요 타깃이 되면서 2005년 봄에는 바그다드에 거주했던 3만 2000여 명의 의사 가운데 10%가 진료를 중단한 상태였다.[26] 사법제도의 근간을 이루는 재판관의 신변도 보호되지 않아 범죄 집단과 저항 세력에게 암살되는 재판관이 늘어나면서, 이라크 사법제도는 사실상 작동을 멈추었으며, 이에 따라 범죄가 만연했다. 정부의 명령과 권한도 존중되지 않았다. 연합군임시행정청과 이라크 정부가 임명한 바그다드 시장은 2005년 8월 8일 시아파 민병대에 의해 축출되었고, 바그다드 시의회 의장은 쿠데타municipal coup를 추인하고 민병대 인사를 시장으로 임명했다.[27]

안전이 확보되지 않은 탓에 재건 노력도 쉽게 성과를 내지 못했다. 이라크에서는 정부가 발주한 건설 공사에 관련된 사람들이 살해되기도 했다. 2004년 한 해에만 모두 138명의 건설 노동자가 현장에서 살해되었고, 건설 현장에 대한 공격은 186회에 달했다. 이 때문에 재건은 거의 이루어지지 못하고 전체적으로 60억 달러에 달하는 손실이 발생했다. 2004년에는 건설 현장의

안전 유지를 위해 경호업체를 고용하면서 7억 6600만 달러가 추가로 지출되었다.[28]

핵심 문제는 연합군임시행정청이 효율적인 이라크 보안군을 만들어내지 못했다는 사실이다. 연합군임시행정청은 이라크 군대를 해체했지만 경찰은 그대로 유지했다. 하지만 후세인 정권의 경찰은 매우 정치적이고 부패한 조직이었다. 따라서 경찰 조직을 개혁하는 것은 중요한 과제였다. 더욱이 경찰 병력은 저항 세력의 공격에 맞서 싸울 수 있는 보안군으로서의 역할도 해야 했다. 2003년 4월에 모든 경찰서 건물이 약탈되면서 이라크 경찰의 '통상적인 활동을 위해서는 모든 것이 필요한' 상황이었다. 이후 약 4만 명의 이라크 군사력과는 별도로 국내 치안을 담당하는 보안군 병력 약 7만 명을 구상했다.[29] 하지만 훈련 및 장비 지급이 더디게 진행되면서 이라크 보안군과 경찰 병력은 주권 이양 때까지 충분히 양성되지 못했다. 2004년 6월 주권이 이양되는 시점에 양성된 병력은 8만 3789명이었는데, 이 중 속성 과정으로라도 어떠한 형태로든지 훈련을 받은 병력은 32%인 2만 6876명이었으며, 명단에는 올라와 있지만 실제로는 존재하지 않는 병력이 전체의 20~30%를 차지했다.[30] 2004년 4월에 제1차 팔루자 전투가 발생하면서 연합군임시행정청은 2003년에 창설한 이라크 민방위군Iraqi Civil Defense Corps: ICDC 중 일부를 동원했다. 그러자 명령을 받은 부대에서는 일주일 사이에 3000여 명이 탈영했고, 이라크 민방위군 전체적으로는 4월 2~16일에 1만 2000여 명이 자취를 감추었다. 미군 지휘관의 긴급 점검 결과 최종적으로 신뢰할 수 있는 병력은 5000여 명에 지나지 않았다.[31]

그리고 이러한 상황에서 미국은 이라크에 주권을 이양했다. 이라크인의 생활이 개선되지도 않았고, 개인의 안전이 보장되지도 않으며, 저항 세력을 퇴치하지도 못했고, 무엇보다도 저항 세력과의 전투를 수행할 적절한 군사력도 존재하지 않았다. 하지만 부시 행정부는 이라크인에게 자신의 운명을 스스로 결정할 수 있게 한다는 상징적인 의미에서 주권을 이양했다. 이로써 미국은 다른 국가를 점령해 제국주의 국가로 행동하고 그에 따라 여러 부담을

지면서도, 식민지를 통제하면서 얻을 수 있는 제국주의 국가로서의 이점은 누리지 못하게 되었다.[32] 새롭게 만들어진 이라크 정부를 미국이 완전히 통제하지 못하고, 여러 부분에서 미국과 이라크 정부가 서로 충돌하면서 상황은 점차 악화되었다.

9장
이라크 정부 수립과
커지는 혼란

  2004년 6월 28일, 미국은 이라크 임시정부Iraq Interim Government를 구성하고 주권을 이양했다. 주권을 인수하는 임시정부는 선거로 선출한 인물이 아니라, 연합군임시행정청을 구성하는 미국과 영국 정부가 임명한 인물로 구성되었다. 그리고 임시정부에는 선거를 통해 구성되는 이라크 정부 수립까지 이라크를 잠정적으로 통치할 권한이 부여되었다. 이후 이라크 정치 일정은 빠르게 진행되었다. 2005년 1월 30일, 이라크 헌법을 제정할 의회 선거가 실행되었다. 제헌의회의 기능을 보완하고 정부의 대표성을 키우기 위해 이라크 임시정부는 해산하고 2005년 5월 3일에 이라크 과도정부Iraqi Transitional Government가 출범했다. 임시정부에는 이라크 헌법 제정 과정을 지원하고 이후로 예정되어 있는 선거를 관리하는 데 필요한 권한이 주어졌으며, 2006년 5월 20일 총선 결과를 반영한 내각이 구성되면서 해산되었다. 헌법 초안 작성 작업은 이러한 혼란 속에서 진행되어, 2005년 10월 15일에 국민투표를 거쳐 이라크 헌법이 제정되었다.

  헌법에서 정부 형태를 의원내각제로 규정했기 때문에 2005년 12월 15일에 이라크 의회 선거가 시행되었다. 선거 결과 시아파와 쿠르드족 연합 정당이 각각 41.2%와 21.7%의 의석을 확보했고, 수니파는 두 개의 주요 정당을 구성해 15.1%와 4.1%의 지지를 끌어냈다. 결국 시아파와 쿠르드족 연합 정권이 63%의 의석에 기초해 정권을 장악했으나, 총리 선출에 난항을 겪어 실제 내각 구성은 2006년 1월 20일 선거관리위원회의 공식 발표 후 4개월, 선거가 있은 지 6개월 만인 2006년 5월 20일에 이루어졌다. 시아파 출신의 말리키 Nouri al-Maliki가 총리로 선출되고 내각을 구성했다. 하지만 이러한 정치적 공백은 이라크 상황을 크게 악화시켰다.

이러한 상황에서도 미군은 조금씩 철수했다. 2005년 3월부터 미국은 지상군 병력 철수를 시작했고, 2005년 초 당시 저항 세력의 공격은 조금씩 줄어들고 있었다. 하지만 2005년 5월에는 주로 시아파 민간인을 목표로 한 자살 공격으로 민간인 약 700명과 군인 79명이 사망했다. 기본적으로 미국은 이라크 주권 이양과 미군 철수, 이라크 전쟁의 이라크화Iraqification of the Iraq War[1]를 추진했기 때문에, 직접적인 군사작전을 자제하기 시작했고, 그 대신 이라크 보안군에 치안 및 안전 유지 업무를 맡기기 시작했다. 하지만 이라크 전쟁의 이라크화는 수니파가 정부 구성에 참여하지 않았고 정부 구성에서 소외되었기 때문에 심각한 문제를 야기했다. 즉, 시아파와 쿠르드족이 장악한 이라크 정부와 정부가 사용할 수 있는 모든 자원 배분에서 수니파는 소외되고 억압되기 시작했다. 선거로 구성된 이라크 정부 또는 이라크 국가는 국민 전체의 이익을 반영하기보다 다수파인 시아파가 소수파인 수니파를 억압하는 데 사용하는 도구로 전락했다. 이에 수니파는 저항했으며, 이라크 전쟁은 본격적으로 시아파와 수니파 사이의 종파 분쟁으로 변화했다.

주권 이양

이라크에 대한 주권 이양은 2004년 6월 28일에 이루어졌다. 새롭게 출범한 이라크 임시정부는 의원내각제에 기초했고, 행정 수반인 총리로는 시아파 출신이지만 종파적 성격이 덜한 알라위Ayad Allawi가 선정되었으며, 명목상 국가원수인 대통령에는 수니파인 야와르Ghazi Mashal Ajil al-Yawer가 취임했다. 당시 이라크 헌법이 존재하지 않았기 때문에 2004년 3월 8일에 이라크통치위원회가 승인하여 효력을 나타냈던 임시행정법은 이라크 임시정부의 활동을 법률적으로 뒷받침했다.[2]

이 과정에서 유엔은 많은 역할을 했다. 특히 2004년 6월 8일에 만장일치로 통과된 유엔안전보장이사회 결의안 1546을 통해서 이라크에 대한 주권 이양의 근거를 마련했다.[3] 또한 유엔은 특사를 파견해 이라크 임시정부 구성에 관여했다. 유엔사무총장 특사인 브라히미Lakhdar Brahimi는 2004년 4월 이라크를 방문하여, 선거를 연기하되 임시정부를 구성해 주권을 이양하는 방안을 제시했다. 또한 브라히미는 시스타니 등 조기 선거를 주장하는 이라크 지도자를 설득하면서 2004년 6월에 선거를 시행하는 것은 현실적으로 불가능하다는 점을 설득했다. 유엔은 이라크 임시정부가 미국의 점령에 반대했던 세력까지 포함해 좀 더 넓은 지지 기반을 가지고 이라크 통합에 적극적인 역할을 하기를 기대했다. 하지만 부시 행정부는 이러한 통합 전략보다는 미국과의 협력을 강조하는 세력을 중심으로 정부를 구성하려 했으며, 이 때문에 유엔 특사 브라히미와 연합군임시행정청 책임자인 브리머 사이에는 적지 않은 의견 충돌이 있었다.[4]

주권이 이양되었으므로 이제 미국은 이라크 점령국이 아니었다. 국제법상한 국가가 다른 국가를 침공하는 경우에도 특수한 경우를 제외하고는 주권 자체는 침해되지 않으며, 점령국은 점령국으로서 한정된 권한을 행사할 수 있을 뿐이다. 점령당한 국가의 주권은 제한되기는 하지만 그렇다고 주권이 인정되지 않는 것은 아니다. 즉, 연합군임시행정청은 점령 당국으로서 이라크 행정에 대해 한시적이고 제한적인 권한만을 행사할 수 있었으며, 그러한 권한은 2004년 6월 28일을 기점으로 사라졌고, 연합군임시행정청은 해산했다.[5] 이로써 점령 상태에서 제한되었던 이라크의 주권은 완전하게 인정되었고, 주권에 기초해 행정 권한을 행사할 주체로 이라크 임시정부가 출범했다.

이에 미국은 바그다드에 대사관을 설치했고, 이라크 정책은 점령 정책이 아니라 정상적인 외교 정책으로 변모했다. 이로써 900여 명의 미국인과 550여 명의 이라크 현지인 직원으로 운영되는 미국 최대의 해외 공관이 탄생했으며, 국무부는 이라크 대사에 네그로폰테를 임명했다.[6] 이와 더불어 2004년 5월 11일에 부시는 국가안보 관련 대통령령National Security Presidential Directive 36호를 통해, 이라크에서 이루어지는 모든 비군사 활동은 대사관 및 국무부의 관할이라고 명시적으로 규정하면서, 업무 관할권 변경 이후 생길 수 있는 분쟁의 소지를 없앴다.[7]

동시에 이라크 침공 이후 주둔하고 있는 미군을 비롯한 연합군 군사력은 점령군으로서의 지위를 상실했고, 그 대신에 이라크 정부와 미국 정부가 합의하고 유엔안전보장이사회가 결의안 1546을 통해 승인하는 방식으로 새롭게 군사력 주둔이 시작되었다. 이에 따라, 이라크 점령군으로서의 작전 권한을 지녔던 제7통합군Combined Joint Task Force 7은 해체되고, 2004년 5월 15일에 이라크 주둔 다국적군 사령부가 창설되었다. 사령관으로 케이시가 임명되어 네그로폰테 대사와 함께 미국의 이라크 정책을 현장에서 집행하는 임무를 맡았다. 주권 이양까지 정치 부문을 담당했던 연합군임시행정청 책임자 브리머와 제7통합군 사령관으로 군사 부문을 관장했던 산체스는 서로를 무척 싫어했지만, 네그로폰테와 케이시는 상대적으로 원만한 관계를 유지했다.

침공의 명분이었던 후세인 정권의 대량살상무기가 존재하지 않는다는 결론이 내려진 상태에서 부시 행정부는 이라크 전쟁의 명분을 '민주주의에 기초한 강력한 이라크 정부strong and democratic government in Iraq' 건설로 새롭게 규정했다. 하지만 이에 필요한 자원을 적절히 투입하지는 않았다. 특히 임시정부의 임무가 이라크 선거의 관리와 이후 정치 과정의 원활한 운영이었는데도 선거관리위원회 등에 대한 투자는 이루어지지 않았다. 예를 들어 연합군임시행정청 시기 2단계 이라크 복구 지원 예산(IRRF2)의 전체 액수 184억 달러 가운데 0.5% 정도인 1억 달러만이 민주주의와 법치rule of law 관련 분야에 지정되었다.[8] 결국 민주주의를 수립할 이라크 정부와 국가의 역량capacity이 절대적으로 부족한 상태에서 주권이 이양되었고, 이는 이라크 사회의 안전을 악화시킨 동시에 국가 형성에도 치명적으로 작용했다.

이라크 선거와 헌법 그리고 정부 수립

알라위가 행정 수반으로 활동했던 이라크 임시정부에 대해서 시아파 종교 지도자인 시스타니는 미온적으로 지지를 표명했다. 선거로 등장한 정부가 아니었기 때문에 적극적으로 지지하지는 않았지만, 기본적으로는 주권이 이양되었으며 이에 기초하여 이라크 정부가 구성되었다는 사실에 대해서는 환영했다. 임시정부는 연합군임시행정청으로부터 석유 수출과 재정에 관한 권한을 인계받고 다양한 방식으로 수니파 저항 조직과의 타협을 모색했다. 이러한 의지의 표시로 임시정부는 연합군임시행정청이 추진했던 과격한 바트당 숙청을 중단하고 후세인 정권에서 바트당 활동을 했던 인물을 장관으로 등용했다.[9]

그러나 이러한 정책은 가시적인 성과를 내지 못했고, 수니파는 바그다드 남서부 지역에 자신들의 강력한 거점인 '수니 삼각지대'를 구축하면서 해당 지역에서 시아파를 몰아내고 수니파 지역에 위치한 시아파의 성지인 사마라 Samarra를 점령했다. 이러한 상황에서 2004년 11월에 일어난 제2차 팔루자 전투는 치명적인 결과를 초래했다. 매티스가 지휘하는 미국 해병대 병력이 팔루자를 장악하고 있던 수니파 저항 세력을 공격했고, 이에 임시정부를 구성했던 수니파 정치 세력은 미군 철수를 요구했지만 받아들여지지 않았고, 이에 항의하는 차원에서 이라크 임시정부를 탈퇴했다.

한편 2004년 8월에 나자프에서 미군과 시아파 무장 세력인 마흐디군이 충돌했지만, 시아파는 임시정부에서 탈퇴하지 않았고, 자신의 정치적 영향력을 유지했다. 시아파 정치 세력은 임시정부를 통해 미국의 공격 중단을 이끌어내는 데 성공했고, 특히 시스타니는 알리 모스크를 점거한 마흐디군과 미군

정당	득표수	득표율	의석수	지도자
통일이라크연합 (United Iraqi Alliance)	4,075,292	48.19%	140	하킴(Abdul Aziz al-Hakim) 자파리(Ibrahim al-Jaafari) 찰라비(Ahmed Chalabi)
쿠르드족 민주애국연합 (Democratic Patriotic Alliance of Kurdistan)	2,175,551	25.73%	75	탈라바니(Jalal Talabani) 바르자니(Masoud Barzani)
이라크당(Iraqi List)	1,168,943	13.82%	40	알라위(Ayad Allawi)
이라크연합(The Iraqis)	150,680	1.78%	5	야와르(Ghazi al-Yawer)

[표 1] 이라크 제헌의회 선거 결과(2005년 1월 30일)

과의 '휴전'을 중재하면서 자신의 힘을 과시하고 임시정부에 대한 장악력을 강화했다. 이러한 상황에서 시아파와 쿠르드족이 수니파의 공백을 빠르게 메웠고, 결국 2005년 초에 이르자 시아파와 쿠르드족은 이라크 임시정부를 완전히 장악했다. 2003년 침공으로 미국이 수니파 정권을 무너뜨렸고, 2004 년 주권 이양으로 수니파를 포용하려고 했으나, 팔루자 공격으로 다시 수니 파를 권력에서 배제하는 결과를 초래했다.

가장 큰 문제는 수니파가 임시정부에서 철수하는 데 그치지 않고 이후의 정치 과정과 헌법 제정을 거부했다는 사실이다. 이라크에서는 2004년 10월 에 유권자 등록이 시작되었고, 2005년 1월까지 모두 약 1400만 명이 등록했 다.[10] 하지만 팔루자 공격에 대한 항의로, 수니파 정치 세력은 헌법 제정을 위한 임시 의회 선거에 참여하지 않겠다고 선언했고, 결국 2005년 1월 30일 에 치른 선거에서 전체 275석의 제헌의회 가운데 시아파가 180석을, 쿠르드 족 정당이 75석을 장악했다. 특히 전체 의석의 절반 이상인 140석을 시스타 니가 영향력을 행사하는 통일이라크연합United Iraqi Alliance: UIA이 차지하면서, 종교 지도자의 이라크 정치에 대한 영향력은 심각할 정도로 강화되었다.[11] 반면에 수니파 후보는 275석 가운데 오직 5석만을 얻으면서 헌법 제정 과정 에서 수니파의 이익이 반영될 수 있는 경로가 사실상 봉쇄되었다. 자세한 득 표율 및 의석은 [표 1]에 나타난 바와 같다.

선거 이후 수니파는 선거의 정당성을 부정했지만, 한편으로 타협 의사를 밝혔다. 하지만 시아파는 타협하지 않았고, 쿠르드족과 연합하여 자신들의 이익을 극대화했다.[12] 제헌의회는 2005년 5월 12일 이라크 헌법의 초안을 작성할 55명의 위원회를 내부에서 구성하면서, 선거에 참가하지 않은, 따라서 제헌의회에 대표를 보내지 않은 수니파를 배제했다. 그 결과 위원회는 시아파 정당인 통일이라크연합 소속이 28명, 쿠르드족 정당 소속이 15명으로 구성되었으며, 수니파는 오직 2명만이 위원회에 참여할 수 있게 허용되었다.[13]

선거가 치러지고 제헌의회가 소집되면서 임시정부의 필요성은 사라졌고, 총선 때까지 기능할 과도정부를 수립할 수 있게 되었다. 2005년 4월에 제헌의회는 정부 구성에 착수하여, 2005년 5월 3일에는 이라크 과도정부가 출범하고 기존 임시정부는 해산되었다. 선거 결과를 반영해 명목상의 국가원수인 대통령은 쿠르드족 정당 지도자인 탈라바니Jalal Talabani가 차지하고, 실권을 장악한 총리에는 통일이라크연합 출신의 자파리Ibrahim al-Jaafari가 취임했다. 하지만 수니파는 과도정부에서 배제되었고, 내무장관, 석유장관, 외무장관, 국방장관, 재무장관, 교육장관, 무역장관, 국무장관 등 주요 장관직은 시아파와 쿠르드족이 독식했다.[14]

특히 과도정부의 내무장관 자브르Bayan Jabr는 1982년 이란에서 결성된 이라크 시아파 단체인 이라크 이슬람혁명최고위원회 출신이었다. 그는 장관으로 재직하면서 이라크 민병대militia를 해산하는 정책을 취하면서, 내무부 산하인 이라크 경찰과 시아파 민병대를 '통합'했다.[15] 이후 이라크 경찰은 공정한 법 집행을 수행하기보다는 시아파의 수니파를 억압하는 수단으로 기능했다. 2007년 미국 정부의 특별위원회는 이라크 경찰이 "모든 이라크 정부 조직 가운데 최악이며", "엄청난 파벌과 종파 대립으로 적절하게 기능하지 못하고 있다"고 진단했다.[16] 총선 결과 말리키 정권이 출범하면서 자브르는 재무장관에 임명되어 시아파가 재무부 관료 조직에 뿌리내리게 했다. 사드르 분파Sadrists는 또 다른 시아파 정치 세력으로, 보건 및 교육부를 장악하고 바그다드 주변의 시아파 빈민층에 대한 지원에 자원을 집중하여 자신의 세력 기반을 강화했다. 이 과정에서 이라크 관료 조직은 능력이 아니라 개별 정파 또는 종파에 대한 충성심을 중심으로 구성되었으며, 따라서 장관이 교체되면 관료 조직 전체가 교체되는 상황이 벌어졌다.[17] 그리고 이러한 경향은 이라크 국가의 약화를 더욱 가속화했다.

본래 2005년 8월 15일까지 헌법 초안을 제시해야 했으나 지켜지지 않아 시한이 연장되었고, 논의와 협상을 거쳐 최종 헌법안은 8월 말에 의회에 보고되었다. 하지만 수니파는 헌법안에 반대했고, 수니파 대표는 헌법안 보고식에 참석하지도 않았지만, 의회에서 시아파와 쿠르드족 연합이 압도적인 우위를 차지한 터라 상황을 바꿀 수는 없었다. 2005년 10월 15일에 시행된 국민투표에서 수니파 지역은 반대했지만, 헌법안은 최종 승인되었다. 전체 유권자 가운데 79%가 찬성했으며, 전체 18개 지방governorate 가운데 15개 지방이 찬성했다.[18] 하지만 승인 직후부터 개헌 논의가 있었고, 사실상 개헌을 한다는 조건으로 수니파 정치 세력은 이라크 헌법안을 제한적으로 받아들였다. 전체 144조로 구성된 이라크 헌법이 발효되었고, 2006년 9월에 개헌위원회가 발족했지만 활동은 미미했다.[19]

수니파가 불참하여 발생할 파국적인 결과는 선거 이전에 이미 예견되었다. 그리고 이에 대해 다양한 방안이 제시되었지만 실행되지는 않았다. 특히 선거가 이라크 전체를 하나의 선거구로 보는 비례대표제를 채택했기 때문에 수니파가 선거에 참여하지 않는다면 그 공백은 자동적으로 시아파와 쿠르드족이 채우게 되어 있었다. 이라크 선거에 대해 조언했던 정치학자들은 이 문제를 지적했고, 대안으로 이라크를 행정구역에 따른 18개, 또는 주민 구성에 따라 수니파·시아파·쿠르드족 선거구의 3개로 나누는 방식을 제안했다. 만약 수니파가 선거를 거부하는 경우에는 그 지역 선거는 시행하지 않는 것으로 하고, 협상으로 수니파가 참여하는 추가 선거를 시행해 의회를 구성한다는 것이다.[20] 이에 따르면 수니파의 정치적 이익은 보장되지만, 협상에 걸리는 시간 때문에 이라크 정부 수립 및 헌법 제정 시한을 맞추기는 어려워진다. 결국 미국 정부는 수니파의 이익이 무시되더라도 시한을 맞추기로 결정했고,

그 결과 수니파의 저항은 거세졌다.

정치 질서를 만들어내는 가장 중요한 과정에서 수니파가 불참하거나 배제되면서 이라크를 안정화한다는 미국의 목표는 달성되지 못했다. 우선 선거는 우려했던 것보다는 순조롭게 진행되었다. 저항 세력의 위협이 있었고, 9건의 자살공격을 포함해 100여 건의 공격으로 44명이 사망했지만, 선거가 중단되지는 않았다.[21] 하지만 선거를 통한 정치 통합은 실패했다. 한편으로는 선거와 그 이후 계속된 수니파의 소외 덕분에 알카에다는 수니파 저항 세력을 부추기면서 이라크 내부에 자신의 근거지를 구축할 수 있었다. 또한 '억압받는 수니파'를 돕는다는 명분으로 사우디아라비아와 같은 수니파 국가에서 지원금과 인원을 동원했다. 예를 들어, 2005년 6월까지 이라크에 잠입해 저항 세력으로 활동하다가 사망한 외국인의 65%는 사우디아라비아 출신이었으며, 그 비율은 2005년에 들어서면서 급증했다. 또한 2003년부터 2006년까지 이라크에서 전사한 '자살폭탄 공격자' 가운데 신원이 파악된 사람은 모두 102명이다. 사우디아라비아 출신이 44명이고, 쿠웨이트가 7명인 데 비해 이라크 출신은 7명에 지나지 않는다.[22]

이라크에서 수니파가 소외되었다는 사실은 단순히 이라크 국내 문제에 그치지 않고 테러와의 전쟁과 아랍권 전체의 갈등에도 영향을 주었다. 또한 수니파 중심의 이라크 저항 세력과 알카에다는 시아파가 주도하는 이라크 정부를 승인한 아랍 국가를 비난했다. 수니파 국가이자 미국의 중요한 우방인 이집트는 미국의 이라크 정책을 지지한다는 측면에서 이라크의 시아파 정부를 승인했고, 2005년 6월에 대사를 파견했다. 하지만 2005년 7월에 알카에다와 수니파 저항 조직은 파견된 이집트 대사를 납치했고, 며칠 후 살해했다. 한편 또 다른 수니파 국가이자 미국의 동맹국인 사우디아라비아는 이라크에 대사를 파견하지 않았으며, 수니파 정치 조직을 지원했다.[23]

헌법에 기초하여 국회의원 선거가 2005년 12월 15일에 이라크 전국 6000여 개 투표소에서 치러졌다. 전체 275석 가운데 25%는 여성에게 할당되었고, 수니파를 배려한 여러 조치가 도입되었으며, 이에 수니파는 선거에 적극

정당	득표수	득표율	의석수	의석 변화
통일이라크연합(United Iraqi Alliance)	5,021,137	41.2%	128	-12
쿠르드족 민주애국연합(Democratic Patriotic Alliance of Kurdistan)	2,642,172	21.7%	53	-22
이라크합의전선(Iraqi Accord Front)	1,840,216	15.1%	44	+44
이라크국민당(Iraqi National List)	977,325	8.0%	25	-15
이라크국민화합당(Iraqi National Dialogue Front)	499,963	4.1%	11	+11

[표 2] 이라크 제1대 총선 결과(2005년 12월 15일)

적으로 참가했다. 2005년 1월 제헌의회 선거에는 참가하지 않았던 수니파 정치 세력은 이라크합의전선Iraqi Accord Front과 이라크국민화합당Iraqi National Dialogue Front을 구성해 선거에서 각각 15.1%와 4.1%를 득표해 모두 44석과 11 석을 획득했다.[24] 전체 투표율은 79.6%였으며, 선거 기간에 큰 폭력 사태는 발생하지 않았다. 제헌의회 선거 때는 저항 세력이 살해 위협을 했고, 이 때 문에 수니파 거주 지역인 안바르Anbar Province에서 투표율은 2% 정도에 그쳤 다. 하지만 2005년 12월 총선에서 안바르 지역의 수니파 유권자는 대거 투표 에 참여했고, 일부 투표소에서는 준비한 투표용지가 모자랄 정도였다. 미군 과 이라크 보안군 병력 37만 5000여 명이 동원되어 경비했고, 52회의 공격이 있었으나 피해는 제한적이었다. 부시는 이 총선을 "이라크에서 미국의 목표 를 달성하기 위한 중요한 진전"이라고 평가했다.[25] 선거 결과는 [표 2]에 정리 되어 있다.

선거 결과는 예상대로 시아파의 승리였다. 하지만 통일이라크연합의 의석 은 140석에서 128석으로 줄어든 반면, 수니파는 2석에서 65석으로 자신의 정치적 힘을 확보했다. 쿠르드족 정당인 쿠르드족 민주애국연합Democratic Patriotic Alliance of Kurdistan은 53석을 얻어 제2 정당의 지위를 유지했지만, 수니파 연합의 65석보다는 작은 힘을 가지게 되었다. 선거 결과는 2006년 1월 20일 선거관리위원회에서 공식 발표되었지만, 후임 총리를 선정하는 협상에 너무 나도 많은 시간이 소요되었다. 본래 총리로 지명되었던 인물은 과도정부 총리를 역임한 자파리였으나, 수니파와 쿠르드족은 자파리 정권의 연장에 반대했다. 미국도 같은 태도를 보였는데, 부시 대통령은 자파리가 총리로 이라크 행정부를 구성하는 것을 "원하지도 않고, 지지하지도 않으며, 수용하지도 않겠다"라고 선언했다.[26] 결국 시아파 출신으로, 통일이라크연합을 구성하는 주요 정당인 이슬람 다와당Islamic Dawa Party의 말리키가 총리에 취임하고 행정부를 구성한 것은 선거 결과가 발표된 지 4개월, 선거가 있은 지 6개월 만인 2006년 5월 20일에 이루어졌다.

이라크 전쟁의 이라크화

부시 행정부는 2004년 6월 주권 이양과 함께 이라크 정부가 수립되면 미국의 임무는 종결된다고 판단했다. 1945년 이후 독일에서의 민주주의 선거에 4년, 헌법 제정에 4년, 정부 수립에 14개월, 주권 이양에 10년이 걸렸다면, 이라크에서는 각각 3년, 2년 6개월, 4개월, 1년이 걸렸다. 다시 말해, 이라크 국가 형성은 매우 속성으로 이루어진 것이다.[27] 이라크 정책을 현지에서 집행해야 하는 네그로폰테 대사와 케이시는 저항 세력의 존재를 인정하고 저항 세력에 대한 전쟁을 수행하는 방향으로 전략을 수정했다. 취임 직후인 2004년 7월에 네그로폰테 대사는 이라크에서 미국이 "저항 세력에 의한 반란에 직면하고 있다"라고 말하면서 현실을 인정했고, 2004년 8월에 케이시는 저항 세력 격퇴가 이라크 주둔 다국적군 사령부의 기본 목표라고 규정했다.[28] 연합군임시행정청이 저항 세력의 존재 자체를 부정했던 것에 비하면, 이라크 전선 지휘관들이 저항 세력의 존재를 인정했다는 사실은 미국의 이라크 전략에서 상당한 변화였다.

문제는 그런데도 적절한 전략이 집행되지 않았으며, 근본적 문제인 수니파의 정권 상실이 전혀 고려되지 않았다는 사실이다. 미국의 침공으로 후세인 정권이 붕괴했기 때문에 수니파의 정권 상실 부분은 치유하기 어려웠다. 유일한 치유 방법은 수니파 스스로 정권 상실을 현실로 받아들이고 이후 국가 형성 과정에 적극적으로 참여하여 자신들의 이익을 보장받는 것이었다. 하지만 미국이 시한에 맞추기 위해 선거를 강행하면서 제헌의회와 헌법 제정 과정에서 수니파의 이익은 고려되지 않았고, 이 때문에 저항 세력이 강화되면서 이라크 상황은 악화되었다. 이에 미국은 정치적 원인으로 발생한 문제점을 해결하는 데 군사적 방안을 사용했고, 이전까지는 거부했던 군사적 현실을 수용하고 이를 해결하기 위해 군사력을 동원했다. 그 방안이 저항 세력을 진압하고 안정을 회복하는 대반란작전COIN이었다. 그리고 19세기 유럽 제국들의 식민지 전쟁 경험과 1950년대 영국의 말라야 안정화 작전의 경험이 집중 분석되었으며, 미국이 베트남 전쟁에서 패배한 원인을 이라크 전쟁의 시각에서 다시 논의하기 시작했다.[29]

네그로폰테는 이라크 안정화를 위해 미국의 자원 배분을 변경했다. 이전에 연합군임시행정청은 미국 점령에 대한 정치적 지지를 끌어내고자 이라크인에게 좀 더 나은 삶을 약속하고, 대규모 건설 프로젝트에 예산을 배분했으나, 안전이 확보되지 않아 건설 공사는 진행되지 못했고, 결국 이라크인의 불만과 불안은 급증했다. 주권이 이양되고 나서 미국 대사인 네그로폰테는 이라크에서 안전을 유지하는 데 자원을 집중했다. 본래 이라크 재건 예산인 IRRF2 184억 달러 가운데 32억 달러가 안전 관련 예산이었으며, 전력 생산과 수도 시설에 각각 55억 달러와 43억 달러의 예산이 배정되었다. 네그로폰테는 취임 직후인 2004년 9월 이 가운데 18억 달러를 안전 관련 예산으로 전용해 50억 달러로 증액했으며, 12월에는 약 4억 6000만 달러와 2억 달러를 각각 수도 및 전력 생산에서 안전 관련 예산으로 추가 전용했다. 2005년 3월에 다시 8억 2500만 달러를 재배당하여 이라크에 안전을 확보하기 위해 쏟아부었다.[30] 2005년 5월에 미국 의회는 이라크 보안군 지원 예산ISF Fund을 별도로 편성했다. 모두 55억 달러의 예산이 2006년 가을까지 사용되었고, 2008년까지 180억 달러의 추가 예산이 상정되었다.

이러한 예산은 미군에 집중되기보다는 이라크 보안군 구축에 집중 투입되었고, 미국은 직접 전쟁을 수행하기보다는 이라크 군사력을 통해 전쟁을 수행하는 정책을 추진했다. 그 이유는 다음 세 가지였다.

첫째, 그리고 가장 중요한 요인은 주권 이양이 이루어지던 때까지 미군 전사자가 꾸준히 증가했다는 것이다. 2004년 6월까지 376명이 전사했고, 이후 추가로 군인 573명이 목숨을 잃으면서 2004년 미군 전사자는 849명에 달했다.[31] 이에 부시 행정부는 사상자 증가가 불러일으키는 미국 국내적 문제를 막기 위해서 미국의 지상군을 되도록 이라크에서 사용하지 않으려고 했다. 그 대신에 이라크 보안군을 동원해 이라크 저항 세력과 전투를 수행하게 하고 미군의 희생을 막으려고 했다. 하지만 시아파가 정권을 장악한 상황에서, 이라크 보안군은 시아파로 구성되고 시아파가 지휘하는 군사력이었기 때문에 수니파로서는 신뢰할 수 없는 군사력이었다. 이 때문에 수니파는 자신들의 생존을 위해 외부에서 유입되는 수니파 과격 세력과 연합했으며, 알카에다의 이라크 침투를 환영했다.

둘째, 병력이 부족했다. 이라크 점령 임무를 수행했던 미군 및 연합군 병력은 채 20만 명이 되지 않았고, 이 때문에 점령군은 고질적인 병력 부족에 시달렸다. 경험적으로 통용되는 '인구 1000명당 병력 20~25명'이라는 비율을 적용할 경우, 이라크 점령을 원활하게 수행하고 질서를 유지하기 위해서는 60만~75만 명의 병력이 필요했다. 하지만 이러한 규모의 병력을 동원하는 것은 불가능했고 유일한 해결책은 이라크인으로 구성된 보안군 군사력이었다.[32] 주권 이양 이후에 이라크는 '정상적인 국가'에서 갖춘 모든 경찰 및 군사력을 보유할 수 있었기 때문에 이라크 보안군을 창설하고 이를 통해 병력 부족 문제를 해결하는 것은 전략적으로 필요했으며 정치적으로도 가능했다.

셋째, 대반란작전에서 성공하려면 미군보다 이라크 문화와 사회를 더 잘 이해하는 이라크 병력이 직접 저항 세력과의 전투에 나서게 하는 것이 필수적이었다. 영국도 말라야에서 말레이인으로 구성된 말라야 보안군을 창설했고, 이를 동원해 1950년대 공산 게릴라와의 전쟁에서 승리했다. 2003년 5월 연합군임시행정청이 이라크 군대를 해산했기 때문에 이라크 보안군을 창설하는 것은 매우 어려운 문제였다. 특히 기존 조직이 파괴·약탈되어 모든 것을 새롭게 시작해야 했다. 미군은 이라크 주둔 다국적군 사령부 산하에 이라크 안전이양준비 사령부Multi-National Security Transition Command-Iraq: MNSTC-I를 창설하고 퍼트레이어스를 사령관으로 임명했다.[33]

하지만 이라크 보안군은 쉽게 구성되지 않았다. 연합군임시행정청 시기에 구축한 경찰군은 2004년 팔루자 전투에서 탈영으로 소멸했고, 병력의 절반은 첫 번째 휴가를 나가서는 복귀하지 않았다. 훈련도 거의 진행하지 못했다. 2004년 여름 케이시와 퍼트레이어스는 이라크 보안군의 준비태세readiness를 점검했는데, 여기서 전체 115개 대대 가운데 3개 대대만이 최고 등급이며, 3분의 2는 무능 등급이라는 결론에 도달했다.[34] 하지만 2004년 하반기에 퍼트레이어스는 상황을 부분적으로 통제하는 데 성공했다. 훈련 업무를 담당할 인원이 절반 정도밖에 없었으나, 적절하게 훈련된 이라크 보안군 병력을 배출했다. 훈련시설이 부족하고 약탈되었기 때문에, 요르단과 터키 정부가 제공하는 훈련시설을 이용해 2004년 9월까지 25만 명의 이라크 보안군 병력을 배출했다.[35] 이들은 2004년 11월 팔루자 전투에 제한적으로 투입되었고, 2005년 1월에 열린 제헌의회 선거에서는 미군이 제한적인 역할을 하는 가운데 이라크 보안군이 안전 유지 업무를 전담했다.

이러한 계획은 '이라크 전쟁의 이라크화'였다. 미국이 직접 이라크 전쟁을 수행하는 것이 아니라, 이라크 군사력을 만들고 그 군사력을 동원해서 이라크 전쟁을 수행한다는 계획이다. 다시 말해, 이라크 보안군의 개별 부대에 미군 군사고문단advisors을 배치하고 미군이 이라크 보안군 작전을 지원하기는 하지만, 미군 전투부대가 전적으로 그리고 직접 저항 세력과 전투를 하지는 않는다는 것이다. 이라크 주둔 다국적군 사령부 사령관으로서 이라크 전쟁을 담당하는 케이시는 이라크 주둔 다국적군 사령부의 기본 임무를 '이라크 안전에 대한 책임을 이라크 보안군에 이양하는 것'이라고 규정했다.[36] 이러한 이라크 전쟁의 이라크화 전략은 미군의 존재가 이라크에 불안정을 가져온다는 인식에 기초한 것으로, 미군을 철수해 이라크 문제를 해결한다는 견해였다. 따라서 이라크 보안군을 구축하고 이라크 보안군에 점차 많은 책임을 이양함으로써, 이라크 전쟁에서 미국은 철수하고자 했다.[37] 이에 대해 키신저는 미국이 이라크화를 통해서가 아니라 이라크 전쟁에서 승리한 다음에 전쟁에서 떠날 수 있다고 지적하면서 이라크화 전략에 반대했다.[38] 결국 2005년 6월 28일, 부시 대통령은 미국이 이라크 전쟁을 이라크에 맡기고 이라크에서 떠날 것이라고 선언하면서 이라크 전쟁 전략을 둘러싼 논쟁을 종식하려고 했다.

최종 결과: 실패국가 4위, 이라크

2003년 3월 침공 이후 미국은 2년이 넘는 시간과 엄청난 자원을 투입해 이라크에 새로운 국가를 건설했다. 2004년 6월 이라크 임시정부에 주권을 이양하고, 2005년 1월에는 제헌의회 선거가 이루어졌다. 최종적으로는 2005년 12월 총선을 통해서 2006년 5월에 총리가 취임하고 행정부와 내각을 구성했다. 하지만 이라크 국가는 성공적인 국가라고 볼 수 없었다. 일상생활에 꼭 필요한 서비스를 제공하지 못했고, 기본적인 안전도 확보하지 못했다. 상하수도 시설은 제대로 작동하지 않았으며, 전력은 항상 부족했다. 무엇보다도 이라크 국가는 국가가 국가로서 갖추어야 하는 '폭력 수단의 합법적 독점'을 확보하지 못했고, 이라크 군대와 경찰 이외에 다양한 민병대 조직이 군사력을 갖추고 있었다. 이라크 국민의 생활수준은 떨어졌으며, 삶은 점점 더 고통스러워졌다. 이라크 국가 형성에 조언을 제공했던 다이아몬드Larry Diamond의 지적처럼, 이라크 국가를 속성으로 만드는 과정에서 "거의 모든 부분에서 실수"가 발생했고, 만들어진 이라크 국가는 정상이 아니었다.[39]

미국의 국제관계 전문지인 《포린 폴리시Foreign Policy》는 2005년 여름부터 매년 실패국가failed states 순위를 발표했고, 여기서 이라크는 2005년에 이어 2006년에도 4위를 기록했다.[40] 즉, 《포린 폴리시》가 판단하기에, 미국이 심혈을 기울여 만들어낸 이라크 국가는 세계에서 네 번째로 엉망인 국가로서, 수단과 콩고민주공화국Democratic Republic of Congo, 코트디부아르보다 상황이 나을 뿐, 전 세계 다른 어느 나라보다 실패fail한 국가라는 것이다. 이후 이라크는 실패국가 순위에서 2007년 2위, 2008년 5위, 2009년 6위, 2010년 7위를 기록해, 상황은 2007년을 정점으로 '개선'되고 있다. 하지만 2020년 5월 기준으로도 이라크는 전 세계 178개 국가 가운데 하위 17위로 여전히 실패국가로 분류된다. 그리고 미국의 이라크 국가 형성 노력 또한 실패한 것이 사실이다.

2005년 12월 이라크 총선에 즈음하여 영국의 시사주간지 《이코노미스트 The Economist》는 침공 이전에 기대했던 것 가운데 어느 것도 실현되지 않았다고 지적하면서, 이라크 상황을 '피비린내 나는 난장판bloody mess'으로 규정했다.[41] 하지만 이러한 규정은 성급한 것이었다. 2005년 말 이라크 상황이 좋지 않은 것은 분명했지만, 상황은 개선되는 듯했다. 이라크의 기반시설infrastructure에 대한 공격은 2004년 전반기 이후 가장 적었으며, 차량폭탄car bombs 공격을 중간에 차단하는 비율도 13%에서 23%로 증가했다. 하루 평균 사상자도 감소하는 추세를 보였으며, 여론 조사에서도 이라크인의 65~70% 정도가 저항 세력이 아니라 이라크 보안군이 승리한다고 답변했다.[42] 하지만 이러한 '개선'은 신기루였으며, 2006년 물거품처럼 사라졌다. 2006년 2월 사마라에 위치한 시아파 사원이 파괴되었고, 다시 이라크는 수천 명이 생명을 잃는 '피비린내 나는 난장판'이 되었다. 본격적인 종파 내전이 시작된 것이다.

4부

이라크 내전의 폭발
(2006년 2월~2007년 1월)

2005년 말, 부시 행정부는 2년간의 악전고투 끝에 이라크 전쟁에서 승리할 수 있다고 판단했다. 이른바 '이라크 전쟁의 이라크화'를 통해 이라크 정부를 수립하고 이라크 병력을 사용하면, 미군이 직접 개입하지 않아도 전쟁을 수행할 수 있다는 것이다. 이러한 시각에서 2005년 11월 부시 행정부는 이라크 전쟁 전략을 제시한다. 이를 담은 문서인 「이라크 전쟁 승리를 위한 국가 전략」에서는 이라크 전쟁의 승리를 '이라크 국가의 형성'으로 규정했다. 잠시 수그러들었던 부시 행정부의 낙관론은 2006년 초 상황이 안정되자 다시 고개를 들었다. 하지만 그러한 안정은 폭풍 전야의 고요함이었다.

2006년 2월 알아스카리 사원이 폭파되는 사건이 발생했다. 자신의 성지가 파괴되자 시아파는 수니파에게 보복했고, 주간 통행금지령이 내려졌는데도 수백 명이 살해되었다. 정상적인 국가에서는 경찰과 군대가 출동해 질서를 유지해야 하지만, 이라크에서는 시아파가 경찰을 통제하고 있었기 때문에 경찰이 오히려 앞장서서 수니파를 공격하고 수니파 성지와 사원을 파괴했다. 이에 수니파는 시아파 및 시아파가 장악한 국가권력의 공격에 맞서 알카에다와 적극적으로 협력했고, 생존을 위해 시아파와 대결했다. 이 과정에서 이라크 전쟁은 미국에 대한 저항 세력의 공격이 아니라, 이라크 시아파와 수니파가 대립하는 종파 내전으로 변화했다. 미군 병력은 오히려 안전해졌다. 시아파 민병대와 수니파 저항 세력은 서로를 공격하느라 미군을 공격하지 않았고, 미군 병력이 대규모 기지에 집결했기 때문에 큰 피해는 입지 않았다. 하지만 미국은 이라크 전쟁 목적을 달성할 수 없었다. 이라크 상황은 극도로 불안해졌으며, 종파에 기초한 폭력이 난무했고, 미군이 사라진 거리에서 시아파와 수니파가 백주 대낮에 총격전을 벌이는 것은 흔한 풍경이 되었다. 이라크 상황이 내전으로, 그것도 종파 내전으로 변화하면서 알카에다 세력은 더욱 강화되었다. 테러와의 전쟁을 명분으로 후세인의 핵무기 테러 가능성을 제거하기 위해 시작된 이라크 전쟁이 결국은 알카에다의 세력을 강화하는 결과를 낳았다.

2006년 11월에 치러진 미국의 중간선거에서 공화당이 패배하고, 정보를 왜곡하면서까지 전쟁을 주도했던 럼즈펠드 국방장관은 이라크 전쟁의 책임을 지고 사임했다. 일부 전문가들은 이라크에서 미군이 철수하는 방안을 논의했으며, 미국 내에서도 이라크 철군을 요구하는 목소리가 커지기 시작했다. 하지만 미군 철수는 이라크 내전을 그나마 통제하고 있던 마지막 안전판이 사라진다는 것을 의미했기 때문에 쉽게 결정할 수 없었다.

10장

알아스카리 사원

미국은 2004년 6월 이라크에 주권을 이양한 이후 이라크 전쟁의 이라크화를 추진했다. 이러한 정책의 핵심은 이라크 정부 수립과 이라크 보안군의 구축이었다. 이를 위해 2005년 1월에 제헌의회 선거가 치러졌고, 10월에는 헌법 제정을 위한 국민투표가, 그리고 12월에는 헌법에 기초한 총선이 치러졌다. 이 과정에서 저항 세력의 공격으로 인명 피해가 발생하기도 했지만, 기본적인 정치 일정은 비교적 순조롭게 이루어졌다. 그리고 이라크 보안군 구성도 큰 어려움 없이 진행되었다. 2004년 6월에 창설된 이라크 안전이양준비사령부는 이라크 보안군 훈련 및 무장에 집중했고, 적절하게 훈련되고 상대적으로 잘 무장된 이라크 보안군 병력을 배출했다. 그리고 이 병력은 2005년 12월 총선에서 이라크 안전을 유지하는 임무를 적절하게 수행했다. 이를 통해 부시 행정부는 이라크 전쟁에서 승리하는 방법을 찾았다고 보았다. 이러한 인식은 이라크 전쟁과 관련해 부시 행정부가 발표한 처음이자 마지막 전략 문서인 「이라크 전쟁 승리를 위한 국가 전략National Strategy for Victory in Iraq」에서도 드러난다. 백악관 소속의 국가안전보장회의에서 작성해 발표한 이 문서는 이라크 전쟁의 승리를 '이라크 국가의 형성'으로 정의했다.[1] 2005년 말 이러한 목표는 바로 눈앞에 있는 것처럼 보였다.

하지만 이것은 환상이었으며, 부시 행정부의 고질적인 낙관론이 또다시 드러난 것에 지나지 않았다. 2006년 2월 22일에 알아스카리 사원이 폭파되면서 이라크 전쟁은 시아파와 수니파의 목숨을 건 종파 내전으로 확대되었다. 그전까지 벌어진 전쟁이 주로 미군 및 시아파가 통제하는 이라크 보안군과 수니파 저항 세력 간의 대결이었고 여기에 시아파 민병대는 그다지 큰 역할을 하지 않았다면, 알아스카리 사원이 파괴된 이후에는 시아파 민병대가 본격적으로 수니파 주민을 공격하기 시작했다. 수니파 주민 수백 명이 3일 만에 살해되었고, 이라크 정부는 통행금지령을 내렸으나 효과는 없었다. 특히 이라크 총선 이후 협상 과정에서 총리가 선출되지 않았기 때문에 정치적 공백이 생겼고, 혼란이 발생하는 과정에서 어느 누구도 주도권을 행사하지 않았다.

무엇보다 심각한 문제는 시아파 정부가 통제하는 이라크 경찰이 시아파 민병대의 공격을 저지하지 않고 방조하거나 거기에 적극 가담하기도 하여, 수니파 주민이 생존을 위해서 저항 세력에 더 적극적으로 협력했으며, 특히 알카에다를 수용하기 시작했다는 사실이다. 이제 전쟁은 시아파와 수니파가 서로 상대방을 공격하는 종파 내전으로 변질되었고, 미군은 병력 피해를 줄이는 것 외에는 뚜렷한 목적도 없이 도시 외곽에 만들어진 대규모 전진기지 Forward Operating Bases: FOB로 집결했다. 이라크가 파멸을 향해 가는 동안 미군은 철수와 이라크 전쟁의 이라크화 정책을 고수했다. 이제 이라크에서 안정적인 국가를 형성하는 것은 불가능해졌고, 바그다드는 시아파와 수니파의 전쟁터로 변화했다. 따라서 미국은 이라크 전쟁에서 승리하지 못하게 되었고, 베트남 전쟁 이후 최초의 패전 또는 패전 가능성에 직면했다.

'안정되는 이라크'라는 환상

모든 전쟁에는 목적이 있다. 클라우제비츠는 전쟁을 '다른 수단으로 계속되는 정치의 연속'이며, 그 자체로서 가치를 지니는 것이 아니라 정치적 목적을 달성하기 위한 수단이라고 보았다. 부시 행정부는 2003년 3월 이라크를 침공하면서 후세인의 대량살상무기 제거를 정치적 목적으로 제시했다. 하지만 결국 대량살상무기는 발견되지 않았고, 2004년 9월 최종적으로 이라크조사단은 후세인 정권이 이미 미국의 침공 이전에 대량살상무기를 포기했다는 결론을 발표했다. 즉, 부시 행정부가 전쟁이라는 수단을 이용해 추구하려던 정치적 목적이 잘못되었다는 사실이 드러났다. 문제는 이러한 상황에서 부시 행정부가 새로운 전쟁 목적을 명확하게 제시하지 않았다는 사실이다. 단편적으로는 이라크에 민주주의 정권을 수립하는 것을 전쟁의 목적으로 거론했지만, 이것을 명시적으로 규정하지는 않았다. 목적을 명확하게 규정하지 않았기 때문에 전략이 불분명할 수밖에 없었고, 전략이 분명하지 않았기 때문에 목적을 달성하기 위한 수단인 전술 또한 모호했다.

저항 세력이 이라크 안정화의 적이며 따라서 대반란작전이 필요하다는 인식에는 대부분이 동의했지만, 이러한 상황에 대처하는 방식에 대해서는 많은 논란이 있었다. 즉, 저항 세력을 직접 군사적으로 공격해 섬멸search and destroy할 것인지, 아니면 저항 세력의 정치적 기반을 약화winning hearts and minds시킬 것인지의 문제였다. 2004년 주권 이양과 함께 이라크 주둔 다국적군 사령부는 케이시의 지휘하에 '이라크 전쟁의 이라크화'를 추진했으며, 저항 세력의 정치적 기반을 약화시키는 대반란작전을 추진했다. 하지만 '적군의 섬멸을 통한 승리'라는 방식에 익숙한 미군은 이러한 전략을 적절하게 집행하지 않았으며, 오히려 저항 세력과의 전투에 집중하면서 이라크 민간인을 보호하지 않았다. 2004년과 2005년 미군은 대반란작전을 실제 전략으로서 실행한 것이 아니라 단순한 구호로 활용하는 데 그쳤다는 평가까지 존재한다.[2]

2005년에 들어서면서 미군은 이라크인과는 완전히 유리되어 버렸다. 대반란작전이 정확하게 실행되려면 미군과 이라크 보안군이 이라크인을 정확하게 통제해야 하며, 특히 수니파 주민을 보호하고 동시에 감시하면서 수니파 주민의 불만을 자신의 지지 기반으로 하는 저항 세력을 고립시켜야 한다. 오래전 마오쩌둥이 지적했듯이, 게릴라와 저항 세력이 물고기라면 일반 주민은 물고기가 사는 연못의 물이다. 따라서 저항 세력을 억누르려면 연못의 물을 말려버리고 물고기가 연못으로 들어가지 못하게 차단해야 한다. 하지만 미군은 이러한 방식으로 군사력을 사용하지 않았다. 미군은 그 대신 전진기지에 집결해 한 끼에 34달러나 하는 식사와 이슬람에서 금지하는 돼지고기 바비큐를 즐겼다.[3] 사상자를 줄이고자 이라크 민간인 거주 지역에서는 장갑차를 이용해 순찰했고, 민간인과 미군 병력 간의 접촉은 최소화되었다. 이른바 '순찰 출근commuting to patrol'이 등장하면서, 미군은 정확한 시간에 기지에서 출발했고, 미군이 사라지면 다시 저항 세력이 등장했다.

한편 미군은 이라크 보안군을 육성해 그들에게 이라크인의 통제를 맡기려 했다. 「이라크의 안정과 안전 상황 분석Measuring Stability and Security in Iraq」 보고서에 따르면, 이라크 보안군 병력은 6개월 동안 33% 증가했다.[4] 2005년 7월 4일을 기준으로 볼 때, 국방부 휘하의 이라크군이 약 7만 7300명, 내무부 휘하의 이라크 경찰이 약 9만 4000명으로, 훈련을 마치고 무기를 지급받은 trained and equipped 이라크 보안군 병력 수는 17만 1300명 정도였다. 이후 2개월 동안 미군은 이라크 보안군 강화를 위해 더 많은 노력을 기울였고, 그 결과 2005년 9월 15일을 기준으로, 이라크 보안군은 지상군 116개 대대battalions, 이라크군 약 8만 7800명, 경찰 약 10만 4300명, 전체 약 19만 2100명으로 늘어났다. 2006년 1월 23일에 발표된 병력 규모는 더욱 증가한 것으로 나타났는데, 국방부 산하의 군사력이 약 10만 6900명, 내무부 산하의 경찰력이 약 12만 400명으로, 총 22만 7300여 명이 이라크 보안군 병력으로서 훈련 및 무기 지급을 마치고 배치되었다.[5]

하지만 미군 병력과 새롭게 훈련된 이라크 보안군 병력은 적절하게 활용되지 않았고, 이에 대한 지적은 2005년 가을부터 본격적으로 제기되었다. 베트남 전쟁 및 군사문제 전문가인 크레피네비치Andrew F. Krepinevich는 2005년《포린 어페어Foreign Affairs》9/10월 호에 「이라크 전쟁에서 승리하는 방법How to Win in Iraq」이라는 논문을 발표했다.[6] 그는 이 글에서 미군 철수가 재앙을 가져올 것이 확실하지만 현재의 전략에도 심각한 문제가 있다고 지적하면서, 베트남 전쟁에서 사용했던 이른바 '기름방울 전략Oil Spot Strategy'을 사용해 이라크 중요 지역에서 수니파 주민을 통제하고, 통제 지역을 점차 확대함으로써 저항 세력의 지지 기반을 약화시켜야 한다고 제안했다. 또한 그는 이러한 전략에 많은 시간과 자원이 소요되므로 미국은 인내심을 품고 장기 주둔 가능성을 수용해야 한다고 지적했다.[7]

결국 이러한 제안은 국방부의 반대에도 미국의 국가전략으로 수용되었다. 2005년 11월 30일에 공개된 「이라크 전쟁 승리를 위한 국가 전략」은 부시 행정부가 유일하게 발표한 이라크 전쟁 관련 전략 문서로, 이 문서에는 장기 주둔 가능성이 명시되었다.[8] 이라크 전쟁에서 승리하기 위한 단기·중기·장기의 단계별 목표를 제시했으며, 동시에 정치·경제·안전이라는 세 영역에서 유기적으로 통합된 노력을 기울이겠다고 선언했다. 정치 영역에서는 저항 세력을 고립isolate시키고, 수니파를 포용engage하여, 통합적인 정치제도를 구축build해야 한다고 했다. 경제 영역에서는 이라크 기반시설을 복구restore하고, 이라크 경제를 개혁reform하며, 이라크의 생산 능력을 건설build하겠다고 공언했다. 가장 핵심이 되는 안전 부분에서는 저항 세력의 기반을 소탕clear하고, 이 지역을 지속적으로 장악hold해 저항 세력의 복귀를 막고, 이라크 보안군을 강화해 이라크 정부가 국내 안전을 유지할 능력을 배양build하겠다고 선언했다. 무엇보다도 「이라크 전쟁 승리를 위한 국가 전략」은 이라크 전쟁에서 승리하는 데 상당한 시간이 걸릴 것이라는 점을 인정했고, 정해진 시한에 맞춰 전략을 추진하는 대신 각각의 조건을 만족했을 때 다음 단계의 목표를 추진할 것이라고 선언하면서, 미국이 이라크에 상당히 오랜 기간 주둔할 가능성을 열어놓았다.[9] 하지만 국방부는 강력하게 반발했다. 럼즈펠트 장관은 「이라크 전쟁 승리를 위한 국가 전략」에 대해 국방부는 "아는 바가 없다"는 서한을 국가안정보장

회의에 발송하면서, '전쟁 문제에 대한 모든 사항은 국방부가 관장한다'는 입장을 고수했다.[10]

새로운 전략이 제시되고 이라크 상황이 상대적으로 안정되면서, 부시 행정부는 또다시 낙관론에 사로잡혔다. 부시는 2006년 1월 31일에 발표한 연두교서에서, "승리를 위한 전략에 확신한다"고 선언했으며, 전쟁에서 승리한 다음 미군을 철수하겠다는 뜻을 밝혔다.[11] 2006년 2월에 발표된 「이라크의 안정과 안전 상황 분석」 분기 보고서는 2005년 12월 이라크 총선에서 수니파가 적극적으로 참여했기 때문에 저항 세력을 고립시키고 수니파를 포용할 수 있게 되었으며, 동시에 경제적으로도 상당 부분 안정되었다고 주장했다. 무엇보다 안전의 측면에서 저항 세력의 공격이 줄어들었고, 공격에 따른 대규모 피해는 없었으며, 이라크 보안군 병력이 확충되면서 미군 전투여단combat brigade이 17개에서 15개로 축소되고, 병력으로는 7000여 명이 철수했다고 보고했다. 종파 분쟁은 기본적으로 인식의 문제이기 때문에 다른 종류의 분쟁과 구분하기 어렵고, 설사 발생한다고 하더라도 산발적이라고 주장했다.[12] 하지만 이러한 장밋빛 전망은 잘못된 것이었으며, 부시 행정부의 고질적인 낙관론은 2006년 2월 22일 치명타를 입는다.

알아스카리 사원

이슬람이 시아파와 수니파라는 두 개의 종파로 나뉜 시점을 명확하게 제시할 수는 없다. 하지만 이슬람의 '창시자'인 무함마드 사후의 정치적 갈등, 서기 800년대의 신학 논쟁과 다양한 해석, 아바스 왕조의 탄압 등을 거치면서 이슬람 내부의 종파 분열은 공고해졌다. 이슬람, 특히 시아파 이슬람의 종교 지도자인 이맘Imam은 무함마드의 계승자로 자칭하면서 예언자 무함마드와 혈연관계에 있어야 한다고 주장했고, 세속 권력을 장악한 우마이야 왕조 Umayya Caliphate 및 아바스 왕조와 대립했다. 결국 시아파는 세속 권력의 탄압

2006년에 일어난 첫 번째
공격으로 파괴된 알아스카리
사원의 모습
자료: U.S. Army

을 받았고, 정부는 시아파 지도자들을 가택 연금 또는 투옥하고 일부는 처형
하거나 암살했다. 가장 대표적인 사례는 바로 10대 이맘이었던 알리Ali al-Hadi
다. 우마이야 왕조를 전복하는 과정에서 시아파의 도움을 받았던 아바스 왕
조는 일단 권력을 장악하자 시아파를 탄압했고, 서기 868년 알리를 독살했
다. 그의 아들 하산Hasan al-Askari도 11대 이맘으로 활동했으나, 거의 전 생애를
가택 연금 상태에서 보내야 했다.[13] 알리와 하산이 사망한 뒤 묻힌 곳은 이라
크 중북부에 위치한 도시 사마라로, 이곳 주민은 대부분 수니파로 이루어져
있다. 서기 944년, 이곳에 사원이 건설되고 알리와 하산의 유골을 안치했다.
그곳이 바로 알아스카리 사원이며, 이는 시아파에게 순례의 대상이자, 시아
파 신앙에서 가장 신성시하는 장소 중 하나다.[14]

그런데 2006년 2월 22일 새벽 6시 55분, 알아스카리 사원이 폭파되었다.
이라크 특수부대 제복을 입은 8명의 인원이 사원에 잠입해 경비원을 포박한
다음, 2개의 폭탄을 설치하고는 사라졌다. 곧 폭발이 이어졌으나 사상자는
전혀 없이 사원 구조물만 파괴되었다. 폭파는 그다지 크지 않았으며, 사원 전
체가 파괴되지는 않았다. 하지만 사원의 북쪽 벽이 무너졌으며, 이 때문에 알
아스카리 사원이 자랑하던 황금 돔이 붕괴했다. 이로써 7만 2000여 개의 황
금 장식판으로 덮인 돔과 사마라시의 전경을 묘사한 타일 장식이 아름답게
자태를 뽐내던 사원은 파괴되었다.[15]

폭파 직후 이란 정부는 미국과 이스라엘이 시아파 성지를 폭파했다고 비난했다. 하지만 실제로는 미국이 아니라 알카에다가 이라크 전쟁을 장기화하고 자신의 힘을 과시하며, 무엇보다 자신의 이익을 확대하려는 목적으로 시아파 성지인 알아스카리 사원을 파괴했을 것이라는 추측에 힘이 실린다. 사원이 폭파되고 나서 알카에다가 이에 관해 성명서를 발표하지는 않았지만, 2004년 2월부터 알카에다는 이라크에서 시아파 목표물을 공격해 시아파와 수니파 사이의 내전을 유발해야 한다고 공언해 왔고, 2005년 9월에는 이라크 시아파를 본격적으로 공격하기 시작했다.[16] 특히 2006년 6월에는 사원 폭파에 가담한 튀니지 출신의 외국인 저항 세력이 체포되었는데, 그는 진술에서, 바트당과 후세인 정권에서 고위직을 맡았고 침공 이후에는 이라크 알카에다 조직의 지도자로 변신한 바드리Haitham al-Badri가 지휘하는 4명의 사우디아라비아인과 또 다른 2명의 이라크인이 2월 21일 밤에 알아스카리 사원에 잠입해 폭탄을 설치했고 새벽녘에 사원을 파괴했다고 밝혔다.[17]

2007년 6월 13일, 알아스카리 사원은 두 번째 공격을 받았다. 2006년 2월 공격 이후 사원은 폐쇄되었으나, 두 번째 공격으로 황금 돔 옆의 10층짜리 첨탑minaret 2개가 파괴되었다. 2006년 1차 공격 이후 사원은 수니파로 구성된 병력이 경비하고 있었으나, 수니파 경비대가 알카에다와 연계되었을 가능성을 우려한 정부는 2007년 6월 초 시아파 병력을 파송했고, 이 때문에 큰 갈등이 있었다. 수니파 경비대와 시아파 병력은 서로 총격전을 벌였으며, 두 번째 공격이 있기 직전인 6월 11일 밤에도 총격전이 발생했다.[18]

알아스카리 사원 파괴는 단순히 귀중한 문화재가 파괴된 문제에 그치지 않았다. 알아스카리 사원은 시아파 신앙에서 핵심적인 존재이고, 가장 중요한 사원의 하나이며, 시아파의 상징인 이맘의 유해가 묻힌 곳이었기 때문에 그 상징성이 매우 컸다. 특히 11대 이맘인 하산의 아들로 12대 이맘이었던 마흐디al-Mahdi가 사라지면서, 자신이 돌아오면 압제와 거짓을 부수고 시아파를 해방하며 이 땅에 정의와 평화를 실현하겠다는 약속을 했다고 한다.[19] 마흐디가 사라진 것을 추모하는 상징물도 알아스카리 사원의 일부이기 때문에, 사원을 파괴하는 행위는 시아파 신앙의 핵심인 마흐디의 부활 가능성을 파괴하는 것이나 다름없었다.

사원 파괴의 충격

이러한 맥락에서 이 폭발은 이라크 전쟁에서 가장 중요한 전환점의 하나였다. 이전까지는 미국 점령 및 주둔에 가려서 잘 드러나지 않았던 시아파와 수니파의 갈등이 사원 파괴를 계기로 폭발했다. 물론 이전에도 종파 갈등은 존재했으며, 미군 당국은 이러한 위험을 인식하고 있었다. 하지만 미군은 종파 갈등이 이라크 전쟁의 핵심 문제는 아니며, 이를 이용하려는 이라크 알카에다 조직의 노력이 실패했다고 평가했다.[20] 하지만 시아파 성지가 파괴되자 시아파는 격분했고, 수니파 사원을 파괴했으며, 수니파 민간인을 살해했다. 이전에 조금씩 진행되던 이라크 내부의 시아파와 수니파 간의 내전은 사원 파괴를 계기로 다른 갈등과 대립을 압도했다. 이라크 전쟁에서 미군은 주둔군 또는 점령군으로서의 역할을 할 수 없었다. 결국 이라크는 엄청난 혼란에 빠지고, 미국의 이라크 전쟁은 또다시 표류하기 시작했다.

알아스카리 사원이 파괴된 지 24시간 만에 이라크 전역에서는 수니파 사원에 대한 일곱 차례의 주요 공격이 있었다. 자동소총 및 휴대용 로켓을 사용한 공격으로 수니파 사원들은 심각한 손상을 입었다. 이와 함께 수니파 지도자가 살해되었다. 바스라와 바그다드에서 1명씩의 수니파 이맘이 살해되었고, 바그다드 인근 지역에서는 수니파 부족장sheikh이 살해되고 아들이 납치당했다. 폭력적인 시위도 벌어졌으며, 그에 따른 인명 피해가 발생했다. 이와 동시에 사원 파괴에 항의하는 평화적인 시위도 있었으며, 미군은 2006년 2월 23일 정례 기자회견에서 이라크 정부가 상황을 진정시킬 수 있다고 확신한다는 견해를 밝히기도 했다.[21] 좀 더 상세한 정보가 취합된 2월 25일 기자회견에서는 이라크 민간인 희생자 수가 드러났다. 살해된 민간인은 2월 22일과 23일 각각 32명과 75명으로, 모두 수니파로 추정되었다.[22] 또한 2월 25일 《뉴욕타임스》는 22일부터 24일까지 3일 동안 모두 170명 정도가 살해되었다고 보도하면서, 이라크 종교 지도자들이 폭력 사용을 자제할 것을 요구했고, 이라크 정부가 주간 통행금지를 선언했다고 전했다.[23]

하지만 이러한 정보는 인명 피해를 과소평가한 것이었다. 2006년 3월 2일 기자회견에서 이라크 주둔 다국적군 사령부 대변인 린치Rick Lynch는 2월 22일부터 28일까지 일주일 동안 살해된 이라크 민간인 수가 최소 280명에서 최대 429명에 이른다고 발표했다.[24] 한편 이라크 사상자 프로젝트Iraq Body Count Project는 같은 기간인 2월 22일부터 28일까지 7일 동안 이라크에서 사망한 사람의 수를 961명에서 995명으로 추정했다. 하지만 여기에는 이라크 민간인과 이라크 보안군 병력 등이 모두 포함되어 있기 때문에 이라크 민간인 수는 그보다는 적을 수 있다. 하지만 이라크 보안군 병력을 제외한다고 해도 그 수는 931명에서 965명으로 추정되므로 큰 차이는 없다.[25] 또한 이라크 사상자 프로젝트에서 30명 이상이 살해된 경우는 모두 총상gunfire이라고 기록되어 있다. 500명 정도가 살해되었다는 기록에서도 피해자의 90% 이상은 총으로 살해되었다고 한다. 살해 숫자를 가장 높게 추정한 것은, 알아스카리 사원이 파괴되고 나서 4일 동안 "적어도 1300명이 살해되었다"고 한 《워싱턴포스트》 보도다. 바그다드 시체안치소morgue 통계를 인용한 이 보도는 미군의 공식 통계보다 3배나 많은 사람이 생명을 잃었다고 전하면서, 수백 구의 시체가 공식 절차를 거치지 않고 안치되어 있으며, 대부분 총이나 칼로 살해되었고, 비닐봉지를 머리에 씌우고 손을 묶어서 질식한 시체가 상당수 있다고 한다. 그리고 《워싱턴포스트》 보도에서는 피해자 가족 대부분이, 시아파 민병대인 마흐디군이 피해자를 납치했고 몇 시간 뒤 피해자가 시체로 발견되었다고 진술한 사실을 밝혔다.[26]

2006년 5월에 발표된 「이라크의 안정과 안전 상황 분석」은 알아스카리 사원 파괴를 언급하면서, 이 공격이 이라크 정치 일정과 정당성을 지닌 정부 구성을 멈추게 하지는 못했다고 주장했다. 이와 더불어, 이라크 문제를 종파 분쟁 또는 내전으로 규정할 수 있지만 정확하지는 않다고 강변했으며, 이라크 지도자들의 자제 요청이 그럭저럭 작동하고 있으며, 현재 대규모 피난민은 존재하지 않는다고 상황 악화를 부정했다.[27] 하지만 2006년 8월에 발표된 보고서에서는 상황의 심각성을 인정했다. 민간인 처형·납치·살해가 극심하며, 대규모 피난민이 발생했다고 지적했다. 또한 정부의 안전 유지 능력이 감소하면서 불법적인 무장단체illegal armed groups가 지역 치안을 담당하고 있으며, 수니파와 시아파 모두 극단주의자들이 통제하는 민병대를 동원해 투쟁하고 있다고 진단했다. 그리고 이제 이라크에서의 핵심 갈등은 '시아파와 수니파 사이의 무력 충돌'이라고 단언했다.[28]

사태를 수습해야 하는 이라크 정부는 사실상 존재하지 않았다. 2005년 12월 총선이 있었고 선거 결과는 2006년 1월에 최종 발표되었지만, 총리가 지명되지 않아 정부 부처 장관도 임명되지 않았다. 2005년 5월에 출범한 이라크 과도정부가 존재했지만, 이는 총선 결과가 아니라 이라크 제헌의회 결과에 기초한 정부로서, 총선 이후 새로운 정부가 수립될 때까지만 활동하도록 규정되어 있었다. 특히 총선이 치러지고 나서 과도정부가 정치적 힘을 상실했는데도 총선에 기초한 행정부가 출범하지 못하면서 이라크에서는 정치적 공백 상태가 발생했다. 말리키가 총리로 지명되고 정부 각 부처 장관을 임명한 것은 2006년 5월 20일이었다. 그리고 이러한 행정 공백으로 본격적인 그리고 참혹한 종파 내전이 초래되었다.

알아스카리 사원이 파괴되고 이라크 종파 내전이 발발하면서, 미국의 이라크 전쟁 전략은 완전히 파산했다. 하지만 부시 행정부는 그 특유의 무능과 관성, 내부적 알력으로 새로운 전략을 제시하지 못했다. 2005년 11월에 발표된 「이라크 전쟁 승리를 위한 국가 전략」에서는 이라크 전쟁의 승리를 "국민의 권리를 존중하는 입헌적이고 국민을 대표하는 정부를 수립하며, 그 정부가 국내적 질서를 유지하고 테러리스트와 투쟁할 수 있는 군사력을 갖추는 것"이라고 규정했다. 그리고 이라크 전쟁에서 미국과 이라크 민주 정부의 적敵은 "현실을 부정하고, 후세인 정권을 지지하며, 테러리스트와 연계된 세력"이라고 정의하면서, 그들이 하나로 통합되어 있지는 않다고 보았다. 하지만 이러한 전략에서 시아파 민병대에 대한 우려는 등장하지 않았고, 종파 내전 가능성도 언급되지 않았다. 무엇보다 이 전략에서는 이라크 자체의 중요성이 드러나지 않았다. 이라크 전쟁에서의 패배는 있을 수 없다고 규정했지만, 그것은 이라크에서 패배하는 경우에 테러리스트들이 이라크를 기지로 사용할 것이고, 결국 미국이 테러와의 전쟁에서 불리해지기 때문이었다. 이라크 전쟁이 종파 내전으로 변질되는 것에 대해서는 전혀 예측하지 못했다. 하지만 바로 이렇게 전혀 예측하지 못한 상황이 초래되었고, "패배는 수용할 수 없다 failure is not an option"라고 선언했던 부시 행정부는 패배 가능성에 직면했다.

11장
알카에다와
시아파 민병대

2005년 《포린 폴리시》는 이라크를 실패국가로 선언하면서, 수단, 콩고민주공화국, 코트디부아르에 이어 세계에서 네 번째로 상황이 좋지 않은 국가로 규정했다. 이러한 판단은 여러 지표에 근거한 것이었지만, 특히 폭력적 보복 행위의 만연과 국가권력의 범죄화, '국가 내부의 국가' 존재에 따른 국가권력의 약화 등이 중요한 요인으로 작용했다. 즉, 새롭게 만들어진 이라크는 국가로서 갖추어야 하는 가장 기본적인 요건을 갖추지 못했다. 특히 이라크 국가는 '폭력 수단의 합법적 독점'을 이루지 못했고, 이 때문에 많은 문제를 초래했다. 수니파는 시아파를 납치하여 참수했고, 시아파는 수니파를 납치하여 드릴로 머리에 구멍을 내어 살해했다. 통제되지 않는 상황에서 살육과 잔인함은 계속 증폭되었다.[1]

베버Max Weber는 국가를 '일정한 영역에서 폭력 수단을 합법적으로 독점한 단체'라고 정의했다. 하지만 이라크에서는 '폭력 수단을 합법적으로 독점'한 국가는 존재하지 않았다. 수니파 저항 세력과 알카에다는 미군을 지속적으로 공격했으며, 미국과 이라크 정부의 통제력을 약화시키기 위해 이라크 민간인을 공격했다. 이라크 침공의 명분이 테러와의 전쟁이었지만, 2003년 침공하기 전까지 이라크에 알카에다 세력은 사실상 존재하지 않았다. 침공으로 후세인 정권이 붕괴하자, 수니파는 생존을 위해 알카에다와 손잡았고 사우디아라비아 등지에서 유입된 외국인 전사foreign fighters를 받아들이기 시작했다. 결국 이라크 알카에다 조직은 미국의 침공으로 만들어졌으며, 이라크가 실패국가로 전락하면서 이라크 알카에다 조직은 이라크를 장악하고 자신들의 테러리스트 기지로 만들기 위해 많은 노력을 기울였다. 또한 이라크 알카에다 조직은 미군이 이라크에서 많은 사상자를 내고 철수하게 한 다음, 쿠데타로 시아파 정권을 무너뜨리고 수니파 정권을 다시 세우겠다고 공언했다.

하지만 문제는, 특히 2006년 이후의 문제는 수니파 저항 세력과 알카에다에 국한되지 않는다. 가장 심각한 문제는 이라크 정부를 통제하는 시아파가 이라크 보안군을 장악했지만, 이와는 별도로 민병대를 구성하고 자신들만의 군사력을 보유하고 있다는 사실이었다. 최소 두 개의 중요한 민병대 조직이 이라크에서 활동했으며, 이라크 이슬람혁명최고위원회의 무장단체로 출발한 바드르 군단과 바그다드를 중심으로 활동하며 무크타다 사드르가 통제하는 마흐디군이 수니파와 대결했다. 과거 후세인 정권의 시아파 탄압에 대한 기억을 바탕으로 일부 시아파 세력은 자신이 직접 통제할 수 있는 군사력을 구축했고, 같은 시아파 국가인 이란의 도움을 받아 세력을 유지했다. 이 때문에 이라크 정부는 국가로서 제대로 기능하지 못했고, 결국 이라크 국가는 실패국가로 전락했다. 그리고 2006년 이후 종파 내전이 본격화되자, 이러한 민병대 병력이 동원되어 시아파와 수니파 사이의 전쟁을 수행했다.

수니파 저항 세력

침공 직후, 미국의 점령에 가장 강력하게 저항하고 격렬한 공격을 통해 미국 점령군에 가장 많은 사상자를 강요한 집단은 수니파 저항 세력이다. 후세인 정권에서 이라크를 통치했던 수니파를 기반으로 구성된 저항 세력은 기본적으로 미군 철수를 주장하고, 이를 통해 기존 수니파 정권을 부활시키려 한다. 하지만 수니파 저항 세력은 단일한 집단은 아니며, 다음의 두 가지 집단으로 구성된다.

첫째, 과거 후세인 정권 지지자인 바트당원 조직이 있다. 바트당 및 과거 후세인 정권에 연루되었던 사람들로 구성되어 있으며, 2003년 3월 미국 침공으로 자신들의 지위를 상실하고 특권을 잃었다. 특히 2003년 5월 연합군임시행정청이 바트당을 해산하고 바트당 구성원의 직위를 박탈하면서 치명타를 입었으며, 이후 공직에 취임하는 것이 금지되었다. 또한 후세인의 이라크군대에 복무했던 수니파 출신의 고급 장교는 군대 해산으로 자신의 지위가더욱 약해졌다. 미국은 이러한 저항 조직을 구체제 요소former regime elements로 지칭하면서, 점차 세력이 약화될 것이라고 보았다.[2]

이러한 인물들은 후세인 정권을 부활시키는 것을 목표로 삼지만, 자신이 직접 나서서 저항 세력을 이끌지는 않았다. 바트당원 조직 또는 구체제 요소의 최고 지도부는 전쟁 이전에 자신이 누렸던 우월한 지위를 이용해 후세인 정권이 붕괴될 때 외국으로 피신했으며, 주로 같은 바트당이 정권을 잡고 있는 시리아에서 이라크 내부의 저항 세력을 배후 조종했다. 또한 바트당원 조직은 미국의 침공을 이라크 민족주의의 측면에서 바라보기보다는 아랍 민족주의의 관점에서 파악하며, 따라서 미국이 이라크를 침공했다기보다 미국이 아랍 국가를 침공했다고 본다. 따라서 다른 수니파 국가들, 특히 시아파와 이란의 영향력이 이라크에서 증가하는 데 두려움을 느낀 사우디아라비아의 지원을 받았으며, 이 과정에서 수니파 중심의 알카에다와 연계되었다.[3]

침공 이전에 후세인은 미국의 침공보다 시아파의 봉기 및 쿠데타 가능성을 우려했으며, 이에 대비해 자신이 신뢰할 수 있고 자신에게 충성하는 수니파를 중심으로 민병대 군사력 및 육군과는 명령체계가 다른 공화국수비대를 구축했다. 침공 이후 이러한 군사력은 바트당 저항 조직으로 변모하여 미군을 공격했다. 하지만 2003년 12월 후세인이 체포되면서 이 조직은 빠른 속도로 약화되었으며, 2005년에 들어서면서 바트당 저항 조직은 사실상 그 중요성을 완전히 상실했다. 특히 이라크 전쟁이 종파 내전으로 변질되면서, 바트당 강령에 따라 종교보다는 비종교적인 측면을 강조하는 세속 정치 세력인 바트당 저항 세력은 2006년 소멸했다.

수니파 저항 세력을 구성하는 두 번째 집단은 수니파 민족주의 세력Sunni Nationalists으로, 후세인 정권에 대한 지지 여부와는 무관하게 '미국의 이라크 침공'에 불만을 품고 침략자이자 점령군인 미군을 축출하려고 행동한다. 후세인 정권은 수니파 정권이었지만 이슬람을 이용해 정치적 지지 기반을 구축하지 않았던 반면, 수니파 민족주의 저항 세력은 종교적 색채가 강하고, 이슬람에 기초해 수니파를 결집하려고 하며, 미국에 대한 저항을 성전Jihad으로 선포한다. 대표적 조직인 1920년 혁명여단1920 Revolution Brigade이 사용하는 조직의 상징에는 저항 조직을 나타내는 자동소총과 함께 쿠란이 그려져 있다.[4]

연합군임시행정청의 점령 정책, 특히 바트당 청산과 군대 해산 등은 수니파 민족주의 저항 세력이 등장하는 데 중요한 역할을 했다.[5] 수니파 세력은 그들을 결집했던 정당과 군사 조직이 사라지면서 구심점을 잃었고, 이슬람 세력이 강화되면서 수니파 사원을 중심으로 퍼지는 이라크 민족주의에 기초해 다시 결집했다. 특히 수니파와 대립하는 형태로 시아파가 종파 및 종교를 기반으로 세력을 구축하면서, 수니파 민족주의 세력 또한 사원을 중심으로 강화되었다.

수니파 민족주의 세력은 이라크 민족주의를 표방하면서, 이라크를 점령하고 있는 미군을 주로 공격했다. 민족주의 세력은 최대한 많은 미군 사상자를 만들어 이라크 전쟁에 대한 미국 내 지지를 약화시키며, 궁극적으로는 미국이 이라크 점령을 포기하고 철수하는 것을 목표로 삼았다. 다른 한편 수니파 민족주의 세력은 시아파와 직접적으로 대립하거나 시아파를 공격하지 않았다. 그 대신에 미군이 철수한 이후 구성되는 이라크 민족 국가에서 시아파의 지위를 인정하고, 그에 상응하는 수니파의 지위를 차지하려고 했다.

하지만 수니파 민족주의 세력은 수니파 내부에서 주도권을 장악하지 못했다. 기본적으로 민족주의 세력이었으며 시아파와의 타협을 추진했기 때문에 사우디아라비아 등의 수니파 국가들의 지원을 받지 못했다. 또한 수니파 민족주의는 이슬람 사원을 중심으로 결집했기 때문에 종교적 권위에 의존하지 않았던 후세인의 바트당 정권에 대해서는 상당 부분 비판적이었고, 따라서 무기와 자금 확보에서 바트당 저항 조직보다 열세에 놓여 있었다. 특히 이라크 민족주의를 강조했던 수니파 민족주의 세력은 시아파와 수니파의 대립이 격화되면서 모순적인 상황에 직면했고, 결국 2005년 하반기에 들어서면서 그 세력이 급격하게 약화되었다.

이처럼 수니파 저항 세력은 바트당원 조직이든 민족주의 세력이든, 수니파 내부에서는 주도권을 장악하지 못했다. 특히 점령 초기 단계에서는 바트당원 조직이 저항 세력의 주축을 이루었지만, 2004년 4월과 11월 팔루자 전투를 정점으로 그 세력이 빠른 속도로 약화되었다. 수니파 민족주의 세력은 여러 가지 측면에서 바트당원 조직에 뒤져 있었고, 결국 2005년 후반 이후 그다지 큰 역할을 하지 못하게 된다. 2006년 2월 미국 점령 당국은 외부 또는 테러리스트와 연계되지 않은 순수 수니파 저항 조직에 대해 "대부분 무력화되어 실질적으로는 위협이 아니다no longer significant threat"라고 평가했다.[6] 대신 수니파 저항 세력을 이끌었던 조직은 외부에서 유입된 알카에다였다.

알카에다 세력의 이라크 유입

후세인 정권에서 알카에다는 이라크 내부에서는 거의 활동하지 않았다. 독재자였던 후세인은 자신의 권위에 도전할 수 있는 모든 세력을 억압했으며, 이는 같은 수니파 세력이지만 외부와 연결되어 있는 알카에다에게도 예외가 아니었다. 특히 사우디아라비아 출신자들이 알카에다를 통제했기 때문에, 걸프 전쟁에서 사우디아라비아를 위협했던 후세인으로서는 알카에다를 의심하는 것이 당연했다. 또한 정치권력의 세속적 정당성을 주장하는 바트당으로서는 이슬람 근본주의에 입각한 알카에다를 받아들일 수 없었다. 하지만 부시 행정부는 후세인 정권이 알카에다와 밀접한 협력 관계를 유지하고 있으며, 이라크가 비밀리에 만든 대량살상무기를 미국에 대한 테러 공격을 위해 전달할 수 있다고 주장했다. 2003년 침공 이후 이러한 주장은 사실이 아닌 것으로 판명되었고, 2006년 9월 미국 상원 정보위원회Senate Select Committee on Intelligence는 "후세인은 알카에다와 연결되어 있지 않았고, 알카에다에 대한 지원을 거부했으며, 오히려 알카에다를 적대시했다"라는 내용의 보고서를 공개했다.[7]

미국의 침공으로 알카에다에게 적대적이었던 후세인 정권이 무너지자 알카에다는 이라크에 세력을 구축하기 시작했다. 이라크 알카에다 조직의 창설자는 요르단 출신의 이슬람 근본주의자인 자르카위로서, 아프가니스탄에서 빈라덴과 친분을 맺고, 빈라덴의 지원으로 아프가니스탄에서 탈레반 정권의 군사훈련장을 운영했다. 자르카위는 2001년 미국이 아프가니스탄을 침공하자 이라크 북부의 쿠르드족 지역으로 탈출해 그곳에서 생활하며 이라크 내부에서 이슬람 근본주의에 기초한 후세인 정권 반대 활동을 시작했고, 미국 침공 이후 행동이 자유로워지자 이라크 알카에다 조직을 창설했다.[8] 주로 시리아를 통해 이라크로 잠입하는 수니파 이슬람 국가 출신자를 중심으로 조직을 운영했고, 미국의 점령 정책에 저항하는 수니파 저항 세력과 협력했다.

이라크 알카에다 조직의 기본 목표는 미군 철수였으며, 이후 시아파 정권을 붕괴하고 이라크에 알카에다 정권을 수립하며 이슬람 근본주의 세력을 확대하는 데 필요한 자원을 동원하는 것이었다. 미국의 점령에 반대하는 수니파 저항 세력이 조직되기 이전에 이라크 알카에다 조직은 이라크 외부에서 유입된 수니파 전사foreign fighters를 중심으로 테러 공격을 시작했으며, 이라크 정치 지도자 및 유엔대표부에 대한 공격을 감행해, 2003년 가을에는 이라크 저항 세력의 주도권을 잡았다. 또한 이라크 알카에다 조직은 다른 수니파 저항 조직을 강제 통합했고, 그 과정에서 방해가 되는 모든 세력을 제거했다. 바트당원 조직이나 수니파 민족주의 조직과 달리 이라크 알카에다 조직은 외부에서 지원을 받았고, 이를 바탕으로 수니파 저항 세력을 통합할 수 있었다.

자르카위는 2004년 11월 수니파 저항 세력을 동원해 팔루자에서 미군과 정면 대결을 벌였으나 패했고, 여성으로 변장하여 팔루자에서 탈출했다. 그는 미군의 팔루자 공격이 임박한 2004년 10월 빈라덴에게 충성을 맹세했고, 팔루자 전투 직후인 12월에 빈라덴은 그를 '이라크 알카에다의 지휘관'으로 지칭했다.[9] 이후 미국은 자르카위를 체포하거나 사살하는 데 총력을 기울였으며, 자르카위는 미군 및 이라크 보안군보다는 시아파 주민들에 대한 자살 공격에 초점을 맞췄다. 특히 이라크 알카에다 조직은 이라크 제헌의회 및 헌법 제정, 총선 등의 정치 일정을 파탄시키려고 노력했으나 실패했다. 선거에 참여하는 주민을 살해했으며, 선거에 참여하는 시아파를 '이단infidels' 또는 '배교자converter'로 규정하고, 시아파에 대한 '성전jihad'을 선포했다.[10]

2005년 미국은 이라크에서 한편으로 정치일정을 추진하면서 이를 담당할 이라크 보안군 구성을 추진했고, 군사적으로는 이라크 알카에다 조직과 대결하고 자르카위를 추적했다. 2006년 6월 6일 미군 특수부대는 이라크 알카에다 조직 지휘관을 포착했고, 은신처에서 탈출하는 자르카위를 항공 공격으로 사살했다. 그 직후 기자회견에서 이라크 주둔 다국적군 사령부 사령관인 케이시는 자르카위가 "수천 명을 죽였다"라고 주장했고, 이라크 주재 미국 대사인 할릴자드Zalmay M. Khalilzad는 자르카위가 "이라크 종파 분쟁의 씨앗을 뿌렸으며, 이라크 내전을 유발했다"라고 선언했다.[11] 자르카위가 사망하자 이라크 알카에다 조직은 미군 병사 두 명을 납치해 참수했고, 러시아 외교관 4명도 납치 후 살해했다. 또한 자르카위의 직위를 이집트 출신이 장악했고, 빈라덴도 이러한 승계를 승인하면서 그 세력은 쇠퇴하지 않았다. 2006년 후반부터 이라크 알카에다 조직은 바그다드 인근에 위치한 디얄라Diyala를 장악해 시아파 주민을 축출하고, 바그다드에서 유출되는 수니파 피난민을 적극적으로 받아들였다. 즉, 이라크 알카에다 조직은 수니파의 '보호자'로 행동한 것이다. 하지만 2007년 미국이 이라크 전쟁 전략을 바꾸고 수니파 주민을 적극적으로 보호하면서, 이라크 알카에다 조직은 수니파 주민의 지지를 상실했으며, 2007년 말 미국은 이라크 알카에다 조직을 "더는 심각한 위협이 아니다"

라고 평가했다.[12]

시아파 민병대

이라크 침공 이전에 후세인 정권은 정규군과는 독립된 명령체계를 지닌 민병대 군사력을 유지했고, 정치적 충성의 측면에서 정규군보다 민병대를 더욱 신뢰했다. 하지만 침공 이후 연합군임시행정청은 이러한 민병대 조직을 해산하고 향후 구성을 금지했다. 민병대 창설 금지 조치는 이라크 임시헌법이었던 임시행정법TAL에서도 이어졌으며, 이후 이라크 헌법 9조에서 최종적으로 확인되었다. 하지만 일부 민병대 조직은 허용되었으며, 연합군임시행정청은 2004년 6월 7일 연합군임시행정청령 91호를 통해 몇몇 민병대 조직을 합법화했다.[13] 하지만 연합군임시행정청 또는 이후 이라크 정부가 허용하지 않은 민병대를 해산하는 것은 현실적으로 불가능했으며, 특히 시아파 민병대 조직은 미국의 침공으로 탄생한 시아파 정권의 중요한 무력 기반이었기 때문에 해산되지 않았다.

이러한 시아파 민병대에는 다양한 조직이 있지만, 가장 대표적인 것은 두 가지이며, 나머지 군소 조직은 시간이 흐르면서 두 개의 대형 조직에 흡수되었다. 첫 번째 조직은 이란·이라크 전쟁 때 만들어진 바드르 군단이다. 이것은 전쟁에서 이란에 투항하거나 포로로 잡힌 이라크군 소속의 시아파 군인을 중심으로 만들어진 군사 조직으로, 바드르 조직Badr Organization이라는 정치 조직과 병행해 창설되었다.[14] 그 상위에는 이라크의 이슬람 혁명을 추진하는 이라크 이슬람혁명최고위원회가 바드르 조직과 바드르 군단을 통제했다. 이러한 조직들은 1982년 이란에서 이라크와 전쟁을 하고 있던 이란 정부의 지원을 받아 구성되었으며, 기본적으로는 이란 혁명의 기본 원칙에 따라 이라크에서 시아파가 주도하는 이슬람 혁명을 추진했다.

바드르 군단은 이라크 재건과 발전을 추구한다는 공식적인 목표를 내세우면서, 이라크의 시아파 주민을 보호하고, 시스타니로 대표되는 이라크 시아파 성직자들을 호위하며, 시아파 사원 및 종교 시설에 대한 경비를 '자발적으로' 담당했다. 하지만 바드르 군단은 수니파 지도자와 바트당원에 대한 보복 살인을 저질렀으며, 이러한 방식으로 시아파 주민의 복수심을 충족시키고 시아파의 지지를 확보했다. 또한 연합군임시행정청이나 이라크 정부가 주민 생활에 필수적인 수도와 전기 등의 사회서비스를 제공하지 못하고, 범죄와 안전 문제가 심각했기 때문에, 바드르 군단으로 대표되는 민병대 조직은 최소한 시아파 지역에서만큼은 무능한 정부를 대신해 문제를 해결하는 존재였다.[15]

2003년 침공 이후 바드르 군단의 상위 혁명 조직인 이라크 이슬람혁명최고위원회는 이라크 이슬람최고위원회Islamic Supreme Council of Iraq: ISCI로 명칭을 바꾸고 정당 조직으로 변모했으며, 2005년 1월의 제헌의회 선거와 12월의 의회 선거에서 승리하면서 정권을 장악한 통일이라크연합UIA의 핵심을 구성했다. 이를 바탕으로 바드르 군단은 민병대의 성격을 탈피하고, 이라크 정규군과 특히 이라크 경찰에 편입되었다. 이로써 바드르 군단의 병력과 무장력은 감소했지만, 그 영향력은 오히려 증가했다. 특히 큰 문제는 공정한 법 집행을 담당하는 경찰 조직을 이슬람 혁명 조직이 장악함으로써 법 집행이 시아파에게 유리하고 수니파에게 불리하게 이루어졌으며, 보수적인 이슬람 율법이 기존의 세속적인 법을 대신해 법 집행의 잣대가 되었다는 사실이다. 이후 이라크 전쟁이 수니파와 시아파 내전의 양상을 띠면서 이러한 문제는 더욱 악화되었다.

또 다른 시아파 민병대는 마흐디군이다. 마흐디군은 미군 침공 이후인 2003년 6월에 창설되었고, 창설 직후에는 1000여 명의 병력만을 보유했다.[16] 하지만 마흐디군은, 이란으로 망명하지 않고 이라크에 거주하면서 후세인 정권에 저항했던 전설적인 시아파 지도자인 사드르의 후광으로 바그다드의 시아파 주민에게서 절대적인 지지를 확보했다. 특히 사드르의 막내아들인 무크타다 사드르가 이란의 지원을 얻어내면서, 마흐디군은 빠른 속도로 성장해 2004년 4월에는 6000여 명으로 확대되었다. 그리고 2007년 초에는 6만여 명

무크타다 사드르와 마흐디군의 모습이 담긴 벽보
자료: Global Security

의 병력을 보유했다.[17]

무크타다 사드르와 마흐디군이 다른 시아파 민병대와 다른 점은 미군에 대한 입장이었다. 시아파는 대개 수니파 정권을 파괴한 미군을 수용했고, '후세인보다는 미국이라는 개American dog'가 낫다는 태도를 견지했다. 하지만 무크타다 사드르는 이라크 민족주의를 표방하면서 미군의 즉각적인 철수를 주장해 시아파 주류와 대립했다. 하지만 무크타다 사드르의 이라크 민족주의는 수니파까지 포함하는 민족주의가 아니라 수니파를 배제하고 시아파의 항구적인 우위를 보장하는 민족주의였으며, 마흐디군은 수니파 주민을 학대하거나 살해했다.[18] 사드르의 신문인 《알하우자》는 수니파에 대한 시아파의 복수와 미국 철수를 요구했고, 미국의 점령에 대한 시아파의 무장투쟁을 선동했다. 이러한 배경에서 2004년 남부의 나자프를 둘러싸고 마흐디군은 미군과 충돌했으며, 4~5월과 8월에 각각 발생했던 전투에서 미군은 마흐디군 병력을 사살했지만, 마흐디군의 정치적 영향력은 오히려 증가했다.[19]

시아파 민병대는 다른 시아파 국가인 이란으로부터 재정적·군사적 지원을 받지만, 하나로 잘 통합된 조직은 아니다. 오히려 그 내부에서는 갈등이 있으며, 바드르 군단과 마흐디군은 서로 무력 충돌을 불사했고, 이 때문에 사상자까지 발생했다. 2006년 10월 이라크 남동부의 시아파 도시이자 영국군 점령지역인 아마라Amara에서는 도시의 통제권을 둘러싸고 시아파 민병대가 서로 충돌했다. 마흐디군은 바드르 군단과 함께 바드르 군단을 비호하는 이라크 보안군을 공격해 도시를 장악했으며, 이 과정에서 이라크 정부의 공권력은 무력화되었다.[20]

시아파가 통제하는 이라크 보안군

공식적으로 이라크 보안군이라는 조직은 존재하지 않는다. 이라크 보안군이란 새로운 이라크 정부의 군사력을 미국 정부가 지칭하는 용어로, 이라크 정부의 군사력은 국방부 소속의 이라크군Iraqi Armed Forces과 내무부 소속의 이라크 경찰군Iraqi Police Forces으로 구성된다. 후세인 정권에서 운영되었던 이라크군은 2003년 5월 연합군임시행정청의 명령으로 해산되었고 이후 다시 재건되었지만, 이라크 경찰은 해산되지 않고 조직을 유지하면서 2010년 현재까지 존속하고 있다. 기본적으로 시아파가 정부를 장악하고 있기 때문에 이라크 보안군은 시아파가 통제하고 있지만, 그 내부는 상당히 이질적이다.

2003년 5월 연합군임시행정청은 이라크군을 완전히 해체했고 미국의 지도에 따라 만들어진 이라크 민주주의 정부는 외국을 위협할 군사적 능력을 가지지 못하도록 구상되었다.[21] 기본 계획은 5만 명 정도의 병력을 9개 보병 여단으로 3개 사단을 구성해 국경 방어를 담당할 지상군 병력을 양성하고, 훈련은 이튼Paul D. Eaton이 지휘하는 연합군 군사 지원 및 훈련단Coalition Military Assistance Training Team이 담당하게 했다. 정규군으로서 군사훈련은 재래식 전투에서의 공격 및 방어에 치중했고, 게릴라 전쟁에 대한 훈련은 이루어지지 않았다.[22] 하지만 저항 세력의 공격이 격화되면서 미군은 이라크군을 동원했으며, 이를 위해 연합군임시행정청은 2003년 9월 이라크 민방위군을 구성했다. 간단한 개인 화기를 지급했고, 3주간 군사훈련을 시행했으며, 1만 5000여 명의 병력을 확보하도록 계획되었다.[23] 하지만 이라크 민방위군은 적절한 군사 조직으로 발전하지 못했다. 2004년 초 아이켄베리Karl W. Eikenberry는 이라크군과 경찰의 훈련 상태를 점검한 결과, 이라크 민방위군을 포함한 "이라크 보안군이 전투 상황에서는 일주일을 버티지 못한다"라고 평가했다. 실제로 2004년 4월 팔루자 전투에서 이라크 보안군은 붕괴하고, 병력 대부분은 전투를 거부하거나 탈영했다. 특히 이라크 민방위군 병력은 공격을 받으면 아무 방향으로나 응사하고, 절반이 탈영했으며, 미군이 보호하지 않으면 이동조차

할 수 없었다.[24]

　2004년 6월 주권 이양과 함께 연합군임시행정청이 해산되고, 이라크 병력 훈련은 퍼트레이어스가 지휘하는 이라크 안전이양준비 사령부로 이양되었다. 이와 동시에, 이전까지 이원화되었던 육군과 경찰 병력의 훈련이 일원화되면서 이라크 병력은 저항 세력 격퇴를 핵심 임무로 하는 이라크 보안군으로 지칭되었다. 이라크 주둔 다국적군 사령부는 이라크 보안군 병력을 약 5만 명에서 27만 1000명으로 증강하고, 4000여 명의 미군 병력을 이라크 보안군과 함께 생활하게 하면서 미군의 전투 기술을 전수했다. 하지만 대규모 병력을 지휘해야 하는 이라크 국방부에 과거 후세인 정권에서 경력을 쌓은 수니파 지휘관들이 제한적으로 복귀했기 때문에, 정부를 장악한 시아파는 국방부를 견제했다.[25] 이러한 이유에서 이라크군은 경찰보다 소규모였다. 육군은 13개 사단으로 구성되었고, 2007년 2월까지 훈련된 병력과 배치된 병력은 약 13만 6000명이었다. 하지만 이라크 경찰은 같은 시점에서 약 19만 2000명이었으며, 그 이후에도 이러한 추세는 가속화되었다. 2008년 10월 말 이라크 내무부 소속 병력은 43만 명에 달했지만, 국방부 소속 병력은 그 절반에 미치지 못하는 20만 명 정도였다.[26] 병력 훈련과 국방부 및 이라크군 장교단의 구성과 승진에 미국이 관여했으며, 미군이 이라크 군사작전에 직접 개입하면서, 군사 관료 조직으로서의 국방부는 빠르게 발전해 2007년 가을에는 '우수하다'는 평가를 받았다. 한편 병력 구성에서는 시아파 비중이 높았지만, 수니파 지휘관도 상당수 존재했다. 13개 사단 지휘관 가운데 3명이 쿠르드족이고, 시아파가 5명, 수니파가 5명이었으며, 국방장관도 수니파였다.[27]

　반면 이라크 경찰은 심각한 문제를 내포한 조직으로 전락했다. 이라크 군사 조직을 전면 해체했던 연합군임시행정청은 이라크 경찰을 존속시켰고, 제한적인 훈련을 거쳐 미국의 점령 정책을 집행하는 수단으로 사용했다. 하지만 경찰 훈련을 위한 예산이 부족하고 훈련이 지지부진한 상황에서 저항 세력의 공격이 시작되었고, 결국 훈련이 완료되지 않은 경찰 병력을 저항 세력과의 전투에 투입하는 사태가 반복되었다. 특히 연합군임시행정청은 조속한 주권 이양을 정책 목표로 삼았기 때문에, 장기적 계획에 따라 경찰 능력을 배양하기보다는 단기적 위기에 대처하고 배치된 병력을 증강하는 데 초점을 맞췄다. 바그다드 북부의 수니파 도시인 타르미야Tarmiyah를 담당하던 이라크 경찰은 지역에 이라크 알카에다 조직의 세력이 강화되자, 점차 순찰 횟수를 줄였으며, 결국 2006년 12월에 경찰 병력 150여 명 전체가 순찰한다며 무기를 휴대한 채 나가서는 사라졌다.[28]

특히 문제가 된 사항은 이라크 경찰을 시아파, 특히 시아파 민병대가 장악했다는 사실이다. 연합군임시행정청은 민병대 해산을 명령하면서 기존 민병대를 이라크 보안군으로 통합할 것을 종용했으며, 과도정부는 특히 바드르 군단 출신자를 이라크 경찰로 채용하면서 시아파 민병대 병력에게 직장을 마련해 주는 결과를 가져왔다. 또한 마흐디군은 일반 경찰과는 독립된 명령체계를 지닌 시설경비단Facilities Protection Service을 장악했다.[29] 한편으로 이라크 정부는 수니파 경찰 병력을 차별했고, 임금을 지급하지 않는 경우도 있었다. 2005년 봄 시아파가 장악한 이라크 정부가 수니파 경찰 부대에 3개월 동안 임금을 지불하지 않자 1만 2000여 명의 경찰 병력이 소멸했고, 그 결과 이라크 경찰에서 시아파가 차지하는 비율은 더욱 높아졌다.[30]

2007년 9월에 공개된 이라크 보안군 검토 보고서에서는 경찰을 통제하는 이라크 내무부가 "종파적 성향이 강하고, 엄청나게 부패했다"라고 진단하면서, "내무부는 11층짜리 파벌의 화약고"로서 내무부 "청사 내부에서도 살아남기 위해 방탄조끼가 필요하다"라고 비난했다.[31] 내무부 내부 파벌 투쟁은 극심하여 2007년 7월까지 매주 1~2명의 경찰관이 내무부 청사 내부에서 암살되었다. 개별 파벌은 내무부 및 경찰 조직의 개별 부서를 각각 통제했고, 말리키 총리는 이러한 상황을 타개할 능력과 의지가 없었다. 경찰 병력 중 가장 심각한 문제를 야기하는 조직은 국가 경찰national police로, 다양한 경찰 특수부대를 통합하면서 수니파를 제거하고 전적으로 시아파 출신으로만 구성되었다. 수니파 주민들은 이라크 경찰 특히 국가 경찰을 불신하면서 이라크 보안군을 '민병대'라고 불렀고, "이라크군에 대한 신뢰는 제로zero trust이지만 경

기준일	이라크 국방부 소속 군 병력		이라크 내무부 소속 경찰 병력			전체 병력
	전체 군 병력	육군 병력	전체 경찰 병력	경찰 및 고속도로 순찰대	기타	
2005.7.4.	77,300	76,700	94,000	63,400	30,600	171,300
2005.9.19.	87,800	86,900	104,300	68,800	35,500	192,100
2006.1.23.	106,900	105,600	120,400	82,400	38,000	227,300
2006.5.15.	117,900	116,500	145,500	101,200	44,300	263,400
2006.8.7.	115,000	113,200	162,600	113,800	48,800	277,600

기준일	전체 군 병력	육군 병력	전체 경찰 병력	일반 경찰	국가 경찰	국경 경비대	기타	전체 병력
2006.11.13.	134,400	118,500	188,200	135,000	24,400	28,300	500	322,600
2007.2.19.	136,400	120,000	192,300	135,000	24,400	28,400	4,500	328,700
2007.5.14.	152,300	135,800	194,200	135,000	26,300	28,400	4,500	346,500
2007.9.3.	165,400	147,800	194,200	135,000	26,300	28,400	4,500	359,600
2007.11.15	194,233	176,304	241,960	174,025	36,504	31,431	–	439,678
2008.1.1.	197,254	174,940	224,606	155,248	41,399	27,959	–	425,345
2008.5.1.	222,935	199,277	251,880	174,837	46,670	30,373	–	478,524
2008.8.15.	249,854	224,970	276,582	192,028	50,184	34,370	–	531,000
2008.10.31	262,873	235,606	295,286	209,100	52,513	36,673	–	565,723

[표 1] 이라크 보안군 병력

병력 정보는 DoD, "Measuring Stability and Security in Iraq"(각 연도)에서 인용했다. 이 보고서에서는 이라크 보안군 병력을 승인 규모(authorized size), 할당 규모(assigned size), 훈련 완료된 병력(trained and equipped force)으로 구분한 병력 정보를 제공한다. 여기서는 훈련이 완료된 병력 정보를 제시한다. 또한 2009년부터 이라크 보안군 병력에 대한 상세 정보는 없으며, 그 대신에 전체 규모의 대략적인 숫자(approximate size)만을 제시한다. 이에 따르면, 이라크 보안군 전체 병력은 2009년 3월에는 61만 5000명, 2009년 4월 30일에는 64만 5000명, 2009년 8월 31일에는 66만 4000명이다. 하지만 이 규모는 훈련이 완료된 병력은 아니며, 그보다는 많은 승인 또는 할당된 병력 규모로 추정된다.

찰에 대한 신뢰는 마이너스minus trust"라면서 경찰에 대한 불신을 표출했다.[32] 2006년부터 이라크 경찰을 '정화'하기 위해 많은 노력이 있었으나 실패했다. 특히 국가 경찰에서는 모두 9개 여단인 작전부대 지휘관 가운데 7명의 여단장이 해임되었고, 27개 대대 가운데 17개 대대의 지휘관이 교체되었지만, 2007년 9월까지도 문제는 여전히 존재했다.[33]

　이라크 종파 내전이 격화되면서 이라크 보안군, 특히 이라크 경찰은 공정한 법 집행을 하기보다는 매우 종파적으로 행동했다. 수니파를 탄압하거나 살해하는 등 적극적으로 행동하기도 했으며, 시아파 민병대의 보복이 두려워 자신의 신원을 드러내지 않기 위해 마스크를 쓰고 근무하거나 수니파 지역으로 신고 명령을 받으면 출동을 거부하는 등 소극적으로 행동하기도 했다. 또한 말리키 총리는 최고사령관실Office of the Commander-in-Chief: OCINC을 통해 미군을 배제하고 경찰에 직접 명령을 내렸으며, 이 때문에 경찰 작전은 종파적인 이해관계에 따라 좌우되는 경향이 이라크 육군의 작전보다 더욱더 짙어졌다.[34] 일부 경찰 지휘관들은 공공연하게 시아파 민병대를 지원했으며, 바드르 군단 또는 마흐디군 출신의 지휘관들은 수니파 주민들에게 매우 가혹하게 행동했다. 몇몇 지역에서는 경찰 병력이 마흐디군 소속을 증명하는 반지를 끼고 행동하면서 수니파에 대한 가혹행위를 자행하기도 했다.[35] 그리고 시아파 중심의 이라크 보안군은 수니파 주민들을 공격했다. 바그다드 중심의 수니파와 시아파 혼재 지역인 와샤샤Washasha에서 이라크 보안군은 수니파 주민을 살해했고, 2007년 여름에만 모두 200가구의 수니파 주민을 위협해 추방했다.[36]

쿠르드족 민병대

이라크 북부를 비롯해 터키 동남부, 이란 서부, 시리아 북동부 지역에 거주하는 쿠르드족은 이라크 인구의 15~20% 정도를 차지한다. 쿠르드족 거주 지역은 소속 국가와는 무관하게 대개 쿠르디스탄Kurdistan이라 부르며, 독립국가를 구성하지는 못하지만 최소한 이라크 내에서는 상당한 정도의 자치권을 가지고 있다. 쿠르드족은 인도유럽계 언어를 사용하며, 이러한 측면에서는 이란계로 구분되지만, 이란과는 달리 종교적으로는 수니파다. 중동 지역에 퍼져 있는 쿠르드족 전체 인구는 이라크 전체 인구보다 많은 3500만 명 정도로 추정되지만, 여러 나라에 분포하여 하나의 독립국가를 구성하고 있지는 않다. 이라크 북부에 거주하는 쿠르드족은 350만~400만 명 정도로 추정되며, 자치권을 확보하기 위해 오랫동안 후세인 정권에 저항했고, 이 때문에 역사가 오래된 민병대 군사 조직을 갖추고 있다.

페시메르가라고 부르는 쿠르드족 민병대는 이미 1920년대에 초보적인 형태가 등장했으며, 이란·이라크 전쟁에서는 이란과 손을 잡고 후세인 정권에 저항했다. 1980년대 후반에는 후세인 정권의 화학무기 공격에 많은 피해를 입기도 했다. 걸프 전쟁 이후 이라크 북부에는 북위 36도 이상의 지역에 항공기 사용을 금지하는 비행금지구역이 선포되면서, 쿠르드족 민병대는 이라크 쿠르디스탄에서 독자적인 세력을 구축하기 시작했다. 1991년 10월에 이라크는 북부 지역에서 자신의 군사력을 철수하면서, 쿠르드족 거주 지역은 사실상 독립국가로서 1992년 선거를 통해 구성된 쿠르드 지방정부 Kurdistan Regional Government가 통치해 왔다. 그러나 법률적인 독립을 선언하지는 않았다.[37]

2003년 쿠르드족 민병대는 미군과 연합해 이라크 침공에 가담했다. 이에 미국은 제4보병사단을 동원해 터키에서 쿠르드족 민병대와 함께 이라크 북부 지역을 공격할 계획이었으나, 터키 의회가 미군 병력이 터키에서 이라크를 공격하는 것을 허용하지 않으면서 이라크 북부에 대한 공격은 미국 공군과 특수부대의 지원하에 쿠르드족 민병대가 담당했다. 후세인 정권이 붕괴한 이후 쿠르디스탄은 쿠르드족 민병대가 통제하는 가운데 매우 평화로웠고, 쿠르드족 민병대는 쿠르디스탄 이외의 지역에서는 활동하지 않고 있다. 쿠르드족 민병대는 이라크 헌법으로 인정되며, 바드르 군단과 함께 '허가된 민병대authorized militia'의 지위를 누린다.[38] 또한 쿠르드족 민병대 덕분에 쿠르디스탄을 구성하는 두호크Duhok, 아르빌Arbil, 술래이마니야Sulaymaniyah 지역은 매우 안전하며, 저항 세력의 공격이 사실상 존재하지 않는다. 이라크 전쟁에서 공격 횟수가 가장 많았던 2007년 5월 5일부터 7월 20일까지 바그다드에서는 하루 평균 59회의 공격이 있었지만, 쿠르디스탄 지역에서는 하루 평균 공격 횟수가 영zero이었다.[39]

12장

종파 내전

이라크 전쟁은 다양한 형태의 분쟁이 혼재된 전쟁이었다. 미국의 침공에 대항해 독립을 쟁취하고자 싸우는 민족주의 투쟁이었고, 이라크에 대한 통제권을 놓고 미국이 알카에다와 벌였던 테러와의 전쟁의 일부였으며, 이슬람 근본주의 세력에 맞서 민주주의를 수립하기 위한 노력이었다. 한편으로는 시아파와 수니파 사이의 권력 투쟁도 존재했다. 이러한 여러 가지 측면은 2003년 3월 침공 순간부터 혼재했으며, 시간이 지나면서 그 비중이 조금씩 달라졌고 이에 따른 미국의 대응도 변화했다. 그리고 2006년 2월에 일어난 알아스카리 사원 파괴는 다양한 특징을 나타냈던 이라크 전쟁을 확실하게 규정했다. 이후 저항 세력이라는 표현이 무의미해지고, 그 대신에 수니파와 시아파 간의 종파 대립과 살상이 이라크 전쟁의 가장 중요한 문제로 부각되었으며, 미국은 오히려 부차적인 행위자로 '전락'하면서 미군 사상자 수도 줄었다.

이와 함께 이라크는 서서히 붕괴하기 시작했다. 이라크 사상자 프로젝트의 추산에 따르면, 2006년 2월 22일부터 2007년 2월 21일까지 1년 동안 이라크인 2만 8440명이 목숨을 잃었다. 한편 2005년 2월 22일부터 2006년 2월 21일까지 1년 동안 이라크 사망자는 1만 4596명으로, 이라크 종파 내전이 본격화되면서 사망자 수가 거의 2배나 늘어난 것이다.[1] 피난민도 급격히 늘기 시작했다. 한 추산에 따르면, 2006년 2월 말부터 9월까지 3만 9000여 가구, 23만 4600명 정도가 피난을 떠난 것으로 집계되었다. 2006년 가을 유엔난민고등판무관실UN High Commissioner for Refugees: UNHCR에서는 사원 파괴 이후 36만 5000여 명의 난민이 발생했고, 이라크 전체 난민의 수가 160여 만 명으로 증가했다고 추정했다.[2]

하지만 미국은 이러한 상황에 적절하게 대처하지 못했다. 부시 행정부는 이라크 상황을 내전이라고 인식하지도 않았고, 이라크에서 벌어지는 시아파와 수니파의 유혈 사태를 중단시키려고 개입하지도 않았다. 거의 대부분의 사람들이 이라크 전쟁을 '내전civil war'으로 규정했지만, 대통령과 부통령, 국방장관 등은 이러한 시각을 거부했다. 이러한 상황에서 미국은 이라크 정부를 구성하고 이라크 군사력을 양성해 이라크 전쟁을 이라크 정부가 수행하게 한다는, 이라크 전쟁의 이라크화 정책을 추진했다. 이러한 방식은 고전적인 대반란작전 논의에서도 강조하는 것이지만, 이라크 정부를 장악한 시아파는 내전의 당사자로서 수니파를 탄압했고, 바로 이러한 이유에서 이라크 전쟁의 이라크화는 오히려 이라크 전쟁을 더욱 격렬하게 했다.

종파 내전으로서 이라크 전쟁

이라크 전쟁이 종파 내전으로 변화했다고 단언하기에 앞서 이것이 종파 내전이라는 간단한 근거를 제시할 필요가 있다. 이라크 종파 내전이라고 하지만, 이 내전은 이라크 전체를 포괄하지 않았기 때문이다. 이라크 인구의 15~20%를 차지하는 쿠르드족은 자신들이 획득한 자치권을 공고히 하는 것을 목표로 했고, 따라서 수니파와 시아파 싸움에 관여하지 않았다. 걸프 전쟁 직후에 확보한 자치권을 바탕으로 쿠르드족은 이라크에서 완전히 독립하지는 않았지만, 사실상 독립된 국가에 가까운 폭넓은 자치권을 행사했다. 자신의 영역인 쿠르디스탄에 수니파 또는 시아파 주민이 유입되는 것을 막기는 했지만, 자신들의 영향력을 다른 지역으로 확장하지도 않았다. 특히 쿠르드 족은 북부 지역에 밀집해 있었고 1992년부터 자치를 누렸기 때문에, 일부 이라크 전역에 흩어져 있던 쿠르드족은 미국 침공 이전에 쿠르디스탄에 더욱 집중되었다. 따라서 아랍인들과 분쟁이 없었으며, 자신들이 통제하는 지역에서 상당 정도의 소수민족이 존재하지도 않았기 때문에, 쿠르드족은 자신들의 자치권을 안전하게 누릴 수 있었다.

하지만 수니파와 시아파가 처한 상황은 달랐다. 우선 바그다드와 같은 행정 중심지에서는 서로 섞여서 살 수밖에 없었는데, 바로 이러한 지역에서 서로에 대한 공격이 치열했다. 수니파와 시아파는 서로 정권을 장악하려 했고, 이를 위해 수도인 바그다드를 통제하고 바그다드에 거주하는 다른 종파를 밀어내어야 했다. 또한 바그다드는 이라크에서 가장 큰 시아파 거주 지역이자 가장 큰 수니파 거주 지역이었다. 바그다드 전체 인구 약 600만 명 가운데 수니파는 3분의 1인 200만 명이고, 나머지 3분의 2인 400만 명은 시아파로 추산된다.[3] 결국 200만 명의 수니파와 400만 명의 시아파가 바그다드의 통제권을 둘러싸고 충돌한 것이다.

또한 권력을 장악한 시아파는 수니파 지역을 침범하기 시작했다. 예를 들어, 쿠르드족 지역과 마찬가지로 시아파 거주 지역에서도 공격은 거의 나타나지 않았다. 쿠르드족 지역에서는 하루 평균 공격 횟수가 영에 가까웠고, 주민 대다수가 시아파인 지역에서도 공격은 거의 일어나지 않았다. 2006년 11월 11일부터 2007년 2월 9일까지 한국의 도道에 해당하는 이라크 지방 행정 구역 중 시아파가 주민 대부분을 차지하는 나자프, 무타나Muthanna, 메이산Maysan, 카르발라에서는 하루 평균 공격 발생 건수가 영이었다. 디카르Dhi Qar, 와시트Wasit, 카디시아Qadisiyah, 바빌Babil 지역 등은 평균적으로 2~3회에 그쳤고, 시아파 거주 지역 가운데 공격이 가장 많이 발생한 지역은 바스라였지만 그 횟수는 8회에 지나지 않았다. 반면 수도인 바그다드는 44회, 수니파 지역인 안바르Anbar는 35회, 살라딘Salah ad Din은 22회, 디얄라는 17회, 니느와Ninewa

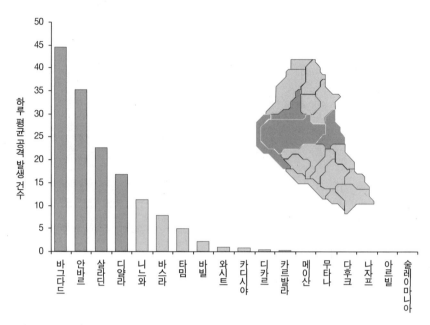

[그림 1] 지역별 하루 평균 공격 발생 건수(2006년 11월 11일~2007년 2월 9일)
자료: DoD, "Measuring Stability and Security in Iraq," March 2007, p.15.

는 11회를 나타냈다. [그림 1]에서 나타나듯이 공격은 대부분 수니파 지역에
서 발생했으며, 바그다드를 포함해 인구의 37%를 차지하는 네 지역에서 전
체 공격의 80%가 발생했다.

이러한 공격은 미국 점령에 저항하는 수니파 저항 세력의 활동 때문으로도
볼 수 있다. 하지만 [그림 2]에서 나타나듯이, 시아파가 수니파를 살해하거나
수니파가 시아파를 살해하는 종파 살인sectarian murder은 2006년 1월 200건 미
만에서 2006년 12월에는 1350건 정도로 증가했다. 즉, 2006년 종파 살인이
늘어나는 동시에 수니파 거주 지역에 공격이 집중되었다는 것은 시아파가 수
니파를 밀어내는 과정에서 문제가 발생했다는 결론으로 이어진다. 만약 종
파 살인이 증가하지 않았다면, 수니파 거주 지역에서 공격이 집중되었다는
사실을 미국 점령에 대한 수니파 저항 세력의 공격이 지속되었다는 것으로
볼 수 있다. 반대로 종파 살인이 증가했지만 공격이 수니파 거주 지역에 집중

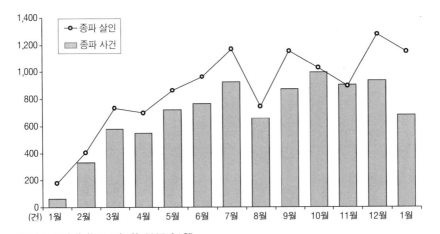

[그림 2] 종파 살인(2006년 1월~2007년 1월)
자료: DoD, "Measuring Stability and Security in Iraq," March 2007, p.17.

되지 않았다면, 이는 이라크 전쟁이 '만인의 만인에 대한 투쟁'으로 바뀌어 개인과 개인이 생존을 위해 투쟁하는 '전쟁 상태로서의 자연 상태'가 되었다는 것을 시사한다. 하지만 실제로는 수니파 거주 지역에 공격이 집중되었으며, 종파 살인에 따른 희생자 수도 급증했다. 이러한 현상은 시아파가 수니파 지역을 공격하고 수니파가 이를 방어하면서 발생했다. 즉, 시아파와 수니파의 보복 살인이 증가하지만, 기본적으로 수니파가 수세에 몰린 탓에 시아파 지역으로 반격하거나 내전을 지리적으로 확산시키지 못했다.

이라크 전쟁이 종파 내전으로 전락했다는 또 다른 근거는 2004년 4월부터 2007년 5월까지 발생한 사상자를 그 소속에 따라 집계한 그림 3에서 드러난다. 민간인 사망자와 부상자를 합한 민간인 사상자는 2004년 4월 1일부터 2006년 2월 11일까지 하루 평균 40명을 넘지 않았다. 하지만 2006년 2월 11일부터 5월 19일까지의 기간에 민간인 사상자는 50% 이상 급증해 하루 평균 60명에 육박하고, 2006년 5월 20일부터 12월 31일까지는 하루 평균 95명, 그리고 2007년에 들어서는 100명을 넘어섰다. 하지만 미군으로 대표되는 이라크 점령 연합군 사상자는 하루 평균 20명 내외에서 '안정적으로 유지'되었다. 2006년 5월 19일까지는 16명, 2006년 5월 20일부터 12월 31일까지는 22명,

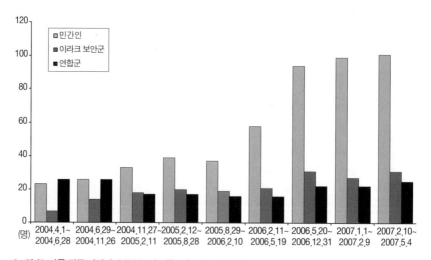

[그림 3] 하루 평균 사상자 수(2004년 4월 1일~2007년 5월 4일)
자료: DoD, "Measuring Stability and Security in Iraq," June 2007, p.24.

2007년에도 22~24명 수준으로 소폭 늘었지만, 상대적으로 큰 변화는 없었다. 이렇듯 이라크 민간인은 공격으로 목숨을 잃거나 부상을 당하는 경우가 늘었지만, 이라크 점령 연합군 사상자 수는 거의 증가하지 않았다. 즉, 이라크 내전 당사자들은 이라크 민간인, 특히 '다른 종파의 민간인을 공격하기에 너무나도 바쁜 나머지' 미군을 공격하지 않은 것이다.

종파들의 기본 전략과 전술

앞서도 거론했듯이 내전의 핵심은 역시 바그다드였다. 200여 만 명의 수니파와 400여 만 명의 시아파가 거주하고 있었기 때문에 양 측 모두 도시에서 필요한 인원과 자원을 동원할 수 있었다. 그러면서도 수니파는 사우디아라비아, 시아파는 이란이라는 각각의 지원 세력과 연결 통로를 유지하고, 각자의 세력권과 통신선을 확보하기 위해 노력했다. 동시에 수니파와 시아파는 상대의 보급로를 차단하고자 각자의 근거지에서 상대방을 공격했지만, 이는 대개 시아파 민병대가 수니파 지역에 진입해 주민을 살해하면 수니파가 시아파 지역으로 잠입하여 보복하는 형태였다. 한편 미군이 이라크를 점령하고 있었기 때문에 대규모 유혈 사태가 발생하지는 않았지만, 160만 명에 달하는 피난민이 발생하고, 도시의 개별 구역이 차츰 수니파 또는 시아파 지역으로 '정리'되면서, 수니파와 시아파가 혼재해 있던 구역이 사라져갔다.

수니파는 사우디아라비아를 근거지로 하는 수니파 근본주의 세력의 지원이 유입되는 시리아와의 교통로를 확보하기 위해 안바르 지역을 장악했고, 이러한 지원을 바그다드에 보급할 수 있는 서부 지역을 통제했다. 이러한 측면에서 중요한 거점 도시는 팔루자와 라마디Ramadi였으며, 수니파는 시리아와 요르단으로 이어지는 고속도로를 지배하려고 했다. 특히 인구 약 600만 명의 대도시인 바그다드는 수니파 집중 거주 지역인 바그다드벨트Baghdad Belt 지역에 둘러싸여 있기 때문에, 수니파는 시아파에 대한 보복 공격에 필요한 인원과 물자를 필요한 곳으로 비교적 쉽게 옮길 수 있었다. 또한 제한적으로 수니파는 이란에서 제공하는 보급 물자가 시아파 지역으로 유입되는 경로를 차단하기 위해 바그다드 외곽 지역을 공략했다. 2006년 여름에 접어들면서 수니파 지역에 대한 이라크 알카에다 조직의 장악력은 강화되었고, 봄까지는 상대적으로 안정적이었던 많은 지역이 매우 '위험한 지역'으로 변화했다.[4]

반면 시아파는 자신들이 장악한 권력을 수니파가 빼앗을 가능성을 완전히 봉쇄하려고 했다. 시아파가 유권자의 다수를 차지하므로 선거에서 시아파가 승리할 것은 확실했기 때문에, 시아파는 수니파가 쿠데타 또는 폭동을 일으킬 가능성을 두려워했다. 따라서 시아파는 바그다드에서 수니파 주민을 제거하고 쿠데타가 일어나더라도 주민들이 반란군을 지지하는 사태를 막으려고 했다. 또한 시아파는 이란의 지원에 의존했기 때문에 시아파 집중 거주 지역인 이라크 남부와 동부 지역에서 바그다드로 이어지는 교통로를 지키려고 했다. 그리고 이에 방해되는 바그다드벨트의 수니파 거주 지역을 장악해 남부의 나자프 또는 카르발라 등 시아파 거주 지역과 바그다드를 지리적으로 연결하고자 했다. 이러한 목표를 달성하고자 시아파는 바그다드 행정구역의

하나로 100만여 명의 시아파가 거주하는 사드르시티라는 막강한 거점을 가지고 있었다.[5]

이라크 종파 내전의 주요 전쟁터는 이른바 '수니 삼각지대'로 불리는 수니파 거주 지역이었고 그 중간 지점이 바그다드였다. 이곳은 미국 점령에 반대하는 수니파 저항 세력의 온상이었던 탓에 2006년 들어 시아파 민병대의 공격이 집중되었던 지역이다. 2005년 8월 이후 이라크 전체에서 발생한 공격 가운데 80% 정도가 수니 삼각지대의 상위 네 지역에 집중되었다. 여기에 다섯 번째로 공격이 많이 발생한 수니파 지역을 포함하면 전체 공격에서 수니 삼각지대가 차지하는 비중은 90%를 넘는다.[6] 그중 바그다드는 이라크 종파 내전의 핵심이었다. 2006년 한 해 동안 발생한 전체 공격 가운데 평균 25~30% 정도가 바그다드에서 발생했다. 2006년 10월에 이루어진 여론 조사에서 바그다드 주민의 73%가 자신이 거주하는 바그다드 지역이 '안전하지 않다'고 답했다. 한편 다른 수니파 지역에서도 '안전하지 않다'는 답변이 82%에 달했다. 그런데 같은 조사에서 쿠르드족 지역은 94%, 시아파 지역은 96%가 자신의 거주 지역이 '안전하다'고 답했다.[7]

주목해야 할 지역은 안바르다. 이곳은 수니파 저항 조직이 강력하게 장악하고 있던 곳으로, 시아파가 침투하지 못한 지역이다. 한편 안바르 지역 주민은 2005년 1월에 시행된 제헌의회 선거를 거의 완전하게 거부했고, 이에 따라 당시 투표율은 2%에 지나지 않았다. 또한 안바르에는 수니파 저항 조직의 상징인 팔루자가 위치하고 있으며, 사우디아라비아와 시리아의 이슬람 근본주의 세력은 바로 안바르 지역을 거쳐 이라크 수니파에게 물자와 병력을 지원했다. 이러한 지리적 여건으로 시아파 병력은 안바르 지역까지 진출하지 못했으며, 따라서 이 지역에서 발생하는 공격은 수니파 저항 세력의 이라크 보안군과 미군에 대한 공격이었다. 2006년 한 해 동안 안바르 지역에서는 전체 공격의 25% 정도가 발생했다.

이러한 상황에서 이라크 종파 내전의 당사자들은 다양한 전술을 동원해 자신의 정치적 목적을 추구했다. 우선 시아파는 처형조death squads를 운영했다.

소규모 병력이 보병 화기 정도로 무장하고 수니파 거주 지역에 들어가 주민을 납치 또는 고문하여 몸값을 요구하거나 살해했다. 2006년 발견된 시체에는 고문의 흔적이 선명하게 남아 있었으며, 일부는 전동 드릴로 살해되거나 참수되었다. 이전에는 저격 또는 사제 폭탄으로 민간인들이 피해를 입었다면, 시아파 처형조가 등장하면서 처형 형식의 살인execution-style killings이 8배나 증가했다.[8] 이라크 보안군, 특히 경찰 병력으로 통합된 시아파 민병대는 수니파 주민 수천 명을 무차별 체포해 구타 및 고문을 자행했고, 일부 지역에서는 2005년부터 2007년 여름까지 이러한 '경찰 행위'가 지속되었다.[9] 마흐디군은 바드르 군단 출신의 이라크 경찰까지 협박해서 통제했고, 자신들이 수니파 주민을 색출하고 이동하는 데 경찰을 동원하기도 했다. 이 때문에 주민들은 경찰을 '민병대'라고 불렀으며, 자신들의 생존을 위해 수니파 저항 조직과 이라크 알카에다 조직을 지원했다.[10] 하지만 시아파는 바그다드벨트 지역을 장악하지 못한 탓에 병력 이동이 자유롭지 못했으며, '바그다드로의 팽창' 또한 특정 방향으로만 추진할 수밖에 없었다.

반면 수니파는 다른 방식으로 대응했다. 수니파도 이라크 알카에다 조직의 지원을 받아 처형조를 두었지만, 경찰의 비호를 받지 못했기 때문에 시아파 처형조처럼 대담하게 행동하지는 못했으며, 야간에 기습 공격을 하거나 이라크 정부와 미국 점령 당국과 관련된 인사를 암살하는 데 그쳤다. 하지만 바그다드를 둘러싼 교외 지역이 수니파 거주 지역이었기 때문에 이라크 알카에다 조직과 수니파는 이동이 자유로웠으며, 매우 다양한 시아파 목표물을 공격할 수 있었다. 교외에 건설된 고속도로 등을 이용해 차량으로 이동하면서 휴대용 로켓을 발사하거나 박격포 사격을 하여 시아파 민간 목표물을 공격했다.

특히 많이 사용된 방법은 자살공격이었다. 자살공격을 감행하는 인원은 이라크 현지에서 충원되기보다는 외부에서 유입되었으며, 이라크 보안군이 이라크 국경을 봉쇄하거나 외부에서 유입되는 물자와 인원을 통제하지 못한 탓에 문제는 심각했다.[11] 2003년 3월 22일에서 2006년 8월 18일까지 이라크에서는 514건의 자살공격이 발생했고, 신원이 확인된 102명의 자살공격자 가운데 절반가량인 44명이 사우디아라비아 출신이었고, 쿠웨이트 출신 7명, 시리아 출신 6명 등이었으며, 이라크 출신은 7명에 지나지 않았다. 그리고 2007년 7월에 발표된 자료에서도 자살공격자의 출신국이 사우디아라비아가 45%, 레바논과 시리아가 15%를 차지하는 것으로 나타났다. 또한 이라크로 잠입한 사우디아라비아 출신자의 절반이 자살공격을 위해 이라크에 입국한 것으로 추정되었다.[12] 자살공격자는 대부분 자동차에 폭탄을 장착하고 시아파 주민이 밀집한 지역으로 잠입해 자폭함으로써 목표를 파괴하는 방법을 썼다. 특히 미군이 자살폭탄 공격에 대비하기 시작하면서, 자살공격자들은 이라크 보안군 병력과 시아파 주민을 집중 공격했고, 한 번 공격에 평균적으로 16명을 살해했다. 이라크 사상자 프로젝트에서 집계한 바에 따르면, 2006년에 50명 이상의 사망자가 발생한 자살공격은 모두 11회 발생했고, 이때 950명 정도가 사망했다. 이 가운데 사드르시티는 네 차례 공격을 받았고, 시아파 사원(바라타 사원Baratha Mosque)이 한 번 공격을 받았으며, 시아파 도시와 주민을 목표로 한 공격이 다섯 차례 발생했다. 수니파 지역에 대한 대규모 자살공격은 한 번 있었는데, 이는 라마디에 있는 이라크 보안군 훈련소를 대상으로 한 것이었다.[13] 또 다른 자료에 따르면, 2010년 9월 1일까지 발생한 미군 전사자는 4417명으로 이 가운데 105명이 자살공격으로 희생되었으나, 2명을 제외한 103명이 모두 바그다드와 안바르, 살라딘, 니느와, 디얄라에서 전사했다.[14] 이와 동시에 2007년부터 여성이 자살공격자로 동원되었다. 2006년까지는 여성이 자살공격을 감행하는 사례가 나타나지 않았지만, 2007년에는 8건, 2008년에는 모두 41건의 여성 자살공격자가 등장했다. 특히 이라크 보안군과 미군 병력이 이라크 여성을 대상으로 몸수색을 엄격하게 할 수 없었기 때문에 여성 자살공격자들은 상대적으로 검문을 쉽게 통과할 수 있었고, 따라서 공격에 더욱 '효과적'이었다.[15]

시아파와 수니파 모두 '애용'했던 것은 사제폭발물, 즉 IED였다. 이는 대개 기존 폭발물에 있던 폭파 장치를 제거한 다음 새로 뇌관과 기폭 장치를 설치

바그다드에서 이라크 경찰이 발견한 IED로 사용되기 위해 개조된 탄약의 모습
자료: Department of Defense

한 것으로, 목표물이 다가오면 폭파해 목표물을 파괴하는 용도로 쓰였다. 2010년 5월 15일까지 미군은 IED 공격으로 1754명이 전사했으며, 이는 전체 사상자 수인 4417명의 40%에 해당한다.[16] 하지만 2007년 9월 발표된 또 다른 추산에 따르면, 미군 전사자의 3분의 2가 IED 공격으로 말미암은 것이었고, IED 공격으로 부상당한 미군 수도 2만 1200명에 달했다. 또한 IED 공격 때문에 2007년 7월 말까지 1만 1000여 명의 이라크 민간인이 죽거나 다쳤으며, 600명 이상의 이라크 보안군 병력이 전사했다. 이러한 측면에서 미국 정부는 IED가 '이라크 배치 병력에 대한 가장 강력한 무기single most effective weapon against our deployed forces'라고 평가했다. 2006년 1월에는 하루에 50여 개의 IED가 매설되었지만, 그 수는 2007년 3월부터 하루에 100여 건, 한 달에 3000여 건으로 증가했다.[17]

수니파 저항 세력과 시아파 민병대는 IED를 사용해 미국의 전쟁 수행 의지를 약화시키면서, 이라크 전쟁을 이전과는 다른 형태로 변화시켰다. 미군은 IED에 대처하기 위해 약 30억 달러를 투입하는 한편, IED로부터 미군 병력을 보호하기 위해 장갑차량을 동원하지 않는 순찰을 금지했다. 그러나 이러한 방식은 이라크 주민과의 접촉을 제한해 더욱 심각한 부작용을 불러일으켰다. 시아파는 전차 장갑판을 파괴할 수 있는 성형작약탄shaped charge을 이용한 사제폭탄인 EFPExplosively Formed Penetrator를 사용했는데, 2007년 7월이 되면

서 미군 전체 전사자의 3분의 1 정도가 EFP 때문에 발생한 것으로 집계되었다.[18] 반면에 수니파 저항 세력과 이라크 알카에다 조직은 수니파 주민들의 묵인하에 주로 50킬로그램 정도의 폭약을 지하에 매설해 미군에 대응하는 방법을 썼다. 한편 IED 기술도 발전했다. 초기 단계에서는 간단한 포탄에 전선을 연결해 사용했지만, 미군이 대응책을 개발하면서 '경쟁적인 기술혁신'이 이루어졌다. 유선 폭발 장치가 무선 장치로 진화했고, 미군이 전파 방해를 사용하자 전파 방해를 이용해 자동 폭발하는 IED도 등장했다. 2007년 봄에는 적외선 기폭 장치를 사용한 첨단 방식의 IED까지 등장했다.

2003년 후반 무렵에 IED가 처음 등장했을 때 저항 세력은 이라크 민간인을 고용해 IED를 매설했다. 2006년 봄에 주민들은 IED를 설치하면 40달러를 우선 받고, 설치한 IED로 미군 차량이 파괴되면 60달러, 미군이 전사하면 인당 100달러씩을 보너스로 지급받았다. 이라크 민간인들은 IED를 매설하는 것에 대해 심각하게 생각하지 않았고, 일부 지역에서는 학생들이 학비를 벌기 위해서 이 일에 나서기도 했다.[19] 시간이 지나면서 그러한 수당은 점차 올라, 지역에 따라 큰 편차가 있지만, 2007년 여름에는 매설에 25~300달러를 지급하고 사상자가 발생하면 700달러를 추가로 지급했다고 한다. 하지만 그해 가을이 되면서 이러한 '가격'은 하락했다.[20]

이라크 종파 내전에서 수니파 저항 세력과 이라크 알카에다 조직, 시아파 민병대는 내전을 치르는 데 필요한 무기를 이라크 내부에서 충분히 충당할 수 있었다. 즉, 외부에서 군수물자가 대규모로 유입되지 않았으며, 이 때문에 미군은 이라크 국경을 봉쇄하는 방법만으로 내전을 통제할 수 없었다. 특히 미국의 잘못되고 비효율적인 정책 탓에 이라크 내전 당사자들이 다량의 무기와 탄약을 확보할 수 있었다. 침공 과정에서 미군은 후세인이 은닉한 무기를 완전히 찾아내지 못했으며, 미군이 바그다드를 함락한 직후에는 거의 모든 이라크군의 무기고가 약탈당했다. 정확히 알 수는 없지만, 당시 약탈된 폭약의 양은 50만 톤 이상일 것으로 추정된다. 이에 관해 2003년 9월 24일 의회 청문회에서 당시 미국 중부군 사령관이었던 애비제이드는 "수십 년간 군 생활을 하면서 이라크만큼 많은 폭약을 보유한 국가를 보기는 처음이다"라고 증언하기도 했다.[21] 점령 이후 여러 번의 실태 조사가 이루어지는 동안 이라크 무기고의 안전성은 늘 지적되었으며, 2007년 3월까지 미국은 10억 달러를 들여 41만 7000톤에 달하는 폭약을 폐기처분했다. 하지만 후세인 정권이 남긴 폭약의 정확한 재고는 알 수 없었다. 일부 이라크 군사기지에서는 2006년 5월까지도 무기와 폭약 등에 대한 지역 주민의 약탈이 계속되었다. 또한 2004년 4월에 시행한 조사에 따르면, 400여 개의 군사기지가 모두 약탈되어 무기고가 완전히 비어 있었다. 하지만 연합군임시행정청과 미군은 이러한 상황을 통제하기 위한 조치를 취하지 않았고, 이 때문에 수니파 저항 조직과 시아파 민병대는 무기와 탄약, IED 제조를 위한 폭약 등이 매우 '풍족'했다.[22]

한편 미국이 이라크 보안군 무장을 위해 제공한 무기의 상당수가 사라졌다. 미국 정부는 2003년 10월부터는 이라크 점령 행정을 담당했던 연합군임시행정청을 통해서, 그리고 정권이 이양된 2004년 6월부터는 이라크 보안군 훈련을 담당하는 이라크 안전이양준비 사령부를 통해서 이라크 육군과 경찰 병력에 무기를 제공했다. 특히 이때 제공한 무기는 미군 무기가 아니라 AK-47 등 이라크군이 사용한 무기였다. 또한 이라크 구호 및 재건 자금IRRF과 이라크 보안군 지원 예산Iraq Security Forces Funds: ISFF을 통해 미국 정부는 192억 달러를 들여 이라크 보안군 군사력을 구축했다. 하지만 2005년 12월 이전에 미군이 얼마나 되는 무기를 이라크 보안군에 제공했는지에 관해서는 기록이 전혀 남아 있지 않다. 이후 기록에서도 무기를 제공했다는 미군 기록과 무기 제공을 보고한 이라크 안전이양준비 사령부 사령관의 보고 내용에 큰 차이가 나타나는 등 혼선을 빚었다. 구체적으로 보면, AK-47 11만 정에 관한 기록과 권총 8만 정에 관한 기록이 존재하지 않는다.[23] 즉, 19만 정의 총기가 미국 국가 기록에서 사라졌다. 이러한 차이는 미군 기록에서만 나타난 것으로, 이라크 보안군 기록까지 고려하면 차이는 더욱 커질 것이다. '사라진' 무기는 결국 이라크 종파 내전에서 사용되었다.

미국의 대응과 실패

이라크 내전이 격화되는 과정에서 미국은 기존 정책을 고수했다. 부시 행정부는 이른바 '이라크 전쟁의 이라크화'를 추진하면서, 이라크 안전의 책임을 시아파 주도의 이라크 정부에 지속적으로 이관했다. 2005년 11월 30일에 발표된 「이라크 전쟁 승리를 위한 국가 전략」은 이라크의 정치적 통합을 강조하면서, 후세인 지지 세력과 테러리스트를 고립시키고 그 밖의 세력을 규합해 이라크 전체의 이익을 보호할 수 있는 민주정부를 구성하는 정치 전략을 역설했다. 특히 부시 행정부와 미군은 '이라크 문제'의 근본적 해결책이 이라크 내부의 정치적 타협과 화해라고 판단했다. 시아파와 수니파가 직접 나서서 대화함으로써 서로의 차이를 극복하고, 새로운 합의를 이끌어내며, 무엇보다 '민주정부의 구성'을 통한 화해가 필요하다고 보았다.

이와 함께 부시 행정부는 안보 전략에서 테러리스트와 저항 세력을 무력화하는 것을 목표로 제시하면서, 이라크 보안군의 능력을 확충해 이라크 정부가 저항 세력을 퇴치할 수 있게 하고, 저항 세력이 장악했던 지역을 확보하며, 이 지역을 유지할 수 있는 능력을 배양한다는 3단계 접근법을 내세웠다. '소탕, 장악, 건설Clear-Hold-Build'이라고 부르는 이러한 접근의 핵심은 미국이 이라크 정부와 이라크 보안군을 지원한다는 것으로, 이는 이라크 전쟁을 결국 이라크인이 수행해야 하며, 이라크 전쟁에서 더는 미군 병사를 희생시키지 않겠다는 정치적 의지가 담긴 것이었다.[24] 또한 부시 행정부는 시아파와 수니파가 미군이 주둔하는 한 이라크에서 전면적인 내전이라는 '최악의 상황'이 일어나지는 않을 것으로 확신해 상대에게 양보를 강요하고 있다고 보았다. 따라서 미국은 미군 철수나 이라크 전쟁의 이라크화를 통해서 시아파와 수니파에게 '최악의 상황'은 충분히 일어날 수 있으며 서로 조속히 타협하지 않으면 그것이 현실화될 수 있음을 보여주어야 한다고 판단했다. 케이시는 이러한 견해를 여러 차례 밝혔으며, "미군이 이라크에 주둔하는 동안에는 시아파 정부가 수니파와 화해하거나 민병대 문제를 해결하려고 하지 않을

것"이라고 강조했다.[25]

하지만 시아파 정부는 미국의 철군 위협이 단순한 위협이라고 판단했고, 동시에 수니파에 대한 공격을 '이라크 알카에다 조직의 지지 기반에 대한 공격'으로 포장하면서 부시 행정부를 거꾸로 압박했다. 무엇보다도 시아파가 장악한 이라크 정부가 이라크 종파 내전의 원인이었기 때문에 이라크 전쟁의 이라크화는 상황을 더욱 악화시켰다. 기본적으로 이라크 전쟁의 이라크화는 미군 병력의 축소 또는 존재감 감소, 궁극적으로는 철수를 전제로 하는 것이었으므로, 미군을 대신할 이라크 보안군을 구축하는 일이 필수적이었다. 하지만 이라크에서는 이라크 정부가 내전의 당사자이고, 정부와 연결된 세력이 수니파를 살해하고 있었기 때문에, 이라크 전쟁의 이라크화 전략은 그것이 내전의 한 당사자에 대한 지원을 의미하는 상황에서는 적절한 정책이 아니었다. 말리키 총리는 하루에 150여 명이 살해되고 그들 대부분이 수니파로 추정된다는 미군 지휘관의 보고를 받고는 "후세인 시절에는 이보다 더했다"라고 반응하면서, 수니파의 희생에는 관심을 기울이지 않았다. 또한 2006년 6월 미국과 이라크 정부는 협동 작전을 통해 종파 분쟁의 핵심 축인 마흐디군을 공격하고 사드르시티에 진입하기로 합의했지만, 작전이 실행되기 직전에 이라크 정부는 동원하기로 약속했던 병력을 철수하고 시아파 민병대를 '보호'했다.[26] 시아파가 수니파를 완전히 굴복시키지 않고 평화적인 방식으로 이라크 종파 내전을 종식하려면 시아파와 수니파 사이에 타협이 이루어져야 했지만, 미국의 지원을 받는 이라크 정부는 수니파를 '말살'하려고 했다. 그리고 수니파는 생존을 위해서 이라크 알카에다 조직과 연합했고, 이 때문에 미국은 더욱 시아파를 지원했다. 이러한 악순환이 종파 내전의 근원이었다.

시아파가 장악한 이라크 정부는 다양한 수단을 동원해 수니파를 위협했다. 예를 들어 이라크 은행들은 금융 당국의 압력을 받아 수니파 지역에 개설된 지점을 폐쇄하거나 은행을 전면 폐쇄하기도 했다. 이 때문에 수니파는 은행을 이용하려면 시아파 지역으로 들어가야 했으며, 시아파 민병대에게 납치되어 몸값을 지불하거나 살해되기도 했다. 따라서 수니파 주민들은 현금을 은행 대신 집에 보관했고, 야간에 침투한 시아파 민병대는 수니파를 협박해 약탈했으며, 수니파 지역에는 강도 등의 범죄가 급증했다.[27] 또한 시아파 출신의 교육부 장관은 수니파 학생들의 수학능력시험 성적표를 '사라지게' 만들었다. 이 때문에 수니파의 대학 교육 기회는 박탈되었으며, 수니파는 미래에 대한 희망을 상실하면서 더욱 격렬하게 저항했다.[28] 극렬 시아파인 마흐디군이 보건부를 장악하면서 매우 심각한 문제가 발생했다. 예를 들어, 건강 문제로 병원을 이용한 수니파 주민 일부가 병원 내부에서 '실종'되고 며칠 후 시체로 발견되는 사건도 일어났다. 또한 수니파 의사들이 이라크를 떠나 요르단 등지로 이주하여 보건의료 서비스를 받을 수 없게 된 수니파는 말 그대로 '생존의 위기'에 직면했다.[29] 하지만 가장 심각한 문제는 시아파 경찰이 수니파 살해에 관여한다는 사실이었다. 상황이 좋지 않을 때는 하루 300여 명의 수니파 주민이 시아파 처형조에게 살해당했는데도, 경찰은 이를 막기 위해 전혀 나서지 않았다. 수니파 지역에서 들어오는 신고 전화는 무시했으며, 살인 사건은 '증거 부족'을 이유로 수사하지 않았다. 미군이 처형조를 체포해 경찰에 신변을 넘기면, 경찰은 이라크 내무부의 명령에 따라 처형조를 석방했다. 이 때문에 일부 미군 장교들은 이라크 내무부를 '살인자 집단murders'이라고 부르기도 했다.[30]

이와 동시에 미군 병력 또한 사라져버렸다. 사상자가 늘어나고 이에 따라 이라크 전쟁에 대해 미국 내 지지가 줄어들자, 부시 행정부는 미군 병력을 '보호'하기 위해 이라크에서 미군이 적극적으로 작전을 펴지 말고 반드시 필요한 경우에 한하여 대규모 병력이 장갑차를 동원해 작전할 것을 지시했다. 이 때문에 수니파 주민이 살해되는 '사소한 사건'에는 미군 병력이 동원되지 않았으며, 미군 병력은 전진기지에 집결해 탱크와 장갑차를 이용해 수니파 거주 지역을 '순찰'했지만, 수니파 주민과 실질적인 접촉은 전혀 없었다. 하지만 이러한 조치에도 미군 사상자 수는 감소하지 않았다. 일부 수니파 지역에서 미군 병력은 같은 장소에서 10분 이상 정지하는 경우에 저격수의 공격에 노출되었으며, 해당 지역 주민들은 이라크 알카에다 조직 병력에게 미군

의 위치를 제보했다.[31]

심지어 알아스카리 사원이 파괴된 직후에도 미군은 전혀 행동하지 않았다. 미군은 오히려 전 병력이 기지에 대기하면서 이라크 보안군이 문제를 해결하기를 기대했다.[32] 하지만 이라크 보안군은 종파 내전에 대한 해결책이 아니라, 오히려 종파 내전의 원인 가운데 하나였다. 이라크 정부는 사태가 악화되는 것을 막기 위한 최소한의 조치도 취하지 않았다. 알아스카리 사원이 파괴된 직후 할릴자드 이라크 주재 미국 대사는 이라크 과도정부 총리는 자파리를 만나, 24시간 통행금지를 선포할 것을 제안했으나, 자파리 총리는 이러한 제안을 거부했다. 그러면서 그는 미국 대사에게 "당신은 이라크에서 겨우 6개월을 보냈다. 이라크의 문제는 우리가 더 잘 파악하고 있다"라고 말했다.[33] 결국 미군 병력이 존재하지 않는 상황에서 시아파 처형조는 '매우 활발하게' 활동했으며, 수천 명의 수니파가 살해당했다.

부시 행정부와 이라크 주둔 미군의 기본 태도는 미군의 존재가 이라크 문제의 근원이라는 것이었다. 즉, 이라크 저항 세력이 등장하는 원인은 미국이 이라크를 점령하고 있기 때문이며, 따라서 미국이 이라크에서 조속히 철수하거나 미군 병력이 이라크에서 존재감을 줄여야 한다는 주장이 대세를 이루었다. 이는 다시 말해, 이라크 사회에 미군이라는 '이물질'이 들어와 문제가 발생했으며, 이를 해결하는 유일한 방법은 이물질을 제거하는 것이라는 주장이다. 이와 더불어 미국은 이라크 정치 세력이 미군이 주둔하는 한 '최악의 상황'은 발생하지 않을 것이라고 여겨 상대와 타협하지 않고 전쟁을 계속하고 있다고 판단했다.[34]

이러한 견해를 밝힌 인물은 럼즈펠드 국방장관과 이라크 주둔 다국적군 사령부 사령관인 케이시였다. 이들은 이라크 전쟁이 내전이 아니며, 더욱이 시아파와 수니파가 서로를 공격하는 종파 내전이 아니라고 강변했다. 이라크 내전을 인정한다면 애초에 부시 행정부가 내세운 정책은 그 정당성이 무너지고 실패했다는 사실이 드러나는 것이었다. 이 때문에 그들은 내전보다는 저항 세력의 공격에 초점을 맞췄다.[35] 럼즈펠드와 케이시는 이라크에서 미군 병력을 철수하면 이라크를 정상화하고 '전쟁에서 승리'할 수 있다고 보았다. 이에 따라 2006년 6월 당시 총 14개였던 전투여단을 그해 9월까지 12개로 감축하고 12월까지 추가로 2개 여단을 철수하여 2007년 12월에는 5~6개 전투여단만을 이라크에 주둔하게 하는 것을 목표로 했다. 하지만 이러한 계획은 이라크 상황을 피부로 느끼고 있던 전선 지휘관들의 반대로 실현되지 못했다.[36] 그 대신에 케이시는 통합작전계획Joint Campaign Plan에서, 지금까지 미국과 이라크 주둔 다국적군 사령부가 담당했던 안전 업무를 이라크 정부와 이라크 보안군에 이관하는 것을 작전 목표로 선언했다. 하지만 안전 업무를 담당할 이라크 보안군은 오히려 문제의 근원이었다.[37]

미군 내부의 반발은 심각했다. 전선 지휘관들이 이라크 전쟁을 지휘하는 중부군 사령관과 국방장관을 불신하는 상황에서 이라크 전쟁 경험이 있고 전선 지휘관들과 관계를 맺고 있던 퇴역 장성들은 부시 행정부를 강하게 비판했다. 이들이 가장 '증오'했던 인물은, 군사작전에 개입하고 전략적 결정을 왜곡한 럼즈펠드 국방장관이었다. 최소 7명의 퇴역 장성이 언론과 의회 증언을 통해 럼즈펠드의 사임을 요구했으며, 일부는 이라크 침공 자체를 비난했다.[38] 이라크 전쟁에 새로운 전략이 필요하다는 인식은 2006년 여름부터 호소력을 띠기 시작했다. 2006년 8월 할릴자드 대사는 신문 기고문에서, 이라크 상황은 매우 좋지 않으며, 종파 간 폭력sectarian violence을 통제하지 못하면 미국은 이라크에서 민주정부의 수립이라는 목표를 달성할 수 없다고 솔직하게 인정했다. 그러면서 그는 종파 간 폭력을 통제하는 방법으로 미군 병력의 철수가 아니라 시아파 민병대의 해산을 거론했고, 문제 해결에 많은 시간이 필요하다고 지적했다.[39]

2006년 9월 국가안전보장회의는 이라크 전쟁 전략을 재검토하기 시작했다. 또한 군부 내부에서도 합동참모본부와 오디에어노 등은 독립적으로 문제를 파악하고 해결책을 모색했다.[40] 한편 미국 정보기관은 이라크 전쟁으로 미국의 전략적 상황이 오히려 악화되었다고 분석하면서, 새로운 방식으로 이라크 전쟁이 수행되어야 한다고 지적했다. 또한 미국의 이라크 침공 이후 세계적으로는 "이라크 전쟁이 기독교 국가인 미국이 이슬람 국가를 정복하기 위해 벌인 전쟁"이라는 이슬람 과격파의 선전이 점차 힘을 얻고 있으며, "미국의 기독교 병사들이 수니파 이슬람교도의 죽음을 방관하고 있다"라는 여론이 있다고 보고했다. 그리고 미국 정보기관은 이 때문에 미국의 입지가 점차 약화되고 있으며, 미국을 목표로 테러 공격이 발생할 위험이 높아지고 있다고 보았다.[41]

이러한 상황에서 2006년 11월에 미국 중간선거가 시행되고, 부시 행정부의 공화당은 참패했다. 2004년 선거에서 공화당은 하원과 상원을 장악했고 대통령 선거에서 승리했다. 하지만 그로부터 2년이 지난 2006년 선거에서 공화당은 하원에서 다수당 지위를 상실했고, 상원에서도 민주당과 같은 수의 의석을 가지게 되면서 기존의 정치적 우위를 잃었다.[42] 그리고 2006년 11월 8일에 럼즈펠드가 국방장관직을 사임하고, 후임으로 중앙정보국 출신인 게이츠Robert M. Gates가 취임했다. 덕분에 미국은 새로운 전략을 추진할 기본 구도가 갖추어졌지만, 과연 어떠한 전략이 가능한지, 그리고 그것을 추진하기에 너무 늦지는 않았는지에 대해 많은 우려가 제기되었다. 그리고 2007년 1월 10일, 부시 대통령은 '이라크 전쟁에서 유일하게 적절한 결정'인 증파surge를 선언했다.

5부

증파 전략 그리고 안정화
(2007년 1월~2011년 8월)

이라크 전쟁의 핵심 문제는 크게 두 가지였다. 첫 번째 문제는 병력 부족이었다. 부시 행정부는 이라크 침공에 지나치게 적은 병력을 동원했으며, 이 때문에 전투에서 승리하고 후세인 정권을 파괴할 수는 있었지만, 그 이후의 사태를 전혀 수습하지 못했다. 두 번째 문제는 이라크 내부의 종파 갈등이었다. 미국은 이라크를 하나의 통합된 국가로 파악하면서 그 내부에 존재하는 시아파와 수니파의 갈등을 무시했다. 이라크 내부에서 종파 간 갈등이 점차 격화되다가 2006년 2월 알아스카리 사원 파괴를 계기로 종파 내전이 시작되었지만, 미국은 시아파와 수니파 간의 갈등을 이해하지 못했고, 미군 병력을 이라크에서 철수함으로써 이라크 저항 세력의 공격을 완화할 수 있다고 보았다.

2007년 1월에 미국은 새로운 전략을 선언했다. 우선 병력을 증파하고, 그 병력을 바그다드에 집중 배치했다. 그리고 미군 지휘관들이 증파된 병력으로 수니파 지역을 보호하고, 수니파 저항 세력 및 무장 집단과 타협하면서 문제를 해결하고자 했다. 이러한 접근은 최소한의 평화를 가져왔으며, 이라크 상황은 빠른 속도로 안정되었다. 2009년 초 이라크 전체에서 발생한 공격은 2007년 여름의 10% 수준으로 감소했고, 수니파 저항 세력이 미군의 지원을 받으면서 수니파 지역을 자체적으로 경비했으며, 미군과 힘을 합해 이라크 알카에다 조직을 소탕했다.

이러한 성과는 미국이 수니파를 지원했기 때문에 가능했다. 하지만 바그다드의 시아파 정부는 2007년에 새롭게 등장한 미군과 수니파 저항 세력의 '우호적 관계'에 의혹의 눈초리를 보냈다. 이라크 정부는 미군 지휘관이 개인적으로 보장하는 수니파 저항 세력을 공식적으로 승인하지 않으려고 저항하면서, 이들을 수니파 민병대라고 비난했다. '이라크의 아들'이라고 부르는 수니파 민병대는 12만 명에 달했지만, 시아파 정부는 이러한 조직을 이라크 보안군의 일부로 편입하기를 거부했고, 이들에게 임금을 지급하지 않겠다고 선언했다. 2009년에 들어서면서 상황은 개선되었지만, 문제는 여전히 남았다.

2010년 8월에 미군 전투 병력이 전면 철수하면서 이라크에는 공식적으로 인정된 시아파 민병대와 수니파 민병대, 이라크 보안군이 서로 대결하는 상황이 초래되었다. 이러한 불안정한 균형이 얼마나 오래 그리고 잘 유지될 것인지는 이라크 정치가 얼마나 이라크의 자원을 잘 배분하고 내부의 종파 갈등을 잘 해결할지에 달렸다. 그리고 이 모든 것은 미래의 일이 될 것이다.

13장
철군 또는 증파
그리고 도박

2007년 초 미국의 여론은 명료했다. 이라크 전쟁에서 미국은 패했고, 이제 남은 과제는 얼마나 빨리 병력을 철수해서 미국의 희생을 최소화할 수 있느냐 하는 것이었다. 2007년 3월 29일 《뉴욕타임스》는 사설에서 "이라크에서 승리하기는 불가능하다Victory is no longer an option in Iraq"라고 선언했고, 12개월에서 18개월 이내에 미군 병력을 철수하는 민주당 의회의 방안을 지지했다.[1] 이라크 전쟁을 지지하는 여론은 20% 정도로 떨어졌고, 이라크 전쟁에 반대하는 여론은 65%를 넘었다. 하지만 이라크에서 병력을 즉시 철수할 수는 없었으며, 미국의 국가정보보고National Intelligence Estimate: NIE가 지적했듯이, 이라크의 문제는 이라크 알카에다 조직이 아니라 '이라크 내부의 폭력 사태Iraqi-on-Iraqi Violence'에 있었다.[2] 만약 미군 병력을 즉각적으로 철수할 경우 이라크 내에 엄청난 유혈 사태가 발생할 것이라는 전망에는 철수를 주장하는 측도 별다른 이견이 없었다. 어떻게 하면 파국적인 결말 없이, 예컨대 1975년 4월 30일 사이공에서 철수하는 미군 헬리콥터들이 연출한 것과 똑같은 장면이 다시 연출되지 않으면서 명예롭게 철군할 수 있을지에 대해 논의가 집중되었다.

그런데 부시 대통령은 전혀 다른 결정을 내렸다. 2007년 1월 10일 미국 동부 시간으로 저녁 9시, 부시는 미국 전역에 생중계된 텔레비전 연설에서 새로운 이라크 전략을 공개했다. 그는 미국 내에 팽배한 철군 여론에 역행해 오히려 5개 전투여단인 미군 2만여 명을 증파하겠다고 선언했고, 이로써 이라크 전쟁을 승리로 이끌겠다고 다짐했다. 명시적으로 "전략을 바꿀 것이고, 이라크와 바그다드 시민들이 요구하는 안전security을 제공하겠다"라고 공언하면서, "병력 대부분은 바그다드에 배치"할 것이라는 계획까지 공개했다.[3] 2007년 1월 23일에 발표한 연두교서에서 부시 대통령은 "이라크 정부가 종파 분쟁을 종식할 능력을 갖추지 못했기 때문에 미국이 개입해 종파 분쟁을 종식할 것이며, 이를 위해 병력 증파가 필요하다"라고 선언했다. 그리고 안바르 지역에서 나타나는 이라크 알카에다 조직과 수니파 저항 세력의 분열을 언급하면서, 해병대 병력의 안바르 지역 배치 계획도 공개했다.[4]

이러한 연설에서도 나타나듯이, 병력 증파는 단순히 미국이 더 많은 병력을 이라크에 배치하려고 내린 결정이 아니었다. 그것은 이라크인에 대한 '안전 제공'에 중점을 두는 동시에, 이라크 정부와 시아파 세력에게 문제 해결을 맡기지 않고 미국이 직접 개입해 문제를 해결하겠다는 의지를 나타낸 것이었다.[5]

이러한 결정이 가능했던 것은 바로 안바르 지역에서 나타나고 있던 이라크 알카에다 조직과 수니파 저항 세력의 갈등이었다. 이른바 '안바르 각성Anbar awakening'이라고 부르는 이러한 움직임은 미군과 수니파 저항 조직이 연합하여 이라크 알카에다 조직을 공격하는 결과를 가져왔으며, 훗날 바그다드에서 나타난 미군의 태도 변화로 이어졌다. 다시 말해서, 미군은 이전까지는 인정하지 않던 수니파 무장 조직을 비공식적으로 인정하고, 이들에게 수니파 지역에 대한 안전 업무를 위탁했으며, 이를 통해 시아파와 수니파의 세력균형을 유지하는 데 성공했다. 그리고 이러한 균형은 불안정하기는 했지만 이라크에서 최소한의 평화와 안정을 가져왔다.

안바르 지역의 변화

미국이 이라크의 모든 지역에서 내전에 휩쓸린 것은 아니었다. 바그다드를 포함한 이른바 '수니 삼각지대'에서 공격의 80%가 발생했고, 이 지역에서도 시아파와 수니파의 갈등이 공격의 주요 원인으로 부각되었다. 그 밖의 다른 지역에서는 공격이 거의 없었고 매우 안정적이었으며, 수니파 저항 세력이나 시아파 민병대의 공격은 발생하지 않았다. 문제는 그러한 공격이 주로 시아파와 수니파가 서로 섞여 지내는 곳에서 발생했고, 그곳에서 서로가 서로를 밀어내고 지역 전체를 차지하고자 했다는 것이다. 하지만 시아파와 수니파 혼재 지역이 모두 파멸적인 종파 폭력에 휩쓸린 것은 아니었다. 최소한 하나의 성공 사례가 존재했으며, 이것은 훗날 병력 증파가 이루어지는 데 큰 도움을 주었다.

탈아파르Tal Afar는 인구 30만 명 정도가 거주하는 도시로 이라크 북서쪽에 위치한 수니파 지역인 니느와Ninewa에 속해 있으면서도, 시아파가 인구의 75%를 차지하는 곳이다.[6] 시리아와 국경을 접하고 있어 외부에서 바그다드로 유입되는 지원은 이 지역을 통과해야 했으며, 따라서 수니파 저항 세력은 시아파 도시인 탈아파르를 확보하고자 했다. 2004년 9월 미군이 투입되어 저항 세력을 '소탕'했지만, 이후 이라크 보안군에 관할권을 넘기고 미군 병력이 주둔하지 않으면서 상황은 다시 빠르게 악화되었다. 2005년 초 저항 세력이 도시를 장악해 상업 활동이 완전히 마비되었으며, 시아파 주민들은 자녀를 학교에 보내지 않았고, 순수하게 시아파로 구성된 경찰은 소멸했다.[7] 이러한 상황에서 탈아파르 지역을 담당하게 된 미군 지휘관은 이전과는 다른 방식으로 문제에 접근했다. 바그다드 등지에서 미군은 저항 세력을 공격해 섬멸했지만, 지역을 직접 장악하지 않고 이라크 보안군에 이관한 다음 병력은 전진기지로 귀환했다. 하지만 1991년 2월 걸프 전쟁 초기 전투인 '동부 73번 지역 전투'의 영웅인 맥매스터Herbert R. McMaster는 탈아파르 지역을 안정화하기 위해 우선 저항 세력을 분쇄하고 그 이후에 병력을 소규모로 분할해 시

가지 전역에 분산 배치했다.[8]

그리고 이러한 새로운 접근 방식은 탈아파르에 안정을 가져왔다. 모두 30개의 전투초소combat outposts: COP가 설치되어 시가지 5~6개 구역마다 하나씩 배치되었다. 미군 병력은 한 달 중 22일간 전투초소에서 근무하고, 4일간 전진기지에서 경비를 서며, 나머지 4일간 완전히 휴식을 취했다. 또한 도시 전체를 높이 2미터, 전체 길이 20킬로미터의 흙 담으로 둘러싸고 검문소를 설치해 저항 세력의 움직임을 봉쇄했다.[9] 미군 병력은 도시를 장악하기 위해 탈아파르에 머물렀으며, 도시 외곽에 건설한 전진기지에서 출퇴근commuting from FOB하지 않았다. 덕분에 탈아파르는 안정을 되찾았다. 저항 세력의 공격은 사라졌으며, 수니파 주민이 직접 조직한 1400여 명의 경찰이 지역의 치안을 담당했다.[10] 2006년 3월 부시 대통령은 탈아파르 지역의 성과에 고무되어 "이것이 미국의 이라크 전쟁이 나아가야 하는 바"라고 칭송했다. 인구 600만 명의 바그다드에도 이러한 방식을 적용하는 것이 가능한지에 대해서는 많은 논란이 있었지만, 탈아파르의 사례는 병력을 증파해야 한다는 인식을 싹틔우는 데 기여했다.[11] 하지만 이러한 방식은 미군이 이라크 저항 세력의 공격을 불러일으킨다는 이라크 주둔 다국적군 사령부와 국방부의 기본 인식과 배치되었기 때문에 확산되지는 못했다. 한편 탈아파르의 관할이 이라크 보안군에 이관되면서 지역 전체의 안정성은 다시 악화되기 시작했고, 특히 이라크 경찰 지휘관들이 시아파 민병대와 연결된 인물이었던 탓에 많은 문제가 발생했다.

더 넓은 지역에서 안정화가 성공한 방식은, 그것도 추가 병력 없이 성공한 사례는 수니파의 본거지인 안바르 지역에서 나타났다. 이 지역의 중요 도시는 팔루자와 라마디로, 이곳은 저항 세력의 근거지였다. 이라크 전체 공격의 25~30% 정도가 안바르 지역에서 발생했고, 인구 대비 공격 횟수는 다른 어떤 지역보다도 높았다.[12] 2006년 여름 미군은 안바르 지역에서 저항 세력과 알카에다를 격퇴하는 것은 불가능하다고 판단했다. 안바르 지역을 담당한 미국 해병대는 "과거 이라크를 지배했던 수니파"의 상황을 미국 침공 이후

"지도자를 상실"하고 "매일 생존을 위해 투쟁"하면서 "절망에 빠져" 있다고 서술했다.[13] 이러한 상황에서 알카에다가 활동하고 있으며, 자르카위를 사살했다고 해도 절망적인 상황 자체가 변화하지 않기 때문에 지역 안정화는 기대할 수 없다고 보았다. 이 때문에 병력 증강을 통해 수니파에게 어느 정도의 희망을 주어야 한다고 역설하면서, 미군 병력이 아니라 수니파로 구성된 경찰 병력의 증강이라도 필요하다고 주장했다.[14]

안바르 지역에서 수니파 경찰 병력을 구성하려는 노력은 이전에도 있었지만, 시아파 중앙정부의 반대로 실패했고, 이 지역은 사실상 버려져 있었다. 수니파 지역을 장악한 알카에다는 자신의 경쟁상대가 될 수 있는 해당 지역에 기반한 수니파 자생 조직 및 부족 세력을 파괴했으며, 자신에게 도전하는 지역사회 지도자들을 무차별 암살했다. 2004년 일부 수니파 부족은 미군과의 타협을 추구했지만, 미군 병력은 팔루자 공격에만 집중하면서 부족 지도자들을 보호하지 않았고 결국 알카에다는 부족장들을 납치·암살하면서 자신들의 영향력을 유지했다. 2005년 봄 알카에다의 폭압적 행동에 반발했던 수니파 부족은 미군에게 지원을 요청했지만, 안바르 지역 미군 지휘관은 요청을 무시했다. 미군 특수부대는 2005년 가을 수니파 잔존 병력을 재조직했지만, 지원 부족으로 결국 실패했다. 2005년 말 수니파 무장 세력은 알카에다 병력과 교전까지 벌이면서 대립했지만, '중립'을 고수하는 미군 덕분에 결국 알카에다의 승리로 귀결되었다.[15] 2005년 수니파 경찰군이 구성되었지만, 시아파 경찰 지원자 300여 명을 '보호'하기 위해 시아파와 대립 가능성이 있는 수니파 경찰 병력과 지원자는 강제 해산되었다.[16]

미군은 결정적인 전투를 통해 저항 세력을 격멸하기를 바랐지만, 그러한 전투는 벌어지지 않았고, 팔루자 전투 등은 오히려 저항 세력에 대한 정치적 지지를 강화하는 결과를 초래했다. 한편 이라크 보안군을 구성하는 과정에서 안바르 지역에서는 지원자가 전혀 나오지 않았다. 이 때문에 이곳에는 결국 다른 지역 출신, 특히 시아파로 구성된 이라크 보안군 병력이 배치되어 주민과의 갈등이나 공격이 끊이지 않았다. 2005년 중반 이후 안바르 지역은 이라크 알카에다 조직이 장악했고, 그들은 바그다드를 비롯한 다른 수니파 지역에 무기를 공급했다. 그리고 2006년 8월에 미군은 "사회적·정치적 상황 악화로 우리는 안바르 지역에서 저항 세력을 격멸할 군사적 능력이 없다"라고 결론을 내렸다.[17] 결국 경찰력 자체가 소멸했다. 안바르 지방 경찰의 정원은 3386명이었으나 명단에 올라와 있는 병력은 420명에 지나지 않았으며 실제 출근하여 업무를 수행하는 경찰관은 140명이 되지 않았다.[18]

이라크 알카에다 조직이 수니파 지역을 장악했지만, 이라크 알카에다 조직의 기본 세력은 수니파 근본주의였던 반면, 이라크의 기존 수니파 정권은 매우 세속적이었기 때문에, 이라크 알카에다 조직은 이라크의 수니파와 융합하기 어려웠다. 같은 수니파이지만 근본주의 견지에서 볼 때, 후세인의 통치는 매우 '타락한 것'이었으며, 후세인을 지지했던 이라크 수니파는 '정화'해야 할 대상이었다. 이 때문에 이라크 알카에다 조직이 장악한 수니파 지역에서는 이전까지는 자유로웠던, 특히 상당한 사회적 지위를 누렸던 여성이 피해를 입었다. 안바르 지방을 장악한 알카에다는 수니파 주민들에게 자신들의 근본주의 성향을 강요했다. 예를 들어, 알카에다는 흡연을 금지했고, 오이와 토마토를 같이 판매하는 행위 자체를 '음란하다'는 이유에서 금지했다.[19] 또한 알카에다는 여성에 대해서도 매우 가혹한 그리고 지극히 봉건적인 태도를 취했고, 지역 여성지도자를 무차별 살해했고 베일을 하지 않은 여성에게는 황산을 투척하는 만행을 저지르기도 했다.[20] 이 때문에 수니파 주민들은 이라크 알카에다 조직에 대해 상당한 반감을 가지고 있었으며, 2005년 여름부터 일부 지역에서는 수니파와 이라크 알카에다 조직 사이에 전투가 벌어지기도 했다. 일부 수니파 지도자들은 미군과 협력하면서 저항했지만, 이라크 알카에다 조직은 암살과 협박을 통해 안바르를 장악했다.[21]

이 과정에서 많은 부족 지도자들이 외국으로 망명했으며, 특히 후세인 정권과 연결되어 있던 수니파 부족 지도자들은 미국 침공 이후부터 요르단과 시리아로 피신했다. 수니파 저항 세력은 이러한 망명자 네트워크를 통해 쉽게 이라크 알카에다 조직과 연계되었으며, 초기에는 상당한 지원을 확보할 수 있었다. 하지만 시간이 지나면서 이라크 내부에서 새로운, 그리고 더욱 젊은 수니파 부족 지도자들이 부상했고, 이들은 자신들의 새로운 지위를 공고히 하기 위해서 미국과의 협력을 시도했다.[22] 이러한 젊고 상대적으로 지위는 낮지만 부족원에게 많은 존경을 받는 지도자들은 이라크 알카에다 조직의 '지나친 근본주의 성향'에 불만을 품은 수니파 세력을 규합하는 데 성공했으며, 2005년 여름에 이라크 알카에다 조직과 부분적으로 충돌했다.

본격적으로 갈등이 격화된 것은 2006년 봄이었다. 이라크 종파 내전이 폭발하면서 엄청난 수의 수니파 주민이 살해되었고, 이 과정에서 수니파는 이라크 알카에다 조직이 자신을 보호하는 것이 아니라 자신을 이용한다고 판단했다. 이에 미군과 본격적으로 협력하는 수니파 부족 지도자들이 나타났다. 이라크 알카에다 조직은 이들을 암살했으나, 일부 부족 지도자들은 이러한 협박에 굴복하지 않고 미군과 적극적으로 협력했다. 하지만 전진기지에 주둔하고 있던 미군은 이라크 알카에다 조직의 위협에서 수니파 주민을 보호하지 못했으며, 미국과의 협력을 주장했던 인물들만 희생되었다.

이에 2006년 6월 맥팔런드Sean MacFarland가 지휘하는 미군 전투여단은 과거 맥매스터 부대가 탈아파르를 장악했을 때 사용한 방식을 수용했다.[23] 안바르 지역의 핵심 도시인 라마디에 진주한 맥팔런드는 이후 전진기지에 병력을 집중하지 않고 부대를 소규모로 분할해 시가지 전역에 배치했다. 그 덕분에 수니파에 대한 안전이 어느 정도 보장되는 상황에서 2006년 8월 수니파 부족이 미군과 협력하기로 결정했다. 부족 지도자들은 주민들을 이라크 보안군에 입대시켰으며, 300명 정도였던 기존 경찰 병력의 세 배가 넘는 1000여 명이 이라크 보안군에 새롭게 지원했다.[24]

이라크 알카에다 조직은 반격했다. 8월 21일 알카에다는 자살공격으로 경찰초소를 파괴했지만, 당일 오후 수니파 병력은 굴복하지 않고 도보 순찰을 시작했다.[25] 일부 부족 지도자들은 암살되었지만, 핵심 지도자들은 미군의 보호로 살아남았으며, 미군과 수니파 주민의 협력 관계가 시작되었다. 그리고 미군과 수니파의 협력 관계가 시작되면서 안전이 확보되고, 수니파 주민들의 안전이 확보되면서 미국과 수니파의 협력 관계가 더욱 강화되는 선순환이 시작되었다.

2006년 9월 9일 안바르 지역의 수니파는 안바르 각성이라는 회의를 통해, 이라크 알카에다 조직과의 관계를 단절하고 미군과 협력하겠다고 선언했다. 이에 미군은 수니파에게 무기와 탄약을 공급했으며, 맥팔런드는 지휘관 긴급 대응 자금Commander's Emergency Response Program: CERP으로 수니파 병력에 재정을 지원했다.[26] 이전과는 달리 이번에는 미군이 적극적으로 호응하며 병력의 분산 배치로 수니파 주민을 보호하자, 수니파는 자신의 저항 조직을 '개편'하여 지역 안정화를 위해 병력을 제공했다. 이어 안바르에서 공격 횟수가 감소했다. 2006년 12월까지 공격의 절대 횟수는 절반으로 떨어졌으며, 2006년 말까지 이라크 전체 공격에서 25% 이상을 차지하던 안바르 지역의 비율은 2007년 3월에는 15%, 6월에는 7%, 9월에는 5%로 줄어들었다.[27] 미군 지휘관은 시타 및 수니파 무장 조직의 지휘관들에게 휴대전화를 나눠주면서 "어떤 일이 생기면 즉시 전화"하라고 당부했고, 이를 통해 신뢰를 구축했다. 몇 번의 교전 후 2006년 11월 25일 알카에다는 병력을 집중하여 미군과 협력하는 안바르 무장 조직 지휘부를 공격했다. 공격을 받자 수니파 지도자들은 미군에 연락했고, 미군은 신속대응팀 및 헬레콥터 그리고 항공기까지 동원하여 알카에다와 교전하여 수니파 지휘부를 구출하고 알카에다 병력을 괴멸시켰다. 그 결과 상호 신뢰는 더욱 강화되었다.[28]

하지만 안바르 지역에서 이루어진 이러한 움직임은 미국 정부나 이라크 정부의 공식 승인을 받은 것이 아니었다. 미군 지휘부는 여전이 "미군의 주둔이 이라크 저항 세력의 공격을 가져온다"라는 견해를 내세웠으며, 이라크 정부는 수니파 무장 세력의 등장에 반대했다. 미국 정부는 이에 명시적인 태도를 밝히지 않는 상황이었고, 전선 지휘관들이 자신의 권한에 따라 결정해 수니파 조직을 지원했다. 그리고 2006년 12월 안바르 각성의 핵심 인물인 아부리사는 이라크 주둔 다국적군 사령부 산하로 군사작전을 담당하는 이라크 주둔 다국적군 군단Multi-National Corps in Iraq: MNC-I 사령관인 오디에어노와 면담하고,

이를 계기로 수니파 병력에 대한 미군의 지원은 사실상 승인되었다. 2007년 2월 이라크 주둔 다국적군 사령부 사령관으로 취임한 퍼트레이어스는 직접 라마디를 방문해 맥팔런드를 격려했으며, 3월에는 말리키 총리가 라마디를 방문했다.[29] 하지만 이라크 정부는 안바르에서 벌어지는 '사태'에 대해 의혹의 눈초리를 거두지 않았다.

드디어 미군은 이라크 전쟁에서 발생하는 문제점을 해결하는 방안을 찾아냈다. 병력을 집중하지 않고 소규모로 분산 배치해 주민 보호population security를 우선시하고, 동시에 수니파의 희생을 방치하고 그들을 이라크 알카에다 조직의 동조자로 취급하기보다 수니파의 안전을 담당할 수니파 경찰군을 창설하고, 이를 동원해 이라크 알카에다 조직을 소탕하는 방법이다. 하지만 이러한 방식은 기존의 접근 방법과는 큰 차이가 있었으며, 탈아파르 또는 안바르 등에서 부분적으로 집행하는 것이 아니라 이라크 전역, 특히 바그다드에서 실행하기에는 많은 어려움이 있었다. 2006년 11월 미국 중간선거는 이러한 어려움을 극복할 수 있는 결정적 계기로 작용했고, 이로써 증파 전략이 가능해졌다.

병력 증파의 결정 과정

2006년 말 미국의 여론은 미군의 이라크 철수에 쏠렸다. 국무부는 철군을 요구했으며, 백악관 산하의 국가안전보장회의는 이라크 총리인 말리키가 "신뢰할 수 없는 인물"이며, 미국으로서는 그가 "능력이 모자란 민족주의 지도자인지, 아니면 시아파 이익만을 추구하는 종파 지도자인지" 파악할 수 없다고 규정했다.[30] 즉, 부시 행정부는 정치적 차원에서 미국의 정책이 상당 부분 실패했다는 것을 인정했다. 또한 의회에서도 강력한 압력이 시작되었다. 2006년 3월에 미국 의회는 공화당과 민주당이 5명씩 추천해 구성한 이라크연구단Iraq Study Group을 발족했고, 이라크연구단의 최종 보고서는 2006년 12월 6일에 공개되었다. 이 보고서는 이라크 안전 상황과 관련해 제기될 수 있는 가장 심각한 위협이 종파 분쟁이라고 규정하면서, 이 때문에 이라크에는 폭력의 악순환이 존재한다고 보았다. 그리고 '정치적 화해political reconciliation'를 통해 이라크를 다시 통합하고, 미국은 군사력을 2008년까지 단계적으로 철수해야 한다고 제안했다.[31]

당시 미국이 공식적으로 내건 전략은 이라크 전쟁의 이라크화였고, 이를 통해 되도록 빠른 시일 내에 철군하는 것을 목표로 했다. 국무부는 미국이 직접 전투를 하기보다는 이라크 군사력 건설을 통해 이라크 전쟁을 통제하는 간접적인 방식을 선호했으며, 미국 군부는 군사적인 방식으로 전쟁을 수행하는 것이 한계에 봉착했으므로 정치적 타협이 필요하다고 주장했다. 이라크화 정책이 효과를 발휘하기 위해서는 시간이 필요하며, 이러한 시간을 벌기 위해서는 정치적 개입이 중요하다는 것이다. 또한 체니Dick Cheney 부통령을 중심으로 하는 네오콘 잔존 세력은 이라크 수니파를 포기하고 이라크 전체의 80%를 차지하는 시아파와 쿠르드족의 지지를 확보해야 한다고 주장하면서, 미국 침공을 통해 탄생한 시아파 정권을 더욱 강력하게 보호할 것을 역설했다.[32]

이것은 '미군이 이라크에 이질적인 존재'라는 이라크 주둔 다국적군 사령부의 태도에서 논리적으로 도출되는 결론이었으며, 동시에 럼즈펠드가 강조했던 군사 변환military transformation의 부산물이었다. 부시 행정부, 특히 럼즈펠드 국방장관은 미국의 군사력이 주민 보호를 중심으로 하는 대반란작전이 아니라 '더 빠르고, 더 가볍고, 더 치명적인' 형태로 바뀌어야 하며, 전투 상황을 정확히 파악해 전쟁에서 발생하는 불확실성을 제거해야 한다고 보았다. 이러한 군사력을 구축하려면 이라크 전쟁과 같은 '게릴라 전쟁'보다는 중국 등 강대국과의 전면 전쟁에 대비하는 데 집중해야 한다. 특히 주민 보호와 같은 대반란작전 임무는 병력을 민간인 주거 지역에 분산 배치해야 하기 때문에, 기술 집약적이기보다 병력 집약적인 군사력을 필요로 한다.[33]

그런데 미군이 직면한 전쟁은 다름 아닌 이라크 전쟁이었고, 따라서 군사

변환은 이라크 전쟁 수행에는 거의 도움이 되지 못했다. 가장 심각한 문제인 이라크 종파 분쟁을 해결해야 한다는 점에는 어느 정도 합의가 이루어졌지만, 미국 군부는 오히려 이라크 전쟁이 예외적인 전쟁이며 미국이 미래에 직면하게 될 전쟁은 아니라고 판단했다. 그러나 이라크 전쟁으로 미군이 비축한 보급품이 빠른 속도로 고갈되면서, 강대국 사이의 '전통적인 전쟁'을 구상하는 장군들은 이라크 전쟁을 되도록 빨리 끝내야 한다고 주장했다.[34] 또한 '예외적인 이라크 전쟁'에서 두각을 나타냈던 지휘관보다 '전통적인 전쟁'과 관련해 활동한 지휘관들이 승진에서도 앞서갔다. 덕분에 이라크 전쟁에 집중했던 지휘관들은 곤란한 상황에 맞닥뜨렸으며, 대반란작전에 성공적이었던 여단 지휘관들은 준장brigade general으로 진급되지 않았다. 탈아파르를 안정화하는 데 기여한 맥매스터는 2006년과 2007년 2년 연속 준장 진급에서 탈락하기도 했다.[35]

육군참모총장 등 주요 지휘관은 2007년 3월 의회 증언에서 이라크 전쟁과 아프가니스탄 전쟁으로 미국의 전쟁 능력이 잠식되고 있으며, 해외 배치 군수품pre-positioned stocks도 거의 소진된 상황이고, 훈련도 부족하다며 우려했다. 그리고 만약 한반도에 전쟁이 발생하거나 이와 유사한 군사 충돌이 발생하면 미군은 1개 여단 정도의 병력도 파견하기 어려운 상황이라고 보고했다.[36] 또한 합동참모본부는 이라크 증파에 대해 미군의 병력 부족으로 실행하기가 매우 어렵다며 반대했다. 5개 전투 여단을 이라크에 파병하는 것은 단순히 5개 여단 2만여 명의 전투원을 파병하는 것이 아니며, 장기적으로는 미군 병력 운용에 큰 타격을 준다는 것이다. 5개 여단 증파가 장기적으로 운용되기 위해서는 파견된 전투 병력 5개 여단, 후속 배치를 위해 훈련하고 준비하는 5개 여단, 그리고 배치 후 귀국하여 다른 임무를 위해 훈련하고 회복하는 5개 여단, 총 15개 여단이 필요하다고 주장했다.[37]

이 때문에 병력 증파에 대한 논의는 정규 지휘 체계가 아니라 민간 정책결정자들의 압력과 퇴역 장성들에 의해서 이루어졌다. 우선 국가안전보장회의 소속의 민간인들은 이라크 상황 안정을 위해서는 주민 보호가 우선시되어야

2007년 1월 10일, 증파를 비롯한 새로운 이라크 전략을 발표하는 부시
자료: White House

한다고 판단하고, 병력 증파에 대한 의견을 수렴했다. 2006년 12월 부시는 국가안전보장회의의 견해를 받아들여 외부 전문가와 면담했고, 국방부에서는 이라크 전투 경험이 있는 대령급 장교들이 작성한 새로운 전략 개념을 청취했다. 하지만 이러한 회의에서도 이라크 주둔 다국적군 사령부 사령관인 케이시는 "미군이 이라크군의 임무를 대신 수행해서는 안 된다"라는 태도를 견지했다.[38] 육군참모차장 출신의 킨Jack Keane은 이미 퇴역한 상황에서도 육군 내부에서 증파의 필요성에 공감하는 지휘관을 규합했으며, 이들의 견해를 종합한 보고서를 미국기업연구소American Enterprise Institute: AEI에서 발표했다.[39] 신임 국방장관인 게이츠는 직접 바그다드를 방문해 전선 지휘관과 일반 병사를 면담하면서 증파 필요성에 공감했다. 면담에서 일반 병사들은 더욱 많은 병력이 필요하다고 말했으며, 오디에어노는 증파의 필요성을 건의했다.[40]

최종 결정은 대통령이 내렸다. 2007년 1월 10일, 부시는 텔레비전 연설을 통해, 미국은 전쟁에서 물러서지 않을 것이며, 이라크 상황을 안정화하기 위해 2만여 명의 병력을 증파하겠다고 발표했다. 그리고 미군 지휘부가 증파에 반대하거나 적극적이지 않았기 때문에, 부시는 이라크 전쟁과 관련된 미군 지휘부를 교체했다. 이로써, 중부군 사령관으로 이라크 전쟁과 아프가니스탄 전쟁에서 전역 지휘관theater commander을 담당했던 애비제이드도 퇴역했다. 그의 후임으로는 해군 출신의 팰런William J. Fallon이 임명되었고, 이라크 주둔 다국적군 사령부 사령관 케이시는 육군참모총장으로 전임되고, 이라크 전쟁의 실질적인 지휘권은 퍼트레이어스에게 주어졌다. 이라크 주재 미국 대사도 교체되어 2005년 6월에 부임한 할릴자드가 유엔 대사로 이동하고, 파키스탄과 시리아 대사를 역임한 크로커Ryan C. Crocker가 이라크 대사로 임명되었다.[41]

병력 증파의 의미

이라크 전쟁에서 미국의 증파는 단순히 추가 병력 파견만을 의미하는 것은 아니었다. 그것은 기존과는 다른 방식으로 병력을 사용할 것이며, 이를 좀 더 완벽하게 하기 위해 추가 병력을 파견한다는 결정이었다. 따라서 증파 전략의 핵심은 이라크 배치 병력의 규모가 아니라 이라크에 배치된 군사력의 사용 방식이었다.

2007년 초까지 미군은 대반란작전을 집행하는 동안 시설이 잘 갖춰진 전진기지에서 훌륭한 식사를 즐기고, 뜨거운 물로 샤워를 하며, 순찰을 나갈 때는 장갑차량을 이용하는 '전투를 위한 출퇴근commuting to fight'을 하는 모습을 보였다. 바그다드 외곽의 전진기지인 타지Camp Taji는 바그다드에서 30킬로미터 정도 떨어져 있어서 병력이 출동해 해당 지역에 도착하는 데는 1시간이나 걸렸다. 미국은 병력을 외곽에 집중시킴으로써, 미군이 점령군이 아니라 해방군이라는 인식을 심어주려고 했다. 하지만 병력이 외곽에 집중되면서 미군은 지역 주민을 보호하지 못하게 되었고, 이라크 정부와 시아파 민병대가 수니파 주민을 공격하면서 해방군이 아니라 무능한 침략자라는 비판을 받게 되었다.[42]

해결책은 간단했다. 미군이 이라크 보안군 대신 이라크 안전을 유지하는 것이었다. 즉, 미군이 이라크 알카에다 조직 섬멸 작전에 집중하지 않고, 종파 내전에 개입해 문제의 근원인 시아파 민병대의 수니파 주민 공격을 방지하는 동시에, 이라크 알카에다 조직에 대한 수니파 주민의 지지를 약화시키는 방법을 쓰는 것이다. 하지만 케이시가 거듭 지적했듯이, 이러한 방법은 이라크 정치 세력이 미국의 개입을 이용해 정치적 타협을 회피할 위험이 있었다. 미국의 개입으로 상황이 안정되면 시아파와 수니파는 서로에게 더욱 많은 양보를 강요하면서 이란과 사우디아라비아의 지원을 받아가며 낮은 수준의 전쟁을 계속할 가능성이 컸다. 최종 선택은 결국 2006년 상황을 어떻게 인식하느냐에 따라 결정되었다. 여기서 첫 번째 사안은 이라크 전쟁의 본질에 관한 것이었다. 즉, 현재 벌어지는 상황을 종파 내전으로 볼 것인지, 아니면 이라크 정부에 대한 저항 세력의 공격으로 볼 것인지 하는 문제다. 두 번째 사안은 이라크 상황에 대한 인식이었다. 만약 이라크 상황을 통제할 수 있는 것으로 보았다면 미국은 이라크 전쟁의 이라크화 정책을 추진했겠지만, 통제할 수 없다면 단기적으로는 이라크 전쟁의 이라크화를 추진하기보다는 잠정적으로 새로운 전략이 필요했다.

첫째, 2006년 당시 이라크 주둔 다국적군 사령부는 이라크 전쟁을 종파 내전으로 규정하지는 않았다. 2005년 후반부터 미군은 '종파 내전은 개념 규정의 문제'이며, 내전은 아니라는 태도를 보였다. '폭력의 악순환'이 존재하며, 이를 극복하는 것이 가장 시급한 문제이고, '종파 간 긴장이 고조'되고 있지만, 아직까지 종파 내전으로 규정할 정도는 아니라고 보았다. 이러한 판단에 따라 미군은 2006년 6월과 8월에 이라크 보안군과 공동 작전(작전명: Operation Together Forward I, II)을 수행했다.[43] 이는 미군이 저항 세력과 테러 조직을 격멸하고 이라크 보안군이 지역을 장악한다는 계획이었지만, 수니파 지역에 진입한 이라크 경찰은 주민을 보호하지 않았다. 경찰은 수니파 주민을 직접 살해하거나 지역 전체를 마흐디군에 넘겨주었고, 시아파 민병대는 주민을 살해하거나 갈취했다.[44] 곧이어 이라크 보안군 6000여 명과 미군 5500여 명이 추가로 투입되어 바그다드 교외의 수니파 지역에 대한 2차 작전이 시작되었다. 그러나 결과는 같았으며, 오히려 수니파 주민의 피해만 증가했다. 바그다드에서는 2006년 9월과 10월에 각각 1000여 명 이상이 종파 문제로 살해되었고, 피해자는 대부분 수니파 주민이었다. 결국 미군은 군사작전을 중지하고 상황을 다시 점검했다. 특히 바그다드에 집중해 이라크를 안정화한다는 구상이 자리를 잡으면서, 이라크 정부에 대한 미국의 불만은 가중되었다.[45] 결국 2006년 11월에는 수니파와 시아파의 대립이 이라크 내전의 핵심 문제이며, 특히 시아파 민병대의 공격이 이라크 안정화의 가장 심각한 위험 요소라고 파악했다. 이에 미국은 이라크 알카에다 조직보다 마흐디군이 더욱 위험한 존재이며, 이라크 문제의 핵심은 종파 분쟁이라고 규정했다.[46]

둘째, 미국은 상황을 통제할 수 없다는 결론에 도달했다. 이라크 알카에다 조직을 파괴하려는 미군의 공격은 이라크 보안군의 수니파 주민 공격과 맞물리면서 이라크 알카에다 조직에 대한 수니파의 지지를 더욱 공고화했다. 또한 시아파 정부는 시아파 민병대의 활동을 저지하지 않았다. 2006년 여름부터 시아파와 수니파는 대규모 공격을 감행했고, 이 때문에 서로 간의 공격은 계속 격화되었다. 2006년 7월에는 바그다드 서부의 수니파 지역에서 무장괴한이 수니파 주민을 자동차와 집에서 끌어내 즉석에서 40여 명을 사살하고 사라진 사건이 발생했다. 몇 시간 뒤에는 시아파 사원을 겨냥한 자살공격이 발생해 19명이 사망하고 60여 명이 부상했다.[47] 2006년 11월 23일 마흐디군의 본거지인 사드르시티에서는 이라크 알카에다 조직과 수니파의 대규모 공격이 있었다. 자살공격과 박격포 공격으로 모두 144명이 사망하고 206명이 부상했다. 이라크 정부는 저녁 9시부터 24시간 동안 통행금지를 선포했고, 바그다드 공항을 폐쇄했다. 그리고 시아파는 즉시 보복 공격을 가했다. 수니파 사원을 포격했고, 11월 24일에는 모두 6명의 수니파 주민을 체포해 석유를 부어 태워 죽였다.[48] 2007년 1월 22일에 이라크 알카에다 조직은 바그다드 중심부의 시아파 본거지를 차량폭탄으로 공격했고, 이 공격으로 88명의 사망자와 160여 명의 부상자가 발생했다. 공격은 시아파 축제 기간에 가장 사람이 많이 모이는 정오에 이루어졌으며, 이후 추가 총격전으로 많은 사상자가 발생했다.[49]

이에 이라크 주둔 다국적군 군단 사령관인 치어렐리Peter W. Chiarelli는 미군 병력을 전투가 아니라 이라크군 훈련에 투입해 이라크 전쟁의 이라크화를 더욱 가속화하는 방안을 부시에게 제안했다. 특히 소규모 미군 병력이 이라크 부대와 함께 작전을 수행하게 함으로써 이라크군의 능력을 향상시키고, 이를 통해 이라크 알카에다 조직을 섬멸하는 동시에 이라크 국경을 철저하게 경비하고, 주요 도로 및 교통선을 보호한다는 것이었다.[50] 또한 2006년 12월 기자 간담회에서 치어렐리는 이라크에서 미국이 "군사적으로 할 수 있는 것은 없다"라고 주장하면서, 해결책을 "정치적으로 찾아야" 한다며 철군 필요성을 시사했다.[51] 하지만 이는 잘못된 주장이었다. 부시 행정부는 새로운 지휘관을 임명하고 2만여 명의 추가 전투 병력을 동원해 이라크를 군사적으로 안정화하는 데 성공했다. 오디에어노와 퍼트레이어스는 거의 유사한 규모의 병력을 다른 방식으로 사용함으로써 전쟁의 양상을 바꿔놓았으며, "군사적으로 할 수 있는 것이 없다"던 이전 지휘관의 인식이 잘못되었다는 것을 보여주었다.

   이전까지 미국은 이라크에 민주주의를 구축하는 것을 이라크 전쟁의 목표로 공언했으며, 이를 위한 전략을 제시했다. 하지만 장기적인 전략만 내놓을 뿐 단기적이고 구체적인 방안은 제시하지 못했다. 특히 2006년 2월 이후 이라크 종파 내전이 폭발하면서 부시 행정부의 전략은 파산했다. 이에 부시 행정부는 증파를 결정하면서 이전까지 제시되었던 '아랍 민주주의의 등불beacon of democracy in Arab'과 같은 이념적 주장을 포기했다. 대신 '이라크에서 안정과 안전을 구축create stability and security in Iraq'하는 것에 집중했고, 단기적인 목표를 추구했다.[52] 하지만 이러한 변화가 이라크 전쟁의 이라크화를 완전히 포기한다는 것을 시사하는 것은 아니었으며, 그것을 잠정적으로 연기하는 것에 지나지 않았다. 특히 2007년 이전까지 이라크화 정책으로 만들어진 이라크 정부와 이라크 보안군을 결국 시아파가 장악했기 때문에 문제가 발생했고, 따라서 이를 교정하기 위해서는 잠정적으로 이라크 전쟁의 이라크화 정책을 중단하고 미군이 직접 개입할 필요가 있었다. 하지만 증파는 병력 증강 이상의 것이었으며, 증파 전략의 구체적인 집행은 최종적으로 이라크에 있는 미군 지휘관의 몫이었다.

14장
바그다드 안정화 작전과
의회 청문회

이라크에서 2006년은 악몽과 같은 해였다. 2만 8000명에 가까운 이라크 국민이 사망했고, 하루 평균 자살공격과 차량폭탄으로 16명이 죽고, 처형과 저격 등으로 56명이 목숨을 잃었다. 총 822명의 미군 병사가 전사했고, 영국군과 같은 이라크 점령 연합군 병력 손실까지 합하면 전사자는 872명이었다.[1] 부시 행정부 내에서도 이제 패배를 받아들이고 병력의 안전한 철수를 논의해야 한다는 분위기가 팽배했다. 하지만 부시는 물러서지 않았으며, 병력 증파를 결정하고, 지휘관을 교체했다. 이라크 주둔 다국적군 사령부 신임 사령관인 퍼트레이어스는 이전과는 달리 이라크 전쟁을 종파 내전으로 규정하고, 종파 내전의 피해를 억제하기 위해서 추가 투입된 5개 전투여단 2만여 명을 바그다드에 분산 투입했다. 이것은 도박이었고, 증파 전략을 담당한 지휘관 중 한 명인 오디에어노는 당시 "패전 처리를 담당하는 기분"이었다고 회고했다.[2]

하지만 마지막 도박판에서 부시 대통령은 이라크 전쟁에 대한 정치적 전망을 제시하지 않았다. 목표를 단순히 이라크의 안정화로 규정했고, 이에 기초해 새롭게 임명된 미군 지휘관들은 제한된 병력을 이라크의 핵심인 수도 바그다드와 바그다드 교외 지역에 집중 투입했다. 그리고 그 병력을 동원해 이전과는 달리 수니파 지역을 봉쇄하기 시작했다. 하지만 이러한 봉쇄는 수니파를 억압하기 위한 것이 아니라 수니파 주민을 보호하기 위한 것이었다. 병력을 소규모로 분할해 수니파 지역에 분산 배치하면서, 미군 병력을 전투원이 아니라 사실상의 경찰로 활용했다. 바그다드에 나타난 3미터 높이의 콘크리트 장벽이 몇 킬로미터씩 늘어서서 수니파 지역을 감싸고 있는 모습은 괴기했다. 하지만 이것은 시아파 처형조의 공격으로부터 수니파를 보호하기 위한 최후의 수단이었다.

의회를 장악한 민주당은 증파 계획을 강하게 견제했으며, 패배감에 휩싸인 공화당 또한 부시 행정부의 새로운 이라크 전략을 지지하지 않았다. 증파에 필요한 예산과 병력 이동을 승인하는 조건으로 미국 의회는 증파 이후 6개월의 시간을 주고 '중간 점검'을 하기로 결의했다. 이에 따라 2007년 9월 워싱턴에서 열린 이라크 전쟁 관련 의회 청문회는 언론의 엄청난 주목을 받았으며, 청문회장 밖에서는 전쟁에 반대하는 시위대가 농성을 벌였고, 신문에는 퍼트레이어스를 비난하는 광고가 실리기도 했다. 하지만 퍼트레이어스와 크로커는 솔직한 태도로 이라크 전쟁의 문제점과 증파의 성과를 설명했고, 그 덕분에 의회 청문회는 매우 성공적으로 끝났다. 이로써 부시 행정부는 최소한 즉각적인 철군 요구를 잠재울 수 있었고, 퍼트레이어스와 크로커는 이라크를 안정화할 시간을 벌 수 있었다.

'내전으로의 이라크 전쟁'과 그에 대한 군사적 해결책

이라크 전쟁이 종파 내전으로 폭발하기 직전에 부시 행정부와 미군 지휘부는 이라크 전쟁은 내전이 아니라는 공식 입장을 견지한 채 이라크 상황이 개선되고 있다고 주장했다. 하지만 이러한 견해에 동의하지 않는 지휘관도 있었으며, 이들은 특히 통합군연구소Combined Arms Center 사령관 퍼트레이어스와 해병대 전투력개발 사령부Marine Corps Combat Development Command 사령관이었던 매티스를 중심으로 자신들의 영향력을 총동원해 새로운 야전교범을 준비했다. 냉전이 끝나가던 1986년에 미군은 베트남 전쟁에서 얻은 교훈을 기초로 작성된 『FM 90-8: 대게릴라 작전Counterguerrilla Operations』을 대반란작전을 위한 야전교범으로 채택했지만, 주목받지 못했고, 해병대의 대반란작전 교범은 1940년에 배포된 『소규모 전쟁 교범Small Wars Manual』에 기초하고 있었다. 이에 퍼트레이어스와 매티스는 새로운 대반란작전 교범을 만들기로 결정하고 상호 협력했다. 2006년 2월 최종 원고에 대한 최종 검토가 이루어졌다. 미국 육군과 해병대 장교는 물론, 영국과 오스트레일리아의 군인, 미국인 인권 변호사와 정치학 교수까지 총 135명이 참여한 회의에서 원고는 승인되었고, 『FM 3-24: 대반란작전Counterinsurgency』이라는 제목으로 2006년 4월에 배포되었다.[3] 대반란작전에 대해서는 2004년 10월 잠정교범Field Manual-Interim: FMI의 형태로 『FMI 3-07.22』가 배포되었지만, 이는 2006년 10월까지 한시적으로 효과를 갖는 것이었으며, 정규 야전교범인 『FM 3-24』 정도의 사전 검토를 통과하지는 못했다.[4] 이러한 작업 덕분에 야전교범 자체는 훌륭했다. 문제는 야전교범이 너무 늦게 배포되었고 그 내용이 적절하게 실행되지 않았다는 사실이다. 하지만 부시 대통령은 증파를 선언하면서 대반란작전 교범의 공동 발간자인 퍼트레이어스를 이라크 주둔 다국적군 사령부 사령관으로 임명했고, 이로써 『FM 3-24』가 실행될 수 있는 환경이 조성되었다.

퍼트레이어스는 이라크 주둔 다국적군 사령부 사령관으로 임명되자 인준 청문회에서 이라크 전쟁에 대한 새로운 인식을 보여주었다. 이전 지휘관들은 이라크 전쟁을 '내전'으로 규정할 수 없다고 주장하고 낙관론을 제시했지만, 퍼트레이어스는 2007년 1월 당시 이라크 상황이 알아스카리 사원 파괴 이후 급격하게 악화되어 '끔찍하다dire'고 지적하면서, 단순히 저항 세력의 공격이 아니라 '종파 전쟁sectarian fighting'의 성격이 짙다고 밝혔다. 또한 그는 선거로 이라크 전체의 정체성이 약화되고 이라크 내부의 종파 대립이 오히려 강화되었다고 하면서, 당면 문제를 해결하려면 이라크 주민을 보호하는 데 우선순위를 두어야 한다고 주장했다. 그리고 이러한 목표를 달성하려면 추가 병력의 투입이 필수적이며, 앞으로 상당한 시간이 걸릴 것이라고 예측했다. 이와 함께 퍼트레이어스는 단기적 해결책을 쓰기는 불가능하며, 인내심을 가지고 기다리면서 승리를 위해 노력해야 한다고 역설했다.[5]

이러한 인식 변화는 2007년 1월 10일 증파를 선언한 부시의 연설에서도 드러난다. 그는 연설 서두에서 알아스카리 사원 파괴를 지목하면서 이라크 상황을 수니파의 저항과 시아파의 보복으로 진단했다. 또한 부시는 "이라크 종파 폭력의 80%가 바그다드를 중심으로 50킬로미터 이내에서 발생하며, 이 때문에 바그다드는 수니파 지역과 시아파 지역으로 분리되고 있다"라고 주장했다. 그러면서 그는 이라크 전쟁에서 승리하려면 최우선적으로 안전이 확보되어야 하며, 특히 수도 바그다드의 안전 확보가 가장 중요하다고 강조했다.[6] 하지만 특이한 점은 이 과정에서 부시가 이라크의 장래에 관해 별다른 언급을 하지 않았다는 것이다. 연설에서 부시는 이라크에서의 승리가 아랍 세계를 변화시킬 것이라고 두루뭉술하게 말하면서 증파 전략의 장기적 목표는 언급하지 않은 채 중단기적 안전 확보만을 강조했다. 이처럼 이라크 안정이라는 근시안적 목적에만 집중하는 태도는 2007년 1월 23일에 발표한 연두교서에서도 반복되었다. 당시 부시는 '바그다드 안정화'를 증파의 핵심 목적으로 규정하면서, 안정화에 실패한 이라크 정부를 대신해 미국이 바그다드에서 종파 폭력을 종식하겠다고 선언했다.[7] 하지만 여기서도 그 이상의 정치적 목표는 제시하지 않았다. 이라크 통합을 위한 노력이 2006년에 있었으며, 그에 따라 8월 26일에 부족 지도자 회의가, 9월 16일부터 18일까지 민간 지도자 회의가, 10월 19일부터 20일까지 종교 지도자 회의가 개최되었지만, 별다른 성과는 없었다.[8] 이후 미국은 이러한 시도를 그만두었으며, 이에 대한 정치적 목표를 제시하지도 않았다.

이라크 전쟁을 '내전'으로 인식하는 경향은 다른 곳에서도 드러난다. 2007년 1월에 공개된 국가정보보고NIE에서는 이라크 전쟁이 지나치게 복잡한 탓에 "내전civil war이라는 표현으로 전체를 포괄할 수 없다"라고 했지만, 동시에 이라크 전쟁의 핵심 특징인 종파 정체성의 강화나 폭력 성격의 변화 등은 "내전으로 잘 설명된다"라고 지적했다. 이라크 문제의 핵심은 '종파 적대감 sectarian animosities'이며, 미군 등의 연합군이 철수하는 경우에는 "현재의 가장 심각한 문제인 종파 폭력이 더욱 악화될 것이 확실"하다면서 병력 철수 방안에 반대했다.[9] 럼즈펠드가 사임하고 그의 뒤를 이어 게이츠가 국방장관이 된 국방부 또한 새로운 인식에 동참했다. 2007년 3월에 국방부가 발표한 보고서에서는 이라크 전쟁에서 승리하려면 이라크 알카에다 조직과 마흐디군이라는 두 집단을 무력화해야 하며, 문제의 핵심은 종파 폭력 때문에 이라크 정부가 약화되고 상황이 수습되지 않는 사실이라고 지적했다. 또한 바그다드가 이라크 안정화의 핵심이라고 주장하면서, 바그다드는 이라크 알카에다 조직과 마흐디군이 정치적 영향력을 장악하기 위한 '종파 경쟁'의 무대라고 규정했다.[10] 국방부에서 2007년 6월에 발표한 보고서에서는 이라크에서 벌어지는 폭력이 대부분 '종파 갈등의 결과'라고 단언했다. 또한 미국이 종파 갈등을 해결하기 위해 개입하여 바그다드 안정화 작전을 개시했고, 이를 통해 이라크에 문제를 해결할 기회를 제공한다고 주장했다. 특히 "통합되고 민주적이며 연방으로 구성된 이라크가 스스로를 지키고 유지하고 통치할 수 있게 한다"라는 이라크 전쟁의 전략 목표가 같더라도 이러한 목표를 달성하기 위한 방법은 변화할 수 있다고 지적했다. 그리고 새로운 방법으로 '주민 보호 population security'를 제시했고, 증파 병력을 동원한 미군의 작전을 옹호했으며, 특히 시아파 민병대인 마흐디군이 불러일으키는 해악을 논했다.[11]

인식 변화는 미국의 이라크 전쟁 전략 변화로까지 이어졌다. 이전까지 부시 행정부는 이라크 전쟁을 '선거로 구성된 이라크 정부와 이를 파괴하기 위한 저항 세력'이라는 구도로 이해했고, 이 때문에 공격에 노출된 이라크 시아파 정부를 지원했다. 특히 미국은 이라크 전쟁에서 적敵을 수니파 저항 세력과 이라크 알카에다 조직으로 규정했고, 이와 전쟁을 벌이는 시아파 정부를 동맹국으로 대우했다. 하지만 이라크 전쟁을 '내전'으로 인식하면, 내전의 당사자인 두 집단은 동등해지며, 미국은 그중 어느 한 편만을 지원하지 않게 된다. 선거를 통해 집권한 시아파 정부를 거부하지는 않지만, 이전까지 적대시했던 수니파 저항 세력을 포용하고 지원할 논리적 근거가 마련되는 것이다. 특히 부시는 증파를 선언하는 연설에서 "이란이 지원하는 시아파 극단주의 처형조"를 언급하면서 수니파의 피해를 명시적으로 거론했다. 또한 연두교서에서도 "시아파 극단주의 세력의 위협 증가는 우려할 만한 상황"이라고 언급하면서, 수니파에 대한 시아파의 공격을 사실상 비난했다. 2006년에도 시아파 민병대에 대한 우려는 존재했다. 하지만 2007년에 들어서면서 적에 대한 논의가 사라지기 시작했고, 수니파 저항 세력의 문제점과 함께 시아파 민병대에 대해 큰 우려가 제기되었다. 특히 마흐디군과 이라크 알카에다 조직을 동일한 수준에서 논의하면서, 미군의 상대방이 시아파 민병대와 수니파 저항 세력이라는 두 집단이라는 사실을 드러냈다. 그리고 미군은 앞으로 내전을 종식하는 데 집중하며, 내전의 피해를 입은 이들을 종파와 무관하게 지원할 것이라고 의지를 표명했다. 이러한 군사행동이 증파 전략의 핵심이었다.

　이라크 전쟁을 내전으로 인식하면서도 전쟁 승리와 관련된 정치적 목표를 엄격하게 규정하지 않는 경향은 증파 전략의 집행을 담당하는 미군과 이라크 주둔 다국적군 사령부의 발표에서도 잘 드러난다.[12] 2007년 2월 여러 번의 기자회견 등을 통해 이라크 주둔 다국적군 사령부는 바그다드 안정화 작전의 목표가 '소탕, 통제, 장악clear, control and retain'임을 밝혔다. 이는 2005년 11월에 밝힌 '소탕, 장악, 건설clear, hold and build'이라는 미국의 이라크 전쟁 전략에서 '건설'을 포기하고 '장악'을 최종 목표로 변경한 것이다. 즉, 단순히 저항 세력을 제거하는 데 그치지 않고 민간인 거주 지역을 통제하고 장악하는 것을 목표로 하면서, 미국 군사력의 사용 방식의 변화를 예고했다. 이는 "이 전쟁에서 승리하기 위해서는 단순히 적을 사살하는 것으로는 충분하지 않다We cannot kill our way out of this war"라는 인식이 구체적인 군사작전에 투영되었다는 것을 보여준다.[13] 또한 미국은 이라크 정부에 대한 지지에 관해서는 언급하지 않으면서, 현재 진행되고 있는 내전과 그에 따른 민간인 학살을 중지시키겠다는 의지를 밝혔다. 이전까지 미국은 미군 병력으로 직접 '소탕'하되, '장악'과 '건설'은 이라크 정부와 이라크 보안군이 담당하는 방식을 썼다. 하지만 미국은 새로운 전략에서 미군이 '소탕, 통제, 장악'을 모두 직접 담당할 것임을 명확하게 밝히면서, 병력을 24시간 배치하겠다고 공언했다. 부시 대통령은 증파의 정치적 목적을 정확하게 규정하지 않았지만, 크로커와 퍼트레이어스는 자신의 재량으로 이러한 공백을 메우는 데 성공했다.[14]

이것은 과거와의 단절, 엄격하게는 '잠정적인 단절'이었다. 2004년 이후 미국의 이라크 전쟁 전략은 '이라크 전쟁의 이라크화'로 요약할 수 있다. 이를 위해 미국은 이라크 헌법 제정을 지원했고, 자유선거를 통해 이라크 정부를 수립했으며, 이라크 보안군 구성과 훈련에 많은 자원을 투자했다. 하지만 이러한 이라크 전쟁의 이라크화 정책은 이라크 정부에서 수니파가 소외되면서 오히려 큰 갈등을 일으켰고, 2006년 2월 알아스카리 사원이 파괴된 이후에는 이라크 내전을 부추기는 결과를 가져왔다. 결국 증파 전략에서 명시적으로 거론되지는 않았지만, 증파를 통해 미국이 추진하려는 새로운 전략은 '미국의 이라크 전쟁 노력의 이라크화Iraqification of the American efforts'라고 유추해 볼 수 있다.[15] 다시 말해, 이는 이전까지 이라크 정부에 이관했던 여러 기능, 특히 기본적인 치안 기능 등을 미국이 직접 제공하겠다는 것이다. 또한 후방의 대규모 기지에 미군 병력을 집중해 이라크 주민과 직접적인 접촉을 피하기보다는 병력을 민간인 거주 지역에 분산 배치하고, 미국이 구성한 이라크 정부를 지원하기보다는 공평한 중개인honest broker으로서 내전에 개입하겠다는 전략이다. 하지만 이러한 전략은 항구적인 것이 아니라 잠정적인 것이며, 이라크 상황이 안정화되면 다시 이전의 '이라크 전쟁의 이라크화 정책'을 추진하겠다는 것으로 볼 수 있다.

이와 함께 부시 행정부는 이라크에 배치된 병력의 근무 기간을 1년에서 15개월로 3개월 연장했다. 2007년 4월에 게이츠 국방장관은 증파 전략을 집행하려면 단순히 병력 증파를 하는 것으로는 부족하고, 현재 이라크에 배치된 병력의 이라크 근무 기간을 연장함으로써, 병력 증파와 더불어 긍정적인 결과를 이끌어낼 수 있게 해야 한다고 선언했다.[16] 기간 연장 조치에 대해서 군인과 그 가족은 부시 행정부의 조치를 차분하게 받아들였으며, 이러한 조치가 이라크 전쟁에 반대하는 여론을 크게 확대하지는 않았다.

바그다드 안정화 작전

2006년 7월 당시 바그다드에는 117개의 경찰서police stations가 있었으며, 미군과 이라크 보안군은 기존 경찰 병력에 5만 7000여 명의 병력을 추가로 투입했다. 하지만 내전은 계속되었고, 시아파 처형조와 수니파 자살공격을 막지는 못했다. 5월에는 2700여 명이, 6월에는 2200여 명이 살해된 상황에서 7월 초에도 1000명에 달하는 주민이 목숨을 잃었다.[17] 그리고 2006년 12월에는 3000여 명이 살해되기도 했다. 또한 증파 병력이 바그다드에 도착하기 직전인 2007년 2월 3일에는 바그다드의 시아파 지역에 대규모 자살공격이 발생했다. 1톤 규모의 폭탄을 적재한 트럭이 사드리야Sadriya 시장에 진입해 사람이 가장 붐비는 시각인 오후 다섯 시 무렵 폭발했다. 이 폭발로 지름 5미터, 깊이 3미터의 웅덩이가 생겼으며, 최소한 130여 명이 사망하고 340여 명이 다쳤다.[18]

이러한 상황에서 미군 병력은 1월 말부터 바그다드에 도착하기 시작해, 5월까지 총 5개 전투여단이 집결했다. 하지만 퍼트레이어스는 증파 병력의 도착을 기다리지 않고 2007년 2월 14일 기존 병력을 동원해 작전을 수행하기 시작했다.[19] 우선 행정구역에 따라 바그다드를 9개 지역으로 나누고 각 지역에 증파 병력을 파견해 안정화 작전을 개시했다. 특히 미군과 이라크 보안군 연합 병력이 24시간 대기하면서 지역 주민을 보호하고, 지역에 출입하는 모든 차량과 인원을 통제했다. 이러한 병력 배치 때문에 작전 초기 미군 병력은 공격에 빈번하게 노출되었다.[20]

2007년 2월 14일 작전 개시 상황에서 미군은 바그다드 전역에 모두 10개의 합동치안초소Joint Security Stations: JSS를 확보했고, 추가로 28개 정도를 건설

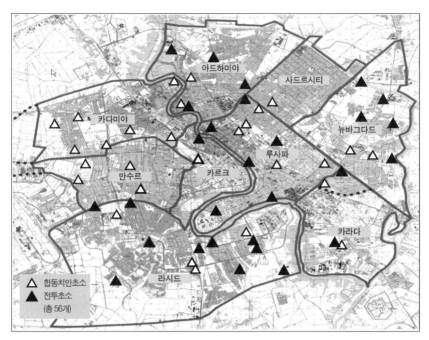

[그림 1] 바그다드의 합동치안초소와 전투초소 배치 현황(2007년 5월 31일)
자료: Department of Defense

한다는 계획을 세웠다. 2007년 6월까지 완성되어 병력 배치까지 완료된 바그다드 전역의 합동치안초소는 모두 27개였으며, 이와 함께 여러 개의 전투초소COP가 설치되었다.[21] 오디에어노는 바그다드 전역에 모두 56개의 합동치안초소와 전투초소를 배치한 사실을 공개했다([그림 1]).[22] 이후 초소는 77개로 확대되었다. 미군은 중장비를 동원하여 일몰과 함께 해당 지역으로 진입하여 철야작업으로 초소를 새롭게 구축하거나 기존 건물을 초소 형태로 개조했고, 일출과 함께 공사를 완료했다.[23] 합동치안초소는 대개의 경우 대대 병력이 주둔하고 한 번에 1개 중대가 작전했으며, 전투초소는 중대 병력이 배치되어 개별 소대가 순환하면서 근무했다. 이전까지 미군 병력은 전진기지에 집중 배치되어 정기적으로 순찰을 나섰지만, 전략이 바뀌고 나서는 미군 병력이 주민과 같은 지역에 거주하면서 하루 24시간 순찰하고 활동하게 되

바그다드에 설치된 장벽
자료: 2013년 3월 17일, 필자가 방문해 촬영

었다. 병력은 일주일 단위로 순환했고, 합동치안초소나 전투초소에서 5일과 반나절(총 132시간)을 근무하고 후방의 전진기지에서 36시간 휴식을 취했다.[24]

지속적인 주둔과 함께 미군이 시행한 또 다른 방법은 장벽 설치였다. 약 3미터 높이의 콘크리트 장벽을 설치해 수니파와 시아파 지역을 물리적으로 차단한 것이다. 특히 수니파 밀집 거주 지역인 아드하미야Adhamiya를 둘러싼 장벽은 전체 길이가 5킬로미터가 넘었다.[25] 이렇게 설치한 장벽을 이용해 미군은 외부에서 수니파 지역으로 침입하는 시아파 처형조를 차단하는 동시에 수니파 지역에서 출발하는 자살공격조를 통제했다. 바그다드 서부의 수니파 본거지인 가잘리야Ghazaliyah에서는 1만 5000여 명의 주민이 살고 있는 2.5제곱킬로미터 지역을 콘크리트 장벽으로 완전히 둘러싼 다음, 민간인 차량이 사용할 수 있는 출입구를 하나로 제한하고 도보로 출입할 수 있는 검문소 세 곳을 개방했다. 긴급 공사를 위해 미군 공병 중대 하나는 일주일에 2500여 개의 콘크리트 장벽을 만들었으며, 일부 지역에서는 콘크리트가 완전히 건조되지 않은 상태로 장벽을 설치하기도 했다. 이러한 '검문소 지구gated communities' 내부에서 미군 병력은 주민의 지문과 홍채紅彩 정보를 등록했다.[26] 한편 미군은 바그다드 남부의 또 다른 수니파 지역인 라시드Rashid와 그 핵심인 도라 시장Doura market 지구를 보호하기 위해 장벽을 설치했으며, 4개의 합동치안초소와 5개의 전투초소를 집중 배치해 바그다드로 진입하는 이라크 알카에다 조직을 차단했다.[27]

이러한 바그다드 안정화 작전은 미군과 이라크군의 연합작전으로 이루어졌으며, 표면적으로는 이라크군의 작전에 미군이 협력하는 형태로 진행되었다. 이 때문에 작전의 공식 명칭은 영어인 BSPBaghdad Security Plan가 아니라, '법률 집행'이라는 뜻의 아랍어인 FAQFardh al-Qanoon였으며, 이를 영어로 옮겨 '법집행 작전Operation Enforcing the Law'이라고 명명했다.[28] 병력 구성에서도 이라크군이 약 10만 명을 동원해 다수를 이루었고, 미군은 3만 5000여 명을 투입한 상황에서 증파된 미군 병력을 개별 여단 단위로 투입했다. 하지만 작전은 실질적으로 미국이 주도했고, 이라크 정부가 임명한 작전 지휘관을 미군이 거부하자 말리키 총리는 바그다드 안정화 작전을 이끌 이라크 지휘관으로 새로운 인물을 지명했다.[29] 또한 미군은 이라크 보안군 병력의 단독작전을 금지하고 모든 경우에 미군과 함께 행동할 것을 요구했다. 이라크 보안군 병력이 지니고 있던 모든 휴대전화를 압수했고, 작전 및 이동 중에 시아파 민병대와 연락할 수 있는 수단을 차단했다.[30] 이에 그치지 않고 미군은 마흐디군의 본거지인 사드르시티를 공격했다. 우선 미군은 마흐디군의 주요 지휘관을 체포해 일부를 암살했다. 이어서 2007년 3월 4일 이라크 보안군 약 550명과 미군 약 600명은 장갑차량을 동원해 사드르시티에 진입했고, 이에 마흐디군은 별다른 저항을 하지 않았다. 며칠 동안의 수색 및 안정화 작전이 있고 나서 미군은 경찰서 건물에 합동치안초소를 설치하고 사드르시티에 주둔했다.[31]

바그다드 문제가 어느 정도 해결되자 미군은 2007년 6월 바그다드벨트에 대한 군사작전(Operation Phantom Thunder)을 개시했다. 이전까지 미군은 바그다드벨트 지역에 병력을 배치하지 않았고, 이라크 보안군 또한 이 지역을 방치하면서, 전통적으로 수니파 거주 지역이던 바그다드벨트는 2006년까지 이라크 알카에다 조직이 장악했다. 이 지역에서 폭탄이 제조되었고, 이를 이용한 차량폭탄 및 자살폭탄 공격으로 시아파 주민과 이라크 보안군, 미군은 큰 인명 손실을 입었다.[32] 하지만 2006년 들어서는 바그다드벨트 지역에 대해 시아파 민병대의 공격이 거세졌다. 이로써 이 지역에 거주하던 수니파 주민들은 막대한 피해를 입었고, 생존을 위해 이라크 알카에다 조직을 지지했다. 결국 시아파 처형조와 이라크 알카에다 조직은 바그다드벨트를 중심으로 사투를 벌였다. 두 세력 모두 바그다드벨트 지역을 장악하고 그곳을 거점으로 바그다드 전역에 병력을 이동시키고자 했다. 이를 위해 시아파는 바그다드벨트 지역으로 침입해 수니파 주민들을 밀어내기 시작했고, 이로써 이지역은 종파 내전의 중심이 되고 있었다.[33] 그런데도 이 지역에는 병력이 배치되지 않았다. 이라크 주둔 다국적군 군단 사령관인 오디에어노는 내전을 진압하기 위해 "후세인처럼 행동한다"라는 원칙에 따라, 바그다드벨트 지역에 증파된 병력 가운데 2개 여단을 바그다드벨트 남부에 위치한 수니파 지역에 배치하고, 시아파의 공격으로부터 이 지역을 차단했다.[34]

군단 사령관 오디에어노는 거의 매일같이 바그다드 작전 지휘부를 방문하여 상황을 점검하면서, 바그다드벨트 지역에 병력을 증원하고 해당 작전에 심혈을 기울였다. 또한 민간인에 대한 가혹행위 및 민간인 피해 방지 및 특히 수니파 주민들과의 우호관계 유지를 강조하면서 알카에다 세력에 대한 공격에만 집중했다.[35] 6월 15일부터 2개월 동안 진행된 작전으로 미군은 바그다드벨트 지역을 장악했다. 이 과정에서 이라크 알카에다 조직 구성원 1100여명이 사살되고, 저항 조직의 '중요 인물' 382명을 비롯해 6700여 명이 체포되었다. 동시에 시아파 처형조의 움직임도 차단되면서 수니파에 대한 시아파의 압박이 사라졌으며, 이라크 알카에다 조직의 세력은 바그다드에서 빠른 속도로 약화되었다.[36]

수니파의 전향과 미군과의 협력

본래 증파 전략에서 수니파와의 관계는 언급되지 않았다. 다만 이라크 종파 내전을 종식한다는 간략한 원칙만이 제시되었고, 이에 따라 미군은 수니파 지역에 진입해 24시간 주둔하면서 지역 주민에게 필수적인 안전을 제공했다. 하지만 수니파와의 타협이나 이라크 정치에 관한 확실한 정책은 제시되지 않았으며, 현장 지휘관의 재량권이 사실상 인정되었다. 이러한 상황에서 퍼트레이어스는 자신의 재량권을 이용해 이른바 안바르 각성을 바탕으로 수니파 저항 세력과 미군의 협력 관계를 강화하고 이를 이라크 전역으로 확대하려고 했다.

2007년 2월 이라크 주둔 다국적군 사령부 사령관으로 부임한 직후, 퍼트레이어스는 말리키 총리를 설득해 안바르를 방문했다. 3월 13일 안바르 지역의 수도인 라마디를 방문한 퍼트레이어스와 말리키는 안바르의 수니파 지도자와 면담하고, 미군의 지원하에 만들어지고 있는 수니파 민병대를 사실상 승인했다.[37] 또한 4월 17일 게이츠 국방장관은 2004년 4월과 11월 미군의 공격 대상이었던 팔루자를 방문했다. 그곳에서 열린 기자회견에서 게이츠는 안바르 지역에 많은 발전이 있으며, 안전이 회복되었고, 무엇보다 "이라크인들이 자신의 운명을 개척하고 있다"라고 말했다. 한편 게이츠는 바그다드에서 말리키 총리와 만나, "미군은 이라크에서 언젠가는 철수한다"라고 지적하면서 수니파와의 정치적 타협을 종용했다.[38] 특히 게이츠는 2005년에 팔루자에 오직 한 명의 경찰관만이 존재했으나, 2007년 4월 현재 경찰 병력이 1500여 명에 이르고 2000여 명의 지원자가 대기하고 있다는 것을 지적하면서, 팔루자의 미래가 팔루자 주민들에게 달려 있다는 점을 강조했다.

그리고 안바르 지역의 변화는 바그다드로 확산되었다. 문제는 수니파를 보호한다는 이라크 알카에다 조직이 이슬람 극단주의자였으며 주로 외국인으로 구성되었기 때문에, 이라크의 수니파 부족과는 여러 부분에서 충돌했다는 사실이다. 2007년 봄, 안바르 지역에서 많은 수의 수니파 병력이 바그다드의 수니파 지역으로 이동하면서, 이라크 알카에다 조직과 수니파 저항 조직의 갈등이 본격화되었다. 일부 수니파 지역에서는 이러한 갈등이 폭발하지 않았지만, 2007년 5월 말 아메리야Ameriyah에서 이라크 알카에다 조직과 수니파 저항 조직이 충돌했다. 이라크 알카에다 조직이 저항 조직 지휘관의 조카를 살해하자, 저항 조직은 미군에 지원을 요청했다. 5월 29일 오후 미군 병력은 수니파 사원을 둘러싸고 이라크 알카에다 조직과 수니파 저항 조직 간에 벌어진 전투에 개입했다. 미군의 화력 지원으로 수니파 저항 조직은 이라크 알카에다 조직을 제거했고, 이후 미군은 수니파 저항 조직을 적극적으

로 포용했다.[39]

부시 행정부는 이러한 사태를 예측하지 못했고, 따라서 수니파 저항 조직과 이라크 알카에다 조직의 충돌에 어떻게 대응해야 하는지에 대한 지침을 마련하지 못한 상태였다. 하지만 퍼트레이어스는 부시 대통령에게 간단하게 보고하고 나서 직권으로 수니파 저항 조직을 포섭하는 전략을 추진했다. 수니파 저항 조직은 미군에 식량과 연료 지원을 요구했으며, 미군은 야전 지휘관이 재량으로 사용할 수 있는 예산을 동원해 이를 지원했다. 이때 수니파 저항 조직은 무기와 탄약 등을 충분히 보유하고 있었고, 시아파 정부 및 이라크 보안군은 수니파에 대한 미국의 무기 공급을 극렬히 반대했기 때문에, 미군은 무기 이외의 물자를 공급했다.[40] 이른바 '바그다드 애국자Baghdad Patriots' 또는 '우려하는 지역 시민단Concerned Local Citizens', '두 강 사이의 기사들Knights of the Two Rivers' 등으로 불린 수니파 저항 조직은 후세인 시기 장교들이 지휘했으며, 시아파의 압박 속에서 생존하기 위해 노력했다. 미군은 수니파 병력을 조직화하면서 여러 가지 제한 조건을 덧붙였다. 예를 들어, 작전을 독자적으로 할 수 없고, 미군 또는 이라크 보안군의 보조 병력으로만 활동할 수 있으며, 모든 총기를 등록해야 하지만 미군이나 이라크 보안군이 총기를 지급하지 않고 병력이 개별적으로 총기를 마련해야 하며, 무기를 휴대할 때는 지문 및 홍채 등의 정보를 등록한다는 등의 조건이 제시되었다.[41]

퍼트레이어스는 8월 15일에 저항 조직의 지휘관들과 면담했으며, 수니파 병력을 동원해 수니파 지역을 경비하는 계획Guardian Program을 승인했다. 미군은 수니파 병력에게 무기나 탄약을 제공하지는 않았지만, 수니파 '경비대원'이 개인적으로 총기를 휴대하는 관행을 공식적으로 인정했다. 그 대신에 미군은 병력 한 명당 매달 300달러를 제공함으로써 수니파 주민의 참여를 확대했고, 지역 경제 활성화를 유도했다.[42] 바그다드 외곽의 디얄라에서도 수니파 주민들이 이라크 알카에다 조직과 결별하고 미군에 협력했다. 이 지역을 장악하고 있던 수니파 무장 조직은 미군의 바그다드벨트 공격과 더불어 이라크 알카에다 조직을 공격하기 시작했고, 미군은 주민에게 28만 5000킬로그

램에 달하는 쌀을 제공했다.[43]

그 '대가'로 수니파 무장 조직은 미군이 가장 절실하게 필요로 하는 것을 제공하기 시작했다. 해당 지역에 대한 정보와 알카에다 조직의 움직임, 그리고 병력이었다. 특히 수니파로 구성된 무장 조직은 시아파가 장악한 바그다드 중앙정부가 제공한 시아파 병력과는 달리 수니파 지역에서 지역 주민들의 반발 없이 작전을 수행할 수 있었다. 2007년 바그다드 작전에 수니파 조직들은 5만 명의 병력을 제공했고, 덕분에 수니파 지역에서의 작전은 순조롭게 진행되었다.[44] 하지만 미군과 수니파의 협력과 그에 따른 '성공'은 수니파를 배제하려는 시아파 중앙정부의 관점에서는 악몽이었고, 때문에 파멸의 씨앗으로 작용했다.

의회 청문회

미국 의회는 병력 증파를 반대했다. 부시가 병력 증파를 선언하는 연설을 하고 난 직후인 2007년 1월 12일, 공화당의 매케인John McCain 상원의원이 증파에 찬성하는 견해를 밝혔지만, 이것이 증파에 대한 거의 유일한 지지 발언이었다. 2월 16일 하원은 부시의 증파에 반대하는 결의안을 찬성 246표, 반대 182표로 통과시켰으며, 여기에 공화당 의원 17명이 결의안에 찬성했고, 2명의 민주당 의원이 반대했다. 이 결의안은 행정부의 행동을 구속하지 않으며 단순히 선언적인 의미만을 지닌 것이었지만, 3일 동안 345명의 하원의원이 총 44시간에 걸쳐 증파에 대해 정치적 거부감을 드러내는 발언을 쏟아냈다.[45] 하지만 하원은 증파 전략을 집행하는 데 필요한 예산을 거부하지는 않았고, 다만 2007년 9월에 증파가 가져온 성과를 의회에 보고하라는 조건을 제시했다. 5월 초 미국 하원은 부시 행정부가 이라크와 아프가니스탄 전쟁을 수행하기 위해 요구한 950억 달러 가운데 430억 달러를 승인하면서 이라크 정치 상황 진전에 대한 중간 보고를 요구했으며, 이에 기초해 7월에 나머지

금액을 승인하겠다고 결정했다.[46]

이에 따라 2007년 7월 12일 부시 행정부는 의회에 중간 보고서를 제출했다. 「이라크 상황 초기 평가Initial Benchmark Assessment Report」라는 제목의 이 보고서는 2007년 5월에 의회에서 이라크 상황과 관련해 제시한 총 18개 항목에 대한 진전 상황을 기록했다. 중간 보고서는 이라크 상황 진전을 안전security, 정치적 화해political reconciliation, 외교적 개입diplomatic engagement, 경제 및 필수 서비스economy and essential services 등으로 구분했고, 어느 정도의 변화는 있지만 "전반적인 추세는 향상되고 있다"라고 주장했다. 즉, 앞으로 시간이 주어지면 모든 부분이 향상될 것이라는 점을 시사한 것이다.[47] 하지만 이러한 중간 보고서를 분석한 미국 의회조사국Government Accountability Office: GAO은 보고서에서, 18개 항목 중 3개 항목에서는 목표를 달성했고, 4개 항목에서는 부분적으로 목표를 달성했지만, 나머지 11개 항목에서는 목표 달성에 실패했다고 지적했다. 하지만 미국 의회조사국의 보고서에서는 이러한 부분적인 성공 또는 부분적인 실패에 관해 자세히 논하지 않은 채 주로 사실관계를 적시하는 데 그쳤다.[48]

이라크 철군 문제를 놓고 미국 여론은 표류하기 시작했다. 민주당 성향의 《뉴욕타임스》는 2007년 7월 8일 사설을 통해, 이라크 전쟁으로 부시 행정부는 "미국의 힘을 필요로 하는 세계를 배신betray했다"라고 격렬하게 비난했다. 또한 철군할 경우에 불안정성이 악화되겠지만, 그렇다고 계속 주둔한다면 상황은 더욱 악화될 것이라고 지적하면서, 어떠한 경우에도 미군 병사의 불필요한 희생을 바탕으로 이라크 정책을 추진하는 것은 용납될 수 없다고 언급했다. 그리고 현재 유일한 희망은 미국이 군사력을 철수하고, 그에 수반되는 위험을 이용해 이라크 내부의 정치적 타협을 강요하는 것이라고 결론지었다.[49] 하지만 정책 입안자들은 이라크 문제를 해결하는 데 더욱 많은 시간이 필요하며 인내심을 가질 필요가 있다고 역설했다. 미군이 이라크에 주둔하기 때문에 많은 문제가 발생하는 것은 사실이지만, 만약 성급하게 철수하면 이라크에 엄청난 유혈 사태가 발생할 것이라는 경고도 있었다. 또한 미군을 철수해 이라크 정치 세력 간 타협을 압박할 수도 있지만, 그 가능성은 크지 않고, 오히려 이라크 정치 세력들은 자신의 안전을 우려한 나머지 타협하지 않을 것이며, 유혈 사태는 더욱 증가할 것이라고 지적하기도 했다. 퍼트레이어스와 크로커는 이라크 문제의 핵심이 '두려움fear'이며 미군은 현재 이러한 두려움을 해결해야 한다고 역설했다.[50]

하지만 이라크 상황이 개선되고 있다는 평가가 조금씩 등장했다. 이 과정에서 많은 영향력을 발휘한 것은 민주당 지지자이면서 이라크 침공을 지지했던 2명의 군사전문가의 평가였다. 오핸런Michael E. O'Hanlon과 폴락은 2007년 7월 30일에 발표한 기고문에서, 지난 4년 동안 부시 행정부의 이라크 정책이 신뢰성을 잃은 것은 명백한 사실이지만, 이 때문에 이라크에서 나타나고 있는 '긍정적인 변화'를 무시할 수는 없다고 지적했다. 그러면서 그들은 현재 미군이 이라크에서 '지속적인 안정sustainable stability'을 구축하는 데 성공했으며, 이라크 민간인 사망자는 3분의 1로 감소했고, 거의 폐허가 되었던 바그다드의 일부 지역에서는 상업 활동이 재개되고 있다는 사실을 지적했다. 또한 이라크 알카에다 조직의 온상이었던 안바르 지역이 이제 방탄조끼가 필요하지 않을 정도로 안정화되었으며, 이라크 주민은 대부분 이라크 알카에다 조직과 마흐디군의 무분별한 폭력에 진저리를 내며 미군에 협력하고 있다고 주장했다. 따라서 현재의 정책이 계속 유지되어야 하며, 더욱 많은 노력이 필요하다는 것이다.[51]

이와 함께 2007년 8월 공개된 이라크 문제에 관한 두 번째 국가정보보고는 증파 전략의 초기 성과를 분석했다. 이 보고서는 "상황이 호전되기는 했지만 그 성과는 제한적이고, 정치적 타결이 이루어질 가능성이 보이지 않는다"라고 결론을 내리면서, 폭력 및 유혈 사태가 여전히 심각한 문제라는 사실을 지적했다. 다만 2007년 8월 말 시점에서 이라크 정치를 이해하려면 시아파와 수니파의 대립 구도를 파악해야 한다는 사실을 강조했으며, 특히 이라크 알카에다 조직과 마흐디군의 폭력적 행동에 초점을 맞췄다.[52] 하지만 이라크 상황이 안정되고 있다는 사실은 분명히 인식되기 시작했으며, 이에 따라 '무의미한 미군 병사의 희생'이라는 주장은 점차 설득력을 잃어갔다.

하지만 전쟁에 반대하는 목소리는 여전히 존재했다. 일선 병사 중 일부는 신문 기고를 통해 증파 전략을 비판하고 조속한 철군을 주장하기도 했다. 2007년 8월 19일 자 《뉴욕타임스》에는 상병과 병장, 하사 등이 포함된 7명의 미군 병사가 이라크에서 직접 경험한 것을 바탕으로 쓴 글이 실렸다. 여기서 그들은 미국이 현재 수니파 민병대 조직의 활동을 조장 또는 방관한다고 비판하면서, 미국이 이라크에서 주도권을 장악하고 있다는 주장은 지극히 미국 중심적인 주장으로 잘못된 것이라고 주장했다. 그리고 문제는 미국이 이라크에서 이슬람 극단주의 정권을 만들어냈으며, 이라크 주민들은 여전히 안전하지 않은 상황에 처해 있다는 사실이라고 지적했다.[53] 이러한 신문 기고는 매우 충격적이었다. 특히 일선에서 이라크 전쟁을 수행하는 병사들의 증언이었기 때문에 더욱 큰 반향을 일으켰으며, 그전까지 나온 분석에서는 대부분 이라크 상황이 안정화되고 있다고 결론을 내리고 있었기 때문에 그 충격은 더욱 컸다.

이러한 상황에서 2007년 9월 10일 이라크 주재 미국 대사 크로커와 이라크 주둔 다국적군 사령부 사령관 퍼트레이어스는 하원에서 외교 및 국방 위원회 통합 청문회Joint Hearing of the House Committee on Foreign Affairs and the House Committee on Armed Services를 치렀다. 증언 전날인 9월 9일에 《뉴욕타임스》는 사설을 통해, 부시 대통령이 자신의 이라크 정책을 정당화하고자 군인을 이용하고 있다고 비난하면서, 이라크에서 정치적 상황이 변화해야 한다는 사실을 강조했다.[54] 또한 의회 증언을 앞두고 있던 퍼트레이어스는 2004년 9월 26일 《워싱턴포스트》에 기고한 글을 통해 이라크에서 '구체적인 진전tangible progress' 이 있다고 주장했다. 이를 두고 한편에서는 그의 주장이 중간선거를 앞두고 유권자를 현혹했다는 비판을 내놓기도 했다.[55] 이러한 연장선상에서 이라크 전쟁에 반대하는 비영리 진보 정치 조직인 무브온moveon은 퍼트레이어스를 비난하는 내용을 담은 전면 광고를 9월 10일 자 《뉴욕타임스》에 실었다.[56] 당시 광고에는 "퍼트레이어스, 장군인가 배신자인가General Petraeus or General

Betray Us"라는 표현과 함께, 퍼트레이어스가 부시 대통령을 위해 사실을 왜곡하고 있다고 비난했다.

GENERAL PETRAEUS OR GENERAL BETRAY US?

Cooking the Books for the White House

2007년 9월 10일 자 《뉴욕타임스》에 실린 퍼트레이어스를 비난하는 내용의 광고

그런데도 의회 증언은 매우 성공적이었다. 그리고 이틀 동안 계속된 증언에서 주목을 받았던 사람은 퍼트레이어스였다. 특히 9월 10일, 6시간 30분 동안 계속된 증언에서 그는 이라크 현재 상황이 결코 좋지는 않지만 개선되고 있으며 미국의 증파 전략이 효과를 발휘하고 있다고 설득했다. 그리고 그는 앞으로 더욱 많은 시간이 필요하며, 현재의 이라크 주둔군 13만 명은 2008년 여름까지 계속 유지되어야 한다고 강조했다.[57]

크로커 또한 미국 의회와 조속한 철군을 주장하는 여론을 설득하는 데 중요한 역할을 했다. 그는 이라크에서 정치적 발전이 거의 없지만 성급한 철군은 이라크 내전의 확대와 엄청난 유혈 사태를 빚을 것이라고 밝혔다. 증언의 핵심은 이라크에서 안전하고 안정적인 민주주의가 실현될 수 있으며, 다만 그러려면 더욱 많은 시간이 필요하다는 것이었다. 특히 중앙정부 차원에서는 이러한 발전이 매우 느리지만, 지방정부에서는 상당한 발전이 있다고 주장했다.[58]

퍼트레이어스와 크로커의 증언은 이전까지 부시 행정부가 보여준 낙관론과는 큰 차이가 있었다. 더욱이 그들은 이라크 전쟁에 회의적인 인물이었다. 크로커는 이라크의 정치적 상황 때문에 "매일같이 좌절한다frustration every day"라고 솔직하게 털어놓았고, 퍼트레이어스는 테러와의 전쟁에서 미국을 더욱 안전하게 하는 방법이 무엇이냐는 공화당 의원의 질문에 "모르겠다I simply don't know"라고 답변했다. 또한 크로커는 미국이 2006년까지만 해도 "거의 패배"한 상태였다고 말하기도 했고, 퍼트레이어스는 이라크 전쟁이 근본적으로 "종족

및 종파 폭력ethno-sectarian violence"이라고 규정했다. 이는 '이라크 전쟁을 내전으로 규정하는 것은 내전이라는 개념을 어떻게 정의하느냐의 문제'라는 이전까지 사용된 논리에서 벗어나, 이라크 전쟁의 심각성과 폭력을 솔직하게 인정한 것이었다.

그들의 이러한 답변은 최소한 미국 국내에서 이라크 전쟁에 대한 철군 주장이 강화되는 것을 막아냈다. 2007년 여름을 정점으로 이라크의 상황이 호전되면서 국내 여론은 점차 변화했으며, 이라크 전쟁에서 '승리'할 수 있다는 전망을 할 수 있게 되었다. 하지만 이러한 승리를 거두기에는 여러 가지 한계가 존재했다. 그중 가장 심각한 한계는 증파 전략이 그 출발점에서부터 정치적 해결책을 마련해 놓지 않았다는 사실이었다.

15장
이라크에서의 성공과
안정화의 한계

2007년 6월 13일에 알아스카리 사원이 두 번째 공격을 받았고, 이로써 그나마 남아 있던 구조물까지 완전히 파괴되었다. 하지만 사실상 아무 일도 벌어지지 않았다. 2006년 2월에 발생한 1차 공격으로 사원이 파괴되자 이라크는 극심한 종파 폭력에 휘말렸으며 곳곳에서 유혈 사태가 벌어졌지만, 2007년 6월에 발생한 공격은 실질적으로 아무런 충격도 가져오지 않았다. 이라크 정부와 미군은 즉각적으로 통행금지령을 선포했으며, 바그다드까지 포함된 통행금지령은 6월 17일 오전 5시에 해제되었다. 이 과정에서 제한적인 유혈 사태와 수니파 사원에 대한 공격이 벌어지고, 자살폭탄 공격이 일어나 수십 명이 살해되었지만, 종파 내전은 악화되지 않았다.[1]

당시 이라크에서는 유혈 사태가 이미 극심한 상태였다. 이 때문에 알아스카리 사원이 재차 공격을 받은 상황에서도 추가 공격이나 폭력이 발생하기 어려워 그처럼 '안정적인 상태'가 유지될 수 있었던 것으로 추정해 볼 수도 있다. 그런데 2007년 여름을 정점으로 이라크에서 주별 공격weekly attacks 빈도는 감소하기 시작했다. 2007년 6월 하순에 약 1600회의 공격significant activities이 있었지만, 2007년 9월 마지막 주에는 공격 횟수가 약 800회로 줄었으며,

2008년 3월 라마단Ramadan 기간에 잠깐 증가했다가 다시 감소했다. 2008년 4월 말 주별 공격 빈도는 400회 미만으로 줄었고, 2008년 11월에는 그 절반 수준인 주당 200회로 떨어졌다. 그리고 2009년 4월에 들어서면서 주별 공격 횟수는 최악의 기간이었던 2007년 6월 하순의 10% 수준인 약 160회로 감소했다. 이는 2004년 1월 한 달간 발생한 공격 횟수보다도 적은 것으로, 한편에서는 이를 근거로 이라크가 "2003년 말 수준으로 안전해졌다"라는 주장까지 제기되었다.

이러한 측면에서 볼 때 미군 증파 전략은 성공이었다. '이라크 상황 안정'을 목표로 했던 증파 전략은 최소한 그 군사적 목표를 달성한 것이다. 종파 내전은 통제되었으며, 바그다드에서는 최소한의 상업 활동이 재개되었고, 주민들은 비교적 자유롭게 거리를 오갈 수 있게 되었다. 지속적으로 주둔하는 미군과 이라크 보안군 병력은 수니파 주민을 보호했으며, 미군이 포섭한 수니파 무장 조직이 수니파 지구를 통제 및 경비하면서 지역 전체의 안정성은 더욱 커졌다. 특히 미군이 수니파 병력에 임금을 지급하면서 수니파 지역 경제가 활성화되었으며, 수니파와 미군 사이에 유대관계가 형성되면서 이라크 내부에서 수니파가 차지하는 입지가 강화되었다. 덕분에 이라크 알카에다 조직은 세력을 상실했고, 마치 물 밖으로 나온 물고기처럼 사실상 죽어갔다. 마흐디군 또한 점차 영향력을 잃기 시작했으며, 두 번의 휴전 이후 2008년 3월 말 바스라 전투를 계기로 군사 세력으로서의 중요성이 약화되었다. 2008년 가을 시아파 민병대로 출발한 마흐디군은 사회사업 조직으로 변모했으며, 사드르가 통제하는 정당으로 탈바꿈했다.

하지만 이라크에서의 이러한 '성공'에는 다음과 같은 두 가지 한계가 있었다. 우선 이라크 상황 안정은 순수하게 군사적 성과이며, 이것이 정치적 타협으로 이어지지는 않았다. 특히 시아파가 주도하는 이라크 정부는 수니파 무장 조직을 매우 경계했으며, 수니파 병력을 이라크 보안군으로 통합하는 문제에 대해 제한적으로만 승인했다. 이라크 정부에서 주장했듯이, 수니파 병력의 상당수가 저항 세력 출신이며, 과거 후세인 정권에서 복무했던 인물이 지휘를 맡았다. 바로 이러한 측면에서 수니파와 시아파의 타협은 매우 어려운 문제다. 이러한 한계를 극복하고 정치적 타협과 화해가 이루어지지 않는다면, 이라크에서 장기적인 안정이 확보되기란 결코 쉽지 않다.

예를 들어, 미군의 지원으로 확대된 수니파 무장 병력은 2007년 이라크의 아들들로 개칭되었고, 이 가운데 5만 명 정도의 병력은 미군 작전을 보조하면서 바그다드에 진입했다.[2] 하지만 바그다드의 이라크 정부는 이러한 수니파 무장 세력의 확대를 극렬 반대했다. 시아파 입장에서 수니파 세력이 무장하고 미군과 협력하는 것은 도저히 용납할 수 없었다. 말리키 총리는 이라크의 아들들 지휘관에게 체포영장을 발급했지만, 미군의 반대 때문에 이것을 집행할 수 없었다.[3] 하지만 미국 또한 말리키 총리로 대표되는 시아파의 수니파 무장 세력에 대한 극단적인 반감을 통제하지 못했다.

두 번째 한계는 이라크에서 장기적인 안정이 확보되기 어려운 탓에 미국이 지속적으로 이라크 상황에 개입하게 될 것이라는 사실이다. 2009년에 출범한 오바마 행정부는 이라크에서 미군을 철수하겠다고 공언했다. 이에 따라 미군은 2009년 6월 바그다드를 포함한 이라크 주요 도시에서 철수하기 시작해, 2010년 8월 19일에는 전투 병력 철수를 마쳤다. 2010년 8월 31일, 오바마 대통령은 2003년 3월에 시작된 침공 작전인 '이라크 자유 작전Operation Iraqi Freedom'이 공식적으로 종료되었다고 선언했다. 이라크에서 전투 병력은 철수했지만, 5만 명 정도의 미군 병력이 이라크 보안군 '훈련 및 지원train and assist'을 위해 2011년 12월 31일까지 잔류할 예정이다. 이처럼 미국은 이라크에서 철수하고 있지만, 이라크 상황이 악화될 경우 다시 개입할 것이며, 그러한 추후 개입은 이라크는 물론 중동 전체에 상당한 반향을 불러일으킬 것이다.

이라크 안정화와 증파의 성과

증파 전략으로 이라크 상황은 일단 안정을 찾기 시작했다. 2007년 1월에

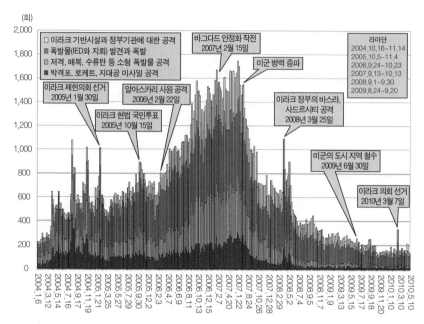

[그림 1] 주 평균 공격 횟수(2004년 1월 3일~2010년 5월 28일)
자료: DoD, "Measuring Stability and Security in Iraq," June 2010

증파가 선언되고, 이에 따라 2월과 6월에 걸쳐 5개 여단의 병력이 이라크에 도착하기 시작했다. 그리고 이라크에서의 공격은 2007년 7월을 정점으로 감소했다. 특히 2007년 가을부터 본격적으로 나타나기 시작한 안정화 속도는 놀라울 정도다. 2007년 12월까지 바그다드에서는 2006년과 비교해 살인은 90%, 민간인에 대한 공격은 80%, 차량폭탄 공격은 70% 정도 감소했다.[4] [그림 1]은 2004년 1월부터 2010년 5월까지 이라크 전체에서 발생했던 주 평균 공격 횟수를 보여준다. 이에 따르면, 2006년 2월 알아스카리 사원이 파괴되기 전까지 가장 많은 공격이 발생했던 시기는 2004년 11월 제2차 팔루자 전투와 2005년 1월 제헌의회 선거를 앞둔 기간으로 일주일에 약 1000회의 공격이 있었다. 사원이 파괴된 이후 횟수는 급격히 증가하여 2006년 4월 하순에 1000회가 넘었고 2006년 9월 중순 1600회 이상의 공격이 발생했다. 공격이 가장 극심했던 시기는 2007년 6월 말로, 일주일에 1750여 회 정도의 공격이 있었다. 하지만 이후 공격은 급격히 줄어들었고, 2008년 3월 말 이라크 정부가 남부의 바스라를 공격하면서 공격 횟수가 잠시 증가했던 것을 제외하면 전체적으로 매우 빠르게 감소했다. 2007년 9월 말에 공격은 3개월 전의 절반 수준으로, 2008년 4월 말에는 그 절반인 주당 450여 회로 떨어졌다. 그리고 2009년 봄부터 공격 횟수는 200회 미만에서 '정체'되어 있다.

이라크 전역에서 나타난 하루 평균 공격 횟수도 비슷한 추세를 보인다. 그림 2에 따르면, 2006년 10월에는 하루 평균 약 180회의 공격이 발생했으며, 2007년 6월에도 비슷한 수준을 나타냈다. 증파가 이루어진 2007년 2월 이후에는 연합군에 대한 공격은 증가했지만, 이라크 민간인과 이라크 보안군에 대한 공격은 그다지 증가하지 않거나 오히려 감소했다. 2007년 6월부터 연합군에 대한 공격도 감소하기 시작해, 2008년 5월에는 2004년 3월 수준의 공격만이 발생했다. 하루 평균 전체 공격 횟수도 3개월 후인 2007년 9월에는 거의 절반으로, 다시 3개월 후인 12월에는 45회 정도로 감소했다.

바그다드와 안바르, 살라딘, 디얄라, 니느와 등 '주요 수니파 지역'에서 발생한 하루 평균 공격 횟수는 더욱 큰 변화를 보여준다(그림 3] 참조). 2006년 하반기에 바그다드보다 공격이 더 많이 발생했던 안바르 지역은 2007년 들어 공격 횟수가 급격히 줄었고, 2008년에는 하루에 한두 번 정도의 공격만이 발생하는 '매우 안전한 지역'으로 변모했다. 그 밖의 다른 지역도 2007년 여름을 정점으로 공격 빈도가 감소했으며, 바그다드를 제외하고는 감소 추세가 역전되지 않았다. 2008년 봄 바그다드에서 공격 빈도가 증가한 것은 2008년 3월 말 말리키 총리의 명령으로 시작된 이라크 보안군의 바스라 공격에 따른 것으로, 공격을 받은 마흐디군이 바그다드에서 자신의 시아파 병력을 동원해 반격하면서 나타났다. 하지만 다른 지역은 수니파 지역이었기 때문에 이러한 현상이 나타나지 않았다.

IED를 이용한 공격도 감소했다. 2007년 6월에 1700여 차례에 걸쳐 IED 공격 또는 공격 시도가 있었지만, 11월에는 그 수가 700여 회로 줄어들었다. 이와 더불어, 빠르게 발전하던 IED 기술도 상당히 조잡한 수준으로 퇴보했다.

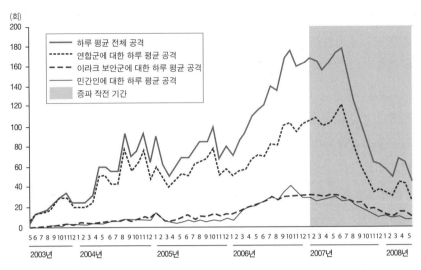

[그림 2] 하루 평균 공격 횟수(2003년 5월~2008년 5월)

자료: Global Security

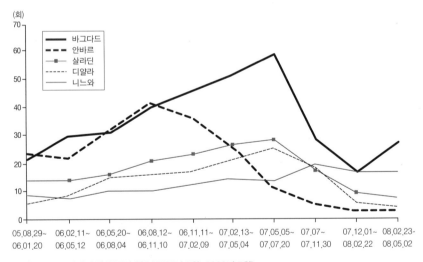

[그림 3] 주요 지역의 일일 공격 횟수(2005년 8월~2008년 5월)

자료: Global Security

특히 미군의 장벽 설치로 IED 설치와 보급이 어려워지면서 수니파 저항 조직의 IED 기술 수준이 퇴보했다. 주로 이란에서 제작된 것을 시아파 민병대가 이라크로 들여와 사용하던 EFP도 미군이 이란에서 이라크로 들어오는 경로를 차단하면서 기술적으로 퇴보했다. 그리고 미군은 IED와 EFP를 대부분 사전에 발견할 수 있었다.[5] 특히 EFP를 이용한 공격은 매우 빨리 줄어들었다. 2007년 7월에는 99개의 EFP 공격이 있었지만, 3개월이 지난 10월에는 53개에 지나지 않았다. 이와 동시에 EFP의 기술 수준도 이전보다 조잡해졌고, 무선 격발 장치는 점차 사라졌다.[6] 안바르 지역에서는 2007년 1월부터 11월까지 IED 공격이 91% 감소했으며, 바그다드에서도 같은 기간에 67%가 감소했다. 이라크 전체에서도 2007년 들어 IED 공격이 2006년 같은 기간에 비해 67% 줄어 2005년 수준을 나타냈고, 2007년 11월에는 IED 공격으로 발생한 사상자 수가 2006년 1월 수준으로 줄어들었다.[7]

수송 및 보급 차량 행렬convoy에 대한 공격도 급격히 감소했다. 2007년 1월과 2월에는 차량 행렬 세 개에 하나 꼴로 공격이 있었지만, 12월에는 그 비율이 33개의 행렬 가운데 하나가 공격받는 정도로 크게 줄었다. 그 수는 2008년 4월에 다시 감소하여 100개의 차량 행렬 가운데 하나가 공격을 받는 정도였다. 이처럼 공격이 줄어들자 이전까지 턱없이 높았던 생필품 가격이 떨어졌다. 예컨대 조리 시 연료로 쓰는 액화석유가스LPG는 한 통에 22달러였던 가격이 2달러로 떨어지기도 했다.[8]

물론 이러한 상황 안정화가 저절로 이루어진 것은 아니다. 증파 초기에 미군은 이라크 저항 세력과 이라크 알카에다 조직, 시아파 민병대의 강력한 저항에 직면했으며, 증파 전략이 공개된 직후인 2007년 2월 중순에는 미군 증파에 대항하는 공격이 본격적으로 시작되었다. 특히 2월 19일에 이라크 알카에다 조직은 바그다드 북부의 수니파 지역에 설치된 미군 전투초소를 차량폭탄으로 공격했으며, 이후 미군이 수니파 지역에 진입하는 것을 저지했다.[9] 또한 2007년 4월에는 시아파 지구를 겨냥한 최악의 폭탄 공격이 발생해 170명 이상이 사망했다. 이라크 알카에다 조직은 이를 통해 시아파가 수니파를

날짜	1월	2월	3월	4월	5월	6월	7월	8월	9월	10월	11월	12월
공격 빈도(건)	17	28	28	34	25	31	28	15	23	21	14	19
사망자 수(명)	165	417	422	409	303	280	472	717	108	122	44	126
공격 효율성*	9.7	14.9	15.0	12.0	12.0	9.0	16.9	47.8	4.7	5.8	3.1	6.6

[표 1] 2007년 이라크 자살공격 현황
* 공격 1회당 사망자 수
자료: Iraq Body Count

반격하도록 유도했으며, 시아파가 반격하면 이를 저지하여 자신이 '수니파 주민의 보호자'로 자처하고자 했다.[10] 하지만 미군이 수니파 지역에 진입하면서 이라크 알카에다 조직은 합동치안초소와 전투초소에 대한 공격에 집중했고, 덕분에 민간인에 대한 공격, 특히 시아파 지역에 대한 공격은 줄어들었다. 이러한 이라크 알카에다 조직의 자살공격으로 미군 및 이라크 보안군 사상자는 증가했지만, 동시에 시아파와 수니파 사이의 종파 내전 성향은 오히려 감소했다.

자살공격의 빈도와 사상자 수는 2007년 여름 이후 감소하기 시작했다. 2007년 8월 14일 시리아 국경 지역에 대한 공격으로 500명 이상이 사망하고 최소한 1500여 명이 부상당했던 공격을 제외한다면, 그 추세는 더욱 선명하게 드러난다.[11] 2007년 9월부터 자살폭탄 사망자는 100명 정도로 감소했고, 자살공격으로 발생하는 사망자 수로 측정할 수 있는 공격의 효율성도 2007년 전반기의 10명 이상에서 5명 내외로 감소했다. 즉, 2007년 후반기의 자살공격은 소규모였으며, 따라서 그 효율성이 떨어졌고, 이러한 측면에서 자살공격 유형에 상당한 변화가 있었다고 추측할 수 있다([표 1] 참조).

2008년에 들어서면서 상황은 확고하게 안정되었다. 물론 하루에도 10명 이상씩 살해되고, 자살폭탄 공격으로 수십 명이 사망하는 경우도 있었지만, 2006년과 2007년 초반의 상황과 비교해 뚜렷한 안정세를 보였다. 2006년 이후 폐쇄되었던 학교와 병원, 시장 등이 다시 작동했고, 거리에 어린이들이 나와서 놀기 시작했으며, 여성의 외출이 가능해졌다. 이처럼 사람들이 다니기 시작하면서 IED를 매설하거나 미군을 공격하기 위해 매복하는 것이 어려워졌고, 이로써 공격도 줄어들었다. 공격이 줄어들자 거리에 다시 사람들이 많아졌으며, 상업 활동이 활성화되면서 이라크 전체적으로 폭력 및 유혈 사태가 줄어드는 선순환 구조가 마련되었다. 하지만 이렇게 개선된 안전 상황을 정치적으로 공고화하는 동시에 이를 해칠 수 있는 이라크 알카에다 조직과 마흐디군의 세력을 약화시키는 것이 여전히 과제로 남았다.

수니파 군사 세력의 등장과 이라크 알카에다 조직의 몰락

증파 전략이 성공을 거둘 수 있었던 것은 단순히 병력이 추가되었기 때문만은 아니었다. 퍼트레이어스는 증파된 병력을 이전과는 다른 방식으로 활용했으며, 특히 수니파 지역에 미군을 분산 배치해 시아파의 공격으로부터 수니파 주민을 보호하는 군사행동은 이라크 알카에다 조직에 가장 큰 위협이 되었다. 그러나 증파된 병력만으로 바그다드 전역을 통제하는 것은 불가능했다.[12] 증파된 병력과 다른 지역에서 이동한 미군 병력은 약 3만 명이었으며, 여기에 이라크 보안군 5만 1000여 명이 증강되었지만, 2007년 6월 초까지도 바그다드의 3분의 1 정도만을 장악할 수 있었다.[13] 바그다드를 구성하는 거주지구neighborhood 457곳 가운데 146곳에만 미군 및 이라크 보안군이 주둔했으며, 오디에어노가 고백했듯이 8월 초까지 바그다드의 안전을 확보하는 것은 현실적으로 불가능했다.[14]

미군이 시아파 민병대의 공격을 차단하자, 이전까지 시아파의 공격으로부터 수니파를 보호함으로써 수니파의 지지를 얻었던 이라크 알카에다 조직은 심각한 위기에 직면했다. 특히 바그다드와 바그다드벨트 지역에서 수니파가 대거 전향하면서 이라크 알카에다 조직과 수니파 무장 조직이 서로 투쟁했으며, 미군은 수니파 무장 조직을 지원하고 2007년 8월에는 퍼트레이어스가 직접 바그다드의 수니파 무장 조직 지휘관들을 공개적으로 면담하면서 더욱 많

날짜	병력	이라크 정부 관할 병력 (급여 지급 및 병력 통제)	이라크 정부 관할 병력 비율
2007년 12월	69,000	0	0%
2008년 3월	91,000	0	0%
2008년 6월	103,000	14,000	13.6%
2008년 9월	98,000	54,000	55%
2008년 12월	92,000	51,000	55%
2009년 3월	94,000	72,380	77%
2009년 6월	88,383	88,383	100%
2009년 9월	89,344	89,344	100%

[표 2] 이라크의 아들 병력 변화

자료: DoD, "Measuring Stability and Security in Iraq"

은 지원을 약속했다. 미군은 수니파 조직에 무전기와 제복을 제공했으며, 일정한 금액을 지급해 미군의 보조 병력으로 수니파를 '고용'했다. 2007년 후반 바그다드와 바그다드벨트 지역에서 각각 8000여 명의 수니파가 미군과 협력했으며, 그중 1만 2671명이 경찰에 지원했다. 미군은 수니파 무장 조직을 지원하면서 그들의 지문과 홍채, 사진 등 개인 정보를 확보했으며, 이를 이용해 신원을 확인했다.[15] 이후 2년이 넘는 기간에 무기를 가지고 사라진 병력은 거의 없으며, 병력 대부분은 지속적으로 미군과 협력했다.

이러한 과정에서 만들어진 수니파 병력은 '이라크의 아들Sons of Iraq: SOI'이라는 이름으로 불렸다. 2006년 가을에 시작된 안바르 지역의 수니파 부족의 전향이 바그다드로 확산되었으며, 이 때문에 안바르 각성이라는 표현보다는 이라크의 아들이라는 명칭이 2008년 3월부터 공식적으로 사용되었다. 이라크 보안군이 시아파가 주도하는 병력이라면, 이라크의 아들은 수니파 지역을 방어하고 수니파 주민들이 신뢰하는 수니파 민병대로서 기능했다. 2007년 동안 미군은 모두 2만 5000여 명의 수니파 병력을 이라크의 아들로 조직했으며, 상당 부분을 이라크 경찰로 전환하려고 시도했다.[16] 바그다드벨트와 안바르 지역, 그 밖의 수니파 지역을 포함한 이라크 전역에서는 9만 1000여 명의 병력이 이라크의 아들로 구성되었다. 그중 3만 명 정도가 경찰로 전환되기를 희망했으며, 2008년 3월 기준으로 9000명 정도가 경찰로 전환되었다.[17]

미군 입장에서 전향한 수니파 무장 세력을 포용하는 것은 쉽지 않았다. 기본적으로 수니파 무장 세력은 알카에다와 연합하여 미군 및 이라크 정부군을 공격했으며, 따라서 이들의 "손에는 피가 묻어 있었으며 그 피는 미군 병사들의 피"였다. 스카이Emma Sky 등은 "사담 후세인보다 우리 미군이 더욱 많은 이라크 사람들을 죽였다"는 이야기를 하면서 오디에어노 등을 설득했고, 결국 오디에어노 장군은 "우리의 손에도 수니파의 피가 묻어 있다Our Hands are Bloody"는 논리로 포용을 결정했다.[18] 퍼트레이어스 또한 동일한 입장을 표명했다. 이러한 입장에 회의적인 장교들에게 퍼트레이어스는 사령관 직권으로 "화해Reconcile는 친구랑 하는 것이 아니다. 화해하는 상대방은 당연히 우리를 공격했던 우리의 적일 것이다. 대신 화해할 수 없다면 그때 가서 공격하여 말살한다"는 방침을 하달했다.[19]

또한 미군은 이라크의 아들과 유사한 방식으로 '이라크의 딸Daughters of Iraq: DOI'로 불리는 여성 경찰 인력을 창설했다. 이라크의 아들이 예상 밖의 성공을 거둔 동시에 여성 자살공격이 증가하면서, 미군은 학교나 병원 또는 정부청사 등에서 이라크 여성의 몸수색을 담당할 여성 경찰 인력을 모집했다. 2008년 7월 14일 디얄라 지역에서는 미군이 제공한 기본 과정을 이수한 이라크의 딸 첫 번째 졸업생 130여 명이 배출되어 현장에 투입되었다.[20] 하지만 이러한 프로그램은 이미 2007년 가을에 시작되었으며, 훈련을 마친 여성 병력은 무기를 휴대하지 않은 상태로 이라크 보안군 병력과 함께 행동하면서 이라크 여성의 몸수색 등을 담당했다. 그들은 바그다드와 바그다드 남쪽의 바그다드벨트 지역, 안바르 지역 등에서 활동하면서 자살공격을 방지하는 데 큰 성과를 냈다.[21] 시간이 지나면서 이라크의 딸은 확대되었고, 2008년 12월에는 1000명 이상의 이라크 여성이, 특히 수니파 출신과 이라크 보안군 전사자 미망인이 활동했다.[22]

이와 함께 이라크 알카에다 조직에 대한 수니파의 지지는 약화되었고, 이

**검문소 주변을 경계 중인
이라크의 아들 병사**
자료: Department of Defense

라크 알카에다 조직의 파괴적인 영향력도 빠른 속도로 감소했다. 2008년 봄에 이르자 미군은 이라크 알카에다 조직을 거의 퇴치했다고 자신했으며, 2008년 6월에는 "지난 수주일 동안 이라크 알카에다 조직과 관련된 공격은 없었다"라고 선언하기에 이르렀다.[23] 이라크 알카에다 조직은 자신의 영향력을 확대하기 위해 종파 폭력을 일으키려는 시도를 했지만 실패했으며, '심각한 타격'을 입은 이라크 알카에다 조직은 2008년 12월에는 와해된 것으로 평가된다. 특히 수니파 무장 세력이 이라크의 아들로 흡수되고 수니파 주민들이 이라크 알카에다 조직을 거부하면서 2009년 이후에 이라크 알카에다 조직이 조직을 재건할 가능성은 크지 않다고 보았다.[24]

이에 이라크 알카에다 조직은 자신의 행동을 '반성'하고 수니파의 지지를 회복하기 위해 노력했다. 2008년 초 수니파 사원 및 인터넷에 게시된 명령서에서는 민간인에 대한 가혹행위를 금지했다. 베일을 사용하지 않았다는 이유로 여성을 처벌하지 말라고 명시했으며, 미군 및 시아파 민병대와의 전투에 전념하고 수니파 민간인을 살해하지 말라고 명령했다.[25] 그런데도 이라크 알카에다 조직은 심각한 타격을 입었다. 2007년 2월 1일에서 11월 16일 사이에 3600명 이상의 이라크 알카에다 조직 구성원과 233명의 주요 지휘관이 사살되거나 체포되었으며, 일선 지휘관과 보급 담당자, 자살공격조 지휘관 등이 제거되면서 이라크 알카에다 조직은 심각한 타격을 입었다.[26] 또 다른 추산에 따르면, 2007년에 이라크 알카에다 조직 구성원은 1만 2000여 명에서 3500여 명으로 70% 정도 감소했으며, 2400여 명의 조직원이 사살되고, 8800여 명이 체포되었다. 외부에서 유입되던 조직원 또한 줄어들어서, 2007년 여름에는 매달 110명 이상이 이라크로 잠입했지만, 2008년 1월에는 그 수가 40명 정도로 감소했다.[27]

이라크 알카에다 조직에 대한 이라크 내부의 지지는 사실상 사라졌다. 국내 상황이 안정되면서 수니파에서도 극소수very small minority만이 이라크 알카에다를 지지하고 있으며, 현실적으로 살아남은 알카에다 조직 또한 저항 세력이 아니고, 오히려 범죄 활동에 주력하고 있다.[28] 또한 이라크 알카에다는 과거와는 달리 사우디아라비아 등의 다른 수니파 국가에서 유입되었던 외국인들이 지도하는 전투적 저항 세력이 아니라 이라크인이 전체의 95%를 구성하는 이라크 토착 조직으로 변모했다. 이러한 과정에서 이라크 알카에다는 전투적 저항 세력에서 일반적인 조직 폭력단으로 '타락'했다는 것이다.[29] 즉, 미국의 점령에 저항했던, 그리고 이라크 종파 내전의 핵심 당사자였던 이라크 알카에다는 사실상 소멸했다. 제한적으로 공격이 발생하고 테러가 있었지만, 그것은 정치적으로 무시할 수 있는 수준이었다.

시아파 민병대의 약화

2006년 이라크 종파 내전에서 가장 파괴적인 행동을 했던 마흐디군은 2007년 들어 큰 변화를 겪었다. 마흐디군은 2006년 바그다드 북서부에 위치한 사드르시티를 기지로 삼아 영향력을 확대했으며, 수니파 지역에 침투해 그곳에 거주하던 주민들을 추방하고 시아파 주민을 그곳으로 이주시켰다. 2005년 말 바그다드를 구성하는 10개 지역districts 가운데 5개가 시아파, 2개가 수니파 지역이었으며, 나머지 3개는 수니파와 시아파가 섞여서 거주하는 지역이었다. 하지만 2007년 초에는 3개의 혼재 지역에서조차 수니파는 완전

히 밀려났으며, 그 결과 수니파 지역은 2개만 남았다.[30] 이 과정에서 마흐디
군은 무크타다 사드르가 지휘하는 시아파 민병대가 아니라 개별적으로 지역
기반을 갖춘 범죄 조직의 성격을 띠게 되었다. 특히 이란의 지원이 늘어나고
마흐디군이 바그다드의 상당 부분을 장악하면서, 일부 지휘관들은 민병대를
폭력 조직화하면서 자신의 권력 기반으로 사용했다. 이 때문에 마흐디군에
대한 사드르의 통제력은 2006년 여름부터 약화되었다.[31]

2007년 초반에 발생한 전투는 주로 수니파 지역에 합동치안초소와 전투초
소를 건설한 미군과 자신의 기반인 수니파 지역을 계속 통제하려는 이라크
알카에다 조직 사이에 발생했다. 이 때문에 당시 마흐디군이 미군과 직접 전
투를 벌이는 일은 드물었고, 마흐디군은 미군이 수니파와 시아파 접경 지역
에 장벽을 구축해 바그다드를 분할하는 것을 방관했다. 더욱이 사드르는
2007년 2월 중순부터 5월 말까지 이란을 '방문'했는데, 이 기간에 마흐디군은
미군의 증파 전략을 저지하기 위한 별다른 조치를 취하지 않았다. 2007년 8
월 말에는 시아파 축제를 둘러싸고 마흐디군이 자신과 경쟁 관계에 있던 또
다른 시아파 민병대 조직인 바드르 군단을 공격해 50여 명이 사망하고 약
250명이 부상하는 사건이 발생했다. 이에 대해 시아파 내부에서도 비난 여론
이 고조되었다.[32] 하지만 마흐디군 병력의 상당수는 휴전 명령을 준수하지
않은 채 수니파와 미군을 계속 공격했다. 이에 미군은 마흐디군 지휘관을 체
포하거나 사살하는 방식으로 대응했고, 2007년 후반에 이르러 '마흐디군 문
제'는 수습되었다.[33] 2008년 들어서도 휴전 상태는 이어졌다. 사드르는 2007
년 8월에 6개월간 휴전할 것을 선언했고, 2008년 2월에 이를 다시 6개월 연
장하겠다고 발표했다. 늘어난 휴전 기간을 이용해 사드르는 마흐디군에 대
한 자신의 통제력을 회복하고, 무엇보다도 자신을 민병대 지휘관이 아니라
정치 지도자로서 새롭게 자리매김하려고 했다.[34]

하지만 휴전은 오래가지 못했다. 미군 증파 이후 바그다드가 안정을 회복
하자 말리키 총리는 이라크 보안군 병력을 동원해 이라크 정부와 대립하고
있던 마흐디군을 공격했다. 이전까지 말리키 총리는 마흐디군에 대한 미군

의 공격을 비난했으며, 대부분 시아파 민병대를 비호했다. 이 때문에 이러한 공격 결정은 상당히 충격적으로 받아들여졌다. 목표가 되었던 곳은 사드르 시티와 함께 마흐디군의 기반인 이라크 남부의 바스라였다.[35] 애초에 미군은 바그다드 상황이 더욱 안정되어야 한다고 지적하면서 이라크 보안군이 단독 으로 바스라를 공격하는 방안에 반대했다. 그러나 미군은 결국 말리키 총리 의 강력한 요구를 받아들여 '제한적인 지원'을 약속했다.[36] 2008년 3월 25일 이라크 보안군의 공격이 시작되자 마흐디군은 격렬하게 저항했으며, 사드르 시티에서 바그다드를 공격했다. 특히 이라크 정부 부처가 밀집한 지역에 박 격포 공격을 집중했으며, 말리키 총리의 지지 세력에게 보복을 가했다. 하지 만 이라크 보안군이 외곽을 봉쇄한 가운데 미군이 직접 사드르시티를 공격했 고, 이에 마흐디군은 전투를 포기하고 3월 31일 휴전에 동의했다.[37] 하지만 바스라에서는 이후에도 계속해서 충돌이 발생했으며, 다른 한편으로는 이전 까지 마흐디군을 지지했던 이란 정부가 말리키 정부를 지원하기 시작하면서 상황이 변화했다. 2008년 4월 이후 마흐디군은 이라크 보안군과의 교전을 회 피했고, 불가피하게 교전이 발생하면 어느 정도 저항하다가 곧 후퇴했다. 결 국 4월 20일 이라크 보안군은 별다른 어려움 없이 바스라 전체를 장악했다.[38]

이후 마흐디군의 세력은 더욱더 쇠퇴했다. 2008년 여름까지 지역 경제와 공공서비스에 대한 마흐디군의 통제권이 빠르게 약화되었으며, 상인들이 마 흐디군에 상납했던 '보호세protection money'도 사라졌다. 마흐디군과 관련된 인 물은 정부 부처에서 해임되었으며, 마흐디군의 보호로 독점을 유지하던 상인 또한 새롭게 등장한 상인과 경쟁하게 되었다. 특히 이전까지 마흐디군이 강 요했던 이슬람 근본주의에 억눌려 고통을 받았던 시아파 주민은 마흐디군의 구성원이나 그 가족에게 배상을 요구하기도 했다.[39] 2008년 6월에 사드르는 마흐디군의 군사 부문을 해체하고 이 조직을 무장 조직에서 사회사업 조직으 로 바꾸겠다고 선언했다. 이에 따라 같은 해 8월 민병대 병력이 해산되었지 만, 정예 병력은 특수부대 형태로 존속했다. 그런데도 조직의 변화는 큰 무리 없이 이루어졌으며, '무마히둔Mumahidoon'이라고 일컫는 사드르의 사회사업 조

직이 2008년 가을에 등장했다.[40]

　이러한 과정을 거쳐 2006년 말에는 '이라크 상황에 가장 큰 악영향을 끼치는 집단'이자 '이라크 알카에다 조직보다 더욱 위험한 존재'로 규정되던 마흐디군이 사실상 소멸했다. 2008년 6월 미군은 "이라크 보안군이 마흐디군을 제압했다"라고 평가했으며, 덕분에 민간인 사망자가 2006년 1월 이전 수준으로 감소했다고 밝혔다.[41] 그리고 2008년 12월에 시아파 민병대가 이라크 알카에다 조직과 마찬가지로 '거의 와해'되었고, 일부 지역에서는 주민의 반발로 마흐디군이 축출되고 있으며, 특히 2009년 지방선거를 앞두고 마흐디군이 점차 정치 조직으로 변화하고 있다고 평가했다.[42] 2009년 가을에도 시아파 민병대의 공격은 계속되었지만 그 효과는 거의 없었으며, 특히 내부 분열과 갈등으로 2006년과 같은 파괴적인 결과를 가져오지는 못할 것으로 전망되었다.[43]

안정화의 한계

　증파에 성공한 것에 대해서 퍼트레이어스는 이라크에서 '끔찍한 악몽horrific nightmare'이 사라졌다고 평가했다. 내전으로 빠져들던 국가가 기사회생했으며, 이는 2006년 말까지만 해도 상상하지도 못했던 엄청난 전술적인 승리였다.[44] 하지만 엄밀히 말해서 증파의 성공이 전략적인 성공은 아니었다. 문제의 근원은 이라크 내부에 존재했으며, 특히 이라크 정치가 기본적인 갈등 조정 기능을 수행하지 못하고, 시아파가 이라크 정부를 장악하면서 수니파의 이익이 반영되지 않는다는 사실이 큰 문제였다. 2007년 1월을 기준으로 이라크에서 수감된 죄수의 10%만이 시아파였고, 시아파 범죄자, 특히 종파 폭력과 관련된 시아파 인물은 대부분 무죄로 처리되어 풀려났다.[45] 즉, 이라크 정부와 사법 당국은 수니파 저항 조직과 시아파 민병대에 다른 기준을 적용했다. 국가 기능이 제도화되지 않고 정부가 종파에 따라 공정하지 않게 행동하는 것이 이라크 문제의 핵심이었다. 이러한 상황에서 취해진 '이라크 전쟁의 이라크화'는 시아파 정부가 수니파를 억압하고 수니파는 이라크 알카에다 조직과 연합해 대응하는 결과를 가져왔다. 증파 전략에서도 미군은 문제의 근원인 이라크 정부의 종파적 편향성을 바로잡지 못한 채 수니파 주민을 보호함으로써 이라크 알카에다 조직을 격퇴하고 폭력 문제를 해결하는 데만 집중했다.

증파 전략의 중요한 부분인 이라크의 아들은 더욱 심각한 문제를 가져왔다. 한 미군 지휘관이 말한 것처럼, 이라크 문제를 해결하는 데 "이라크의 아들이 영구적인 해결책은 아니지만, 미국의 이라크 전쟁 전략에는 핵심적인 부분"이었다.[46] 이라크의 아들 병력 대부분은 수니파 저항 조직 출신이었으며, 2007년 초반까지 이라크 알카에다 조직을 지지하거나 이라크 알카에다 조직의 일부로 미군과 이라크 보안군을 공격했다. 수니파 병력을 동원할 수 있었던 것은 미국이 폭력 문제라는 증상을 해결하는 데 부족tribe을 활용했기 때문이고, 특히 안바르 지역에서는 아부리사의 지도력 덕분에 수니파 부족을 더욱 쉽게 동원해 이라크 알카에다 조직을 격퇴하고 상황을 안정화할 수 있었다. 따라서 증파 전략은 이라크라는 국가의 통합성을 해치고 부족의 힘을 강화하는 부작용을 불러일으켰다.[47] 즉, 증파 전략이 지속된다면 이라크는, 특히 이라크의 수니파는 이라크 국민 또는 수니파라는 정체성이 아니라 개별 부족으로서의 정체성이 강화되며, 결국 이라크 전체의 통합성이 약화된다.

이러한 문제점을 고려하더라도 증파는 불가피한 선택이었으며, 그것으로 문제의 근본 원인을 해결하지는 못했지만, 최소한 증상은 확실하게 치유했다. 문제의 원인을 해결하려면 이라크 정부를 변화시켜야 했으며, 특히 시아파가 장악한 국가권력을 수니파도 합법적으로 행사할 수 있어야 했다. 하지만 시아파 중심의 이라크 정부는 선거에 따라 구성된 것이고, 따라서 미국이 개입해 이를 강제로 해산할 수는 없었다. 물론 시아파 지도자들이 합의하여 수니파와의 연립정부를 수립할 수도 있지만, 시아파 내부의 강경 세력이 그것을 받아들일 가능성은 없었다. 한편 의원내각제하에서 총리는 의회를 해산하고 선거로 새로운 정부를 구성할 수 있지만, 말리키 총리는 의회를 해산하라는 미국의 압력에 거세게 저항했으며, 미국도 내각이 출범하기까지 걸리는 시간을 고려해 '의회 해산 후 총선'이라는 방안을 적극적으로 추진하지 않았다.[48] 특히 이라크 전쟁의 이라크화가 아니라 증파를 통해 미군이 직접 이라크 폭력 문제를 해결하려는 상황에서는 시아파와 수니파가 서로 타협할 필요성이 약해지며, 시아파와 수니파가 미군에 안전 유지 역할을 맡긴 채 서로 더 많이 양보할 것을 요구하면서 협상을 끌고 가는 것이 가능해진다. 이러한 측면에서 증파 전략은 증상을 치료하는 대신 문제의 근원적인 해결을 지연하는 부작용이 따랐지만, 유혈 사태가 지속되고 정치적 타협이 이루어지지 않는 상황에서 미국은 증파를 통해 직접적으로 개입할 수밖에 없다고 판단한 것이다.

권력을 장악한 시아파는 기본적으로 수니파를 불신했고, 특히 유혈 사태와 폭력이 난무하는 상황에서 그러한 불신은 더욱 깊어질 수밖에 없었다. 이 때문에 시아파 지도자들은 수니파 무장 조직이 구성되는 것을 심각하게 우려했으며, 미국이 나서서 수니파 민병대를 구성하고 있다고 비난했다. 이에 미국은 시아파 정부에 수니파와의 타협을 종용하는 한편, 수니파 무장 조직을 더욱 적극적으로 지원했다. 2007년 9월 3일, 부시 대통령은 오스트레일리아를 방문하는 길에 이라크에 8시간 정도 머물렀다. 이때 부시는 바그다드가 아니라 수니파 무장 조직의 힘을 빌려 이라크 알카에다 조직을 격퇴한 안바르 지역을 방문했다. 말리키 총리도 안바르 지역에 가서 부시를 면담했다. 그리고 부시는 말리키와 함께 수니파의 안바르 각성과 이라크의 아들을 주도한 무장 조직 지휘관도 면담해 이라크의 아들에 대한 미국의 지지를 시아파에게 과시했다.[49] 그런데 면담 직후인 9월 13일, 안바르 각성을 이끌고 이라크의 아들의 최고 지도자였던 수니파 부족장 아부리사가 라마디에서 이라크 알카에다 조직의 폭탄 공격으로 암살되었다.[50]

미국은 이라크 상황이 어느 정도 안정되었다고 판단하여, 그동안 잠시 중단했던 이라크 전쟁의 이라크화 정책을 다시 추진했다. 2008년 여름부터 이라크의 아들에 대한 급여 지급권과 통제권을 이라크 정부에 이양하고, 이라크의 아들 일부를 이라크 보안군으로 통합하는 방안을 제시했다.[51] 미국의 압력으로 이라크 정부는 병력 전체에 대한 급여 지급권과 통제권 인수에 동의했지만, 이라크의 아들과 이라크 보안군 통합에는 반대했다. 결국 이라크의 아들 병력의 20%만이 이라크 보안군에 편입되었고, 나머지 80%의 병력은 정부가 군사 및 경찰 분야를 제외한 다른 분야에 고용하기로 결정했다. 한편 이라크 정부가 급여를 지급하는 문제에 대해 합의했지만, 그 집행은 매우 느리게 이루어졌다. 예를 들어, 2008년 8월 27일 이라크 정부는 5만 4000여 명의 이라크의 아들 병력에 대한 급여 지급과 통제를 담당한다고 발표했지만, 이는 약속한 10월 1일이 지나도록 지켜지지 않았다. 2009년 1월 31일에도 이라크 정부는 이라크의 아들 병력의 77%만을 관장했으며, 이라크 정부가 통제하는 병력에 대한 급여 지급도 계속 지연되었다.[52] 2007년 6월부터 2009년 9월까지 이라크 정부에 통합된 1만 3342명의 수니파 이라크의 아들 병력 중 4565명이 이라크 보안군으로, 7310명이 군사 분야를 제외한 분야에 정부 고용으로 편입되었다. 나머지는 정부가 관장하는 직업훈련 프로그램에 참여하거나 정부의 주선으로 일반 기업에 흡수되었다.[53] 이라크 정부는 이라크의 딸에 대해서도 소극적인 태도를 보였다. 이라크 정부는 미군이 '여성을 전쟁에 사용하는 것'에 반대했으며, 미군이 철수한 다음에 이라크의 딸은 해체될 것이라고 단언했다. 특히 아랍 문화에서 여성이 경찰관으로 일하는 것에 대한 반감은 상당히 강하기 때문에, 이라크의 딸에 반대하는 태도는 시아파와 수니파를 초월해 드러났다.[54]

한편 이라크의 시아파 정부는 2009년 3월에 이라크의 아들 지도자들을 잡아들였다. 3월 말에는 바그다드 수니파 지역의 이라크의 아들 지휘관이 '테러리스트' 혐의로 체포되었으며, 그 과정에서 이라크 보안군과 이라크의 아들 사이에 총격전이 벌어졌다. 체포된 지휘관은 시아파 정부가 이라크의 아들을 무시하고 급여 지급을 의도적으로 지연한다며 비난했고, 이러한 상황이 계속되면 수니파가 이라크 알카에다 조직을 지지할 수도 있다고 경고했다.[55]

이라크의 아들 병력은 자신이 장악한 지역을 자신의 정치적 기반으로 삼아 수니파 주민을 착취했으며, 급여를 더 많이 받아내려고 병력 규모를 과장하기도 했다. 이는 시아파 정부에 이라크의 아들을 압박할 수 있는 빌미를 제공했다. 또 다른 이라크의 아들 지휘관도 이라크 보안군에 체포되었지만, 열흘간 수사를 받고 나서 석방되었다.[56] 같은 시기인 2009년 3월 중순에 이라크 정부는 저명한 수니파 지도자인 압바Sheik Maher Sarhan Abba를 체포했으나 체포 사실을 공개하지 않았으며, 그를 체포한 병력은 체포가 '총리의 명령'에 따른 것이라고 가족에게 통보했다. 협력 관계에 있던 미군 지휘관은 가족을 방문해 위로했지만, 이라크 정부는 '테러리스트 혐의'로 체포했다는 해명만을 내놓았다.[57] 이러한 조치로 이라크의 아들과 수니파는 시아파가 자신을 공격하고 있으며, 미군이 자신을 조용히 포기하고 있다고 우려했다. 이라크의 아들과 수니파의 이러한 태도 변화는 장기적으로 이라크에 불안 요소가 될 우려가 컸다.

한편 이라크 문제를 해결하기 위해 이라크 국가기구가 종파를 떠나 법에 따라 공정하게 기능하도록 바로 잡아야 하는 과제가 남았다. 즉, 이라크 보안군과 사법 당국을 비롯한 이라크 정부기관이 순수하게 능력에 따라 선발된 인원으로 채워지고, 그들의 직업적인 공정함이 유지될 수 있도록 신분을 보장해야 하는 것이다. 이와 관련해 이라크 보안군을 구성하는 이라크 경찰과 이라크군의 상황은 서로 큰 차이를 보인다. 특히 이라크군에서 일부 진전된 모습을 나타내기도 했다. 한 예로, 2007년 3월 이라크 북서부의 탈아파르에서는 이라크 알카에다 조직의 자살폭탄 공격으로 인구의 4분의 3을 차지하는 시아파 주민 가운데 83명이 사망하고 185명이 부상당하는 큰 인명 피해가 발생했다. 공격 직후 시아파 출신 이라크 경찰이 수니파 지역에 들어가 주민을 소집해 20~60세 남성 70여 명을 살해하고 40여 명을 납치했으며, 30명 이상이 다쳤다. 경찰이 수니파 주민을 학살한 사실을 파악한 이라크 육군 지휘관은 즉각 병력을 동원해 경찰관 10여 명을 체포했고, 이 과정에서 경찰과 육군 병력 사이에 총격전이 발생했다. 하지만 결국 경찰이 굴복했고, 육군은 보복 살인에 가담한 경찰관 전원을 인도해 수감했다.[58] 그러나 이러한 현상은 예외적인 것이었다. 시아파가 이라크 국가기관을 장악한 상황에서 국가권력은 시아파의 이익을 위해 사용되었고, 법률도 수니파 등 소수자를 보호하지 않았다.

16장
오바마 행정부와 철군
그리고 아프가니스탄 증파

    증파 전략의 성과는 2008년 들어 확실하게 나타났다. 하지만 2008년은 부시 행정부의 마지막 해였다. 11월에 미국 대통령 선거를 앞두고 있었고, 2009년 1월에 시행된 이라크 지방선거도 원래는 2008년 10월에 치를 예정이었다. 이러한 상황에서 부시 행정부는 이라크 정부와 미군 철수 및 향후 관계에 관한 협상에 들어갔다. 그리고 2008년 10월 두 정부는 주둔군지위협정 Status of Forces Agreement: SOFA에 합의했다. 이에 따라 미국은 2010년까지 전투 병력을 철수하고, 2011년까지는 나머지 병력도 모두 철수하기로 했다. 이것이 이라크 전쟁에 대한 부시 행정부의 마지막 조치였다.

    새로운 상황에서 2010년 3월에 이라크 총선이 시행되었다. 바그다드 지역에서는 재검표까지 이루어졌지만, 결국 어느 정당도 내각 구성에 필요한 과반수 의석을 얻지 못했다. 가장 많은 의석인 91석을 얻은 정당은 시아파와 수니파 연합 정당으로, 종파적 성격을 거부하는 세속 정당인 이라크국민운동 Iraqi National Movement이었으며, 그 지도자는 2004년 6월 연합군임시행정청이 해산하고 주권이 이양된 직후부터 2005년 5월까지 이라크 임시정부의 총리를 맡았던 알라위였다. 한편 말리키 총리가 이끄는 시아파 정당인 법치연합State of Law Coalition은 이라크국민운동의 뒤를 이어 89석을 차지했고, 시아파 종파성을 강하게 띤 이라크국민연합National Iraqi Alliance이 70석을 차지해 그 뒤를 이었다. 하지만 전체 325석의 의회에서 과반수인 163석을 차지한 정당이나 정당연합은 존재하지 않았으며, 2010년 6월에 의회가 개원했지만, 그에 기초한 새로운 내각은 2010년 12월 21일에야 겨우 구성되었다.[1]

2009년부터 이라크 전쟁은 민주당의 오바마가 마무리하게 되었다. 선거 이전부터 오바마는 이라크 전쟁이 불필요한 전쟁이었다고 비판하면서, 미국은 이라크 전쟁을 축소하고 아프가니스탄 전쟁에 집중해야 한다고 주장했다. 오바마 행정부는 부시 행정부가 체결한 주둔군지위협정을 철저히 준수하겠다는 의지를 밝히고, 상세한 철수 계획을 발표했다. 이러한 계획에 따라 미국은 2009년 6월에 이라크 도시지역에서, 그리고 2010년 8월에 이라크 전역에서 미군 전투 병력을 철수했고, 2011년 12월까지는 남은 미군 병력을 모두 철수하겠다고 공언했다. 2011년 12월 19일 미군 병력은 이라크에서 완전히 철수했다. 철수 이전 미군 잔류를 위한 협상이 진행되었지만 진척이 없는 상황에서, 오바마 행정부는 철수를 단행했다.

이와 함께 오바마 행정부는 아프가니스탄 전쟁에 집중했다. 취임 직후부터 아프가니스탄 파견 병력을 조금씩 증강해 오던 오바마는 2009년 12월, 곧 아프가니스탄에 약 3만 명의 병력을 추가 파견한다는, 이른바 '아프가니스탄 증파Afghan Surge' 결정을 내렸다. 하지만 아프가니스탄 상황은 쉽게 개선되지 않았으며, 이라크 증파와 같이 극적인 변화가 나타나지도 않았다. 2001년 침공 이후 미국이 수립한 카르자이 정권은 초기에 보여주었던 능력을 점차 상실했으며, 2008년에 들어서면서 더욱 무능하고 부패한 모습을 드러냈다. 게다가 2009년 8월에 치러진 1차 대통령 선거 과정에서 많은 부정행위가 발생했고, 미국의 압력으로 11월에 치를 예정이던 결선투표는 카르자이의 반대로 취소되었다. 결국 카르자이는 대통령으로 재선되어 5년의 새로운 임기를 시작했다.

이러한 상황에서 미군과 나토의 연합군은 아프가니스탄을 안정화하는 데 실패했으며, 2005년까지 비교적 안정적이었던 아프가니스탄은, 북부동맹을 주축으로 구성되어 서방의 지원을 받는 카르자이 정권과 파키스탄의 지원에 기초한 파슈툰족 중심의 탈레반 세력 사이에 발생한 내전으로 큰 혼란을 겪고 있다.

2008년 이후의 이라크

이라크에서는 증파 전략이 성공하면서 상황이 점차 안정되었다. 처음에는 성공 가능성이 10~15%밖에 되지 않는다고 평가된 도박이 결과적으로는 성공을 거둔 것이다. 미군은 2008년 말까지 이라크 내부에 존재하는 다양한 크기의 무장 조직, 특히 수니파 무장 조직을 지원했으며, 그 결과 모두 778개의 독립적인 휴전합의가 이루어졌다.[2] 그리고 이를 유지하기 위해 미군은 월 3000만 달러를 지출했다.[3] 증파 및 이후의 분절적인 휴전합의로 이라크 내전을 종식하지는 못했지만, 최소한 유혈 사태를 진정시키는 데는 성공했다. 상황이 어느 정도 안정되자 미국은 이전까지 잠시 중단했던 이라크 전쟁의 이라크화 전략을 다시 추진했다. 이때 미국은 증파한 병력뿐 아니라 이라크에 파견한 미군 병력 전체를 철수할 계획을 세웠다. 이라크 전쟁의 이라크화 전략을 잠정적으로 중단하게 된 것은 미군 병력만으로는 이라크 전쟁에서 승리할 수 없으며, 저항 세력을 잠재우고 이라크에 민주주의에 입각한 효율적인 정부를 세우려면 이라크 보안군의 군사적 능력과 이라크 정부의 행정적 능력을 배양하는 것이 중요하다고 판단했기 때문이다. 하지만 이와 관련해 이라크에서는 그동안 가시적인 성과를 나타내지 못했다. 따라서 미국은 상황이 안정되었기 때문에 안정을 더 공고하게 하기 위해서 좀 더 강력하게 이라크 전쟁의 이라크화 전략을 추진할 필요가 있었다.

그런데 2008년에 부시 행정부는 주요 지휘관을 교체해야 하는 상황에 처했다. 증파가 시행되면서 이라크와 아프가니스탄 전쟁을 총괄하는 중부군

사령관에 해군 출신의 팰런이 임명되었다. 하지만 2007년 3월 취임 직후부터 팰런은 이라크 주둔 다국적군 사령부 사령관인 퍼트레이어스와 자주 충돌했고, 이러한 갈등은 부시가 직접 개입해서야 조정되었다.[4] 그러던 2008년 3월에 팰런이 갑작스럽게 퇴역했다. 직접적인 계기는 그가 미국의 남성 월간지 《에스콰이어Esquire》와 나눈 인터뷰에서 부시 행정부가 핵무기 개발 문제로 이란과 대립하고 있으며, 자신은 군사력을 동원해 이란을 위협하려는 부시 행정부의 정책 기조에 반대한다고 밝힌 것이었다.[5] 2008년 4월호에 이 인터뷰 기사가 공개되자 팰런은 퇴역했고, 그 후임으로 이라크 주둔 다국적군 사령부 사령관 퍼트레이어스가 임명되었다. 그리고 이라크 주둔 다국적군 사령부 사령관으로는 이라크 주둔 다국적군 군단 사령관이었던 오디에어노가 부임했다.

이러한 와중에 부시 행정부와 이라크 정부는 2008년 10월 10일 주둔군지위협정과 전략구상협정Strategic Framework Agreement: SFA, 안보합의Security Agreement를 체결했다. 이러한 협정을 통해 미국은 단계적인 병력 철수를 명시화했으며, 특히 미군 전투 병력을 2009년 6월 30일까지 이라크 도시지역에서 철수하고, 모든 미군 병력을 2011년 12월 31일까지 철수하기로 했다.[6] 한편 미국과 이라크의 전략구상협정에서는 이라크 정부가 "종족, 성, 이념, 종교적 소수자의 권리를 보호하고 입헌적 권리를 보장하며, 그 밖의 국제협력에 협력한다"라고 규정했다. 특히 더욱 장기적이고 '정상적인' 기반을 바탕으로 미국과 이라크의 관계를 발전시키기로 했으며, 이를 위해 주둔군지위협정에서 규정하지 않은 포괄적인 문제에 대한 합의를 명문화했다.[7]

이러한 합의, 특히 미군 철수 문제에 대해서 이라크 여론은 과연 미군이 철수할 것인지에 대해 회의적이었다. 특히 보수적인 시아파 성직자를 대표하는 시스타니는 주둔군지위협정 최종 합의문에 대해 우려를 표명했으며, 이러한 우려에 따라 2009년 7월 30일에 주둔군지위협정에 대한 국민투표를 치르기로 했다.[8] 만약 주둔군지위협정이 부결된다면 미군은 이라크 주둔에 대한 근거를 상실하고 1년 이내인 2010년 7월까지 이라크에서 전면 철수하기로 합의했다. 국민투표는 2010년 3월로 연기되었으나 결국 시행되지 않았고, 이라크 의회에서 주둔군지위협정에 대해 비준을 동의했으며, 동시에 2010년 8월 미군 전투 병력이 철수하면서 국민투표의 필요성은 사실상 사라졌다.[9]

이후 미군은 예정대로 이라크에서 철수하기 시작했다. 2009년 1월 1일 미군은 바그다드 중심부의 행정 구역인 그린존Green Zone의 관할권을 이라크 정부에 이관했고, 6월 29일에는 바그다드를 비롯한 이라크 도시지역에서 미군 병력을 완전히 철수했다. 미군의 임무는 전투와 주민 보호에서 이라크 보안군 훈련으로 바뀌었고, 전투 병력은 미국 본토와 아프가니스탄으로 철수하기 시작했다. 그리고 2010년 8월 19일 마지막으로 남아 있던 미군 전투여단까지 이라크를 떠났다. 이로써 미국은 8월 31일까지 전투 병력을 철수한다는 이라크 정부와의 합의를 준수했으며, 이라크 침공 작전이었던 '이라크 자유 작전'은 공식적으로 종료되고 미군 군사고문단을 중심으로 하여 '새로운 새벽 작전Operation New Dawn'이 9월 1일 시작되었다.[10]

한편 미군이 철수하는 과정에서 폭탄 공격이 일어나 수백 명의 사상자가 발생했다. 2009년 8월 19일에는 이라크 외교부와 재무부 청사에 대한 차량 폭탄 공격과 그린존에 대한 박격포 공격이 발생해 모두 100여 명 이상이 사망하고 600명에 가까운 사람이 부상을 입었다.[11] 그리고 10월 25일에는 이라크 법무부와 바그다드 의회 건물에 대한 차량폭탄 공격으로 155명이 죽고 712명이 다치는 사건이 발생했다. 만약 이러한 공격이 이라크 정부가 미군이 철수한 이후에도 국내 안전을 유지할 수 있을지에 대해 의구심을 자아내려는 목적으로 이루어진 것이라면, 그 목적은 충분히 달성되었다.[12] 하지만 이러한 공격은 의구심을 자아내는 데 그쳤다. 미군 철수는 지속되었으며, 이라크 보안군 또한 자신의 책임 영역을 지속적으로 확대했다. 전체적으로 공격 횟수는 줄었고, 2009년 9~11월에는 2008년 같은 기간의 절반 수준의 공격만이 발생했다. 또한 폭력에 의한 민간인 사망 또한 절반 수준으로 떨어지면서 5년간 가장 낮은 수준을 기록했다.[13]

미군 전투 병력 철수 이후 미국은 이라크 상황 통제를 위해 국무부 조직을 강화했다. 바그다드에 위치한 대사관과는 별도로 영사관 시설 및 대사관 출장사무소branch office 등을 확충해 총 5개의 공관과 2500여 명의 직원을 유지했다. 이러한 국무부 인원을 보호하고 시설을 경비하며, 무엇보다 국방부가 아닌 국무부가 담당하게 될 이라크 보안군 훈련을 담당하기 위해 7000여 명에 가까운 군사기능대행회사 직원을 고용했다. 또한 이라크에 주재하는 미국 외교관들은 방탄차량이나 장갑차량을 이용했고, 군사기능대행회사를 통해 대사관 소속의 신속대응부대를 운용했다.[14] 철군 이후에도 군사적 개입 필요성은 제기될 수 있기 때문에, 특히 이라크 보안군 훈련을 위한 일부 교관 요원 등을 5000~1만 명 정도 잔류시키려고 했으나 실패했다. 이러한 병력을 운용하기 위해 이라크 주재 미국 대사관에 이라크 보안군 훈련 및 교관 병력 문제를 전담하는 부서가 설치되었다.[15] 하지만 미국 병력 전체가 철수하면서 부서 자체는 해체되었다.

오바마 행정부의 이라크 정책

2009년 1월 20일 대통령에 취임한 오바마는 이라크 전쟁의 이라크화를 더욱 강력하게 추진하는 것을 이라크 정책으로 삼았고, 미군 병력의 철수를 그 수단으로 사용했다. 이를 통해 이라크 정부가 국가 건설과 통합에 더 적극적으로 나서도록 압력을 가하려는 것이었다. 특히 오바마 개인은 2002년 10월 미국 의회가 부시 행정부에 군사력 사용을 허용하는 결의안 표결에 참여하지 않았기 때문에 이라크 전쟁과 미국의 개입을 비난하는 데 정치적으로 자유로웠다.[16]

2007년 2월에 대통령 선거 출마 의사를 밝힌 오바마는 2008년 6월 민주당 예비선거에서 승리하고, 8월 27일에 열린 민주당 전당대회에서 대통령 후보로 공식 선출되었다. 그는 예비선거에서 승리한 다음 달인 2008년 7월에 이라크와 아프가니스탄을 방문했으며, 베를린에서는 20만 명이 넘는 군중 앞에서 연설했다. 그리고 오바마는 11월 4일에 치른 선거에서 공화당의 매케인 후보를 지지율 52.9% 대 45.7%, 선거인단 365명 대 173명으로 따돌리고 승리했다. 대통령에 취임하고 나서 첫 번째 조치로 오바마는, 그동안 많은 문제가 제기되었고, 특히 이라크와 아프가니스탄 전쟁 포로를 심문하는 과정에서 큰 논란을 일으킨 관타나모 군사감옥을 폐쇄했다. 2002년 1월에 미국 법무부는 관타나모 기지가 미국이 쿠바 영토를 영구 조차해 건설한 것이므로 미국 영토가 아니며, 따라서 미국 법에서 보장하는 죄수 또는 전쟁 포로에 대한 보호 조치가 적용되지 않는다고 유권해석을 내놓았고, 이러한 해석을 이용해 부시 행정부는 이라크와 아프가니스탄 전쟁 포로를 이곳에 구금하고 '기존과는 다른 방식으로' 심문했다. 이 과정에서 많은 인권침해가 벌어졌으며, 결국 오바마 대통령은 부시 행정부의 부정적인 유산을 청산한다는 의미에서 이 시설을 폐쇄했다.[17]

오바마 행정부가 이라크 전쟁을 바라보는 시각은 그것이 '필요하지 않은 전쟁'이라는 것이다. 아프가니스탄 전쟁이 '필요한 전쟁'이자 '필요에 따라 수행하는 전쟁war of necessity'이라면, 이라크 전쟁은 부시 행정부가 '선택한 전쟁war of choice'으로서 불필요한 전쟁이므로 되도록 빨리 이라크 전쟁을 끝내고 미국의 자원을 아프가니스탄 전쟁에 집중해야 한다고 보았다.[18] 오바마는 취임 연설에서 "미군을 이라크에서 철수하고, 이라크의 운명을 이라크 국민이 결정하게 하며, 그 대신 아프가니스탄에서 어렵게 확보한 평화를 공고히 하겠다"라고 다짐했다.[19] 2009년 2월에 오바마는 2010년 8월 31일까지 미군 전투 병력이 이라크에서 철수하고, 잔류 병력은 이라크 보안군 훈련과 지원, 테러리즘 대응 임무만을 맡을 것이라고 선언했다. 그리고 3만 5000명에서 5만 명에 이르는 나머지 병력도 2011년 12월 31일까지 철수할 것이라는 점을 강조했다. 이와 함께 오바마는, 증파 전략을 입안하고 집행했던 크로커 대사는 '알려지지 않은 영웅unsung hero'이며, 퍼트레이어스와 오디에어노는 '최고의 지휘관finest generals'이라고 칭송했다.[20] 2010년 여름 시점 미국은 이라크 전쟁 및 주둔에 사용했던 장비를 철수하고 시설 또한 반환 및 폐쇄했다. 이러한 철군 움직임은 2008년 1월 이후에 가속화되었고, 2010년 2월 28일까지 미군은 270개의 군사기지 및 군사시설을 폐쇄하거나 이라크 정부에 반환했으며, 225개를 미군이 운용했다. 이러한 움직임은 더욱 가속화되어 5월 31일을 기준으로 폐쇄 또는 반환된 군사시설 또는 군사기지는 396개이며, 미군은 2010년 6월 초에 126개의 시설만을 운용했다.[21]

그런데 문제는 이라크 정부의 능력이 쉽게 배양되지 않는다는 사실이었다. 이라크 전쟁의 이라크화 전략에서 핵심은 이라크 정부의 행정력과 이라크 보안군의 군사력을 증대하고, 이라크 알카에다 조직을 군사적으로 제압해 고립시키며, 국민에게 효율적인 국가 서비스를 제공하는 것이다. 하지만 이러한 목표는 쉽게 달성되지 않았고, 이라크 정부는 종파적 대결 구도를 유지하면서 수니파 무장 조직인 이라크의 아들과 수니파 세력의 결집을 저지했다. 2008년 12월 말리키 총리 직할의 경찰 특수부대는, 바트당 정권의 회복을 시도했다는 혐의로 내무부 주요 지휘관 35명을 체포했으며, 수니파 관료들의 복귀를 위한 바트당 관련 과거 청산Debaathification을 악용해 이라크 정부에서 일하고 있는 수천 명의 수니파를 해임하려고 했다.[22] 이라크 전쟁의 이라크화 정책에서 중요한 부분인 이라크 보안군의 능력 배양은 단순히 무기와 병력의 증강에 그치지 않고 적절한 훈련을 통해 숙련도를 향상시키는 경우에만 가능하다. 하지만 이러한 훈련을 담당하는 미군 군사고문단은 전문성을 가지고 있지 않으며, 뛰어난 장교들은 진급에 도움이 되지 않는 군사고문단 경력을 회피하고 있다. 한편으로는 미군 작전교리doctrine에 이라크 전쟁과 같은 대반란작전을 적극적으로 반영하고, 이에 능숙한 지휘관을 승진시키는 것이 필요하지만, 이러한 변화는 아직까지 일어나지 않고 있다. 따라서 이라크 보안군 훈련은 실질적으로는 경시되고 있는 상황이며, 단순히 예산을 배정하는 데 그친다.[23]

아프가니스탄 증파

아프가니스탄 전쟁은 '좋은 전쟁'이었다. 미국 지상군의 개입 없이 특수부대와 공군력만을 동원해 탈레반 정권을 무너뜨렸으며, 이후 상황은 빠른 속도로 안정되었다. 남부 파슈툰 부족 중심의 탈레반은 미국이 우즈베크와 타지크 부족 중심의 북부동맹을 지원하면서 권력을 상실했으며, 2004년 1월에 새로운 헌법이 제정되고, 2004년 10월에는 대통령 선거가 시행되었다. 대통령 선거에서는 2002년 6월에 부족 회의에서 임시 대통령으로 지명되었던 카르자이가 승리했다. 대통령에 취임한 그는 대부분의 부족을 포괄해 상황을 안정적으로 유지했다.[24] 침공 이후 상황은 쉽게 안정되었고, 이 때문에 미국은 아프가니스탄을 점령해 행정적 책임을 질 필요가 없었다. 그리고 이를 기반으로, 미국은 이라크를 침공했을 때에도 문제를 쉽게 해결할 수 있을 것이라는 낙관론을 펼 수 있었던 것이다.

하지만 이후 카르자이 행정부의 무능과 부패로 많은 문제가 불거졌다. 특히 카르자이 대통령의 이복동생인 아흐메드 카르자이Ahmed Wali Karzai는 아프가니스탄에서 마약 조직을 이끌고 있다. 그는 자신의 정치적 영향력을 바탕으로 아프가니스탄 경찰 및 미군의 단속에도 '마약 사업'을 유지하고 있다.[25] 문제는 이러한 마약 사업이 탈레반의 세력 강화로 이어졌다는 사실이다. 2008년 6월에 발표된 유엔 보고서에서는 아프가니스탄이 전 세계 아편의 90% 이상을 생산하며, 생산량이 2002년부터 6년 동안 계속 증가했고, 특히 2007년에는 17%나 급증했다고 밝혔다. 또한 탈레반이 아편 생산 지역에 10% 정도의 세금을 매겨 매년 2억~4억 달러의 수입을 올리는 것으로 추산했다.[26] 한편 국제투명성기구Transparency International에서는 매년 세계 각국을 대상으로 부패 인식 지수Corruption Perception Index: CPI를 조사해 해당 국가의 부패 정도를 발표하는데, 2009년 조사에서 아프가니스탄은 조사 대상 180개국 중 179번째로 부패가 심한 국가로 평가되었다.[27]

이 때문에 아프가니스탄 상황은 카르자이 행정부가 유지되는 동안 계속 악화되었다. 2003년 12월에는 탈레반의 본거지였던 칸다하르에서도 외국인이 활동할 수 있고 테러의 위협이 사라졌다고 평가되었지만, 2004년에 들어서면서 특히 이라크 전쟁의 격화로 미군 병력이 이동하자 안전 상황은 급격히 나빠졌다. 경제의 80%를 농업에 의존하는 아프가니스탄에서 활동 중인 농업 전문가는 10명뿐이며, 국가 형성을 위한 자원이 투입되지 않은 채, 모든 부분에서 이라크 전쟁보다 우선순위가 밀려났다.[28] 미국의 동맹국인 파키스탄은 탈레반에 동조하는 파슈툰 세력 등의 영향으로 명확한 태도를 나타내지 못했고, 파키스탄 내에서도 사실상 내전이 발생한 상태였다. 2007년 12월에는 파키스탄 최고의 정치 가문의 후계자로 총리를 두 번이나 지낸 부토Benazir Bhutto가 야당 지도자로 선거 유세에 나선 자리에서 암살되는 사건이 발생했다. 범인은 알카에다와 탈레반으로 지목되었다. 파키스탄 정부는 미국의 반대에도 아프가니스탄 탈레반 세력과 휴전협정을 맺었으며, 이를 통해 파키스탄 내부에서 진행되고 있던 사실상의 내전을 억제하려고 했다.[29]

2006년 1월에는 나토가 아프가니스탄 전쟁에 본격적으로 개입했고, 애초에 수도인 카불과 인근 지역의 치안 유지를 목적으로 만들어진 국제안보지원군이 아프가니스탄 전체를 본격적으로 통제하기 시작했다.[30] 하지만 상황은 계속 악화되었다. 2007년 10월을 기준으로 탈레반은 1만여 명의 병력을 보유했고, 그중 2000~3000명 정도가 잘 훈련된 병력이었으며, 이들 가운데 약 10%인 200~300명 정도가 외국에서 유입된 알카에다 조직원으로 추산된다. 문제는 외국에서 유입되는 이슬람 전투요원의 수가 계속 증가하고 있다는 사실이었다. 이 때문에 상황 안정화를 위한 노력은 별다른 성과를 내지 못했다.[31] 제한적인 전투가 계속되었지만 결정적인 변화는 없었고, 다만 탈레반이 통제하는 지역이 점차 증가하면서 아프가니스탄 정부와 국제안보지원군의 장악력은 감소했다. 특히 파키스탄과 국경을 접하고 있는 동부 지역에서는 공격 횟수가 50% 증가했고, 탈레반이 세력을 회복해가고 있었다. 2006년 1931회였던 폭탄 공격은 2007년에는 2615회로 늘어났고, 2005년 400회였던 월 평균 공격 횟수는 2006년에 800회, 2007년에는 1000회 이상으로 증가했다.[32] 2008년 6월 탈레반은 심지어 칸다하르에 위치한 사르포사Sarposa 교도소를 습격해 경비 병력을 사살하고 350여 명의 탈레반 포로를 비롯한 1200여 명의 죄수를 석방했다.[33]

오바마 행정부는 2009년 취임 직후부터 아프가니스탄 상황을 안정시키는 데 많은 힘을 기울였다. 기본적인 접근은 타협과 증파였다. 이라크에서 이라크의 아들을 창설해 수니파 저항 세력과 이라크 알카에다 조직을 약화시켰던 것과 같이, 아프가니스탄에서도 탈레반 온건파를 포섭하려고 했다. 이러한 전략은 특히 2008년 11월 퍼트레이어스가 중부군 사령관에 정식으로 취임하면서 더욱 적극적으로 추진되었고, 2009년에 오바마 행정부의 아프가니스탄 전략의 핵심이 되었다.[34] 오바마 행정부는 당시 금융위기 상황에서도 아프가니스탄에 더 많은 병력과 자원을 투입했다. 미국은 2009년 2월에 1만 7000여 명의 미군을 아프가니스탄에 추가 파견했고, 3월에는 4000여 명의 미군 훈련교관을 파견하기로 결정했다. 동시에 오바마 행정부는 아프가니스탄 육군과 경찰 병력의 증강에 필요한 장비를 제공하기로 결정했다. 2008년 여름, 부시 행정부는 아프가니스탄 육군 병력을 13만 4000여 명으로 증강하는 데 필요한 비용을 제공했지만, 오바마 행정부는 이를 다시 두 배 늘려 26만 명으로 확대하기로 했다. 이와 동시에 경찰 병력도 14만 명으로 확대해 국내외 안전을 유지하는 아프가니스탄 보안군Afghan Security Forces: ASF을 약 40만 명으로 늘리고, 여기에 필요한 장비와 비용을 미국이 지원하기로 결정했다.[35]

하지만 이러한 노력에도 상황은 쉽게 안정되지 않다. 이라크에서 미군 특수부대를 지휘했던 매크리스털은 국제안보지원군 지휘관으로 취임한 지 두 달이 지난 2009년 8월에 추가 파병의 필요성이 담긴 내용의 보고서를 오바마 행정부에 제출했다.[36] 하지만 증파는 쉽게 결정되지 않았고, 특히 바이든 Joseph R. Biden, Jr. 부통령은 병력 감축과 알카에다 섬멸에 집중할 것을 건의했다. 아프가니스탄 주재 미국 대사인 아이켄베리도 카르자이 행정부가 개혁되지 않는 상황에서 미국이 추가 파병해서는 안 된다고 반대했다.[37]

이러한 상황에서 2009년 12월 1일에 오바마 대통령은 아프가니스탄 증파

2009년 12월 1일, 증파를 비롯한 새로운 아프가니스탄 전략을 발표하는 오바마
자료: White House

를 선언했다. 오바마는 향후 6개월 동안 3만여 명의 미군 병력을 아프가니스탄에 추가 파견하고, 2011년 중반까지는 파견된 병력을 다시 귀국시키겠다고 공언했다. 또한 오바마는 아프가니스탄에서 승리하기 위해 주민을 보호하고 아프가니스탄 정부가 적정한 행정력과 군사력을 갖추도록 압력을 행사하겠다고 하면서, 이라크에서와 같이 병력 증파를 통해 탈레반과의 전쟁에서 승리하겠다고 다짐했다.[38]

아프가니스탄 증파는 2010년부터 본격적으로 시행되었다. 하지만 아프가니스탄에서 이라크에서와 같은 변화는 나타나지 않았다. 우선적인 문제는 아이켄베리 대사가 지적했던 아프가니스탄 정부의 무능과 부패였다. 미국은 아프가니스탄 보안군의 확대 및 효율성 제고를 아프가니스탄 정부에 요구했으나, 그 실현 가능성에 대해서는 회의론이 팽배했다. 마약 문제와 부패, 행정적인 무능 탓에 카르자이 행정부가 보유한 병력은 거의 도움이 되지 않았다.[39] 그리고 증파가 진행되는 과정에서 여러 가지 잡음도 발생했다. 2010년 6월에 국제안보지원군 사령관 매크리스털은 미국의 음악 및 정치 전문 격주간지인 《롤링스톤Rolling Stone》과 나눈 인터뷰에서 오바마 행정부의 주요 인물을 비난하는 발언을 내놓았다. 그는 아이켄베리 대사가 사령관인 자신을 '배신'했고, 국가안보보좌관 존스는 '광대'이며, 바이든 부통령은 '짜증 나는 인간'이고, 오바마 대통령은 "대통령이라는 자신의 직위에 대해 아는 것이 없으며", 무엇보다 "장군들을 만나면 매우 위축된다"라고 발언했다.[40] 이 발언이 논란이 되자 매크리스털은 국제안보지원군 사령관 직위에서 사임했고, 곧 군에서도 전역했다. 그리고 이러한 혼란으로 아프가니스탄 증파는 적절하게 추진되지 못했다.

무엇보다 미국이 염두에 두었어야 할 사실은 이라크 상황의 안정화가 미군 병력의 증강 때문만은 아니었다는 점이다. 이라크에서는 미군 증파 이전부터 수니파의 전향과 무장 세력화 움직임이 안바르 지역을 중심으로 나타나기 시작했고, 퍼트레이어스는 수니파 무장 세력을 이라크의 아들이라는 형태로 승인하고 지원했다. 이는 이라크 상황 안정에 결정적으로 작용했다. 하지만 아프가니스탄의 상황은 달랐다. 탈레반의 기반인 파슈툰 부족으로 구성된 무장 세력이 상황 안정화에 기여할 수 있었지만, 아프가니스탄 정부는 이러한 무장 세력 구성에 반대했다. 특히 이라크에서 정부와 수니파 무장 세력이 서로 대립하는 결과를 보면서 그러한 의지는 더욱 굳어졌다.

2010년 7월, 이라크 증파를 지휘했고 당시 미국 중부군 사령관이던 퍼트레이어스가 매크리스털의 후임으로 국제안보지원군 사령관에 취임했다. 취임하기 전부터 퍼트레이어스는 카르자이 행정부를 설득하기 시작했고, 결국 부분적으로 지방 민병대 구성을 추진했다.[41] 이러한 방식은 상당 부분 성과를 거두었다. 미군은 적지 않은 탈레반 온건파를 포섭하는 데 성공했고, 아프가니스탄 정부와 아프가니스탄 보안군의 역량을 아프가니스탄 보안군이 탈레반 지역에서 수행한 작전의 빈도와 성공률 등의 지표를 통해 더욱 정확하게 측정할 수 있었다. 이후 오바마 대통령은 미국의 아프가니스탄 전략과 관련해 많은 부분을 퍼트레이어스에게 의존했다. 그러나 퍼트레이어스는 2011년 중순까지 아프가니스탄 파병 미군을 철수하겠다는 오바마의 계획에 반대하고 있다.[42]

2011년 3월, 퍼트레이어스는 3월 중순으로 예정된 의회 증언에 앞서 기자 회견을 통해 아프가니스탄 상황이 호전되고 있다고 주장했다. 특히 이전까지 탈레반이 장악했던 아프가니스탄 남부 지역과 수도인 카불 인근 지역에서 탈레반 세력이 약화되었으며, 이는 2010년 말 미군과 아프가니스탄 보안군이 남부 지역에 집중 배치된 이후의 성과라고 지적했다. 또한 2010년 12월 초부터 2011년 3월 초까지 90일 동안 계속된 작전에서 미군 특수부대는 1600여 회의 기습 공격을 가해 3000여 명의 저항 세력 및 탈레반 구성원을 체포하거나 사살했다고 밝혔다. 그리고 2009년에는 탈레반 세력이 카불을 사실상 포위하고 있었지만, 2011년에 들어서면서 아프가니스탄 보안군이 지역 전체를 장악했다고 주장했다.[43] 퍼트레이어스는 특히 미군과 아프가니스탄이 새롭게 장악한 지역에서 탈레반 세력을 완전히 축출하는 데 주력하고 있다고 밝히면서, 이를 위해 탈레반이 구축한 군사적 기반을 파괴하겠다는 의지를 천명했다. 즉, 새로운 지역으로 대규모 병력을 이동시키기보다는 현재 상황에서 머물면서 상황 안정화에 주력하고, 공세는 특수부대를 이용해 파키스탄 국경 지역에 집중하겠다는 것이다.[44] 의회 증언에서 퍼트레이어스는 미군 병력의 철군 이후에도 아프가니스탄 보안군 작전을 지도하는 군사고문단을 파견해야 한다고 강조했다. 또한 과거에 최고 2만 5000여 명의 탈레반 병력이 아프가니스탄에 존재했지만, 2011년 3월 현재 상당수가 제거되었다고 하면서, 아프가니스탄 전쟁이 조속히 종결되기는 어렵겠으나, 지역 상황이 개선되고 있으므로 철군은 제한적으로 가능하다고 주장했다. 또한 탈레반 세력의 일부를 아프가니스탄 보안군 및 정부와 통합하고 있다고 강조하면서, 현재 약 700명이 통합되었고 2000명 이상이 통합 초기 상태에서 대기하고 있다고 밝혔다.[45]

이러한 맥락에서 2011년 3월 7일 미국 국방장관 게이츠는 2011년 여름부터 미군 병력이 아프가니스탄에서 제한적으로 철수할 수 있다고 선언했다. 카르자이 대통령과의 합동 기자회견에서 게이츠는 철수 규모가 아직 결정되지 않았지만, 현재 10만 명 정도의 미군 병력 가운데 소규모 병력이라도 7월부터 철수할 수 있다고 밝혔다. 또한 그는 아프가니스탄에서 여전히 공격이 발생하지만 전반적으로 상황이 개선되고 있으며, 아프가니스탄 보안군 훈련도 많이 진척되었다며 낙관론을 견지했다.[46]

2011년 5월 1일에 미국 특수부대는 빈라덴을 사살했다. 지난 10년 동안 미국이 수행한 '테러와의 전쟁'에서 가장 중요한 목표물이었던 빈라덴은 전쟁이 벌어지고 있던 아프가니스탄이 아니라 미국의 동맹국인 파키스탄에 은신하고 있었으며, 미국은 빈라덴의 무덤이 알카에다의 성지聖地가 될 가능성을

빈라덴 제거 작전을 참관하는 오바마 대통령

오바마 대통령 왼편은 바이든 현 미국 대통령이 있으며, 오바마 대통령 오른편에 서 있는 군인은 멀린 합참 의장이다. 사진 오른쪽 끝에 팔장 끼고 있는 사람이 게이츠 국방장관, 그 옆에 입을 가리고 있는 인물이 클린 턴 국무장관이다. 멀린 합참의장 오른쪽으로 세 번째 인물로 고개를 내밀고 보고 있는 사람이 블링컨 현 국무장관이다.

자료: White House.

염려해 그의 사체를 수장水葬했다. 사살 직후 유엔안전보장이사회 등 국제사회는 빈라덴 사살을 '환영'했으며, 반기문 유엔사무총장 또한 성명을 통해 안도의 뜻을 밝혔다. 반면 파키스탄 정부는 빈라덴 사살에 당혹감을 표명했으며, 특히 오바마가 파키스탄 정부에 빈라덴 비호 가능성 수사를 요청하면서, 탈레반 또는 파슈툰과 연결된 파키스탄 군부 및 정보부와 파키스탄 민간정부 사이에 갈등이 격화되었다.[47]

하지만 빈라덴의 죽음으로 아프가니스탄 전쟁이 해결되지는 않았다. 알카에다가 복수를 공언했고, 빈라덴의 카리스마에는 못 미치지만 후계자가 등장했다.[48] 무엇보다도 아프가니스탄 문제의 핵심인 파슈툰 부족은 탈레반 세력과 연합해 미국 및 서방측이 지원하는 북부 부족 중심의 새로운 정부에 저항하고 있다. 2011년 5월에 탈레반은 파슈툰 지방의 중심지인 칸다하르를 탈환하기 위해 공격을 시작했고, 카르자이 대통령의 이복동생이자 칸다하르 지방 장관이었던 아흐메드 카르자이가 경호원에게 암살당했다.[49] 이라크 전쟁에서 공격이 수니파 지역에 국한되었던 것처럼 아프가니스탄에서도 전투나 공격이 파슈툰 지역에 국한되고 있으며, 따라서 2011년 6월 오바마는 1만여 명의 병력을 아프가니스탄에서 철수하겠다고 공언했다.[50] 아프가니스탄에 주둔하는 미군 및 나토 병력을 지휘하는 국제지원군 사령관 퍼트레이어스는 CIA 국장으로 취임하기 위해 아프가니스탄을 떠나면서, 현재 상황이 "매우 조심스럽고, 과거로 회귀할 수 있다fragile and reversible"라고 밝혔다. 이와 더불어 그는 아프가니스탄 보안군이 느리지만 점차 강화되고 있으며, 탈레반 공격 또한 작년 같은 기간보다는 감소했다고 지적했다.[51]

미국이 추진하는 아프가니스탄 전략이 어느 정도의 구체적인 성과를 낼 수 있을지는 알 수 없다. 다만 분명한 것은 아프가니스탄 상황이 안정되는 경우, 즉 최소한 이라크에서처럼 가시적인 성과가 나타나는 경우에만 미국이 병력을 철수할 것이라는 사실이다.

한편 앞으로 미국의 아프가니스탄 전쟁 수행에는 이라크 전쟁에서 얻은 경험이 크게 작용할 것이다. 주요 지휘관은 모두 이라크 전쟁에 관여한 경험이 있으며, 특히 초급 장교는 이라크에서의 경력에 기초해 아프가니스탄 전투임무를 수행하고 있다. 그러므로 미국이 이라크에서 비싼 대가를 치르며 얻은 교훈이 아프가니스탄 전쟁에 적지 않은 영향을 줄 것은 분명해 보인다.

17장
첫 번째 결론:
2011년 시점에서의 미래 전망

2011년 시점에서 과연 이라크 전쟁의 미래는 어떻게 될 것인가? 이미 미군 전투 병력이 철수를 마쳤고, 남아 있는 병력도 곧 철수할 예정이지만, 이라크가 또 혼란에 빠지면 미국이 다시 개입할 가능성은 크다. 그렇다면 앞으로 이라크 내부의 '불안한 안정' 상태가 어떻게 변화할 것인가 하는 점이 문제의 핵심이 된다. 여기에는 특히 이라크 안정화에 결정적인 역할을 했던 이라크의 아들의 장래, 이라크 총선과 내각 구성, 북부 쿠르드족 지역의 향방 등이 중요한 요인으로 작용할 것이다. 종파 내전을 경험했고 통합된 국가로서 파멸 직전의 상황에 직면했던 이라크는 여전히 폭발 잠재력을 가지고 있다. 이라크의 미래는 이러한 불안정성을 어떻게 해결하느냐에 따라서 결정된다. 종족적으로나 종파적으로 단일하지 않은 국가를, 폭력을 동원해 강압적으로 통제할 수도 없는 상황에서, 이라크가 하나로 통합되는 방법은 정치적 타협을 이루는 것밖에 없다. 하지만 시아파와 수니파의 대립은 쉽게 해결되지 않고 있으며, 거기에 영토와 석유 자원을 둘러싼 쿠르드족의 반발도 거세다.

또 다른 문제는 이라크 전쟁과 미국의 힘이다. 이라크 전쟁을 치르면서 미국은 자신의 경제력과 군사력을 상당 부분 소모했다. 애초에 전쟁은 잘못된 판단으로 시작되었고, 전쟁 수행 과정에서도 적절한 방식으로 자원을 사용하지 못하면서 많은 문제가 발생했다. 부시 행정부가 설정한 정치적 목적을 달성하기에는 부시 행정부가 동원한 자원이 부족했으며, 특히 군사적 자원 부족과 정치적 방향 상실은 이라크 전쟁에서 재앙에 가까운 결과를 불러왔다. 2007년 들어 좀 더 적절한 방향이 설정되고 더 많은 자원이 투입되었지만, 이미 이라크인은 재앙의 대가를 지불한 상태였다. 문제는 미래에도 이러한 전쟁이 세계 어딘가에서 또 일어날 수 있다는 사실이다. 특히 '세계 10위권의 실패국가'와 마주하고 있는 한국으로서는 이에 철저히 대비해야 한다.[1]

이라크의 장래와 안정?

2006년 최악의 상황에 비하면 2010년 12월 현재 이라크 상황은 '매우 안정적'이다. 그런데도 2010년 10월에 183명이 살해당했으며, 11월 들어 4일 만에 116명이 사망하기도 했다. 또한 2011년 6월 21일에 발생한 공격으로 27명이 사망하고 수십 명이 다쳤는데, 사상자 대부분은 경찰관이었다. 이 공격은 자살공격과 차량폭탄, 박격포 포격으로 잘 조율된 것이었으며, 지방 장관을 암살해 이라크 공권력을 약화하려는 시도였다.[2] 문제는 이러한 인명 손실이 단순 살인이 아니라 폭탄, 로켓, 저격용 소총, 보병용 자동소총 등 군사무기를 이용한 공격으로 발생한다는 사실이다. 이러한 측면에서 이라크 전쟁은 지금도 진행 중이며, 종파 내전이 격화될 가능성은 여전히 존재한다. 다른 모든 전쟁과 마찬가지로 이라크 전쟁 또한 어떤 정치적 목적을 달성하기 위해 폭력을 사용하는 것이므로, 현재의 '불안정한 안정'을 통제하고 이라크 전쟁을 실질적으로 끝내려면 정치적 타협을 이끌어내는 것이 핵심 과제다.

정치적 타협을 이루려면 우선 군사 자원의 통합이 필요하며, 가장 중요한 사안은 역시 이라크의 아들의 통합이라고 볼 수 있다. 하지만 2010년 현재 이라크의 아들의 통합과 관련해 많은 문제가 존재한다. 앞에서 언급했듯이 시아파가 통제하는 이라크 정부는 이라크의 아들을 이라크 정부가 관할하고 이라크 보안군에 통합하는 문제에 매우 소극적인 태도를 보였고, 오히려 이라크의 아들을 탄압하기도 했다. 게다가 이라크의 아들은 이라크 알카에다 조직의 세력을 약화시키는 데 결정적인 역할을 함으로써 이라크 알카에다 조직의 집중적인 공격 대상이 되고 있기도 하다. 2010년 5월 초에서 6월 중순까지 최소한 47명의 이라크의 아들 구성원과 그 가족이 이라크 전역에서 피살되었으며, 피살된 이들 대부분은 자신의 집에서 다른 가족과 함께 살해되었다.[3] 또한 봉급을 지급받기 위해 집결한 이라크의 아들 병력에 대한 공격은 치명적인 피해를 입혔다. 2010년 7월 18일에는 그러한 공격으로 이라크의 아들 구성원 48명이 살해되고 40명 넘게 다치는 사건이 발생했다.[4] 반면에 이라크의 아들은 자신의 군사적 존재를 정치 세력으로 공고화하는 데 실패했다. 특히 2010년 3월의 총선에서 이라크의 아들 세력으로 구성된 정당은 참패했고, 조직적인 정치 세력화를 이루지 못했다. 이 때문에 이라크의 아들의 정치적인 운명에 대해서는 이라크의 아들 구성원까지 비관론에 빠졌으며, 이라크 상황 안정화와 이라크 알카에다 조직의 세력 약화에 결정적으로 기여했던 이라크의 아들의 장래가 불투명해졌다.[5]

이 때문에 2010년 하반기에 들어서면서 이라크의 아들 조직 상당수가 와해되고, 그중 일부는 다시 이라크 알카에다 조직에 가담하고 있다. 2007년부터 3년여에 걸친 노력의 결과로 잘 훈련되고 미군 작전에 익숙해진 수백 명의 병력이 이라크 알카에다 조직으로 다시 돌아가고 있는 것이다. 현재 정확한 수는 파악되지 않지만, 수천 명에 가까운 이라크의 아들 병력이 이라크 알카에다 조직과 연계된 것으로 추정된다. 이라크의 아들에 대한 이라크 알카에다 조직의 공격이 집요해지자 이라크의 아들 병력 상당수는 자신의 안전을 지키기 위해 이라크 알카에다 조직과 협력하는 것으로 알려졌다. 또한 시아파가 장악한 이라크 정부에서 이라크의 아들 병력에게 적절한 일자리를 제공하지 않고, 오히려 이라크의 아들 조직을 탄압하고 있는 것도 그러한 행위에 중요한 동기가 된다. 이라크 정부가 이라크의 아들 지휘관 수백 명을 체포하거나 그들의 지위를 박탈하며, 이라크의 아들 조직의 무기를 압수하고 급여 지급을 중단하는 상황이 반복적으로 발생했다.[6]

또 다른 문제는 이슬람 내부 갈등인 수니파와 시아파 사이의 갈등과 함께 아랍인과 쿠르드족 사이에도 대립이 발생하고 있다는 사실이다. 이란계 언어를 사용하며 이라크 북부에 거주하는 쿠르드족은 이라크 인구의 15~20% 정도를 차지한다. 이들은 아라비아반도의 셈족계 언어를 사용하는 아랍계 주민과는 종족적인 측면에서 차이를 보이며, 수니파 이슬람을 신봉한다는 측면에서 이라크 인구의 다수를 차지하는 시아파 아랍계 주민과도 다르다. 문제는 쿠르드족이 단순한 자치를 넘어 독립국가를 구성하기를 바라고, 이들의 거주 지역인 이라크 북부에 상당히 많은 양의 석유가 매장되어 있다는 사실이다. 전통적으로 쿠르드족 도시였던 모술과 키르쿠크는 이라크에서 가장 오래된 유전 지대다. 이 때문에 후세인은 그 지역의 인구구성을 바꾸기 위해 1970년대부터 그곳에 거주하던 쿠르드족을 내쫓고 아랍계 주민, 특히 수니파 아랍인을 이주시켰다.

미국 침공 이후 쿠르드족은 석유 자원이 풍부한 모술과 키르쿠크 지역으로 돌아왔고, 30년 이상 그 지역에 살아왔던 아랍인과 갈등을 빚었다. 하지만 아랍화Arabization 정책을 강행한 후세인 정권이 사라진 상황에서, 수니파가 대다수를 차지하는 아랍계 주민은 교외 지역에서 점차 지역 도시인 모술과 키르쿠크로 후퇴하면서 이라크 알카에다 조직과 연합했다. 2009년 10월로 예정되었던 인구조사는 선거권 문제를 비롯해 석유 자원의 배분 문제와도 직결되는 핵심 사안이었지만, 적절한 타협안을 찾지 못해 연기되었다.[7]

또한 아랍계 주민들은 수니파와 시아파를 구분하지 않고 하나의 통합된 이라크를 추구하는 데 반해, 쿠르드족은 독립된 쿠르드족 국가를 추구한다는 점에서도 두 종족 간에 큰 차이가 발생한다. 특히 유전 지대에 대한 통제권과 석유 수입 배분 문제가 핵심 사안으로서, 이를 놓고 아랍계 주민과 쿠르드족 주민이 폭력을 동원해 자신의 이해를 관철하려고 하는 상황에서, 미군이 완전히 철수하면 이들 간에 유혈 사태가 발생할 가능성이 크다.[8] 따라서 일부

분석가들은 쿠르드족 지역의 분리 독립을 주장하기도 한다. 실제로 2007년 9월 미국 상원에서는 이라크 분리 결의안을 통과시켰다.[9] 사실상 이라크가 북부의 쿠르드족 지역, 남부의 시아파 지역, 중부의 수니파 지역으로 분리된 상태이므로 이러한 현실을 적극적으로 받아들이자는 것이었다. 특히 북부의 쿠르드족 지역은 실질적인 독립국가로 기능하고 있으며, 1990년 비행금지구역이 설정된 이후 현재까지 거의 30년 동안 그러한 상태가 지속되었다. 문제는 쿠르드족이 분리 독립할 경우 중부의 수니파 주민은 유전 지대를 가지지 못하고, 따라서 석유 자원이 풍부한 남부와 북부에 비해 경제적으로 불리한 지경에 처하게 될 것이라는 사실이다. 또한 터키와 이란 등에 거주하는 쿠르드족의 독립 움직임도 부추겨 중동 지역 전체에 불안정성을 불러일으킬 우려도 크다.[10]

가장 심각한 문제는 새로운 행정부의 구성, 특히 수니파와 쿠르드족의 이익이 적절하게 반영되는 연립정부를 구성하는 데 있다. 이라크가 어느 정도 안정을 찾은 것은 미국 및 이라크 정부가 지방 무장 세력과 맺은 다양한 합의가 바탕이 되었기 때문이었다. 따라서 안정을 더욱 강화하려면 그러한 합의 사항을 제도적으로 정립해 공고히 하려는 노력이 필요했다. 그리고 이를 위해서는 이라크 정부가 어느 한 쪽에 치우치지 않고 모든 국민의 이익을 보호한다는 사실을 보여야 하며, 광범위한 대표성을 지닌 정부로 탈바꿈해야 했다.[11] 즉, 이라크 전체를 통합하려면 정치적 차원에서의 조치가 필요했다. 그리고 특히 중요한 것은 수니파의 이익이 정치에 반영되도록 수니파 정치 세력이 정부에 참여할 수 있어야 했다. 2009년 1월 31일에 시행된 이라크 지방 선거에서 수니파는 자신의 이익을 대변할 수 있는 세력을 확보했다. 특히 수니파 지역인 안바르, 디얄라, 살라딘, 니느와에서 수니파와 이라크의 아들 세력이 선거에서 승리해 지방의회를 장악했으며, 바그다드 등 수니파 인구가 많은 부분을 차지하는 지역에서도 정치적 기반을 구축했다.[12]

2010년 이라크 총선과 사라진 가능성

2009년 1월 오바마 대통령이 취임하면서 미국의 이라크 정책은 철군으로 정리되었고, 특히 새로 이라크에 부임한 미국 대사는 정치적 차원에서 철군이 가능한 조건을 조성해야 했다. 정책의 변화 방향 자체는 적절했지만, 그 집행 과정에서 대사와 주둔군 사령관은 마찰을 빚기 시작했다. 2007년 3월에 부임한 크로커 대사는 2년 임기를 마치고 텍사스 A&M 학장으로 은퇴하고, 후임으로 주한 미국 대사(2004~2005)와 동아시아·태평양 차관보(2005~2009)를 역임한 힐Christopher R. Hill이 2009년 4월 부임했다. 동아시아 문제에서는 매우 좋은 평가를 받았고, 특히 주한 미국 대사로서 뛰어난 능력을 발휘했던, 힐 대사는 이라크 대사로는 그 기량을 발휘하지 못했다. 새롭게 출범한 오바마 행정부는 부시 행정부의 이라크 정책이 국방부와 군이 주도하고 국무부가 소외되었다고 판단했고, 이것을 시정할 것을 힐 대사에게 '권고'했다. 클린턴 Hillary Clinton 국무장관은 "미국은 이라크에서 문민화civilianizing 작업이 필요하다"고 지적했으며, "군이 주도하는 외교정책에 우려"를 표명했다.[13] 이러한 '충고'에 의거하여 바그다드에서는 정책 주도권 다툼이 시작되었고, 힐 대사는 2006년 12월 이후 다국적군 군단장MNC-Iraq Commander으로, 2008년 9월 이후 다국적군 사령관MNF-Iraq Commander으로 이라크 경험이 풍부한 오디에어노와 많은 마찰을 빚었다. 힐의 주 공격 목표는 오디에어노의 정치자문political advisor인 스카이였다.[14]

힐 대사는 스카이를 "뛰어난 능력을 가졌지만 독립적 사고가 강한 영국인"으로 묘사하면서 대반란작전의 입장에서 미군의 주둔 필요성을 지나치게 강조한다고 보았다.[15] 이것은 미군을 대표하는 오디에어노와 국무부를 대표하는 힐, 양자의 대립으로 격화되었다. 스카이는 힐 대사가 미군 잔류에 대한 오디에어노의 노력을 의도적으로 무시했으며, "나는 이라크가 싫다"는 발언을 공공연하게 했고, 오직 대사관저 정원에 잔디를 까는 문제에만 집착했다고 비난했다.[16]

2009년 1월, 바그다드 북부
칼리스 지역을 시찰 중인
오디에어노(앞줄 왼쪽에서
세 번째)와 스카이(앞줄
왼쪽에서 두 번째)
자료: U.S. Army

2010년 3월 7일에는 이라크 연방정부를 구성하는 총선이 시행되었다. 2005년 12월에 시행된 첫 번째 총선에서는 시아파가 압승을 거두었고, 수니파를 완전히 배제한 시아파 연립내각이 정권을 잡고 말리키가 총리가 되었다.[17] 2010년에 열린 두 번째 총선은 이러한 상황을 합법적으로 타개할 수 있는 절호의 기회였다. 특히 수니파 연합의 부상과 내각 참여는 여기에서 중요한 사안이었다. 하지만 시아파 정부는 수니파 정치 세력의 구성에 적대적이었다. 이라크 선거관리위원회는 수니파 정당 후보 499명이 과거 후세인 정권에 관여했다는 이유로 후보 등록을 불허했다. 이에 수니파 세력은 총선을 거부하겠다며 항의했고, 등록 거부 결정에 대해 이라크 대법원이 '불법 및 위헌'으로 판결하면서 수니파 후보들은 등록이 허용되었다.[18] 최종 선거 결과는 [표 1]에 나타난 바와 같다.

2005년 12월에 치러진 제1대 총선과 비교해 나타난 가장 큰 변화는 기존 정당의 몰락이다. 우선 이전의 시아파 연합 정당인 이라크국민연합이 분열했다. 2005년에 시아파 연합은 통일이라크연합이라는 이름으로 전체 275개 의석의 47%에 달하는 128석을 차지해 이라크 정부를 장악했다. 하지만 이라크 헌법에 따라 의석수가 50석이 늘어 325석이 되고, 2009년 지방선거를 앞

정당	득표수	득표율	의석수	의석 변화
이라크국민운동	2,849,612	24.72%	91	+54
법치연합	2,792,083	24.22%	89	+64
이라크국민연합	2,092,066	18.15%	70	-35
쿠르드족연합	1,681,714	14.59%	43	-10
이라크합의전선	298,226	2.59%	6	-38

[표 1] 이라크 제2대 총선 결과(2010년 3월 7일)

둔 시점에 말리키 총리가 법치연합을 창설하면서 의석 상당수를 잃고 그에 따라 정치적 영향력도 약화되었다. 결국 총선에서 이라크국민연합은 70석의 의석을 획득하는 데 그쳤다. 한편 수니파 정당인 이라크합의전선Iraqi Accord Front은 사실상 소멸했다. 2005년에는 44석을 얻어 이라크 수니파를 대변하는 정당으로 기능했지만, 2010년 총선에서 단 6석을 얻는 데 그쳤다. 선거에서 승리한 세력은 2004년에 이라크 임시정부의 총리를 역임했던 알라위의 이라크국민운동이었다. 알라위는 시아파 출신이지만, 이라크국민운동은 수니파와 시아파 연합 세력이었다. 특히 이라크국민운동은 수니파 또는 시아파 등의 종파적 성향을 부정한다는 측면에서 세속적 성격을 강하게 띠었다. 한편 이라크의 아들을 주도하고 2009년 지방선거에서 안바르 지역을 장악한 이라크각성연합Iraq Awakening and Independents National Alliance은 패했다. 이라크각성연합은 안바르 지역을 지지 기반으로 삼아 이라크합의전선과 공동으로 선거에 나섰으나 의석을 얻지 못했다.[19]

문제는 총선 결과를 말리키가 수용할 것인가였다. 선거 직후인 2010년 3월 7일 힐 대사와 오디에어노 장군은 말리키 총리를 면담했고, 여기서 힐 대사는 "은퇴 후 계획" 문제를 거론했다. 이에 말리키는 격분하고 퇴임을 거부하면서 재검표를 요구했다.[20] 하지만 미국 대사관은 말리키를 제지하지 않았다. 힐은 이라크에는 독재자strongman가 필요하다고 발언하면서 이라크 전체의 통합을 시도하면서 수니파와 시아파 중도 세력을 규합하려는 알라위가 아니라 시아파 단독 세력에 기반한 말리키를 수용하는 태도를 취했다. 이 때문에 "미국은 소중한 기회를 놓치고 있으며, 가능한 한 빨리 행동해서 선거 결과에 기초한 중도파 내각 수립을 추진해야 한다"는 주장이 등장했다.[21] 그럼에도 불구하고 힐 대사는 움직이지 않았다. 외교관 입장에서 이라크 내각 구성에 관여하지 않고 중립을 지키겠다는 입장을 고수하면서, 총선에서 승리한 알라위가 적극적인 행동을 하지 않는 상황을 비판적으로 관망했을 뿐이었다. 2010년 5월 10일 보고에서 힐 대사는 "이라크에서 어느 누구도 알라위가 집권할 것이라고 보지 않는다"고 주장하면서, 알라위를 지원하지 않았다.[22] 그러나 이란은 활발하게 개입했고 자금을 지원하고 네트워크를 동원하여 말리키 내각이 연장되고 2010년 8월 21일 미군 전투임무 종료 후 내각이 수립되도록 했다. 그리고 이란이 성공했다. 동시에 이라크에서 정치적 해결책이 성공할 가능성은 더욱 약화되었다.

이라크에서는 총선 직후 그 결과를 둘러싸고 큰 논쟁이 벌어졌다. 특히 선거 부정 의혹이 제기되어 재검표가 시행되기도 했다. 하지만 5월 14일에 이라크 선거관리위원회는 재검표 결과를 발표하면서 선거 부정이 일어난 증거는 없다고 선언했다.[23] 최종 결과가 발표되기 이전부터 여러 정당이 정부를 구성하기 위한 협상을 시작했지만, 알라위와 말리키의 첨예한 대립으로 325석의 과반수인 163석을 통제하는 연합을 구성하지 못했다. 특히 이라크 전체를 통합하기 위해서는 수니파 정치 세력이 반드시 정부 구성에 참여해야 했는데, 이를 위해서는 이라크국민운동과 알라위가 새로운 정부의 핵심을 차지해야 했다. 하지만 알라위가 수니파와 시아파를 구분하지 않는 등 '세속적인 정치 성향'을 띠어, 시아파 정치 세력은 알라위를 총리로 받아들이지 않았다. 또 다른 문제는 사드르의 지지 세력이 바그다드에서 강력한 지지를 받았다는 사실이다. 사드르 세력은 전체 325석 가운데 40석을 차지했고, 이를 바탕으로 총리 임명 과정에서 결정적인 영향력을 행사할 수 있게 되었다. 사드르 세력은 기본적으로 이슬람 근본주의에 기초한 이라크 민족주의에 기반을 두고 있어, 미국과 대립한 것은 물론, 알라위의 집권과 수니파의 권력 접근도 저지

했다.[24]

선거 결과에 따라 2010년 6월 14일 의회가 새롭게 소집되었지만, 행정부는 출범하지 못했다.[25] 2010년 11월 중순에야 겨우 잠정적인 합의가 이루어져, 이에 따라 말리키가 총리 지위를 유지하고, 알라위는 새롭게 만들어지는 안보위원회security council 위원장을 맡기로 했다. 하지만 이러한 합의에 따른 정부 조직의 개편, 특히 안보위원회의 창설은 실현되지 않았다.[26] 결국 2010년 12월 21일에야 이라크 정부가 선거 결과에 기초해 새롭게 구성되었다. 9개월에 걸친 협상 과정에서 대규모 폭력 사태가 발생하지는 않았지만, 이라크 정부의 행정 업무에는 큰 공백이 초래되었다.[27] 안보 관련 장관은 임명되지 않았고, 말리키 총리가 국방장관과 내무장관을 겸임하면서 관련 업무를 대행했다. 이후 타협 과정에서 수니파와 세속적 시아파를 대표하는 알라위의 이라크국민운동은 34개 장관직 가운데 10개를 차지했다. 특히 입법 과정에 결정적인 영향을 미치는 국회의장에는 수니파 정치인이 선출되었다. 재무장관과 교육장관에도 수니파 출신이 임명되었다. 또한 세 명의 부총리 중 바트당 출신의 수니파가 한 자리를 차지하면서 수니파의 정치적 영향력이 확대되었다.[28]

하지만 말리키 총리의 시아파 세력은 수니파 및 세속적 시아파 세력이 국가권력을 부분적으로나마 장악하는 것에 강력히 반발했다. 극단 시아파를 대표하는 사드르는 말리키의 시아파 정치 세력을 지지하면서 미군 철수를 요구했지만, 미군 철군을 기다릴 수 있다고 주장했다. 덕분에 말리키는 알라위와의 협상에서 유리한 고지를 점했고, 결국 총리 직위를 유지했다.[29] 이에 새롭게 등장한 시아파 정부는 알라위로 대표되는 수니파와 세속적 시아파 연합 세력을 정권에서 사실상 배제했다. 2010년 12월 정부가 구성될 때, 알라위는 국방 및 내무 장관에 대한 임명 권한을 약속받았지만, 2011년 6월 현재 그러한 약속은 지켜지지 않고 있으며, 말리키 총리가 이라크 보안군을 직접 통제하고 있다. 이 때문에, 총선에서 승리한 이라크국민운동은 정부에 협력하지 않고 있으며, 이라크 정부는 사실상 마비되었다. 총선 직후와 정부 구성 협상에서 이라크국민운동은 알라위가 "이라크 정부 내부에서 강력한 권한을 지닌 진정한 동반자genuine partner in the government with real authority"가 될 것을 희망했고, 미국도 이러한 견해에 동의했지만, 이러한 희망은 단순한 희망으로 무산되었다는 것이 알라위 측의 판단이다.[30]

미국은 상황이 개선되기는 했지만 이라크 정부가 여전히 종파적인 색채를 강하게 띠고 있다고 우려하며, 그 해결책으로 미군 병력의 잔류를 검토했다.[31] 하지만 말리키 정부를 지지하는 중요한 세력인 사드르의 시아파 극단주의자들은 미군이 예정대로 철수할 것을 요구했고, 말리키 총리 자신이 미군 잔류에 소극적이었다. 말리키 총리의 '미군 잔류 요청 가능성'을 봉쇄하려는 대규모 시위가 일어났고, 동시에 미군 병력에 대한 공격이 조금씩 증가했다.[32]

2010년 10월 힐 대사가 이임하고 그 후임으로 취임한 제프리James Franklin Jeffrey 대사는 중동 전문가의 입장에서 말리키 총리의 폭주 가능성을 경고하고 미국의 적극적인 관여를 역설했다. 이에 오바마 대통령은 바이든 부통령을 중심으로 하는 특별위원회를 구성하고, 대안 마련에 주력했다. 그 핵심은 말리키를 견제하면서 1만 6000명 정도의 미군 병력이 주둔할 수 있도록 이라크와 합의하는 것이었다. 일부는 말리키 총리를 다른 인물로 대체하는 방안을 제시했지만, 바이든 부통령은 말리키 총리를 그대로 두면서 알라위를 대통령으로 취임시켜 말리키를 견제하고 미군 주둔협정을 체결하는 방안을 선호했다.[33] 이러한 의견을 수용하여 2010년 11월 오바마 대통령은 쿠르드족 출신의 탈라바니 대통령과 통화하면서 알라위가 대통령으로 취임하고 탈라바니는 외교장관을 맡는 방안을 거론했지만, 이라크에서 쿠르드족의 이익을 대표하는 탈라바니는 대통령직을 포기할 수 없었고 따라서 오바마의 제안은 무위로 돌아갔다.[34]

이후 오바마 행정부는 시아파 세력에게 의존하면서 통제하기 어려워지는 말리키 총리와 미군 주둔을 협상했다. 순수한 군사적 판단에 따르면 1만 6000명 정도의 미군 병력이 잔류하면서 이라크 보안군 훈련 및 전투를 담당해야 하지만, 이라크 정부와의 협상 과정에서 해당 규모의 병력이 지속적으로 주둔하는 것은 불가능하다는 사실이 판명되었다. 또한 오바마 대통령은 2012년 재선을 위해서 자신이 2008년 선거에서 공약했던 "이라크 전쟁의 책임 있는 종전responsible end"을 실현할 필요가 있었으며, 따라서 주둔군 규모 자체를 1만 6000명에서 1만 명으로 이후 7000과 5000명 수준으로 점차 축소했다.[35] 결국 오바마 행정부는 미군 잔류를 포기하고, 완전 철군을 단행했다.

이라크 전쟁과 미국의 힘

이라크 전쟁을 치르면서 미국은 호감도와 이미지, 문화의 힘이라고 볼 수 있는 소프트파워soft power의 측면에서 큰 피해를 입었다. 클린턴 행정부 당시 냉전의 승리자이자 자유민주주의의 수호자로서 미국이 누렸던 긍정적인 측면은 사라졌다. 이제 미국은 뚜렷한 이유 없이 이라크를 침공하고, 아부 그라이브 감옥에서 이라크 포로를 고문하며, 이라크 민간인을 학살한 국가로 전락했다. 그리고 2008년 12월 14일에 이를 상징적으로 보여준 일이 벌어졌다. 오바마 후보의 당선이 확정된 이후, 부시 대통령은 바그다드를 방문해 주둔군지위협정SOFA을 체결하고 기자회견을 했다. 회견장에서 이라크 기자 한 명이 욕설을 퍼부으면서 자신의 신발을 부시 대통령에게 던진 것이다.[36]

그런데 미국의 이미지는 극적으로 회복되었다. 최초의 흑인 대통령인 오바마의 등장은 전 세계에 미국 민주주의의 강력한 힘을 보여주었으며, 오바마의 중간 이름middle name이 후세인Hussein이라는 사실은 아랍 세계에 엄청난 반향을 일으켰다. 버락 후세인 오바마Barack Hussein Obama라는 미국 대통령의 이름은 2009년부터 미국 외교의 가장 큰 자산이 되었다. 즉, 미국은 하드파워hard power에서 상실한 것을 소프트파워에서 어느 정도 회복한 것이다. 이를 상징적으로 보여준 일은 부시가 '신발 공격'을 당한 지 4개월 정도 지난 시점에 일어났다. 2009년 4월 5일, 체코의 수도 프라하에서 오바마 대통령은 '핵무기 없는 세상'을 역설했고, 프라하 도심에 운집한 2만여 명의 군중은 이에 환호했다. 단 4개월 정도 만에 한 국가의 최고 지도자가 '신발 공격'을 받다가, 다시 수많은 군중의 환호를 받게 된 것이다.[37]

그러나 미국의 하드파워는 이라크 전쟁을 통해 막대한 피해를 입었다. 미국의 군사력과 경제력은 이라크 전쟁 수행 과정에서 소모되었으며, 2008년 가을에 시작된 금융위기를 거치면서 더 큰 타격을 받았다. 2001년 1월 부시 행정부가 출범하던 당시의 강력한 힘은 2009년 오바마 대통령이 취임하는 시점에는 존재하지 않았다. 한편에서는 새로운 양극체제의 등장을 이야기했고, 미국과 함께 세계적 차원의 강대국으로 중국이 거론되었다. 지난 30년 동안 경제성장을 계속한 중국은 2008년 세계 금융위기에도 큰 타격을 입지 않았고, 2010년 일본 경제를 추월해 미국에 이은 세계 2위의 경제 대국으로 부상했다. 이러한 추세가 계속된다면 중국이 미국을 추월해 세계 최대의 경제 대국으로 부상하는 것은 시간문제이며, 이처럼 변화하는 세력균형으로 많은 불확실성이 초래될 수 있다.

경제력과 함께 하드파워를 구성하는 또 다른 부분인 군사력의 측면에서 미국은 많은 변화를 겪었다. 럼즈펠드 국방장관이 추진했던 군사 변환은 사실상 실패했고, 냉전 기간 소련군의 진격을 저지하기 위해 만들어진 미국의 통상 군사력 또한 이라크 전쟁에서 사용하기에는 적절하지 않다는 평가를 받았다. 미국 공군력의 새로운 희망이라고 선전되었던 F-22는 이라크 전쟁에서 전혀 사용되지 않았으며, 저항 세력 및 이라크 알카에다 조직과의 전투에도 아무런 도움이 되지 않았다. 2003년 3월 침공 과정에서 잠시 사용되었던 미국의 항공모함 전투단은 이라크 종파 내전과 증파 과정에서는 제 역할을 하지 못했다. 2009년에 오바마 행정부는 미국 군사력 구조의 개편을 예고했고, 특히 국방예산을 신청하는 과정에서 미국이 장차 수행할지도 모르는 강대국 전쟁보다는 현재 수행하고 있는 전쟁에 집중하겠다고 선언했다.[38] 이에 따라 하드웨어인 무기 구입과 개발에 많은 변화가 초래되었다. 특히 신형 전투기인 F-35의 한 대 구매 가격이 국방부에서 1년간 외국어 교육에 드는 예산 총액과 맞먹는 1억 8000만 달러였기 때문에, 이라크 전쟁을 수행하는 국방부로서는 예산 배정 변화가 불가피했다.[39]

이에 더해 미군의 훈련 및 승진 등 군사적 소프트웨어의 측면에서도 많은 변화가 일어날 것으로 예상된다. 이미 2007년부터 이라크 전쟁을 직접 수행했던 하급 지휘관들은 침공 결정을 내린 미군 수뇌부를 비판했고, 전쟁 수행 방식에 대해서도 많은 불만을 토로했다. 육군참모차장과의 면담에서 대위급 장교들이 장군에게 이라크 전쟁과 관련하여 곤란한 질문을 하는 '사건'도 발생했다. 그리고 미국 육군에 대해 "직업의식이 부족하고, 창조성이 없으며, 용기를 잃었다"라는 비판까지 등장했다.[40] 한 현역 중령은 미군을 "지적으로나 도덕적으로나 실패작intellectual and moral failures"이라고 비난하는 글을 미군 월간지에 실었으며, 여기서 그는 미군 장성 개인이 아니라 하나의 군사전문가 제도로서의 미군 장교단US generalship as an institution이 실패했다고 규정했다.[41] 이후에도 이처럼 미군을 향한 비판은 꾸준히 제기되었다. 특히 미군 지휘관들은 이제 단순한 전투 능력combat skills만이 아니라 도시를 관리하고 문화적으로 다른 나라와 교류하며 홍보를 하는 데도 상당한 능력을 갖추어야 한다는 사실이 지적되었다. 소련군이 사라진 상황에서 기갑부대를 동원한 대규모 전투가 벌어질 가능성은 사실상 사라졌으므로, 새로운 환경에서 활동할 새로운 장교단이 필요하다는 주장도 제기되었다.[42]

하지만 이러한 소프트웨어적인 변화가 실현될 수 있을지는 미지수다. 육군으로 대표되는 미국 군사 조직은 베트남 전쟁에서 얻은 경험에 기초한 새로운 군사력을 만들어내지 않았고, 그 대신 소련과의 냉전에 집중했다. 소련도 아프가니스탄에서의 경험에 기초한 새로운 군사력을 구축하지 않았고, 결국 1990년대 후반부터 체첸에서 게릴라 전쟁을 치르면서 많은 어려움을 겪었다.[43] 이라크 전쟁이 이전에 벌어진 전쟁과는 달리 미국 군사 조직을 변화시킬 것인지는 바로 이러한 이유에서 회의적이다. 만약 미국의 압도적 힘이 계속 유지된다면 이러한 변화 가능성은 크다고 할 수 있지만, 중국의 부상에 따른 압력은 미국이 이라크 전쟁과 대반란작전의 경험에 기초한 군사력을 만들어내는 데 장애물로 작용할 것이다. 따라서 이 부분에 대해 명확하게 결론을 내리기는 어렵다.

이라크 전쟁의 유산

부시 행정부의 편견으로 시작된 전쟁은 부시 행정부의 무능으로 적절하게 수습되지 않았다. 미국의 이라크 침공이 시작된 2003년 3월 침공에서 2010년 12월까지 이라크 전쟁으로 생명을 잃은 이라크 민간인만 10만 명 정도로 추정된다.[44] 여기에 이라크 보안군 전사자와 미군을 비롯한 연합군 전사자까지 포함하면 그 수는 더욱 늘어난다. 2010년 10월 31일을 기준으로 미군 전사자는 4430명이고, 부상자는 3만 1929명이며, 미군을 제외한 연합군 전사자는 316명으로, 그중 영국군 전사자가 179명, 이탈리아와 폴란드 등의 다른 연합국 전사자가 137명이다. 2010년 10월 31일을 기준으로 이라크 보안군 전사자는 9765명으로 추정되는데, 그 수는 이어지는 유혈 사태로 계속 증가하고 있다.[45]

전쟁의 경제적 비용 또한 막대하다. 침공 당시 거론되었던 400억 달러는 이미 2007년에 넘어섰고, 2010년 2월까지 미국이 직접적인 전쟁 비용으로 지출한 액수만 7000억 달러가 넘었으며, 그 이자까지 고려하면 전체 액수는 2017년까지 2조 4000억 달러를 넘는다.[46] 여기에는 이라크가 지불한 비용은 포함되지 않으며, 순전히 미국 정부가 지불한 비용만 포함된다. 이라크 경제의 파괴와 자원 낭비, 경제적 기회비용 등을 포함한다면, 이라크 전쟁의 비용은 더욱 커질 것이다.

무엇보다도 이라크가 지불한 사회적 비용과 잠재력 상실은 끔찍할 정도다. 10만여 명이 죽고 이라크 중산층과 전문직 종사자들이 사라졌으며, 무엇보다 종파 내전을 경험하면서 이라크는 스스로를 하나의 국가로 통합하는 데 필요한 신뢰와 국가적 정체성이 파괴되었으며, 그 대신 종파적 대립과 갈등,

불신이 남았다. 더욱이 종파적 정체성이 강화된 상황에서 미국의 증파 전략은 부족의 정치적 영향력을 확대하는 결과를 초래했다.

앞으로도 이라크 전쟁의 유산은 완전히 사라지지 않을 것이다. 인명 피해와 각종 비용, 그리고 중동 지역에 부시 행정부가 남긴 수많은 상처는 미국의 이미지에 오래도록 남을 것이며, 그것은 또 다른 여러 문제를 불러올 것이다. 가혹한 상처를 입은 이라크는 재건과 통합에 엄청난 어려움을 경험할 것이며, 이러한 상처는 지속적으로 이라크 정치에 문제점으로 작용할 것이다. 하지만 모든 문제는 극복할 수 있다. 다만 이러한 상처와 문제점을 어떻게 극복하는지에 따라, 무엇보다도 이러한 전쟁에서 어떤 교훈을 배우는지에 따라 미래 세계의 방향은 달라질 것이다. 이는 이라크 전쟁이 우리에게 주는 가장 큰 교훈이자 가장 중요한 유산이다.

6부

이슬람국가 전쟁과 이라크

이라크는 안정화되었다. 2009년 가을 공격 및 민간인 인명 피해는 2008년 가을에 비해 절반 수준으로 떨어졌으며, 2010년 3월 7일 두 번째 총선이 실행되었다. 그럼에도 심각한 소요 사태는 발생하지 않았고, 공격 빈도는 두 배 수준으로 증가했지만 2009년 봄 수준에 지나지 않았다. 상황은 통제할 수 있었다. 그리고 미국은 철군했다. 2010년 8월 19일 최후의 미군 전투여단이 철수했고, 8월 31일 오바마 대통령은 "이라크에서 미군의 전투임무는 종료"되었다고 선언했다. 자문 및 지원 역할을 담당하는 미군 병력이 5만 명 잔류했지만, 이러한 병력까지도 2011년 12월 18일 이라크에서 완전히 철수했다. 이것으로 미국의 이라크 전쟁은 종료되었다. 하지만 이것은 환상이었으며, 치명적인 실수였다.

문제는 이라크 내부에서 비롯되었다. 미군이 주둔했던 시기에도 강력하게 작용했던 시아파의 수니파에 대한 적대감은 미군 철군 이후에 폭주하기 시작했다. 말리키 총리로 대표되는 시아파 세력은 이라크 안정화의 핵심이었던 '이라크의 아들'로 대표되는 수니파 민병대/무장 세력 해체를 시작했다. 또한 수니파 정치 세력을 탄압하면서 종파적 색채가 엷으면서 시아/수니의 통합을 강조하는 세력에 대해서도 적대감을 표출했다. 결국 2012년 이후 이라크는 말리키 총리를 중심으로 하는 심각한 권위주의 국가로 변모했다. 그리고 모든 권위주의 국가가 그러하듯이, 군에 대한 강력한 통제력을 강조했고 장교단을 개인적인 충성심과 친분에 기초해서 구성했다.

이로 인해 2013/14년 시리아에서 이슬람국가(IS: Islamic State)가 이라크를 침공하자, 이라크 군은 순간적으로 붕괴했다. 2011년 초 본격적으로 시작된 '아랍의 봄'은 시리아까지 확산되었고 시리아를 지배하던 아사드 정권은 IS와의 내전에서 패배하면서 이라크와 국경을 접하고 있는 시리아 동부에 수니파 극단주의 정권이 탄생했다. 이후 IS는 이라크의 수니파 지역을 점령했고, 이라크 전쟁은 전혀 다른 방향으로 진행되기 시작했다. 즉 겨우 봉합되었던 이라크 내부의 시아/수니의 대립과 갈등이 또다시 확산되었고, 이러한 대립과 갈등 덕분에 이라크 외부에서 IS가 세력을 확보할 수 있었다.

미국은 다시 개입했다. 하지만 2003년과는 달리 전투임무는 수행하지 않았고, 철저히 자문과 훈련, 그리고 지원 임무에만 국한했다. 이 때문에 화려한 전투는 없었다. 덕분에 IS는 이라크 영토의 상당 부분을 점령하고 4년 이상을 버틸 수 있었다. 그리고 엄청난 고통이 발생했다. IS 점령지역에서는 소수민족에 대한 가혹한 처분과 학살이 자행되었으며, 시리아 내전은 미국과 러시아가 각각 다른 당사자를 지원하면서 7년 이상 진행되었다. 2018년 현재 이라크의 반격으로 IS 점령지역은 점차 축소되고 있다. 하지만 이와 같은 분쟁과 내전의 불씨 자체는 여전히 남아 있는 상황이다.

현재 상황이 2011년 12월 미군 철수 시점의 상황에 비해서 더욱 나아졌는가? 이것은 알 수 없다. 그 사이 최소 5000명이 생명을 잃었으며 50만 명 정도가 피난민으로 고향을 등지게 되었다. 이러한 고통에서도 이라크 정치에서 주도권 장악을 위한 갈등과 경쟁은 계속되고 있다. 출구도 희망도 없이, 끝이 보이지 않는 갈등과 경쟁, 이것이 진정한 비극일 것이다.

18장
파국의 전조

　상황은 좋았다. 이라크에서 알카에다는 사실상 소멸했고, 종교적인 색채가 약한 세속적 시아/수니파의 연합이 2010년 3월 총선에서 승리하여 총 325석 가운데 91석을 장악하며 제1당으로 부상했다. 전체의 과반인 163석을 확보하여 단독으로 내각을 구성하지는 못했지만, 세속적 성향의 시아/수니 연합정당이 선거에서 제1당으로 부상했다는 사실 자체는 종파적 성향 대신 이라크라는 국가 전체의 정체성을 가진 정치 세력이 승리할 수 있다는 것을 보여주었다. 2011년 12월 이라크에서 모든 미군 병력이 철수하면서, 이제 이라크 상황이 정상화될 것이라는 희망이 등장했다.

　2011년 봄 아랍 국가들의 민주화 열풍은 이라크 주변 국가들이 민주주의 국가로 변화할 가능성을 보여주었다. 튀니지, 이집트, 시리아, 리비아 등에서는 국민들이 본격적으로 저항하기 시작하면서, 이전까지의 억압적 정치체제가 무너졌고 본격적인 민주화 과정으로 들어가기 시작했다. 하지만 이와 같은 민주화 열풍은 민주주의를 공고화할 조건이 성숙되지 않은 상황에서 몰아치면서 매우 심각한 후폭풍으로 이어졌으며, 특히 이 과정에서 발생한 시리아 내전은 전대미문의 테러조직인 이슬람국가IS의 발호와 이라크 내전의 격화를 초래했다.

　그럼에도 불구하고 2012년 이후 사태의 근본적인 문제는 이라크 내부의 권력 투쟁과 정치적 갈등이었다. 자신이 이끄는 정당이 2010년 총선에서 89석을 획득하면서 제2당으로 밀려났지만, 말리키 총리 자신은 집권 연장에 성공했고 이에 따라 말리키로 대표되는 시아파 정권 자체도 권력을 유지했다. 그리고 이전까지와 마찬가지로, 시아파의 권력을 강화하고 수니파를 탄압하는 행태를 지속했다. 미군 병력이 모두 철수하자, 시아파 정권을 통제할 물리적인 힘이 사라졌다. 말리키는 미국의 외교적 압력에도 아랑곳하지 않으면서 시아파의 종파적 이익을 추구했으며, 이라크 국내적 통합은 지연되었다. 여기에 IS가 등장하면서 이라크는 또다시 파국에 직면했다.

아랍의 봄

　1991년 헌팅턴Samuel P. Huntington은 중동에서 민주주의가 실현될 가능성이 없지는 않으나 매우 희박하다고 보았다. 특히 중동 지역의 정치 지도자들은 민주주의 가치를 경시하는 경향이 있으며, 대부분의 국가가 비민주주의적이며 그나마 존재하는 취약한 민주주의 체제 또한 군부 쿠데타에 의해 무너질 수 있다고 경고했다.[1] 2003년 3월 미국의 침공으로 이라크에서는 후세인 정권이 붕괴했지만, 그 밖의 국가에서는 기존 체제가 유지되었다. 하지만 2010년에 들어서면서 상황이 점차 변화했다. 유럽과 동아시아에 비해 상대적으로 낙후되어 있는 중동 지역에서는 실업과 소득 불평등으로 주민들의 불만이 가중되었고, 민주적 정치제도가 미흡했기 때문에 이러한 불만이 적절하게 해소되지 않았다. 독재 정권들은 국민들이 정치적 사안에 대해 토의하고 세력을 규합하는 것을 통제했고, 거의 모든 사회조직을 억압하여 정권에 도전하지 못하도록 했다. 하지만 소셜미디어SNS가 등장하면서 사람들이 물리적으로 한자리에 모이지 않아도 세력을 규합하는 것이 가능해졌다.

이와 같은 상황에서 2010년 12월 튀니지에서 저항이 폭발했다. 지역 경찰이 노점상을 단속하면서 뇌물을 요구하는 것이 상례였으며, 상납하지 못하는 노점상들에 대해서는 경찰이 자의적으로 체포하거나 상품을 몰수했다. 2010년 12월 17일 어느 때와 같이 경찰은 노점상을 단속하면서 현금을 갈취했고 상납하지 못하는 노점상의 물품을 몰수했다. 이에 한 노점상이 항의했고 시청에 가서 시장 면담을 신청했지만, 무시되었다. 이에 노점상 부아지지Mohamed Bouazizi는 오전 11시 30분 시청 앞 대로에서 분신했고, 치료를 받았지만 2011년 1월 4일 사망했다. 당시 튀니지를 통치했던 벤알리Zine El Abidine Ben Ali 정권은 유족과 타협하려고 했지만, 상황을 통제하는 데 실패했다. 언론보도는 철저하게 통제되었으나 분신 직후 SNS를 통해 소식이 퍼지면서 튀니지 전역으로 시위가 확산되었고, 특히 수도 튀니스에서 반정부 시위가 격화되었다. 경찰 병력은 시위대에 발포했지만, 시위대를 제압할 수 없었다. 1987년 11월 무혈 쿠데타로 집권했던 벤알리 대통령은 2011년 1월 14일 하야하여 사우디아라비아로 망명했다.[2]

튀니지 혁명 소식은 중동 및 북아프리카 전역으로 확산되었고, 특히 이집트와 리비아 그리고 시리아와 예멘 등에서는 시위대와 정부군의 충돌로 내전이 발생했다. '독재 타도Ash-shab yurid isqat an-nizam'라는 구호가 중동 및 북아프리카 전역을 뒤덮는 가운데, 비민주주의 독재 정권이 하나씩 무너지기 시작했다. 식량 가격의 상승과 높은 실업률 때문에 주민들의 불만이 가중되는 가운데, 튀니지의 '승전보'는 개별 국가들의 반정부 세력에게 강력한 힘을 실어주었다. 그 결과 바레인, 사우디아라비아, 알제리, 쿠웨이트 등 많은 국가는 반정부 세력에 양보하여 제한적 민주화 조치를 취했다. 하지만 일부 국가에서는 상황이 순조롭지 않았고 유혈사태와 내전이 발생했다.

이집트의 경우 2011년 1월 시위가 본격적으로 시작되어 경찰과 충돌했다. 무바라크Hosni Mubarak 대통령은 하야를 거부하는 가운데, 이집트 전역의 유혈 사태로 840명가량 사망했고 수도 카이로는 전장war zone을 방불케 하는 상황이 연출되었다.[3] 경찰 병력으로 상황을 통제할 수 없자 1월 28일 무바라크는

국가	이름	집권	실각 시기	집권 기간	집권 방법
튀니지	벤알리	1987년 11월	2011년 1월	35년	쿠데타
이집트	무바라크	1981년 10월	2011년 2월	30년	선거
리비아	카다피	1969년 9월	2011년 10월	42년	쿠데타
예멘	살레	1990년 5월	2012년 2월	22년	선거

[표 1] 아랍의 봄 혁명을 통해 축출된 중동 및 북아프리카 독재자

군 병력을 동원했지만, 동원된 병력은 사태를 방관했고 결국 2011년 2월 11일 무바라크는 하야하고 통치권은 이집트군 최고위원회Supreme Council of Egyptian Armed Forces로 이월되었다.[4] 2011년 3월 국민투표를 거쳐 새로운 헌법이 만들어졌고, 이에 기초하여 치러진 총선과 대통령 선거에서 모르시Mohamed Morsi가 이끄는 이슬람 근본주의 세력Muslim Brotherhood이 승리했다. 집권 세력은 민주주의 원칙을 부정하고 사법부 및 의회를 무시했고, 결국 이집트 국민들의 상당 부분이 저항하는 가운데 2013년 7월 쿠데타로 군사정권이 새롭게 등장했다.

리비아에서는 보다 폭력적인 방식으로 정권이 교체되었다. 2011년 2월 리비아 제2의 도시 벵가지Benghazi에서 시위가 발생했고, 이에 경찰이 시위대에 발포하면서 상황이 내전으로 악화되었다. UN이 개입하여 카다피Muammar Gaddafi 정권을 제재하는 가운데, 저항 세력은 임시정부National Transitional Council of Libya를 수립하고 국제적 지지를 확보하는 데 성공했다. 2011년 3월 UN은 안전보장이사회 결의 1973을 통해 "내전의 즉각적인 종식"을 요구하고 이를 실행하기 위해 리비아 전역에 비행금지구역no-fly zone을 선포했다. 이에 NATO는 보호책임Responsibility to Protect: R2P 원칙을 원용하면서 리비아 정부군에 대한 공습을 시작했다.[5] 이후 카다피를 지지하는 정부군 세력이 급격히 약화되었고, 결국 리비아 동부 지역을 기반으로 하는 반군이 2011년 8월 수도 트리폴리를 점령했고 UN은 9월 16일 리비아 임시정부를 공식 승인했다. 리비아를 탈출하는 데 실패한 카다피는 자신의 고향 마을에 은거했으나 10월 20일 체포되어 즉석에서 처형되었다.[6] 그러나 혼란은 지속되었고, 극단주의 세력

아랍의 봄으로 축출된 이슬람권 독재자: (왼쪽부터) 튀니지의 벤알리, 이집트의 무바라크, 리비아의 카다피, 예멘의 살레

자료: World Economic Forum(무바라크), President of the Russian Federation Press and Information Office(살레)

Ansar al-Sharia이 결집하여 2012년 9월 리비아 주재 미국 대사관을 공격하여 스티븐스J. Christopher Stevens 대사 및 3명이 사망했다. 2014년 6월 총선이 실시되었지만 그 결과를 둘러싸고 갈등은 더욱 격화되었으며 석유 자원을 둘러싼 리비아 동부와 서부 지역의 대립과 결합되면서, 2014년 이후 두 번째 내전이 발생했다. 이러한 두 번째 내전은 2020년 10월 휴전이 성립하기까지 계속되면서, 1만 명 정도의 사망자와 함께 리비아의 모든 정치 일정과 민주화를 중단시켰다.

예멘에서는 시위와 혁명이 참혹한 내전으로 확대되었다. 2011년 1월 말 수만 명의 시위대가 수도인 사나Sana'a에 결집하자 살레Ali Abdullah Saleh 대통령은 차기 대통령 선거에는 출마하지 않겠다고 양보했다.[7] 하지만 일단 시위가 소강상태에 들어서자 자신의 세력을 규합했고, 양측의 충돌로 본격적인 무력 충돌이 시작되었다. 사우디아라비아를 비롯한 주변 국가들이 중재하는 가운데, 2011년 6월 살레는 '신병치료'를 위해 사우디아라비아를 방문했고 2012년 2월 사임했다. 이 기간 동안 2000명이 사망했으나, 혼란은 종식되지 않았고 오히려 내전이 발생했다.[8] 북부 지방에 거주하는 시아파 후티 반군Houthi Insurgency은 예멘 중앙정부에 반기를 들고 저항하면서 동시에 2012년 축출된 살레 지지 세력과 연합했고, 2014년 9월 수도 사나를 기습 점령하는 데 성공했다. 이 과정에서 예멘군은 전혀 움직이지 않았고, 예멘 대통령 하디Abdrabbuh Mansur Hadi는 후티 반군과의 '연합정부 수립'에 합의했다. 2015년 3월 사우디아라비아가 예멘에서 시아파 세력이 강화되는 것을 우려하는 수니파 국가들을 규합하여 예멘 내전에 개입하여 공습을 감행했고, 시아파 국가인 이란 또한 같은 시아파 세력인 후티 반군을 지원했다.[9] 결국 내전 자체가 확대되면서, 식량과 의료 지원이 중단되고 콜레라가 창궐하고 민간인 학살 등이 자행되고 있다. 2016년 1월에서 2018년 7월 말까지 5만 명의 민간인이 전투 와중에 희생되었고, 매일 130명의 아이들이 식량 부족으로 사망하는 상황이다.[10]

시리아 내전

아랍의 봄을 거치며 중동 및 북아프리카 대부분의 독재 국가에서 기존 정치 세력은 몰락하거나 국민들의 저항에 굴복 또는 타협하여 양보했다. 이 과정이 평화롭지는 않았고 국민들의 희생과 유혈사태가 빚어졌지만, 그래도 대부분은 초기 단계에서 승리했다. 하지만 그렇지 않은 사례가 있으며, 이 국가의 기존 독재 정부는 생존하기 위해 지역 질서를 의도적으로 불안정하게 만들어서 정권을 유지했다. 하지만 시리아의 아사드 정권이 생존하는 과정에서 이라크 전쟁은 이전까지는 전혀 예상할 수 없었던 방향으로 전개되었다. 시리아 내전에서 IS라는 전대미문의 수니파 극단주의 세력이 등장했고, 중동 및 아프리카 그리고 아시아의 이슬람 국가들의 내부 안정을 위협하는 세계적 차원의 테러조직으로 성장했다.

전통적으로 시리아는 수니파 이슬람의 중심이었다. 이슬람 최초의 세습 정치 단위인 우마이야 왕조Umayyad Caliphate는 시리아를 거점으로 번성했고 현재도 시리아의 수도인 다마스커스를 도읍으로 했다. 서기 750년 우마이야 왕조가 아바스 왕조로 교체되고 제국의 수도가 다마스커스에서 바그다드로 변경되었지만, 시리아 자체의 중요성은 크게 변화하지 않았다. 중동 지역의 정치군사적 역동성에 따라 시리아 지역의 운명이 변화했으며, 1516년 오스만 제국이 시리아 지역을 점령하면서 다마스커스는 지역 핵심 도시이자 지방 행정 중심지로 부상했다. 1914년 제1차 세계대전이 발발하자 독일의 동맹국인 오스만 제국을 약화시키기 위해 이집트에 주둔하고 있었던 영국군이 시리아를 목표로 침공했으나, 종전 직전까지도 영국군은 다마스커스에 접근하지 못했다. 하지만 전쟁에서 연합국이 승리했고, 시리아는 1916년 5월 영국과 프랑스의 비밀 합의인 사이크스-피코 협정에 따라 프랑스의 위임통치령으로 '할당'되면서 사실상 프랑스의 식민지로 전락했다.[11]

1945년 제2차 세계대전이 끝나면서 프랑스는 시리아 위임통치를 포기하고 시리아는 독립 공화국으로 독립했다. 하지만 민주주의가 정착되지 못했고, 쿠데타를 통해 정권이 교체되었다. 1946년 독립 이후 1949년 3월 첫 번째 쿠데타가 발생했고, 이어 9월에 두 번째 쿠데타가 그리고 12월에는 세 번째 쿠데타가 발생하면서 선거와 의회 등의 정치제도는 완전히 무시되었다. 군의 정치적 영향력이 극대화된 상황에서 군 내부의 파벌과 외부 영향력에 따라 쿠데타는 지속되었으며, 1954년 2월 또 다른 쿠데타로 군사정권이 무너지고 민간 정부가 출범했으나, 정치 불안정은 지속되었다. 1958년 2월 시리아는 이집트와 연합하여 '통일 아랍공화국United Arab Republic'을 수립했으나 1961년 9월 또 다른 쿠데타 이후 시리아는 통일 아랍공화국에서 '탈퇴'하고 독자적인 주권을 회복했다.[12] 하지만 쿠데타는 계속 발생했다. 1961년 9월 이후에도 1963년 3월과 1966년 2월 그리고 1970년 11월 각각 쿠데타가 있었으며, 결국 1971년 3월 최종 승리자인 아사드Hafez al-Assad가 대통령에 취임하고 독재를 시작하면서 고질적인 쿠데타 문제가 사라졌다.

정권을 장악한 아사드는 공군 장교 출신으로 1963년 쿠데타에 가담하면서 정치군인으로 변신했으며, 아랍 세계 전체를 통합하는 하나의 세속국가 수립을 지향하는 바트당원이었다. 1966년 2월 쿠데타 이후, 아사드는 국방장관으로 소련의 무기 지원을 확보하고 1967년 제3차 중동전쟁을 수행했으며 패전의 와중에 자신에게 도전할 수 있는 장교들을 숙청하면서 군 및 바트당에 대한 장악력을 강화했다.[13] 1970년 11월 무혈 쿠데타로 권력을 장악하고,

"이전까지 전혀 지지를 확보하지 못했고 증오의 대상"이었던 정권을 개조하여 '시리아'를 하나의 국가로 통합하기 시작했다. 이전까지 '시리아'라는 단일한 정치 단위가 존재하지 않았기 때문에 '시리아 국민'들은 통합되지 않았으며, 부족 단위의 정체성이 국가 단위의 정체성보다 강력하게 작용했다. 하지만 아사드는 이러한 부분에서 확실하게 진보 성향을 보여주었고, 사회주의에 경도된 국가 통합을 강화했다.[14] 이와 함께 아사드는 의도적으로 자신과 같은 시아파 출신자들을 중용했다. 수니파 국가인 시리아에서 소수파인 시아파들이 지배층으로 자리 잡으면서, 새롭게 엘리트로 부상한 시아파들은 자신들의 권력 유지와 생존을 위해 아사드에 더욱 충성했다.[15]

시리아의 군사정권은 1950년대 이후 소련과 협력했으며, 소련의 군사지원을 요청했다. 특히 아사드가 통제했던 시리아 공군은 소련 전투기로 무장했으며, 아사드 자신 또한 소련에서 비행훈련을 받기도 했다. 하지만 소련의 중동 정책은 시리아가 아니라 이집트를 중심으로 이루어졌으며, 1957년 3월 소련은 공군 증강을 위해 시리아 정부가 전투기 및 소련 공군 출신의 '의용군 파견'을 요구하자 이를 거부했다.[16] 제3차 중동전쟁에서 패배한 이후 시리아와 이집트는 소련군 고문단을 요구했고, 소련은 기존 정책을 변경하여 군사고문단을 파견하면서 시리아와 이집트군의 숙련도를 향상시켰다. 이 덕분에 시리아는 1973년 10월 제4차 중동전에서 승리하지는 못했지만, 골란 고원 초기 공격에서 이스라엘을 밀어붙이는 성과를 거두었다. 그리고 소련은 타투스Tartus 항구에 해군 지원기지를 획득했다. 1969년 이후 소련 해군은 타투스를 보급항으로 사용했으며, 1971년 합의를 통해 소련 해군은 타투스항 사용 권한을 공식적으로 확보했다. 1976년 이집트가 소련군 군사고문단을 축출하고 미국과의 관계를 강화하면서, 소련은 중동 정책의 핵심을 이집트에서 시리아로 변경했으며 덕분에 시리아는 소련과의 관계에서 상당한 협상력을 발휘하게 되었다.[17]

이전까지 시리아 독재자들이 생존에 급급했음에도 생존하는 데 실패했다면, 아사드는 권력을 확고하게 장악하고 생존했다. 1976년에서 1982년까지

수니파 극단주의 세력이 시아파에 기
초한 아사드 정권에 저항했지만, 오
히려 아사드 정권의 무자비한 공격에
분쇄되었고 수니파 극단주의 세력의
거점Hama은 시리아 정부군의 공격에
함락되면서 많은 민간인이 희생되었
다.[18] 권력에 대한 도전을 분쇄한 아
사드는 이후 권력 세습을 시도했다.

시리아의 부자 세습: 왼쪽이 아버지 하페즈 아사드,
오른쪽이 아들 바샤르 아사드
자료: Government of Syria(왼쪽); Kremlin.ru(오른쪽)

처음에는 동생Rifaat al-Assad에게 세습하려고 했으나, 1984년 3월 친위 세력 내
부에서 무력충돌이 벌어지자 새로운 후계자로 육군 장교 출신인 큰 아들
Bassel al-Assad을 지명했다.[19] 하지만 후계자였던 아들이 1994년 1월 교통사고
로 사망하면서 둘째 아들Bashar al-Assad이 후계자로 부상했다. 본래 안과의사
의 경력을 걷고 있던 바샤르 알 아사드는 군 장교로 편입되어 경력을 쌓았고
'탁월한 능력'을 발휘하여 5년 만에 중장으로 진급했다. 그리고 당연한 수순
으로 2000년 6월 아버지가 사망하자 즉시 대통령으로 권력을 계승했다.

또 다른 아사드 치하에서 시리아 독재 정권은 2000년대 큰 문제없이 생존
했다. 2001년 9·11 테러 공격과 미국의 이라크 침공 및 이후 종파 내전에서
아사드 정권은 큰 역할을 하지 않고 방관했다. 하지만 2011년 3월 상황이 급
변했다. 아랍의 봄으로 주변 국가들에서 독재 정권이 무너지는 와중에, 시리
아에서도 국민들이 저항했다. 소규모 소요 사태는 2011년 1월부터 시작되었
으나 3월 중순 대규모 시위가 시작되면서, 경찰은 시위대에 발포했고 군 병
력이 동원되어 시위대를 유혈 진압했다. 동시에 아사드는 유화책을 제시하
고 정치 개혁을 약속하면서 2012년 개헌 및 선거를 실시하겠다고 발표했다.
하지만 소요 사태는 계속되었고, 아사드 정권은 강경 진압을 결심하고 2011
년 4월 말 일부 지역에서 탱크로 시위대를 공격하기 시작했다. 이에 시위대
가 경찰을 습격하여 무기를 탈취하고 무장하면서 상황은 내전으로 확대되기
시작했으며, 2011년 여름 무장 세력이 조직되고 이를 지휘하는 지도부 및 정

치조직이 창설되었다. 이에 본격적인 시리아 내전이 시작되었고, 가을에는 반군이 수도 다마스커스를 공격하기도 했다.[20]

아사드 정권은 "반군을 말살"하겠다고 다짐하면서 UN이 제시하는 휴전을 거부했고, 동시에 기존 시리아 정부군에서 이탈한 병력 및 장교들로 구성된 반군 세력을 약화시키기 위해 극약처방을 실시했다. 1980년대 이후 아사드 정권은 수니파 근본주의 세력을 억압했고 9·11 이후 알카에다 등과 연계된 조직을 완전히 제거했다. 하지만 2011년 내전이 시작되면서 아사드 정권은 수니파 근본주의 죄수들을 석방하여 이이제이以夷制夷 방식으로 대응했다. 즉 수니파 근본주의 세력이 강화되면서 수니파를 중심으로 구성된 반군이 두 조직으로 갈라지고 동시에 시리아 정부는 '테러리스트'와의 전쟁을 수행한다는 명문을 통해 오랜 동맹국인 러시아의 지원을 받을 수 있을 것이라고 판단했다.[21] 아사드 정권의 판단은 정확했고, 이후 시리아에서 수니파 근본주의 세력이 강화되면서 시아파 세력을 기반으로 하는 아사드 정권에 대한 저항은 자유주의 성향을 가진 반군과 수니파 근본주의에 기초한 극단주의 성향의 반군으로 양분되었다. 저항 세력은 내부의 갈등으로 약화되었고, 아사드 정권에 대한 저항 자체는 약화되었으며, 아사드 정권은 저항 세력이 '테러리스트'로 구성되어 있다고 주장할 수 있었다. 하지만 이 과정에서 이전과는 다른 수니파 근본주의 무장집단이 새롭게 등장했다. 이라크와 인근 지역에서 알카에다 세력이 이미 무력화되었기 때문에, 새로운 조직은 다른 이름을 사용했다. 이것이 '이슬람국가IS'이다.[22]

2011년 초 알카에다는 사실상 소멸했다. 2010년 6월 기자회견에서 주둔군 사령관 오디에어노 장군은 "알카에다는 이라크에 칼리프 국가를 건설하려고 하지만, 그 능력이 너무나도 저하되어서 불가능에 가깝다tall task"고 평가했다. 동시에 미군은 "알카에다 최고 지휘부 42명 가운데 34명을 체포 또는 사살"했으며, 2010년 6월 시점에서 "이라크 알카에다 조직은 아프가니스탄과 파키스탄의 알카에다 조직과 접촉을 상실"하면서 고립되었다고 선언했다.[23] 이러한 평가는 과장이 아니었다. 2010년 이라크 사상자 프로젝트에 따르면

2010년 가을에서 2011년 12월까지 매월 300~400명 정도가 공격으로 사망했고, 이것은 "정상 범주에 들어가는 안정적 상황"에서 발생하는 희생이었다. 최악의 희생자가 발생했던 2006년 여름 월별 사망자가 3300명 수준이었던 것을 고려한다면, 그 10% 수준인 300~400명의 희생은 "획기적으로 안정화된 상황"으로 볼 수 있었다. 이 때문에 미국은 2011년 말 철군을 단행했다.

하지만 시리아 내전은 이라크 전쟁의 양상을 또 다른 방향으로 변화시켰다. 아랍의 봄이 확산되면서 중동 지역의 독재 정권은 붕괴되거나 또는 제한적 민주화 조치를 취했으나, 시리아에서는 아사드 독재 정권과 민주화 세력의 팽팽한 대립이 지속되었고 내전으로 확대되었다. 초기에 등장한 자유주의 진영 중심의 '온건파 반군moderate opposition force'은 아사드 정권과의 전투에서 의미 있는 군사력을 만들어내지 못했다. 오바마 대통령이 평가했듯이, 자유주의 세력은 "이전에는 단 한 번도 무기를 구경해 본 적이 없는 농부와 치과의사 등"이었다.[24] 이후에도 미국은 자유주의 반군 군사력을 구축하려고 했으나 성공하지 못했다.

이 과정에서 무력항쟁을 경험한 근본주의 무장 세력이 시리아로 유입되면서, 상황이 급변했다. 2012년 레바논을 통해 시리아로 잠입한 외국인 무장 세력foreign fighters은 6000명에 가까웠으며, 2013년 여름까지 1만 2000명이 추가로 잠입했다.[25] 이러한 무장 세력이 전체적으로 IS에 가담하면서 IS의 군사적 능력이 급증했다. 이에 아사드 정권은 경악했다. 단순히 자신에게 저항하는 자유주의적 반군을 분열시키기 위해 수니파 근본주의자를 석방했고, 덕분에 근본주의 세력이 강화되면서 자유주의적 반군 세력은 상대적으로 약화되는 '긍정적인 결과'가 나타났다. 하지만 전대미문의 근본주의 무장 세력이 등장했고, 이전과는 전혀 다른 수준의 전투에 직면했다. 시리아와 국경을 맞대고 있는 이라크로 수니파 근본주의 무장 세력이 확산되고 이것이 이라크 국내 상황과 맞물리면서, 2013/14년 이라크 상황은 급전직하로 악화되기 시작했다.

미군 잔류 협상과 철군, 그리고 이라크 시아파의 폭주

미군 병력은 2007년 11월 17만 300명으로 정점을 찍었고, 이후 철수 과정을 거치면서 점차 줄어들었다. 2007년 9월 부시 대통령은 12월까지 5700명의 병력을 철수하겠다고 선언했으며 2008년 7월까지 이라크에서 작전을 수행하는 20개 전투여단을 15개로 감축한다고 발표했다. 2008년 12월 이라크 주둔 미군 병력은 14만 5000명이었고, 미군 전투 병력이 도심 지역에서 철수하여 기지로 집결했던 시점인 2009년 6월 30일 기준 13만 명이었다.[26] 2010년 초 10만 명 미만으로 축소되었고, 2010년 9월 초 약 5만 명으로 줄어든 미군 병력은 2011년 가을까지 4만 명 수준으로 유지하다가 2011년 12월 완전히 철수했다.

미국은 어느 정도의 병력을 이라크에 주둔시키고자 했다. 미군 주둔에 대한 UN 안전보장이사회 결의는 2008년 12월에 만료되었으며, 이라크 정부는 결의의 갱신에 반대했다. 따라서 주둔에 대한 공식적인 근거를 마련하기 위해서는 양자 합의의 형태로 주둔군지위협정Status of Forces Agreement: SOFA이 필요했고, 이를 위해 미국과 이라크는 우선 잠정적으로 2009년 11월 16일 주둔군지위협정에 합의하고 보다 항구적인 협정을 체결하기 위해 협상을 시작했다. 하지만 말리키 총리 및 시아파 정치 세력은 미군 주둔을 위한 합의에 반대했다. 시아파 종교 지도자인 시스타니는 미군 주둔 자체에 반대했으며, 시아파 저소득층의 지지를 받는 사드르 또한 주둔군지위협정에 반대했다. 더구나 2008년 11월 미국 대통령 선거에서 이라크 공격에 반대했던 오바마가 당선되면서, 이라크 시아파는 이제 임기가 종료되는 부시 행정부와의 어떠한 합의도 하지 않으려고 했다. 무엇보다 이라크 정부는 "주권 침해의 소지"가 있는 주둔군지위협정을 거부했고, 결국 주둔군지위협정은 체결되지 않았다.[27]

2009년 1월 취임한 오바마 대통령은 병력 주둔을 위한 협상을 지속했지만 난항을 거듭했으며, 특히 미군 병력에 대한 면책권immunity을 부여하는 문제가 걸림돌로 작용했다. 취임 직후인 2009년 2월 오바마는 전투 병력의 철군 시

시기		미군 병력	시기		미군 병력	시기		미군 병력
2003년	3월	150,000*	2006년	3월	133,000	2009년	3월	137,000
	6월	150,000		6월	126,900		6월	130,000
	9월	132,000		9월	144,000		9월	124,000
	12월	122,000		12월	140,000		12월	110,000
2004년	3월	130,000	2007년	3월	142,000	2010년	3월	98,000
	6월	138,000		6월	157,000		6월	85,000
	9월	138,000		9월	168,000		9월	49,700
	12월	148,000		12월	160,000		12월	48,000
2005년	3월	150,000	2008년	3월	155,000	2011년	3월	46,000
	6월	135,000		6월	148,000		6월	46,000
	9월	138,000		9월	148,000		9월	40,000
	12월	160,000		12월	145,000		12월	0

[표 2] 미군 병력 규모(2003년 3월~2011년 12월)(단위: 명)
* 2003년 1~3월의 미군 병력은 원자료(브루킹스 자료)에 존재하지 않아 2003년 5월의 미군 병력 15만 명에 기초하여 계산함.
자료: Michael E. O'Hanlon and Ian Livingston, "Iraq Index: Tracking Variables of Reconstruction & Security in Post-Saddam Iraq"(January 31, 2012), p.13.

한을 부시 행정부에서 결정했던 2009년 6월 30일에서 2010년 8월 31일로 연장하고, 전투 병력 철군 이후에도 3만 5000명에서 5만 명 규모의 병력이 비전투임무 수행을 위해 잔류한다고 발표했다.[28] 결국 오바마 행정부는 2011년 10월 협상을 공식적으로 포기했고, 이라크에서 미군 병력을 철수하기로 결정했다. 이미 2009년 6월 도시지역에서 철수했고, 2010년 9월 미군은 전투임무를 종결하고 이라크 병력에 대한 순수한 '조언, 훈련 및 지원advise, train, and assist' 임무에만 집중하기 시작했다. 그리고 2011년 12월 철수를 완료했다.

2011년 12월 15일 파네타 국방장관이 참석한 가운데 미군 병력의 철수에 앞서 간단한 기념식이 개최되었다. 여기에 이라크 정부에서는 대표단이 참석하지 않았으며, 말리키 총리 등은 초청받았으나 불참했다. 파네타 국방장관은 "미국은 이라크를 포기하지 않을 것"이라고 다짐하면서, 이라크에서 미국은 '성공'했다고 자부했다.[29] 그리고 미군 최후 병력이 2011년 12월 18일

2011년 12월 18일, 이라크
에서 철수해 쿠웨이트로
진입하는 마지막 미군 병력
자료: U.S. Army

새벽 이라크를 출발하여 쿠웨이트로 입국하면서 모든 미군 병력이 철수했다. 하지만 저항 세력의 공격 가능성 때문에 최후 병력의 철수 자체는 비밀리에 진행되었고, 모든 철수 일정은 전혀 공개되지 않았다. 바로 전날인 17일 아침에도 모든 업무는 정상적으로 진행되었으며 미군 병사들은 이라크 병력 및 지인들과 작별할 시간이 주어지지 않았다. 이렇게 미군은 이라크를 떠났다.[30]

하지만 이라크 내부 사정은 기대와는 달랐다. 이라크 정부는 미군 철수를 '주권 회복'의 측면에서 바라보았다. 시아파가 통제하는 이라크 중앙정부는 '회복된 주권'을 적극 활용하여 수니파 세력을 약화시키고 시아파의 종파 이익을 극대화하려고 했다. 2009년 6월 30일 미군이 도시지역에서 철수하자, 이라크 정부는 6월 30일을 '주권 회복일'로 선포했다. 바그다드를 비롯한 도시 주민들은 불꽃놀이와 행진을 벌이면서 '회복된 주권'을 기념했으며, 말리키 총리는 "이라크 정부는 종파 내전을 극복하고 이제 주권을 회복했으며, 앞으로 새로운 이라크를 건설"하겠다고 다짐했다. 하지만 말리키 총리는 TV 연설에서 종파 내전에서 미국이 수행했던 역할을 전혀 언급하지 않았고, 대신 주권 회복의 상징으로 자신을 포장하면서 2010년 총선에서의 승리를 다짐했다.[31]

이뿐만 아니라 시아파 정치 세력은 수니파 세력을 약화시키기 위해 모든 노력을 기울였다. 이전부터 말리키 총리 등은 수니파 무장집단을 '테러리스

트'로 비난했으며, 알카에다와 연결되어 있다고 주장했다. 이러한 비난 자체
는 정확했다. 수니파 무장집단은 이전까지 저항 세력의 일부였으며, 미군은
많은 노력을 기울여 이러한 수니파 세력을 전향시키는 데 성공했다. 이 과정
에서 퍼트레이어스와 오디에어노 장군 등은 동료 미군 장성들과 미국 및 이
라크 정치 지도자들을 설득하는 데 많은 어려움이 있었다. 이제 미군이 철수
과정에 들어서고 철수가 실현되면서, 시아파 지도자들은 수니파 무장집단을
본격적으로 해체하기 시작했다. 말리키 총리는 수니파 무장집단 지휘관들을
"여우이자 카멜레온"이라고 비난하면서, 수니파 정치인들과 수니파 무장집
단의 지휘관들을 투옥했다.

예를 들어, 수니파 출신으로 전향하여 미군과 협력하면서 디알라 지역 부지
사Deputy Governor of Diyala Province로 활동하던 인물 주부리Mohammed Jassim al-Jubouri
는 2012년 11월 테러리즘 혐의로 기소되어 사형 판결을 받았고, 이후 해당
지역에서 수니파 세력은 붕괴했다. 전향했던 수니파 병력이 실직하면서 대
부분 저항 세력으로 편입되었고, 지역의 치안 상황은 악화되었다. 이에 따라
디알라 지역에 대한 바그다드의 통제권 또한 더욱 약화되었다.[32] 이라크 중
앙 정부는 미군의 압력으로 승인했던 수니파 무장집단의 경찰 편입을 거부했
다. 또한 경찰에 편입될 수 있는 수니파 병력은 5만 7000명이 최대라고 일방
적인 상한선을 제시하면서, 추가적인 수니파 세력 확대를 억제했다.[33] 결국
말리키 총리는 미국이 남겨놓은 수니파 무장 세력을 해체했다. 수니파 병력
에게 지급되었던 급여 월 300달러는 삭감되었고 병력은 소멸했으며, 지휘관
들은 감금 및 체포되거나 생존을 위해 망명했다. 그리고 남은 수니파 무장 세
력은 자신들의 경제적 생존을 위해 저항 세력에 가담했다.[34]

2010년 8월 31일 오바마 대통령은 이라크 전쟁Operation Iraqi Freedom은 종결되
었고, 이라크에서 미군의 전투임무는 종료되었다고 선언했다. 그리고 이제
이라크의 안보는 이라크 정부의 책임이라고 발표했다. 하지만 이라크의 시
아파 정부는 '이라크의 안보' 대신 '이라크에서 시아파의 주도권 확보'에 집중
했다. 수니파 장관들은 사임 압력을 받았고 저항하는 경우, 가족 및 주변 인

사들에 대한 협박이 지속되었다. 2011년 12월 15일 미군 병력이 완전히 철수하자, 시아파 세력의 폭주를 견제하던 마지막 제동장치가 사라졌다. 철수 당일인 12월 16일 이라크 경찰은 수니파 출신으로 수니파 정치 세력을 대표하는 하시미Tariq al-Hashimi 부통령 관저를 포위하고 경호원들을 체포했다. 18일에는 하시미 부통령 본인에 대한 체포영장이 발부되었고, 2012년 9월에는 사형판결을 받았다. 하시미 부통령은 체포를 피해 쿠르드족 지역으로 피신했고, 이후 터키로 망명했다.[35]

이러한 상황 전개에 수니파 세력은 저항했으나, 말리키 총리를 저지하지 못했다. 수니파 출신 재무장관 이사위Rafi al-Issawi는 말리키 총리의 결정에 저항하면서 내각회의를 거부했으나, 2012년 12월 자신의 경호원 및 보좌진 100여 명이 체포되었고 이후 사제폭탄 공격까지 받았다. 특히 재무장관은 말리키 총리의 아들로 대표되는 특권층의 70억 달러에 가까운 대규모 횡령을 적발하고 저지하는 데 성공했지만, 이라크 특수부대가 재무부 청사를 영장 없이 수색했으며 장관 집무실에 난입하기도 했다.[36] 결국 이사위는 바그다드를 떠나 수니파 지역인 안바르로 피신했다. 의회에서 수니파 정치 세력을 대표하는 이라크 국민운동은 의회를 공전시켰으나, 행정부를 통제하는 총리의 권한행사를 무력화하지 못했다.[37] 수니파 장관들은 신변의 위협을 느끼게 되었으며, 내각을 구성하는 장관이었지만 총리실 산하 특수부대에 의해 감시받고 집무실과 자택에서는 무력으로 위협당하는 상황이 연출되었다.

말리키의 폭주에 반대하는 인사들은 제거되었으며, 저항하는 인물은 '테러리스트' 또는 '사담 후세인 지지자'로 분류되면서 공직에서 추방되었다. 외환보유고를 정부예산으로 전용하는 데 반대했던 중앙은행장은 사임했고, 선거관리위원회 위원장이 체포되었으며, 감사원장은 교체되었다. 수니파 출신으로 이라크 국가정보원장을 역임했던 샤흐와니Mohammed Abdulla al-Shawani 장군은 터키로 망명했다.[38] 수니파 주민들은 시위를 감행했지만, 시아파는 이러한 저항을 무시했다. 이라크 정부군은 반정부 시위대에 발포를 서슴지 않았다. 2013년 4월 북부 지역의 수니파 도시인 하위자Hawijia에서 수니파 민병대가 시아파 주민을 살해했고, 경찰이 살인 용의자를 체포하는 과정에서 수니파 주민들이 저항하자 발포하여 50명이 사망했다. 이후 평화시위를 주장했던 수니파 종교 지도자들은 자위권 차원에서 무장봉기를 정당화하기 시작했고, 이러한 추세는 점차 확대되었다.[39]

이러한 측면에서 미군 철수 후 "말리키 총리는 수니파를 극단주의 세력과 연합하도록 했고 가장 극악한 수니파 근본주의 세력이 등장할 여건을 조성"했다는 평가는 적절하다.[40] 말리키 및 그로 대표되는 시아파 세력은 미국과 협력했던 수니파 세력을 제거하고 시아파 독재 체제에 저항하지 못하도록 무력화시키는 데 성공했다. 하지만 이 과정에서 새로운 위협을 만들어내었으며, 이것은 시리아 내전과 IS 세력이 이라크로 확산되면서 이라크를 또다시 파멸로 끌고 들어가는 단초를 제공했다.

최소한 이라크 국내 정치가 시아파에 기반한 말리키 독재 체제로 퇴화하는 것을 저지할 수 있었던 – 그리고 저지할 필요성을 가지고 있었던 – 유일한 국가인 미국은 행동하지 않았다. 오바마 대통령 개인은 자신이 반대했던 이라크 전쟁을 '종식'시키고 싶었다. 따라서 이라크 내부에서 나타나고 있는 많은 문제점을 무시했다. 미군 병력이 완전히 철수하고 수니파 정치 세력을 대표하는 하시미 부통령에 대한 체포영장 발부를 위한 사전 작업이 진행되던 2011년 12월 말리키 총리 자신은 워싱턴을 방문하여 오바마 대통령과 회담했다. 12월 12일 공동 기자회견에서 오바마는 말리키 총리를 "완전한 주권국가이며, 자립적이고 민주화된 이라크의 선출된 지도자elected leader of a sovereign, self-reliant and democratic Iraq"라고 소개했고, 말리키 총리가 "이라크 역사에서 가장 포용적인 정부Iraq's most inclusive government yet"의 지도자라고 평가했다. 이어 오바마는 "이라크 전쟁 종식을 기념mark the end of this war"하겠다고 선언했다.[41]

이것은 황홀한 외교적 수사였다. 이제 미국 국내 여론은 "이라크 전쟁은 끝났다"는 대통령의 선언을 수용했다. 하지만 현실은 가혹했다. 일부 전문가들은 말리키를 칭송하는 오바마의 발언에 경악했으며 절망했다.[42] 부시 행정부가 "침공을 통해 이라크를 파멸시켰다면, 오바마 행정부는 철군과 방치를 통해 이라크 민주주의를 파괴"하고 있다는 평가는 정당하다. 결국 가혹한 현실은 이라크 국내외 환경 변화에 따라 그 위험성을 점차 키워갔으며, 결국 수습되었던 — 최소한 어느 정도는 수습되었던 — 이라크 전쟁은 2014년에 들어서면서 또 다른 방향으로 전개되었다.

19장

IS 침공과
이라크의 혼란

　미군 철수 직후 상황은 좋지 않았다. 2012년 1월 테러 공격으로 500명 이상이 사망했고, 희생자의 대부분은 시아파 주민들이었다. 공격 자체가 시아파 지역에 집중되었기 때문에, 이러한 공격은 수니파 및 알카에다의 소행으로 추정되었다. 하지만 이러한 테러 공격 자체는 큰 문제가 아니었다. 국경 넘어 시리아에서 전쟁의 불길이 번지고 있었고, 그 불길은 결국 이라크로 넘어와 모든 것을 파괴할 지경에 이르렀다.

　2011년 초 시리아에서 민중봉기가 시작되고 아사드 정권에 대한 저항이 조직화되었을 때, 얼마 지나지 않아 IS가 등장하고 바로 그 IS가 이라크를 침공하고 상당 부분의 영토를 장악하여 하나의 정치체제를 구축할 것이라고 예상한 사람은 없었다. 하지만 어느 누구도 예상하지 못했던 것이 현실에서 나타났다. IS가 이라크를 침공하면서 이라크 정부군은 붕괴했고 이라크 서부 지역의 수니파 주민들은 IS의 침공을 사실상 환영했다.

　이와 같은 상황은 이라크 외부에서 등장한 IS와 이라크 내부에서 고질적으로 존재하는 시아/수니파의 종파 대립 때문에 파멸적인 방향으로 전개되었다. 2014년 1월 IS가 시리아에서 국경을 넘어 이라크를 침공하면서 엄청난 혼란이 초래되었다. 2003년 이후 미국이 250억 달러를 투자하여 구축했던 이라크 정부군은 IS 군사력과 별다른 전투 없이 순간적으로 붕괴했다. 종파 내전에서 수니파 주민들을 억압하는 데 효과적이었던 이라크 군사력은 외부의 위협에 직면한 상황에서 국가안보를 확보하는 데 무용지물이었다.

이러한 위기에서 2014년 4월 이라크는 세 번째 총선을 치르면서, 전쟁 와중에 정치 지도자를 교체할 그리고 이를 통해 IS 전쟁의 정치적 환경 자체를 변경할 절호의 기회를 잡았다. 말리키 총리는 권력을 유지하려고 했지만, 거의 모든 정치 세력이 말리키의 재집권을 거부하는 가운데 2010년에는 말리키를 적극 지원했던 이란도 말리키의 권력 연장에 난색을 표했다. 외부와의 전쟁과 내부에서의 종파 내전의 와중에서 미국은 지상군 파병을 거부했고 이라크 내부에서는 최고 정치 지도자를 교체했다. 이와 같은 혼란이 이라크 민주주의 발전에 중요한 이정표이기는 했지만, 이라크의 위기에 대한 즉각적인 처방은 되지 못했다.

IS 침공 전야, 절망에 빠진 수니파; 그리고 시리아에서의 침공

미군이 철수한 후 이라크 내부 치안 유지는 이라크 경찰과 군 병력이 담당했다. 하지만 오바마 행정부의 기대와는 달리, 상황은 좋은 방향으로 흘러가지 않았다. 2012년 여름부터 이라크에서는 탈옥 사건이 지속적으로 발생했고, 2013년 여름까지의 1년 동안 총 8건의 대규모 탈옥 시도가 있었고 이를 통해 650명에 가까운 과거 알카에다 조직원들과 범죄자들이 "자유를 찾았다". 이렇게 '해방'된 조직원들은 신생 조직인 IS에 가담하면서 그 세력은 더욱 강화되었다. IS 조직 자체가 소규모였기 때문에, 650명에 가까운 신규 인원은 IS의 확대에 큰 도움이 되었다. 2012년 7월 말 시작된 경찰 및 감옥에 대한 공격은 초기 단계에서는 대규모 탈옥으로 이어지지 못했다. 하지만 2012년 9월 힙힙Hib Hib과 티크리트 그리고 2013년 7월 아부 그라이브 감옥에

	시기	장소	탈옥 여부	피해 상황
1	2012년 7월 31일	바그다드	실패	경찰 65명 사상
2	2012년 8월 1일	타지	실패	경찰 30명 사상
3	2012년 9월 19일	힙힙	성공	경찰 27명 사상, 죄수 10명 탈옥
4	2012년 9월 27일	티크리트	성공	경찰 65명 사상, 죄수 100여 명 탈옥
5	2013년 2월 3일	키르쿠크	실패	경찰 130명 사상, 저항 세력 피해 미상
6	2013년 2월 5일	타지	실패	경찰 21명 사상, 저항 세력 피해 미상
7	2013년 7월 21일	아부 그라이브	성공	경찰 70명 사상, 죄수 500여 명 탈옥
8	2013년 7월 21일	타지	실패	경찰 피해 미상

[표 1] 이라크에서 발생한 탈옥 시도

자료: Jessica Lewis, *Al-Qaeda in Iraq Resurgent: the Breaking the Walls Campaign*, Part I and Part II(Washington, DC: The Institute for the Study of War, 2013)

대한 공격은 '성공적'이었고 각각 10명, 110명, 그리고 500명 이상의 죄수들이 탈출했다.[1]

감옥 및 경찰 시설을 공격하기 위해 사제폭탄과 박격포 및 자동화기가 사용되었으며, 무엇보다 감옥 내부에서의 내응內應이 결정적으로 작용했다. 즉 탈옥을 기획하는 세력은 과거의 실패 경험에서 학습하면서 자신들의 공격 능력을 점차 향상시키고 있었다. 하지만 이라크 경찰 및 군은 적절하게 대응하지 못했다. 2013년 7월 아부 그라이브 감옥에서 탈옥한 인원에 대한 정확한 집계 또한 이루어지지 못했으며, 500명 이상이 탈옥한 것으로 추정되지만 일부에서는 탈옥한 죄수가 "300명에서 850명 사이"라는 추정까지 존재했다. 또한 감옥 내부에서의 내응이 있는 정도가 아니라 간수 및 경비 병력이 저항 세력에 가담하여 탈옥을 조장했다. 감옥이 위치한 아부 그라이브는 수니파 지역으로 수니파였던 지역 경찰은 공격 직전 감옥 인근의 모든 검문소에서 사라졌다. 이라크 법무부의 발표에 따르면 120명의 경찰 병력 가운데 단 3명만이 당일 검문 임무를 수행했다. 탈옥한 알카에다 인원들은 국경 넘어 시리아로 잠입했고, 일부는 이라크에서 테러 공격을 감행했다. UN 발표에 따르면 2013년 7월 1057명의 이라크 주민들의 사망했고, 이것은 2008년 이후 최악

의 수준이었다.[2]

상황은 점차 악화되어 갔다. 시아파 정부는 수니파 주민들에 대한 통제를 강화했고 수니파 지역에서 발생하는 모든 상황에 강경 대처했다. 2013년 4월 하위자 충돌은 많은 사례 가운데 하나였을 뿐이었다. 국제인권기구Human Right Watch는 2014년 연례보고에서 이라크 경찰이 주민들을 가혹하게 다룬다고 지적했으며, 경찰 및 군에 의한 수니파 민간인 고문 및 학살사건을 폭로했다.[3] 이에 따르면, 2014년 초 현재 1만 명에 가까운 수니파 남성들이 테러방지법에 의해 뚜렷한 혐의 없이 구금되어 있으며, 말리키 총리는 이러한 인원을 석방하라는 요구를 묵살했다. 경찰은 시위대에게 무차별적으로 무력을 행사하고 있고, 이 때문에 하위자 충돌 자체가 장기화되면서 5월까지 300명 이상 사망했다.

2007년 이후 자신들을 간접적으로 보호해 주던 미군 병력은 사라졌으며, 자신들이 직접적으로 의존할 수 있었던 수니파 무장 병력 또한 시아파 정부의 의해 해산되었다. 합법적인 방식으로 자신들의 이익을 대변할 수 있는 수니파 또는 시아파/수니파 연합의 정치 세력 또한 무력화되었다. 이와 같은 사태 전개는 수니파에게는 공포로 다가왔다. 수니파가 직면한 것은 정치적 특권의 상실을 넘어 생존 자체에 대한 위협이었고, 이러한 상황에서 수니파 주민들은 자신들의 안전을 지킬 수 있는 정치적 또는 군사적 수단을 상실했다. 수니파를 대표하는 정치 세력이 무너지고 미군과의 타협을 통해 재건했던 무장 세력 또한 시아파 정부의 압력으로 해체되었다. 그리고 시아파는 2007년 이전과 같이, 수니파에 대한 위협과 탄압을 재개했다. 이 때문에 2011년 여름 이후 이라크와 인접한 시리아에서 전개된 시아파 정권의 약화와 수니파 근본주의 반군의 등장은 이라크 수니파에게는 사실상 유일한 생존의 기회였다.

그리고 2013년 말 문제가 폭발했다. 수천 명의 수니파 주민들이 투옥되거나 불법 구금된 상황에서 12월 말 이러한 상황에 항의하는 시위가 수니파 지역인 안바르 지방에서 조직되었다. 2013년 12월 28일 말리키 총리는 반대시위를 주도한 수니파 국회의원인 알와니Ahmed al-Alwani를 불체포특권을 무시하고 체포했고, 이에 알와니 경호원들과 경찰 사이의 교전이 발생하여 6명이 사망했다.[4] 그 직후 12월 30일 알와니의 출신 부족 및 알와니가 통제하고 있던 수니파 세력은 이라크 정부군과 충돌했으며, 이라크 경찰은 수니파 시위대에 발포했고 추가 교전에서 17명이 사망했다. 이후 수니파 무장 세력에 의해 정부군이 안바르 지방의 핵심 도시인 라마디와 팔루자에서 축출되었으며, 상황은 2005년 팔루자 전투와 유사했다.[5] 하지만 이번 경우에는 외부에서 수니파 극단주의 세력이 조직적으로 이라크를 침공하면서, 시리아에서 IS 세력의 이라크 침공이 시작되었다. 2014년 1월 2일 IS 병력이 국경을 넘어 시리아에서 이라크를 침공했고, 1월 3일 IS는 수니파 지역인 팔루자에 이슬람국가Caliphate를 선포했다. 주민들의 지지를 확보한 IS는 수적 열세에도 불구하고 시아파로 구성된 이라크 정부군을 축출하고, 안바르 지역 전체를 장악했다. 1월 4일 팔루자 함락 직후, IS 지휘관은 주민들에게 "시아파와 페르시아인들에 대한 투쟁에서 IS가 승리하도록 지지"할 것을 요구했다.[6]

이렇게 파국이 시작되었다. 후퇴하는 정부군이 수니파 주민들을 학살하고 초토화 작전을 통해 주거지역을 파괴하자, 수니파 주민들은 자신들의 생존을 위해 IS 병력의 빠른 진격을 지원했다. 안바르 지방에서는 80개의 수니파 부족이 정부군과 충돌한 끝에 IS를 지원하는 방향으로 '전향'했다.[7] 수도 바그다드에서는 시아파 민병대가 동원되었고, 중앙정부가 통제하지 못하는 상황에서 민병대는 바그다드의 수니파 주민들을 보복 공격했으며 수니파 종교 지도자 및 정치인들이 살해되었다. 이 때문에 이라크 전역에서는 IS 공격으로 인하여 종파 갈등이 더욱 격화되었다. 그리고 격화된 종파 갈등은 IS와 시아파 과격파의 입지를 더욱 강화하는 악순환이 시작되었다.[8] 이러한 분위기에 편승하여 IS는 매우 빠른 속도로 팽창했다. 팔루자와 라마디를 장악한 IS는 이라크 서부의 수니파 거주 지역의 대부분을 점령했고, 2014년 6월 9일 이라크 제2의 도시인 모술을, 그리고 11일 후세인의 고향인 티크리트Tikrit를 점령했다. IS는 모술을 장악하는 과정에서 이라크 중앙은행의 모술 지점에 예치되었던 4억 3000만 달러의 현금과 유전 및 정유시설을 장악하고, 이러한 자원을 동원하여 병력을 확장했다.[9]

전선 붕괴와 이라크 정부군의 패배

IS 침공에 맞서 바그다드 정부는 즉각적으로 대응했다. 초기 단계에서 수니파 주민들이 거주하는 안바르 지방을 상실했지만, 이라크 정부는 병력을 동원하여 IS의 진격을 저지하고 격퇴하는 등 실지 회복을 목표로 하는 군사력 사용을 결정했다. 하지만 이러한 군사행동은 기대했던 효과를 가져오지 못했으며, 더욱 심각한 문제를 노정했다. 이라크 정부군은 IS를 저지하거나 격퇴하지 못했고, 수니파 주민들에게 가혹했던 이라크 정부는 외부의 공격에 무력하게 붕괴했다. 이에 시리아 내전의 파생물인 비국가 무장집단의 공격에 맞서 스스로를 방어하지 못하는 군사적 무능함을 노출했다. 이와 같은 군사적 무능함은 국가 전체의 자원을 소수가 독점하는 말리키 총리의 비민주주의적 행태와 시아파/수니파/쿠르드족 등으로 나뉘어 반목하는 이라크 사회에서 비롯된 결과였다.

2014년 1월 이라크를 침공한 IS 군사력은 소규모 병력이었다. 800명에서 1000명 정도의 병력이 보병용 자동화기와 기관총, 그리고 RPG-7 등으로 무장하고 시리아에서 약탈한 민간 트럭으로 이라크를 '침략'했는데, 이라크가 정상적인 국가였다면 이와 같은 규모의 '침략'을 쉽게 '격퇴'할 수 있어야 한다.[10] 문제는 이라크가 정상적인 국가가 아니었다는 사실이었다.

초기 전투에서부터 이라크 정규군은 속수무책으로 패배했다. 2014년 6월 5~9일 모술 방어전에서 이라크는 2개 사단을 동원했으나, 3만 명에 달하는 이라크 정규군은 48시간의 전투에서 1500명 정도의 IS 병력을 막아내지 못하고 붕괴했고 인구 200만의 이라크 제2의 대도시가 IS 병력에 함락되었다. 그리고 6월 10일 모술 인근의 감옥에서 3000명의 죄수들이 탈옥하여 IS에 가

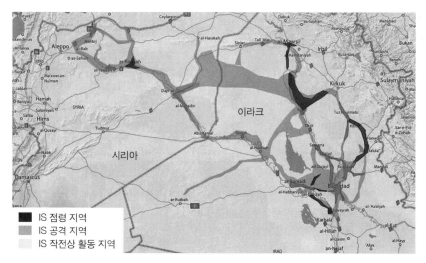

[그림 1] IS가 장악한 지역(2014년 6월 기준)
자료: Institute for the Study of War

담하면서 IS 병력은 즉석에서 확충되었다.[11] 상황은 급전직하했고, 통제할 수 없는 속도로 악화되었다. 그 여세를 몰아 IS는 후세인의 고향인 티크리트로 진격했고, 6월 11일 별다른 저항 없이 함락되었다.[12] 이라크군은 6월 26~30일 공군으로 티크리트를 폭격하고 28일 지상군으로 반격했지만 실패했다.

이제 이라크 서부와 북부 지역은 IS의 손아귀에 떨어졌다. 그리고 IS 세력은 이 지역을 영토로 하고 새롭게 점령한 모술을 수도로 삼아 이슬람 근본주의 종교국가Caliphate를 선포했고, 그 지도자로 바그다디Abu Bakr al-Baghdadi를 옹립했다.[13] 이를 통해 이전까지 테러집단이었던 IS는 영토국가territorial state의 모습을 띠게 되었으며, 자신의 점령지역에서 자원을 동원하여 이라크 중앙정부와 전쟁을 수행하기 시작했다. 하지만 IS가 수립한 영토국가는 이슬람 근본주의에 기반한 정치체제였으며, 국가 선포식 또한 모술에 위치한 수니파 사원Great Mosque of al-Nuri에서 진행했다.[14]

이것은 정상적인 상황이 아니었다. 2003년 이후 2015년까지 미국은 600억 달러에 가까운 원조를 이라크에 제공했으나, 이라크는 이러한 자원을 활용하여 효율적인 군사력을 만들어내지 못했다.[15] 이라크 군사력 건설에 미국 정

IS의 지도자 바그다디, 오른쪽은 2004년 수감되었을 당시의 사진
자료: U.S Department of Defense(왼쪽); U.S Army(오른쪽)

부는 250억 달러를 투입했고 그 결과 전체 병력이 50만 명이 넘는 경찰 및 군사력이 건설되었지만, 이라크군 및 경찰 병력은 전투 의지가 없었다.

중화기는 전혀 가지고 있지 않은 1000명 미만의 소수 병력이 미국 군사원조 13억 달러를 포함하여 연간 국방예산 170억 달러를 사용하고 20만 명의 육군과 경찰 및 기타 군사조직의 병력까지 포함하면 50만 명의 병력을 보유하는 이라크를 격파하고 영토의 상당 부분을 장악한다는 것은 상상할 수 없는 일이었다. 하지만 이라크 정치 지도자들은 ─ 특히 말리키 총리는 ─ 이러한 압도적인 물량을 효율적인 군사력으로 전환시키지 않았으며 전환시키지 못했다. 시아파 지도자들은 자신들의 종파적 이익을 극대화하기 위해 이라크 군사력을 의도적으로 약화시켰고, 소규모 IS 부대의 공격에 이라크 정규군이 붕괴하는 결과를 초래했다.

첫째, 이라크 정규군은 극심한 탈영에 시달렸으며, 많은 정규군 부대는 IS의 공격에 저항하지 않고 탈영하거나 투항했다. 엄청난 양의 무기와 탄약 그리고 차량 등이 IS에 노획되면서 IS 군사력은 더욱 강화되었으며 IS는 미국이 이라크에 제공한 험비Humvee 차량 3500대의 3분의 2가량인 2300대를 노획하면서 더욱 높은 기동성을 가지게 되었다.[16] 특히 수니파 병력은 거의 대부분 전투를 하지 않고 사라져서 IS 병력으로 편입되었다. 반면 시아파 병력은 포

노획한 미군 험비를 사용하는 IS 병력
자료: VOA

로가 되어도 살해되면서, 이라크 정규군에서 시아파와 수니파 병력의 대립이 격화되었고, 정규군 조직 내부에서 불신받는 수니파 병력은 탈영하거나 IS 에 투항하는 악순환이 발생했다.[17] 대부분의 병력이 탈영하면서 전투 지역에서 부대 자체가 소멸하는 경우도 존재했다. 2014년 6월 현재 이라크군 14개 사단 가운데 4개 사단이 소멸했다. 훈련이 부족한 상황에서 IS 병력과 전투가 시작되면, 장교들은 지휘 능력을 상실하고 부대를 해산하는 경우까지 있었다. 그나마 남아 있던 시아파/수니파 연합 부대는 무기와 보급품이 부족한 상황에서 초기 작전에 동원되었고, IS 군사력과의 대결에서 소멸했다.[18]

둘째, 말리키 총리는 이라크군의 정치적 도전 가능성을 매우 심각하게 우려했고, 특히 "후세인 잔존 세력의 쿠데타" 가능성에 거의 강박적으로 반응했다. 이 때문에 말리키는 이라크군의 훈련을 제한했고, 특히 수니파 장성들을 숙청했다. 말리키 총리는 자신의 권력에 도전할 수 있는 모든 세력을 말살하려고 했고, 여기에는 이라크군이 포함되었다. 미군과 협력했던 고위 장교들은 2011년 이후 대부분 퇴역 조치되었고 미국이 부분적으로나마 이식했던 군사적 전문성military professionalism은 빠른 속도로 사라졌다. 일부 부대에는 "미군이 가르친 것은 무시하라"는 명령이 하달되기도 했다.[19] 문제는 말리키 총리가 이러한 상황을 의도적으로 조장했고, 이를 통해 자기 자신이 통제할 수 있는 무력 수단을 구축하려고 했다는 사실이다. 즉, 이라크라는 국가를 수호

할 강력한 이라크군이 아니라 말리키 자신의 시아파 정권을 보호할 수 있는 군사력을 구축했다.[20]

가장 핵심적인 군사력은 말리키 총리 자신이 통제하는 특수부대였다. 해당 부대는 100% 시아파 병력으로 구성되었고, 총리 직할부대로 운용되면서 국방장관 및 기타 정규 명령 계통에서 독립되어 있었다. 의회 또한 총리가 장악한 군사력을 전혀 통제하지 못했고, 조직과 예산 등 또한 공개되지 않았다. 또한 바그다드 인근 지역에 배치한 6사단과 54/56여단에 자신의 친위병력을 집중시키면서, 국경 지역에 배치된 군사력을 의도적으로 약화시켰다.[21] 이와 함께 개별 부대에 정치장교 역할을 수행하는 디마쥐dimaj라는 인원을 추가하여 명령 계통의 혼란을 초래했다. 문제는 정치장교들은 적절한 군사훈련을 받지 않았고, IS와의 교전에서 무조건 후퇴를 명령하거나 자신들이 먼저 탈영했다는 사실이다. 지휘관들이 먼저 사라지면서 일반 병사들 또한 사라졌으며, 전투를 수행했던 병력은 후속 명령이나 보급을 받지 못하면서 결국 무질서하게 후퇴했다. 일부에서는 정치장교 및 지휘관들이 철수하라고 지시했고, 병사들은 이러한 후퇴명령에 복종했다고 한다.[22]

셋째, 이라크군 내부의 부패가 가장 심각한 문제로 작용했다. 서류상으로는 20만의 육군과 50만에 달하는 병력을 보유하고 있지만, 이러한 병력은 현실에서는 존재하지 않은 경우가 많았다. 말리키와 시아파 정권에 대한 충성심을 의심받으면서 군사적으로 유능한 장군들이 숙청되었고, 그 후임으로 충성심과 인맥, 그리고 뇌물을 통해 승진한 장교들이 자리를 채웠다. 그리고 이들은 무능하고 부패하여 자신들의 이익을 위해 병력을 속이고 급여를 착복했다.[23] 자신들이 상납한 뇌물 이상을 횡령하기 위해 자신들이 지휘하는 병력의 규모를 부풀렸으며, 훈련 예산을 유용했다. 전체 병력이 모두 서류상으로만 존재한 것은 아니었겠지만, 병력 규모에서의 과장은 여러 정황상 분명하다. 예를 들어 모술/키르쿠크 지역에서 1000명 미만의 IS 병력과 교전했다는 2개 사단 규모의 이라크군 3만 명은 서류상에만 존재하는 부대였을 가능성이 높다.

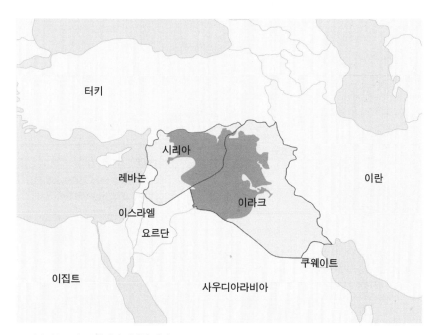

[그림 2] 2014년 10월 IS가 장악한 지역

미군 철수 이전에도 이라크군 내부의 부패는 심각했다. 2010년 미군 고문단은 이라크군 내부에 "정실주의, 뇌물, 상납, 협박, 살해 위협과 폭력행사 등이 팽배"하며 그 상황이 점차 악화되고 있다고 지적했다. 이라크 장교들은 "능력이 아니라 상납 금액에 따라 승진이 결정"되며, "순찰기록의 날조와 군기물의 밀매 등을 전혀 거리낌 없이 자행"한다고 한탄했다.[24] 2010년 하반기 이후 미군의 전투임무가 줄어들고 미국의 이라크 문제에 대한 개입이 약화되면서 상황은 더욱 악화되었고, 이것이 수니파에 대한 시아파의 공포심과 결합되면서 수니파 병력에 대한 보급이 차단되는 결과까지 초래되었다.

그 정치적 배경에도 불구하고, IS의 침공에 이라크 정규군이 말리키 총리로 대표되는 시아파 정권은 생존을 걸고 모든 자원을 동원했다. 바그다드 방어를 위해 시아파 정규군 병력을 집중 배치했으며, 동시에 미국의 압력 및 시아파 내부의 정치적 경쟁으로 사실상 해체 수준이었던 시아파 민병대를 본격적으로 동원했다. 하지만 민병대를 동원하여 전투병을 보충하면서 전투부대

유전 도시 키르쿠크에 진입
준비하는 쿠르드족 전차
자료 Boris Niehaus

는 보충되었지만, 무능한 정규군 조직이 보급을 담당하는데, 팽창한 전투부
대는 오히려 이라크 군사력에 부담으로 작용했다.[25] 일단 지급된 무기는 부
품과 탄약이 보급되지 않으면서 전장에서 버려졌고, 식량과 식수가 도착하지
않아 민병대 병력은 장비를 포기하고 개별적으로 철수했다. 결국 이러한 무
기와 장비는 IS가 회수하여 강력한 화력을 보유하는 결과가 초래되었다.

그 결과 이라크 북부에서 독자적인 영역을 확보하고 있었던 쿠르드족 민병
대Peshmerga는 절호의 기회를 포착했다. 이라크 북부 지역의 유전 도시인 키
르쿠크는 전통적으로 쿠르드족 지역이었으나, 후세인은 쿠르드족의 전통적
'영유권'을 약화시키기 위해 키르쿠크 지역에 수니파 주민들을 대량 이주시
켰다. 이제 수니파 세력이 IS와 연합하여 시아파가 장악한 이라크 중앙정부
와 충돌하자, 쿠르드족은 "이라크를 침공하는 IS를 격퇴한다"는 명분으로 페
시메르가 병력을 동원하여 6월 12일 키르쿠크를 점령했다. 이에 따라 이라크
중앙정부는 시아파 지역만을 통제하는 사실상 지역정부로 전락했다.[26]

이후 IS는 키르쿠크를 둘러싸고 쿠르드족 병력과 교전을 시작했다. 이라크
정부군이 유기한 무기 덕분에 IS는 화력에서 페시메르가를 압도했으며, 2014
년 8월 IS는 쿠르드 자치지역의 수도이자 한국 자이툰 부대가 주둔했던 아르
빌을 위협할 지역까지 진격했다. 8월 7일 IS는 이라크 최대의 댐인 모술 댐을
점령했으나, 미국의 항공 지원과 페시메르가 병력의 집중 투입으로 모술 댐

자체는 8월 중순 수복되었다.[27] 이 지역은 수니파 지역이 아니라 쿠르드족 지역이었기 때문에 IS의 진격은 엄청난 피난민을 유발했고 지역 주민들은 IS의 공격에 저항했으며 IS는 비무장 민간인을 무차별 학살했다. 이슬람 근본주의 세력인 IS는 여성과 소수자 그리고 다른 종교집단을 전혀 존중하지 않았고, 특히 비이슬람 소수민족은 말살의 대상으로 간주했다. 따라서 이 과정에서 학살과 납치 그리고 대규모 강간 등의 인도주의적 재앙이 발생했다. 이라크 중부의 야디지Yadiji 소수민족은 가장 많은 피해를 입었고, 2018년 노벨 평화상 수상자인 뮤라드Nadia Murad Basee Taha는 이러한 야디지 피해자 가운데 한명이다.[28]

바그다드의 대응과 시아파 세력의 결집

전선이 붕괴하고 IS 점령지역이 확대되면서 바그다드의 시아파 정권은 경악했다. IS 군사력이 바그다드를 직접 위협하지는 않지만, 6월 10/11일 IS 일부 병력이 바그다드 인근에서 이라크 병력과 교전했고 차량폭탄 공격으로 50여 명의 사상자가 발생했다. 우선 말리키 총리는 바그다드에 야간 통행금지령을 선포하고 바그다드 방어를 위해 인근의 시아파 병력을 집결시키면서 자신이 통제하는 모든 군사 자원을 동원했다. 이에 따라 우선 이라크의 시아파 세력이 결집하면서 의용군이 구성되었고, 보충된 병력은 바그다드 북부 방어선 구축에 동원되었다. 병력이 집중된 지역은 바그다드 북부의 사마라Samarra로, 6월 13일 말리키 총리는 지역을 방문하고 방어시설을 점검했고 시아파 성지인 사마라 사수 의지를 다짐했다.

IS가 이라크 정규군 병력 가운데 시아파 병사들을 처형하면서, 시아파 세력의 항전 의지는 더욱 강화되었다. 수니파와 시아파 병력이 통합되어 있는 부대가 IS와의 교전에서 무너지고 시아파 병력으로 구성된 부대가 전선에 본격적으로 등장했다. 이에 수니파 병력을 회유 및 공략했던 IS의 이점이 소멸했다.[29] 혼성부대에서 수니파와 시아파가 서로를 의심하는 상황이 초래되었고, 이 때문에 소부대 응집력이 훼손되고 전투력이 약화되었다면, 시아파 부대에서는 병력이 최소한 서로를 의심하지 않기 때문에 소부대 응집력이 강화되고 이라크 정규군의 전투력 또한 향상되었다고 볼 수 있다. 또한 내부의 불신 경향이 약화된 상황에서 IS라는 수니파 극단주의 세력이라는 적敵을 공유하면서 전투력이 강화되기도 했다.[30] 무엇보다 전선이 시아파 지역으로 확대되면서, 시아파 주민들의 저항 의지와 바그다드 정부와의 협력 의지가 강화되었으며 결국 IS의 남하를 저지하는 결정적인 요인으로 작용했다.

또한 말리키는 이라크 내부와 외부의 시아파 세력에 도움을 요청했다. 이에 이라크 시아파의 종교지도자인 시스타니가 파트와를 발표했다. 6월 13일 성명서에서 시스타니는 이라크 국민들은 "테러리스트에 대항해서 정부에 협력"할 것과 "이라크군에 지원"할 것을 호소하면서, "IS라는 외부의 적"을 이라크라는 국가와 대립구도로 설정했다. 이어 시스타니는 이라크 국민들에게 "조국과 동포, 그리고 성지聖地를 수호하기 궐기"해야 하며, "IS에 대항하여 힘을 합해야 한다"고 역설했다.[31] 시아파 성직자들이 이러한 성명을 발표한 것은 1920년대 영국에 저항한 사례 이후 최초였으며, 거의 100년 만에 처음인 초유의 행동이었다. 하지만 여기서 시스타니는 수니파에 대한 증오를 드러내지는 않았고 수니파에 대한 성전jihad을 선포하지 않았으며, 시아파와 수니파라는 종파적 정체성보다 이라크라는 국가 정체성을 더욱 강조했다. 이러한 시스타니의 행동은 시아파와 수니파의 대립이 격화되는 이라크 상황에서 상당히 긍정적인 힘으로 작용했다. 시스타니 자신은 2006년 2월 알아스카리 사원 공격 이후의 종파 내전 와중에서도 침묵을 지켰지만, IS라는 '외부의 적'이 등장하면서 파트와를 발표하고 "이라크 수니파는 우리의 형제가 아니라 우리 자신"이라고 선언하면서 이라크 전체의 결집을 호소했다.[32]

또한 말리키 총리로 대표되는 시아파 세력은 이란에 원조를 요청했고, 시아파 국가인 이란은 적극적으로 군사원조를 제공했다. 이란은 최정예 특수부대Quds Force와 이란 혁명수비대Iran's Revolutionary Guard Corps: IRGC를 파병했고, 2

정당 및 지도자	득표수	득표율	의석수	종파
법치연합(말리키)	3,141,835	24.14%	92	시아
알아흐라(사드르)	917,589	7.05%	34	시아
알무와틴(하킴)	982,003	7.55%	29	시아
쿠르드민주연합	1,038,002	9.25%	25	쿠르드
쿠르드애국연합	851,326	7.59%	21	쿠르드
무타히온	680,690	5.23%	23	수니
알와타니야(알라위)	N/A	N/A%	21	시아/수니

[표 2] 이라크 제3대 총선 결과(2014년 4월 30일)

개 대대 규모의 이란 병력이 바그다드 북부에 배치되어 방어진지를 구축하면서 시아파 성지인 카발라와 나자프 방어에 투입되었다. 또한 이란 장교들이 이라크 장교들과 함께 IS 저지를 위해 협의했으며, 이란 혁명수비대 지휘관인 솔레이마니Qasem Soleimani가 바그다드를 직접 방문했다.[33]

이와 함께 이라크 정치에서 큰 변화가 있었다. 2014년 4월 30일 이라크는 세 번째 총선을 치렀다. 2005년과 2010년에 이어 2014년 3대 총선에서 말리키 총리의 정당이 전체 327석 가운데 92석을 확보했고, 동시에 시아파 저소득층을 대표하는 사드르 정당al-Ahrar과 정통 시아파 정당al-Muwatin 등이 추가로 63석을 얻으면서 주요 시아파 정치 세력이 155석을 차지했다. 쿠르드족 주요 정치 세력은 46석을 그리고 수니파 주요 정당과 세속적 시아/수니 연합 세력이 46석을 확보했다.[34] 2014년 선거에서 나타난 가장 중요한 특징은 시아/수니 연합 세력의 몰락으로, 특히 2010년 선거에서 승리하면서 화려하게 등장했던 알라위 세력의 퇴조였다. 수니파 극단주의 세력의 침공이 벌어지는 상황에서 시아/수니의 연합을 강조하는 세력 자체는 정치적으로 성공하기 어려웠다. 대신 시아파 독자 세력이 강화되었으며, 시아파 주요 세력은 전체 155석을 획득하는 데 성공했다. 행정부 구성에 필요한 327석의 절반인 164석을 확보하기 위해서는 추가로 9석만이 필요했고, 말리키의 연임 가능성은 상당했다.

선출 직후인 2014년 9월
10일, 존 케리 미 국무장관과
회담하는 아바디 총리
자료: U.S. Department of
State

　하지만 2014년 6월 이후 상황은 급변했다. IS의 공격으로 모술과 키르쿠크
등 이라크 북부와 서부의 수니파 지역에 대한 통제권을 상실하면서, 이에 대
한 '정치적 책임' 문제가 부각되었고 결국 말리키 총리의 연임이 불투명해졌
다. 선거 직후 이라크 의회는 관행에 따라 대통령에 쿠르드족 출신의 마숨
Fuad Masum을 선출했고 대통령은 8월 11일 현직 총리인 말리키 대신 온건 성향
의 시아파 정치인인 아바디Haider al-Abadi를 총리에 지명했다. 이러한 결과는
시아파 정치 세력이 지난 9년 동안 전횡하면서 이라크 자체를 또다시 종파전
쟁의 위기에 몰아넣은 말리키에 대해 반기를 들었기 때문이었다.
　이에 말리키는 친위 쿠데타를 통해 정권을 연장하려고 시도했다. 2014년 8
월 10일 말리키는 자신이 통제할 수 있는 병력을 바그다드 인근에 배치하여
대통령 관점 및 주요 정부청사를 포위하면서, 자신이 아닌 사람을 총리에 지
명하는 것은 '위헌'이라고 주장했다. 하지만 이라크 내부에서도 시아파의 정
치적 지지를 확보하지 못했고, 특히 8월 11일 저녁 고위관리와 정치인들이
말리키에게 하야하라고 설득했다. 다음 날 새벽 이라크 군부 핵심 인물이 마
숨 대통령과 아바디 총리 지명자를 방문하여, "이라크군은 말리키를 지지하
지 않으며 중립을 지킨다"는 메시지를 전달했다.[35] 미국이 연임을 반대하고
국내적으로 고립무원 상황에서 8월 12일 말리키는 "군의 정치적 중립"을 역
설하는 성명서를 발표했고, 8월 14일 사임을 공식 발표했다. 덕분에 이라크

역사상 처음으로 "평화적 정권교체"가 실현되었고, 후임 아바디 총리는 9월 8일 공식 취임했다.[36]

특히 이란은 말리키의 집권 연장에 반대했으며, 내각 구성 과정에서 아바디 신임 총리를 지지했다. 8월 12일 이란 정부는 "새롭게 지명된 총리 후보자의 역량을 기대"한다는 성명서를 발표하면서, 말리키에 대한 지지를 철회했다. 무엇보다 시스타니가 말리키를 거부했다. 2014년 7월 9일자 서한에서 시아파 최고의 권위를 가지는 종교지도자는 "현재의 급박한 상황"을 고려할 때, 이라크는 "국가 전체를 통합할 수 있는 새로운 지도자가 필요"하다고 강조했다. 이어 시스타니는 "가능한 빨리 새로운 총리가 선출되어야 한다"고 명시적으로 선언하면서, 말리키에 대한 지지를 철회했다. 시아파 정치 지도자들에게 발송된 친필 서한이 8월 13일 공개되면서 말리키는 더 이상 총리직을 유지할 수 없었고 결국 사임했다.[37]

미국의 소극적 개입

이와 같은 상황 전개에도 불구하고 미국은 군사력을 동원하지 않았다. 소규모 병력을 파견하여 이라크 군사력을 재건하려고 노력했지만, 미군 병력이 전투에 참여하지 않았으며 병력의 임무를 교관 및 자문활동으로 엄격하게 제한했다. 미국 입장에서 2003년 3월 침공에서 2011년 12월 철군까지 이라크에서 치른 희생은 감당할 수 없는 수준이었으며, 정치적으로 이라크에 군사력을 전개하고 더욱 많은 희생을 치를 의지가 없었다. 무엇보다 2009년 취임한 오바마 대통령은 이라크 전쟁을 '종결'하겠다는 슬로건으로 2008년 선거에서 승리했고 2011년 철군을 달성하면서 전쟁을 '종결'시켰다고 주장했다. 이러한 상황에서 2014년 6월 이후 군사력을 이라크에 배치할 수 없었다. 이라크가 가지는 중요성을 인정하고 개입해야 한다는 사실도 인정하지만, 군사개입은 교관 및 자문활동으로 제한했다.

2014년 6월 10일 모술 함락과 함께, 국무부는 상황 전개에 더해 "지극히 우려"하며 상황이 "매우 심각"하다고 평가했다. 하지만 미국의 개입 가능성에 대해서는 별다른 언급을 하지 않으면서, "이라크 국민들은 서로 협력하여 IS 위협을 극복하도록 노력해야 한다"는 원론적인 사항만을 언급했다.[38] 상황이 급박하게 진행되고 바그다드 정부의 군사력이 IS의 진격을 저지하지 못하면서, 이라크 중북부 신자Sinjar 지역에서 지역 소수민족인 야디지족이 IS에 의해 학살 및 노예화되기 시작했다. 미국 국내 여론 또한 제한적 개입을 요구했으며, 무엇보다 IS 병력은 신자 지역을 거쳐 쿠르드족 지방 수도이자 미국 영사관 및 수천 명의 미국인이 거주하고 있는 아르빌에 접근하고 있었다. 이때문에 폭격이 불가피했다.

이에 2014년 8월 7일 미국은 이라크에서의 공군력 사용을 결정하고 쿠르드족 지역인 아르빌을 공격하는 IS 병력을 폭격하기 시작했다. 8월 9일 오바마 대통령은 공군력 사용 목적을 ① 이라크에서의 미국인 보호, ② 위험에 빠진 이라크 소수민족 보호, ③ 이라크 중부 신자 지역에 대한 IS 포위망 분쇄, ④ IS에 의한 이라크 소수민족 학살 방지, ⑤ IS 위협을 저지하려는 이라크의 군사적 노력 지원 등 5개 사항으로 확대했다. 폭격 계획을 발표하면서, 오바마 대통령은 해당 군사작전은 "몇 주 걸리는 단순한 단기 작전이 아니며 오랜 시간이 소요되는 장기 계획의 일부long-term project"라고 강조했다. 특히 오바마가 강조했던 것은 이라크 정부 구성이었으며, 이를 통해 이라크의 새로운 정부가 보다 포용적inclusive으로 발전해야 한다고 역설했다.[39]

급박한 상황에서도 미국은 공군력을 동원하여 IS를 폭격했을 뿐, 이라크에 미국 지상군 병력을 전개하여 직접 전투를 주도하지 않았다. 이라크 북부에서 쿠르드족의 페시메르가 민병대에 항공 지원을 제공했지만, 미국 지상군 병력은 나타나지 않았다. 미군 특수부대가 등장했지만, 폭격을 유도하는 임무에만 집중했으며 지상 전투에 직접 참가하지 않았다. 미국 여론과 군 통수권자의 의지는 확고했다.

대신 미국은 정치적으로 개입했다. 특히 미국의 역할이 돋보인 것은 말리키 총리의 사임을 유도하는 과정이었다. 오바마 행정부는 신임 총리로 선출된 아바디를 지지한다는 성명을 발표했으며, 8월 9일 오바마 대통령은 "후임 이라크 정부는 보다 포용적이어야 한다"는 표현으로 말리키 총리의 사임을 간접적으로 촉구했다. 그리고 8월 11일 케리John Kerry 국무장관이 직접적으로 말리키 총리의 사임을 '권고'했다. 특히 케리 국무장관은 "정부 구성에서 무력을 사용해서 관여해서는 아니 된다"고 강력히 경고했으며, 이를 통해 미국은 말리키의 집권 연장에 반대한다는 의사를 분명히 했다.[40]

이어 오바마 행정부는 이라크 군사력의 재건에 집중하면서, IS에 대해 장기적인 전략적 소모전strategic attrition을 선택했다. 지상군을 동원하여 이라크 정부 대신 IS와의 전투를 미국이 수행하는 것은 2003년 이후의 경험과 2014년 미국 국내 여론의 관점에서 정치적으로 불가능했다. 따라서 미국은 지상군 사용은 배제하면서 상당한 시간이 걸린다고 해도, 미군 사상자를 극소화할 수 있는 방안을 선택했다. 즉, 미국은 장기적 관점에서 IS의 정치/군사/경제력을 소모시켜서 IS 자체를 고사枯死시키기로 결정했다. 이를 위해 미국이 가장 강조한 것은 이라크 군사력의 재건이었으며, 이와 함께 IS 지도부를 공격하여 제거하는 특수부대 작전 및 폭격이었다.

이러한 장기적 소모전 자체는 효과적이었으며, 미국 국내 여론이 이라크에 대한 지상군 투입에 호의적이지 않았기 때문에 불가피한 선택이었다. 하지만 장기적 소모전 자체는 기본적으로 상당한 시간을 소요하며, 따라서 이라크는 IS와의 전쟁에서 많은 대가를 치렀으며 IS 점령지역에 살고 있는 주민들은 엄청난 고통에 시달렸다. 2014년 10월 UN 집계에 따르면, 2014년 1월 이후 이라크에서는 9343명의 민간인이 살해되었고 최소 2만 6000명이 부상당했다. 특히 2014년 6월 IS의 침공이 본격적으로 시작되면서, 5500명 이상이 살해되었고 이라크 정부군 및 경찰 병력 1500명 이상이 IS에 의해 처형되었다.[41] 이러한 고통은 이제 막 새롭게 시작되었을 뿐이었다. 단기간에 IS를 분쇄할 수 있는 군사력을 가진 미국이 직접적으로 개입하지 않고 장기적인 소모 전략을 선택한 이상, 중단기적 고통을 피할 수 없었다.

20장

재정비와 폭격,
그리고 반격 준비

2014년 여름 이후 IS 전쟁은 교착상태에 빠져들었다. 시리아에서 출발하여 이라크의 수니파 지역을 장악하고 2만 명 정도의 병력으로 팽창한 IS로서는 이라크 전체를 석권할 수 없었으며, 바그다드의 중앙정부를 장악한 시아파는 기존 군사력이 큰 타격을 입은 상황에서 자기 방어 이상으로는 적절한 반격을 할 수 없었다. 북부의 쿠르드족은 자신들의 영역을 확보하고 방어하면서 자치권 강화와 정치적 독립을 추구했고, IS 격퇴 자체에는 주력하지 않았다. 이라크 내부의 세력균형에 의해 전쟁은 교착상태에 빠졌다.

이와 같은 교착상태를 타개할 수 있는 군사력을 동원할 수 있는 유일한 국가는 미국이었고, 2011년 12월 철군했던 미국은 2014년 여름 이라크에서 벌어지는 IS 전쟁에 참전했다. 하지만 미국은 이라크에서의 교착상태를 타개하기 위해 지상군 병력을 동원하거나 직접 군사력을 집중하여 IS를 파괴하지 않았다. 2003년 이라크 침공과 그 이후의 "고통스러웠던 경험"은 미국 정책 결정자들에게 강력한 트라우마로 작용했다. 오바마 행정부는 지상군 병력을 파병하지 않고, 이라크 정부가 직접 행동by하고 미국은 이라크 정부와 함께with 그리고 이라크 정부를 통해서through IS를 격퇴한다는 정책 기조를 고수했다. 이 때문에 교착상태가 유지되었으며, '전략적 소모전'으로 IS에 대응하면서 상당한 시간이 소요되었고 동시에 이라크 국민들은 더욱 오랜 기간 동안 고통에 처했다.

그럼에도 불구하고 오바마 행정부가 시도했던 '전략적 소모전' 자체는 쉽지 않았다. "이라크 정부가 직접, 이라크 정부와 함께, 그리고 이라크 정부를 통해서by, with, and through한다"는 전략 개념 자체는 적절했지만, 이러한 개념을 현실에서 구현하는 것은 쉽지 않았다. 이를 구현하기 위해 필수적인 이라크 군사력 재건은 난항을 거듭했고, 일단 동원된 병력에 대한 통제권 확보 문제는 이라크 내부의 심각한 정치 문제와 이란의 영향력에 대한 우려와 직결되면서 미국의 우려를 자아내었다.

미국의 개입 선언

2011년 12월 철군 이후 미국은 이라크에는 개입하지 않는다는 입장을 취했으나, 2014년 여름 이라크 상황은 미국의 불개입 입장을 번복할 수밖에 없는 상황이었다. 급박했던 2014년 8월 미국은 이라크 폭격을 결정했고, 공군력을 동원하여 IS의 진격을 저지했고 군사적 교착상태를 유도하는 데 성공했다. 폭격 목표에 대한 보다 상세한 지침이 작성되었지만, 오바마 행정부는 이라크에서 벌어지는 IS와의 전쟁을 어떻게 수행할 것인가에 대한 전략을 수립하기 시작했다.

2014년 9월 10일 오바마 대통령은 "IS를 약화시키고 궁극적으로는 파괴degrade and ultimately destroy하는 것이 미국의 분명한 목적"이라고 선언하면서, 이라크와 시리아에 대한 공습을 선언하고 IS를 격멸하기 위해 군사력을 사용하겠다고 다짐했다. 하지만 오바마는 미국의 군사력 사용은 "지상군 병력을 투입하지 않으며, 2003년 이후의 이라크 전쟁과는 다르다"는 점을 강조했다. 대신 미국은 최소 "150차례의 공습"으로 IS 세력을 약화시키고 있으며, 투입된 특수부대 병력은 전투임무가 아니라 지원 임무를 띠고 파견되었다고 선언했다.[1] 이를 통해 미국은 IS 문제를 전쟁이 아니라 "포괄적이고 일관된 테러리즘 대응 전략의 차원"에서 대응하겠다고 선언했다. 즉, IS와의 전쟁은 이라크라는 동맹국을 위협하는 국가에 대한 전면적인 반격이 아니라, IS라는 테러조직을 제거하기 위한 대테러작전의 일환이라고 천명했다.[2]

오바마 행정부의 정책 기조는 총 9개의 방향에서 이라크 문제 해결에 접근하고, 이를 위해 국방부 및 국무부를 넘어 원조 제공과 재정 지원 및 IS의 재정 능력 파괴 등 미국 행정부의 모든 역량을 동원whole of government approach하는 것이었다. 즉, 오바마 행정부는 ① 이라크 정부의 역량을 강화하고, ② IS의 기지를 파괴하며, ③ 쿠르드족 등으로 대표되는 이라크 내부의 기타 세력partners의 능력을 확충하고, ④ 정보 역량을 강화하고, ⑤ IS의 재정을 고갈시키고, ⑥ IS의 본질을 폭로하여 대외적인 이미지 및 IS에 대한 외부의 지원을 차단하고, ⑦ 외국인 전투원foreign fighters 유입을 차단하며, ⑧ 미국을 비롯하여 IS 전쟁에 참가한 여러 국가들의 본토를 방어하며, 마지막으로 ⑨ 이라크와 시리아 등에 인도적 지원을 제공한다는 정책 방향을 발표했다. 오바마 행정부는 이와 같은 9개의 정책 방향을 총괄할 책임을 국무부에 할당했고, 총괄 권한을 가지는 대통령 특사Special Presidential Envoy for the Global Coalition to Counter ISIL에 앨런John Allen을 임명했다.[3]

이후 미국이 IS를 제거하는 방안은 다음과 같은 세 가지 구체적인 방식에 집중되었다. 첫째, IS 지도부를 제거하는 데 집중했다. 초기 단계에서는 폭격을 통해 모술을 장악하고 있는 IS 군사력을 약화시키고 IS의 추가 확대를 저지하는 것이 핵심이었다. 이후 미국은 드론을 이용한 무인기 공격으로 IS 지도부를 제거하는 데 집중했다. 이 가운데 가장 중요한 '목표물'은 IS의 지도자인 바그다디이며, 2019년 10월 미국 특수부대는 시리아에 은신하고 있던 바그다디를 살해하는 데 성공했다. 이와 함께 미국은 무인기 공격을 통해 다른 IS 지도부의 상당 부분을 제거하는 데 성공하여 IS 세력을 전체적으로 약화시켰다.[4] 또한 미국은 공습을 통해 IS의 재정 능력을 파괴하는 방안을 추진했

2014년 9월 10일,
IS 격멸을 선언하는 오바마
자료: White House

다. 이러한 측면에서 핵심 목표물은 IS가 장악한 지역의 유전과 생산시설이었으며, 생산된 석유를 운반할 유조차량 또한 중요한 목표물이었다.

둘째, 오바마 행정부는 이라크 군사력 재건을 통한 전쟁 수행이 유일한 해결책이라고 천명했다. 미국은 지속적으로 IS 전쟁은 이라크 정부와 이라크 국민들이 수행해야 한다는 것을 강조했고, 따라서 미군 병력은 전투가 아닌 이라크군 및 경찰 그리고 민병대 병력을 훈련시키는 데 집중되었다. 이라크 정규군의 전투력이 약화된 것은 군사훈련의 문제가 아니라 이라크 정치의 파멸적 결과였다는 인식이 팽배했기 때문에, 미국은 말리키 총리의 사임을 유도하고 아바디 총리를 지지했으며, 그 이후 이라크 군사력을 재건하는 데 집중했다.[5] 하지만 이라크 중앙정부의 군사력을 재건하는 것은 쉽지 않았다.

셋째, 오바마 행정부는 이라크에서 수니파 군사력의 재건을 직접 추진했다. 2007년 1월 이후 이라크 상황이 안정되는 과정에서 '이라크의 아들'로 대표되는 수니파 무장 세력의 전향은 결정적이었으며, 말리키에 의해 배제된 수니파 세력이 2014년 IS 침공 과정에 호응했던 것이 치명적이었다. 이 때문에 미국은 어떠한 방법으로든 수니파와의 타협을 모색했으며, 이를 위해 이전까지 미국에 협력했던 수니파 지도자들과 접촉했으며 군사 및 경제 지원을 보장하고 IS와의 전쟁에서 승리한 후 상당한 권한을 약속했다. 하지만 미군 철수 후 시아파 정부에 의해 탄압받았던 수니파 세력은 협력을 요청하는 미국을 쉽게 신뢰하지 못하면서, 수니파 병력 동원은 난항을 거듭했다.

여기에 수니파 주민들은 시아파가 대부분을 차지하는 이라크 정규군 및 민병대를 불신했다. 2007년 이후 미국의 증파 덕분에 수니파 주민들과 시아파 정규군의 유대 관계는 어느 정도 강화되었던 것은 사실이지만, 2011년 철군 이후 말리키 총리가 폭주하면서 이전의 유대관계는 심각할 정도로 훼손되었으며 상황은 2006년 수준으로 회귀했다. 2015년 8월과 9월 실시된 여론 조사는 이러한 상황을 잘 보여준다. "이라크 정규군이 이라크를 대표한다"는 주장에 대해 29%의 수니파와 14%의 쿠르드족이 동의한 반면, 시아파는 90%가 찬성했다. 시아파 민병대가 지역 치안을 담당하는 문제에 대해서, 수니파는 4% 그리고 쿠르드족은 0%가 동의했다.[6]

수니파와 쿠르드족의 시아파에 대한 그리고 시아파가 주축을 이루는 정규군 및 민병대에 대한 불신은 심각했고, 이 때문에 주민들의 구성에 따라 지역 치안 및 군사작전을 담당할 경찰 및 군부대 구성을 바꾸어야만 했다. 오바마 행정부는 이러한 상황을 명확하게 인식하고 있었다. 2015년 10월 27일 의회 증언에서 카터 국방장관과 던포드 합참의장은 "수니파와의 협력은 이라크 안정화의 필요조건"이며, "수니파 병력에게 적절한 무기와 급여를 제공하지 않는다면 장기적인 안정화는 불가능"하다고 발언했다.[7] 아바디 총리 또한 동일한 인식을 보여주었으며, 수니파 병력의 중요성과 훈련 필요성을 여러 번에 걸쳐 강조했다. 동시에 아바디 총리는 수니파 지역을 수복하는 과정에서 시아파 병력의 동원을 자제했으며, 일단 전투를 통해 해당 지역을 수복한 이후 지역 주민 및 수니파 부족으로 구성된 경찰 병력이 지역 치안유지 임무를 담당하도록 했다.

이라크 군사력 재건의 어려움

전략과 정책에서는 자원을 투입하면 성과는 자동적으로 산출된다. 하지만 현실에서는 많은 장애물이 존재하며, 자원을 투입해서 성과를 만들어내는 것은 엄청난 노력과 행운을 필요로 한다. 2014년 이후 미국은 이라크에서 이것을 실감하게 되었다. 2003년에서 2013년까지 미국은 250억 달러를 사용했으나, 이라크는 효율적인 군사력을 건설하지 못했고 2014년 IS 침공에 정규군이 붕괴했다. 2014년 6월 이후 2015년 9월까지의 기간에도 상황은 크게 나아지지 않았다. 이라크 군사력 재건은 쉽지 않았다. IS 침공 초기에 이전까지 미국이 건설했던 이라크 정규군이 붕괴했으며 수니파 병력의 상당 부분은 이전 말리키 정권의 탄압으로 IS에 협조했다. 이후 이라크 정규군과 수니파 병력을 재건하는 것이 필수적이지만, 여기에는 몇 가지 문제가 존재했다.

첫째, 미국 국내법의 문제가 존재했다. 1997년 도입된 리히 조항Leahy Law에 따라, 미국 국방부와 국무부는 다른 국가의 군 또는 경찰 병력이 인권을 유린했을 경우 해당 부대의 훈련 및 무장에 필요한 지원을 할 수 없었다. 즉, "심각한 인권 유린을 자행했다는 신뢰할 만한 정보가 있는 경우credible information that such unit has committed a gross violation of human rights"에 해당 부대에 대한 군사원조는 미국 국내법에 의해 금지되었다.[8] 해당 조항 자체는 충분히 정당화될 수 있었지만, 이러한 리히 원칙이 이라크에서 적용되면서 정규군 재건에서는 많은 어려움이 발생했다. 2003년 3월 미국의 침공 이후 이라크에서는 많은 무장 세력이 등장했고, 2014년 IS 침공이 본격화되고 이라크 정규군의 병력 충원이 시급한 문제로 부각되었던 시점에서 '심각한 인권 유린'을 자행한 인원은 너무나도 많았다. 이 때문에 병력 자체는 존재하지만, 미국이 제공하는 군사원조의 대상으로는 등록될 수 없었고 결국 이라크 정규군 입대 자체가 부정되었다. 이라크 정규군과 경찰 병력으로 소화될 수 없는 인원은 의용군 조직으로 흡수되었고, 결국 시아파 민병대 조직과 이란의 영향력 강화라는 어처구니없는 결과로 이어졌다. 2016년 봄 IS와의 전쟁에 동원할 수 있는 이라크의 전체 병력은 20만 명에 가까웠지만, 이라크 정부가 직접 통제할 수 있는 병력은 2만 명에 지나지 않았다. 나머지는 민병대 병력으로 시아파와 수니파 병력이었다. IS 전쟁에 10만 명 수준의 쿠르드족 페시메르가 병력 또한 추가

로 동원이 가능했지만, 바그다드 중앙정부는 쿠르드족 자치정부 병력을 지휘 통제할 수 없었다.[9]

　따라서 이라크 중앙정부의 군사력 재건은 투입되는 시간과 예산에 비해서 신속하게 진행되지 못했으며, 정규군 병력 충원은 심각한 문제에 직면했다. 2014년 6월에서 2015년 9월까지의 15개월 동안 미국은 이라크 병력의 훈련에 집중했지만, 전체 병력 25만 명 가운데 쿠르드족 병력까지 포함하여 오직 1만 3000명만이 어떠한 형태의 훈련을 이수했고 나머지는 군사훈련을 받지 않았다. 가장 심각한 문제는 바그다드의 시아파 정부가 훈련소에 병력을 입소시키지 않는다는 또는 입소시키지 못한다는 사실이었다. 2014년 6월 이라크 정규군이 붕괴하고 보충된 병력이 기본적으로 시아파 민병대 병력이었기 때문에, 중앙정부의 통제력은 떨어질 수밖에 없었고 민병대 병력에게 정규 군사훈련을 강제할 수 없었다. 또한 민병대 병력의 상당 부분은 리히 조항에 저촉되는 '심각한 인권 유린'을 자행했던 인원이었기 때문에, 정규군 훈련 과정에 편입될 수 없었다. 정부가 통제할 수 없는 민병대 군사력이 존재하는 상황에서 중앙정부의 통제력은 더욱 약화되고, 통제할 수 없기 때문에 '심각한 인권 유린'이 반복되는 악순환이 발생했다.[10]

　둘째, 수니파의 소극적인 태도 또한 상당한 제한 요인으로 작용했다. 말리키 총리 시기에는 바그다드 중앙정부가 수니파 무장 세력 형성에 반대했고 때문에 많은 문제가 유발되었다. 아바디 정부가 출범하면서 이러한 종파 문제의 상당 부분이 해결되었지만, 여전히 문제 자체는 남아서 수니파의 시아파에 대한 의심으로 작용했다. 수니파의 상당 부분이 IS에 가담했기 때문에 시아파의 수니파에 대한 불신은 상당 부분 정당했지만, 수니파 지역을 수복하고 지역 주민들과 섞여 있는 IS 세력을 근절하기 위해서는 수니파 세력의 도움은 절대적이었다. 아바디 정부 자체도 이러한 상황을 명확하게 인식하고 있었으며, 따라서 수니파 병력 훈련에 적극적인 태도를 취했으며 시아파 정규군 및 민병대 병력의 운용에 상당한 제한을 두었다. 그럼에도 불구하고 수니파는 시아파가 장악한 바그다드 중앙정부를 불신했고, 2011년 철군하면서 '수니파를 배신'했던 미국을 신뢰하지 않았다.

결국 미국은 수니파 병력의 '독자성'을 인정하고 독립된 훈련 프로그램을 개설했고 이를 통해 수니파 독자 군사력을 구축했다. 리히 조항의 적용을 가능한 한 축소하여 미국이 지원하는 훈련 프로그램의 적용을 받도록 했으며, 무엇보다 이라크군 및 경찰 병력의 일정 부분을 수니파로 구성하도록 했다.[11] 2016년 이라크 예산 법안은 국가 지원을 받는 민병대 병력의 최소 30%는 수니파로 구성되도록 강제했고, 이에 따라서 3만 명에 달하는 수니파 인원이 기존까지는 시아파가 주도했던 민병대에 편입되었으며 독자 명령 계통을 유지하고 이라크 정부에서 급여와 무기를 제공받게 되었다.[12] 이와 함께 이전부터 독자적으로 행동했던 쿠르드족 병력에 대한 지원 또한 확대되었다. 현실적으로 IS 군사력과 대치하고 있는 세력은 북부의 쿠르드족 민병대인 페시메르가 이외에는 존재하지 않았으며, 시리아에서도 쿠르드족의 페시메르가 병력이 전투의 상당 부분을 담당했다. 바그다드 중앙정부는 쿠르드족 자치정부에 대한 무기 제공에 소극적이었으나, 미국은 쿠르드족 민병대 무장을 위해 무기와 탄약을 직접 공급했다.[13] 아바디 총리는 쿠르드족 자치정부에 대한 무기 제공을 꺼려했다. 하지만 2016년 4월 모술 수복 작전을 앞두고 미국은 이라크 중앙정부와 협의 후 쿠르드족 자치정부에 미국 육군 2개 여단분의 장비를 공급했으며, 차량과 중화기 그리고 탄약까지 제공했다.[14]

상황은 조금씩 개선되었다. 우선 2014년 11월 말 아바디 총리는 이전까지 이라크 정규군으로 편성되었지만 실제로는 존재하지 않는 5만 명의 인원을 '정리'했다. 이와 같은 '유령ghost soldiers' 때문에 이라크 병력 규모는 과대평가되었고, 국방예산이 유용되면서 이라크 군사력은 약화되었다. 해당 병력은 급여의 절반을 상납하고 대신 군인 신분을 유지했으며, 장교들은 상납을 받으면서 존재하지 않는 병력에 대한 허위 보고를 감행했다. IS 침공 이전 이라크 병력은 40만~50만 명이라고 했지만, '유령'의 존재를 고려한다면 실제 병력은 그 절반 수준으로 추정된다. 모술 함락 후 혼란 속에서 이라크 정규군 4개 사단과 경찰 1개 사단이 사라졌으며, 이후 이라크 잔여 병력은 8만 5000

명 수준으로 평가되었다. 이러한 조치를 통해 기존 4개 사단을 사실상 해체하고 재편성하면서, 이라크 정규군의 구조 개혁을 단행했다.[15]

동시에, 아바디 총리는 이라크 장교단을 대폭 개편했다. 2014년 9월 취임한 아바디 총리는 전임 말리키 총리가 구축했던 이라크 정규군 지휘 구조를 변경하고 지휘부를 물갈이하면서, 군통수권을 본격적으로 장악했다. 취임 직후인 아바디는 말리키가 정규군을 지휘 통제했던 총리실 직할 최고사령관실OCINC을 폐쇄하고 최고사령관실 인원을 원대 복귀시키면서, 말리키 총리의 군사적 유산을 청산하기 시작했다. 그 핵심은 11월 12일에 발표된 지휘부 개편이었다. "군 지휘부의 전문성 강화와 부패 추방을 위한" 인사조치로, 26명의 지휘관이 해임되고 10명의 장성이 전역했다. 육군 참모총장과 바그다드 방위사령관 그리고 군사정보국장 등이 경질되었고, 직접 작전을 지휘할 주요 전선 지휘관들 또한 새롭게 임명되었다.[16]

시아파 중심의 민병대 조직과 이란 영향력 확대

이라크를 침공한 IS는 기본적으로 수니파 근본주의 세력이었고, 따라서 이라크 시아파는 수니파의 침공에 대규모 궐기했으며 병력 수급 자체에는 문제가 없었다. 2014년 6월 시스타니의 호소에 따라 '궐기'한 시아파는 민간의용군Popular Mobilization Forces: PMF이라는 총괄조직을 결성했고, 그 휘하에 개별 민병대 및 무장 세력에 따라 다양한 부대를 구성했다. 2015년 봄 PMF 이름으로 동원된 시아파 병력은 6만 명 이상이었지만, 대부분 민병대로 편성되었고 이라크 정부의 통제를 받지 않았다.

이것은 심각한 문제였다. 시아파 민병대는 정부군과는 독립된 명령 및 지휘 체계를 유지했으며, 무기 또한 시아파 국가인 이란에서 직접 조달했다. 이와 같은 이란의 무기 제공 덕분에 이라크는 위기를 극복할 수 있었다. 2015년 1월 스위스 다보스Davos에서 개최된 세계경제포럼World Economic Forum에 참

이란 혁명수비대 사령관 솔레이마니
자료: sayyed shahab-o-din vajedi

석한 아바디 총리는 이란의 군사지원에 '특별히 감사'했으며, 이란이 이라크에 무상으로 '무기를 지원'했고 "덕분에 위기를 극복할 수 있었다"고 치하했다.[17] 하지만 독자적으로 무장하고 독립된 명령 및 지휘 체계를 유지한 PMF 중심의 시아파 병력은 이라크 정부군과는 다른 방식으로 행동했으며, 많은 경우 이란의 영향력에 따라 움직였다. 특히 이란 혁명수비대 지휘관인 솔레이마니는 PMF 작전과 이를 통한 이라크에서의 이란 영향력 확대에 주력했으며, 결과적으로 성공했다.[18]

바그다드 중앙정부는 딜레마에 직면했다. PMF를 통제할 필요가 있지만, 정규군이 취약하기 때문에 시아파 민병대를 해체할 수 없었다. 하지만 PMF 병력에만 의존한다면, 이라크 정부는 "일정 영역에서 무력수단을 독점한 조직"이라는 국가의 기본 조건을 충족하지 못하는 허수아비 집단으로 전락할 수 있었다. 2014년 가을 아바디는 총리의 권한으로 이라크 정규군과 국방부를 개편했지만, 경찰과 내무부에 대해서는 별다른 조치를 취하지 않았다. 미국이 이라크 정규군과 국방부에 많은 영향력을 행사했다면, 이라크 경찰과 내무부Ministry of Interior는 이란이 영향력을 행사했으며 시아파가 철저하게 통제했다. 내무장관 또한 이란과 강력한 유대관계를 가지고 있는 바드르 조직에서 배출되었고, 이를 통해 이라크 이슬람최고위원회ISCI와 시아파의 영향력이 정치 영역에 전달되는 핵심 경로로 작용했다.

시아파로 구성된 민병대 조직인 PMF는 이라크 국방부가 아니라 내무부 산하의 군사조직으로 편성되었고, 이것이 아바디 총리가 PMF를 통제하지 못했던 원인 가운데 하나였다. 다양한 시아파 민병대의 연합체인 PMF의 사령관은 명목상으로만 존재했고, 실제로는 바드르 조직의 군사조직인 바드르 군단

솔레이마니 부친 장례식에서 이야기를 나누는 시아파 민병대 조직 지휘관 무한디스(Abu Mahdi al-Muhandis, 오른쪽)와 이란 혁명수비대 지휘관 솔레이마니(왼쪽). 2020년 1월 두 사람은 미군 공습으로 같이 사망한다.

자료: farsnews.com

과 미국 정부가 '테러조직'으로 지정한 헤즈볼라 여단Hezbollah Brigades이 주도하고 있다. 특히 바드르 군단 사령관인 아미리Hadi al-Amiri는 PMF 조직에서 "가장 강력하고 이란에 가장 우호적인 지휘관"으로 평가되며, 2014년 9월 교통부 장관 직위에서 물러난 이후 PMF 작전을 총괄하고 있다.[19] 이러한 배경 때문에 PMF 병력은 이란 영향력이 이라크에 침투하는 핵심 경로로 작동했으며, 이란과 대립하는 미국 입장에서는 매우 껄끄러운 존재였다.

병력 증강 과정

병력 증강은 지지부진했고, 속도는 매우 느렸다. 2014년 설정된 목표는 총 12개 여단을 훈련시키는 것이었지만, 2015년에 들어오면서 오바마 행정부는 훈련 목표를 이라크 육군 6개 여단과 쿠르드족 병력 2개 여단으로 하향 조정했다. 8개 여단의 훈련도 쉽지 않았다.[20] 미국의 초기 목표는 2015년 가을까지 2만 4000명의 이라크 병력의 훈련을 완료하는 것이었지만, 2015년 10월 6일 현재 훈련이 완료된 병력은 그 절반 정도인 1만 3000명에 지나지 않았다. 2016년 4월 초 훈련된 이라크 병력은 수니파 병력까지 포함하여 2만 명 수준으로, 6개 이라크 정규군 여단과 13개 페시메르가 대대로 편성되었다. 하지만 훈련된 병력은 미국의 당초 목표의 절반 정도에 불과했다. 모술을 수복하고 안정화시키기 위해서는 10개 여단, 3만 명의 병력이 필요하다고 추산되었기

때문에, 이라크는 앞으로 1만 명을 더 훈련시켜 부대로 편성해야 했다.[21]

이라크 정부군 증강은 시리아 반군 사례에 비하면, 매우 성공적이었다. 거의 유사한 조건에서 미국은 시리아 아사드 정권에 저항하는 자유주의 반군 군사력을 구축하기 위해 군사원조를 제공했지만, 적절한 군사력을 구축하는 데 성공하지 못했다. 수니파 근본주의 세력인 IS와 시아파가 통제하는 아사드 정부군, 그리고 시리아의 대다수를 차지하는 수니파에 기초하며 근본주의에 반대하는 자유주의 반군 등 3개 세력이 각축전을 벌이는 와중에, 미국은 자유주의 반군을 지원했다. 2014년 9월 오바마 대통령의 연설 이후 미국은 시리아 자유주의 반군의 군사력을 구축하기 위해 5억 달러를 배정하고 우선 무기를 제공하고 동시에 1000명의 미군 병력을 파견하여 2015년 4월부터 훈련을 시작했다. 반군 병력에 군사훈련을 제공하여 자체 방어 능력을 구축하고 일정 영역을 장악하여 반격 능력을 배양하며, 장기적으로는 평화협상에서 강력한 주도권을 장악하는 것이 목적이었다.[22]

시리아 반군 병력을 훈련시킨다는 구상 자체는 적절했다. 미국은 5200만 달러를 사용하여 요르단에 4개 훈련시설을 확보했고, 1년 이내에 7000명의 반군 병력을 훈련시킨다는 계획 아래 4000만 달러의 예산을 배정했다. "시리아 반군 병력의 수준에 적절한" 소화기 사격, 기초 구급처치, 통신 장비 사용 등 기초적인 군사훈련을 제공하는 것이 훈련 프로그램의 일차적인 목표였다.[23] 하지만 실제 성과는 너무나 미미했다. 2015년 5월 입소자는 90명에 지나지 않았고, 기초 군사훈련을 마친 병력은 2015년 7월 60명 그리고 10월까지도 150명에 불과했다. 이 때문에 10월 9일 카터Ashton B. Carter 국방장관은 시리아 반군에 대한 훈련 지원을 중단한다고 발표하면서, 계획이 "실패하여 심히 유감"이라고 의회 청문회에서 발언했다.[24] 2016년 4월 이후 훈련 지원은 재개되었지만 자유주의 반군 세력의 군사력 구축 자체는 진전이 없었으며, 오바마의 표현과 같이 "이전에는 단 한 번도 무기를 구경해 본 적이 없는 농부와 치과의사"로 구성된 시리아 자유주의 세력은 정치적으로 소멸했다.

하지만 이라크에서는 최소한 병력 측면에서는 증강이 이루어졌다. 2015년

점검 시점	정규군*		쿠르드족 페시메르가	수니파 병력**	경찰	총 병력
	육군	대테러				
2015년 3월						
2015년 6월	8,800	2,000	N/A	1,800		12,600
2015년 9월	N/A	N/A	N/A	4,000		13,000
2015년 12월			820	2,500		17,500
2016년 3월	N/A	N/A	N/A	N/A	N/A	19,915
2016년 6월	N/A	N/A	N/A	N/A	N/A	N/A
2016년 9월	26,000	8,500	12,000	(25,000)***	5,800	52,300
2016년 12월	N/A	N/A	N/A	N/A	N/A	66,000

[표 1] 이라크 병력 증강 누적 추이(2014년 12월~2016년 12월)
* 정규군: 이라크 육군 병력 + 대테러부대(CTS)
** 수니파 병력: 수니파 부족 민병대 + 수니파 지방 경찰
*** 수니파 병력 2만 5000명은 매우 기초적인 훈련을 이수했다. 이 때문에 전체 병력에서 제외했다.
※ 원 자료의 문제 때문에 병력 증강의 추이에서 상당한 불일치 및 일관성 부족 문제가 있다. 하지만 전체 추세는 파악할 수 있다.
자료: Lead Inspector General, *Operation Inherent Resolve*(various issues)

3월 이라크에 파견된 미군 병력 3000명 가운데 절반 정도가 교관요원으로, 전체 8주 과정의 군사훈련이 시작되었다. 훈련 과정에서 기본 사격훈련과 함께 독도법, 분대전술, 화학전 대비, 자동화기 사격, 응급처치, 지뢰 및 사제폭탄IED 대처, 야간 전투 등이 교육되었으며, 이를 통해 병력 자체는 증강되었다.[25] 2014년 12월에서 2016년 9월 말까지, 미국은 16억 달러를 투입하여 각각 800명에서 1600명 정도의 병력으로 구성되는 총 12개 여단 병력을 훈련 및 장비시키는 데 성공했다. 전체 병력은 5만 4000명 이상이었고, 여기에는 이라크 육군 병력 2만 6000명, 엘리트 부대인 대테러부대Counterterrorism Service: CTS 8500명, 쿠르드족 병력 1만 2000명, 이라크 경찰 및 국경경비대 5800명 등이 포함되었다. 이와는 독립적으로 수니파 병력 2만 명과 대부분 수니파로 구성된 지방 경찰 병력 5000명이 훈련을 마치고 무기를 수령했다.[26] 이를 통해 이라크 정규군 및 수니파 병력 그리고 쿠르드족 민병대 병력까지 모두 증강되었으며, IS 격퇴를 위해 미국이 동원할 수 있는 군사력의 총량이 증가했다.

미국의 폭격과 특수작전

이라크 정규군 병력 증강이 상당한 시간이 소요되었다면, 폭격 자체는 효과적으로 진행되었다. 2014년 8월 이후 미국과 기타 동맹국들은 압도적인 공군력을 동원하여 IS 군사력과 IS 점령 지역의 다양한 목표물을 파괴하기 시

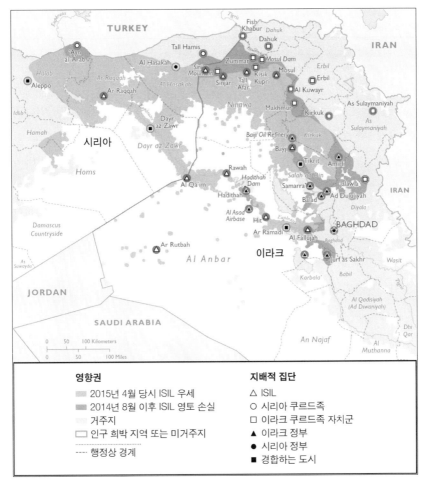

[그림 1] IS가 장악한 지역(2015년 4월 기준)

자료: Lead Inspector General for Overseas Contingency Operations, *Operation Inherent Resolve: Quarterly Report and Biannual Report to the United States Congress* (December 17, 2014 - March 31, 2015), p.27

공습 기간	미군 이라크 IS 공습	이라크/시리아 누적 통계(연합군 전체)
2014/8 ~ 2015/3	1,600회	2,800 목표물 공격
2015/3 ~ 2015/6	3,267회	7,655 목표물 파괴
2015/7 ~ 2015/9	4,700회	13,781 목표물 파괴
2015/9 ~ 2015/12	4,200회	9,300회 출격
2016/1 ~ 2016/3	1,301회	10,962회 출격
2016/4 ~ 2016/6	1,511회	13,156회 출격
2016/7 ~ 2016/9	N/A	15,000회 이상 출격
2016/10 ~ 2016/12	650회	17,211회

[표 2] 미국의 IS 목표물 공습 추이(2014년 8월~2016년 12월)
자료: Lead Inspector General, *Operation Inherent Resolve*, 해당 부분

작했다. 미국의 기본 전략은 공습을 통해 IS 병력을 직접 살상하거나, 이라크
군 작전 및 인도적 임무를 지원하고 동시에 IS 지휘부 및 보급 시설 등을 공
격함으로써 IS의 전반적인 능력을 저해하는 것이었다. 2015년 3월까지 미국
은 이라크 공습에만 18억 달러의 예산을 사용했으며, 이라크에서 1600회의
공습을 감행하여, 석유시설 150개와 441개의 IS 병력 전개 지역 및 1700개의
건물을 공격했다.[27] 그리고 이것은 시작에 지나지 않았다. 2016년 12월 말까
지 미국과 기타 동맹국들은 IS에 대해 총 1만 7211회의 공습을 감행했으며,
이 가운데 1만 803회는 이라크 내부의 목표물에 대한 폭격이었다.[28] 미국은
2015년 8월 터키를 설득하여 터키 동부의 NATO 공군기지에서 이라크 내 IS
군사시설을 폭격할 권한을 확보했고, 이후 공습은 더욱 빠른 속도로 진행되
었다.

　이를 위해 미국은 크게 두 가지 목표물을 파괴했다. 첫째, 미국은 IS 군사
력을 공격했다. IS 공격을 저지할 이라크 정부군 병력이 부족한 상황에서, 미
국은 폭격으로 시리아에서 이라크로 들어오는 IS 보급로를 차단하면서 IS 진
격을 저지했다. 경우에 따라서는 미국은 IS 전투 병력을 직접 공격했다. 2014
년 9월 이라크 최대의 수력발전소(하디타 댐Haditha Dam)를 공격하는 IS 병력을
공습했고, 이라크 병력이 수력발전소와 댐을 탈환 및 방어하는 데 기여했다.

이라크 북부의 하디타 수력발전소
자료: U.S. Government

2014년 10월 초 IS 병력이 공격하여 바그다드 25킬로미터 지점까지 진격하자, 미국은 공격 헬리콥터와 근접 항공 지원을 통해 IS의 진격을 저지했다.[29]

둘째, 미국은 IS 재정 능력을 약화시키기 위해 공군력을 사용했다. 2014년 8월 직후부터 미국은 IS가 장악한 지역의 유전을 공격했으며, 이를 통해 IS 자원 동원 능력을 파괴하여 '전략적 소모전'을 수행하는 데 집중했다. 그 결과 석유 생산은 빠른 속도로 감소했다. 2015년 말까지 미국은 석유시설에 247회 공습을 감행했고, 일간 석유 생산량은 4만 5000배럴에서 3만 4000배럴로 감소했다.[30] 폭격이 가속화되면서 IS 재정 능력은 더욱 감소하여 2016년 여름에는 또다시 3분의 1이 상실되었으며, 모술 인근의 지상 전투에서 유전 지대를 상실하면서 석유 생산량은 추가로 줄어들었다.

2015년 10월 이후 IS의 석유 자원을 집중 공격Operation Tidal Wave II하여 유전 및 운송 시설 그리고 유조차량 등을 파괴했다.[31] 이전까지 미국은 공습 과정에서 무고한 민간인과 차량 운전사 등이 입을 피해를 고려하여 IS가 보유한 1000대 가량의 유조차량을 공격하지 않았지만, 2015년 10월 중순부터는 전단을 살포하고 경고 사격을 감행한 후 유조차량을 파괴하기 시작했다. 12월 초까지 미국은 400대 이상의 유조차량을 파괴했으며, 2016년 상반기에 유조차량 100대 이상을 추가로 파괴했다.[32] 또한 미국은 IS가 약탈한 현금 보관시설cash stockpile facilities을 파괴했다. 2016년 초 미국은 IS 현금 보관시설 9곳을 폭격하여 수천만 달러의 현찰을 '제거'했고, 2016년 5월 말까지 총 21회의 공습을 통해 8억 달러에 가까운 현금을 파괴했다.[33]

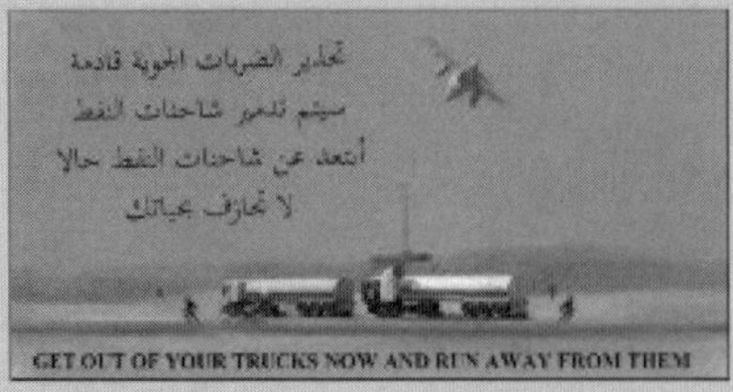

"Warning. Airstrikes are coming, oil trucks will be destroyed. Get away from your oil trucks immediately. Do not risk your life."

유조차량에 대한 사전 경고용 전단
자료: Lead Inspector General, *Operation Inherent Resolve*

이로 인해 IS 재정수입은 급감했다. 엄청난 자원을 장악했던 2014년과 달리, 2015년 IS는 특별하게 팽창하지 못했고 자신이 장악한 지역에서 재정수입을 조달해야 했다. 많은 추정이 있지만, 일단 2014년과 2015년 IS 수입은 각각 19억 달러와 12억 달러로 평가되며 이 가운데 4분의 3은 군사비로 지출했다. IS 병력 3만 명을 유지하기 위해 급여만으로 3억 6000만 달러가 지출되며, 여기에 무기와 장비 비용과 이를 유지하는 데 필요한 비용이 추가되었다.[34] 하지만 장악한 지역에 적절한 산업이 없고 조세 기반이 부족한 IS 입장에서는 석유생산이 사실상 유일한 재정수입이었고, 석유 자원을 폭격하는 미국의 공습은 치명적이었다. 2016년 들어서면서 재정수입은 더욱 줄어들어 8억 7000만 달러 정도로 축소되었으나, 미국의 지원을 받는 이라크의 공세로 인하여 IS의 지출은 더욱 늘어나게 되었다. 그리고 IS는 영토국가로 자신의 영역을 확보하지 못하고 다시 테러리즘에 의존하는 저항 세력으로 전락했다.[35]

재정수입 감소로 인하여 외국인 전투원의 유입 또한 줄어들었다. 2014년 이후 IS는 전 세계를 상대로 외국인 전투원을 모집했고, 이슬람 국가들에서 많은 인원들이 IS의 '성전'에 가담한다는 명분으로 시리아와 이라크에 몰려들었다. 월 1000달러의 급여가 제공되면서 외국인 전투원의 숫자는 2만 5000명 수준으로 팽창했고, IS의 모집 능력은 '폭발적'이었다.[36] 1980년대 아프가니스탄 전쟁에서 미국은 무자헤딘 게릴라를 지원했고 많은 이슬람 국가에서 외국인 전투원이 아프가니스탄으로 몰려들었으나, 그 숫자는 10년 동안 2만 명이 되지 않았다. 하지만 2014년 초 이후 18개월 동안 IS는 이슬람 국가들에서 2만 5000명 이상을 모집하는 데 성공했으며, 2016년 말까지 4만 명을 모집했다.[37]

외국인 전투원들은 100개 이상의 국가에서 유입되었으며, 서방측 국가에서도 4500명 정도가 IS에 가담했다. 가장 많은 인원이 가담한 국가는 5000명 정도가 유입된 튀니지였으며, 뒤를 이어 사우디아라비아 2275명, 요르단 2000명, 러시아 1700명, 프랑스 1550명, 터키 1400명, 모로코 1200명, 레바논 900명, 독일 700명, 영국 700명 등이었다.[38] 미국의 폭격과 지상 전투로 IS 병력은 지속적으로 소모되었지만, 외부에서 유입되는 전투원으로 총병력 자체는 3만 명 수준을 유지할 수 있었다. 하지만 2016년 이후 재정 상황이 악화되고 외국인 전투원의 유입이 중단되면서, IS는 병력 부족 상황에 직면했다.

21장
이라크의 반격과
실지 회복

　반격과 실지 회복은 쉽지 않았다. 하지만 IS를 제거하겠다는 목표 자체는 확고했고, 압도적인 물량을 투입하는 미국의 의지 자체도 군건했다. 미국은 이라크 정부가 직접, 이라크 정부와 함께, 그리고 이라크 정부를 통해서 한다는 원칙을 고수하면서 직접적인 전투 병력은 파견하지 않았지만, 교관 파견 및 군사원조와 공군력 등 물량을 압도적으로 지원했다. 이라크는 "미국과 함께, 미국의 지원을 통해, 그리고 폭격과 같은 미국의 간접적 군사행동" 덕분에 반격에 성공했다. 2015년 3월 티크리트 수복을 시작으로, 2015년 12월 라마디, 2016년 6월 팔루자, 그리고 2017년 7월 모술까지 수복하면서 실지 회복을 완료했다.

　모든 전쟁과 마찬가지로 이 과정은 순조롭지 않았다. 처음으로 수복되었던 티크리트는 수복 과정과 그 이후 복구 및 피난민 정착 등에서 많은 어려움이 있었으며, 특히 시아파 병력의 보복 행동은 수니파 주민들의 엄청난 거부감을 자아냈다. 하지만 아바디 총리로 대표되는 이라크 정부는 '티크리트의 실수'에서 적절한 교훈을 끌어냈고, 이후 시아파 병력의 작전을 통제하는 방향으로 군사작전을 수행했다. 미국 또한 이라크 내부 종파 대립을 완화하는 방안을 모색했으며, '정치적 합의' 필요성을 강조했다. 이후 라마디와 안바르 수복 작전은 많은 부작용을 그럭저럭 통제하는 데 성공했다.

2017년 모술이 수복되면서, IS 세력은 사실상 소멸했다. 2014년 여름 이라크와 시리아 지역에 새로운 영토국가 건설을 노렸던 IS는 2018년에 들어오면서 테러조직으로 전락했고, 이라크를 위협할 군사력은 완전히 상실했다. 즉, IS와의 전쟁에서 미국과 이라크는 승리했다. 하지만 반격과 실지 회복에 성공했다고 해서 이라크에서 전쟁이 종결되고 평화가 보장되지는 않았다.

미국과 이라크 정부의 반격 개시와 PMF 통제

2014년 여름 이라크 정부군이 붕괴하면서 IS는 이라크 서부와 북부의 상당 부분을 점령했으며, 해당 지역의 자원을 동원하여 새로운 영토국가를 건설하겠다고 선포했다. 2015년 봄 IS는 이라크 영토의 3분의 1을 점령했으며, 300만에서 800만 명 정도의 인구를 통치했다. 해당 지역을 장악하면서 상당 숫자의 유전 및 유전에서 나오는 재정적 수익까지 확보했으며, 동시에 해당 지역의 경제적 자원까지 차지했다. 예를 들어, 이라크 제2의 도시인 모술에는 이라크 중앙은행 및 기타 상업은행 지점 35개 정도가 존재했고, 여기에 4억 달러 이상의 현금이 보관되어 있었다. 하지만 IS가 공격하는 시점에서도 이라크 정부군은 이러한 현금 자산을 소개하지 않았고 결국 IS가 이를 장악했다.[1]

이와 같은 상황에서 반격이 시작되었다. 미국이 폭격을 통해 IS 군사력과 재정 능력을 파괴하고 동시에 이라크 정규군을 재건하면서, 이라크 정부는 IS 점령 지역을 수복하기 시작했다. 수복 작전의 첫 번째 목표는 이라크 북부의 수니파 도시인 티크리트였다. 2014년 7월 이라크 정부는 시아파 민병대 병력을 동원하여 티크리트 탈환을 시도했으나 실패했다. 의욕은 높지만 숙련되지 않았던 민병대 병력은 IS의 반격에 무력하게 붕괴했고, 상당한 피해를 입고 후퇴했다.[2] 이후 이라크 정부는 미국의 조언을 수용하여 정규군 재건 및 재편성에 집중했다. 2015년 3월 2일 이라크는 재편성한 정규군 병력을 투입하여 티크리트 수복을 시작했으나, 훈련된 병력은 부족했고 결국 시아파 민병대 병력까지 동원했다.

공격 직전 아바디 총리가 직접 부대를 방문하여 수복 의지를 다시 확인했고, 이란에서는 술레이마니 장군이 직접 현지를 시찰했다. 하지만 수니파 병력은 절대적으로 부족했다. 티크리트 탈환을 위해 이라크는 IS 병력 1만 3000명의 2배가 넘는 3만 명의 병력을 동원했지만, 수니파 병력은 700에서 1000명 수준이었다. 미군은 수니파 지역에 시아파 병력을 투입하는 경우에 발생하는 '마찰'을 충분히 경험했기 때문에 미군 지휘관들은 수니파 병력이 부족한 상황에서 티크리트를 수복하는 문제에 회의적이었다.³ 이란 장교들이 '참관'하는 가운데 3월 10일 시아파 민병대가 티크리트 포위망을 완성했고 IS 병력은 고립되었으며, 포위망 돌파 및 탈출 과정에서 IS 병력은 결정적인 피해를 입었다. 하지만 저항은 멈추지 않았다. IS는 티크리트 도심 지역의 일부에 6500개의 IED를 매설하는 방식으로 방어시설을 구축하고 공격에 대비했으며, 시가전 훈련이 부족했던 이라크 병력은 IED 공격에 많은 희생을 치렀다.⁴

IS 공격에 동료를 잃은 이라크 정규군과 민병대는 IS 포로 및 수니파 주민들을 학살했다. 전투 지역에서 수니파 주민들을 보호할 수단이 없는 상황에서 티크리트를 수복하려는 수니파 병력과 시아파 민병대의 충돌이 발생했고, 바그다드 중앙 정부는 시아파 민병대를 통제하지 못하면서 속수무책이었다.

2014년 6월 티크리트 점령 후 IS는 포로가 된 이라크 병력 가운데 시아파를 색출하여 전원 처형했으며, 티크리트에 위치한 공군사관학교 생도들 가운데 시아파 생도들 또한 처형되었다. 1700명이 학살된 것으로 추정되며, 학살 과정은 촬영되어 IS 웹페이지에 게재되었다.⁵ 이제 시아파 병력이 티크리트를 수복하면서 '복수'를 다짐했고, 학살에 참여했고 IS를 지원했던 수니파 주민 및 병력들을 색출하여 처형했다. 시아파로 구성된 PMF 병력은 수니파 주민들의 귀환을 방해하면서 자신들의 점령지역에 시아파 주민들을 이주시키

IS에 의해 학살되는 시아파 병력

티크리트가 함락되면서 이라크 정규군은 군복 대신 사복을 입고 탈출하다가 IS에 의해 포로로 잡혔으며, 따라서 희생자들은 사복을 입고 있다. 오른쪽 아래에 표시된 상자는 이미 사살된 희생자를 보여준다.
자료: Human Rights Watch

면서 시아파 영역 확대를 시도했다. 수니파 정치인들은 이러한 상황을 격렬하게 비판했으며, 아바디 총리는 사태를 수습하려고 했지만 실패했다.[6] 반면 시아파 지도자들은 "수니파에 대한 보복은 해서는 아니 되지만, 포로를 학살한 범죄자들은 처단해야 한다"고 주장하면서 팽팽하게 대립했고 시아파의 보복 행위를 옹호했다.

수복 이후의 피난민 정착은 심각한 문제였다. 피난민 대부분이 수니파였기 때문에, 시아파 병력이 지역을 장악하고 피난민 귀환 및 정착 업무를 주관하기에는 너무나도 많은 문제가 존재했다. 이에 아바디 총리는 수복 직후 지방정부가 티크리트의 안정화 업무를 담당하며 중앙정부는 예산을 지원하겠다는 의지를 표명했다. 아바디 총리는 티크리트에서 이라크 정규군과 민병대 병력은 철수할 것을 '명령'했고 수니파 주민들로 구성된 지역방위군National Guards 소집 및 강화를 결정했다. 하지만 이라크 정부가 시아파 군사력에 의존하고 있는 상황에서 수니파로 구성된 지역방위군 창설은 쉽지 않았으며, 시아파가 장악한 의회에서도 승인될 수 없었다.[7] 동시에 미국과 아바디 총리 자신은 중앙정부의 권한을 약화시키고 지방정부에게 많은 권한을 부여하는 연방국가functioning federalism 형태로 이라크 통치구조를 개조하려고 했다. 수니파 지역에서는 수니파가, 쿠르드족 지역에서는 쿠르드족이, 그리고 시아파 지역에서는 시아파가 핵심 권한을 가지고 중요한 사안들을 해결하고, 외교·국방에 대한 권한만이 바그다드의 중앙정부에 집중된다면, 시아파가 장악한 중앙정부의 폭주에 의해 발생하는 수니파 지역의 많은 문제가 해결 또는 방지될 수 있었다.

수복 과정에서 미국과 바그다드 중앙정부는 PMF의 양면성을 실감했다. 시아파 민병대는 IS의 공격을 저지하는 데 도움이 되었지만, 수복 작전에 투입하는 경우에는 너무나 많은 문제를 야기했으며 오히려 너무나도 많은 부작용을 수반했다. 이를 해결하기 위하여 다음과 같은 조치가 취해졌다. 첫째, 이라크 정부는 우선 PMF를 이라크 정규군으로 통합시키고, 지휘 통제권을 강화하기 위해 노력했다. 아바디 총리 등은 시아파 민병대 군사력의 문제점을 명확하게 인식하고 있었으며, 특히 말리키 전 총리의 영향력이 PMF를 통해 군사적으로 투영되는 상황에 위기감을 느끼고 있었다. 2014년 12월 미국 언론 《월스트리트 저널Wall Street Journal》에 보낸 기고문을 통해, 아바디 총리는 개혁 방향과 성과를 언급하면서 "어떠한 무장집단과 민병대도 이라크 정규군과 독립적으로 작전하지 않도록 하겠다"고 다짐했다.[8] 이를 실현하기 위해 아바디 총리는 2015년 4월 PMF의 정규군 편입을 추진했으나, 민병대 세력과 연결되어 있는 의회의 반대로 2016년 12월에 가서야 편입 법안이 의회에서 입법화되었다.

둘째, 이라크 정규군 및 수니파 병력의 훈련 프로그램을 가속화되었다. 시아파와 수니파의 종파 갈등을 봉합하는 것을 우선시했던 오바마 행정부 입장에서, 갈등을 증폭시키고 자신들의 종파 이익을 확대하려는 그리고 이란의 영향력을 강화하고 있는 PMF의 행동은 어떻게든 통제되어야만 했다. 미국이 집중했던 이라크 정규군 증강과 함께, 이라크 정부는 수니파 병력을 PMF

팔루자에 진입하는 PMF 병력, 2016년 6월.
자료: Tasnim News Agency

에 충원하는 방안을 추진했다. 티크리트 수복 직후인 2015년 4월 3일 아바디 총리는 안바르 각성 운동의 지도자였던 아부리사와 면담하여 수니파 무장 세력에 대한 지원을 약속했으며, 이를 통해 PMF 조직에 수니파 병력이 증강될 것과 동시에 PMF와는 독립적으로 수니파 무장 병력의 증원을 다짐했다.[9] 미국 또한 독립적인 수니파 훈련시설을 안바르 지방에 개설하고 독자적으로 교관을 파견했다. 2015년 초 450명의 교관 요원으로 개장한 타카둠Taqaddum Facility 비행장에서 1800명의 수니파 병력이 훈련을 시작했고, 이후 그 인원은 5000명으로 증가했으며, 독자적으로 2400만 달러의 예산이 배정되었다. 2015년 4월 티크리트 수복 직후 안바르 지방정부는 수니파 병력 1만 명을 소집하여 무기와 탄약을 지급했으며, 해당 병력을 티크리트 질서 유지에 투입했다.[10]

셋째, 시아파 민병대의 작전 지역을 제한하고 PMF에 대한 바그다드의 지휘 통제권을 확립하여 상황을 개선하는 데 집중했다. 2015년 4월 아바디 총리는 PMF 병력은 향후 실지 수복에 동원되지 않는다고 선언했으며, 이후 라마디와 팔루자 그리고 모술 수복 과정에서 시아파 병력은 외곽 차단 및 지원 임무를 맡았으며 전투 지역에 진입하지 않았다. 대신 이라크 정부와 미국은 수니파 병력 및 지역 경찰에 의존했으며, 전투 자체는 엘리트 특수부대인 대테러부대CTS가 담당했다.

미국의 보다 적극적인 전략

2014년 전략적 소모전을 결정했던 미국은 2015년에 들어오면서 점차 적극적인 전략으로 전환했다. 많은 어려움이 있었지만 이라크 정규군 훈련이 진행되면서 병력이 증강되었고, 티크리트 수복 과정에서 미국은 공군력을 동원하여 지상작전을 지원했다. 3월 25일과 28일 미군 공습으로 IS 중요 방어거점이 파괴되었으며, 이후 3주 동안 유지되던 IS의 저항이 붕괴했으며 티크리트 도심 공략 및 진입이 가능해졌다. 지상군 병력은 아니지만, 미국 군사력이 전투 지역에 투사된 것이다.

2015년 10월 27일 카터 국방장관은 IS를 무력화하는 미국의 군사전략을 3R로 제시했다. 즉, IS의 시리아 중심지인 라카Raqqa와 IS의 이라크 중심지인 라마디Ramadi에 대한 공격, 그리고 공군력 및 육군 특수부대를 동원한 타격Raids으로 IS를 더욱 공세적으로 소모시키겠다는 것이다. 동시에 카터 장관은 이라크 주민들에 대한 통제를 강조했으며, 성공의 지표로 수복 지역의 면적이 아니라 인구 밀집지역인 도시에 대한 통제권 확보를 제시했다. 하지만 미국이 지상 전투에 직접 참여하지 않는다는 원칙을 다시 확인했으며, 대신 공습 및 특수전 작전 – 이라크 병력 증강 – 수복 지역의 안정화 등을 강조했다. 특히 2015년 5월 함락된 라마디 탈환을 강조하면서, 티크리트 수복 등으로 탄력을 받아가고 있는 IS 격퇴 작전이 더욱 가속화되어야 한다고 지적했다.[11]

2016년 1월 13일 카터 장관은 이라크 배치를 앞둔 미군 부대(101 공수사단)를 방문하여 IS 전쟁에서 미국의 전략을 설명하면서 IS 자체의 파괴와 IS의 테러 공격으로부터 미국 및 동맹국들 본토를 방어하는 것 그리고 중동 지역 바깥에 존재하는 IS 연계 조직을 파괴하는 것 등 세 가지 사항을 강조했다.[12] 이를 달성하기 위한 방법으로 IS의 군사력 및 재정 능력 파괴, IS 핵심 조직원과 기반 시설 공격, 이라크 병력 훈련 및 증강, 모술 및 라카 수복, 수복 지역의 안정화 등 다섯 가지를 제시했다. 이에 미군 장병들의 임무는 "이라크군을 훈련시키고 조언하고 지원하는 것train, advise and assist"이라고 규정하면서, 직접적인 전투 대신 "이라크 병력을 통해 IS를 격퇴하고 미국은 이라크를 지원"하는 간접적 접근indirect approach만이 최종적인 승리를 보장할 수 있다고 강조했다.[13]

하지만 미국이 보다 강력하게 행동해야 한다는 의견 또한 존재했다. 즉, 미국이 폭격이나 "훈련, 조언, 지원"에 멈추지 않고 육군 전투 병력을 파견해서 직접 IS를 격퇴해야 한다는 주장이 강력했다. 오바마 행정부가 추진하고 카터 국방장관이 제시한 간접적 접근 대신 보다 직접적인 행동이 필요하다는 주장이었다. 이러한 입장을 견지했던 대표 인물은 2008년 대통령 선거에서 공화당 후보로 등장했던 매케인John McCain 상원의원이었다. 매케인 자신은 2003년 이라크 침공을 찬성했지만, 이후 전쟁 진행 과정에 대해서는 매우 비판적이었으며 부시 행정부가 상황을 왜곡하고 있다고 비난했다. 2005년 가을 의회 청문회에서 합참의장 마이어스Richard Myers 장군이 이라크 상황이 조만간 안정된다는 낙관론을 견지하자 "지금까지 상황은 우리의 희망과 계획과는 다르게 전개되었으며, 장군의 주장과 현실 또한 큰 차이가 있다"고 공개 비판했다.[14]

매케인 상원의원은 미군 병력의 추가 파견이 필요하다는 입장을 오랜 동안 유지했으며, 2007년 증파 전략을 적극적으로 지지했다. 2011년 12월 미국의 이라크 철군에 대해서도 매우 비판적이었으며, 2014년 IS가 이라크를 침공하자 미국 지상군을 파병해야 한다고 강력하게 주장했다. 2014년 8월 그레이엄Lindsey Graham 상원의원과의 공동 기고를 통해, IS 위협은 근본적으로 군사적인 위협이며 따라서 미국은 IS의 군사적 위협을 지상군을 동원하여 격퇴해야 한다고 주장했다.[15] 2015년에도 매케인과 그레이엄은 미군 병력의 증파를 제안하면서, 이라크와 시리아에 각각 1만 명의 병력을 파견하여 병력 훈련을 가속화하고 필요한 경우에는 지상 전투를 수행해야 한다고 주장했다. 이라크 내부 반발이 있을 수 있으나, 현재 3500명 수준의 미군 병력이 1만 명이 된다고 해도 이라크 내부에서의 반발이 미군 주둔 병력에 비례하여 증가하지는 않을 것이며, 독자 작전이 가능하지 않은 3500명 병력과는 달리 1만 명의

미군 병력은 군사적으로는 큰 의미를 가진다고 역설했다.[16]

그럼에도 불구하고 오바마 행정부는 직접적으로 전투 병력을 이라크에 배치하지 않았으며, 약간의 특수전 병력을 제외하고는 파견된 병력은 기본적으로 "훈련, 조언, 지원" 업무를 담당할 병력으로 제한되었다. 다만 파견된 "훈련, 조언, 지원" 병력은 증강되었다. 2015년 4월 이라크에 파견된 병력은 4000명 수준이었으며 이 가운데 450명은 수니파 병력 훈련을 위해 배치되었다. 2015년 12월 미국은 소규모 특수전 병력을 이라크에 파견하면서 정확한 규모와 임무는 공개하지 않았으나 파견 병력을 침투 및 목표 획득 부대 expeditionary targeting force라고 특정했다.[17] 2016년 모술 포위전이 시작되면서 미국은 615명의 병력을 추가 파견하여 모술 포위 작전을 지원했고, 2016년 9월 28일 현재 이라크에 배치 승인된 미군 병력은 총 5262명이라고 공개되었다.[18] 결국 오바마 행정부는 매케인 등이 주장했던 직접적인 접근이 아니라 "훈련, 조언, 지원"에 기초한 간접 접근을 유지했다.

라마디와 팔루자, 그리고 시아파 민병대의 활동 제한

2015년 4월 초 이라크 정부는 티크리트를 수복했지만, 5월에는 IS의 공격에 안바르 지방 행정 중심지인 라마디가 함락되었다. 라마디를 둘러싼 공방전은 2014년 1월에 이미 시작되었으며, 초기 전투에서 IS는 라마디를 점령했지만 이라크 정부군은 바로 반격하여 라마디를 탈환하는 데 성공했다. 2014년 10월 IS는 수니파 지역인 안바르를 완전히 장악하기 위해 지방수도인 라마디 함락에 병력을 집중시키면서 상황은 더욱 악화되었다. 이미 IS가 안바르 지방의 80% 정도를 장악했고 라마디 및 인근 지역만을 이라크 정부군이 유지하고 있었을 뿐이었다. 미국은 공군력으로 IS의 진격을 저지했지만 이라크 병력은 항공 지원에도 불구하고 라마디 인근 지역에 대한 통제권을 점차 상실했으며, IS는 라마디의 절반가량을 점령하는 데 성공했다.[19]

공방전은 소강상태로 지속되었으나, 2015년 봄 시리아에서 충원된 병력을 중심으로 IS는 전열을 정비하고 새로운 공세를 준비했다. 2015년 5월 14일, 모래폭풍으로 미군의 항공 지원이 무력화되자, IS는 차량폭탄Vehicle-Borne Impro-vised Explosive Devices: VBIED과 자살공격으로 기선을 제압하고 라마디 중심부를 장악했다.[20] 오바마 행정부는 이라크 정부군의 행태를 강력 비판했다. 라마디 함락 직후 카터 국방장관은 이라크 병력이 "전투의지가 없다"고 공개 비난하면서, 이라크 정부군이 IS를 병력 규모에서 압도하는데도 후퇴하여 라마디를 상실한 상황은 "납득할 수 없다"고 주장했다. 2015년 7월 오바마 대통령 또한 "단기 처방은 존재하지 않고 오히려 장기적인 계획과 정부군 증강이 중요"하다고 주장하면서, 미군 지상군을 전투에 직접 투입하지 않는다는 방침을 거듭 확인하고 대신 이라크 군사력의 증강이 중요하다고 강조했다.[21]

라마디 함락 직후 이라크 정부는 시아파 병력을 동원하여 라마디 인근에 방어진지를 구축하고 IS 병력의 추가 진격을 저지했으며, 동시에 라마디를 수복하기 위해 포위망 구축을 시작했다. 미국은 라마디 수복 작전이 본격적으로 진행되는 2015년 10월 13일까지 293회의 공습을 감행하여 IS의 방어진지를 집중 파괴했으며, 이라크 정규군 병력, 특히 이라크 정부가 지휘권을 장악하고 있는 대테러부대cts의 훈련에 많은 노력을 기울였다.[22] 미국은 3R을 강조하면서 전략적 소모전을 수행하면서, IS 능력을 약화시키는 데 집중했다. 600~1000명 정도의 IS 병력이 라마디를 방어하는 가운데, 이라크 정부는 2개 여단 병력 5000명을 배치하고 수복 후 안정화를 위해 수니파 병력 2800명을 동원했다.[23] PMF로 대표되는 시아파 민병대 병력은 외곽에서 라마디를 차단하는 임무에 국한하고 전투에는 직접 통제할 수 있는 대테러부대를 투입했다. 아바디 총리는 '티크리트의 실패'를 반복하지 않겠다고 다짐하면서, 수니파 지역인 라마디를 수복하는 데 시아파 병력을 직접 동원하지 않았다.[24]

결국 최소한의 필요 병력이 확보된 이후인 11월 말, 이라크 정부군은 라마디를 봉쇄하고 민간인들에게 대피하라는 전단을 살포하면서 본격적으로 수복 작전을 시작했다. IS 방어 병력은 유프라테스강에 걸린 교량을 파괴하여 이라크 정부군을 저지하려고 했지만, 12월 8일 이라크 정부군은 부교를 건설하고 상당한 전투력을 발휘하며 IS 방어 병력을 라마디 중심부에 고립시켰고, 2주 동안 IS 병력의 절반을 사살했고 이후 12월 말까지 IS 병력 거의 전부를 제거했다.[25] 12월 28일 이라크 정부군은 라마디 정부청사에 이라크 국기를 게양하면서, 라마디를 완전히 수복했다고 선언했다. 하지만 이후 라마디 복구 과정은 험난했다. 이라크 정부는 수니파 8000명을 지방경찰로 채용하고 종파 갈등을 최소화하는 데 주력했지만, IS 병력이 남긴 지뢰와 IED 때문에 피난민 정착 및 복구는 난항을 거듭했다. 수복 이후 1년 동안 라마디와 인근 지역 165만 2000제곱미터에서 2만 1248킬로그램의 폭약을 제거했으나, 여전히 위험은 산재했다.[26]

많은 문제가 있었지만, 라마디 수복은 성공적이었다. 티크리트 수복과는 달리 시아파에 대한 수니파의 보복 행동은 통제되었으며, 무엇보다 이라크 정부군의 핵심 전력인 대테러부대의 능력은 확실하게 증명되었다. 1만 명 정도의 엄선된 병력으로 구성된 대테러부대는 라마디 및 이후 모든 수복작전에서 이라크 정부가 동원하는 최고의 전투부대였으며, 미국이 가장 신뢰할 수 있는 이라크 전력이었다.[27] 이후 이라크 정부는 시아파 병력을 동원하여 팔루자를 포위했지만, 팔루자 수복 자체에는 대테러부대를 투입했다.

2014년 1월 초 함락 이후 IS는 팔루자를 거점으로 안바르 지방을 장악하고, 바그다드를 공격하는 기지로 팔루자를 사용했다. 수도 바그다드에서 70킬로미터 정도 떨어진 팔루자는 자살공격 기지로는 최적의 장소였다. 2016년 4월과 5월, IS의 자살폭탄 공격으로 200명 이상의 민간인이 사망했다. 미국은 모술 공격을 제안했지만 이라크 정부는 모술이 아니라 팔루자를 수복해야 한다고 판단했다.[28]

IS는 팔루자를 점령했지만, 2016년 2월 지역 수니파 세력과의 충돌 때문에 상당한 전력 손실을 입었으며 지역 수니파 무장 세력은 이라크 정부 및 미국과의 연합 가능성을 모색했다.[29] 하지만 시아파 민병대는 IS에 저항하는 수니파를 지원하지 않았으며, 바그다드의 명령에 따라 팔루자에 대한 포위망을

이란 혁명수비대 장교들과
같이 행동하는 PMF
지휘관들

자료: DIshad Anwar(VOA)

강화하는 데 그쳤다. 대신 이란은 시아파 병력을 적극 지원했으며, 5월 22일 이란 혁명수비대의 슐레이마니 장군이 PMF 지휘관들과 팔루자 작전을 논의했다.

본격적인 팔루자 수복 전투는 2016년 5월 말에 시작되었다. 미군은 5월 중순부터 21회의 공습을 통해 IS 전력을 소모시켰으나 팔루자 탈환을 서두르지 않았다.[30] 이라크 대테러부대의 휴식 및 재편성이 완료되고 제한적이나마 병력 보충이 이루어지면서, 팔루자에 대한 공격이 시작되었다. 5월 26일 시아파 성직자인 시스타니는 모든 전투원들에게 "민간인을 보호하라"는 내용의 성명서를 발표하여 시아파 병력의 수니파 민간인들에 대한 보복 행위를 방지하려고 노력했다. 시스타니는 "극단적으로 행동하는 것은 이라크에 대한 배신 행위"라고 규정했지만, 일부 시아파 지휘관들은 팔루자를 "제거해야 하는 종양"으로 규정했다.[31] IS는 민간인을 방패로 이라크 특수부대에 저항하는 가운데, 5월 28일 대테러부대를 중심으로 한 이라크 정부군이 팔루자 중심부를 공격했으며 동시에 IS 병력에는 퇴로를 열어주면서 민간인 희생을 최소화하려고 노력했다. 6월 중순까지의 전투에서 6만 명 정도의 민간인 피난민이 발생했지만, 직접적인 희생자는 150명 미만 수준으로 통제되었다. 라마디 수복 과정과 비교할 때, 팔루자 전투 자체는 그다지 치열하지 않았으며 시가지 피해 또한 심각하지 않았다.[32] 2016년 6월 28일 이라크 정부는 팔루자를 완전히 수복했다고 선언했다.

팔루자 수복 선언 직후인 2016년 7월 IS는 자살폭탄 공격으로 반격했다. 7월 3일 IS는 바그다드의 시아파 구역인 카라다Karrada를 공격하여 300명 이상이 사망하고 수백 명이 부상했다. 이것은 2003년 이라크 전쟁 이후 최악의 자살폭탄 공격으로, 직후 아바디 총리는 사건 현장을 방문했으나, 주민들은 총리 일행에 돌을 던지면서 강력히 항의했다.[33]

모술 전투와 IS의 몰락

팔루자 수복작전이 성공하면서 미국과 이라크는 자신감을 회복했다. 미국의 폭격과 이라크의 대테러부대의 조합은 IS 세력을 격퇴하는 데 상당한 효과를 발휘했으며, 무엇보다 시아파 병력을 방어 및 외곽지원에 제한하고 수복작전에서는 대테러부대를 집중 투입하는 방식은 민간인 피해를 최소화하는 데 성공적이었다. 2016년 8월 10일 맥팔런드 장군의 기자회견은 미국의 자신감을 보여준다.[34] 해당 기자회견에서 맥팔런드 장군은 IS를 격퇴하고 모술을 수복하기 위한 전략으로 다음 세 가지 사항을 제시하면서, 이러한 사항이 모두 충족되었다고 강조했다. 첫째, 미국이 지원하는 이라크 독자 군사력이 필요하며, 이것은 이라크 대테러부대로 충족되었다고 보았다. 둘째, 일정 지역을 수복한 이후 해당 지역을 장악하는 데 상당한 규모의 지역 출신 병력large local holding forces이 필요하며, 이것 또한 현재 수니파 부족 출신의 병력으로 충족되고 있다고 지적했다. 셋째, 피난민을 수용하고 인도적 위기에 대처할 준비가 필수적이며, 이에 대한 대비는 가능하다고 주장했다.[35] 기존 이라크군에 대한 훈련 또한 대반란작전COIN에서 시가전 및 제병협동작전combined arms 등으로 그 중심이 변화해야 하며, 이에 대한 훈련 내용의 변화는 이미 성공적으로 진행되고 있다고 평가했다.

동시에 맥팔런드는 수복 작전과 관련하여 '정치적 합의political groundwork'가 필요하다고 지적하면서, 시아파 민병대의 통제를 강조했다. 이미 2016년 2

월부터 PMF를 통제하기 위한 노력은
존재했으며 2016년 가을에는 시아파
민병대의 정규군 편입 및 지휘 통제권
일원화에 대해서는 이라크 내부에 상
당한 합의가 존재했다. 2016년 11월
이라크 정부는 PMF를 이라크 정규군
의 일부로 편입하겠다는 입장을 발표

기자회견을 하는 맥팔런드 장군
자료: Department of Defense

했으며, 이를 통해 모술 수복에 시아파 병력을 직접 투입하여 대테러부대 전
력을 보존하려고 했다.[36] 그럼에도 불구하고 민병대 해산 또는 편입은 쉽게
진전되지 않았으며, 2017년 12월 시스타니는 모든 시아파 병력이 이라크 정
규군으로 통합되어야 한다는 입장을 강력히 견지했지만 2018년 여름까지도
많은 난관이 존재했다.[37]

　이와 같은 자신감에 기반하여 이라크 정부는 모술 수복을 결심했다. 라마
디 수복 직후인 2016년 3월 이라크 정부는 모술 수복을 위한 군사작전을 시
도했지만 IS의 저항에 직면했으며, 무엇보다 바그다드에 대한 자살폭탄 공격
위협을 제거하기 위해 팔루자 수복을 우선시하면서 군사작전의 순서가 변화
했다. 대신 모술에 대한 포위는 진행되었고, 모술을 방어하는 IS 병력의 상당
부분이 철수했다. 2016년 3월 IS 병력은 5000에서 1만 명 정도가 모술을 방
어하고 있었으나, 2016년 가을 IS 방어 병력은 폭격과 소모전 그리고 포위망
탈출로 인하여 3000에서 5000명 수준으로 감소했다.[38] 이 과정에서 IS 세력
의 병력 소모는 극심했다. 미국과 이라크는 2015년 1월까지 6000명의 IS 병
력을 사살했으며, 2015년 9월에서 2016년 8월까지 2만 5000명의 IS 병력이
추가로 제거되었다. 미국이 개입을 선언했던 2014년 여름부터 계산한다면,
총 4만 5000명의 IS 병력이 소멸했다. 같은 기간 IS는 4만 명 정도의 외국인
전투원을 모집했지만, 그 이상의 병력이 폭격과 전투로 소모되었다. 또한 미
군 폭격으로 석유 및 기타 재정 자원이 고갈되면서, IS의 세력은 빠른 속도로
약화되었다.[39]

IS의 차량폭탄

자료: Lead Inspector General, *Operation Inherent Resolve.*

모술 자체에 대한 공격을 위해 이라크 정부는 압도적인 병력을 동원했다. 10월 중순까지 PMF로 대표되는 시아파 병력과 쿠르드족 민병대, 수니파 병력과 이라크 정규군 등 총 2만에서 3만 명의 병력이 집결했으며, 이에 저항하는 IS의 모술 방어 병력은 5000명 미만이었다. 미군은 615명의 추가 병력을 파견하여 모술 공격을 지원했으며, 9월 말 이라크 중앙정부는 독자적인 군사력을 보유하고 있는 쿠르드족 자치정부와 모술 공격에 대해 합의했다.[40] 아바디 총리는 자신이 통제하기 어려운 PMF 병력을 모술 포위망 구축에 배치하면서, 모술 자체에 대한 공격은 결정하지 않았다. 이와 같은 상황에서 시아파 병력은 모술 외곽 지역을 장악했으며, 특히 모술 인근의 도로망을 통제하면서 시리아에 도달하는 '시아파 통로 land bridge'를 구축하는 데 주력했다. 이를 통해 이란은 이라크를 거쳐 같은 시아파 정권인 시리아의 아사드 정권을 직접적으로 지원할 수 있게 되었으며, 중동 지역에 시아파 세력권을 지상으로 연결하는 데 성공했다.[41]

공격 자체는 2016년 10월 16일 시작되었다. 이라크 정규군과 페시메르가 병력이 공격을 담당했으며, 모술 시내에 대한 진격은 이라크 대테러부대 7000명이 담당했다. 이에 IS는 민간인을 방패로 삼으면서, 동시에 민간인들이 이라크 정부군의 진격에 내응할 가능성을 우려하여 핸드폰을 사용하는 민간인을 무차별 처형했다. IS는 처형한 민간인 시신을 처리하지 않고 도로에 그대로 방치하면서 지역 주민들에게 더욱 강렬한 공포심을 자아내었다. 진격하는 이라크 대테러부대에 대해서는 자살공격과 차량폭탄으로 대응했으나, 대전차화기에 저지되면서 큰 효과를 발휘하지 못했다. 2016년 12월 말 이라크 정부군은 모술 동부 지역의 3분의 2를 장악했으며 1월 말까지 티그리스강 동부지역 전체를 수복했다. 동시에 미군 공습으로 IS는 핵심 지휘부 일

전투로 파괴된 모술(2017년)
자료: voanews.com

부가 사살되었으며, 특히 3000명 정도의 전투원을 상실했다.[42]

　하지만 공격을 담당한 이라크 대테러부대의 희생 또한 상당했다. 10월 중순 이후 100일 동안의 전투로 대테러부대의 사상자는 40%에 육박했으나, 이라크 정부로는 대체할 추가 병력이 부족했다. 저항하는 IS 또한 다른 선택이 없었다. IS에게 모술은 이라크에서 유일하게 남은 거점이었으며, 따라서 후퇴할 수 없었다. 미국 또한 이전까지의 전략적 소모전에서 탈피하면서 IS 세력의 완전한 섬멸을 추구했고, 이에 모술 전체를 완전히 포위하고 IS 방어 병력이 철수할 통로 자체를 봉쇄했다. 티크리트와 라마디 그리고 팔루자 전투에서 미국과 이라크는 포위망을 완성하지 않고, 의도적으로 IS 병력의 철수를 유도하면서 철수하는 IS 병력을 폭격으로 공격했다. 하지만 '최후의 공방전'인 모술 작전에서, 미군과 이라크 정부군은 모술을 완전히 포위하고 그 내부의 IS 병력 전체를 완전히 섬멸한다는 목표를 설정했다. 이에 IS는 모술 전체를 파괴하면서 격렬하게 저항했고, IS의 전력 감소와 함께 이라크 대테러부대의 희생 또한 증가했다.

파괴된 알누리 사원
자료: Levi Clancy

1개월 정도의 재편성 후 2017년 2월 말 이라크 정부군은 추가 작전을 개시했고, 개별 구역과 건물을 하나씩 수색하고 점령하는 과정이 진행되었다. 시가지의 3분의 1 이상이 파괴되었으며, 전투 막바지에만 5000동 이상의 건물이 파손되었다. IS가 최후까지 저항했던 모술 서부지역은 엄청난 피해를 입어 사실상 유령도시로 변해버렸다. 피해는 사원에도 미쳤다. 1170년대 초 건축된 알누리 사원Great Mosque of al-Nuri은 모술을 대표하는 문화재였으며, 2014년 7월 5일 바그다디는 이곳에서 이슬람국가IS의 성립을 선포했기 때문에 IS는 알누리 사원을 성지 수준으로 중요하게 여겼다. 2017년 6월 21일 IS는 알누리 사원에서 후퇴하면서 폭약으로 사원 전체를 파괴했다.

2017년 7월 10일 아바디 총리는 모술을 완전하게 수복했다고 선언했다. 7월 9일 아바디 총리는 수복된 모술을 방문했고, 10일 TV를 통해 방송된 연설에서 승리를 선언했다. "공포와 거짓으로 유지되었던 테러집단이 붕괴"했으며, 이라크 국민의 "단합과 희생 덕분에 이와 같은 승리가 가능"했다고 주장했다. 아바디 총리는 "이라크 국민들의 단합을 가능하게 했던 시스타니에게 특별히 감사"하면서, 전투 과정에서 희생했던 "모든 군인들과 전투원 및 그 가족들을 치하"했다.[43]

이것은 IS 전쟁의 종결을 상징하는 선언이었다. 간헐적인 저항은 7월 하순까지 존재했지만, 모술 자체는 수복되었으며 IS 세력은 완전히 제거되었다. 인구 250만의 대도시가 함락되면서 피난민 수십만이 발생했고, 수복 과정에서 많은 민간인이 희생되었다. IS는 민간인들을 방패로 사용했고 이로 인해 희생은 급증했다. 이라크 정규군은 민간인들이 인질로 잡혀 있다는 사실을 무시하고 IS 진지를 무차별 포격했으며, 미국은 1250회 이상의 폭격을 감행하여 2만 9000개의 폭탄으로 수천 개의 목표물을 파괴했다. 민간인 피해의 정확한 규모는 파악하기 어렵다. 일부는 1만 명 정도의 민간인이 전투 과정에서 사망했고 이 가운데 3분의 1 정도는 미국 및 이라크 정부군의 공격에서 희생되었다고 보지만, 다른 추정치에 따르면 희생자 전체 규모는 6000명에서 9000명 수준이며 1066명에서 1579명 정도가 미국과 이라크의 공격으로 사망했다.[44]

이러한 희생에도 불구하고, 모술이 수복되면서 영토국가로의 IS는 이라크에서 소멸했다. 모술 인근의 탈아파르 등이 수복되면서 IS는 이전 영토의 95%를 상실했고, 더 이상 이라크 중앙정부에 실질적인 위협을 가하지 못하게 되었다. 모술 수복은 IS의 소멸을 의미했지만, 모술 수복이 '이라크 전쟁'의 종결과 평화의 시작을 보장하는 충분조건은 아니었다. 이라크에서 전쟁이 종결되고 평화가 시작되기 위해서는 IS의 소멸 이상의 더욱 복잡한 조건이 충족되어야만 했다.

22장

미국과 이란 그리고 이라크의 혼란

2018년 들어서면서 IS는 완전히 무력화되었다. 2014년 1월 침공하면서 이라크 영토의 상당 부분을 점령하고 엄청난 위협을 가했던 IS는 이제 점령 지역을 모두 상실하고 영토국가로는 소멸했다. 미국과 이라크 정부는 IS 잔존 세력을 완전히 말살하기 위해 압박을 지속했으며, IS 지도부를 추적했다. 2019년 10월 IS의 수장 바그다디는 시리아 북부 지역에서 은거하다가 미군 특수부대의 공격에 의해 제거되었다. 이를 계기로 이라크와 시리아를 공포에 몰아넣었던 IS는 사라질 가능성이 증가했지만, 이라크에 안정이 찾아올 가능성은 크게 달라지지 않았다. 이라크 내부에서의 혼란은 종식되지 않았으며, 전기와 수도 그리고 기본적인 치안 등 국가가 제공해야 하는 기본 서비스를 요구하는 주민들의 시위가 격화되었고, 총선 결과 선출된 총리는 사임했지만 후임 총리가 결정되지 않는 상황이 10주 정도 발생했다.

2018년 5월 총선이 실시되었다. 이라크 시아파 정치 세력이 비록 분열되기는 했지만, 이 선거에서도 수니파와 쿠르드족 정당을 제치고 의석을 석권했다. 하지만 시아파 세력이 이란과의 연계 및 시아파 정체성을 강조하는 시아파 민병대 세력과 이라크 민족주의 및 이라크 국가 정체성을 중요시하는 세력으로 분열되면서, 미국은 새로운 기회를 잡을 수 있었다. 하지만 트럼프 행정부는 이라크 정부의 역량 강화에 무관심했으며, 이라크 문제에 있어서 매우 모호한 그리고 혼란스러운 정책을 추진했다. 2016년 선거 과정에서부터 고립주의적 성향을 보여주었던 트럼프 대통령은 미국 우선주의America First를 표방하면서, 해외 모든 지역에서 미국 병력을 철군하겠다고 공언했으며 이러한 철군 원칙에서 이라크도 예외는 아니었다.

트럼프 대통령은 이라크 문제를 체계적으로 검토하지 않았으며, 미군 병력이 철군한 이후 이라크 상황이 어떻게 전개될 것인가를 고려하지 않았다. 문제의 핵심은 IS 전쟁을 거치면서 이란이 이라크에 막대한 영향력을 가지게 되었다는 사실이며, 미국은 이란의 영향력 증가에 전략적으로 대응했어야 했다. 이것은 미국의 업보業報였다. 2003년 침공 이전까지 이라크는 소수집단인 수니파가 후세인을 정점으로 이라크를 통치했으나, 미국의 침공으로 소수파 수니 정권이 붕괴하고 다수파인 시아파가 권력을 장악했다. 이라크 시아파는 인근 시아파 국가인 이란의 지원을 받아 자신들의 권력을 유지하려고 했고, 그에 따라 이라크에서 이란의 영향력이 급등했다. 따라서 미국으로서는 이란 영향력을 통제하는 것이 매우 중요했다. 하지만 트럼프 대통령은 이란에 대한 맹목적인 적대감만을 표출하면서, 이란 영향력의 확대 문제에 어떻게 대응할 것인가에 대해서는 무관심했다.

IS를 격퇴한다는 공통의 목표를 두고 이란과 미국이 이라크에서는 협력했다. 하지만 시리아 내전에서 미국은 자유주의 반군을 지원했고 이란은 아사드 정권을 지지하면서, 미국과 이란의 협력에는 근본적인 한계가 존재했다. 즉, 이란과 미국이 이라크에서는 동맹국과 같이 행동했지만, 국경 넘어 시리아에서는 사실상 적대 세력이었다. 이란은 IS 세력을 격퇴하면서 이라크를 거쳐 시리아까지 연결하는 '통로'를 개척하려고 했으며 이를 위해 시아파 주민들을 주요 거점에 정착시켰으나, 이를 저지하고 이라크 자체의 안정화를 바라는 미국은 수니파 주민들의 귀환을 지원했다. 그리고 IS 세력이 약화되면서, 그나마 이라크에서만 유지되었던 미국과 이란의 협력은 더욱 약화되었으며 경쟁적 성격이 점차 강화되었다. 2020년 1월 미국이 이란 혁명혁명수비대 소속 솔레이마니 장군을 암살하면서, 그 갈등은 더욱 격화되었다.

IS의 사실상 소멸과 바그다디 제거

2019년 3월 23일 시리아에서 IS가 마지막까지 장악하고 있던 거점 알바구즈Al-Baghuz Fawqani가 함락되었고, 이것으로 IS가 장악했던 모든 지역이 수복되었다. 이제 영토 국가로서 IS는 소멸했다. 하지만 상당 숫자의 IS 병력은 시리아와 이라크 전역에 흩어져 있었으며, 특히 2019년 여름 시점에 1만 4000~1만 8000명 정도의 IS 병력이 이라크 북서부와 중부 지역의 사막 및 농촌 지역에 잠복하고 있었다. 하지만 IS는 인구 밀집 지역을 장악하지 못했으며, 이라크 정부군이 통제하고 있는 도시에 대한 간헐적인 공격을 감행할 수 있었다.[1] IS의 수장인 바그다디는 항쟁을 촉구했지만, IS는 대규모 재래식 공격을 통해 일정 영토를 점령하고 이라크 정부군 및 미군의 공격으로부터 해당 지역을 방어할 능력은 상실했다.

2020년 8월 미국 중부군 사령관인 매켄지Kenneth F. McKenzie Jr. 장군은 미국 평화연구소U.S. Institute of Peace 연설에서 "IS는 영토를 상실했고 IS 지도부는 궤멸되었으며, 사람들이 IS의 이데올로기를 경멸"하고 있지만, IS는 여전히 "지역 주민 및 미군 병력에 대해서는 테러 위협을 가할 수 있다"고 평가했다.[2] 즉, IS는 더 이상 영토국가가 아니라 테러 조직이며, 따라서 일정한 영토를 확보할 수 있는 능력은 "심각할 정도로 감소되었다"고 지적했다. 이러한 IS의 능력 감소는 병력 부분에서도 드러났다. 2019년 6월 말 이라크에 은거하고 있던 IS 병력은 1만 4000~1만 8000명 수준으로 추정되었지만, 2020년 8월 UN 조사팀은 이라크와 시리아 두 나라에 존재하는 IS 병력 전체가 1만 명 수준이라고 평가했다.[3] 특히 미군 평가가 이라크에만 국한되었고 UN 조사단은 이라크와 시리아 두 나라를 포괄적으로 조사했다는 측면에서, 이라크에 은거하고 있는 IS 병력의 규모는 더욱 많이 감소했다고 볼 수 있다.

IS의 약화 추세는 재정적인 능력에서도 드러났다. 영토를 상실하면서 IS는 군사력을 동원하고 유지하는 데 필요한 자원을 확보하지 못했고, 따라서 IS는 테러와 암살 등으로 지역 주민들에게 공포심을 유발하고 겁박하여 현금을 갈취하기 시작했다. 물론 IS는 제한된 자산을 보유하고 있지만, 이를 적절하게 사용할 수 없었다. 2020년 6월 추정에 따르면, IS가 보유하고 있는 자산은 5000만 달러에서 3억 달러 정도로 큰 편차를 보인다.[4] IS는 2014년 6월 모술을 점령하면서 4억 3000만 달러의 현금을 노획했고 이후에도 상당한 현금 및 기타 재정수입을 확보했지만 미국은 2016년 상반기까지 8억 달러 상당의 현금을 폭격으로 파괴했다. 또한 미국과 이라크 정부는 IS가 보유한 자산을 잘 동결하면서 IS는 금융 네트워크에서 차단되었고 송금이 불가능해졌다.

IS는 모든 거래에서 현금을 사용해야 했고, 휘하 병력에게도 모두 현금으로 급여를 지급하고, 현금으로 식량과 연료를 구입해야 했다. 자신들이 장악한 지역에서 재정수입이 없기 때문에, IS는 현재 상태를 유지하는 데에만 엄청난 현금을 운반해야 하며 동시에 재정 기반 및 자산이 매우 빠른 속도로 고갈되고 있다. 2020년 9월 말 추산으로는 IS 자산은 1억 달러로 감소했으며, 금융기관에 대한 조사 및 자산 몰수 등으로 그 고갈 속도는 더욱 빨라지고 있다.[5]

이에 IS는 악순환에 빠져 들었다. 재정 자원이 고갈되면서 IS 병력 또한 빠른 속도로 감소했으며, 이에 IS는 병력 충원 및 유지에 필요한 재정 자원을 해당 지역에서 충당하기 위해 지역 주민들을 착취했다. IS에 착취당하는 지역 주민들은 이라크 정부군에 협력하면서, IS에 대한 지지는 더욱 감소하고 IS에 자발적으로 참여하는 병력 또한 더욱 감소했다. 주민을 갈취하지 않는 경우에 IS 병력이 생존을 위해서 밀수에 집중하게 되면서, 결국 IS는 이슬람 근본주의라는 명분을 강조하는 밀수 및 폭력배 조직으로 전락했다. 동시에 더욱 많은 현금을 제공해야만 필요한 자원을 확보할 수 있게 되면서, 재정 자원의 고갈은 더욱 가속화되었다. 2020년 5월 미국 국방정보국DIA은 수니파 주민들에 대한 여론 조사를 실시했고, 이에 따르면 수니파 주민들은 이라크 정부에 대해서는 좌절하고 있으나 이라크 정부군은 매우 긍정적으로 평가하고 있고, IS에 대해서는 압도적으로 부정적인 견해를 표출했다.[6]

매켄지 장군은 "만약 IS에 대한 지속적인 압박이 사라진다면 IS는 영토를 점령할 능력을 신속하게 회복할 수 있다"고 경고했고, 바로 이러한 이유에서 이라크 정부군은 미군의 지원을 바탕으로 IS 병력이 웅거하고 있는 지역에 대한 군사작전을 지속했다.[7] 2019년 이후 이라크 정부군은 미군과의 협력을 통해 IS 병력을 제거했으며, 2020년 들어와서는 독자적인 군사행동을 통해 IS 병력을 제거했다. 대부분의 군사작전은 해당 지역에서 IS 병력을 소탕하는 방식으로 진행되었으며, 2019년 작전은 이라크 서부의 안바르 지역에 집중되었고 2020년 작전은 이라크 북서부 및 중부의 디얄라와 살라아딘, 그리고 키르쿠크 지역에서 진행되었다.[8]

이러한 군사작전의 일부로 미국은 IS 지도부 제거에 많은 노력을 기울였다. 미국은 막강한 정보 자산과 특수전 부대를 결합하여 IS 수뇌부를 추적했고, 이미 2014년 여름 이후 IS 지휘부를 공격하여 IS 전투 역량을 지속적으로 약화시키었다. 그리고 2019년 10월 미국은 IS의 수장인 바그다디를 제거하는 데 성공했다. 10월 26일 미군 특수부대는 시리아 북서부 한 마을 바리샤 Barisha에 은신하고 있던 바그다디를 포착하여 체포 작전을 실시했다. 바그다디는 은신처에서 저항하다가 퇴로가 차단된 상황에서 자폭했고, 미군은 DNA 분석을 통해 바그다디의 신원을 확인했다.[9] 트럼프 대통령은 미군 특수작전을 '관람'했고, 이후 기자회견에서 바그다디는 완전히 제거되었다고 선언했다.

바그다디가 제거되면서 IS는 상당한 타격을 입은 것은 분명했지만, 이것이 IS 조직을 직접적으로 와해시키지는 않았다. 이미 지휘 권한은 하급 지휘관에게 이양되었으며, IS 수뇌부가 하급 부대가 필요로 하는 자원을 보급하지 못하는 상황에서 개별 부대는 생존을 위해서 IS 수뇌부와는 독립적으로 행동했다. 덕분에 IS 조직 자체는 살아남았지만, 체계적인 공격 능력은 감소했고

**바그다디 제거 작전을
참관하는 트럼프 대통령**
자료: White House

이라크 정부에 대한 위협 수준 또한 현격히 줄어들었다. 바그다디가 제거된 직후인 2019년 11월과 12월 IS의 공격은 382회를 기록했지만, 이러한 공격 수준은 IS의 역량 감소로 유지되지 못했고 2020년 1월과 2월에는 그 절반 수준인 187회로 감소했다.[10]

이라크의 정치 혼란과 역량 부족
그리고 표류하는 미국의 이라크 정책

IS 병력이 이라크 북서부 및 중부 지역에, 특히 바그다드 중앙정부와 북부 쿠르드족 자치 정부의 행정 관할권이 모호한 경계 지역에 흩어져 존재하지만, 병력 자체는 지속적으로 감소하고 이에 따라서 IS 위협 자체도 사라지기 시작했다. 하지만 IS의 소멸이 이라크의 안정으로 이어지지는 않았다. 이라크에서 안정이 이루어지기 위해서는 이라크 정부가 작동하면서 전기와 수도 그리고 기본적인 치안 등을 제공해야 하며, 주민들이 선출한 정치권력이 이러한 국가 자원을 적절하게 배분해야 한다. 하지만 이라크에 존재하지 않는 조건이 바로 이러한 작동하는 정부와 기본 서비스를 제공하는 국가 역량이었다. 이것은 이라크의 고질적인 문제점이자 한계였으며, 미국은 2003년 이

지도자	정당	의석	종파 성향
사드르	사이룬(Saairun)	54	시아파 중심 이라크 민족주의
아미리	파타연합	48	시아파 근본주의
아바디	승리연합	42	시아파 세속주의
말리키	법치연합	25	시아파 근본주의
바르자니	쿠르드 민주연합	25	쿠르드족 민족주의
알라위	이라크국민운동	21	시아/수니 세속주의

[표 1] 2018년 5월 12월 이라크 총선 결과

후 지금까지 이 문제를 해결하기 위해 많은 노력을 기울였지만, 성공하지 못
했다.

이와 같은 노력이 성공하지 못했던 중요한 요인은 이라크 내부의 갈등이었
으며, 특히 수니파와 시아파의 대립이 정치적으로 해결되지 않은 것이다. 시
아파가 유권자 다수를 차지하는 상황에서 시아파 종파 정체성을 강조하는 근
본주의 세력은 선거에서 거의 자동적으로 승리했고, 수니파는 소수파로서 선
거에서 승리할 수 없었기 때문에 일부 시아파 정치 세력과 연합해서 자신들
의 이익을 확보해야만 했다. 이러한 측면에서 2018년 5월 총선은 중요한 가
능성을 보여주었으며, 이 선거에서 승리한 새로운 시아파 연합은 이라크 국
가 정체성을 강조하면서 수니파와의 연합을 표방했다. 총 327석 가운데 아바
디 총리의 정치 세력은 42석을 획득하면서 3위를 차지하여 정권을 상실했다.
대신 IS 전쟁에서 존재감을 과시했던 시아파 민병대를 규합하고 이란과 연계
되어 있는 시아파 지도자 아미리의 파타연합이 48석으로 2위를, 그리고 시아
파 출신이지만 이라크 민족주의자로 자신을 새롭게 규정했던 사드르의 연합
이 54석을 가져가면서 1위를 차지했다.[11]

선거 결과에 따라 이라크의 개혁을 내세웠던 사드르의 정치 세력이 연합을
주도하면서 집권했으며, 2018년 9월 새롭게 소집된 의회에서 대통령이 선출
되었고 10월 2일 압둘-마흐디Adel Abdul Mahdi가 총리에 지명되었다. 신임 압둘-
마흐디 총리는 특정 정당에 소속되어 있지 않은 무소속 정치인으로 과거 석

2018년 5월 총선 승리 후 환호하는 사드르 지지세력
자료: Fars News Agency

유장관을 역임한 기술관료technocrat 출신으로, 따라서 거의 모든 세력에서 반대하지 않았고 미국 또한 강력한 종파 성향이 없는 인물로 판단하고 지지했다.[12] 이라크가 안정적으로 유지되고 시아파와 수니파의 통합이 이루어지기 위해서는, 압둘-마흐디 총리와 같이 종파 정체성을 강조하지 않으면서 시아파와 수니파의 대립 자체를 적절하게 통제할 수 있는 정치 세력이 부상해야 한다. 반면 종파 정체성을 강조하는 정치 세력의 경우에는, 특히 이란과의 연계를 중요시하면서 시아파 종파 정체성을 근본 가치라고 표방하는 근본주의 정치 세력은 압둘-마흐디 총리와 같이 세속적이며 중립적인 인물을 용납할 수 없었다.

때문에 시아파 정치 세력의 상당 부분은 압둘-마흐디 내각의 출범을 방해했고, 내각 구성은 난항을 거듭했다. 총선에서 5개월이 지난 이후에야 총리가 지명되었고, 11월까지도 내각을 완전히 구성하지 못했고, 불완전한 채로 정부가 출범했다. 특히 문제가 되었던 부처는 경찰을 통제하는 내무부와 군

압둘-마흐디 이라크 총리
자료: LaGrandeOurs

을 통제하는 국방부였으며, 전통적으로 이란과의 연계를 강조하는 시아파 세력은 내무부와 경찰을 장악했고 미국과의 유대 관계 및 이라크 통일성을 중요시하는 시아파/수니파 연합 중도 세력은 국방부와 군을 통제했다. 이 두 부서의 장관은 총선에서 1년 이상이 지난 2019년 6월에야 이라크 의회의 인준을 받아 최종 임명되었다. 그리고 새롭게 취임한 이라크 국방장관이 이란과 강력한 유대 관계를 유지하고 있는 시아파 민병대 병력에 대한 이라크 국방부의 지휘권을 확립하기 시작하면서, 시아파 정치 세력과의 마찰이 본격적으로 시작되었다.[13] 일부 민병대 병력은 정부의 조치에 순응했지만, 대부분의 민병대 세력은 정부의 조치를 비난했다. 13만~15만 명 정도의 병력이 이라크 정부군과는 별도로 행동했기 때문에, 미국을 비롯한 많은 국가들은—특히 시아파 이란이 이라크에서 영향력을 확대하는 것을 경계하는 수니파 국가들은—이와 같은 이라크 정부의 조치를 환영했다.

그럼에도 불구하고, 미국 정부는 이라크 정부의 이러한 상황에 대해 별다른 지원을 하지 않았다. 2014년 IS의 이라크 침공 이후, 오바마 행정부는 "이라크 정부가 직접, 이라크 정부와 함께, 그리고 이라크 정부를 통해 행동한다"는 원칙을 견지했다. 2016년 11월 선거에서 승리한 트럼프 대통령 또한 미국 대외정책의 많은 부분을 수정했지만, 이라크 전쟁에서는 이전과 유사한 전략을 구사했다. 즉, 이라크 정부를 지원해서 IS와의 전쟁을 수행하는 것이었다. 문제는 IS가 소멸해 가는 상황에서 향후 이라크 문제를 어떻게 처리할 것인가에 대한 전략이 드러나지 않았다는 사실이다. 2017년 1월 트럼프 행정부 출범 시점에서는 IS와의 전쟁이 핵심적인 사항이었을 수 있지만, 2018년과 2019년에 들어서면서 IS가 사실상 제거되었기 때문에 새로운 전략이 필요했다. 하지만 트럼프 행정부는 별다른 조치를 취하지 않았다.

취임 직후인 2017년 1월 28일 트럼프 대통령은 국방부에 새로운 IS 전쟁 전략을 수립하라고 제시했고, 이에 6월 23일 미국 국방부는 새로운 이라크 전략U.S. Strategy to Defeat the Islamic State of Iraq and Syria을 보고했다.[14] 해당 문서가 완성되기 직전인 2017년 5월 19일 기자회견에서 매티스 국방장관은 몇 가지 부분에서 새로운 접근을 시도했다. 첫째, 이라크 전쟁에서의 '승리'를 보다 실질적으로 제시했다. IS 전쟁에서 승리는 "경찰이 대응할 수 있는 수준으로 IS를 약화시키는 것"이라고 규정하면서, "전차와 야포 그리고 수천 명의 병력이 작전하는 상황은 경찰이 통제할 수 있는 상황이 아니다"라고 강조했다. 즉 미국은 IS 군사력을 파괴하는 것을 핵심 목표로 설정했다. 둘째, 매티스 장관은 지금까지와는 달리 IS 병력의 후퇴를 허용하지 않고 IS를 섬멸해야 한다고 강조하면서 "이제는 문제를 이식하지 않겠다"는 의지를 천명했다.[15]

이란과 연계된 시아파 근본주의 세력과 이라크 국가 정체성을 강조하는 시아파/수니파 연합 세력이 이라크 정부 구성을 둘러싸고 대립하는 상황에서, 미국은 별다른 행동을 취하지 않았다. 무엇보다 트럼프 대통령은 임기 전체 기간 동안 이라크 문제에 대해서 어떠한 연설도 하지 않았으며, 짧은 트위터 메시지를 제외하고는 자신의 이라크 구상/전략을 체계적으로 제시하지도 않았다.[16] IS 격퇴가 핵심 목표였기 때문에 IS가 소멸하는 상황에서 트럼프 행정부는 철군에만 집중했고, 이란의 영향력 증가가 이라크 정치 자체와 그에 기초한 내부 자원 배분을 왜곡하여 수니파의 거센 저항을 가져올 것이며, 그 결과 이라크의 안정화 가능성은 더욱 요원해진다는 가능성을 무시했다. 즉 트럼프 대통령은 IS를 격퇴하면 이라크에서 평화와 안정이 올 것이라고 믿으면서, 이제 IS가 소멸했으니까 이란 영향력 확대에는 관심을 기울이지 않고 가능한 한 빨리 철군하고자 했다.

반면 미군 철군 후 안정을 담보할 이라크 국가 및 정부의 역량 강화에 대해서는 거의 관심을 기울이지 않았다. 하지만 상황은 다른 방향으로 전개되었다. 2019년에 들어서면서 정부가 기본적인 서비스를 제공하지 못하는 상황

이라크 시위대
자료: Alrafidain TV

에 대한 불만은 공개적으로 표출되었으며, 2018년 7월 이라크 남부의 수돗물 문제로 시작된 반정부 시위는 점차 확대되었다.[17] 이란과의 연계성을 강조하면서 시아파 종파 정체성을 핵심 가치로 인식하는 시아파 근본주의 세력은 이라크 국가 정체성을 강조하는 압둘-마흐디 총리 내각에 대해 불만을 가지고 있었으며, 결국 자신이 통제하는 이라크 경찰을 동원하여 시위대를 공격했다. 2019년 10월 1일 바그다드에는 5000명 이상의 시위대가 운집했으며, 높은 실업률과 기본 서비스 부족 그리고 정부 기능 마비를 초래하는 부정부패를 척결하라고 요구했다. 시스타니 등의 시아파 성직자들이 폭력 사용을 자제하라고 요구하면서 정부가 "신속하고 명확한 조치"를 취해야 한다는 성명을 발표했지만, 이라크 경찰은 시위대에 발포했다.[18] 일주일 동안 149명이 사망하고 4200명 정도가 부상했으며, 사망자의 70%는 머리와 가슴에 총상을 입었다. 즉 이라크 경찰은 시위대를 해산하는 것이 아니라 사살하라는 명령을 받고 시위대에 발포했다.[19]

압둘-마흐디 총리는 시위대에 대한 발포 책임을 물어 경찰 및 바스라 지사 등을 해임했지만, 조준 사격으로 인명 피해를 입은 시위대의 분노를 잠재울 수 없었다. 결국 2019년 11월 29일 압둘-마흐디 총리 자신이 사임하면서 내각이 붕괴했다.[20] 이 과정에서 두 가지 문제가 발생했다. 첫째, 2020년 정부 예산을 편성해야 하는 상황에서 총리 사임으로 내각이 붕괴했고, 예산을 편성하고 의회에 제출할 주체가 소멸했다. 이에 따라 이라크 정부는 2020년 들어오면서 독립적인 예산 없이 2019년 예산에 기초해서 2019년 전체 예산을 12등분하여 매월 사용했다. 동시에 $56 달러 수준이었던 석유 가격이 $30로 하락하면서 재정난은 더욱 악화되었고, 2020년 4월 이후 개별 정부는 운영할 자금이 부족한 상황에 직면했다. 군인과 경찰관을 포함한 이라크 정부 공무원은 총 650만 명 수준이며 이에 필요한 급여 및 연금 등 인건비 관련 지출이 월 40억 달러 정도이지만, 이라크 정부가 사용할 수 있는 석유 수출 대금 및 예산은 월 32억 4000만 달러에 지나지 않았다.[21]

둘째, 후속 총리의 인선이 쉽지 않았다. 압둘-마흐디 총리 사임 후 2개월이 지난 2020년 2월 1일 총리 후보로 지명된 모하메드 타우픽 알라위Mohammed Tawfiq Allawi는 수니파와 쿠르드족 정치 세력이 거부하면서 내각 구성에 필요한 의회 내부의 지지를 확보하지 못했다. 결국 3월 1일 알라위는 총리 후보로서 내각 구성을 포기하고 사퇴했다. 이어 3월 17일에 지명된 주르피Adna al-Zurfi는 시아파 정당의 지지를 확보하는 데 실패하면서, 4월 9일 총리 후보에서 자진 사퇴했다. 2020년 4월 9일 이라크 정보기관의 책임자였던 카드히미Mustafa al-Kadhimi가 또 다시 총리 후보로 지명되었으며, 다양한 정치 세력과 협상을 시작했다. 이전 총리 후보자가 1개월 만에 사퇴했던 데 반하여 카드히미는 일단 5월 초 15명의 장관에 대한 의회의 승인을 받아내는 데 성공했다. 이후 1개월의 추가 협상을 통해 6월 6일 22명의 장관으로 구성된 내각 전체를 출범시키는 데 성공했다.[22] 2019년 11월 29일 총리가 사임하면서 이라크에서 발생했던 행정/정치 공백이 7개월이 지나서야 채워지게 되었다.

겨우 이라크의 국가 리더십이 등장했지만, 여전히 국가 역량 자체는 심각한 문제를 가지고 있었다. 코로나-19COVID-19가 창궐하는 상황에서 이라크 정부는 이에 필요한 예산을 가지고 있지 않았으며, 2019년 말에 시작된 정치 공백으로 2020년 예산을 편성하지 못한 상황이었다. 신임 재무장관 알리 알라위Ali Allawi는 기자회견에서 "보통 정부는 45일 사용할 현금을 가지고 있어야 하는데, 현재 이라크 정부는 4일 분 현금만을 가지고 있다"고 한탄하

미국 트럼프 대통령을 방문한
카드히미 이라크 총리
(2020년 8월 20일)
자료: The White House

면서, "120억 달러가 있어야 하는 상황이지만, 추적 가능한 현금은 16억 달러밖에 되지 않는다"고 발언하여 엄청난 횡령과 부정부패가 존재했다고 시사했다.[23]

카드히미 총리는 시위대의 요구를 수용하면서 체포된 시위대를 석방하고 무력 사용과 관련된 책임자를 조사할 특별위원회를 설치하겠다고 발표했다. 2020년 7월 시위의 중심지이자 이라크 남부 시아파 지역인 바스라를 직접 방문했으며, 8월에는 바스라 지역 경찰 및 정보기관 책임자를 해임했다. 이와 함께 시위대가 요구했던 부정부패 척결을 추진했으나, 난관에 봉착했다. 2019년 이라크 정부는 4800건에 달하는 사안을 조사하고 장관 3명과 27명의 고위 공무원을 포함한 440여 명을 기소하여 857명이 체포되었지만, 그 대부분은 횡령 금액을 환수하는 것을 조건으로 사면되었다. 이에 수사기관의 책임자가 항의하는 차원에서 사퇴했으나, 사면된 용의자들은 다시 기소되지 않았다.[24]

현실에 존재하는 모든 부정부패가 그러하듯, 이라크에서의 부정부패 또한 정치 구조와 연결되어 있다. 2003년 침공 이후 미국이 이라크 석유 판매 대금을 관리하면서 매년 100억 달러의 현찰을 이라크 중앙은행에 제공하며, 이라크 중앙은행이 달러화 현찰을 경매 방식으로 처리하면서 엄청난 돈세탁이 가능해졌고 횡령과 밀수조직이 관여했다. 2003년 이후 5000억 달러의 현찰이 이러한 방식으로 처리되었고, 시장 환율과 공식 환율의 차이 때문에 달러현찰을 불하받으면 즉시 엄청난 수익을 거둘 수 있었다.[25] 많은 수출입 거래가 가짜 송장과 신용장에 기초하여 이루어졌으며, 정치인들은 의혹에 싸인거래를 승인했고, 민병대 및 이라크군과 경찰은 수상한 거래에서 지분을 받으면서 조직을 유지했다. 이렇게 만들어진 부정 수익은 해외로 유출되었으며, 2003년 이후 1250억에서 1500억 달러의 이라크 국부가 해외로 빠져나갔고 런던 부동산에만 100억 달러가 투자되었다.[26] 특히 30만~35만 명의 유령공무원과 군인/경찰에 대한 급여를 통해, 이란과 연결되어 있는 민병대 조직하나는 매년 10억 달러 상당의 '추가 수익'을 확보할 수 있었다.[27]

결국 이라크 국가와 국민 전체를 제외하고는 모두가 이익을 보는 체계였기 때문에, 부정부패는 사라질 수 없었다. 하지만 이러한 부정부패는 이라크 정부의 재정수입을 좀먹고 동시에 국가권력에 대항하는 민병대 및 기타 무장조직의 역량을 강화했으며, 국가기관에 대한 정부의 통제권을 약화시킨다는 측면에서 치명적이었다. 미국 및 국제사회가 지원한 이라크 재건자금은 이러한 방식으로 다시 해외로 유출되면서, 이라크 재건 자체는 적절하게 진행되지 않았다. 이라크의 부정부패는 결국 악순환을 초래했고, 이라크 국가 역량은 성장하지 못했다.

이라크에서의 미국과 이란 그리고 솔레이마니 암살

2003년 미국의 이라크 침공으로 가장 많은 이익을 본 국가는 이란이다. 1980년대 시아파 국가인 이란은 수니파 소수 정권인 이라크의 후세인 정권과 전쟁을 치렀으며, 자신에게 적대적인 수니파 국가들에 둘러싸여서 고립되어 있었다. 하지만 미국은 마법과 같이 등장하여 후세인 정권을 파괴하고 이라크에 투표를 통한 정부 구성이라는 민주주의 원칙을 적용하여 이라크 인구의 다수를 차지하는 시아파가 권력을 잡을 수 있는 제도를 마련했다. 2006년 5월 이라크 정부가 본격적으로 출범한 이후, 총리와 장관의 절반 이상이 시아파 출신이었으며 국회에서도 시아파 정치 세력의 우위는 변화하지 않았다. 이라크에서 활동하는 시아파 정치 지도자들의 상당 부분이 1980~1990년대 이란에서 망명 생활을 했고, 덕분에 이란은 이라크 정치인들과 상당한 유대 관계와 영향력을 가지게 되었다. 무엇보다 2011년 12월 미군 병력이 이라크에서 완전히 철수하면서, 미군이 동쪽 아프가니스탄과 서쪽 이라크에 주둔하면서 이란을 군사적으로 위협했던 상황 또한 사라졌다.

2014년 IS 전쟁을 통해 이란의 이라크에 대한 영향력은 더욱 증폭되었다. 미국이 전투 병력을 파견하지 않는 상황에서, 이란은 적극적으로 이라크의 시아파 정권을 군사적으로 지원했으며, 이를 통해 수니파 근본주의 세력인 IS와의 전쟁에서 이라크 정부가 살아남는 데 중요한 역할을 수행했다. 특히 이란이 시아파 민병대가 필요로 하는 무기와 탄약을 제공하면서, 시아파 민병대 중 바드르 군단과 카타이브 헤즈볼라 등은 사실상 이란이 통제하게 되었다. 그리고 바드르 군단이 바그다드 동쪽으로 이란과의 국경 지역을 포함하는 디얄라 지방을 '통제'하고 카타이브 헤즈볼라가 바그다드 서쪽과 북쪽으로 시리아와의 국경 지대에 걸쳐있는 안바르, 니느베, 살라아딘 지방을 장악하면서, 이란은 이라크를 관통하여 시리아까지 육상으로 영향력을 투사할 수 있게 되었다. 무엇보다 이란은 미국 및 서방측의 경제 제재에도 불구하고 필요한 물자를 이라크를 통해 확보할 수 있었다. 바드르 군단이 이라크/이란 국경지대를 통제한다는 사실은 이란에게 매우 소중했다. 또한 이라크가 만성적인 전력 부족에 시달리고 있었기 때문에 이란은 이라크 남부 지역에 전력을 수출했고, 이와 같은 전력 거래는 이란에 대한 경제 제재에서도 예외로 인정되었다.[28] 밀수와 전력 거래를 통해 이란은 경제 제재의 압박을 상당 부분 누그러뜨릴 수 있었으며, 제한적이지만 외부에서 필요한 물자를 수입하는 것이 가능했다.

이라크 정부는 이란 영향력이 가지는 문제점을 명확하게 인식하고 있었으며, 이란 영향력의 첨병 역할을 하는 민병대 조직을 통제하고자 노력했다. 특히 PMF로 조직화된 시아파 민병대 병력은 이라크 정부에서 급여 및 예산을 받지 않지만 대신 "현지에서 필요한 물자를 조달"했고, 때문에 지역 주민들의 —특히 지역 수니파 주민들의— 엄청난 반발을 초래했다. PMF는 지역에 검문소를 설치하고 통행료를 징수했으며, 국경에서는 밀수에 관여했고, 수니파 주민들을 감금하고 몸값을 요구했다. PMF의 행동은 이라크 안정화의 걸림돌이었으며 따라서 이라크 정부는 PMF에 대한 통제권을 장악하려고 노력했다. 2018년 3월 이라크 정부는 PMF를 이라크 국방부 휘하로 편입한다고 결정했지만, 그 결정은 적절하게 집행되지 않았다. 2019년 7월 이라크 정부는 PMF를 이라크 보안군에 정식으로 편입한다는 결정을 발표했으며, 9월 17일 PMF를 이라크군 공식 지휘체계의 일부로 선언했다. 대신 이라크 정부는 PMF 병력에 대한 보급과 급여 지급을 담당하면서, PMF의 작전 및 행동을 직접 통제하기 시작했다.

시아파 군사조직은 반발하면서, 이라크 정부군과 충돌했으며 교관 역할을 수행하는 미군 병력 및 미군이 관할하는 훈련시설을 공격했다. 이란은 새로운 저항 전선을 구축하여 미군을 공격하고 고립주의적 성향을 보이는 트럼프 행정부를 압박하여, 이라크에서 미군 병력을 모두 철수시키려고 했다. 2018년 총선에 IS 전쟁 때 활약했던 시아파 민병대 세력이 많이 당선되었고 덕분에 이라크 의회에서도 이란의 영향력은 강력했으며, 미군 철수를 요구하는 이라크 국회의원들 또한 상당했다. 2019년 12월 이란은 본격적으로 정치적으로 그리고 군사적으로 압박하기 시작했다. 시아파 민병대가 미군 기지에 대한 공격을 감행하고 미국 대사관을 시위대가 둘러싸고 위협하고 이것이 TV 뉴스에 보도되자, 트럼프 대통령은 "극단적인 방식으로 대응"했다.[29] 대통령의 지시에 따라, 2020년 1월 3일 미국은 "미국 인원의 보호를 위한 자위 조치로" 바그다드 공항에서 무인기 공습을 통해 이란 혁명수비대 지휘관이자 IS 전쟁에서 이란의 개입을 주도했던 솔레이마니 장군을 암살했다.[30] 이에 이란은 보복 차원에서 이라크 주둔 미군 기지에 탄도 미사일 공격을 감행했

이라크 주둔 미군 기지에 대한 이란의 탄도 미사일 정밀 공격
사진에서 원으로 표시된 구조물이 파괴되었다.

지만, 미군 인명피해는 없었다. 이란은 미군이 주둔하고 있는 아인알아사드
Ain Al-Asad 공군기지의 일부 구조물을 정확하게 파괴하면서 미국에 대해 "충분
히 보복"했지만, 미국이 추가 대응을 초래할 수준의 피해를 유발하지 않으면
서 상황 자체를 적절하게 통제하는 데 성공했다.[31]

이후 미군은 병력 보호를 위해서 병력이 이라크 보안군과 접촉하는 것을
전면 차단했고, 이와 함께 코로나-19가 확산되면서 미군은 이라크에서 대외
활동을 모두 중단했다.[32] 덕분에 미국과 이란은 상황을 적절하게 통제하는
데 성공했지만, 양국의 갈등이 격화되면서 미국은 IS가 아니라 이란에 감시
정찰 자산을 집중하게 되었고 이 과정에서 IS에 대한 압박은 차츰 완화되었
다.[33] 이라크 정부는 이라크 정부군과 미군의 연합작전을 잠정 중단한다고
발표했으며, 압둘-마흐디 총리 권한대행은 바그다드에서 열린 솔레이마니 추
모식에 직접 참석했다. 이라크의 시아파 정치 세력은 1월 5일 미군 철수를
요구하는 결의안을 채택했으나, 구속력이 없으며 동시에 수니파와 쿠르드족
정치 세력은 결의안 표결 자체를 거부했다.[34] 1월 26일 카타이브 헤즈볼라

병력이 미국 대사관 건물을 로켓으로 공격했다. 인명 피해는 없었지만, 미국 정부는 이라크 정부에 강력히 항의했고 결국 미국 대사관 인근 지역에 이라크 정부군 및 엘리트 부대인 대테러부대가 배치되었다.

2020년 5월 취임한 카드히미 총리는 이란/시아파 세력에게 장관직을 제시하는 관행을 유지했지만, 이라크 국가 정체성을 강조하는 입장에서 미국과의 협력을 통해 이란 영향력을 견제하려고 시도했다. 카드히미 총리의 의지에 따라 6월 11일 미국과 이라크는 전략 대화Strategic Dialogue를 본격적으로 시작하면서, 양자 전략 관계를 보다 높은 차원으로 격상시켰다. 여기서 미국과 이라크는 "IS 제거 성과에 따라서 미국이 병력을 철군"한다고 합의했으며 "이와는 별도로 미국이 관리하는 이라크 내부의 군사기지는 조속히 반환"하기로 결정했다.[35] 이에 대해 시아파 세력은 미군 병력의 완전 철군이 이루어져야 한다고 비판했지만, 이란 정부 입장에서는 미군 철군을 유도한다는 관점에서는 상당히 만족스러운 결과였다.

6월 내각 회의에서 카드히미 총리는 미국 대사관을 비롯한 외국 공관에 대한 시아파 민병대의 로켓 공격을 방지하라고 지시하면서, "이러한 공격은 이란에 의한 이라크 주권 침해"라고 비난했다. 이어 6월 25일 대테러부대가 카타이브 헤즈볼라 사령부를 공격하여 14명을 체포했다. 그 직후 100여 명의 민병대 병력이 미국 대사관 지역과 대테러부대 사령부를 포위하고 대공포와 기관총을 동원하여 정부군과 대치했다. 결국 체포된 14명 전원이 다른 PMF 사령부로 이관되었고 형식적인 조사 끝에 13명이 석방되었다.[36] 이란의 지원을 받는 시아파 민병대는 바로 반격했다. 7월 6일 민병대 세력의 통제를 강력히 주장하던 총리 보좌관 하시미Hisham al-Hashimi가 암살되었으나, 이라크 정부는 고위 공무원 및 주요 군 지휘관 개인 및 가족들에 대한 신변 경호를 제공하지 못하고 있었다.[37] 때문에 민병대 세력에 비판적인 인물들은 결국 신변의 위협을 느낄 수밖에 없는 상황이다.

이라크에서 이란의 영향력이 증가하면, 이라크 국가 역량은 감소하게 된다. 이러한 관점에서 이란은 이라크 국가 역량을 감소시키는 것이 유리하며,

2020년 1월 6일 이란 테헤란에서 열린 솔레이마니 장례식
왼쪽에 보이는 구조물은 아지디 타워(Azadi Tower)로 1971년 이란 건국 2500년을 기념해 만들어진 것이다.
자료: Maryam Kamyab, Mohammad Mohsenifar

이를 통해 자신이 이라크를 통제할 수 있어야만 한다. 이라크 시아파의 상당
수도 이와 같은 이란의 정책에 ─ 시아파 이란이 통제하는 이라크 구상에 ─ 동조
하지만, 이란의 정책과 구상에는 이라크 수니파의 입장은 고려되지 않으며
따라서 수니파는 외부 세력과 연계하게 된다. 이러한 역동성은 2003년 이후
이라크 전쟁의 향방을 결정했으며, 이후 이라크 정치와 이라크 전쟁에 압도
적으로 작용할 것이다. 그리고 이 문제가 해결되지 않는다면, 이라크 전쟁은
종결되지 않을 것이고 IS 자체가 소멸한다고 해도 유사 조직에 의한 혼란이
다시 발생할 것이다.

23장
두 번째 결론, 2021년 현재 시점에서

나폴레옹의 조카인 루이 나폴레옹Louis-Napoléon Bonaparte은 1848년 삼촌의 인기에 힘입어 프랑스 대통령에 당선되었고, 임기 말인 1851년 12월 친위 쿠데타를 감행해 공화정을 제정帝政으로 변경했다. 이에 마르크스Karl Marx는 다음과 같이 평가했다. "역사는 되풀이 된다. 한 번은 비극으로, 한 번은 희극으로." 역사가 되풀이 된다는 측면에서 마르크스는 옳았다. 하지만 이라크 경우 반복된 역사는 "한 번의 비극과 한 번의 희극"은 아니었다. 첫 번째가 비극이었다는 사실은 분명하지만 두 번째는 결코 희극이 아니었다. 2012년 이후 진행되었던 이라크 전쟁은 두 번째 또한 비극일 수 있다는 것을, 그리고 그러한 두 번째 비극이 첫 번째 비극 못지않게 참혹할 수 있다는 것을 보여준다. 그렇다면, 이라크에서 이러한 비극은 또다시 세 번째로 반복될 수 있을까?

비극은 항상 참혹하지만, 많은 비극에서도 이익 보는 사람은 존재한다. 『햄릿』에서도 주인공이 파멸하면서, 덴마크 왕위는 햄릿과는 대조적이며 덴마크의 적대 국가였던 노르웨이 왕자 포틴브라스Fortinbras에게 돌아간다. 운명에 의해 인생이 붕괴되고 주인공이 핍박받고 고통에 처하고 파멸하는 비극에서도, 분명 승리자와 패배자는 존재한다. 이라크 전쟁 또한 예외는 아니다.

2003년 이후 이라크는 두 번의 비극을 통해 산산조각으로 파괴되었고 포괄적 의미에서 이라크 국민들은 엄청난 희생을 치렀다. 하지만 이라크 내부에서 그리고 이라크 외부에서 분명히 이익을 본 집단이 존재한다. 그렇다면 과연 '반복되는 역사'에서 - 두 번의 비극을 경험한 이라크 전쟁에서 - 누가 승리했는가?

비극은 참혹하지만, '훌륭한 비극'은 탁월한 문학작품이며 '훌륭한 비극'을 쓰는 극작가는 역사에 이름을 남길 명작가로 등극한다. 햄릿을 썼던, 그리고 햄릿을 위시해 많은 비극을 저술한 셰익스피어는 영국 문학을 넘어, 서구 문학사상 가장 위대한 극작가이며, 불멸의 유산을 남겼다. 그렇다면 이라크에서 비극을 가져왔던 미국이라는 '극작가'는 어떠한 명성을 가지게 될 것인가? 그리고 미국은 중동 지역에 어떠한 유산을 남기게 될 것인가?

이라크의 두 번째 안정화와 유지 가능성

2017년 말 IS는 소멸했다. IS는 최전성기에 이라크 영토의 3분의 1 정도를 통제했으나 2017년에 들어서면서 대부분의 점령지역을 상실했으며, 덕분에 기존 국가를 위협했던 IS라는 새로운 영토국가는 소멸했다. 2018년 여름 미국 국방부는 IS는 이제 "재래식 전력으로 주변을 위협할 능력을 상실"했으며, 영토국가가 아니라 "매우 고전적인 저항 세력"에 지나지 않는다고 규정했다.[1] IS가 약화되면서 2021년 1월 취임한 바이든 대통령은 이라크 문제에 대해 거의 언급하지 않았다. 취임 직후 이라크 카드히미 총리와의 전화 통화에서도 주요 사안은 IS가 아니라 이란과 연결되어 있는 민병대 조직 및 이란의 영향력과 관련된 것이었다.[2] 즉 IS '전쟁'은 종결되고 있으며, 이러한 전쟁을 시작했던 IS는 이제 소멸되었다는 것이다. 이러한 판단은 상대적으로 정확했고, 바그다드의 경우 300개의 검문소가 사라지면서 주민들의 이동이 훨씬 자유로워졌으며, 1000개 정도의 콘크리트 차단벽T-Wall이 제거되었다.[3]

**대통령으로 취임하는
바이든(2021.1.20)**
자료: White House

　2017년 12월 9일 아바디 총리는 이라크의 승리를 선언했다. 이라크 정부는 "이제 이라크는 시리아와의 국경을 완전하게 통제"하고 있으며, 이라크가 IS와의 "전투에서 승리"했다고 공식 발표했다. 그러나 "IS와의 전투는 종결"되었지만, IS와 연계된 세력은 잔존하며 따라서 안심할 수는 없다는 조심스러운 입장을 표명했다. IS 잔존 세력 2만 명 정도가 이라크 내부에서 준동하고 있으며, 따라서 IS와의 전쟁은 계속되어야 한다고 역설했다.[4] 하지만 이라크 정부가 전투에서 승리했고 전쟁에서도 승리하고 있다는 사실 자체는 분명하다. 결국 문제는 이러한 승리가 ― 전투에서든 전쟁에서든 ― 이라크에서 역사가 비극적으로 반복되지 않도록 할 것인가이다. 즉 첫 번째와 두 번째 비극 다음에 과연 세 번째로 비극이 반복될 것인가?

　2003년 이후 이라크 전쟁은 미국과 IS라는 외부 세력의 이라크 침공에서 촉발되었지만, 이라크 전쟁은 기본적으로 내전으로 이라크 내부의 대립과 갈등이 체제 내부에서 해결되지 않고 무력을 사용해서 해결하고자 했기 때문에 발생했다. 앞으로 역사가 비극적으로 반복될 가능성은 ① 외부에서 상당한 위협이 등장할 것인가, ② 내부의 갈등을 충분히 평화적으로 해결할 것인가, 그리고 ③ 이라크 국가 역량이 어느 정도로 발전될 것인가의 세 가지 변수에 의해 좌우된다. 첫째, 2021년 현재 시점에서 이라크 외부에서 이라크를 위협할 정도의 세력은 존재하지 않는다. 2018년 여름 IS는 285회의 공격을 감행해 149명의 이라크군 및 경찰 병력이 사망했다. 하지만 이러한 공격의 77%와 전사자의 92%는 이라크 북부와 서부 지역에서 발생했다.[5] 즉, 잔존하는

IS 지지 세력이 일부 지역에서 이라크 정규군 및 경찰 병력을 공격하고 민간인들을 위협하지만, 게릴라 수준의 저항 세력으로 쇠퇴한 IS는 주변 국가의 안보를 직접적으로 위협할 능력은 없다. 1980년대 이라크와 8년 동안 전쟁을 벌였던 이란은 현재 이라크에 막강한 영향력을 행사하고 있으며, 따라서 이라크를 직접 침공하지 않고도 자신들의 정치적 목표를 달성할 수 있다. 즉, 이란으로서는 이라크를 군사적으로 위협할 유인이 없다.

둘째, 이라크 시아파와 수니파의 대립이 문제이다. 2003년까지 이라크는 소수 수니파가 지배했으며, 후세인은 이러한 소수파 세력의 수장으로서 이라크를 통치했다. 2003년 미국의 침공으로 수니파 정권이 붕괴했고, 이란과 연결되어 있는 다수파인 시아파가 권력을 차지했으며 이전까지 이라크를 통치하면서 자신들을 억압했던 수니파를 탄압하기 시작했다. 이러한 갈등이 2006년 이후 폭발한 이라크 종파 내전의 근본 원인이었다. 미국의 적절한 개입으로 2007년 여름을 정점으로 종파 대립이 통제되었고, 이후 상황은 2011년까지 안정되었다. 하지만 미국의 개입이 줄어들면서 말리키 총리의 시아파 정권은 폭주했고, 수니파들은 이라크 중앙정부에 대한 모든 기대를 버렸다. 2014년 초 시리아에서 IS 세력이 이라크를 침공하자, 시아파의 공격에 노출된 수니파 주민들은 대거 IS에 가담했으며 IS는 수니파 지역에 '영토국가'를 건설할 수 있었다.

셋째, 내부 역량의 부족이 매우 심각하다. 2003년 3월 미국이 침공하기 이전 상황에서도 이라크의 국가 역량은 충분하지 않았으며, 침공 이후 미국은 이라크의 국가 형성 및 역량 강화를 위해 많은 자원을 투입했지만 상황은 개선되지 않았다. 지난 18년의 시간과 투입된 예산은 무의미하게 허비되었고, 이라크 주민들은 식수와 전기, 교육과 공중보건 그리고 무엇보다도 기본적인 치안 등 국가가 적절하게 작동하는 경우에는 당연히 기대할 수 있는 기본 공공 서비스의 혜택을 받지 못하고 있다. 이라크 내부의 종파 분열은, 특히 인구의 절반을 차지하면서 이란과 연계되어 있는 시아파와 인구의 30% 정도를 차지하면서 사우디아라비아 등과 연계되어 있는 수니파의 대립은 이라크 국가 역량을 강화하는 데 심각한 걸림돌이다. 동시에 이라크 국가 역량이 강화되지 않기 때문에 시아파와 수니파는 자신들의 문제를 종파 내부에서 해결하기 위해 국가의 자원을 탈취하기 위해 경쟁한다. 즉, 이라크 내부의 종파 분열과 이라크 국가 역량의 약화는 서로 원인이자 결과이며, 2003년 이후 이라크는 이러한 악순환에서 헤어 나오지 못하고 있다. 이를 해결하기 위해서는 2007년 미국이 했던 것과 같이 치안이라는 공공 서비스를 일관적으로 제공하고 이와 함께 시아파와 수니파의 연합체 구성을 추구하여야 한다.

이와 같은 측면을 고려한다면, 향후 이라크의 안정을 위해서는 시아파의 자제와 수니파의 현실 수용이 필수적이다. 미국에 의한 치안과 수도 그리고 전기 등의 공공 서비스가 제공된다고 해도, 시아파와 수니파의 상호 타협이 없다면 그러한 공공 서비스는 무의미하다. 이것이 2011년 12월 미군 철수 이후 이라크에서 발생한 상황이었다. 이라크가 완전히 성숙한 민주주의 국가는 아니지만 최소한 선거를 통해 정권의 향배가 결정되는 초보적 민주주의 국가이기 때문에, 유권자의 절반을 차지하는 시아파는 향후 권력을 지속적으로 장악할 가능성이 높다. 이제 시아파 지도자들은 자신들을 이라크의 새로운 집권 세력으로 인식하고, 이라크 전체의 통합을 위해 수니파를 포용하고 후세인과 알카에다 그리고 IS와 연합했던 수니파의 '과거'와 수니파에 대한 '복수심'에 집착해서는 안 된다. 이를 위해서는 수니파에게 상당한 '지분'을 보장하고, 의회와 내각에서 일정 부분을 수니파에 할당해야 한다. 이것이 가장 중요한 사항이다. 한편 수니파 지도자들은 시아파가 통치하는 이라크에서 소수파로 살아야 한다는 현실을 수용하고, 시아파의 탄압에 자신들이 희생될 '미래'의 가능성과 '공포심' 때문에 외부 세력과 연계해서 이라크 내부에서 무력으로 저항하지 않아야 한다. 대신 자신들의 요구 사항을 무력이 아니라 정치제도를 통해 ─ 의회와 내각에서 ─ 국가 정책에 반영하고 자신들의 이익을 확보해야 한다. 이를 위해서는 시아파가 수니파에게 상당한 이익을 보장해 주어야 한다.

공자는 "정치는 바른 것政者正也"이라고 역설했지만, 정치는 이스턴David Easton

이 지적했듯이 "가치의 권위적 배분authoritative allocation of values"이다. 이러한 측면에서 이라크는 내부 문제를 적절하게 해결할 수 있으며 해결해야 한다. 권력을 장악한 시아파는 정치권력을 권위적으로 배분하고 이를 통해 이라크 국가가 통제할 수 있는 자원에서 수니파의 몫을 보장하며, 수니파는 무력 대신 공식적인 정치제도를 통해 자신들의 이익을 확보해야 한다. 크로커 대사의 표현과 같이 "수니파는 미래를 두려워하고 시아파는 과거를 두려워하는 상황"을 타개하지 않는다면, 이라크의 안정화는 쉽지 않다.[6] 하지만 이러한 공포심과 두려움을 극복하는 것이 필요하다. 이를 극복하지 못했기 때문에 발생했던 과거 두 번의 비극을 고려한다면 세 번째 비극이 발생하지 않도록 공포심과 두려움을 억누르는 것은 가능하다. 그러나 쉽지 않을 것이다.

성공과 실패 그리고 승리자와 패배자

그렇다면 이라크 전쟁에서 누가 승리했는가? 이에 대해 답변하는 것은 쉽지 않다. 하지만 누가 패배자인가에 대해서는 확실하게 이야기할 수 있다. 이라크 국민들이다. 이라크 사상자 프로젝트는 2003년 이후 2018년 12월까지 이라크 민간인 사망자를 18만 2769명에서 20만 5191명 정도로 추정하며, 군인과 경찰 등 전투원 사망자까지 포함해서 28만 8000명이 사망했다고 본다.[7] 이렇게 희생된 사람들은 모두 패배자이다.

한편 이라크 전쟁을 통해 엄청난 이익을 본 사람들도 있다. 미국의 침공과 이후 혼란 및 IS 전쟁 와중에 수니파 주민들은 이전과는 전혀 다른 차원의 엄청난 변화를 경험했다. 후세인 시절의 전통적인 수니파 지배계급은 미국의 침공으로 심각한 타격을 입었다. 이 과정에서 기존 사회질서는 흔들렸으며, 이전에는 "신발조차 없었던 가난뱅이들이 이제 요르단에서 건물들을 소유하는 갑부"가 되는 정도의 변화가 발생했다.[8] 2006~2007년 수니파 무장 세력은 "조국 이라크에 대한 불타는 애국심"이 충만해서 행동한 것은 아니었으며, 자신들의 영향력 보전과 생존을 위해 미국과 협력했을 뿐이었고 미국 또한 이러한 사실을 명확히 인식하고 있었다. 전쟁 과정의 혼란 덕분에 새롭게 부상한 수니파 지도층은 자신들의 영향력 유지 및 강화를 위해 행동했으며, 미국은 새로운 수니파 지도층과 타협하면서 이라크의 중도적 정치 세력을 창출하려고 했으나 성공하지 못했다.9 그럼에도 불구하고, 이러한 새로운 수니파 지도층은 분명 전쟁에서 엄청난 이익을 보았고, 전쟁의 승리자들이다.

시아파에서는 상당히 다른 역동성이 존재했다. 2003년 이전 이라크 시아파는 정치권력에 접근하지 못했지만, 미국의 침공으로 권력을 장악했다. 2003년 이전까지 이란에서 망명객으로 연명하던 말리키는 2006년 이라크 총리에 취임하면서 권좌에 올랐으며, 그를 정점으로 시아파 지도층은 이라크 국가권력을 자신들의 이익을 위해 사용했다. 하지만 시아파 주민들은 알카에다와 IS의 테러 공격에 희생되었으며, 전쟁에 동원되어 부상을 입고 극단적인 경우에는 생명을 잃기도 했다. 시스타니와 같이 2003년 이전 시아파 지도층으로서 엄청난 영향력을 행사했던 인물들은 2003년 이후 새롭게 부상한 시아파 정치인들과 경쟁하게 되었다. 2014년 이후 IS 전쟁에서 시아파는 PMF의 형태로 민병대 병력을 투입했고 IS의 진격을 저지했다. 이후 PMF 지휘관들은 아미리 휘하에서 2018년 총선에 출마했으며, 파타연합은 48석을 장악해 제2의 정치 세력으로 부상했다.

2021년 시점에서 이라크 최고의 승리자들은 바로 민병대 세력이며, 특히 이란과 연계되어 있는 민병대 세력이다. 이라크 중앙정부는 2016년부터 민병대를 해산시키거나 아니면 민병대를 이라크 정규군에 편입시켜 지휘 통제권을 확고하게 장악하려고 했다. 하지만 2019년 현재까지도 이러한 조치는 성공적으로 집행되지 못하고 있으며, 2018년 5월 총선에서 당선된 PMF 출신 의원들은 민병대의 독자성 유지를 강조하고 있다. 시스타니가 통제하는 일부 민병대는 자발적으로 해산하겠다는 의향을 표명하고 있으나, 이라크 중앙정부는 이라크 국가 정체성을 강조하면서 이라크 정부와 협력하는 시스타니의 병력은 해산되고 이라크 국가 정체성이 아니라 시아파의 독자성을 고집하

2019년 1월 신년사를 발표하는 바르자니 쿠르드족
자치정부 총리
자료: gov.krd

면서 이란과의 연계를 강조하는 민병대는 유지될 가능성 때문에 해산 자체는 무기한 연기되고 있는 상황이다.[10] 그리고 이와 같은 민병대 병력은 시아파 연합을 강조하면서 이란의 영향력을 강화하고 있다.

쿠르드족 또한 승리했다. 무력충돌에서 엄청난 인명 피해를 입었지만, 쿠르드족은 이라크 북부에 자신들의 자치정부를 수립하는 데 성공했다. 정치적으로도 쿠르드족은 시아파와의 타협을 통해 2003년 이후 이라크 대통령 직위를 계속 유지하고 있으며, 향후에도 "이라크 정치에서 쿠르드족의 몫에 대한 정치적 합의" 자체는 유지될 것이다. 쿠르드족 자치정부는 이라크와 시리아에서 진행되었던 IS 전쟁에 적극 참여했으며, 이후 상당한 지분을 확보했다. 2017년 9월 25일 쿠르드족 자치정부는 돌발적으로 '쿠르드족 독립'에 대한 국민투표를 감행했으나 구속력은 없는 행동이었으며, 이후 자치정부의 수반 바르자니Masoud Barzani는 자신의 조카Nechirvan Barzani에게 권력을 물려주고 은퇴했다.[11]

이라크 전쟁에서 가장 성공한 세력은 이란이다. 2003년 미국의 침공 당시에 이란은 중동에서 완벽하게 봉쇄된 국가였으며, 동쪽에서는 미국이 아프가니스탄을 침공하면서 미국의 군사적 위협에 직면한 상황에 처했다. 여기에 미국이 서쪽의 이라크를 침공하면서, 전쟁 초기 단계에 이란은 미국 군사력에 포위당했다. 하지만 이라크 전쟁이 급변하면서, 이란의 상황은 환상적으로 개선되었다. 이라크에 시아파 정권이 등장하면서 이란은 고립에서 벗어났고, IS 침공과 이후 전투 과정에서 PMF를 중심으로 하는 시아파 군사력은 이란의 도움으로 건설되었고, 이란 장교들이 이라크에서 시아파 민병대의 작전에 '자문'했다. 그 결과 이라크는 점차 이란의 위성국가로 변모했다. 이라크 전쟁에서 가장 큰 역설은 미국이 만들어낸 2003년 이후 이라크가 미국이 적대시하는 이란의 위성국가에 가깝게 변화했다는 것이다. 또한 이란은 IS 전쟁을 통해 이라크를 관통해 육상으로 시아파가 집권하고 있는 또 다른 중동 국가인 시리아까지 연결되었다. 이러한 측면에서 이란은 이라크 전쟁 최고의 승리자이다.

이라크 전쟁과 미국, 그리고 중동 지역의 미래

반면 미국은 패배자라고 보아야 할 것이다. 이라크 전쟁의 극작가이며 많은 노력을 기울였지만, 미국의 이라크 전쟁은 침공 당시의 목표를 달성하는 데 실패했다. "중동에 민주주의 국가를 건설"하겠다는 부시 행정부의 이라크 전략은 정치적 차원에서 실패했으며, 결과론적으로 이란이 통제하는 이라크를 가져왔기 때문에 전략적 측면에서도 파산했다. 2009년 이후 오바마 행정부는 이라크 철군을 추진했고, 2011년 12월 "명예로운 철군"을 단행하는 데 성공했다. 하지만 2014년 8월 이후 미국은 다시 개입했고 IS 전쟁을 수행했다. 이와 같은 변화를 고려한다면, 미국은 승리자가 아니라 패배자이다.

2003년 이후 미국은 모두에게 승리했다. 이라크에서 미국에 저항했던 후세인 정권은 미군의 압도적인 화력에 2주 만에 붕괴했다. 이후 이라크 내부의 수니파 저항 세력과 시아파 무장 집단은 미국의 개입으로 어느 정도 통제되었고, 미군은 철수했다. 이라크의 내부 혼란을 틈타서 IS가 이라크를 침공하여 상당 부분의 영토를 점령했지만, 결국 IS는 군사적으로 파괴되었다. 2021년 3월 현재 시점에서 이라크를 또 다시 위협할 세력은 존재하지 않는다. 2017년 5월 매티스 당시 국방장관이 제시한 승리 기준과 같이, 이제 이라크 경찰이 "충분히 통제할 수 있는 수준"의 저항 세력만이 존재하며, 이라크에서는 "전차와 야포 그리고 수천 명의 병력을 가진 무장 세력이 준동"하지는 않는다. 이것은 승리이며, 미국은 이라크에서 성공하였다고 평가할 수 있다. 그렇다면, 이것이 적절한 유산인가? 즉 경찰이 "충분히 통제할 수 있는 수준"

의 저항 세력만이 존재하며, "전차와 야포 그리고 수천 명의 병력을 가진 무장 세력이 준동"하지 않는 이라크가 과연 미국의 유산인가?

2011년 12월 오바마 행정부는 이것을 유산으로 남기려고 했고, 그래서 "명예롭게 철군"했다. 철군 후 상황이 급변하면서 미국의 철군은 명예롭게 유지되지 못했고 결국 2014년 8월 군사 개입을 다시 시작했다. 2018년 12월 트럼프 대통령은 시리아에서 미군 병력의 철군을 선언했으며, 이라크와 아프가니스탄에서의 철군도 거론했다. 매티스 국방장관은 이에 항의하면서 사임했고, 사직서를 공개하면서 트럼프 대통령과의 이견을 노출했다.[12] 여기서 철군한다면, 이라크의 불안정성은 더욱 높아질 것이며 2011년 12월 미군 철수 후와 유사한 상황이 반복될 수 있다. 특히 2014년 이후 IS 전쟁을 통해 이라크에 대한 이란의 영향력이 매우 증가한 상황에서, 미국이 철군하는 것은 이라크에서의 이란 영향력을 극대화하는 결과를 초래할 것이다. 그리고 이라크 시아파는 다수파로서 견제되지 않는 방식으로 소수집단인 이라크 수니파를 억압할 것이다. 이것이 2003년에서 2007년까지의 기간에 그리고 2012년 이후 시기에 이라크에서 발생했던 상황이며, 그 결과 이라크에서는 엄청난 파국이 ─정치적이고 군사적인 파국이─ 유발되었으며 유혈 사태가 초래되었다.

현재 상황에서 미국의 역할은 수니파와 시아파가 서로에게 가지고 있는 두려움과 공포심을 불식시키는 것이며, 동시에 이라크 정치제도를 강화해 수니파나 시아파가 정치제도를 파괴하여 권력을 장악하지 못하도록 하는 것이다. 이를 위해서는 미국의 영향력은 필수적이며, 미국 군사력의 이라크 주둔은 미국의 영향력을 강화하는 가장 효과적인 수단이다. 즉 미국이 이라크에서 긍정적인 유산을 남기기 위해서는, 미국의 정치적 존재감이 필요하다. 이것이 세 번째 비극을 되풀이하지 않고, 미국이 그나마 승리자라고 자임할 수 있고, 그리고 미국이 중동에서 후일 역사에 긍정적으로 서술될 유산을 남길 수 있는 방법이다.

셰익스피어의 비극은 위대한 문학작품이지만, 이라크에서 벌어진 비극은 위대함이라고는 조금도 찾아볼 수 없는 살육에 지나지 않았다. 이런 측면에서 미국은 실패한 극작가이다. 현실로 나타난 비극은 운명에 의해 주인공이 핍박받고 고통에 처하고 파멸하는 것을 넘어서, 정치적 목적 달성을 위해 폭력을 사용하고 기존 체제를 무력으로 파괴하고 이 과정에서 유혈 사태가 발생하며 인명이 희생되는 것이었다. 그리고 그 결과로 만들어진 체제가 적절하게 기능하지 않으면서 더 많은 고통과 더 많은 희생을 가져왔고, 가져올 것 같다는 절망적 상황이었다. 이것이 바로 현실에서의 비극이다. 이 점에서 미국은―2003년 침공을 결정했던 부시와 상황 안정화와 유지 가능성을 낙관하고 2011년 철군했던 오바마, 그리고 이라크 문제를 해결하지 않으면서 막무가내로 감축만을 추진한 트럼프 등은―극작가로는 최악이었다.

이제 미국에게 남은 것은 현실에서의 처참한 비극을 적절한 유산으로 바꾸는 것이다. 지금까지 희생된 사람들과 발생한 유혈 사태에 '기초'하여 내부적으로 적절하게 통합되고 안정적인 그리고 효과적으로 기능하는 이라크 국가를 만드는 것이다. 정치적 목적 달성을 위해 무력과 폭력을 사용하는 것을 무조건 정당화할 수는 없지만, 현실에서 무력과 폭력은 정치적 목적 달성을 위해 정치의 연장으로서 사용된다. 클라우제비츠는 이것을 '전쟁'이라고 정의했다. 결국 중요한 것은 무력과 폭력 그리고 군사력의 사용 여부가 아니라 그 결과로 이끌어낸 정치적 합의와 이후 유지되는 제도의 영속성이다. 그리고 이러한 '전쟁의 결과물'을 유지하겠다고 하는 정치적 의지이다. 1861~1865년 미국 남북전쟁에서 당시 인구의 2~2.5%가 사망하였다.[13] 미국 남부와 북부는 미국을 구성하는 개별 주의 권한과 노예제도의 운명을 놓고 무력과 폭력 그리고 군사력을 사용했다. 그리고 그 결과 나타난 정치적 합의와 이후 유지되는 제도의 영속성을 통해 노예제도는 소멸하였다. 이후 미국의 정치 지도자들은 흑인에 대한 차별은 묵인했을 수 있지만, 노예제도를 부활시키겠다는 의지를 천명하지는 않았다. 노예제도는 완전히 소멸했고 이후 일절 부활되지 않았다.

남북전쟁 막바지인 1865년 3월 4일 링컨 대통령은 두 번째 취임연설을 하면서, 국가 통합을 강조했다.[14] "노예제도를 유지하기 위해 남부는 전쟁을 선

링컨 기념관에 조각된
링컨의 두 번째 연설문
자료: U.S. National Park
Service

택"했다고 지적하면서 전쟁 자체의 필요성을 인정했지만, 링컨 대통령은 전쟁을 통해 새롭게 통합된 미국에서 "공정하고 항구적인 평화just and lasting peace among ourselves"가 이루어지도록 노력해야 한다고 역설했다. 이제 이라크에서 필요한 것은 바로 이러한 정치적 의지이며, 미국은 이라크에서 링컨 대통령이 강조했던 "공정하고 항구적인 평화"가 이루어지도록 도와야 할 것이다. 이와 같은 유산을 남긴다면, 미국은 셰익스피어 정도의 위대한 극작가는 아니지만, 구제불능으로 실패한 극작가로 전락하지는 않을 것이다. 이것이 지난 18년 동안의 실패 끝에 미국이 그리고 이라크가 바랄 수 있는 최선의 − 또는 가장 덜 나쁜 − 결과물일 것이며, 2021년 1월에 출범한 바이든 행정부가 추구해야 하는 최종 목표이다.

2021년 7월 바이든 대통령은 카드히미 이라크 총리와의 회담에서, 이라크에서의 미군 전투임무는 2021년 말 종료되지만, 2500명 규모의 미군 병력이 군사고문 및 훈련교관으로 재분류되어 이라크에 계속 주둔할 것이라는 계획을 공개했다.15 2021년 8월 15일 카불이 함락되면서, 미국이 아프가니스탄 전쟁에서 패배하였다. 이제 바이든 행정부는, 그리고 미국은, 이라크 전쟁에서라도 승리를 확보해야 한다. 18년 동안 이라크 전쟁에서 실패하였지만, 이러한 실패는 아프가니스탄 전쟁에서의 재앙과 패배보다는 나은 결과이다. 미국이 이라크 전쟁에서 승리하는 것은 쉽지 않을 것이다. 하지만 다른 방법이 없다.

각 장의 주

서론

1 이에 대해서는 상당히 많은 논쟁이 있었다. 특히 국제정치 분야 전문 학술지 《인터내셔널 시큐리티(International Security)》를 중심으로 이루어진 논쟁은 Sean Lynn-Jones and Steven Miller (ed.) *The Cold War and After: Prospects for Peace* (Cambridge: MIT Press, 1993)를 참조할 것.

2 이 글에서는 '종파 내전'과 '종파 분쟁' 또는 '종파 갈등' 등을 엄격하게 구분하지 않고 사용한다. 하지만 정확하게 구분하자면, 종파 분쟁은 미국의 이라크 침공 이전부터 잠재되어 있었으며, 이것은 폭력의 체계적인 사용을 통해서 나타나지는 않았다. 하지만 종파 내전은 2006년 2월에 발생한 시아파 사원 공격을 계기로 폭발적으로 등장했으며, 시아파와 수니파 지도부는 자신의 정치적 목적을 추구하는 데 폭력을 매우 체계적으로 사용했다.

3 수단 정부는 20만 명이 사망했다고 공식 발표했으나, 비공식적으로는 40만 명 이상이 사망한 것으로 추정된다.

4 미국은 북한을 '적대적으로 무시(belligerent neglect)'하면서 강력한 압박이나 협상을 위한 대화 모두를 거부했다. 결국 북한은 여러 번의 경고 끝에 핵실험을 감행했다.

5 2004년 5월에 미국은 주한 미군에서 전투여단의 일부(2여단) 병력 3600여 명을 차출해 이라크에 배치하겠다고 발표했다. 미군 병력은 이라크 수니파 지역(팔루자 - 라마디)에 분산 배치되었으며, 1년의 이라크 작전을 끝낸 병력은 한국으로 돌아오지 않고 미국 본토로 재배치되었다.

6 2007년 5월에 자이툰 부대 소속 의무행정 장교 한 명이 부대 내부에서 사망했다. 하지만 조사 결과 그는 외부 공격으로 사망한 것이 아니라 자살한 것으로 판명되었다.

7 베트남 전쟁에는 한국 이외에도 오스트레일리아, 필리핀, 뉴질랜드, 태국, 대만 등이 전투 병력을 파견했다. 그런데 병력 규모로 볼 때, 한국이 가장 많은 병력을 파견했다. 그다음으로 많은 병력을 보냈던 오스트레일리아는 총인원 6만여 명을 파병했는데, 그중 521명이 전사하고 3000여 명이 부상했다.

8 한국이 이라크 전쟁을 연구할 또 다른 필요성은, 실현 가능성이 그다지 크지 않지만, 북한 정권 붕괴 이후 북한 지역에서 발생할 수 있는 저항 세력의 공격 가능성에서 찾을 수 있다. 미국은 이에 대해 우려하지만, 한국은 그러한 사태가 발생할 가능성이 그다지 크지 않다고 본다.

9 이처럼 전쟁과 관련된 두 가지 차원의 전망은 서로 독립적으로 이루어진다. 따라서 전쟁의 미래에 대해서는 정확하게 예측하고 새로운 무기와 적절한 군사 조직을 창설했다고 하더라도 미래의 전쟁을 예측하는 데 실패하는 경우도 있으며, 이와 반대로 미래의 전쟁은 정확하게 전망했지만 전쟁의 미래에 대해서는 적절히 준비하지 못한 경우도 존재할 수 있다.

10 Fred Kaplan, *The Insurgents: David Petraeus and the Plot to Change the American Way of War* (New York: Simon & Schuster, 2014), p.2.

11 Greg Jaffe, "Military Disturbed by Rapid Turnover at Top in Afghan, Iraq Wars," *The Washington Post*, June 27, 2010.

12 그 때문에, 이라크 전쟁을 경험한 미군 지휘관들은 군대를 비롯한 미국 안보 조직의 문화와 미국 국민의 태도가 변화해야 한다고 주장했다. Peter W. Chiarelli and Stephen M. Smith, "Learning From Our Modern Wars: The Imperatives of Preparing for a Dangerous Future," *Military Review*, September/October(2007), pp.2~15. 하지만 이러한 변화는 미군 전체의 변화를 수반해야 하는 까닭에 매우 어려울 것이며, 따라서 이러한 교훈은 쉽게 체득되지 않을 가능성이 크다. 예를 들어 미국과 소련은 냉전 기간에 각각 베트남 전쟁과 아프가니스탄 전쟁을 경험했는데도 냉전 이후에 발생한 이라크 전쟁과 체첸 전쟁에서 고전했다.

13 하지만 현재 진행 중인 핵 확산 때문에 앞으로 발생할 수 있는 국지전은, 지리적으로 제한된다고 해도 핵전쟁으로 확대될 가능성이 있다. 인도와 파키스탄을 중심으로 하는 남아시아와 한반도와 대만 해협을 비롯한 동아시아는 이러한 제한적 핵전쟁의 가능성이 큰 지역이다.

14 Michael Howard, "A Long War?" *Survival*, Vol.48, No.4 (Winter 2006/2007), pp.7~14.

15 당시 필자는 학부에서 국제정치 관련 과목을 강의했고, 수강생 150명을 상대로 간단한 설문을 진행했다. 국제정치 수업을 수강하는 학생들은 일반적으로 국제정치 문제에 관심이 많을 것이므로, 이라크 전쟁에 대한 학생들의 이해 수준은 한국인 평균 이상이라고 봐야 할 것이다.

16 설사 언어적 장벽을 극복해 이라크에서 발간되는 아랍어 자료에 접근할 수 있더라도 아랍어 자료의 사용에는 신중할 수밖에 없다. 아랍어 자료에 여러 가지 문제점이 있을 가능성이 크기 때문이다. 우선 이라크 정부의 능력 부족 및 종파적 편향성 탓에 아랍어 자료의 수준과 객관성을 신뢰하는 것은 매우 어렵다. 동시에 아랍어 자료는 그다지 많지 않을 가능성이 크다. 정리되지 않은 데이터가 존재하거나 아애 중요한 정책 결정 과정에 대한 기록이 없을 수도 있다.

17 미국의 이라크 전쟁이라는 측면에서도 아랍어 자료는 도움이 될 수 있지만, 그것을 참고하지 않았다는 사실이 치명적인 문제로 작용하지는 않는다. 즉, 미국의 이라크 전쟁에서 아랍어 자료는 핵심적인 것은 아니다.

18 시아파 봉기로 모두 약 10만 명이 사망하고 약 40만 명이 추방되었다. 하지만 이러한 유혈 사태는 걸프 전쟁 자체에 큰 영향을 주지는 않았다. 특히 시아파 봉기는 1991년 3월에 시작

되었지만, 미국 정부는 2월 28일에 '쿠웨이트 해방'과 함께 전투 행위의 종식(ceasefire)을 일방적으로 선언했다.

19 사우디아라비아와 이란으로 대표되는 이라크 주변 국가의 개입은 전쟁이 전개되는 과정에서 중요한 역할을 했다. 2009년 12월에 위키리크스(http://wikileaks.org)가 폭로한 미국 외교문서에서는 이라크 상황이 안정화되려면 주변 국가의 개입이 중단되어야 한다고 강조했다. 하지만 사우디아라비아 정부는 이라크의 시아파 정권을 신뢰하지 않았으며, 수니파 세력에 자금과 무기를 제공했다. 또한 사우디아라비아에 위치한 위성방송을 통해 이라크 내부의 수니파 세력을 결집하려고 했다. 이란 정부도 매년 1억에서 2억 달러에 달하는 자금을 시아파 세력에게 지원했으며, 무기와 인력도 제공했다고 한다.

1장 걸프 전쟁과 후세인

1 로런스는 1888년 출생으로 1910년 옥스퍼드 대학교(Jesus College, Oxford)를 졸업하고 시리아 지역의 고고학 발굴에 참여했다. 외국어에 능통했던 로런스는 아랍어에도 뛰어났는데, 이러한 자신의 능력을 이용해 전쟁 기간에는 영국 외무부(Foreign Office)가 입안한 아랍 반란 선동을 수행했으며, 아랍군과 함께 생활하면서 터키군에 대한 게릴라 전투와 철도망 파괴에 참여했다. 그는 1917년 홍해에 인접한 아카바(Aqaba)를 함락했고, 1918년에는 시리아의 수도인 다마스쿠스(Damascus)에 입성하면서 시리아·이라크 연합왕국의 가능성을 열었다. 하지만 이러한 가능성은 결국 실현되지 못했으며, 로런스는 영국 공군 장교로 복무하다가 전역을 불과 몇 주 앞둔 1935년 5월에 영국에서 오토바이 사고로 사망했다.

2 사이크스-피코 협정에 따라 프랑스는 현재의 시리아와 레바논을 차지했으며, 영국은 이라크, 요르단(당시 이름으로는 트란스요르단), 현재의 이스라엘 지역(British Mandate of Palestine)을 통치했다.

3 Emma Sky, *The Unraveling: High Hopes and Missed Opportunities in Iraq* (New York: PublicAffairs, 2015), p.38.

4 Samir al-Khalil, *Republic of Fear: The Politics of Modern Iraq* (Berkeley, CA: University of California Press, 1990), p.72. 1979년 숙청에 관해서는 많은 증언이 존재하지만, 모든 증언을 있는 그대로 수용해서는 안 된다. 특히 1990년 이후에 이루어진 증언 가운데 상당 부분은 신뢰할 수 없는 것으로 판명되었다. 하지만 『공포의 공화국(Republic of Fear)』이 출판된 것은 1989년으로, 이라크가 쿠웨이트를 침공하기 이전이며, 서방 세계가 후세인을 적대시하기 이전이기 때문에, 그 신뢰성은 상대적으로 높다고 판단된다.

5 Daniel Yergin, *The Prize: The Epic Quest for Oil, Money, and Power* (New York: Simon and Shuster, 2008), pp.857~859.

6 유네스코가 시상하는 크룹스카야 상(Nadezhda K. Krupskaya Award)은 문맹 퇴치에 탁월한 업적을 남긴 사람이나 조직에 주는 상으로, 레닌의 부인이자 공산혁명 직후 소련 초등학

교와 도서관 시설 확충에 많은 업적을 남긴 크룹스카야(Nadezhda K. Krupskaya)를 기리어 만들어졌다. 1979년 수상자는 후세인이 위원장으로 있던 이라크 문맹퇴치위원회였다.

7 오시라크는 이집트 신화에 등장하는 죽음의 신인 오시리스(Osiris)와 이라크(Iraq)를 합한 표현으로 서방측에 널리 알려진 이름이다. 이라크 정부는 원자로를 타무즈 1호(Tammuz-1)로 명명하면서, 바트당이 정권을 장악했던 7월(타무즈는 고대 바빌로니아 언어로 7월을 의미한다)을 기념했다. 참고로 북한이 영변에 보유한 원자로는 5메가와트 규모이며, 50메가와트 규모의 원자로를 건설하려 했으나, 1994년에 공사가 중단되었다.

8 Rodger W. Claire, *Raid On the Sun: Inside Israel's Secret Campaign That Denied Saddam the Bomb* (New York: Broadway Books, 2004).

9 Anthony H. Cordesman and Abraham R. Wagner, *The Lessons of Modern War: The Iran-Iraq War* (Boulder, CO: Westview Press, 1990)

10 현재 이슬람 국가 가운데 인구구성에서 수니파보다 시아파가 다수를 차지하는 국가(shia-majority countries)는 모두 네 개 국가로 이란, 이라크, 아제르바이잔, 바레인 등이다. 그 밖의 이슬람 국가에서는 시아파가 소수로, 예멘은 45%, 쿠웨이트와 레바논은 35%, 터키는 20%, 파키스탄과 아프가니스탄은 15~20%, 사우디아라비아는 15% 정도가 시아파다.

11 이 시기의 이라크 경제에 대한 분석과 정보는 "Iraq Survey Group Report: Annex D"에서 찾을 수 있다. Global Security, "Iraq Survey Group Report: Annex D," Retrieved April 8, 2010, from http://www.globalsecurity.org/wmd/library/report/2004/isg-final-report/isg-final -report_vol1_rfp-anx-d.htm

12 William L. Cleveland, *A History of the Modern Middle East* (Boulder, CO: Westview Press, 2000), p.463.

13 글래스피는 국무부에 면담 내용을 보고했으며, 그 전문은 1990년 9월 《뉴욕타임스》에 공개되었다. The New York Times International, "Excerpts From Iraqi Document on Meeting with U.S. Envoy," *The New York Times*, September 23, 1990. 하지만 이러한 모호한 입장은 미국 정부의 공식 입장이었으며, 글래스피는 공식 훈령을 따랐을 뿐이었다. Glenn Kessler, "Ex-Envoy Details Hussein Meeting," *The Washington Post*, April 3, 2008.

14 사우디아라비아의 요청이 없었다고 해도 미국은 군사적으로 개입했을 것이다. 소련의 아프가니스탄 침공 직후인 1980년 1월 미국 카터 행정부는 중동 지역에서 '국가이익'을 보호하기 위해 군사력을 동원하겠다는 카터 독트린(Carter Doctrine)을 선언했으며, 중동 지역에서 활용할 수 있는 긴급배치군(Rapid Deployment Force)을 창설했다. 긴급배치군은 1980년대에 확대되어 중부군 사령부로 발전했다.

15 집결 병력은 미군을 주축으로 하는 79만 5000여 명의 연합군으로, 이 가운데 240명이 전사했다. 즉, 전사 비율은 놀랍게도 0.03%였다. 이는 1967년 6월의 제3차 중동 전쟁(6일 전쟁)에서 발생한 이스라엘군 전사 비율의 10분의 1에 지나지 않는다. Stephen Biddle, "Victory Misunderstood: What the Gulf War Tells Us about the Future of Conflict," *International*

Security, Vol.21, No.2 (Fall 1996), pp.139~179.

16 이라크의 인간 방패(human shield) 사용에 관해서는 다음과 같은 미국 정보기관의 공식 보고서가 존재한다. Central Intelligence Agency(CIA), "Putting Noncombatants at Risk: Saddam's Use of 'Human Shields'"(January 2003). Retrieved October 31, 2010, from https://www.cia.gov/library/reports/general-reports-1/iraq_human_shields/iraq_human_shields.pdf

17 이러한 로비는 주로 이라크의 군사적 위협뿐 아니라 후세인 정권의 잔인함과 인권 탄압 등에 초점이 맞춰졌다. 한 예로, 쿠웨이트시티의 신생아실 간호사라고 밝힌 한 사람은 쿠웨이트를 침공한 이라크 군인이 미숙아를 인큐베이터에서 꺼내 병원 복도에 내동댕이쳐 죽게 했다고 의회에서 증언했다. 하지만 이러한 증언을 한 '간호사'는 미국 주재 쿠웨이트 대사의 딸로서, 침공 당시 미국에 거주하고 있었다.

18 걸프 전쟁에서의 공군력 활동에 대해서는 Thomas A. Keaney and Eliot A. Cohen, *Revolution in Warfare? Air Power in the Persian Gulf* (Annapolis, MD: Naval Institute Press, 1995)가 있다. 이는 본래 미국 정부의 걸프 전쟁 공군력 보고서인 *Gulf War Air Power Survey: Summary Report*로 1993년에 출판되었다.

19 사실 패트리어트미사일로 스커드미사일을 요격하려던 시도는 실패했으며, 그 효과는 미미했다. 스커드미사일 공격으로 사망한 이는 단 2명이었으며, 미사일 경계경보 및 폭발음으로 심장마비가 일어나 사망한 경우가 더 많았다. 패트리어트미사일의 요격률은 최대 15% 정도에 그쳤고, 최소 추산에 따르면 실제 요격 비율은 0%였다. Theodore A. Postol, "Lessons of the Gulf War Experience with Patriot," *International Security*, Vol.16, No.3 (Winter 1991/1992), pp.119~171.

20 생화학무기 사용을 억지하기 위해 핵무기를 사용하는 사안에 대한 분석으로는 Scott D. Sagan, "The Commitment Trap: Why the United States Should Not Use Nuclear Threats to Deter Biological and Chemical Weapons Attacks," *International Security*, Vol.24, No.4 (Spring 2000), pp.85~115가 있다.

21 이라크군이 후퇴에 사용한 고속도로는 훗날 '죽음의 고속도로(Highway of Death)'라고 불리게 된다.

22 해당 중대장은 맥매스터(Herbert R. McMaster) 대위였다. 후일 맥매스터는 중장까지 진급했고, 2017년 2월에서 2018년 4월까지 트럼프 대통령의 국가안보보좌관을 역임하고 2018년 5월 전역했다.

23 동부 73번 지역 전투에 관해서는 Douglas A. MacGregor, *Warrior's Rage: The Great Tank Battle of 73 Easting* (Annapolis, MD: Naval Institute Press, 2009)이 있다. 또한 Robert H. Scales, Jr., *Certain Victory: The U.S. Army in the Gulf War* (Dulles, VA: Potomac Books, 1994), pp.361~364는 좀 더 체계적이고 상세한 분석을 제공한다.

24 동부 73번 지역 전투는 너무나도 충격적이었기 때문에, 미군은 전투와 관련된 모든 데이터를 수집해 모의 전투 프로그램(Combat Simulation)을 구축했다. '73 Easting Project'라고

부르는 이 프로그램은 미군 훈련에 많은 도움을 주고 있다.

25 Stephen Biddle and Robert Zirkle, "Technology, Civil-Military Relations, and Warfare in the Developing World," *Journal of Strategic Studies*, Vol.19, No.2 (June 1996), pp.171~212.

26 George Bush and Brent Scowcroft, *A World Transformed* (New York: Knopf, 1998).

27 Daniel Bolger, *Why We Lost: A General's Inside Account of the Iraq and Afghanistan Wars* (New York: Houghton Mifflin Harcourt, 2014), pp.xxiv-xxv.

28 Thomas Hegghammer, *Jihad in Saudi Arabia: Violence and Pan-Islamism Since 1979* (Cambridge: Cambridge University Press, 2010), pp.70~73.

29 Youssef M. Ibrahim, "Saudi Rebels Are Main Suspects In June Bombing of a U.S. Basel," *The New York Times*, August 15, 1996. 9·11 공격 이후 빈라덴에 대해 집중적으로 조사한 결과, 빈라덴은 코바르타워 공격 직후 축하를 받았다는 사실이 드러났다.

30 SIGIR(Special Inspector General for Iraq Reconstruction), *Hard Lessons: The Iraq Reconstruction Experience* (Washington, DC: US Independent Agencies and Commissions, 2009), pp.5~6.

31 Daniel Byman, Kenneth Pollack, and Gideon Rose, "Rollback Fantasy," *Foreign Affairs*, Vol.78, No.1 (January/February 1999), pp.24~41.

32 사드르는 자신이 암살되기 직전에 자신의 죽음을 예견하면서 검정색 수의(壽衣)를 입고 예배 시간에 나타났으며, 시아파의 중심 도시인 나자프(Najaf)에서 자신의 두 아들과 함께 피격되었다. 응급 호송된 병원은 사드르를 치료하지 않고 방치했고, 결국 사드르는 과다 출혈로 사망했다. 2003년 3월 미국의 침공 이후 사드르가 활동했던 바그다드 시아파 지역은 사드르시티(Sadr City)로 비공식적으로 명명되었고, 넷째 아들인 무크타다 사드르(Muqtada al-Sadr)는 시아파 중심 지도자로 부상해 현재까지 영향력을 유지하고 있다.

33 Ali A. Allawi, *The Occupation of Iraq: Winning the War, Losing the Peace* (New Haven, CT: Yale University Press, 2007), pp.59~60.

34 John L. Esposito, "Political Islam and Gulf Security," John L. Esposito (ed.). *Political Islam: Revolution, Radicalism, or Reform* (Boulder, CO: Lynne Rienner Publishers, 1999), pp.53~75.

2장 9·11 테러와 아프가니스탄 침공

1 Niall Ferguson, *Colossus: The Price of America's Empire* (New York: The Penguin Press, 2004), p.27.

2 미국과 중국의 관계에 관한 이론적 견해를 정리한 연구로는 Aaron L. Friedberg, "The Future of U.S.- China Relations: Is Conflict Inevitable?" *International Security*, Vol.30,

No. 2 (Fall 2005), pp.7~45가 있다.

3 콕스위원회의 공식 명칭은 '중화인민공화국과의 관계에서 미국의 국가안보와 상업적 문제에 대한 하원 특별위원회(the Select Committee on U.S. National Security and Military/Commercial Concerns with the People's Republic of China)'이며, 위원장인 콕스(Christopher Cox)의 이름을 따서 콕스위원회라고 불렸다. 위원회의 최종 보고서는 http://www.house.gov/coxreport/에서 볼 수 있다.

4 대만안보강화법은 2000년 2월에 미국 하원을 통과했으며, 미국과 대만 사이의 군사 교류를 강화하고 대만에 대한 미국의 군사 지원을 촉구했다. 이것은 미국과 중국이 수교한 직후인 1979년 4월에 만들어진 「대만관계법(Taiwan Relations Act)」을 강화한 것으로서, 상원에서는 논의되지 않고 하원에서만 통과되었다.

5 Condoleezza Rice, "Promoting the National Interest," *Foreign Affairs*, Vol.79, No.1 (January/February 2000), pp.45~62.

6 Michael R. Gordon, "The 2000 Campaign: Bush would Stop U.S. Peacekeeping in Balkan Fights," *The New York Times*, October 21, 2000. 하지만 이라크 전쟁에서 82공수사단은 결국 이라크 농촌지역에 온실(green house)을 건설하고 이라크 민간인들을 보호하면서 "어린이들이 유치원에 가는 것을 보호"하는 임무를 수행하게 된다.

7 David Shambaugh, "Sino-American Strategic Relations: From Partners to Competitors," *Survival*, Vol.42, No.1 (January 2000), pp.97~115; Bill Gertz, *The China Threat: How the People's Republic Targets America* (Washington, DC: Regnery Publishing, 2000) 등은 당시 미국 공화당과 보수파의 중국에 대한 우려의 분위기를 잘 보여준다.

8 John J. Mearsheimer, "The Future of the American Pacifier," *Foreign Affairs*, Vol.80, No.5 (September/October 2001), pp.46~61.

9 미국은 정찰기를 수리해 비행하기를 원했으나, 중국 정부는 이를 허용하지 않았다. 그 대신에 중국은 기체를 분해해 부품을 미국 측에 전달했고, 미국은 전달받은 부품을 사용해 정찰기를 재조립했다. 사망한 중국 전투기 조종사에 대해서는 배상이 이루어지지 않았고, 이에 대한 추가 협상은 없었다.

10 "China and America," *The Economist*, April 17, 2001.

11 항공기 블랙박스와 대화 기록 등을 분석한 결과, 네 번째 항공기의 목표는 미국 국회의사당으로 추정된다.

12 National Commission on Terrorist Attacks Upon the United States, *The 9/11 Commission Report: Final Report of the National Commission on Terrorist Attacks Upon the United States* (New York: W.W. Norton, 2004), p.147. 이라크 침공 직전인 2003년 3월 1일에 무하마드는 파키스탄에서 체포되어 미국에 인도되었으며, 2010년 현재까지도 미국에 억류되어 있다.

13 사우디아라비아 출신으로 아프가니스탄 전쟁에 참가한 사람은 1만 5000~2만 명으로 추정되지만, 이 가운데 일부만이 실제 군사훈련을 받고 전투를 수행했다. 사우디아라비아 출신으

로 아프가니스탄에서 전사한 인원은 300명 정도다. 하지만 이들은 아프가니스탄에서 이슬람 극단주의에 노출되었고, 사우디아라비아에 자신들의 극단주의 조직을 창설하기도 했다. Hegghammer, *Jihad in Saudi Arabia*, p.47.

14 National Commission on Terrorist Attacks Upon the United States, *9/11 Commission Report*, p.154.

15 중앙아시아를 둘러싼 러시아와 영국의 경쟁은 '거대한 게임(The Great Game)'이라고 불리며, 이것은 키플링(Rudyard Kipling)의 여러 작품에 모티브가 되기도 했다. 그 가운데 대표적 작품이 인도를 무대로 펼쳐지는 스파이 소설인『킴(Kim)』이며, 부상당한 상태로 아프가니스탄 전장에 쓰러졌다면 '원주민'의 공격에 희생될 것이므로 스스로 목숨을 끊으라는 내용의 「어린 영국 병사(The Young British Solder)」 등의 시도 있다.

16 미국이 '소련의 팽창 저지'라는 목표를 달성하기 위해 무자헤딘을 지원했다면, 빈라덴은 '이슬람 근본주의'의 관점에서 아프가니스탄 전쟁에 참가했다. 이후 빈라덴은 자신이 구축한 영향력을 이용해 1990년대에 알카에다를 창설하고 운영했다.

17 소련과의 전쟁과 이후의 내전으로 아프가니스탄인 약 60만 명이 전사했으며, 200여 만 명의 민간인이 목숨을 잃었다. 또한 500여 만 명의 피난민이 발생했으며, 이들은 대부분 파키스탄과 이란으로 탈출했다.

18 Ahmed Rashid, *Taliban: Militant Islam, Oil and Fundamentalism in Central Asia* (New Haven, CT: Yale University Press, 2001).

19 북부동맹의 주요 지휘관은 우즈베크 부족 출신으로 아프가니스탄 공산 정권에 복무하다가 무자헤딘으로 전향한 군벌인 도스툼(Abdul Rashid Dostum)과 카불 대학교에서 공학(engineering)을 전공한 타지크 부족 출신의 마수드(Ahmad Shah Massoud)를 들 수 있다. 마수드는 2001년 9월 9일, 기자를 가장해 잠입한 탈레반 자살공격 팀에게 암살되었다. 그의 공헌과 희생 덕분에 마수드의 형제들은 미국 침공 이후에 구성된 아프가니스탄 정부에서 부통령 및 영국 주재 대사 등의 고위직에 임명되었다. 도스툼은 2001년 11월 이후 아프가니스탄 참모총장을 역임했고, 정치 영역에서 상당한 영향력을 행사하고 있다. 2014년 선거에서 도스툼은 아프가니스탄 부통령으로 선출되었고, 2020년까지 그 직위를 유지했다.

20 이러한 결정에 대해서 탈레반 정권은 아프가니스탄이 고립되고 영양실조로 어린아이들이 죽어가는 상황에서 국제사회는 불상에만 관심을 기울이는 상황을 용납할 수 없었기 때문이라고 강변했다. Barbara Crossette, "Taliban Explains Buddha Demolition," *The New York Times*, March 19, 2001.

21 Lawrence Wright, *The Looming Tower: Al-Qaeda and the Road to 9/11* (New York: Knopf., 2006).

22 Peter Bergen, *The Osama bin Laden I Know: An Oral History of al Qaeda's Leader* (New York: Free Press, 2006).

23 National Commission on Terrorist Attacks Upon the United States, *9/11 Commission Report*, pp.66~67.

24 하지만 1995년 4월에 있었던 오클라호마시티(Oklahoma City) 미국 연방정부 건물에 대한 폭탄 테러는 알카에다와는 무관하다. 초기에는 '아랍인 테러리스트' 소행이라는 루머가 있었으나, 확인 결과 이는 사실이 아닌 것으로 밝혀졌다. 테러의 주범인 맥베이(Timothy McVeigh)는 극우파 민병대 운동의 동조자로, 재판에서 사형을 선고받아 2001년 6월에 처형되었다. 이 공격으로 모두 168명이 사망했으며, 그 가운데 19명은 건물 내부에 위치한 어린이집에 있던 6세 미만의 어린이였다.

25 부시 행정부는 테러 공격 직후인 9월 15일에 아프가니스탄 공격을 결정했고, 이러한 결정은 9월 17일에 문서화되어 중앙정보국(CIA)을 중심으로 특수부대를 동원한 군사작전을 공식 승인하는 것으로 이어졌다. Bob Woodward, *Bush at War* (New York: Simon & Schuster, 2002), pp.93~109.

26 북부동맹이 카불을 함락한 직후인 2001년 11월 16일에 파키스탄 정부는 탈레반 정권에 파견되었던 '수천 명'의 파키스탄 군사고문단과 기술 요원을 철수했다고 한다.

27 아프가니스탄 침공에서 미국은 110명의 중앙정보국 요원과 316명의 특수부대원을 동원했으며, 이들은 미국의 막강한 공군력을 통제하면서 북부동맹의 진격을 지원했다. 말을 탄 특수부대원이 상공에 떠 있는 항공기와 교신하고 레이저를 이용해 지상 목표물에 폭격을 유도하는 장면은 아프가니스탄 전쟁과 미국의 군사혁신을 상징했다. Woodward, *Bush at War*, pp.300~302.

28 Michael E. O'Hanlon, "A Flawed Masterpiece," *Foreign Affairs*, Vol.81, No.3 (May/June 2002), pp.47~63.

3장 낙관론과 비관론, 그 기묘한 조합

1 2000년 선거에서 부시는 5045만 6002표(47.9%)를 얻었고, 고어는 5099만 9897표(48.4%)를 얻었다. 하지만 국민투표(popular vote)에서 고어가 승리했다는 사실은 대통령 선거인단(electoral college)에 의한 간접선거를 채택하고 있는 미국에서는 무의미한 것이었다. 선거인단에서 부시는 271표, 고어는 266표를 획득해 부시가 승리했다. 반면 2004년 선거에서 부시는 국민투표와 선거인단에서 각각 6204만 610표(50.7%)와 286표를 얻어 5902만 8444표(48.3%)와 251표를 얻은 민주당 케리(John Kerry) 후보를 누르고 재선에 성공했다.

2 Daniel Byman, Kenneth Pollack, and Gideon Rose, "Rollback Fantasy," *Foreign Affairs*, Vol.78, No.1 (January/February 1999), pp.24~41.

3 Allawi, *The Occupation of Iraq*, p.66.

4 Kenneth Pollack, *Threatening Storm: The Case for Invading Iraq* (New York: Random House, 2002).

5 Tony Smith, *A Pact with the Devil: Washington's Bid for World Supremacy and the Betrayal of the American Promise* (New York: Rougledge, 2007), pp.xxx~xxxiii.

6 Bill Keller, "The I-Can't-Believe-I'm-a-Hawk-Club," *The New York Times*, February 8, 2003.

7 Brent Scowcroft, "Don't Attack Saddam: It would Undermine Our Antiterror Efforts," *The Wall Street Journal*, August 15, 2002.

8 SIGIR, *Hard Lessons*, p.7.

9 Thom Shanker and Charlie Savage, "In Book, Rumsfeld Recalls Bush's Early Iraq Focus," *The New York Times*, February 2, 2011.

10 부시 행정부가 이라크 정권 교체와 침공을 결심한 것이 언제인지는 정확하게 알 수 없다. 여러 증언에 따르면, 2001년 초에 이라크의 정권 교체를 결정했으며, 9·11 테러는 이러한 결정을 단순히 강화한 것이라고 한다. Bob Woodward, *Plan of Attack* (New York: Simon & Schuster, 2004), pp.9~16, 21~23.

11 Woodward, *Plan of Attack*, pp.45~66.

12 미군 지휘부는 전쟁을 위한 병력을 동원하고 이동시키는 데 90일, 지상 전투를 개시하기 이전에 공군력으로 이라크 지상군 군사력을 파괴하고 유전 지대를 장악하는 데 45일, 최종 침공 작전에 90일이 소요된다고 보았다.

13 Kenneth M. Pollack, "Spies, Lies, and Weapons: What Went Wrong," *The Atlantic Monthly* (January/February 2004), pp.78~92.

14 SIGIR, *Hard Lessons*, pp.13~16. 특수계획국은 럼즈펠드가 사임한 이후인 2007년 국방부 내부 감사에서 "동일한 정보를 놓고 기존 정보기관들의 분석과는 다른 결론을 도출했으며, 이 과정에서 법을 어긴 것은 아니나 적절하지 않은(inappropriate, though not illegal) 방식으로 행동했다"라는 평가를 받았다. 국방부 내부 감사 보고서의 요약본은 http://www.npr.org/documents/2007/feb/dod_iog_iraq_summary.pdf에서 볼 수 있다.

15 부시 대통령은 국가안보 관련 대통령령(National Security Presidential Directive: NSPD) 24호를 통해 전쟁 이후 상황 안정화를 담당할 기구인 재건 및 인도적 사안 담당처(ORHA)를 신설하고 국방부 산하에 배치했다.

16 James Fallow, "Bush's Lost Year," *The Atlantic Monthly* (October 2004), pp.68~84. 미국 의회가 전쟁 및 군사력 사용 문제를 논의하고 있던 2002년 9월 8일, 당시 국가안보보좌관이었던 라이스는 CNN에 출현해 문제가 된 바로 이 표현을 사용했다.

17 하지만 후세인은 미국의 침공 직전까지 이라크가 핵무기를 포함한 대량살상무기를 보유한 것처럼 행동했다. 그렇게 함으로써 이라크는 대량살상무기 보유국으로서의 이점을 누리면서, 이란을 필두로 하는 주변 국가들이 이라크에 쉽게 도전하지 못하도록 견제하려고 했다.

18 Khidhir Hamza, *Saddam's Bombmaker: The Terrifying Inside Story of the Iraqi Nuclear and Biological Weapons Agenda* (New York: Scribner, 2000); Bob Drogin, *Curveball: Spies, Lies, and the Con Man Who Caused a War* (New York: Random House, 2007). 함자는 핵물리학 학위를 가지고 있었다. 하지만 암호명 '커브볼'은 박사학위를 가지고 있지 않았으며, 생화학무기 개발에도 전혀 관여하지 않았다. 그의 목적은 미국 영주권을 획득하

는 것이었으며, 이를 위해 거짓으로 증언했다. 문제는 미국의 정책결정자들이 그러한 '허황된 이야기'를 믿었고, 이에 기초해 침공을 결정했다는 사실이다.

19 이는 냉전 기간 소련의 군사적 위협에 노출되어 있던 유럽 국가들이 미국의 확장 억지(extended deterrence)에 대해 제기했던 우려의 연장이다. 1970년대 이후 미국과 소련의 핵무기 전력이 대등해지자, 소련이 서유럽 국가를 공격할 경우에 미국이 소련의 핵무기 공격 가능성 때문에 유럽 대륙에 개입하지 않을 것이라는 우려가 등장했다. 즉, 미국이 냉전 당시 독일의 수도인 본을 방어하려고 미국의 대도시인 보스턴을 위험에 빠뜨리지는 않을 것이라는 주장이었다.

20 하지만 생화학무기 공격에 핵무기로 보복하겠다고 위협한 것은 신뢰도의 측면에서 문제가 있었다는 비판도 존재한다. 즉, 생화학무기 사용에는 통상 군사력으로 보복하는 것이 낫고, 핵무기 보복 위협은 상대의 핵무기 공격에만 국한해야 한다는 주장이다. Scott D. Sagan, "The Commitment Trap: Why the United States Should Not Use Nuclear Threats to Deter Biological and Chemical Weapons Attacks," *International Security*, Vol.24, No.4 (Spring 2000), pp.85~115.

21 이에 대한 분석으로는 Barry R. Posen, "U.S. Security Policy in a Nuclear-Armed World, or What If Iraq Had Had Nuclear Weapons?" in Victor A. Utgoff (ed.), *The Coming Crisis: Nuclear Proliferation, U.S. Interests, and World Order* (Cambridge, MA: MIT Press, 2000), pp.157~190이 있다.

22 전쟁 이후 이 부분에 대해서는 많은 조사가 있었으며, 그 결과 후세인 정권과 테러 조직 간의 관계를 증명한다는 증거는 거짓으로 판명되었다. R. Jeffrey Smith, "Hussein's Prewar Ties to Al-Qaeda Discounted: Pentagon Report Says Contacts were Limited," *The Washington Post*, April 6, 2007.

23 SIGIR, *Hard Lessons*, p.3, 7.

24 James Fallow, "Blind Into Baghdad," *The Atlantic Monthly* (January/February 2004), pp.52~74.

25 Woodward, *Plan of Attack*, pp.133~136.

26 특히 럼즈펠드에게는 이 부분에 대해 '강한 신념'이 있었고, 이에 도전하면서 비관적인 견해를 표명하는 사람을 민주주의의 우월성을 믿지 않는, 그리고 비겁한 또는 부도덕한 사람이라고 비난했다.

27 Allawi, *The Occupation of Iraq*, pp.96~97.

28 Michael R. Gordon and General Bernard E. Trainor, *Cobra II: The Inside Story of the Invasion and Occupation of Iraq* (New York: Vintage, 2006), p.460. 육군은 추가 지상군 파견을 요청했지만, 국방부는 이러한 병력 증강 요청을 기각했다.

29 특히 강조되었던 것은 전투에서의 불확실성을 제거하는 것이 가능하다는 주장이었다. 오언스(William Owens)는 단순한 무기 체계 하나가 아니라 여러 개의 무기 체계를 통합해 구축하는 체계의 체계(system of systems)를 통해 전투 지휘관이 필요로 하는 모든 정보를 수

집·처리할 수 있다고 보았다. 덧붙이자면, 가로세로 각각 200마일(320킬로미터) 지역의 4만 제곱마일(6만 4000제곱킬로미터) 넓이의 전투 지역 전체에 존재하는 중요 군사목표물 전부를 지형이나 기후 상태와는 무관하게 파악할 수 있다는 것이다. William Owens, *Lifting the Fog of War* (Baltimore, MD: Johns Hopkins University Press, 2002), pp.119~138. 참고로 여기서 언급된 4만 제곱마일은 1991년 걸프전에서의 쿠웨이트 작전지역(Kuwaiti theater of operations) 또는 서울과 평양 사이의 한반도 지역을 포괄하는 넓이다.

30 2007년 미국 육군과 해병대는 야전교범에서 인구 1000명당 최소한 20명의 질서 유지 병력이 필요하다고 명시했다. The U.S. Army and Marine Corps, *Counterinsurgency Field Manual* (Chicago, IL: The University of Chicago Press, 2007), p.23.

31 Eric Schmitt, "Pentagon Contradicts General on Iraq Occupation Force's Size," *The New York Times*, February 28, 2003. 신세키는 4개월 후인 2003년 6월 전역했다가 2008년 1월 오바마 행정부 출범과 함께 보훈처 장관(Secretary of Veterans Affairs)으로 발탁되었다.

32 Michael R. Gordon, "Catastrophic Success: the Strategy to Sure Iraq did not Foresee a Second War," *The New York Times*, October 19, 2004.

33 Shanker and Savage, "In Book, Rumsfeld Recalls Bush's Early Iraq Focus."

34 Gordon and Trainor, *Cobra II*, p.7; Fallow, "Blind Into Baghdad." 애비제이드는 2003년부터 2007년까지 미국 중부군 사령관으로 이라크 전쟁을 전역 차원에서 지휘했다.

35 Thomas E. Ricks, *Fiasco: the American Military Adventure in Iraq* (New York: The Penguin Press, 2006), p.81.

36 SIGIR, *Hard Lessons*, pp.40~43, 46~47.

37 최종 보고서는 http://www.gwu.edu/~nsarchiv/NSAEBB/NSAEBB198/index.htm에서 찾을 수 있다. 이러한 프로젝트도 2월 21일에 열린 회의에서 우연한 기회로 알려졌다. Rajiv Chandrasekaran, *Imperial Life in the Emerald City: Inside Iraq's Green Zone* (New York: Alfred A. Knopf, 2007), pp.36~37.

38 SIGIR, *Hard Lessons*, p.45.

39 SIGIR, *Hard Lessons*, p.51.

40 Fallow, "Bush's Lost Year."

4장 전투의 승리와 파산한 낙관론

1 Chaim Kaufmann, "Threat Inflation and the Failure of the Marketplace of Ideas: The Selling of the Iraq War," *International Security*, Vol.29, No.1 (Summer 2004), pp.5~48.

2 텔레비전으로 중계된 연설에서 부시 대통령은 '이라크에서 주요 전투의 종식(end to major combat operations in Iraq)'을 선언했으며, '임무 완수'라는 표현을 사용하지는 않았다. 하지만 대통령 뒤편에는 '임무 완수'라고 쓰인 현수막이 걸려 있었고, 이 때문에 부시가 '임무

완수'를 명시적으로 언급했다는 인상을 남겼다. 현수막은 항공모함 승무원의 '임무 완수'를 축하하기 위한 것이라는 해명이 있었지만, 항공모함에는 현수막을 제작할 시설이 없었으며, 백악관 측이 이것을 제작했고 항공모함에 반입해 설치했다. 2008년과 2009년에 부시는 당시 '임무 완수' 현수막을 걸었던 것은 '실수'였다고 회고했다.

3 Peter R. Mansoor, *Baghdad at Sunrise: A Brigade Commander's War in Iraq* (New Haven, CT: Yale University Press, 2009), pp.xv~xvi.

4 유엔특별위원회는 1991년 10월 11일 유엔안전보장이사회 결의안 715에 따라 창설되었다. 유엔특별위원회의 활동은 1996년 6월 결의안 1060로 다시 보장되었지만, 이라크는 이를 충실하게 이행하지 않았다. 1999년 12월 17일 유엔안전보장이사회는 결의안 1284에서 유엔특별위원회를 확대·개편하여 유엔사찰위원회(UNMOVIC)를 창설했다.

5 2000년 가을, 공화당 부시 후보의 측근이자 훗날 국가안보보좌관과 국무장관을 역임한 라이스는 《포린 어페어(Foreign Affairs)》에 기고한 글에서, 후세인이 핵무기를 보유한다고 해도 이를 사용할 수 없을 것이라고 지적했다. Rice, "Promoting the National Interest." 해당 문구는 61쪽에 등장한다.

6 연설 전문은 http://georgewbush-whitehouse.archives.gov/news/releases/2002/09/20020912 -1.html에서 확인할 수 있다.

7 이처럼 결의안의 방식으로 군사력 사용을 허가하는 것은 유엔헌장이 유엔안전보장이사회의 승인이 없는 경우에 국가정책의 수단으로서 군사력 사용을 금지하고 있기 때문이다. 즉, 유엔 창설로 선전포고가 불가능해지면서 이러한 우회적인 방식으로 전쟁에 필요한 군사력을 동원하는 것이다. 1965년 8월 미국이 베트남 전쟁에 본격적으로 전투 병력을 파견하고 개입하는 과정에서도 이른바 '통킹 만 결의안(Gulf of Tonkin Resolution)'의 형태로 군사력 사용이 허용되었다.

8 원문은 http://www.un.org/Depts/unmovic/new/documents/resolutions/s-res-1441.pdf에서 확인할 수 있다.

9 정확한 발언은 http://www.un.org/apps/news/storyAr.asp?NewsID=5305에서 확인할 수 있다. 하지만 부시 행정부는 이미 전쟁을 결심한 상황이었고 병력을 인접 지역에 전개하고 있었다.

10 이라크 사찰단은 1998년 12월 미국의 이라크 공습(사막의 여우 작전(Operation Desert Fox)]이 있기 전에 철수했고, 2002년 11월 다시 입국할 때까지 활동하지 않았다.

11 Julia Preston, "Inspector Says Iraq Falls Short," *The New York Times*, January 28, 2003.

12 이라크 핵무기에 관한 파월의 발언 직후, 그 '증거'의 신뢰성에 대해 의혹이 제기되었고, 이후 벌어진 조사에서 '증거'는 모두 거짓으로 판명되었다. 발언 전문은 http://2001-2009.stat e.gov/secretary/former/powell/remarks/2003/17300.htm에서 확인할 수 있다.

13 Kate Connolly, "I am not convinced, Fischer tells Rumsfeld," *The Daily Telegraph*, February 10, 2003. 반면 1962년 10월에 발생한 쿠바 미사일 위기에서 프랑스의 드골(Charles De Gaulle) 대통령은 미국의 쿠바 봉쇄(quarantine) 조치를 지지하면서 항공사진

등의 증거를 요구하지 않았다. 대신 "미국처럼 위대한 국가(great nation)는 거짓말을 하지 않을 것이다"라고 하면서, 미국의 결정을 절대적으로 신뢰했다.

14 이 가운데 4사단은 터키의 미군 기지에서 이라크 북부를 공격하기 위해서 전개했으나, 터키 정부가 미국의 침공을 허용하지 않아 초기 전투에는 참가하지 못했다. 다만 전투 종식 이후, 4사단은 점령군으로 이라크 중북부 수니 삼각지대(Sunni Triangle)의 티크리트 지역에 주둔 했다.

15 전투 기간에 미국과 영국의 공중급유기는 7525회 출격해 총 4600만 갤런의 항공연료를 공 급했다. Williamson Murray and Robert H. Scales, Jr., *The Iraq War: A Military History* (Cambridge, MA: Harvard University Press, 2003), pp.73~74.

16 이라크 전쟁을 이러한 측면에서 집중 분석한 연구로는 Kevin Woods et al., *The Iraqi Perspectives Report: Saddam's Senior Leadership on Operation Iraqi Freedom from the Official U.S. Joint Forces Command Report* (Annapolis, MD: U.S. Naval Institute Press, 2006)이 있다.

17 특히 5만여 명의 사담 민병대와 6만여 명의 공화국수비대, 그리고 1만 2000여 명의 병력으 로 구성된 특수공화국수비대는 후세인이 직접 통제하는 정권 수호 수단이었다. 민병대 전체 병력은 50만 명에 근접했으며, 이는 엄청난 병력과 군사 장비의 소비를 초래했다. 이라크 국 방장관 하심(Sultan Hashim Ahmad al-Tai)은 민병대가 "골칫거리이자 군사장비의 낭비였 다. 하지만 정권 유지를 위한 수단이었다"라고 증언했다. 하지만 이러한 조치는 쿠데타의 위 험에 직면한 거의 모든 국가에서 찾아볼 수 있다. James T. Quinlivan, "Coup-Proofing: Its Practices and Consequences in the Middle East," *International Security*, Vol.24, No.2 (Autumn 1999), pp.131~165.

18 미국이 사용한 첩보는 잘못된 것이었다. 이후 조사에 따르면, 후세인은 해당 장소에 나타나 지 않았으며, 후세인이 이 농장에 마지막으로 모습을 드러낸 것은 1995년이었다. 후세인은 바그다드 시내의 장소에 은신했고, 이후 고향인 티크리트 지역으로 피신했다. Michael R. Gordon and Bernard E. Trainor, "Iraqi Leader, in Frantic Flight, Eluded U.S. Strikes," *The New York Times*, March 12, 2006.

19 미국은 1991년 걸프 전쟁에서 모두 10만 회 이상의 항공기 출격을 통해 8만 8500톤의 폭탄 을 사용했다. 이 가운데 정밀유도폭탄(Precision-Guided Munitions: PGM)은 7%에 지나지 않았으며, 이것도 대부분 레이저 조준이나 지형 판독 정밀 유도 폭탄이었다. 또한 해군 항공 기는 정밀 유도 폭탄을 사용하지 않았으며, 오직 일부 공군 항공기만이 정밀 유도 폭탄을 발 사했다. 하지만 2003년 이라크 전쟁에서는 미국이 사용한 항공기 폭탄 가운데 70%가 정밀 유도 폭탄이었으며, 대부분 GPS 유도장치를 사용해 어떠한 기상 상황에서도 완벽하게 작동 했다. Murray and Scales, Jr., *The Iraq War*, p.72.

20 걸프 전쟁에서도 쿠웨이트 점령을 담당했던 이라크 지상군은 2월 24일에 미군이 이라크 영 토로 진격해 쿠웨이트 점령군을 포위하자 후퇴했다. 하지만 후퇴 과정에서 미군 공습으로 전멸에 가까운 피해를 입었다. 즉, 미국 지상군이 진격하자 이라크 지상군 군사력은 은폐 및

엄폐된 진지에서 나와 벌판에 노출되었고, 미국 공군이 목표물을 쉽게 파괴할 수 있는 기회가 만들어졌다.

21 Woods et al., *The Iraqi Perspectives Report*, pp.136~148. 후세인은 유프라테스강에 놓여 있는 대형 교량의 파괴를 금지했으며, 주요 지휘관들이 교량 파괴를 건의했지만 폭파 금지를 다시 명령했다. 일부 지휘관은 교량을 파괴할 준비를 했으나, 명령 불복종으로 자신과 부하는 물론 가족도 처형될 수 있었던 탓에 폭파하지 않았다. 미군은 이러한 교량을 확보해 진격과 보급에 사용했다.

22 Murray and Scales, Jr., *The Iraq War*, p.189, 195. 처형 등의 가혹한 처벌로 군인에게 전투를 강요하는 방식은 널리 사용된다. 제2차 세계대전에서 독일은 1만 5000여 명을 그리고 소련은 15만 8000여 명을 각각 탈영으로 처형했다. 그러나 이러한 관행은 미군에서는 나타나지 않았다. 남북 전쟁(American Civil War) 이후 미군은 탈영으로 49명에게 사형선고를 내렸으나 실제로는 1945년 1월에 1명(Eddie Slovik)만을 처형했다.

23 최후의 순간에 이라크군은 교량 폭파를 시도했으나 실패했고, 미군은 교량을 긴급 보수해 추가로 건설한 부교(浮橋)와 함께 사용했다. 이와 유사하게, 1945년 3월 패배를 앞두고 있던 독일은 미군의 진격을 저지하기 위해 라인 강에 있는 모든 교량을 폭파하기로 결정했다. 하지만 본 남쪽의 레마겐(Remagen)에 놓여 있던 철도용 철교는 독일군의 폭파 시도에도 붕괴되지 않았고, 결국 미군이 장악했다.

24 본래 이 공항의 명칭은 사담 국제공항이었으나, 미국이 점령한 이후 바그다드 국제공항으로 이름을 바꾸었다.

25 Murray and Scales, Jr., *The Iraq War*, p.207. 브래들리 전투차량은 25밀리미터 기관포로 이라크군이 보유한 소련식 T-72 5대를 격파했다. 이라크는 소련이 설계한 T-72를 조립 생산하여 '바빌로니아의 사자(Lion of Babylon, Asad Babil)'라고 명명하고 사용했다. 북한 또한 동일한 전차를 소수 보유한 것으로 알려져 있으나, 북한은 이보다 구식인 T-64를 천리마 전차로 생산해 운용한다.

26 이러한 전투정찰을 '선더런(Thunder Run)'이라고 불렀다. 본래 '선더런'은 지원병으로 구성된 미군 병사들이 독일과 한국 등 해외 주둔지에서 봉급이 나오는 날 엄청나게 많은 술을 마시는 행동을 의미한다. 하지만 이라크에서는 폭풍처럼 바그다드 시가를 돌파한 행동을 가리킨다.

27 E-8C JSTARS는 지상 전투용 조기경보기로서, 복잡한 전투 상황을 명료하게 파악할 수 있게 해준다. 보잉 707-300 시리즈 상업 항공기 동체를 기본으로 하여, 하부에 8미터 길이의 지상 정찰용 레이더를 탑재하며, 항공기를 중심으로 120도 정면의 5만 제곱킬로미터를 감시하는 동시에 250킬로미터 떨어진 목표물을 포착할 수 있다. JSTARS는 획득한 정보를 처리하고 이를 지상에서 작전하는 육군 또는 해병대 지휘관에게 실시간으로 전달해 지상군 작전에 필요한 전투 정보를 제공한다.

28 동상은 2002년 4월에 후세인의 65세 생일을 기념해서 세워진 것이다.

29 이러한 행동 때문에 사하프는 '바그다드 밥(Baghdad Bob)', '코미컬 알리(Comical Ali)'라는

별명을 얻었다. 바그다드 함락 이후 사하프는 미군에 투항했고, 곧 석방되었다. 현재 그는 가족과 함께 이라크를 떠나 아랍에미리트에서 살고 있는 것으로 알려지며, 공개 석상에는 나서지 않고 있다.

30 NTC는 어윈 기지(Fort Irwin)에 설치된 모의 전투훈련장으로, 1980년 10월에 개장해, 소련식 무기와 훈련으로 무장한 대항군과의 모의 전투를 통해 미군 병력의 전투 능력을 향상시키는 것을 목적으로 했다. 사단급 훈련까지 가능하지만, 대부분 연대급 대항군과 여단급 훈련군이 참여한다. 이라크가 소련식 군사력을 가지고 있었기 때문에 NTC에서의 훈련은 미군에 결정적 도움을 주었다. 한국의 육군 과학화훈련장(Korean Combat Training Center: KCTC)은 NTC를 모델로 하여 2005년 9월에 완공되었으며, 북한식 훈련을 받은 대대급 대항군과의 모의 전투훈련 및 마일스(Multiple Integrated Laser Engagement System: MILES) 체제를 사용해 한국군의 전투력 향상에 공헌하고 있다.

31 이라크 전쟁 초기의 기록은 아니지만, 다음 정보는 미군의 소부대 응집력을 잘 보여준다. 24 해병전투단(24th Marine Expeditionary Unit)이 이라크에서 작전하는 과정에서 모두 211명이 부상을 입었다. 그중 180명이 즉시 귀대 요청을 했는데, 그들은 동료 부대원을 지키기 위해 치료가 완료되자 전쟁터로 복귀했다. Thomas L. Friedman, "In My Next Life," *The New York Times*, November 25, 2004.

32 Anthony Shadid, *Night Draws Near: Iraq's People in the Shadow of America's War* (New York: Henry Holt, 2005), pp.187, 378~380. 약탈된 물건은 부근의 이슬람 사원에 집결되었고, 이러한 물품을 판매 또는 분배하는 과정에 이슬람 사원이 개입하면서 그 영향력이 더욱 커졌다.

33 이 경우 바그다드 점령군 1명당 민간인 240명을 통제해야 한다. 하지만 미군 야전교범에 따르면, 병사 1인이 통제 및 질서 유지를 할 수 있는 민간인의 최대 숫자는 25명이다. 즉, 미군은 최대 수치의 10배에 가까운 민간인을 통제해야 하는 상황에 직면했다.

34 SIGIR, *Hard Lessons*, pp.55~56, 59~60. 이후 미국은 이라크 행정부처의 건물 설비를 복구하면서, 100명의 공무원이 일하는 데 필요한 사무용 집기를 한 세트에 12만 2000달러를 주고 주문했다. '포장된 정부 사무실(Ministry in a Box)'이라 불린 이러한 사무용 집기 세트는 2003년 말까지 132개 세트가 판매되었다. SIGIR, *Hard Lessons*, p.118.

35 Allawi, *The Occupation of Iraq*, p.115~116. 하지만 모든 약탈이 후세인 정권 인물의 주도하에 체계적으로 이루어진 것은 아니다. 이라크 핵물질 연구소도 약탈되었지만, 약탈은 주로 일상적 물품에 집중되었다. 예를 들어, 부분 농축된 우라늄은 약탈되지 않았으며, 우라늄을 담았던 통(canisters)만 사라졌다. Government Accountability Office(GAO-05-672), *Radiological Sources in Iraq: DOD Should Evaluate Its Source Recovery Effort and Apply Lessons Learned to Future Recovery Missions* (Washington, DC: GAO, 2005), p.7. 이후 미군은 이러한 핵물질을 모두 미국으로 이송해 처분했다.

36 Gordon, "Catastrophic Success," *New York Times*, October 19, 2004.

1 나자프는 시아파의 성지이나, 이 상황에서는 수니파로 구성된 사담 민병대 병사들이 도시를 장악하고 있었다. Steven Lee Meyers, "A Nation at War," *The New York Times*, March 30, 2003.

2 Ian Fisher, "U.S. Force Said to Kill 15 Iraqis During an anti-American Rally," *The New York Times*, April 30, 2003. 집회는 원래 후세인의 66회 생일을 기념하여 열린 것이었다.

3 하지만 시아파 주민의 환영은 미국의 침공이나 이라크 민주주의에 대한 것이 아니라 수니파 정권의 몰락과 시아파 정권의 창출 가능성에 대한 것이었다. 즉, 미군은 이라크 국민 전체에 대한 '해방자'가 아니라 이라크 시아파의 '해방자'로 비쳤다. 이러한 측면에서 수니파는 미국의 점령에 무력으로 저항했고, 시아파와 권력 투쟁을 시작했다.

4 Chandrasekaran, *Imperial Life in the Emerald City*, pp.68~73. 이러한 인물은 훗날 바트당 숙청 과정에서 모두 파면되었으며, 바그다드 전력망은 복구되지 못했다.

5 Gordon and Trainor, *Cobra II*, pp.160~163.

6 이러한 결정은 장기적으로는 매우 심각한 결과를 초래했다. 후세인의 바트당 정권은 독재 정권이었지만, 정치 영역과 종교 영역을 분리했다는 측면에서 매우 세속적인 동시에 근대적이었다. 하지만 부시 행정부는 단기 점령 정책에서 기존 바트당 세력과 함께 시아파 종교 조직에 정치적 역할을 부여했으며, 결국 시아파 세속 정당보다는 시아파 종교 세력의 정치화를 초래했다.

7 Allawi, *The Occupation of Iraq*, p.101.

8 SIGIR, *Hard Lessons*, p.63.

9 이 과정에서 재건 및 인도적 사안 담당처의 책임자이자 연합군임시행정청의 초대 책임자였던 가너는 완전히 소외되었다. 이는 그가 바트당 조직을 수용하려고 했기 때문으로 추정되며, 향후 미국의 정책에 비추어 볼 때 당연한 결과였다. 하지만 단기 점령을 정책으로 채택했기 때문에 바트당 조직의 수용은 불가피했다.

10 Bob Woodward, *State of Denial* (New York: Simon & Schuster, 2006), pp.172~173.

11 Chandrasekaran, *Imperial Life in the Emerald City*, p.58.

12 원문은 http://www.un.org/Depts/unmovic/new/documents/resolutions/s-res-1483.pdf에서 찾을 수 있다. 결의안 승인 과정에서 유엔안전보장이사회에 임기 2년의 비상임이사국 자격으로 참석한 시리아는 기권해 퇴장했고, 다른 14개 국가는 모두 찬성했다.

13 Patrick E. Tyler, "The Reach of War: U.N. Chief Ignites Firestorm by Calling Iraq War 'Illegal'," *The New York Times*, September 17, 2004.

14 하지만 이라크 침공이 정당한지에 대해서는 논란의 여지가 있다. 특히 침공의 근거가 되었던 이라크 대량살상무기는 존재하지 않는 것으로 판정되었기 때문에, 침공이 정당하다고 주장하기는 어렵다. 특히 부시 행정부가 증거의 상당 부분을 조작했고, 객관성을 유지하지 않은 채 자신들의 일방적인 주장과 부합하는 정보만을 제시했다는 측면에서 침공의 정당성은

취약하다. 그런데도 유엔안전보장이사회 결의안 1483은 미국의 침공을 추인했으며, 이 때문에 정당성과는 별도로 논의할 수 있는 합법성은 부여되었다.

15 연합군임시행정청령 1호의 원문은 http://www.iraqcoalition.org/regulations/20030516_CPAORD_1_De-Ba_athification_of_Iraqi_Society_.pdf에서 볼 수 있다. 상위 4단계의 지위란 바트당 지역 책임자(Regional Command Members), 지부 책임자(Branch Members), 소지역 책임자(Section Members), 집단 책임자(Group Members)를 가리킨다.

16 하지만 다른 추산에 따르면, 바트당 인원은 60만에서 70만 명이며, 그 가운데 3만 명에서 5만 명이 '청산'되었다고 한다. 한편 2008년 이라크 정부는 이러한 '청산' 과정에서 14만 명의 바트당원이 직장을 잃었고, 2004년 1월부터 10만 명이 구제되었다고 주장했다. Amit R. Paley and Joshua Pastlow, "Iraq's New Law on Ex-Baathist Could Bring Another Purge," *The Washington Post*, January 23, 2008. 바트당 숙청으로 10만 명 정도가 일자리를 잃었다는 것은 당시 중앙정보국 국장이었던 테넷(George Tenet)도 동의한다.

17 Sky, *The Unraveling*, p.56~58.

18 한국 육군에서 대령급 장교는 연대, 또는 사단 예하의 여단을 지휘하며, 대대는 중령급 장교가 지휘한다. 보통 3개 또는 4개 대대가 1개 연대를 구성한다.

19 SIGIR, *Hard Lessons*, p.74. 하지만 이러한 상황은 1945년 독일에서도 발생했다. 1933년 히틀러가 정권을 장악하고 나서 공직자와 교사 및 교수 대부분은 나치당에 가입했고, 이는 1945년 패전 이후 심각한 문제로 부각되었다. 당시 점령 행정을 담당했던 미군은 "행정 경험이 있으면서 과거가 깨끗한 인물을 찾을 수 없다"라고 보았다. 미국 정보기관(Office of Strategic Service: OSS)에서 1945년 12월에 발표한 보고서와 2003년의 이라크 상황은 여러 가지 측면에서 흥미로운 대조를 보여준다. Allen W. Dules. "That Was Then: Allen W. Dulles on the Occupation of Germany," *Foreign Affairs*, Vol.82, No.6 (Nov/Dec 2003), pp.2~8.

20 Allawi, *The Occupation of Iraq*, p.152.

21 모든 급여와 퇴직금 지급이 중지되었지만, 연금 지급은 허용되었다. 원문은 다음에서 볼 수 있다. http://www.iraqcoalition.org/regulations/20030823_CPAORD_2_Dissolution_of_Entities_with_Annex_A.pdf

22 Chandrasekaran, *Imperial Life in the Emerald City*, pp.73~77.

23 Allawi, *The Occupation of Iraq*, p.157.

24 한 가지 예로, 후세인이 이란의 침공에 대비해 이란과의 국경에 배치했던 5개 사단 병력은 소멸했다. 침공 과정에서 미군이 이 부대를 부분적으로 폭격하기는 했지만, 직접적으로 공격하지는 않았다. 바그다드가 함락된 이후인 4월 중순 이 지역에 파견된 해병전투단(Task Force Tarawa)은 이라크 병력 주둔지가 버려져 있으며 모든 장교와 병사들이 사라진 것을 발견했다. Murray and Scales, Jr., *The Iraq War*, p.231~232.

25 훗날 인터뷰에서 브리머는 바트당 청산과 군대 해산에 대해 '잘못된 정책'이며 '실책'이었다고 시인했다. Woodward, *State of Denial*, pp.224~226. 당시 바그다드 거리에서는 보병용

자동소총 AK-47이 40달러에 거래되기도 했다. Mansoor, *Baghdad at Sunrise*, p.43.

26 SIGIR, *Hard Lessons*, pp.116~117.

27 유엔안전보장이사회는 2003년 8월 14일 결의안 1500을 통해 미국의 이라크통치위원회의 설립을 승인하고, 이후 이라크 재건을 위한 유엔지원단(UN Assistance Mission for Iraq) 설치를 결정했다. 결의안 원문은 http://daccess-dds-ny.un.org/doc/UNDOC/GEN/N03/467/78/PDF/N0346778.pdf?OpenElement에서 찾을 수 있다.

28 이라크통치위원회 의장(president)은 임명 또는 선출되지 않았고, 이라크통치위원회 구성원들이 한 달씩 교대로 의장 직위를 수행했다. 이라크통치위원회는 2003년 7월 13일에 출범해 2004년 6월 1일 해산되었다. 이후 연합군임시행정청은 이라크임시정부(Iraqi Interim Government)를 수립해 2004년 6월 28일에 공식적으로 주권을 이양했다.

29 SIGIR, *Hard Lessons*, p.78. 그 덕분에 연합군임시행정청은 100억 달러의 자산을 보유하게 되었으며, 2003년 11월에 프로그램이 종결되면서 이라크 석유 수출 대금은 유엔을 통해 연합군임시행정청이 간접적으로 관리하기보다는 연합군임시행정청이 직접적으로 관리하게 되었다.

30 이라크 이슬람혁명최고위원회는 2005년 1월 이라크 총선과 지방선거에서 다른 시아파 정당과 연합해 통일이라크연합(UIA)을 결성했고, 시아파 지역 8곳 가운데 6곳에서 승리했다. 하지만 2009년 1월에 열린 지방선거에서는 2005년 선거 때만큼 지지를 받지는 못했다. 2007년 5월에 이라크 이슬람혁명최고위원회는 이라크에서 혁명(revolution)이 완수되었다고 선언하고, 명칭을 이라크 이슬람최고위원회(Islamic Supreme Council of Iraq: ISCI)로 변경했다.

31 Allawi, *The Occupation of Iraq*, pp.167~169.

32 Ricks, *Fiasco*, p.177.

33 Chandrasekaran, *Imperial Life in the Emerald City*, pp.77~80.

34 Joel Brinkley, "U.S. Rejects Iraqi Plan to Hold Census by Summer," *The New York Times*, December 4, 2003.

35 브리머는 장기 점령 및 정치 일정을 공개하기 전에도 다른 부처나 워싱턴과 정책을 조율하지 않고 일방적으로 행동했다. 2003년 5월에 있었던 바트당 해체와 당원의 공직 취임 금지 조치, 이라크군 해체 발표 등에서도 브리머는 이전에 어느 정도 조율이 되었던 것을 변경하거나, 완전히 조율되지 않은 정책을 일방적으로 발표했다. 하지만 브리머가 이처럼 일방적인 행동을 계속할 수 있었다는 사실은 그의 행동이 부시 행정부 핵심의 의향을 반영하고 있었다는 사실을 반증한다. 따라서 그는 이전까지 묵시적으로 이루어진 행동을 명시적으로 집행했을 뿐이라고 볼 수 있으며, 최소한 그의 행동은 사후적으로 추인되었다고 판단된다.

36 Paul Bremer III, "Iraq's Path to Sovereignty," *The Washington Post*, September 8, 2003.

37 유엔 특사였던 비에이라 데 멜로(Sérgio Vieira de Mello)는 브라질 출신 유엔 외교관으로, 이전에는 유엔인권고등판무관(UN High Commissioner for Human Rights)을 지내고 그 밖에 난민 및 평화유지 업무를 담당했다. 2003년 9월 22일 바그다드에 있는 유엔 본부는 2차

자살폭탄 공격을 받아 20명의 부상자가 발생했고, 유엔은 대표부를 잠정적으로 폐쇄했다.

38 하킴은 기본적으로 미국의 이라크 침공에 대해 비판적이었고, "미국은 이라크의 이익을 위해 행동한 적이 없다"라고 단언하기도 했다. 하지만 후세인 정권 전복은 환영했으며, 연합군 임시행정청과 이라크통치위원회를 지지했고, 그의 동생은 이라크통치위원회의 구성원으로 활동했다.

6장 국가의 형성과 실패

1 이라크에서 권력 공유(power-sharing)를 하는 데는 크게 두 가지 방법을 고려해 볼 수 있다. 첫째는 국가권력의 중앙 집중도를 낮추어 이라크를 주민에 따라 3개 정도의 연방 구성체로 분할하고, 중앙정부는 전체 정책을 조율하는 것이다. 따라서 수니파 지역에서는 수니파의 자치를, 쿠르드족 지역에서는 쿠르드족 자치를 허용하는 것이다. 침공 이후 미국은 이전부터 존재했던 쿠르드족 자치를 인정했지만, 수니파 지역에 대해서는 이러한 조치를 취하지 않았다. 둘째는 중앙정부의 권한을 수니파와 시아파, 쿠르드족이 각각 어느 정도씩 지분을 나눠 공유하는 것으로, 특히 중요한 권력은 석유 수입과 관련된 재정 권한, 대학교 정원 등과 관련된 교육문제, 어느 정도의 생활수준을 보장하는 복지정책 권한, 그리고 안전을 담당하는 경찰 및 군사 권한 등이었다. 그런데 시아파는 쿠르드족과는 권력을 분할했지만, 수니파는 배제했다.

2 전사자 통계는 http://www.icasualties.org에서 좀 더 상세한 정보를 찾을 수 있다.

3 George Packer, *The Assassins' Gate: America in Iraq* (New York: Farrar, Straus and Giroux, 2005), pp.300~303.

4 물론 워싱턴에서도 살인 사건이 발생하지만, 무장 경찰관 42명이 살해되는 일이 벌어지지는 않는다. 바그다드에서는 무장 군인이 전사한 것이며, 따라서 정확한 비교는 워싱턴 경찰관 살해와 바그다드 점령군 전사, 또는 워싱턴의 살인 사건 희생자 수와 바그다드에서 살해된 민간인 수 사이에서 이루어져야 했다.

5 Ricks, *Fiasco*, p.187.

6 Woodward, *State of Denial*, p.266.

7 기자회견이 있었던 날에 미군 전사자는 147명에 이르렀고, 이로써 이라크 전쟁은 147명의 전사자를 낳았던 1991년 걸프 전쟁보다 더 많은 전사자 수를 기록했다. Brian Knowlton, "Top U.S. General in Iraq Sees 'Classical Guerrilla-Type' War," *The New York Times*, July 16, 2003. 애비제이드는 캘리포니아에서 태어난 미국 시민이지만, 아버지는 레바논 출신이고, 어머니는 팔레스타인 출신으로서 아랍인을 혈통을 물려받았고 아랍어에도 유창하다. 애비제이드는 2007년 5월 대장으로 전역했다.

8 Steven Metz, *Iraq and The Evolution of American Strategy* (Washington, DC: Potomac Books, 2008), p.148. 처음에 오디에어노는 이라크에서 발생하는 미군에 대한 공격은 조직화되어 있지 않아 저항 세력의 공격으로 부를 수 없다고 주장했다.

9 Ricks, *Fiasco*, p.249. 하지만 이러한 인식은 유지되지 않았으며, 이러한 인식에 기초한 새

로운 전술도 채택되지 않았다. 미군은 지속적으로 화력을 동원해 이라크 저항 세력의 공격에 대응했으며, 일부 부대는 "야간에 땅을 파는 사람은 무조건 사살하라"라는 명령을 내리기도 했다.

10 바그다드 시민들은 우다이와 쿠사이가 사살되었다는 소식에 축제 분위기에 빠졌다. 그날 저녁 많은 이라크인이 축포를 쏘았고, 그 과정에서 50여 명이 사망하기도 했다. 여기에 일부 미군이 축포를 자신에 대한 공격으로 착각하고 응전하여 민간인을 사살하는 사고까지 있었다. Mansoor, *Baghdad at Sunrise*, pp.59~60.

11 후세인이 처형되는 순간은 핸드폰 동영상으로 촬영되었다. 처형을 담당했던 시아파 간수들은 불법으로 처형 장면을 촬영했고, 간수들은 '무크타다'를 연호하면서 시아파 지도자인 무크타다 사드르를 찬양하는 모습을 보였다. 처형이 집행되고 나서 후세인의 시체를 호송한 간수들은 시체에 칼질을 하기도 했다.

12 Shadid, *Night Draws Near*, pp.369~374. 수니파 주민들은 후세인에 대한 모욕적인 처분과 제2차 세계대전 이후 일본이 항복한 다음 히로히토 일왕에게 했던 대우를 비교하면서, 수니파가 느낀 모욕감을 강하게 표출했다. 하지만 시아파는 후세인 체포 소식에 환호했다.

13 C. E. Callwell, *Small Wars Their Principles and Practice* (Lincoln, NE: University of Nebraska Press, 1996). 미국의 경험은 United States Marine Corps, *Small Wars Manual* (Washington: United States Government Printing Office, 1940; New York: Skyhorse Publishing, 2009)과 Keith B. Bickel, *Mars Learning: The Marine Corp's Development of Small Wars Doctrine, 1915~1940* (Boulder, CO: Westview Press, 2000)으로 정리되었다.

14 영국 군인인 로런스는 제1차 세계대전 당시 독일의 동맹국이었던 터키가 통치하던 아라비아 반도에서 아랍인의 반란을 선동했고, 터키 제국을 파멸로 이끌었으며, 현재의 요르단과 시리아를 '해방'시켰다. 이후 로런스는 자신의 경험을 『지혜의 일곱 기둥(Seven Pillars of Wisdom)』이라는 제목의 자서전으로 정리했다. 한편 중국 공산혁명의 지도자인 마오쩌둥은 1937년 『유격전(遊擊戰, 영문명 On Guerrilla Warfare)』이라는 저서에서, 군사력이 앞선 일본과의 전쟁에서 중국이 사용할 수 있는 방법을 논의했다.

15 Robert Thompson, *Defeating Communist Insurgency: Experiences from Malaya and Vietnam* (London: Chatto & Windus, 1966); David Galula, *Counterinsurgency Warfare: Theory and Practice* (New York: Praeger, 1964).

16 이러한 시각에서 베트남 전쟁을 분석한 연구로는 Andrew F. Krepinevich, *The Army and Vietnam* (Baltimore, MD: Johns Hopkins University Press, 1986)과 John Nagl, *Learning to Eat Soup with a Knife: Counterinsurgency Lessons from Malaya and Vietnam* (Chicago, IL: University Of Chicago Press, 2005)이 있다.

17 SIGIR, *Hard Lessons*, p.146.

18 Government Accountability Office(GAO-05-876), *Rebuilding Iraq: Status of Funding and Reconstruction Efforts* (Washington, DC: GAO, 2005), pp.20~26; Chandrasekaran, *Imperial Life in the Emerald City*, pp.151~156.

19 SIGIR, *Hard Lessons*, p.146.

20 이라크는 석유 생산과정에서 배출되는 천연가스를 저장하거나 수출하지 않고 이를 그냥 태워버렸다. 1970년대까지 산유국들은 대부분 이러한 방식으로 천연가스를 처리하다가 1980년대 들어 이를 수출하기 시작했다. 하지만 이라크는 걸프 전쟁 이후 서방측에서 새로운 기술을 도입하지 못했기 때문에 천연가스를 사용하지 못했다. 2003년 이후에야 이 부분에 대한 투자가 이루어졌다.

21 바그다드에서는 매일 50만 톤의 처리되지 않은 하수가 강으로 직접 배출되었다. Allawi, *The Occupation of Iraq*, pp.129~130; Government Accountability Office(GAO-05- 876), *Rebuilding Iraq: Status of Funding and Reconstruction Efforts*, pp.26~30.

22 Mansoor, *Baghdad at Sunrise*, p.42. 연합군임시행정청은 석유 보조금을 삭감하거나 폐지하면 이라크인이 반발할 것이라고 판단하고 보조금 제도를 그대로 유지했다. 결국 이라크 석유 가격은 왜곡된 상태에서 교정되지 않았다. Allawi, *The Occupation of Iraq*, pp.264~264.

23 SIGRI, *Hard Lessons*, pp.136~139.

24 SIGRI, *Hard Lessons*, pp.141~142.

25 Ricks, *Fiasco*, p.205.

26 SIGRI, *Hard Lessons*, pp.82~83.

27 Chandrasekaran, *Imperial Life in the Emerald City*, pp.91~94.

28 산체스 중장이 사령관으로 있던 제7통합군은 이라크 점령을 위해 2003년 6월에 창설되었고, 육군 5군단(V Corps)과 제1해병원정단(I Marine Expeditionary Force)을 주축으로 하는 이라크 점령군을 이끌면서 군사작전과 점령 전략을 모두 관할했다. 2004년 5월 15일, 제7통합군은 전술 차원에서 군사작전을 담당하는 이라크 주둔 다국적군 군단(Multi-National Corps-Iraq: MNC-I)과, 전략 차원에서 이라크 내부에서의 작전을 지휘하는 이라크 주둔 다국적군 사령부(Multi-National Forces in Iraq: MNF-I)로 분리되었다. 2004년 6월에 발표된 유엔안전보장이사회 결의안 1546에서는 이라크 주둔 다국적군 사령부의 임무가 이라크 선거 및 최종적인 정부 수립이 마무리되는 것과 함께 종료되며, 따라서 2005년부터 12개월 이후까지만 주둔할 수 있다고 규정했다. 미국은 이라크 총선이 시행되기 직전인 2005년 11월 11일에 유엔안전보장이사회 결의안 1637을 통해 이라크 주둔 다국적군 사령부의 임무 기간을 2006년 12월 31일로 연장했다. 그리고 미국은 2006년 11월 18일에 발표된 유엔안전보장이사회 결의안 1723을 근거로, 2007년 6월에 군사력 평가(force review)를 한다는 조건하에 이라크 주둔 다국적군 사령부의 임무를 2007년 12월 31일까지 1년 연장했다. 2007년 12월 18일에 미국은 유엔안전보장이사회 결의안 1790을 바탕으로 이라크 주둔 다국적군 사령부의 활동을 2008년 12월 31일까지 다시 한 번 연장했다. 이후 추가 연장은 없었고, 결국 2008년 말에 이라크 주둔 다국적군 사령부는 해산했다. 그 대신에 미국은 2008년 11월 17일에 이라크와 주둔군지위협정(U.S.-Iraq Status of Forces Agreement)을 체결하고, 이에 근거해 주둔했다. 2010년 1월에 이라크 주둔 다국적군 사령부는 순수하게 미군 병력으로 구성된 이라크

주둔 미군 사령부(United States Forces-Iraq: USF-I)로 대체되었고, 이는 미국 중부군 사령부의 지휘를 받는다. 하지만 주둔군지위협정에 따르면, 미군은 이라크 도시 지역에서 2009년 6월 30일까지, 이라크 전체에서는 2011년 12월 31일까지 철수한다고 규정되었다. 미군 병력은 2011년 12월 18일 전원 철수했다.

29 연구에 따르면, 평균 점령 기간은 7년이며, 점령을 통해 정치적 목표를 달성하려면 매우 제한적인 조건이 충족되어야 한다. James Dobbins et al., *The Beginner's Guide to Nation-Building* (Santa Monica, CA: RAND, 2003); David M. Edelstein, *Occupational Hazards: Success and Failure in Military Occupation* (Ithaca, NY: Cornell University Press, 2008).

30 동독(German Democratic Republic)은 1989년 10월부터 붕괴하기 시작했으며, 결국 독일연방공화국(Federal Republic of Germany)인 서독에 동독이 가입하는 형태로 1990년 10월에 독일이 통일되었다. 하지만 통일 이후에도 소련(러시아)은 군사력을 전면 철수하지 않았고, 러시아군이 완전히 철수한 것은 1994년 8월이었다.

31 Ricks, *Fiasco*, pp.254~255.

32 결국 미국의 이라크 정책은 지휘 체계의 통일성이 붕괴하는 문제에 직면했다. 이미 이라크 정책은 현지에서 점령 및 재건을 담당하는 연합군임시행정청과 점령의 군사적인 부분을 집행하는 제7통합특수군으로 나뉘어 있었다. 워싱턴에 이라크안정화그룹이 신설되었지만, 이 조직은 정작 이라크 정책 전체를 조율하지 못한 채 세부 사항에만 개입했다. 따라서 지휘 체계의 통일성 부재 문제는 더욱 악화되었다.

33 Allawi, *The Occupation of Iraq*, pp.210~11.

34 원문은 http://daccess-dds-ny.un.org/doc/UNDOC/GEN/N03/563/91/PDF/N0356391.pdf?OpenElement에서 볼 수 있다.

35 합의문은 http://www.iraqcoalition.org/government/AgreementNov15.pdf에서 볼 수 있다.

36 SIGRI, *Hard Lessons*, pp.120~121.

7장 새로운 국면의 전개

1 장진호는 함경남도에 위치한 해발 1000미터의 인공 호수로, 일제 강점기에 장진강 발전소를 만들면서 생겨났다. 일본어로 '장진'은 '초신'으로 발음하는데, 한국 전쟁 당시 정확한 한국어 지도 없이 일본어 지도를 영어로 번역하면서 장진호를 초신호(Chosin Reservoir)라고 부르게 되었다. 1950년 11월 말, 미군 10군단은 중국군에 포위되어 궤멸할 위기에 처했지만, 강력한 화력을 동원한 끝에 포위망을 뚫고 후퇴했으며, 결국 흥남을 통해 병력과 민간인이 철수했다. 그 여파로 1951년 1월 4일에 서울이 다시 함락되었으며, 안성 지역까지 후퇴했던 유엔군은 3월 14일에 서울을 두 번째로 수복했다. 미국과 중국은 각자 자신의 군사력을 과시

했고, 이후 전투는 1953년 7월에 휴전이 이루어질 때까지 현재의 휴전선 부근에서 고착되었다.

2 Metz, *Iraq and the Evolution of American Strategy*, p.146.

3 Bing West, *No True Glory: A Frontline Account of the Battle for Fallujah* (New York: Bantam Books, 2006), p.35.

4 Assaf Moghadam, "Motives for Martyrdom: Al-Qaida, Salafi Jihad, and the Spread of Suicide Attacks," *International Security*, Vol.33, No.3 (Winter 2008/2009), pp.46~78.

5 이라크 전쟁으로, 그전까지 시아파 세력인 이란의 팽창을 저지하던 후세인 정권이 소멸했고, 이 때문에 사우디아라비아 등의 수니파 국가들은 이라크 수니파에게 많은 자금을 지원했다. 또한 시아파와의 투쟁이라는 명분이 강화되면서 수니파 국가에서는 알카에다와 같은 수니파 과격 조직에 대한 지지가 증가했다.

6 West, *No True Glory*, pp.26~52.

7 시체 훼손은 1993년 10월 소말리아의 모가디슈(Mogadishu) 사태를 떠올리게 했고, 이 때문에 정치적으로 용납할 수 없는 문제로 확대되었다. 클린턴 행정부 시절인 1993년 미국은 유엔안전보장이사회의 요청에 따라 소말리아에 개입해 평화유지군을 지원했다. 하지만 소말리아 상황은 안정되지 않았고, 1993년 10월 군벌에 대한 공격은 시가전으로 확대되었다. 이 전투에서 미군은 19명이 전사했으며, 그 가운데 2명의 시체는 소말리아 군벌에 넘겨져 모가디슈 시내에서 훼손되고 '전리품'으로 전시되었다. 이러한 광경이 방영되자 미국 여론은 급격하게 악화되었고, 결국 클린턴 행정부는 소말리아에서의 전면적인 철수를 선언했다.

8 Alissa J. Rubin and Doyle McManus, "Why America has waged a Losing Battle on Falluja," *Los Angeles Times*, October 24, 2004.

9 Ricks, *Fiasco*, pp.338~341.

10 Ian Fisher, "U.S. Gives Leaders in Falluja a Chance to End the Insurgency," *The New York Times*, April 20, 2004.

11 West, *No True Glory*, pp.233~243.

12 알리의 지위에 대한 해석이 수니파와 시아파를 가르는 가장 중요한 차이다. 즉, 수니파와 시아파는 초기 칼리프들을 무함마드의 정당한 후계자로 인정하는지, 그렇지 않은지에 따라 나뉘는데, 수니파는 무함마드 사후에 있었던 4명의 칼리프가 정당한 후계자이며 신이 지정한 후계자는 없다고 보는 반면, 시아파는 알리만이 신이 지정한 정당한 후계자라고 본다. 서기 660년에 알리가 암살되고 짧은 내전 이후에 이슬람 세계는 우마이야 왕조(Umayya Caliphate)에 의한 세습 정치체제로 재편되었는데, 수니파는 우마이야 왕조를 인정했지만, 시아파는 세습 왕조를 부정했다. 이러한 정치적 차이 때문에 무함마드 이후의 정당한 후계자에 대한 신학 논쟁은 정치적 문제로 이어졌고, 이러한 논쟁은 결국 두 집단이 서로 다른 강력한 정체성을 형성하게 했다.

13 순례객 수라는 측면에서 볼 때, 이슬람 최고의 성지인 메카(Mecca)와 무함마드가 태어난 장소인 메디나(Medina)만이 나자프를 앞선다. 시아파 세계에서는 나자프가 다른 어떠한 장소

보다 많은 순례객이 방문하는 장소다.

14 마흐디(Mahdi)는 이슬람 종말론에 등장하는 예언자로 최후의 심판 직전에 이슬람의 진정한 가르침을 전파하고 세상을 정화하며, 진정한 믿음을 가진 사람들을 구원한다고 한다. 흔히 코란(Koran)이라고 부르는 이슬람 성전 쿠란(Qur'an)에는 마흐디에 대한 명시적인 서술이 없으며, 이후의 신학 논쟁에서 마흐디의 개념이 등장했다. 따라서 마흐디의 인정 여부는 이슬람 종파의 문제이기도 하다. 특히 수니파의 일부는 마흐디를 부정하지만, 시아파는 전적으로 마흐디 개념을 수용한다. 지금까지 자신을 마흐디라고 주장한 이슬람 지도자가 여러 명이었고, 이들은 대부분 무장봉기를 획책했다.

15 사드르시티는 바그다드를 구성하는 9개의 행정구역 가운데 하나로 시아파 거주 지역이다. 1959년에 처음 건설되었으며, 후세인 정권에서는 사담시티(Saddam City)로 불렸다. 2003년 4월 바그다드가 함락된 이후 이 지역은 1999년 2월에 암살된 시아파 지도자인 사드르(Mohammad Sadeq al-Sadr)를 기념해 사드르시티로 불렸지만, 공식 명칭은 토라 지역(Thawra district)이다.

16 Jeffrey Gettleman, "Sunni-Shiite Cooperation Grows, Worrying U.S. Officials," *The New York Times*, April 8, 2004. 하지만 종파 간의 대립이 심해지면서, 이러한 시아파 세력의 수니파에 대한 '원조 제공'은 일회성에 그쳤다.

17 마흐디군 병력이 모스크를 장악하고 있었기 때문에 모스크에 대한 손상은 모스크를 포위하고 공격한 미군의 '책임'이었다. 하지만 당시 마흐디군이 미군을 향해 무차별적으로 공격하고 화력을 퍼부었던 데 비해 미군은 모스크를 공격했을 때 발생할 후폭풍을 두려워하여 화력 사용을 자제하고 조심스러워했다.

18 Karl Vick and Naseer Nouri, "Top Shiite Cleric Plans March to Najaf: Sistani's Surprise Return Complicates Standoff Between U.S. and Militia," *The Washington Post*, August 26, 2004.

19 2004년 8월에 열린 아테네 올림픽 축구 종목에서 이라크는 4위라는 좋은 성적을 냈다. 이에 부시 대통령은 이라크 축구선수단에 축하 메시지를 보냈다. 그러나 이러한 메시지를 받은 축구선수단은 난동을 부렸다. 선수단 감독은 "부시가 이라크를 파괴하고 있다"라며 고함을 질렀고, 일부 수니파 출신 선수들은 축구를 하지 않았다면 저항 세력에 가담해 미군을 죽였을 것이라고 말하기도 했다. West, *No True Glory*, p.244.

20 Eric Schmitt, "Efforts to Train New Iraqi Army is Facing Delays," *The New York Times*, September 20, 2004. 당시 훈련을 담당했던 퍼트레이어스는 《워싱턴포스트》에 이라크 상황이 안정되고 있다는 취지의 글을 실었다. David Petraeus, "Battle for Baghdad," *The Washington Post*, September 26, 2004. 하지만 그러한 주장은 사실과 달랐으며, 이 때문에 그는 2007년 9월에 의회 보고 과정에서 곤란을 겪었다.

21 알자지라는 1996년 카타르에서 설립된 아랍어 위성방송으로, 9·11 이후 아프가니스탄 전쟁 관련 보도로 세계적인 주목을 받았다. 이라크 전쟁에서는 수니파 저항 세력을 대변하면서 미국과 시아파가 주도하는 이라크 정부에 대해 비판적인 보도를 했다. 2004년 4월에 팔루자

에서 전투가 발생했을 때, 알자지라는 미군이 민간인을 학살한다고 보도하여, 미군이 저항 세력과 타협하게 하는 데 중요한 계기를 제공하기도 했다.

22 팔루자에 웅거한 저항 세력은 주거 지역을 요새화했다. 수니파 저항 세력과 알카에다는 도시에 진입하는 미군을 저지하기 위해 주택에 자살공격조와 공격팀을 매복시켰다. 이 때문에 미군으로서는 주택을 파괴하는 것이 어느 정도 불가피했다. West, *No True Glory*, pp.277~292.

23 Ann Scott Tyson, "Increased Security In Fallujah Slows Efforts to Rebuild Checkpoints: Curfew Bog Down Economy," *The Washington Post*, April 19, 2005.

24 자르카위가 지휘하던 알카에다 조직(Jama'at al-Tawhid wal-Jihad)은 2004년 5월 30일에 팔루자에서 가나무역 소속 통역관 김선일을 납치했다. 알카에다는 이라크에 파병하지 말 것을 한국 정부에 요구하고 답변 시한으로 6월 21일을 설정했지만, 한국 정부가 파병 결정을 철회하지 않자 김선일을 살해했다.

25 하지만 2006년 6월 7일에 미군은 바그다드 교외에서 자르카위를 포착해 은신처를 공습하여 그를 사살했다. 자르카위는 요르단 출신으로, 소련군이 철수하는 시점에 아프가니스탄으로 건너가 빈라덴을 알게 되었고, 1992년에는 요르단 경찰에 체포되어 5년간 복역했다. 석방되고 나서 그는 알카에다로 활동하지는 않았지만, 빈라덴의 재정 지원을 받아 중동 지역에서 테러 조직을 창설했다. 2003년 이후 자신의 조직을 알카에다와 통합했으며, 2004년 10월에는 빈라덴에게 충성을 맹세하면서 이라크 알카에다 조직을 지휘했고, 미군 공격 직전에 여장(女裝)을 한 채 팔루자에서 도피했다.

26 게릴라 전쟁은 최근에 나타난 것이 아니며, 전쟁의 매우 오래된 형태다. 따라서 게릴라 전쟁에 대한 분석 또한 역사가 오래되었다. 기존 전쟁 논의에서 가장 고전적인 그리고 가장 전형적인 시각을 제공하는 클라우제비츠는 자신의 저서에서, 나폴레옹의 스페인 침공과 프랑스 점령군에 대한 스페인의 게릴라 전쟁에 관해서 분석했다. 또한 로마제국의 팔레스타인 정복에 따른 유대인의 저항 등은 2000년 전 게릴라 전쟁의 사례다. Carl Von Clausewitz, *On War*, translated by Michael Howard and Peter Paret (Princeton, NJ: Princeton University Press, 1976), pp.479~483; John Ellis, *From the Barrel of a Gun: A History of Guerrilla, Revolutionary and Counter-Insurgency Warfare, from the Romans to the Present* (London: Greenhill Books, 1995), pp.17~23.

27 '육군 개념'이란 크레피네비치(Andrew F. Krepinevich)가 제시한 것으로, 미국 육군이 가장 선호하는 전쟁의 형태다. 이것은 미국 육군이 전쟁이 수행되어야 하는 방식에 대한 이상형으로, 핵무기를 사용하지는 않으면서 강력한 화력을 사용해 사상자를 최소화하는 전투로 수행되는 전쟁이며, 미국 육군은 이러한 형태의 전쟁을 치르기 위해 군사 조직을 구성하고 병력을 훈련했다. 대표적으로 유럽에서 벌어진 두 차례의 세계대전이 있으며, 한국전쟁에서도 미국이 유럽 전쟁을 수행하기 위한 군사력을 동북아시아에서 사용하는 데 성공하면서, 이러한 육군 개념은 확고하게 자리 잡았다. 냉전 시기에 미국은 소련군의 서독 침공에 대비하면서 핵무기를 사용하지 않고 대규모 지상 전투를 통해 소련군을 화력으로 격퇴하는 훈련에

집중했다. 그리고 베트남 전쟁에서도 민간인 보호 및 지지 확보가 아니라 화력을 동원해 베트콩 게릴라 병력을 사살하는 데 집중했다. Krepinevich, *Army and Vietnam*, pp.4~7.

28 1968년 초 베트남의 구정공세 이후 미군은 농촌지역 주민을 보호하고 통제하기 위해 전략촌 (strategic hamlet)을 건설하고, '포착과 섬멸(search and destroy)'에서 '소탕과 통제(clear and hold)'로 작전 개념을 변경했다. 덕분에 베트남 전쟁 상황은 매우 안정적으로 유지되었으나, 미국의 전쟁 의지는 구정공세와 워터게이트 사건으로 꺾인 상태였다. Lewis Sorley, *A Better War: the Unexamined Victories and Final Tragedy of America's Last Years in Vietnam* (New York: Harcourt Brace & Company, 1999).

29 이러한 태도는 주로 육군 부대에서 나타났으며, 미국 해병대는 이러한 태도에 비판적이었다. 2003년 12월에 한 해병대 장교는 신문 기고문에서, 육군의 강압적이고 지나친 화력 의존을 비난하면서, 이라크인의 지지를 확보하는 것이 중요하다고 역설했다. Carl E. Mundy III, "Spare the Rod, Save the Nation," *The New York Times*, December 30, 2003.

30 Ricks, *Fiasco*, pp.232~234.

31 Thomas E. Ricks, *The Gamble: General David Petraeus and the American Military Adventure in Iraq, 2006~2008* (New York: The Penguin Press, 2009), pp.34~36. 적을 죽이라고 설교했던 장교 가운데 대표적인 인물은 1993년 10월 소말리아의 모가디슈 전투에서 육군 특수부대(Task Force Ranger) 지휘관으로서 탁월한 지휘 및 전투 능력을 발휘한 스틸(Michael D. Steele) 대령이었다. 한편 2006년 5월에 이라크에서 스틸 휘하의 병력이 비무장 민간인 3명을 살해한 사건에서, 기소된 병사들은 스틸 대령이 "군복무 적령기의 모든 남자를 사살하라(kill all military-age males)"는 명령을 내렸다고 증언했다. 스틸 대령은 조사 후 증거 불충분으로 기소되지는 않았으나, 이라크 주둔 다국적군 사령부로부터 공식 경고(formal reprimand)를 받고 2010년 전역했다.

32 Thomas E. Ricks, "Dissention Grows in Senior Ranks on War Strategy: U.S. May Be Winning Battles in Iraq, but Losing the War, Some Officers Say," *The Washington Post*, May 9, 2004.

33 후세인 정권은 1990년대 후반 수니파 이슬람 종파를 동원해 정권에 대한 지지를 확보하려고 했지만, 기본적으로는 정치 영역의 독자성을 확보하려고 했으며, 종교 세력이 정치에 관여하거나 종교에 기초해 이라크를 통치하려고 시도하지는 않았다. 이러한 측면에서 보면 후세인 정권은 매우 '세속적'인 동시에 '근대적'이었다.

34 2004년 9월에 이라크조사단(Iraq Survey Group)은 최종 보고서를 제출했다. 최종 보고서에서는 후세인이 1991년에 핵무기 계획을 포기하고 나서 이를 재개하지 않았고, 생물학무기와 화학무기 계획도 1991년에서 1995년 사이에 모두 폐기했다고 밝혔다. 하지만 이러한 보고서가 없었다고 해도, 또는 이라크에서 핵무기가 발견되었다고 해도 침공이 성공하고 후세인 정권을 파괴한 이상 미국의 전략 목표는 새로운 이라크 국가, 특히 민주주의에 기초한 새로운 이라크 국가를 건설하는 것으로 변화해야 했다.

1 정상적인 민주주의 국가에서는 대부분 고문을 금지하지만, 이스라엘은 여러 가지 방식으로 고문을 사용했다. 1987년에 이스라엘 정부는 '수감자에 대한 제한된 정도의 육체적·심리적 압박(moderate physical and psychological pressure against detainees)'을 허용했으나, 1999년 9월에 이스라엘 최고법원은 이를 불법으로 판결했다. 그러나 고문은 계속되었으며, 특히 '긴급 피난' 논리를 원용해 수감자를 학대하는 것은 여전하다. Glenn Frankel, "Prison Tactics A Longtime Dilemma For Israel: Nation Faced Issues Similar to Abu Ghraib," *The Washington Post*, June 16, 2004.

2 장장 50쪽에 달하는 의견서는 2002년 8월 당시 법무차관보(deputy assistant attorney general)였던 유(John Yoo)가 작성하고 법무차관(assistant attorney general) 바이비(Jay Bybee)가 기본 내용을 검토한 다음 승인했다. 의견서 원문은 http://dspace.wrlc.org/doc/bitstream/2041/70964/00355_020801_001display.pdf에서 볼 수 있다.

3 이러한 견해에 대해 많은 비판이 있었고, 그러한 비판은 대부분 고문을 허용할 수 없다는 당위론에 근거한 것이었다. 한편 더쇼비츠(Alan Dershowitz)는 고문을 허용하되 엄격한 영장(warrant)이 있는 경우에 한해 허용하자는 의견을 제시했다. 즉, 구속영장과 수색영장처럼 검사가 신청하고 판사가 승인하는 '고문영장'을 신설하고, 허용되는 고문의 종류와 시한, 고문 담당자를 영장에 명시하자는 것이다. 이렇게 하면 고문 과정에서 '문제'가 발생하거나 고문이 필요하지 않았던 경우에는 책임 소재를 명확하게 할 수 있다는 논리다. 또한 영장에 기초해서만 고문을 허용하기 때문에, 테러와의 전쟁이 끝난 이후에는 고문영장 제도를 폐지함으로써, 고문을 근절할 수 있다는 장점이 있다. Alan M. Dershowitz, "Want to Torture? Get a Warrant," *San Francisco Chronicle*, January 22, 2002.

4 관타나모 기지는 쿠바 서쪽에 위치한 미국 해군 기지로 1903년 조약을 통해 미국이 '영구적으로 조차(permanently lease)'한 지역이다. 1959년 쿠바 공산혁명이 일어난 이후에도 관타나모 기지는 유지되었다. 합의에 따라 미국 정부는 쿠바에 기지 사용료를 지급하기로 되어 있지만, 쿠바 정부는 관타나모 기지가 미국이 쿠바 영토를 무단 점거한 것이라고 주장하며 이에 항의하는 표시로 수령을 거부하고 있다.

5 부시 행정부는 고문이라는 표현 대신에 '대체적 심문(alternative interrogation)'이라는 표현을 사용했다. Scott Shane, "China inspired Interrogations at Guantánamo," *The New York Times*, July 2, 2008.

6 전쟁 포로와 관련된 제네바합의는 1949년 제네바의정서(Geneva Convention)를 구성하는 네 개의 합의 가운데 세 번째 합의로서, 합의문 4조는 합법적인 교전 당사자를 규정한다. 문제는 이러한 규정에 따르면 전쟁에 참가하지 않는 민간인과 군인으로 전투 행위를 수행하는 합법적인 교전 당사자의 권리는 인정되지만, 비합법적인 교전 당사자는 지위가 인정되지 않으며, 그 때문에 현실적으로 존재하는 이라크 저항 세력과 같은 비합법적 교전 당사자의 권리가 보호되지 못한다는 사실이다. 이에 대해 1958년부터 국제적십자위원회(International

Committee for the Red Cross)는 교전 당사자의 합법성 여부를 가리지 말고 전쟁과 관련된 모든 개인은 교전 당사자와 민간인으로만 분류하여 모든 개인에게 국제법의 보호를 제공해야 한다고 지적했다.

7 Ricks, *Fiasco*, pp. 282~284. 이로써 미군은 막대한 양의 정보를 얻었지만, 그렇게 얻은 정보는 대부분 단순히 인질로 잡힌 가족과 친지를 구하기 위해 이라크 주민이 지어낸 거짓 정보 또는 풍문이었다. 이 때문에 미군 정보 당국은 정확한 정보를 가려내는 데 많은 시간을 허비했다.

8 이러한 포로 살해가 상대적으로 적었다는 것은 이라크 전쟁에서 나타나는 매우 특이한 현상이다. 거의 모든 전쟁에서 전투 병력은 포로를 학대하는 경향이 있으며, 유럽 대륙의 군대가 충돌했던 제1차 세계대전에서도 영국과 독일, 프랑스 군인은 포로로 잡은 적군을 학살했다. Niall Ferguson, *The Pity of War: Explaining World War I* (New York: Basic Books, 1999), pp. 367~394.

9 Seymour M. Hersh, "Torture at Abu Ghraib: American Soldiers Brutalized Iraqis. How Far Up does the Responsibility Go?" *The New Yorker*, May 10, 2004.

10 훗날 압수된 사진 가운데 가장 오래된 것은 2003년 10월 17일에 찍힌 사진이었다. Ricks, *Fiasco*, p. 291.

11 최종 보고서는 수사 책임자였던 타구바(Antonio Taguba)의 이름을 따서 '타구바 보고서(Taguba Report)'라고 불렸다. 보고서는 기밀로 분류되었지만, 2004년 10월 15일 중부군 사령부는 원문을 공개했다. 원문은 http://www.dod.mil/pubs/foi/detainees/taguba/TAGUBA_REPORT_CERTIFICATIONS.pdf에서 볼 수 있다.

12 Josh White, "U.S. Generals in Iraq Were Told of Abuse Early, Inquiry Finds," *The Washington Post*, December 1, 2004.

13 Ricks, *Fiasco*, p. 290.

14 조사 방법 및 주요 행정 사항에 관해서는 이라크조사단 최종 보고서(Iraq Survey Group Final Report)의 '조사 범위(Scope Note)' 항목에서 좀 더 많은 정보를 찾을 수 있다. 2004년 9월에 발표된 최종 보고서의 원문은 https://www.cia.gov/library/reports/general-reports-1/iraq_wmd_2004/index.html에서 찾을 수 있다.

15 케이의 의회 증언 내용은 http://www.fas.org/irp/cia/product/dkay100203.html에서 확인할 수 있다.

16 Richard W. Stevenson, "Ex-Arms Monitor Urges an Inquiry on Iraqi Threat," *The New York Times*, January 29, 2004.

17 보고서는 http://www.gpoaccess.gov/wmd/pdf/full_wmd_report.pdf에서 볼 수 있다.

18 명시적이지는 않지만 묵시적으로 지목되었던 정보기관은 페이스(Douglas J. Feith)가 책임자로 있던 국방부 산하의 특수계획국이었다. 이 기관의 문제점은 이라크 침공 이후 여러 차례 이루어진, 정보 분석에 관한 조사와 보고서에서 공통적으로 지적된다.

19 James L. Jones et al., "The Report of the Independent Commission on the Security Forces of

Iraq"(September 6, 2007), p.33. Retrieved July 1, 2010, from http://csis.org/files/media/csis/pubs/isf.pdf. 책임 저자인 존스(James L. Jones)는 해병대 사령관(Commandant of the Marine Corps) 출신으로, 2009년 1월 오바마 대통령의 국가안보보좌관으로 임명되었다.

20 바그다드 일부 지역에서는 주민들이 가솔린을 얻으려고 주유소에서 16시간을 기다리기도 했다. 또한 송전선에 몰래 배전망을 연결해 전력을 도둑질하는 것이 만연했고, 생산된 전력의 거의 절반 정도가 이러한 방식으로 '소멸'했다. Allawi, *Occupation, of* Iraq, pp.374~375.

21 Bing West, *The Strongest Tribe: War, Politics, and the Endgame in Iraq* (New York: Random House, 2008), p.108.

22 John B. Taylor, "Billions over Baghdad," *The New York Times*, February 27, 2007.

23 무엇보다도 연합군임시행정청은 점령 당국이기 때문에, 국제법상 점령 행정에 필요한 정책 권한을 인정받았고, 따라서 피점령국인 이라크의 국가 자산인 국영기업체를 처분할 수 없었다. Chandrasekaran, *Imperial Life in the Emerald City*, pp.223~232.

24 Chandrasekaran, *Imperial Life in the Emerald City*, pp.128~136, 209~219. 전쟁 이후 이라크에서는 위성방송 시청이 허용되면서 알자지라 방송의 시청률은 63%로 올라갔지만, 연합군임시행정청이 창설한 이라크 국영방송 시청률은 12%에 머물렀다.

25 Ricks, *Fiasco*, p.414.

26 SIGIR, *Hard Lessons*, p.229. 여기에 1328명의 미군과 연합군 전사자, 330명의 건설 인원(contractors) 사망자가 추가된다. 전문직의 소멸에 대해서는 Allawi, *The Occupation of Iraq*, p.375에서 인용했다.

27 James Glanz, "Baghdad Mayor is Ousted by a Shiite Group and Replaced," *The New York Times*, August 10, 2005.

28 SIGIR, *Hard Lessons*, pp.179~181.

29 SIGIR, *Hard Lessons*, pp.124~127.

30 SIGIR, *Hard Lessons*, pp.198. 이러한 '유령 병력'은 지휘관이 병사에게 지급되는 급여를 횡령하려고 조작한 것이었으며, 이라크 보안군의 부패와 직결되었다.

31 SIGIR, *Hard Lessons*, pp.133~134. 2004년 2월의 보고서(Eikenberry Report)는 당시까지 연합군임시행정청이 담당했던 이라크 경찰 훈련이 "예산 부족과 조직상의 혼란으로 엉망"이라고 지적하면서 미군이 직접 이라크 경찰 병력을 훈련해야 한다고 제안했다.

32 베트남 전쟁에서 전략촌과 주민통제(pacification) 업무를 담당했던 중앙정보국 출신으로 케네디 행정부에서 국가안전보장회의에서도 근무했던 코머(Robert Komer)는 미국이 베트남에 "50만 명의 병력을 주둔하고 1년에 210억 달러를 지출하는 제국주의 국가이지만, 실제로는 베트남 정부를 통제하지 못한다"라며 한탄했다. Krepinevich, *Army and Vietnam*, p.196.

1 이라크 전쟁의 이라크화 전략은 '베트남 전쟁의 베트남화(Vietnamization of the Vietnam War)'에 기초한 것으로, 미군 병력이 직접 전투를 담당하지 않고 베트남 지상군(Army of the Republic of Vietnam: ARVN)을 육성해 베트남 전쟁을 수행한다는 미국 닉슨 행정부의 전략이었다. 이는 당시 냉전이 완화되던 데탕트와 상당 부분 부합했으며, 미국이 동아시아 전쟁에 지상군을 동원해서 개입하지 않겠다는 '닉슨 독트린'과도 일맥상통했다. 베트남 지상 군의 군사적 능력은 지속적으로 증가했으며, 남베트남은 1972년 봄 북베트남의 공격을 막아 내고 협상을 통해 평화를 달성했다. 하지만 워터게이트 사건으로 1974년 8월에 닉슨 대통령 이 사임하고 미국 행정부의 권한이 실추된 상황에서 베트남 전쟁이 다시 시작되어, 미국이 지원하지 않는 상태에서 베트남 지상군은 붕괴하고, 1975년 4월 30일에 사이공이 함락되면 서, 전쟁은 북베트남의 승리로 끝났다.

2 이라크 임시행정법의 영문 번역본은 http://www.unhcr.org/refworld/docid/45263d612. html에서 찾을 수 있다. 임시행정법은 2006년 5월에 이라크 행정부가 출범하면서 2005년 10 월 국민투표를 거쳐 제정된 이라크 헌법으로 대체되었고, 효력이 정지되었다.

3 원문은 http://daccess-dds-ny.un.org/doc/UNDOC/GEN/N04/381/16/PDF/N0438116. pdf?OpenElement에서 볼 수 있다.

4 Dexter Filkins, "UN Envoy Wants New Iraq Government to Court Foes of Occupation," *The New York Times*, June 3, 2004.

5 연합군임시행정청은 해산과 함께 자화자찬으로 가득한 보고서인 「연합군임시행정청 업적 에 대한 역사적 고찰(A Historical Review of CPA Accomplishments)」을 발표하면서 연합 군임시행정청의 업적을 제2차 세계대전 이후의 유럽 재건 계획이었던 마셜계획(Marshall Pl an)에 비유했다. 보고서 원문은 http://pdf.usaid.gov/pdf_docs/PCAAB654.pdf에서 찾을 수 있다.

6 중앙정보국을 포함해 미국 정부 내에 설치된 모든 정보기관을 통제하는 국가정보국장 (Director of National Intelligence: DNI) 직책이 만들어지면서, 부시 대통령은 2005년 2월 에 네그로폰테를 국가정보국장에 임명했고, 의회 동의를 거쳐 2005년 4월에 네그로폰테는 이라크를 떠나 국가정보국장에 취임했다.

7 원문은 http://www.fas.org/irp/offdocs/nspd/nspd051104.pdf에서 찾을 수 있다.

8 SIGIR, *Hard Lessons*, p.203.

9 임시정부의 전체 장관 35명 가운데 상당수가 바트당 당원이었다. 명시적으로 확인된 바로는 교육장관과 무역장관, 국무장관 등은 바트당 당원이었으며, 재무장관도 바트당과 연관이 되 어 있었다. 이 과정에서 이전에 ₩네오콘과 밀접한 관계를 맺고 있던 찰라비는 영향력을 상 실했으며, 주권 이양 직전인 2004년 5월에 연합군임시행정청은 찰라비에 대한 가택 수색까 지 감행했다. Allawi, *The Occupation of Iraq*, pp.286~289.

10 SIGIR, *Hard Lessons*, pp.204~205.

11 시아파 정당 가운데 40석은 이라크 임시정부 총리를 역임한 알라위가 조직한 이라크당 (Iraqi List)이 차지했다. 이 정당은 알라위의 정치적 성향에 따라 종교적이기보다는 매우 세속적인 정당으로, 정치 영역의 독자성을 인정하고 종교적 영향력에서 상당히 자유로웠다. 2010년 선거에서 알라위는 자신의 정치적 영향력을 회복했고, 자신의 정당을 제1당의 지위로 끌어올렸다.

12 Dexter Filkins, "Low Voting Rate Risks Isolation for Sunni Iraqis," *The New York Times*, February 3, 2005.

13 SIGIR, *Hard Lessons*, p.206. 하지만 이후 협상을 거쳐 수니파의 수는 12명으로 증가했고, 따라서 전체 위원회 구성원 수는 65명으로 늘었다.

14 수니파 상당수는 선거에 참여하지 않은 것을 후회했다. 2005년 6월에 시행된 여론 조사에서, 도시에 거주하는 수니파 대부분은 선거를 거부한 것이 '잘못된 결정(bad idea)'이라고 보았다. 바그다드에서는 75~83%가 그것이 잘못된 결정이라고 답변했고, 다른 주요 도시에서도 잘못된 결정이라고 답변한 수니파가 절반을 넘었다. Department of Defense(DoD), "Measuring Stability and Security in Iraq"(October 2005), p.7. 이 보고서는 http://www.defense.gov/home/features/Iraq_Reports/Index.html에서 볼 수 있다.

15 Kimberley Kagan, *The Surge: A Military History* (New York: Encounter Books, 2009), pp.6~7. 경찰과 '통합'되면서 사실상 경찰을 장악한 민병대는 이란·이라크 전쟁에서 포로로 잡힌 시아파 출신의 이라크 병사를 중심으로 만들어진 바드르 군단(Badr Corps)이었다. 이 조직은 이라크 이슬람혁명최고위원회의 실질적인 군사 조직으로, 2003년 이후 이란의 영향력이 이라크에서 급증하는 중요한 통로로 작동했으며, 또 다른 시아파 민병대인 마흐디군과는 경쟁 관계에 있으면서 수니파와 대립했다.

16 Jones et al., "The Report of the Independent Commission on the Security Forces of Iraq," pp.86~92.

17 SIGIR, *Hard Lessons*, pp.250~251.

18 하지만 선거 결과에 대해서는 많은 논란이 있었으며, 헌법안을 승인하기 위해서 제헌의회는 부결에 대해 매우 엄격한 기준을 설정했다. 헌법안 반대표가 3분의 2 이상으로 나타난 지방이 이라크를 구성하는 18개 지방 가운데 3개 이상인 경우에 헌법안이 부결된다고 규정한 것이다. 예를 들어, 단순 과반수로 모든 지역에서 헌법안이 부결된다고 해도 거부표가 3분의 2 이상이 되지 않는다면 이 헌법안은 승인되도록 규정되었다.

19 최종 헌법을 영문으로 번역한 것은 http://www.uniraq.org/documents/iraqi_constitution.pdf에서 볼 수 있다. 한편 헌법 142조는 명시적으로 개헌의 필요성을 인정하고 위원회 발족을 규정하고 있다.

20 Larry Diamond, "Not Perfect, but 'Reasonably Credible'," *The Wall Street Journal*, October 25, 2004.

21 이라크 알카에다 조직의 지휘관인 자르카위는 이라크 선거를 '미국이 조작한 거짓 (American lie)'이라고 규정하고, 선거에 참가하는 사람들을 이슬람의 적이라고 규정하고 공

격하겠다고 공언했다. "Purported al-Zarqawi Tape: Democracy a Lie," *CNN*, January 23, 2005.

22 Mohammed M. Hafez, *Suicide Bombers in Iraq: the Strategy and Ideology of Martyr-dom* (Washington, DC: United States Institute of Peace Press, 2007), pp.251~254. 자살 폭탄 공격자 가운데 유럽 출신의 이슬람교 신자 수는 15명이고, 각 출신국은 이탈리아 8명, 벨기에 2명, 프랑스 2명, 스페인 2명, 영국 1명이다. 그 밖에 중동이나 북아프리카 이슬람교 국가 출신은 모두 14명으로, 시리아 6명, 요르단 3명, 이집트 2명, 레바논 1명, 튀니지 1명, 모로코 1명으로 구성된다.

23 이러한 수니파 국가의 행동은 위키리크스가 폭로한 미국 외교전문에서 심각한 우려의 대상 이었던 것으로 나타났다. 이 전문에서는 이집트가 대사를 다시 파견하고 이라크 상황 안정 화에 적극적이었던 반면, 사우디아라비아는 이라크의 시아파 정부를 극단적으로 불신하며 대사 파견에 소극적이라고 지적했다. Michael R. Gordon, "Meddling Neighbors Undercut Iraq Stability," *The New York Times*, December 5, 2010.

24 비례대표제를 채용했기 때문에, 15.1%의 지지를 받는 경우에는 전체 275석 가운데 41석을 획득한다. 하지만 수니파를 배려하기 위한 조치로, 몰표가 나오는 지역에 대해서는 전체 275석 가운데 사전에 지정한 45석을 추가 배정했기 때문에, 수니파 연합은 정상 비례보다 3 석이 많은 44석을 획득했다.

25 Dexter Filkins, "The Struggle for Iraq: Election," *The New York Times*, December 16, 2005.

26 Edward Wong, "Shiites Say U.S. Is Pressuring Iraqi Leader to Step Aside," *The New York Times*, March 28, 2006.

27 독일과의 비교는 CPA, "A Historical Review of CPA Accomplishments," p.71에서 인용했다.

28 SIGIR, *Hard Lessons*, p.166. 2003년 6월에도 중부군 사령관이었던 애비제이드와 울포위 츠는 이라크 전쟁이 '저항 세력에 의한 게릴라 전쟁'이라고 시인했다. 하지만 럼즈펠드는 이 러한 주장에 동의하지 않았다.

29 이러한 인식에 기초하여 미군은 대반란작전을 수용하려고 노력했다. Ricks, *Fiasco*, pp.392~395. 2005년 11월에 이라크 주둔 다국적군 사령부 사령관인 케이시는 바그다드 북 부에 위치한 미군 기지(Camp Taji)에 대반란작전 아카데미를 세우고, 이라크에 부임하는 모 든 지휘관이 대반란작전 관련 기본 사항을 5일 동안 교육받게 했다. Thomas E. Ricks, "U.S. Counterinsurgency Academy Giving Officers a New Mind-Set: Course in Iraq Stresses the Cultural, Challenges the Conventional," *The Washington Post*, February 21, 2006. 또한 미군 내부의 전술 관련 월간지인 《밀리터리 리뷰(Military Review)》에도 대반란작전 관련 글이 많이 실렸으며, 이러한 글은 2006년 10월과 2008년 8월에 각각 'COIN Reader'와 'COIN Reader II'로 묶여 나왔다.

30 SIGIR, *Hard Lessons*, pp.166~169, 184~190, 193~195. 동시에 국무부가 재건 업무를 관할 하게 되면서, 예산 집행에서도 행정적인 변화가 있었다. 연합군임시행정청 체제에서는 이라

크 재건에 필요한 예산 등이 국방부를 통해 집행되었고, 따라서 국방부 산하의 프로그램운
영국(Program Management Office)이 핵심이었다. 하지만 국무부가 담당하면서 이라크재
건관리국(Iraq Reconstruction Management Office)과 프로젝트계약국(Project and Con-
tracting Office)이 그 역할을 대신했다.

31 미군과 함께 영국군 등의 다른 연합군의 전사자는 2004년 6월까지 401명, 이후 505명으로
   전체 906명이 2004년에 전사했다. http://www.icasualties.org/

32 훈련을 이수하고 배치된 이라크 보안군 병력은 2009년 8월 31일 기준으로 66만 4000여 명
   이다. DoD, "Measuring Stability and Security in Iraq"(September 2009), p.40.

33 이라크 침공에서 퍼트레이어스는 소장으로서 101공수사단을 지휘했고, 바그다드가 함락된
   이후 북부에 위치한 이라크 제2의 도시인 모술에 주둔하면서 인구 약 200만 명의 수니파 및
   쿠르드족 도시를 안정화하는 데 탁월한 능력을 발휘했다. 이러한 초기 성과는 Rick
   Atkinson, In the Company of Soldiers: A Chronicle of Combat(New York: Henry Hold
   & Com., 2005)에 잘 기록되어 있다. 퍼트레이어스는 미국 웨스트포인트 육군사관학교 출신
   으로 프린스턴 대학교 윌슨 스쿨(Woodrow Wilson School of Public and International
   Affairs)에서 박사학위를 받았다. 퍼트레이어스는 2004년 2월에 101공수사단과 함께 미국
   본토로 귀환했다가, 6월에 이라크 안전이양준비 사령부 사령관으로 임명되면서 중장으로 승
   진했다. 2005년 10월에 미국 육군 최고 교육기관인 지휘참모대학(Army Command and
   General Staff) 및 통합군연구소 책임자로 부임해 대반란작전 야전교범을 작성하는 데 핵심
   역할을 했다. 2007년 1월에 미국이 증파(surge)를 선언하면서 퍼트레이어스는 대장으로 승
   진해 이라크 주둔 다국적군 사령부 사령관으로 이라크에서 자신이 입안한 증파 전략을 집행
   했다. 2008년 9월에 퍼트레이어스는 테러와의 전쟁을 관장하는 중부군 사령부 지휘관
   (Commander of the US Central Command)으로 부임했다. 아프가니스탄 전쟁을 총괄하던
   매크리스털(Stanley A. McChrystal)이 2010년 7월에 언론 인터뷰 문제로 사임하면서, 퍼트
   레이어스는 아프가니스탄 주둔 미군(US Forces-Afghanistan: USFOR-A) 및 아프가니스탄
   국제안보지원군 지휘관으로 임명되었다. 2011년 4월 28일 오바마 대통령은 퍼트레이어스
   를 차기 CIA 국장으로 지명했고, 6월 30일 미국 의회 상원은 이를 만장일치(94대 0)로 승인
   했다. 이에 퍼트레이어스는 2011년 9월 6일 CIA 국장으로 취임했다.

34 James Fallow, "Why Iraq has No Army," Atlantic Monthly (December 2005), pp.60~77.

35 Petraeus, "Battle for Baghdad."

36 Kagan, The Surge, p.29.

37 West, The Strongest Tribe, p.109.

38 Henry A. Kissinger, "Lessons for an Exit Strategy," The Washington Post, August 12,
   2005.

39 Larry Diamond, Squandered Victory: The American Occupation and the Bungled Effort
   to Bring Democracy to Iraq (New York: Times Books, 2005), p.279.

40 실패국가 지수(failed states index)는 미국 평화재단(Fund for Peace)과 《포린 폴리시》가 공

동으로 개발해 발표하는 것이다. 실패국가 지수를 구성하는 지표는 모두 12개로, ① 인구 증가, ② 난민, ③ 폭력적 보복 행위, ④ 해외로의 만성적인 이민 등 사회적 지표, ⑤ 경제성장률의 국내적 차이, ⑥ 경제발전의 후퇴 등 경제적 지표, ⑦ 권력형 부패 등 국가권력의 범죄화, ⑧ 공공서비스의 지속적인 쇠퇴, ⑨ 인권 유린, ⑩ '국가 내부의 국가' 존재에 따른 국가권력의 약화, ⑪ 국가 엘리트의 파당화, ⑫ 외국 세력의 개입 등 정치적 지표로 이루어진다.

41 The Economist, "How to Deal with Iraq's Insurgents," *The Economist*, December 17, 2005.

42 DoD, "Measuring Stability and Security in Iraq"(February 2006), pp.26~33.

10장 알아스카리 사원

1 National Security Council, "National Strategy for Victory in Iraq"(November 2005), Retrieved from http://georgewbush-whitehouse.archives.gov/infocus/iraq/iraq_strategy_nov2005.html

2 Ricks, *The Gamble*, pp.12~13.

3 미군 당국은 병력이 미국 본토에 주둔하는 것과 동일한 생활환경을 누릴 수 있도록 대규모 전진기지에 식당과 영화관, 방송 시설, 세탁소 등을 갖추었다. 이 때문에 엄청난 업무가 외주로 돌려졌고, 여기에 이라크 민간인을 고용했다. 그중 일부는 이슬람에서 금하는 돼지고기를 손질해야 했기 때문에 식당에서 일하기를 거부했으며, 따라서 미군은 방글라데시 인력을 대체 인력으로 고용했다. 이라크는 전투 지역으로 분류되어 미국 본토에서는 끼니당 4달러가 책정되는 식사 예산이 34달러로 증액되었다. West, *The Strongest Tribe*, p.81; Chandrasekaran, *Imperial Life in the Emerald City*, p.9.

4 2005년 긴급 회계로 부시 행정부가 이라크 전쟁 비용을 의회에 요청하자 미국 하원은 이라크 전쟁 상황에 대한 경과를 분기 보고서(quarterly reports) 형태로 공개하는 것을 조건으로 긴급 예산을 승인했다. 그 결과 「이라크의 안정과 안전 상황 분석(Measuring Stability and Security in Iraq)」이라는 제목으로 2005년 7월부터 보고서가 발간되었으며, 2010년 6월 보고서까지 2011년 10월 현재 모두 17개의 보고서가 공개되어 있다. 원문은 http://www.defense.gov/home/features/iraq_reports/index.html에서 볼 수 있다.

5 DoD, "Measuring Stability and Security in Iraq"(July 2005), p.12; DoD, "Measuring Stability and Security in Iraq"(October 2005), p.27; DoD, "Measuring Stability and Security in Iraq"(February 2006), p.34.

6 Andrew F. Krepinevich, "How to Win in Iraq," *Foreign Affairs* (September/October 2005), pp.87~104.

7 이러한 주장은 조속한 철군을 주장하는 국방부의 기본 태도와 배치되는 것이었다. 중립적 정책 연구기관인 전략 및 예산 평가연구원(Center for Strategic and Budgetary Assessments) 소장으로 재직하던 크레피네비치는 럼즈펠드와 국방부 고위층에게 질책을 받았으

며, "한 번만 더 이라크 전쟁을 비판하면 바그다드 시내에 버려두겠다"라는 협박까지 받았다고 한다. Ricks, *The Gamble*, p.17.

8 National Security Council, "National Strategy for Victory in Iraq"(November 2005), Retrieved from http://georgewbush-whitehouse.archives.gov/infocus/iraq/iraq_strategy_nov2005.html

9 하지만 국가 전략은 이라크 자체의 중요성을 인식하지 못했고 이라크는 테러와의 전쟁의 일부로 다루어졌다. 즉, 이라크에서 미국이 실패하는 경우 이라크가 테러리스트 기지가 될 가능성에 대해서 논의했고 실패 자체가 이라크에 미치는 충격에 대해서는 거론하지 않았다. 이라크 전쟁 승리를 위한 전략을 제시하면서 이라크 자체를 경시하는 시각은 이후 상황이 악화되자 전쟁을 포기하고 병력 철수를 논의하는 과정에서도 드러난다.

10 Kaplan, *The Insurgents*, p.196.

11 원문은 http://georgewbush-whitehouse.archives.gov/news/releases/2006/01/2006013 1-10.html에서 볼 수 있다.

12 DoD, "Measuring Stability and Security in Iraq"(February 2006), pp.1~4, 29.

13 반면 12대 이맘인 마흐디(Mahdi)는 매우 비밀스럽게 행동했고 하산을 계승했지만 존재를 숨기면서 활동했으며, 최후에 다시 부활하여 시아파를 구원할 것이라고 약속하고는 사라졌다고 한다. 따라서 구체적으로 추적할 수 있는 이맘은 알리와 하산이 마지막이라고 볼 수 있다. 한편 12대 이맘인 마흐디는 이슬람에서는 최후의 심판에서 활동한다고 알려져 있으며, 오늘날 시아파 민병대의 이름으로 남아 있다.

14 이라크에서 알아스카리 사원보다 중요한 시아파 성지는 예언자 무함마드의 사위이자 조카인 초대 이맘 알리(Ali ibn Abi Ṭalib)가 묻혀 있는 나자프의 알리 사원(Imam Ali Mosque in Najaf)과 무함마드의 손자로 3대 이맘이었던 후세인(Husayn ibn Ali)이 묻힌 카르발라의 후세인 사원(Imam Husayn Mosque in Karbala) 정도다. 또한 7대 이맘인 무사 카드힘(Musa al-Kadhim)과 9대 이맘인 무함마드(Muhammad at-Taqi)의 유해가 있는 바그다드의 카드히미야 사원(al-Kadhimiya Mosque in Baghdad)도 중요한 성지다.

15 사원은 2011년 여름 현재에도 복구 중이지만, 2009년 4월 부분적인 복구가 이루어진 상황에서 일반 순례객들에게 개방되었다. 하지만 지붕의 황금 장식판은 복구되지 않았다.

16 Sabrina Tavernise, "20 Die as Insurgents in Iraq Target Shiites," *The New York Times*, September 17, 2005.

17 Alex Rodriguez, "Iraqi Shrine Blast Suspect Caught: Tunisian, 15 Others Arrested as Checkpoint Near Baghdad Stormed," *Chicago Tribune*, June 29, 2006.

18 Damien Cave and Graham Bowley, "Shiite Leaders Appeal for Calm After New Shrine Attack," *The New York Times*, June 13, 2007.

19 마흐디는 자신의 아버지인 하산의 장례식에 참석했다. 자신의 삼촌이 하산에 대한 추모 연설을 시작하자, 당시 5세에 불과했던 마흐디가 나서서 "추모 연설은 이맘인 자신이 해야 한다"라고 말하고는 추모 기도를 주도했다고 한다. 이후 마흐디는 자취를 감추었으며, 시아파는 마흐디가 아직까지 죽지 않았다고 믿는다.

20 DoD, "Measuring Stability and Security in Iraq"(October 2005), pp.20~21.

21 Rick Lynch, "Operational Update(February 23, 2006)," Retrieved July 20, 2010, from http://www.usf-iraq.com/news/press-briefings/operational-update-feb-23

22 Rick Lynch, "Operational Update(February 25, 2006)," Retrieved July 20, 2010, from http://www.usf-iraq.com/news/press-briefings/operational-update-feb-25

23 Robert F. Worth, "Muslim Clerics Call for an End to Iraqi Rioting," *The New York Times*, February 25, 2006.

24 Rick Lynch, "Operational Update(March 2, 2006)," Retrieved July 20, 2010, from http://www.usf-iraq.com/news/press-briefings/operational-update-march-2

25 또 다른 문제는 신원 미상의 시체들이다. 이라크 보안군 병력이지만 살해되고 신원을 알 수 없는 경우에는 신원 미상의 '민간인'으로 처리된다. 하지만 이러한 차이는 전체적인 추세를 나타내는 데 큰 의미가 없다.

26 Ellen Knickmeyer and Bassam Sebti, "Toll in Iraq's Deadly Surge: 1,300 Morgue Count Eclipses Other Tallies Since Shrine Attack," *The Washington Post*, February 28, 2006.

27 DoD, "Measuring Stability and Security in Iraq"(May 2006), 특히 pp.38~41.

28 DoD, "Measuring Stability and Security in Iraq"(August 2006), 특히 pp.25~39.

11장 알카에다와 시아파 민병대

1 Sky, *The Unraveling*, pp.151~152.

2 DoD, "Measuring Stability and Security in Iraq"(May 2006), p.28.

3 사우디아라비아에서는 미국의 침공 이후 이라크에서 이란 및 시아파의 세력이 강화되는 경향에 대한 불만이 팽배했다. 그 때문에 후세인은 '사우디아라비아 침공을 노렸던 1990년의 독재자'가 아니라, '시아파 세력의 확대를 저지했던 진정한 지도자'로 재평가되었으며, 미국이 이라크에서 철수하는 경우에는 사우디아라비아가 이라크 전쟁에 개입하는 문제까지도 논의되었다. Hassan M. Fattah, "Bickering Saudis Struggle for an Answer to Iran's Rising Influence in the Middle East," *The New York Times*, December 22, 2006.

4 이 조직은, 영국의 식민지배에 저항하여 봉기했으나 실패한 1920년 혁명을 기념하고 있다. 이 혁명에서 시아파와 수니파는 서로 협력했으며, 종파 갈등은 크게 나타나지 않았다. 혁명을 진압한 이후 영국은 이라크 왕국을 구성해 간접적으로 이라크를 통치했다.

5 2005년 10월에 있었던 인터뷰에서 연합군임시행정청 책임자였던 브리머는 바트당 청산과 군대 해산으로 저항 세력이 등장했다는 견해에 동의한다고 말했으며, 이후 상황이 악화되었지만, 럼즈펠드와 체니의 견제 때문에 부시 대통령에게 현실을 솔직하게 보고할 수 없었다고 고백했다. Woodward, *State of Denial*, pp.224~226.

6 DoD, "Measuring Stability and Security in Iraq"(May 2006), pp.27~29.

7 상원 정보 보고서는 미국의 이라크 침공과 관련된 미국 정보기관의 활동 및 정보 분석 그리고 행정부의 정보 보고 사용에 대한 감사 보고서다. 공식 제목은 "Report of the Select Committee on Intelligence on the U.S. Intelligence Community's Prewar Intelligence Assessments on Iraq"이며, 2004년 7월에 대량살상무기와 관련된 부분이, 그리고 2006년 9월에는 후세인과 알카에다의 관계에 대한 부분이 공개되었다. 알카에다 관련 보고서는 http://intelligence.senate.gov/phaseiiaccuracy.pdf에서 찾을 수 있다.

8 본래 이라크 알카에다 조직은 빈라덴의 알카에다와는 독립된 조직으로 출발했지만, 서로 밀접한 협력 관계를 유지했으며, 공식적으로는 '일신교와 성전을 위한 조직(Group of Monotheism and Jihad)' 또는 '이라크 성전을 수행하기 위한 조직(Organization of Jihad's Base in the Country of the Two Rivers)'으로 불렸다. 2004년 10월 창설자인 자르카위가 빈라덴에게 충성을 맹세하면서 이 조직은 하나로 통합되어, 이라크 알카에다 조직은 빈라덴의 알카에다 조직의 일부로 편입되었다.

9 Walter Pincus, "Zarqawi Is Said to Swear Allegiance to Bin Laden," *The Washington Post*, October 19, 2004.

10 Jackie Spinner and Bassam Sebti, "Militant Declares War on Iraqi Vote: Zarqawi Terms Democracy an 'Evil Principle'," *The Washington Post*, January 24, 2005.

11 John F. Burns, "Leader of Al Qaeda in Iraq Is Killed," *The New York Times*, June 8, 2006.

12 DoD, "Measuring Stability and Security in Iraq"(September 2007), pp.16~26.

13 연합군임시행정청은 민병대와 정규 군사력의 통합이 필요하다고 지적했다. CPA 명령 91호의 원문은 http://www.iraqcoalition.org/regulations/20040607_CPAORD91_Regulation_of_Armed_Forces_and_Militias_within_Iraq.pdf에서 찾을 수 있다.

14 바드르 군단은 본래 투항한 시아파 군인으로 구성되었던 바드르 여단에서 출발했으나, 이란·이라크 전쟁이 계속되면서 이란에 투항하거나 포로로 잡힌 시아파 병사가 증가하자 여단에서 사단으로 이후에는 군단으로까지 확대되어, 최종적으로 5만여 명의 병력을 갖춘 군사 조직으로 발전했다.

15 DoD, "Measuring Stability and Security in Iraq"(October 2005), pp.24~25.

16 Shadid, *Night Draws Near*, p.308. 본래 마흐디군은 단순히 사회사업에 집중하는 조직으로 출범했다. 하지만 2003년 여름 이후 본격적인 민병대로 변신하여 이라크 전쟁의 주요 교전 당사자로 부상했다.

17 West, *The Strongest Tribe*, p.30; Jones et al., "The Report of the Independent Commission on the Security Forces of Iraq," p.30.

18 초기 단계에서 사드르는 미군에 저항하는 수니파를 지원하기도 했다. 하지만 이것은 전술적 차원에서 단편적으로 이루어진 것이었으며, 이후 이라크 전쟁이 전개되는 과정에서 사드르가 수니파를 지원한 사례는 나타나지 않는다.

19 나자프 전투에서 마흐디군은 160여 명이 전사하고 260여 명이 다치는 인명 피해를 입었다.

하지만 이후 마흐디군은 바그다드를 중심으로 하는 시아파 과격파와 종교 지도자들의 지지를 확보했으며, 미국과 대립하고 있는 이란의 군사 지원을 얻어내면서 자신들의 정치적·군사적 영향력을 강화했다.

20 Kirk Semple, "Attack on Iraqi City Shows Militia's Power," *The New York Times*, October 20, 2006.

21 이라크군 구성에 대한 명시적 결정은 2003년 8월 18일 연합군임시행정청령 22호의 형태로 이루어졌다. 명령서는 http://www.iraqcoalition.org/regulations/20030818_CPAORD_22 _Creation_of_a_New_Iraqi_Army.pdf에서 찾을 수 있다.

22 이튼은 2006년 1월 육군 소장으로 퇴역했고, 퇴역 직후부터 부시 행정부의 이라크 전쟁 수행 방식을 비판했다. 특히 럼즈펠드의 전쟁 수행과 침공 이전의 편견에 비판의 초점이 맞춰졌다. Paul D. Eaton, "A Top-Down Review for the Pentagon," *The New York Times*, March 19, 2006. 바로 이 시기에 여러 명의 퇴역 장성이 이라크 전쟁에 반발하는 글을 언론에 기고했다.

23 이라크 민방위군 구성은 연합군임시행정청령 28호에 의거하여 2003년 9월 3일에 이루어졌다. 이라크 민방위군 구성 명령서 원문은 http://www.iraqcoalition.org/regulations/20030 903_CPAORD_28_Est_of_the_Iraqi_Civil_Defense_Corps.pdf에서 볼 수 있다.

24 West, *The Strongest Tribe*, p.27; Mansoor, *Baghdad at Sunrise*, pp.284~286.

25 시아파 정부는 수니파 지휘관이 존재하는 이라크 국방부를 홀대했다. 2004년 6월에 이라크 임시정부가 출범했는데도 이 때문에 국방부는 청사로 사용할 건물조차 배정받지 못했으며, 20명 정도의 장성이 서로 휴대전화로 연락하며 업무를 보기도 했다. SIGIR, *Hard Lessons*, p.200.

26 DoD, "Measuring Stability and Security in Iraq"(February 2007), p.25; DoD, "Measuring Stability and Security in Iraq"(December 2008), p.31.

27 Jones et al., "The Report of the Independent Commission on the Security Forces of Iraq," pp.8~9, 45.

28 Greg Jaffe, "At a Lonely Iraq Outpost, GIs Stay as Hope Fades: U.S. Soldiers Persevere Despite Snipers, Ambush; Fighting for Each Other," *The Wall Street Journal*, May 3, 2007. 결국 인구 약 3만 명의 소도시를 경비하는 것은 미군 병력 40여 명뿐이었고, 이들은 2007년 2월 이라크 알카에다 조직의 공격을 받았다.

29 Linda Robinson, *Tell Me How This Ends: General David Petraeus and the Search for a Way Out of Iraq* (New York: Public Affairs, 2008), p.161. 시설경비단은 약 14만 명으로 구성되며, 내무부나 경찰과는 독립된 병력이었다. 덕분에 이라크 이슬람혁명최고위원회가 아니라 마흐디군이 조직을 장악할 수 있었다.

30 West, *The Strongest Tribe*, p.98.

31 Jones et al., "The Report of the Independent Commission on the Security Forces of Iraq," pp.87~89; Ned Parker, "Interior Ministry Mirrors Chaos of a Fractured Iraq," *Los*

Angeles Times, July 30, 2007.

32 Kagan, *The Surge*, p.19.

33 Jones et al., "The Report of the Independent Commission on the Security Forces of Iraq," pp.112~113.

34 Robinson, *Tell Me How This Ends*, p.156.

35 David Finkel, *The Good Soldiers* (New York: Farrar, Straus and Giroux, 2009), p.87.

36 Alissa J. Rubin, "At Least 12 Die In Iraq Attacks: Sunnis Condemn Shiite Militia," *The New York Times*, July 19, 2007.

37 이러한 쿠르드족 '지방정부'의 수도가 아르빌(Arbil)로, 이라크에 파견된 한국군이 주둔했던 지역이다.

38 DoD, "Measuring Stability and Security in Iraq"(February 2006), p.25.

39 DoD, "Measuring Stability and Security in Iraq"(September 2007), p.17.

12장 종파 내전

1 http://www.iraqbodycount.org/ 이러한 추산은 다른 언론 보도, 특히 알아스카리 사원 폭파 4일 동안 약 1300명이 살해되었다는 《워싱턴포스트》 보도와 상충한다. 하지만, 이라크 사상자 프로젝트의 추산 결과에 따르면, 해당 기간에 살해된 사람이 이전 시기보다 급증한 것은 분명하다.

2 Edward Wong, "It's Moving Day, All over Iraq," *The New York Times*, September 24, 2006.

3 Robinson, *Tell Me How This Ends*, p.268. 이라크 제2의 도시이자 시아파의 본거지인 바스라도 인구가 400만 명 미만이다. 따라서 다른 어떤 도시보다 많은 수니파와 시아파 주민들이 바그다드에 거주했고, 각각은 바그다드를 장악하기 위해, 그리고 바그다드에서 밀려나지 않기 위해 필사적으로 행동했다.

4 Jaffe, "At a Lonely Iraq Outpost, GIs Stay as Hope Fades."

5 Kagan, *The Surge*, pp.16~20.

6 수니 삼각지대는 바그다드를 포함해 안바르, 살라딘, 디얄라, 니느와 등 모두 5개 지역을 가리킨다. 공격이 집중되었던 3개 지역은 바그다드와 안바르, 살라딘이며, 네 번째로 공격이 집중되었던 지역은 2005년까지는 니느와였으나, 2006년 2월 이후에는 디얄라로 바뀌었다. 하지만 2007년 5월부터는 안바르 지역의 공격 횟수가 급격히 감소했고, 사실상 수니 삼각지대에서 이탈했다.

7 DoD, "Measuring Stability and Security in Iraq"(November 2006), p.25.

8 Ashraf al-Khalidi and Victor Tanner, *Sectarian Violence: Radical Groups Drive Internal Displacement in Iraq* (Washington, DC: Brookings Institute, 2006), p.13.

9 Joshua Partlow, "'I Don't Think This Place is Worth Another Soldier's Life': After 14 Months in a Baghdad District Torn By Mounting Sectarian Violence, Members of One U.S. Unit Are Tired, Bitter and Skeptical," *The Washington Post*, October 27, 2007. 또한 디얄라 지역에서 이라크 보안군은 군사 활동이 가능한 나이의 모든 남성(all military age males)을 체포해 수용했으며, 미군이 항의하자 전원 석방했다.

10 Ricks, *The Gamble*, p.167, 173. 마흐디군 병력이 본거지인 사드르시티에서 바그다드 시내로 들어오려면 운하를 건너야 하며, 따라서 운하를 가로지르는 다리를 통제하면 마흐디군의 이동을 충분히 차단할 수 있었다. 다리를 경비하는 이라크 경찰은 바드르 군단 출신이었지만, 마흐디군의 협박에 굴복해 병력 통과를 허용했고, 이후 정부에는 이 사실을 보고하지 않았다. West, *The Strongest Tribe*, pp.115~116.

11 이라크 국경경비대(Border Enforcement)는 3만 7000명으로 구성되어 있었지만, 후세인 시절에 비해서 병력이 3분의 1로 감축되었으며, 감축된 병력 또한 예산 부족과 부패 그리고 행정적 무능력으로 적절하게 사용되지 못했다. Jones, *Report of the Independence Commission*, pp.37, 116~124.

12 Hafez, *Suicide Bombers in Iraq*, pp.251~254; Ned Parker, "Iraq Insurgency Said to Include any Saudis: They Outnumber Other Foreigners, and Half Join as Suicide Bombers, a Senior U.S. Officer Says," *Los Angeles Times*, July 15, 2007.

13 세부 사항은 http://www.iraqbodycount.org/analysis/numbers/biggest-bombs/에서 찾을 수 있다.

14 시아파 지역인 나자프에서 2명의 미군이 2003년 3월에 자살공격을 받아 전사했다. 하지만 이것은 전쟁 초기로 아직 수니파 정권이 이라크 전역을 장악하던 시기였다. 자세한 자료는 http://icasualties.org/Iraq/Fatalities.aspx에서 찾을 수 있다.

15 DoD, "Measuring Stability and Security in Iraq"(December 2008), p.20. 특히 여성에 의한 자살공격은 디얄라, 바그다드, 안바르 지역에 집중되었다.

16 전사자를 미군뿐 아니라 영국군 등의 연합군으로 확대해도 기본 추세는 변함이 없다. 미군을 포함한 연합군 전사자는 4735명이며 IED 관련 전사자는 1837명으로 그 비율은 39%다.

17 Rick Atkinson, "The Single Most Effective Weapon against Our Deployed Forces," *The Washington Post*, September 30, 2007.

18 Rick Atkinson, "You Can't Armor Your Way Out of This Problem," *The Washington Post*, October 2, 2007. 시아파 민병대가 사용한 EFP는 2004년 5월 15일 바스라에서 처음 등장했으며, 이란에서 제조되어 이라크로 유입된 것이었다. 성형작약탄은 제2차 세계대전 당시 개발된 무기로, 전차 공격용 무기에 흔히 사용된다. EFP 공격으로 발생한 전사자 수는 Jones et al., "The Report of the Independent Commission on the Security Forces of Iraq," p.31에서 인용했다.

19 West, *The Strongest Tribe*, p.135. 2003년 가을에 IED를 매설하다가 체포된 학생들은 중간고사를 치러야 한다는 이유로 석방을 요구하기도 했다. Mansoor, *Baghdad at Sunrise*,

p.70.

20 Rick Atkinson, "There was a Two-Year Learning Curve… And, a Lot of People Died in Those Two Years," *The Washington Post*, October 1, 2007.

21 Government Accountability Office (GAO-07-639T), *Operation Iraqi Freedom: DoD Should Apply Lessons Learned Concerning for the Need for Security Over Conventional Munitions Storage Site to Future Operations Planning* (Washington, DC: GAO, 2007), pp.4~5.

22 Government Accountability Office (GAO-07-444), *Operation Iraqi Freedom: DoD Should Apply Lessons Learned Concerning for the Need for Security Over Conventional Munitions Storage Site to Future Operations Planning* (Washington, DC: GAO, 2007), pp.7, 11~12.

23 Government Accountability Office (GAO-07-711), *Stabilizing Iraq: DoD Cannot Ensure That U.S.-Funded Equipment Has Reached Iraqi Security Forces* (Washington, DC: GAO, 2007), pp.9~11.

24 이러한 접근에 럼즈펠드 등은 반대했으며, 이러한 집단은 이라크 전쟁에서 승리하려면 '장악 및 건설'에 자원을 투입하기보다 모든 자원을 '소탕'에 집중해 저항 세력을 사살해야 한다고 주장했다. SIGIR, *Hard Lessons*, p.245.

25 David Sanger, Michael R. Gordon, and John F. Burns, "Chaos Overran Iraq Plan in 06, Bush Team Says," *The New York Times*, January 2, 2007.

26 Robinson, *Tell Me How This Ends*, pp.16~17.

27 David Kilcullen, *The Accidental Guerrilla: Fighting Small Wars in the Midst of a Big One* (Oxford: Oxford University Press, 2009), pp.126~127. 2006년 4월 수립된 이라크 내각에서 금융 당국을 통제하는 재무장관은 자브르(Bayan Jabr)다. 그는 이라크 이슬람혁명최고위원회 출신으로 이라크통치위원회에서는 주택장관을, 이라크 과도정부에서는 내무장관을 역임하면서 시아파 민병대 병력을 중심으로 이라크 보안군을 구성했다.

28 이러한 성적표 문제는 2007년 여름까지도 계속되었다. 수니파의 요구로 미군이 개입하여 수니파 대학 수험생의 성적표를 찾으려고 했으나 실패했다. Robinson, *Tell Me How This Ends*, pp.245~246.

29 침공 이전 이라크에서 개업하고 있던 의사 가운데 약 1만 2000명이 해외로 이주했으며, 이들은 대부분 수니파 출신이었다. SIGIR, *Hard Lessons*, p.277. 보건부 장관은 셰마리(Ali al-Shemari)로서 마흐디군 출신이다. 2007년 11월 이라크 정부는 보건부 차관 및 보안 책임자를 '병원 환자 납치 및 살해 혐의'로 체포해 기소했지만, 증인들이 재판에 출석하지 않아 기소는 취하되었다. Michael R. Gordon, "Iraqi Premier Wants Trial of Two Shiites in Killings," *The New York Times*, November 16, 2007.

30 West, *The Strongest Tribe*, pp.189~193.

31 Jaffe, "At a Lonely Iraq Outpost, GIs Stay as Hope Fades."

32 Thomas E. Ricks, "In the Battle for Baghdad, U.S. Turns War on Insurgents," *The Washington Post*, February 26, 2006.

33 Edward Wong, "A Matter of Definition: What Make a Civil War, and Who Declares It So?" *The New York Times*, November 26, 2006.

34 Barry Posen, "Exit Strategy: How to Disengage from Iraq in 18 Months," *Boston Review*, January/February, 2008.

35 하지만 2007년 9월에 열린 의회 청문회에서 이라크 주재 미국 대사인 크로커(Ryan C. Crocker)와 이라크 주둔 다국적군 사령부 사령관 퍼트레이어스 등은 2006년 이라크 상황이 '매우 심각'했으며 미국은 '거의 패배했다'고 인정했다. 그리고 이라크 전쟁의 본질은 '종파 분쟁'이라고 인식했다.

36 Sanger, Gordon, and Burns, "Chaos Overran Iraq Plan in 06, Bush Team Says."

37 Government Accountability Office (GAO-07-503R), *Operation Iraqi Freedom: Preliminary Observations on Iraqi Security Forces' Logistics and Command and Control Capabilities* (Washington, DC: GAO, 2007), p.1.

38 David S. Cloud and Eric Schmitt, "More Retired Generals Call for Rumsfeld's Resignation," *The New York Times*, April 14, 2006. 이러한 '장군들의 반란(Generals' Revolt)'에 참여한 퇴역 장성은 다음과 같다. 해병대 출신으로는 지니(Anthony Zinni)와 뉴볼드(Gregory Newbold), 반 리퍼(Paul Van Riper), 육군 출신으로는 이튼(Paul Eaton), 스와낵(Charles Swannack, Jr.), 릭스(John Riggs), 배티스트(John Batiste) 등이었다. 여기에 침공 직전에 저항했던 신세키 육군참모총장까지 포함해 8명으로 계산하기도 한다. David Margolick, "The Night of the Generals," *Vanity Fair* (April 2007), pp.246~251.

39 Zalmay Khalilzad, "The Battle of Baghdad: Rampant Insecurity — And a Detailed Plan to Combat It," *The Wall Street Journal*, August 23, 2006. 이라크 대사 임무를 수행하던 네그로폰테는 2004년 4월 국가정보국장(DNI)에 임명되었고, 그 후임으로는 아프가니스탄 출신으로 레바논과 미국에서 교육받은 할릴자드가 임명되었다. 할릴자드는 아프가니스탄 주재 대사로서 현지 상황을 안정화하는 데 크게 공헌했으며, 이라크에서는 2007년 4월까지 근무하다가 크로커에게 이라크 주재 미국 대사 직위를 인계했다.

40 Bob Woodward, *The War Within: A Secret White House History, 2006~2008* (New York: Simon and Schuster, 2008), pp.176~179; Ricks, *The Gamble*, pp.90~92. 우드워드는 이러한 움직임에 직업군인은 전혀 관여하지 않았다고 주장했지만, 여러 가지 증언을 종합할 때 바로 이 시점에 미국 육군이 이라크 전쟁 전략을 재검토한 것은 분명하다.

41 Karen De Young, "Spy Agencies Say Iraq War Hurting U.S. Terror Fight," *The Washington Post*, September 24, 2006.

42 하원 선거에서 민주당은 233석을 얻어 202석을 차지한 공화당을 제압하고, 하원 다수당 원내총무이자 하원의장에 민주당의 펠로시(Nancy Pelosi) 의원이 취임했다. 상원 선거에서는 민주당과 공화당이 같은 수의 의석을 얻었으나, 민주당이 2명의 무소속 의원과 연계하여 다

수당의 지위를 차지했으며, 민주당의 리드(Harry Reid) 의원이 상원 다수당 원내총무로 선출되었다.

13장 철군 또는 증파 그리고 도박

1 "Legislating Leadership on Iraq," *The New York Times*, March 29, 2007.

2 보고서의 공식 명칭은 "Prospects for Iraq's Stability: A Challenging Road Ahead"으로 의회의 요청에 따라 국가정보국장이 미국 정부 내부에 존재하는 여러 정보기관의 판단을 종합하여 2007년 1월에 발표했다. 원문은 http://www.dni.gov/press_releases/20070202_release.pdf에서 볼 수 있다.

3 연설 전문은 http://georgewbush-whitehouse.archives.gov/news/releases/2007/01/200701 10-7.html에서 볼 수 있다.

4 연두교서 전문은 http://georgewbush-whitehouse.archives.gov/news/releases/2007/01/2007 0123-2.html에서 볼 수 있다.

5 부시가 병력 증파를 결정하는 과정을 민군 관계의 측면에서 분석한 연구로는 다음이 있다. Peter D. Feaver, "The Right to Be Right: Civil-Military Relations and the Iraq Surge Decision," *International Security*, Vol.35, No.4 (Spring 2011), pp.87~125.

6 수니파가 거부한 제헌의회 선거에서 니느와 지역의 투표율은 17%였다. 가장 투표율이 낮았던 지역은 안바르(2%)였으며, 그 다음이 니느와였다. 선거에 참여한 17%는 시아파 또는 터키계로 추정된다.

7 Richard A. Oppel Jr., "Magnet for Iraq Insurgents Is a Crucial Test of New U.S. Strategy," *The New York Times*, June 16, 2005.

8 맥매스터는 '동부 73번 지역 전투'로 은성무공훈장(Silver Star)을 받았다. 또한 맥매스터는 노스캐롤라이나 대학교(University of North Carolina at Chapel Hill)에서 역사학 박사학위를 받았으며, 그의 학위논문은 책으로도 출판되었다. H. R. McMaster, *Dereliction of Duty: Lyndon Johnson, Robert McNamara, the Joint Chiefs of Staff, and the Lies that led to Vietnam* (New York: Harper Collins, 1997). 이 책에서 그는 베트남 전쟁 결정 과정에 참여한 미국 주요 정책결정자와 고위 장성을 비난했으며, 특히 군인들이 맥나마라(Robert McNamara) 당시 국방장관의 군사전략을 비판 없이 수용했다고 지적했고, 이 때문에 큰 논란을 불러일으켰다.

9 West, *The Strongest Tribe*, pp.84~86.

10 Thomas E. Ricks, "The Lessons of Counterinsurgency: U.S. Unit Praised for Tactics Against Iraqi Fighters, Treatment of Detainees," *The Washington Post*, February 16, 2006.

11 Peter Baker, "An Iraq Success Story's Sad New Chapter: Bush's Struggle in Reassuring

U.S. Is Illustrated by City's Renewed Strife," *The Washington Post*, March 21, 2006.

12 2005년 8월 29일부터 2006년 1월 20일까지 인구 10만 명당 일일 공격 횟수의 측면에서 안바르는 1.8회 이상을 기록했다. 반면 바그다드는 0.3회에 그쳤다. DoD, "Measuring Stability and Security in Iraq"(February 2006), p.26.

13 Dafna Linzer and Thomas E. Ricks, "Anbar Picture Grows Clearer, and Bleaker," *The Washington Post*, November 28, 2006. 해당 보고서는 미국 해병대 제1원정단 정보장교인 데블린(Peter Devlin) 대령이 작성했으며, 그 제목은 "State of Insurgency in Al-Anbar"로 원문은 비밀로 취급되어 공개되지 않았지만, 주요 내용은 언론에 유출되었다.

14 해당 보고서는 안바르 지방 안정화를 위해서는 1만 5000명에서 2만 명의 병력이 필요하며 동시에 수십 억 달러의 추가 예산이 소요될 것이라고 전망했다.

15 Stephen Biddle, Jeffrey A. Friedman, and Jacob N. Shapiro, "Testing the Surge: Why Did Violence Decline in Iraq in 2007?" *International Security*, Vol.37, No.1(Summer 2012), pp.7~40.

16 West, *The Strongest Tribe*, p.75. 미국의 노력으로 수니파 병력이 육성되었고 이들은 고향에 남아서 자기 가족들과 부족민을 보호하려고 했지만, 바그다드의 시아파 정부는 이 병력을 안바르 이외 지역에 배치한다고 결정했다. 그러자 수니파 병력은 경찰 훈련소 졸업식을 거부하고 탈영했다. Ricks, *The Gamble*, p.62.

17 미군 정보 보고서는 2006년 8월 17일에 작성되었으며,《워싱턴포스트》는 이 문서를 입수해 공개했다. 문서는 http://media.washingtonpost.com/wp-srv/nation/documents/marines _iraq_document_020707.pdf에서 찾을 수 있다. Thomas E. Ricks, "Situation Called Dire in West Iraq; Anbar Is Lost Politically, Marine Analyst Says," *The Washington Post*, September 11, 2006.

18 Bolger, *Why We Lost*, p.245.

19 Sky, *The Unraveling*, p.204.

20 Kaplan, *The Insurgents*, p.138.

21 팔루자 시장 중 한 명은 2005년 암살되었으며, 다른 시장은 시리아로 망명했다. 라마디 시장은 장갑차를 타고 공관에서 시청으로 출근했으며, 집무실에는 기관총을 배치해 이라크 알카에다 조직의 공격에 대비했다. 모든 시장의 가족들은 시리아나 요르단으로 피신했다.

22 Kilcullen, *The Accidental Guerrilla*, pp.174~175.

23 Sean MacFarland and Niel Smith, "Anbar Awakens: The Tipping Point," *Military Review*, March/April 2008, pp.41~52. 이후 맥팔런드 대령은 제1기갑사단장과 3군단장을 거쳐, 2018년 2월 말 중장으로 전역했다.

24 Kagan, *The Surge*, pp.65~71. 이라크 알카에다 조직은 미군과 협력했던 자심(Abu al-Jassim)을 살해했고, 그 시신을 탈취하여 장례식을 방해했다. 이에 20개 수니파 부족 지도자들이 이라크 알카에다 조직의 행동을 성토했고, 아부리사(Abdul Sattar Abu Risha)를 중심으로 세력을 규합해 미군과 다시 접촉했다.

25 Bolger, *Why We Lost*, pp.245~247.

26 Ricks, *The Gamble*, p.67. 미군은 초기에는 무기를 공급했지만, 시간이 지나면서 무기를 공급하지 않고 탄약만을 제공했다. 그 이유는 다음과 같다. 첫째, 수니파 병력이 보유한 총기 수량은 넉넉했으나, 탄약은 보관상의 문제로 충분하게 보유하지 못했다. 둘째, 바그다드의 시아파 중앙정부는 미군이 '수니파 병력을 육성'하는 것에 매우 신경질적으로 반응하면서 수니파 병력의 군사력을 강화하는 무기 공급을 중단하는 대신 기존 무기를 활용하고 군사력을 제한할 수 있는 탄약만 공급할 것을 미군에 요청했다.

27 Joshua Partlow, "Sheiks Help Curb Violence in Iraq's West, U.S. Says: Others See Peril in Tribal Confederation," *The Washington Post*, January 27, 2007. 공격 비율은 다음을 참고해 계산했다. DoD, "Measuring Stability and Security in Iraq"(March 2007), p.15; DoD, "Measuring Stability and Security in Iraq"(June 2007), p.21; DoD, "Measuring Stability and Security in Iraq"(September 2007), p.17

28 Bolger, *Why We Lost*, pp.248~251. 이 전투에서 수니파 세력은 6명이 전사하고 11명의 민간인이 사망했다. 하지만 미군 병력의 도움으로 알카에다 병력 60명을 사살하는 데 성공했다.

29 Kirk Semple, "Iraq Premier Meets Leaders in Area Torn by Insurgency," *The New York Times*, March 14, 2007.

30 이러한 판단을 담은 국가안전보장회의 보고서는 2006년 11월에 열린 부시와 말리키 회담 직전 언론에 유출되었다. Michael R. Gordon, "Bush Aide's Memo Doubts Iraqi Leader," *The New York Times*, November 29, 2006.

31 The Iraq Study Group, *Iraq Study Report: the Way Forward — A New Approach* (Washington, DC: United States Institute of Peace, 2006). 특히 흥미로운 것은 신임 국방장관은 '건전한 민군 관계(healthy civil-military relationship)'를 복원해야 한다는 내용을 제시한 46번 제안이다. 즉, 럼즈펠드는 미국의 민군 관계를 '건전하지 않게 운영'했으며 이로써 심각한 문제가 야기되었다는 판단이 반영된 것이다. 부시 행정부 말기 미국의 민군 관계에 관한 진단 및 비판으로는 Michael D. Desch, "Bush and the Generals," *Foreign Affairs* (May/June 2007), pp.97~108이 있다.

32 Woodward, *The War Within*, pp.230~239. 부통령실(Office of Vice President) 대표는 새롭게 논의되고 있는 정책 대안이 이라크 인구의 다수를 차지하는 시아파와 쿠르드족에게 불리하다는 것을 논리적 근거로 하고 있었다. 하지만 이러한 주장에는 이라크 안전 문제 및 알카에다 확대를 무시한다는 문제점이 있었다.

33 이라크 전쟁 과정에서 나타난 미군의 변화와 저항, 전략 개념의 발전에 관해서는 다음을 참조할 것. David H. Ucko, *The New Counterinsurgency Era: Transforming the U.S. Military for Modern Wars* (Washington, DC: Georgetown University Press, 2009).

34 보병용 보급품 부족은 이미 2004년부터 나타났다. 특히 부족했던 장비는 방탄복이었으며, 그 밖의 다른 소모용 장비의 재고도 심각한 수준으로 떨어졌다. Thomas E. Ricks, "General

Reported Shortages in Iraq: Situation is Improved, Top Army Officials Say," *The Washington Post*, October 18, 2004.

35 Bradley Graham, "Pentagon Prepares to Rethink Focus on Conventional Warfare: New Emphasis on Insurgencies and Terrorism is Planned," *The Washington Post*, January 26, 2005. 맥매스터의 진급을 둘러싼 미군 내부의 문제점에 관해서는 다음 글을 참조할 것. Fred Kaplan, "Challenging the Generals," *The New York Times*, August 26, 2007. 많은 논란 끝에 맥매스터는 2008년 8월 준장 진급이 확정되고, 2009년 7월 준장으로 진급했다.

36 Ann Scott Tyson, "Military Ill-Prepared for Other Conflicts," *The Washington Post*, March 19, 2007.

37 Woodward, *The War Within*, pp.288~289. 따라서 미국 합동참모본부는 이라크 증파로 미국 지상군 병력이 부족해지며, 한반도 등에서 전쟁이 발생할 경우에 미국이 사용할 수 있는 군사력이 제한될 가능성을 우려했다. 하지만 증파를 결정하는 과정에서 부시는 한반도 위험은 통제할 수 있으며, 현재 진행되고 있는 이라크 전쟁이 더욱 중요하다고 판단했다.

38 이러한 케이시의 반대 의견은 미국 합동참모본부의 견해이기도 했다. 특히 합동참모본부는 미군이 지속적인 전쟁으로 피로가 누적되었으며, 국무부 등은 전쟁에 적극적이지 않고, 이라크 정부도 신뢰할 수 없다고 지적했다. West, *The Strongest Tribe*, pp.216~218.

39 킨은 3만여 명의 병력을 18개월 동안 추가 파견하여 이라크 상황을 안정시킬 수 있다고 주장했다. 보고서 원문은 http://www.aei.org/docLib/20070111_ChoosingVictoryup dated.pdf에서 찾을 수 있다.

40 Ricks, *The Gamble*, pp.116~117.

41 흥미로운 것은 이라크 전쟁을 담당하게 된 퍼트레이어스와 크로커가 전쟁에 무척 회의적이었다는 사실이다. 퍼트레이어스는 침공에 반대했으며, 101공수사단의 지휘관으로 침공 작전을 수행하면서도 "(이라크 전쟁이) 어떻게 끝날지 모르겠다(Tell me how this ends)"라고 고백하기도 했다. 크로커는 파월 국무장관의 지시로 2002년 이라크 전쟁의 위험에 관한 보고서를 작성하면서 종파 내전의 가능성을 경고했다.

42 Mansoor, *Baghdad at Sunrise*, pp.296~299.

43 이라크 정부는 해당 작전을 수행하면서 5만여 명의 병력을 동원했고, 여기에 미군은 7200여 명을 지원했다. 8월 6일 작전이 종료될 때까지 미군과 이라크 보안군은 바그다드에서 3만 2382번의 순찰을 하면서 411명을 사살하고 43개의 무기고에서 무기와 폭약을 몰수했다. 하지만 상황은 나아지지 않았다. 저녁 9시에서 아침 6시까지 통행금지가 선포된 상황에서도 시아파 민병대는 활동했고, 수니파의 자살공격도 계속되었다. 하루 평균 공격 횟수도 작전 이전과 이후 모두 23회 정도에서 크게 변화하지 않았고, 종파 폭력과 살인은 오히려 증가했다. MNF-I, "Phase II of Operation Together Forward kicks off in Baghdad(Press Release: 20060808-05)"(MNF-I, 2006.8.8). Retrieved September 5, 2010, from http://www.usf-iraq.com/news/press-releases/phase-ii-of-operation-together-forward-kicks-off-in-baghdad

44 Kagan, *The Surge*, pp.11~14. 시아파 민병대는 이른바 '보호세' 명목으로 상점에는 매달 20 달러를, 가옥에는 7~10달러를 낼 것을 강요했고, 부유한 수니파 주민을 납치해 몸값을 받아 냈다. 이후 미군이 개입하자 시아파 민병대는 수니파 주민을 갈취하기보다는 살해하는 데 집중했다. 체포된 마흐디군 구성원들은 법원에서 석방되었으며, 종파 살인이 증가하는 상황 에서도 이라크 정부는 적절한 조치를 취하지 않았다. West, *The Strongest Tribe*, p.195.

45 Michael R. Gordon, "To Stand or Fall in Baghdad: Capital is Key to Mission," *The New York Times*, October 22, 2006. 바그다드 작전에서도 이라크 정부는 약속했던 병력을 제공 하지 않았으며, 특히 더욱 효율적이고 주민의 신뢰를 얻고 있는 육군 부대는 합의했던 6개 대대 가운데 2개 대대만을 동원했다.

46 DoD, "Measuring Stability and Security in Iraq" (November 2006), p.20.

47 Kirk Semple, "Sectarian Clashes: Baghdad Erupts in Mob Violence," *The New York Times*, July 10, 2006. 무장 괴한은 마흐디군 소속으로 추정되지만, 이에 대한 수사는 없었 고, 이라크 경찰은 증거 불충분으로 수사를 일주일 만에 종료했다. 이러한 방식으로 7월 상 반기에만 수백 명이 살해된 것으로 추정된다.

48 Kirk Semple, "Deadly Attack Kills at Least 144 in Baghdad," *The New York Times*, November 23, 2006. 이 공격의 사상자에 대해서는 다른 기록도 있다. 일부는 사망 215명, 부상 257명으로 집계한다. 하지만 여기서는 《뉴욕타임스》의 보도를 인용해 144명 사망에 206명 부상으로 서술했다.

49 Marc Santora, "2 Car Bombs Kill Scores at Packed Market in Baghdad," *The New York Times*, January 23, 2007.

50 Robin Wright and Ann Scott Tyson, "Joint Chiefs Advise Change In War Strategy," *The Washington Post*, December 14, 2006.

51 MNF-I, "Lt. Gen Chiarelli media roundtable, Dec. 12 (Press briefing)"(MNF-I, 2006. 12.12). Retrieved September 6, 2010, from http://www.usf-iraq.com/news/press-briefings/lt-gen-chiarelli-media-roundtable-dec-12

52 이라크에서 미군의 목표를 '안정과 안전'으로 규정한 대표적인 발언은 2007년 5월 31일에 있 었던 오디에어노의 기자회견에서 나왔다. 오디에어노는 당시 이라크 군사작전을 담당하는 이라크 주둔 다국적군 군단 사령관으로서 증파 전략의 집행을 담당했다. 발언 내용은 http://www.defense.gov/transcripts/transcript.aspx?transcriptid=3973에서 찾을 수 있다.

14장 바그다드 안정화 작전과 의회 청문회

1 이라크 사망자는 http://www.iraqbodycount.org/database/ 그리고 미군과 연합군 전사자 수는 http://www.icasualties.org/Iraq/index.aspx에서 인용했다.

2 Ricks, *The Gamble*, p.106.

3 Samantha Power, "Our War on Terror," *The New York Times*, July 29, 2007.

4 잠정교범인 『FMI 3-07.22』는 http://www.fas.org/irp/doddir/army/fmi3-07-22.pdf에서 볼 수 있다. 정규교범인 『FM 3-24』는 웹에 공개되었고, 많은 사람이 내려받자 2007년 시카고 대학교 출판부에서 이를 인쇄해 민간인에게 판매하기도 했다. The U.S. Army and Marine Corps, *Counterinsurgency Field Manual* (Chicago, IL: The University of Chicago Press, 2007). http://www.fas.org/irp/doddir/army/fm3-24fd.pdf에서 같은 내용의 자료를 찾을 수 있다. 미국 해병대는 『FMFM(Fleet Marine Force Manual) 3-24』를 채택했지만, 해당 야전교범이 육군과 해병대의 협력으로 만들어졌기 때문에 그 내용은 완전히 동일하다.

5 The New York Times, "Transcript: General Petraeus's Opening Statement," *The New York Times*, January 23, 2007.

6 연설 전문은 http://georgewbush-whitehouse.archives.gov/news/releases/2007/01/200701 10-7.html에서 확인할 수 있다.

7 연두교서 전문은 http://georgewbush-whitehouse.archives.gov/news/releases/2007/01/2007 0123-2.html에서 확인할 수 있다.

8 DoD, "Measuring Stability and Security in Iraq"(November 2006), pp.5~6.

9 DNI, "Prospects for Iraq's Stability: A Challenging Road Ahead"(National Intelligence Council, January 2007).

10 DoD, "Measuring Stability and Security in Iraq"(March 2007), 특히 pp.14~15.

11 DoD, "Measuring Stability and Security in Iraq"(June 2007), 특히 pp.iii, 17~19.

12 가장 대표적인 발언은 다음 두 가지다. 하나는 2007년 2월 16일 국방부에서 열린 필(Joseph Fil, Jr.)의 화상 기자회견으로, 그 내용은 http://www.defense.gov/Transcripts/Transcript.aspx?TranscriptID=3891에서 볼 수 있다. 두 번째는 5월 31일 이라크 군사작전을 담당하는 이라크 주둔 다국적군 군단 사령관 오디에어노의 발언이다. 내용은 http://www.defense.gov/transcripts/transcript.aspx?transcriptid=3973에서 찾을 수 있다.

13 Ricks, *The Gamble*, p.162.

14 Ann Scott Tyson, "New Strategy for War Stresses Iraqi Politics: U.S. Aims to Oust Sectarians From Key Roles," *The Washington Post*, May 23, 2007.

15 이라크 전쟁 초기에 미국은 저항 세력을 사살하여 전쟁에서 승리하는 방식을 선호했다. 이는 전통적으로 강대국 전쟁에서 사용하는 방식으로 '이라크 전쟁의 미국화'라고 볼 수 있다. 반면에 미국이 직접 행동하지 않고 이라크 정부를 수립하여 간접적으로 전쟁을 수행하는 방식이 '이라크 전쟁의 이라크화'다. 하지만 '미국의 이라크 전쟁 노력의 이라크화'는, 이라크 전쟁에 미국이 본격적으로 개입하지만 이러한 개입으로 저항 세력을 사살하는 것이 아니라 이라크 주민을 보호함으로써 지지를 확보하고 이를 바탕으로 전쟁에서 승리하려는 시도를 가리킨다.

16 Ann Scott Tyson and Josh White, "Strained Army Extends Tours To 15 Months: Move Is Needed for Iraq Troop Increase," *The Washington Post*, April 12, 2007.

17 Michael R. Gordon, "Battle for Baghdad Boil Down to Neighborhoods," *The New York Times*, July 22, 2006.

18 Richard A. Oppel, "At Least 130 Die as Blast Levels Baghdad Market," *The New York Times*, February 4, 2007. 폭발 직후 피해를 입은 시아파 주민들은 인접한 수니파 지역인 아드하미야(Adhamiya)에서는 폭탄 공격이 전혀 없었다는 사실을 지적하면서, 폭탄 공격을 수니파의 소행으로 단정했다. 그날 밤 수니파 지역은 박격포 공격을 받아 사상자가 발생했다.

19 퍼트레이어스는 이번 작전이 이라크 전쟁 최후의 작전이라고 지적하면서, "이것이 실패하면 이라크는 파멸(doomed)한다"라고 주장했다. Joshua Partlow, "Path in Iraq Hard But Not Hopeless, U.S. General Says Petraeus Assumes His New Command," *The Washington Post*, February 11, 2007.

20 Jaffe, "At a Lonely Iraq Outpost, GIs Stay as Hope Fades." 2007년 2월 이라크 보안군이 사라져버린 상황에서 미군 35명이 수니파가 거주하는 소도시인 타르미야의 버려진 경찰서 건물에 전투초소(COP)를 설치했다. 그런데 2월 19일 새벽, 이곳에서 미군은 공격을 받아 2명이 사망하고 29명이 부상했다. 한편 공격이 발생하기 전날, 경찰서 건물 부근에서 몇 시간 동안 시끄러운 소음이 났으며, 이후 마을 주민들이 사라졌다. 하지만 미군 병력에게 공격이 일어날 가능성을 알려주는 이는 아무도 없었다.

21 William B. Caldwell IV, "Operational Update(Press Briefing, February 14, 2007)," Retrieved September 24, 2010, from http://www.usf-iraq.com/news/press-briefings/press-briefing-feb-14; DoD, "Measuring Stability and Security in Iraq"(June 2007), p.14.

22 DoD, "DoD Press Briefing with Lt. Gen. Odierno from the Pentagon"(May 31, 2007), Retrieved September 27, 2010, from http://www.defense.gov/transcripts/transcript.aspx?transcriptid=3973. 그림 1은 http://www.defense.gov/DODCMSShare/briefingslide/305/070531-D-6570C-006.jpg에서 찾을 수 있다.

23 Kaplan, *The Insurgents*, p.256, 265.

24 Ricks, *The Gamble*, pp.165~171. 또한 부대원이 전사하는 경우에는 전사자가 소속되었던 소대는 무조건 48시간 후방으로 이탈하여 휴식을 취했다. 이를 통해, 미군 병력이 이라크 민간인에게 보복할 가능성을 사전에 방지했다. Robinson, *Tell Me How This Ends*, p.203.

25 Edward Wong and David S. Cloud, "U.S. Erects Baghdad Wall to Keep Sects Apart," *The New York Times*, April 21, 2007.

26 Karin Brulliard, "'Gated Communities' For the War-Ravaged: U.S. Tries High Walls and High Tech To Bring Safety to Parts of Baghdad," *The Washington Post*, April 23, 2007.

27 Kagan, *The Surge*, pp.51~54. 이전까지 도라 시장 지구는 치열한 공방전이 발생했던 곳으로, 바그다드 남부 지역 사상자의 30% 정도가 이곳에서 발생했다. 살해된 사람들이 너무 많아서 시체 수습이 불가능할 정도였으며, 저격수의 공격으로 도로 통행이 불가능에 가까웠다. Kagan, *The Surge*, p.11.

28 작전 초기에 이라크 주둔 다국적군 사령부는 작전의 명칭을 FAQ로 통일하여 혼란을 방지했

다. William B. Caldwell IV, "Operational Update(Press Briefing, February 14, 2007)," Retrieved September 24, 2010, from http://www.usf-iraq.com/news/press-briefings/press-briefing-feb-14

29 새롭게 지명된 지휘관은 칸바르(Abboud Qanbar)라는 시아파 출신의 해군 장성으로, 후세인 정권에서 해군 제독을 지냈지만, 걸프 전쟁 이후 바스라에서 발생한 시아파 반란 진압을 거부하면서 투옥되었던 인물이다.

30 Ricks, *The Gamble*, p.177, 215.

31 MNF-I, "Clearing Sadr City MND-B general pleased with initial results 1st Cavalry Division Public Affairs(Press Release: 20070306-13)" (MNF-I, 2007.3.6), Retrieved September 24, 2010, from http://www.usf-iraq.com/news/press-releases/clearing-sadr-city-mnd-b-general-pleased-with-initial-results-1st-cavalry-division-public-affairs

32 Kagan, *The Surge*, p.100; West, *The Strongest Tribe*, p.164.

33 DoD, "DoD Press Briefing with Lt. Gen. Odierno from the Pentagon" (May 31, 2007), Retrieved September 27, 2010, from http://www.defense.gov/transcripts/transcript.aspx?transcriptid=3973

34 후세인은 자신의 권력 기반을 유지하기 위해서 바그다드벨트에 공화국수비대 병력을 배치했으며, 이를 통해 외곽의 수니파 주민을 보호하고 시아파 봉기를 사전에 방지했다.

35 Kaplan, *The Insurgents*, pp.257~259, 그리고 Sky, *The Unraveling*, pp.164~167.

36 Kagan, *The Surge*, pp.148~152.

37 Sudarsan Raghavan, "Mailiki, Petraeus Visit Insurgent Hotbed in Iraq: Premier's First Official Trip to Ramadi Urged by Top U.S. Commander in Iraq," *The Washington Post*, March 14, 2007.

38 Ann Scott Tyson, "Gates Warns Iraq Leaders That 'Clock Is Ticking' on U.S. Presence: U.S. Defense Secretary Robert M. Gates arrives at Camp Fallujah in Anbar Province After a Stop in Baghdad," *The Washington Post*, April 20, 2007.

39 Robinson, *Tell Me How This Ends*, p.237.

40 Kagan, *The Surge*, p.49.

41 Michael R. Gordon, "The Former Insurgent Counterinsurgency," *The New York Times*, September 2, 2007.

42 James Glanz and Stephen Farrell, "A U.S.-Backed Plan for Sunni Neighborhood Guards Is Tested," *The New York Times*, August 19, 2007.

43 Kagan, *The Surge*, pp.120~121.

44 Bolger, *Why We Lost*, p.253.

45 Greg Giroux, "'Move On' Takes Aim at McCain's Iraq Stance," *The New York Times*, January 17, 2007; David Stout, "House Passes Iraq Resolution With 17 Votes From G.O.P.," *The New York Times*, February 16, 2007.

46 Karen DeYoung and Jonathan Weisman, "House Bill Ties War Funding to Iraq Benchmarks: Measure Would Free Half the Money Now, Require a Second Vote for Approval in July," *The Washington Post*, May 9, 2007.

47 U.S. Government, "Initial Benchmark Assessment Report" (July 12, 2007), Retrieved September 24, 2010, from http://georgewbush-whitehouse.archives.gov/news/releases/2007/07/20070712.html

48 Government Accountability Office (GAO-07-1195), *Securing, Stabilizing, and Rebuilding Iraq: Iraqi Government Has Not Met Most Legislative, Security, and Economic Benchmarks* (Washington, DC: GAO, 2007). 원문은 http://www.gao.gov/new.items/d07 1195.pdf에서 볼 수 있다.

49 "The Road Home," *The New York Times*, July 8, 2007.

50 Thomas Shanker and David S. Cloud, "U.S. Generals Seek Patience in Judging Iraq," *The New York Times*, July 20, 2007.

51 Michael E. O'Hanlon and Kenneth M. Pollack, "A War We Just Might Win," *The New York Times*, July 30, 2007.

52 DNI, "Prospects for Iraq's Stability: Some Security Progress but Political Reconciliation Elusive" (August, 2007). 원문은 http://www.dni.gov/press_releases/20070823_release.pdf에서 확인할 수 있다.

53 Buddhika Jayamaha, Wesley D. Smith, Jeremy Roebuck, Omar Mora, Edward Sandmeier, Yance T. Gray, and Jeremy A. Murphy, "The War as We Saw," *The New York Times*, August 19, 2007.

54 "Hiding Behind the General," *The New York Times*, September 9, 2007.

55 David Petraeus, "Battle for Baghdad," *The Washington Post*, September 26, 2004. 여기에서 퍼트레이어스는 이라크 상황이 호전되고 있다고 평가했으나, 결과적으로 볼 때 이러한 주장은 잘못된 것이었다. 하지만 퍼트레이어스의 주장은 2004년 11월 2일에 있었던 미국 대통령 및 의회 선거에서 부시 행정부에 '큰 도움'이 되었다.

56 당시 광고 비용은 6만 5000달러였다고 한다. West, *The Strongest Tribe*, p.321.

57 David Petraeus, "Report to the Congress on the Situation in Iraq" (September 10, 2007), Retrieved September 24, 2010, from http://www.defense.gov/pubs/pdfs/Petraeus-Testimony20070910.pdf

58 퍼트레이어스의 증언은 문서로 쉽게 찾을 수 있지만, 크로커의 증언은 미국 국무부 웹사이트에서 찾을 수 없다. 원래 http://www.state.gov/p/nea/rls/rm/2007/91941.htm에서 공개되었고, 필자는 이 문서를 2007년 9월 17일에 확보했다. 하지만 현재 국무부 사이트의 해당 페이지는 닫힌 상태다. 그러나 복사본은 여러 곳에서 찾을 수 있다. 특히 다음 사이트는 유용하다. http://merln.ndu.edu/archivepdf/iraq/State/91941.pdf

1 Tina Susman, "Violence Resumes, Scores Die as Curfews are Lifted in Iraq," *Los Angeles Times*, June 19, 2007.

2 Bolger, *Why We Lost*, p.253.

3 Bolger, *Why We Lost*, p.261. 이러한 영장 발부 자체는 상당한 근거를 가지고 있었다. 이라크의 아들들 자체가 기본적으로 알카에다와 연합하여 미군 및 이라크 정부군과 전투를 수행했던 수니파 무장 세력이 전환하면서 만들어졌기 때문에, 지휘관의 대부분은 당연히 알카에다와 연관되어 있었고 동시에 범죄 용의자였다. 하지만 "정치적 환경 변화"로 미군은 이러한 혐의에도 불구하고 포용했을 뿐이었다.

4 DoD, "DoD News Briefing with Maj. Gen. Joseph Fil at the Pentagon, Arlington, Va.," Retrieved October 5, 2010, from http://www.defense.gov/transcripts/transcript.aspx?transcriptid=4107

5 Congressional Research Service, "Operation Iraqi Freedom: Strategies, Approaches, Results, and Issues for Congress" (Order Code: RL34387, February 22, 2008), p.102. Retrieved October 5, 2010, from http://assets.opencrs.com/rpts/RL34387_20080222.pdf

6 Ann Scott Tyson, "U.S. Sees Decline In Bombs In Iraq: Fewer Projectiles Linked to Iran, but Officials Are Wary," *The Washington Post*, November 2, 2007.

7 DoD, "Measuring Stability and Security in Iraq"(December 2007), pp.17~21.

8 Ricks, *The Gamble*, pp.240~241. 여기에서 언급하는 보급 및 수송 차량 행렬은 주로 민간 위탁업체가 운용하는 것으로, 무장 호위대가 포함되어 있지 않았다. 무장 호위대가 포함된 차량 행렬에 대한 공격은 매우 적었다.

9 Marc Santora, "Iraqi Militants Launch Attack on U.S. Outpost," *The New York Times*, February 20, 2007.

10 Kirk Semple, "Bomb Rip Through Baghdad in Wave of Attacks, Killing 171," *The New York Times*, April 19, 2007.

11 Damien Cave and James Glanz, "Toll Rises Above 500 in Iraq Bombings," *The New York Times*, August 22, 2007. 이 공격은 이라크 전쟁 전체에서 발생한 자살공격 가운데 최대 규모였으며, 이전까지 있었던 공격과 비교해 최소한 3배 많은 사망자가 발생했다. 또한 국경 도시에서 벌어졌기 때문에 공격을 감행한 이라크 알카에다 조직은 바그다드와 같이 병력이 집중된 곳보다 훨씬 '자유롭게 활동'할 수 있었고, 시리아에서 직접 진입했다. 따라서 이 공격은 예외로 취급해야 하며, 그 경우에 2007년 8월의 공격 횟수는 14건이고 사망자는 201명, 그리고 공격의 효율성은 14.4명으로 감소한다.

12 Peter R. Mansoor, "How the Surge Worked," *The Washington Post*, August 10, 2008. 저자인 만수르는 이라크계 미국인으로 육군사관학교 출신 예비역 대령이다. 이라크 전쟁에서는 전투여단 지휘관으로 바그다드에 진주했고, 증파가 시행되던 시기에는 퍼트레이어스

의 부관이자 행정장교로서 이라크 주둔 다국적군 사령부에서 복무했다.

13 미군 작전교범에서도 지적하듯이, 대반란작전에서 안정을 유지하려면 민간인 1000명당 병력 20~25명이 필요하다. 즉, 인구 3000만 명 정도의 이라크에서 질서를 유지하려면 병력 60만~75만 명이 필요하며, 인구 600만 명의 바그다드 하나를 통제하는 데 필요한 병력만 해도 12만~15만 명이었다. 하지만 부시 행정부가 추가로 투입한 병력은 2만 명에 지나지 않았으며, 군사적인 측면에서 이 병력이 추가로 '담당'할 수 있는 인구는 80만~100만 명에 그쳤다. 즉, 이라크를 병력 투입만으로 안정화하려면 50만~65만 명의 병력을 추가로 투입해야 했지만, 이것은 전체 지상군 병력이 부족한 탓에 불가능했다. 2010년 10월 현재, 미국 육군 병력은 60만 명, 주 방위군과 예비역 병력은 56만 명 정도이며, 해병대 병력은 현역 20만 명과 예비역 4만 명이다.

14 David S. Cloud and Damien Cave, "The Reach of War: Push in Baghdad is Short of Goal, Commanders Say," *The New York Times*, June 4, 2007. 이라크 보안군 부대는 만성적으로 정원 부족에 시달렸기 때문에, 실제로 추가 투입된 이라크 보안군 병력은 5만 1000명에 미치지 못했을 것으로 추정된다.

15 Robinson, *Tell Me How This Ends*, pp.241~242, 254.

16 DoD, "DoD News Briefing with Maj. Gen. Joseph Fil at the Pentagon, Arlington, Va" (December 17, 2007), Retrieved October 5, 2010, from http://www.defense.gov/transcripts/transcript.aspx?transcriptid=4107. 2007년 12월 현재 2만 5000여 명의 병력 가운데 약 1만 명이 이라크 경찰로 전환되기를 희망했고, 635명이 전환되었다.

17 DoD, "Measuring Stability and Security in Iraq"(March 2008), pp.iv, 18. 이라크의 아들 병력 9만 1000여 명은 수니파 약 7만 1500명과 시아파 약 1만 9500명으로 구성되었으며, 이러한 측면에서 이라크의 아들은 수니파 중심의 무장 조직이었다. 특히 이라크 보안군으로 전환된 9000여 명 가운데 대부분은 시아파 병력이었다.

18 Sky, *The Unraveling*, p.179, 182.

19 Mansoor, *Surge*, p.85.

20 DoD, "Measuring Stability and Security in Iraq"(September 2008), p.24. 이라크의 딸을 구성한 여성들은 75%가 이라크 알카에다 조직의 공격에 희생된 이라크 보안군 병력의 미망인이었다. 특히 이 여성들은 수니파였고, 후세인 정권에서 직장을 다닌 경험이 있는 이들이 상당수였다.

21 Alexandra Zavis, "Daughters of Iraq: Women Take on a Security Role," *Los Angeles Times*, June 4, 2008. 미군은 이라크의 딸 조직원이 AK-47 소총을 분해하고 조립하는 방법 등을 훈련하게 했지만, 무기 사용을 위한 사격 훈련 등은 제공하지 않았다. 그리고 이라크의 딸은 이라크 보안군이나 미군 병력과 함께 행동하도록 조직되었다. 이라크의 딸에 대한 처우는 이라크의 아들과 같았고, 매달 300달러 정도가 지급되었다.

22 DoD, "Measuring Stability and Security in Iraq"(December 2008), p.20.

23 DoD, "Measuring Stability and Security in Iraq"(June 2008), p.iii.

24 DoD, "Measuring Stability and Security in Iraq"(September 2008), p.22; DoD, "Measuring Stability and Security in Iraq"(December 2008), p.iii.

25 Amit R. Paley, "Shift in Tactics Aims to Revive Struggling Insurgency: Al-Qaeda in Iraq Hopes A Softer Approach Will Win Back Anbar Sunnis," *The Washington Post*, February 8, 2008.

26 DoD, "Measuring Stability and Security in Iraq"(December 2007), p.18. 사살된 주요 지휘관에는 54명의 고위 지휘관, 38명의 외국인 테러 조직 구성원, 24명의 보급 담당 지휘관, 35명의 자살공격조 지휘관 등이 포함되어 있었다.

27 Paley, "Shift in Tactics Aims to Revive Struggling Insurgency," *The Washington Post*, February 8, 2008.

28 DoD, "Measuring Stability and Security in Iraq"(December 2009), pp.vii, 30. 이라크 상황 안정은 2006년까지 이라크 알카에다의 본거지였던 안바르에서 잘 드러난다. 2009년 하반기 안바르 지방의 하루 평균 공격은 1건으로, 이것은 매우 안정적인 시아파 지방보다 안바르 지방이 더욱 안전하다는 것을 의미한다.

29 DoD, "Measuring Stability and Security in Iraq" (March 2010), p.32.

30 West, *The Strongest Tribe*, p.228.

31 Sabrina Tavernise, "Cleric Said to Lose Reins of Parts of Iraqi Militia," *The New York Times*, September 28, 2006.

32 Stephen Farrell, "50 Die as a Bitter Power Struggle Between Shiite Groups Turns Violent in Karbala," *The New York Times*, August 29. 2007.

33 West, *The Strongest Tribe*, pp.275~276. 미군 특수부대의 공격으로 마흐디군 지휘관들은 평균적으로 2개월 이내에 '처리'되었으며, 이 때문에 마흐디군의 주요 지휘관들은 병력을 바그다드에서 철수해 남부 바스라 지역으로 후퇴했다.

34 Amit R. Paley, "Sadr's Militia Enforces Cease-Fire With a Deadly Purge," *The Washington Post*, February 21, 2008. 사드르는 휴전 명령에 따르지 않은 마흐디군의 하급 지휘관 수백 명을 처형하거나 축출했으며, 처형되는 마흐디군 지휘관 및 병사의 명단과 그 이유를 매주 공개했다. 또한 마흐디군은 단순한 폭력 이외의 방법으로 사드르시티와 그 밖의 시아파 지역을 통제하면서 정치 조직을 구축했다.

35 이라크 제2의 도시인 바스라는 시아파 지역으로, 2003년 개전 이래 영국군이 담당했으나, 2006년 이후 상황이 악화되어 통제하기 어려운 상태가 되었다. 2007년 가을 영국군은 바스라를 포기하고 외곽으로 후퇴했고, 바스라는 마흐디군이 장악해 시아파의 보수적인 교리를 강요하는 이슬람 근본주의 지역으로 변화했다. Karen DeYoung and Thomas E. Ricks, "As British Leave, Basra Deteriorates: Violence Rises in Shiite City Once Called a Success Story," *The Washington Post*, August 7, 2007.

36 Michael R. Gordon, Eric Schmitt, and Stephen Farrell, "U.S. Cites Planning Gaps in Iraqi Assault on Basra," *The New York Times*, April 3, 2008.

37 Sudarsan Raghavan and Sholnn Freeman, "U.S. Appears to Take Lead in Fighting in Baghdad: U.S. Forces Battle Mahdi Army in Sadr City, Aircraft Target Basra," *The Washington Post*, April 1, 2008.

38 이라크 주재 이란 대사는 "바스라를 장악한 집단은 무법자(outlaw)"이며 이라크 정부는 자신의 "정당한 권리와 책임"을 다하고 있는 것이라고 주장했다. 이러한 맥락에서 이란은 마흐디군에 대한 군사 지원을 중단했을 가능성이 크며, 동시에 이라크 정부를 구성하고 있는 또 다른 시아파 세력인 이라크 이슬람혁명최고위원회는 자신의 경쟁 상대인 사드르 세력과 사드르 민병대인 마흐디군을 약화시키기 위해서 말리키 총리에게 바스라 공격을 요구했을 가능성이 크다. James Glanz and Alissa J. Rubin, "Iraqi Army Takes Last Basra Areas From Sadr Force," *The New York Times*, April 20, 2008.

39 Sabrina Tavernise, "A Shiite Militia in Baghdad Sees Its Power Wane," *The New York Times*, July 27, 2008. 일부 지역에서는 마흐디군 구성원이 살해되거나 그 가족이 거주 지역에서 추방되기도 했다. 이러한 조치는 수니파 주민이 아니라 시아파 주민에 의해 '원상회복 및 손해배상' 차원에서 이루어졌다.

40 Ashraf Khalil, "Shiite Cleric Sadr to Demobilize Most of His Militia," *Los Angeles Times*, June 14, 2008; Sudarsan Raghavan, "Sadr Movement Seeks Its Way As Others Gain Power in Iraq," *The Washington Post*, December 5, 2008. 무마히둔은 '길을 닦는 자(those who pave the way)'로 번역할 수 있으며, 보통 12대 이맘인 마흐디가 부활하여 세상의 악(惡)을 제거하고 최후의 심판을 내리는 것을 기대하는 신앙심 깊은 시아파를 지칭한다.

41 DoD, "Measuring Stability and Security in Iraq"(June 2008), p.25.

42 DoD, "Measuring Stability and Security in Iraq"(December 2008), pp.18~19.

43 DoD, "Measuring Stability and Security in Iraq"(September 2009), p.27; DoD, "Measuring Stability and Security in Iraq"(December 2009), pp.27~28.

44 Ricks, *The Gamble*, p.303.

45 Eliot A. Cohen and Bing West, "Our Only Hope," *The Wall Street Journal*, January 8, 2007. 이에 따르면, 이라크에서는 성인 남성 450명 가운데 1명이 수감되어 있지만, 미국에서는 성인 남성 75명 가운데 1명이 수감되어 있다. 즉, 수감자 비율은 미국이 이라크보다 여섯 배나 높지만, 이는 이라크가 미국보다 안전하기 때문이 아니라 이라크의 경찰 및 사법제도가 효율적이지 않아 범죄자들이 쉽게 석방되기 때문으로 보았다.

46 Walter Pincus, "U.S. Unsure about the Future of Iraq's 'Sons'," *The Washington Post*, March 31, 2008.

47 Steven Simon, "The Price of the Surge," *Foreign Affairs* (May/June 2008), pp.57~76. 하지만 2010년 3월 총선에서 부족에 기초한 투표 현상은 나타나지 않았으며, 따라서 이러한 지적은 경험적으로 나타나지 않은 단순한 가능성에 지나지 않았다.

48 2005년 12월 총선 이후 이라크 총리로 말리키가 선출된 것은 2006년 5월로, 선거 이후 총리 선출과 정부 구성에 6개월이 걸렸다. 2010년 3월에 두 번째 총선이 치러졌고, 선거 결과에

따라 6월에 새로운 의회가 개원했지만, 행정부는 쉽게 구성되지 않았다. 11월 중순에야 정부 구성을 위한 합의가 이루어졌으며, 결국 선거 이후 9개월이 지난 2010년 12월 21일에야 총리가 구성한 장관 명단을 의회에서 승인해 행정부가 공식적으로 출범했다. 하지만 안보 관련 장관은 임명되지 않았고, 총리가 이를 겸임했다.

49 David S. Cloud and Steven Lee Myers, "Bush, in Iraq, Says Troop Reduction is Possible," *The New York Times*, September 4, 2007. 수니파 지도자들은 부시와 면담한 직후 말리키 총리와 언쟁을 벌였으며, 특히 시아파 정부가 수니파를 억압하고 있다고 공개적으로 비난했다.

50 Joshua Partlow, Ann Scott Tyson, and Robin Wright, "Bomb Kills a Key Sunni Ally of U.S.: Sheik Had Organized Rival Tribes in Anbar To Oppose Extremists," *The Washington Post*, September 14, 2007. 공격은 아부리샤의 활동으로 안바르 지역에서 세력을 상실한 이라크 알카에다 조직이 보복하기 위해 벌인 것으로 추정되며, 이전에도 이라크 알카에다 조직은 수차례에 걸쳐 아부리샤를 암살하려고 시도했다.

51 이라크의 아들이 어느 정도 자리를 잡은 이후 미군은 이라크의 아들 병력 한 명당 매달 300달러를 지급했다. 급여는 지휘관 긴급 대응 자금(CERP)에서 지급했다. 초기에는 이라크의 아들과 이라크 보안군이 완전히 분리되어 있었으며, 이 때문에 갈등이 빚어졌다. 이에 미군은 이라크의 아들과 이라크 보안군의 통합을 추진하면서, 이라크의 아들에 대한 급여 지급권과 병력 통제권을 이라크 정부에 이관하기로 결정했다.

52 DoD, "Measuring Stability and Security in Iraq"(December 2008), p.39, DoD, "Measuring Stability and Security in Iraq"(March 2009), pp.20~21, DoD, "Measuring Stability and Security in Iraq"(June 2009), pp.23~24. 급여는 2009년 하반기에 지급되었다.

53 DoD, "Measuring Stability and Security in Iraq"(September 2009), p.70. 이라크의 아들 병력의 통합에 관해서는 공식 자료들 사이에 불일치하는 부분이 많이 존재한다. 이것은 미군의 행정력 부족 탓이라기보다는, 수니파의 세력이 확대되는 것을 두려워한 이라크 시아파 정부의 업무 태만 또는 관할권 인수 거부 때문인 것으로 추정된다.

54 Zavis, "Daughters of Iraq." 하지만 이라크 여성은 이라크의 딸과 같은 경찰 부대를 지지했다. 2008년 3월 바그다드의 수니파 사원 행사에서 이라크의 딸은 여성을 대상으로 한 검문 및 몸수색을 담당했다. 검문 대상이 되었던 여성은 이라크의 딸 요원을 영웅시하면서 끌어안고 키스했으며, 여성이 이라크 안전을 지키기 위해 적극적으로 활동하는 것에 감격해 눈물을 흘리기도 했다.

55 Alissa J. Rubin and Rod Nordland, "Troops Arrest an Awakening Council Leader in Iraq, Setting Off Fighting," *The New York Times*, March 28, 2009. 체포된 이라크의 아들 지휘관은 민간인 살해 혐의로 기소되었으며, 재판을 거쳐 2009년 11월 사형이 선고되었다.

56 Ned Parker and Saif Hameed, "Sunni Paramilitary Leader Released from Iraq Jail," *Los Angeles Times*, April 03, 2009.

57 Alissa J. Rubin, "Arrests Deepen Iraqi Sunnis' Bitterness," *The New York Times*, April

11, 2009. 미군은 2009년 4월 중순까지 체포된 이라크의 아들 지휘관이 모두 15명이며, 일반 병력은 200여 명이 체포되었다고 발표했다.

58 Alissa J. Rubin, "70 Killed in Wave of Revenge in Northern Iraq," *The New York Times*, March 29, 2007.

16장 오바마 행정부와 철군 그리고 아프가니스탄 증파

1 지루한 협상을 거쳐 말리키는 총리 직위를 계속 유지했고, 선거에서 제1당의 지위를 차지한 이라크국민운동 구성원에게 전체 34개의 장관 직위 가운데 10개를 부여했다. 이때 국방 및 경찰 업무를 담당하는 안보 관련 장관은 임명되지 않았고, 추가 협상을 거쳐 인선이 완료될 때까지 말리키 총리가 겸임하기로 했다.

2 Ricks, *The Gamble*, p.151, 215. 당시 이라크에는 적게는 10명, 많게는 800명 정도의 병력을 보유한 무장 조직이 산재했다. 이라크의 아들 조직은 통합된 지휘 체계를 갖추고 있지 않았고, 이 때문에 개별 집단과 휴전합의를 해야 할 필요가 있었다. 이라크 전체를 대상으로 집계한 자료는 없으나, 2009년 4월을 기준으로 이라크의 아들 조직은 바그다드에 323개, 디얄라와 살라딘 지역에 275개가 존재한다. Alissa J. Rubin and Rod Nordland, "U.S. Military Expresses Concern About Perception of an Iraqi Crackdown on Sunnis," *The New York Times*, April 15, 2009.

3 Peter R. Mansoor, *Surge: My Journey with General David Petraeus and the Remaking of the Iraq War* (New Haven, CT: Yale University Press, 2014), p.142.

4 Peter Baker, Karen DeYoung, Thomas E. Ricks, Ann Scott Tyson, Joby Warrick, and Robin Wright, "Among Top Officials, 'Surge' Has Sparked Dissent, Infighting," *The Washington Post*, September 9, 2007.

5 미국 정부의 공식 입장은 퇴역이 '팰런의 요청에 의한 것'이며 《에스콰이어》와의 인터뷰는 관계없다는 것이었다. 팰런의 퇴역식에서 게이츠 국방장관은 이러한 공식 입장을 재차 밝히기도 했다. Thom Shanker, "Mideast Commander Retires After Irking Bosses," *The New York Times*, March 12, 2008. 문제가 되었던 월간지 인터뷰는 Thomas P. M. Barnett, "The Man Between War and Peace," *Esquire* (April 2008)다.

6 안보합의의 공식 명칭은 '미군 철수 및 철수까지의 잠정적인 미군 행동에 대한 미국과 이라크의 합의'이며, 전략구상협정의 공식 명칭은 '미국과 이라크의 우호와 협력 관계를 위한 전략구상협정'이다. http://georgewbush-whitehouse.archives.gov/news/releases/2008/11/20081127-2.html에서 합의의 내용을 확인할 수 있다. 안보합의의 내용은 http://www.usf-iraq.com/images/CGs_Messages/security_agreement.pdf에서, 전략구상협정의 내용은 http://www.usf-iraq.com/images/CGs_Messages/strategic_framework_agreement.pdf에서 볼 수 있다. 합의문에 대한 서명은 2008년 12월 14일에 바그다드에서 이루어졌으며, 합

의문에 서명하기 위해 이라크를 방문한 부시는 기자회견 장소에서 이른바 '신발 공격'을 당했다.

7 Karen DeYoung, "U.S., Iraq Negotiating Security Agreements," *The Washington Post*, April 11, 2008.

8 Sudarsan Raghavan and Saad Sarhan, "Top Shiite Cleric in Iraq Raises Concerns About Security Pact," *The Washington Post*, November 30, 2008.

9 미군 주둔은 2007년 12월 18일에 통과된 유엔안전보장이사회 결의안 1790호에 따라서 2008년 12월 31일까지 승인되었다. 하지만 부시 행정부는 추가 결의안으로 주둔을 합법화하기보다는 이라크 정부와의 합의에 기초해 미군 주둔을 정당화하려 했으며, 그 방안으로 주둔군지위협정 체결을 추진했다.

10 Kenneth M. Pollack, "Five Myths about the Iraq Troop Withdrawal," *The Washington Post*, August 22, 2010. 하지만 2010년 10월 현재 여전히 5만여 명의 미군 병력이 남아 있으며, 주요 임무는 이라크 보안군 훈련이지만, 필요한 경우에는 이라크 보안군 작전에 전투 지원을 할 수 있게 되어 있다.

11 Sam Dagher, "2 Blasts Expose Security Flaws in Heart of Iraq," *The New York Times*, August 19, 2009. 공격 직후 이라크 외교장관은 폭탄 공격에 이라크 보안군이 연루되어 있다고 비난했다. Zaid Sabah, "Iraqi Official Says Security Forces May Have Colluded in Bombings: Zebari Accuses Government of Overconfidence Prior to Deadly Attacks," *The Washington Post*, August 23, 2009.

12 Anthony Shadid, "Bombings Rock Iraq's Political Landscape: Deadliest Attacks in Two Years, 'A Clear Message' to Maliki Before Elections," *The Washington Post*, October 26, 2009. 공격 직후 이라크 내무부 차관은 폭탄이 그린존 내부에 반입되어 그곳에서 조립되었다고 주장했다.

13 DoD, *"Measuring Stability and Security in Iraq"*(December 2009), pp.24~26.

14 Michael R. Gordon, "Civilians to Take U.S. Lead After Military Leaves Iraq," *The New York Times*, August 18, 2010. 대사관 출장사무소는 키르쿠크와 모술에, 영사관은 바스라와 아르빌에 설치할 계획이다.

15 Steven Lee Meyers and Thom Shanker, "General Works to Salvage Iraq Legacy," *The New York Times*, March 24, 2010.

16 오바마는 2002년 10월 당시 일리노이주 상원의원이었기 때문에 미국 연방의회 표결에는 참여하지 않았다. 하지만 2004년 민주당 대통령 후보였던 케리와 오바마 행정부에서 국무장관에 임명된 클린턴(Hillary Rodham Clinton) 등은 당시 군사력 사용 결의안에 찬성했다.

17 Mark Mazzetti and William Glaberson, "Obama Issues Directive to Shut Down Guantánamo," *The New York Times*, January 21, 2009. 관타나모에 수감되어 있던 포로들은 전쟁 포로(prisoners of war)가 아니라 적대적 교전 당사자(enemy combatant)라는 특이한 이름으로 분류되었고, 제네바합의에 따른 다양한 권리를 보장받지 못했다.

18 Sheryl Gay Stolberg, "Obama Defends Strategy in Afghanistan," *The New York Times*, August 17, 2009.

19 New York Times, "Transcript: Barack Obama's Inaugural Address," *The New York Times*, January 20, 2009. 하지만 전체 연설에서 이라크에 대한 언급은 아프가니스탄과 관련해 한 번만 등장한다.

20 Peter Baker, "With Pledges to Troops and Iraqis, Obama Details Pullout," *The New York Times*, February 27, 2009.

21 DoD, "Measuring Stability and Security in Iraq"(March 2010), p.41; DoD, "Measuring Stability and Security in Iraq"(June 2010), p.42.

22 Amit R. Paley and Joshua Partlow, "Iraqi Leaders Allow Controversial Baathist Law to Take Effect," *The Washington Post*, February 4, 2008. 하지만 최종적으로 어느 정도의 수니파 공무원이 해임되었는지는 확실하지 않으며, 이 문제에 대한 향후 언론 보도는 거의 없는 상황이다.

23 Michael R. Gordon, "After Hard-Won Lessons, Army Doctrine Revised," *The New York Times*, February 8, 2008. 이러한 문제는 베트남 전쟁에서도 나타났다. 당시 미군 장교 대부분은 남베트남군(Army of Republic of Vietnam: ARVN) 고문관으로 복무하기를 거부했으며, 특히 이러한 고문관 경력이 향후 자신의 진급에 불리하게 작용할 것이라고 보았다. Krepinevich, *Army and Vietnam*, pp.205~210.

24 대통령 선거에서 카르자이는 55.4%의 지지를 얻었으며, 2위 후보는 16.3%를 획득했다. 선거 과정에서 많은 선거 부정이 있었지만, 크게 주목받지 못했고 선거 결과에도 결정적인 영향을 미치지는 않았다.

25 James Risen, "Reports Link Karzai's Brother to Afghanistan Heroin Trade," *The New York Times*, October 4, 2008; Dexter Filkins, "Inside Corrupt-istan, a Loss of Faith in Leaders," *The New York Times*, September 4, 2010. 2011년 7월 12일 아흐메드 카르자이는 경호원에게 암살당했다.

26 Colum Lynch, "U.N. Finds Afghan Opium Trade Rising," *The Washington Post*, June 27, 2008.

27 Transparency International, "Corruption Perceptions Index 2009," Retrieved October 29, 2010, from http://www.transparency.org/policy_research/surveys_indices/cpi/2009/cpi_2009_table. 180개국 중 최하위는 소말리아였다. 2010년 통계에서도 순위는 달라지지 않았다. 전체 178개 국가 가운데 아프가니스탄은 미얀마와 함께 공동 176위였으며, 178위는 계속 소말리아가 차지했다. 한편 이라크는 175위를 기록했다. Transparency International, "Corruption Perceptions Index 2010," Retrieved October 29, 2010, from http://www.transparency.org/policy_research/surveys_ indices/cpi/2010/results

28 David Rohde and David E. Sanger, "How a 'Good War' in Afghanistan Went Bad," *The New York Times*, August 12, 2007.

29 Candace Rondeaux and Imtiaz Ali, "Taliban Leader Calls Cease-Fire Within Pakistan: Move Part of Peace Talks," *The Washington Post*, April 25, 2008. 미국의 아프가니스탄 침공으로 아프가니스탄에서 '활동'하던 이슬람 극단주의 세력은 파키스탄으로 피신했고, 파키스탄 내부 상황은 더욱 악화되었다. Griff Witte, "Pakistan Seen Losing Fight Against Taliban And Al-Qaeda," *The Washington Post*, October 3, 2007.

30 국제안보지원군은 유엔안전보장이사회 결의안 1386에 따라 구성된 군사력으로, 처음에는 아프가니스탄 임시정부를 도와 카불과 그 인근 지역의 치안 유지 임무를 담당했다. 하지만 2003년 10월에 발표된 유엔안전보장이사회 결의안 1510에 따라 국제안보지원군의 관할 지역은 아프가니스탄 전역으로 확대되었고, 나토 지휘관이 국제안보지원군 전체를 통제했다. 국제안보지원군 지휘관에 미군 장성이 취임한 것은 2007년 2월부터다.

31 David Rohde, "Foreign Fighters of Harsher Bent Bolster Taliban," *The New York Times*, October 30, 2007.

32 Ann Scott Tyson, "A Sober Assessment of Afghanistan: Outgoing U.S. Commander Cites 50% Spike in Attacks in East," *The Washington Post*, June 15, 2008. 이라크에서 그 랬듯이 아프가니스탄에서도 공격이 몇몇 지역에 집중되었다. 2007년에는 아프가니스탄 전체의 364개 지방 행정구역(district) 가운데, 70%의 공격이 40개 지방 행정구역에서 발생했으며, 2008년 상반기에 그 비중은 76%로 늘었다.

33 Carlotta Gall, "Taliban Free 1,200 Inmates in Attack on Afghan Prison," *The Washington Post*, June 14, 2008. 공격 직후 탈레반은 칸다하르 인근 지역을 장악했으며, 수백 명의 병력을 배치했다.

34 Helene Cooper and Sheryl Gay Stolberg, "Obama Ponders Outreach to Elements of Taliban," *The New York Times*, March 7, 2009.

35 Thom Shanker and Eric Schmitt, "U.S. Plans Vastly Expanded Afghan Security Force," *The New York Times*, March 18, 2009. 미국의 결정은 아프가니스탄 보안군 유지에 필요한 비용과 장비 제공에 대한 것이었다. 따라서 병력 증강에 대한 최종 결정은 아프가니스탄 정부가 내릴 수 있었다.

36 Stanley A. McChrystal, "Commander's Initial Assessment"(August 30, 2009), Retrieved October 29, 2010, from http://media.washingtonpost.com/wp-srv/politics/documents/Assessment_Redacted_092109.pdf?hpid=topnews

37 아이켄베리 대사는 미국 육군 출신으로 아프가니스탄에서 2년 6개월 동안 근무하면서 아프가니스탄 육군과 경찰 훈련을 담당했다. 또한 2004년에는 이라크 경찰 및 군 병력의 준비 태세를 점검했다. 2009년 1월에 오바마 대통령은 당시 현역 중장이었던 아이켄베리를 아프가니스탄 대사로 임명했고, 그는 군에서 퇴역하고 나서 4월에 아프가니스탄에 파견되었다. 2009년 11월에 아이켄베리는 대사 자격으로 아프가니스탄 상황을 점검하면서 문제의 근본 원인이 카르자이 행정부에 있으며, 이를 개혁하지 않은 상황에서 미군 병력의 추가 파견은 무의미하다는 의견을 개진했다. Eric Schmitt, "U.S. Envoy's Cables Show Worries on

Afghan Plans," *The New York Times*, January 25, 2010. 이러한 내용이 담긴 보고서 전문이 2010년 1월 언론에 유출되었다. 그 원문은 다음에서 찾을 수 있다. http://documents.nytimes.com/eikenberry-s-memos-on-the-strategy-in-afghanistan

38 Jesse Lee, "The New Way Forward: The President's Address"(December 1, 2010). Retrieved October 29, 2010, from http://www.whitehouse.gov/blog/2009/12/01/new-way-forward-presidents-address. 이미 오바마 행정부는 출범 이후 최소한 2만 1000여 명의 병력을 아프가니스탄에 추가 파견했으며, 그 결과 2009년 11월 현재 아프가니스탄에서 작전하고 있는 미군 병력은 약 6만 8000명으로 증강되었다. 따라서 증파가 끝나는 완료되는 시점에 미군 병력은 10만여 명으로 확대된다. 또한 이와 함께 나토 소속 국가 병력 3만 9000여 명도 아프가니스탄에서 작전을 수행했다.

39 Dexter Filkins, "With Troop Pledge, New Demands on Afghans," *The New York Times*, December 1, 2009. 아프가니스탄 증파 선언 당시 아프가니스탄 보안군 병력은 육군 약 9만 명과 경찰 약 9만 3000명이었다.

40 문제의 인터뷰는 Michael Hastings, "The Runaway General," *Rolling Stone* (July 8 2010)에 수록되었다. 이러한 발언에 대해 게이츠 국방장관은 매크리스털이 '잘못 판단'했으며, '큰 실수를 저질렀다'고 지적했다. Greg Jaffe and Ernesto Londoño, "Obama to Meet with McChrystal Before Making 'Any Final Decisions' on Dismissal," *The Washington Post*, June 22, 2010.

41 Alissa J. Rubin, "Afghans to Form Local Forces to Fight Taliban," *The New York Times*, July 14, 2010. 이러한 조치는 당시까지 미군 특수부대가 개별적으로 구축한 소규모 지방 민병대를 공식 승인해 아프가니스탄 정부의 관할로 이전하는 효과가 있었다.

42 Helen Cooper, David E. Sanger, and Thom Shanker, "Once Wary, Obama Now Relies on Petraeus," *The New York Times*, September 16, 2010.

43 Carlotta Gall, "Petraesu Sees Military Progress in Afghanistan," *New York Times*, March 8, 2011.

44 미군은 지역을 장악하고 탈레반의 군사 기반을 파괴하는 데 주력하는 방편으로 탈레반 비밀 무기고(explosive and weapons caches)를 집중 공략했다. 2010년에는 매달 40개 정도의 무기고를 발견했는데, 2011년에 들어서는 이 부분에 더 많은 노력을 집중하면서 매달 120개 정도의 무기고를 파괴했다.

45 Thom Shanker, "General Sees Joint Bases for Afghan After 2014," *The New York Times*, March 15, 2011; Elisabeth Bumiller, "Petraeus Tells Panel July Drawback in Afghanistan May Include Some Combat Troops," *The New York Times*, March 16, 2011.

46 Elisabeth Bumiller, "Gates Says U.S. is in Position to Start Afghan Pullout," *New York Times*, March 7, 2011. 게이츠 장관의 아프가니스탄 방문과 공동 기자회견 자체는 2월 17일에 발생한 미군의 오인 사격으로 9세에서 15세 사이의 소년 9명이 사망한 사건에 대한 미

국의 사과 행동의 일환이었다. 사건 직후 미군은 수사에 들어갔으며, 그 결과에 기초하여 퍼트레이어스가 카르자이 대통령에게 사과했다. 하지만 아프가니스탄 정부는 이러한 사과를 받아들이지 않았고, 결국 국방장관이 카불을 방문해 다시 사과했다.

47 Peter Baker, Helene Cooper and Mark Mazzetti, "Bin Laden Is Dead, Obama Says," *The New York Times*, May 1, 2011.

48 Joby Warrick and Mary Beth Sheridan, "Zawahiri faces Hurdles as Bin Laden Successor," *The Washington Post*, June 17, 2011.

49 Taimoor Shah and Alissa J. Rubin, "Broad Taliban Attack Paralyzes Kandahar," *The New York Times*, May 8, 2011; Alissa J. Rubin and Scott Shane, "Half Brother of Hamid Karzai Is Killed in Kandahar," *The New York Times*, July 13, 2011.

50 Mark Landler and Helene Cooper, "Obama Will Speed Pullout From War in Afghanistan," *The New York Times*, June 22, 2011.

51 2011년 4월에 오바마는 CIA 국장 파네타(Leon Panetta)를 게이츠 국방장관의 후임으로, 퍼트레이어스를 CIA 국장으로 지명했다. Michael D. Shear, "Obama Announces Changes to National Security Team," *The New York Times*, April 28, 2011. 퍼트레이어스의 발언에 관해서는 다음을 참조할 것. Katrin Bennhold, "Afghanistan War 'Fragile' but Doable, General Says," *The New York Times*, July 20, 2011.

17장 첫 번째 결론

1 미국의 비영리기관인 평화기금(Fund for Peace)에서는 지난 2005년부터 실패국가 순위를 발표했다. 여기서 북한은 최근까지 10~15위 정도에 머물렀다. 2005년에는 13위, 2006년 14위, 2007년 13위, 2008년 15위, 2009년 17위를 거쳐, 2010년에는 공동 19위를 기록했다. The Fund for Peace, "Failed States Index"(2005~2010), Retrieved October 30, 2010, from http://www.fundforpeace.org/web/index.php?option=com_content&task=view&id=99&Itemid=323

2 Michael S. Schmidt, "Attack in Iraq Kills Dozens Near House of Governor," *The New York Times*, June 21, 2011.

3 Leila Fadel and Aziz Alwan, "Sunni Fighter's Killing is Latest in Attacks on Former al-Qaeda Insurgents," *The Washington Post*, June 17, 2010.

4 Tim Arango, "Dozens Killed in Iraq Suicide Attacks," *The New York Times*, July 18, 2010. 이러한 공격이 발생한 배경의 하나로 이라크의 열악한 금융시스템 탓에 봉급이 은행 계좌로 지급되지 않고 직접 당사자에게 현금으로 지급된다는 사실을 들 수 있다. 이라크의 아들 병력은 봉급을 받기 위해 특정 장소에 집결했고, 이 때문에 이라크 알카에다 조직의 폭탄 공격에 쉽게 노출되었다.

5 Tim Arango, "Iraqi Sunnis Frustrated as Awakening Loses Clout," *The New York Times*, May 3, 2010.

6 Timothy Williams and Suraid Adnan, "Sunnis in Iraq Allied with U.S. Quitting to Rejoin Rebels," *The New York Times*, October 16, 2010. 디얄라 지역에서만 2010년 1월부터 9월까지 모두 90여 명의 이라크의 아들 지휘관이 체포되었지만, 절반 이상은 증거 불충분으로 석방되었다. 또한 2010년 7월 현재까지도 이라크 보안군에 통합된 이라크의 아들 병력은 1만 명이 넘지 않으며, 이라크 정부가 취업을 알선한 이라크의 아들 병력도 약 4만 1000명에 지나지 않고, 그나마 대부분은 임시직 또는 단순 노무직에 배정되었다.

7 Rod Nordland, "Now It's a Census That Could Rip Iraq Apart," *The New York Times*, July 25, 2009. 인구조사는 2010년 10월 24일로 연기되었으나, 이는 다시 연기되었다.

8 Michael R. Gordon and Andrew W. Lehren, "Tensions High Along Kurdish-Arab Line," *The New York Times*, October 23, 2010.

9 Shailagh Murray, "Senate Endorses Plan to Divide Iraq: Action Shows Rare Bipartisan Consensus," *The Washington Post*, September 26, 2007. 이 결의안은 행정부의 행동을 구속하지 않는 것이었다. 이후 오바마 행정부에서 부통령을 역임하는 바이든이 이러한 결의안을 제안했다.

10 이라크 분할에 관한 체계적인 논의는 다음을 참조할 것. Peter W. Galbraith, *The End of Iraq: How American Incompetence Created a War without End* (New York: Simon & Schuster, 2006).

11 Peter R. Mansoor, "How to Leave Iraq — Intact," *The New York Times*, November 23, 2008.

12 Zaid Sabah and Sudarsan Raghavan, "Hundreds of Iraqi Shiites Protest Voting Results, Allege Fraud," *The Washington Post*, March 2, 2009. 바그다드 의회의 57석 가운데 수니파 정당들은 총 16석을 차지했으며, 반면 7석을 차지한 사드르 정당을 포함해 시아파 정당이 41석을 획득했다.

13 Christopher R. Hill, *Outpost: Life on the Frontlines of American Diplomacy* (New York: Simon & Schuster, 2015), p.296.

14 영국 국적의 스카이는 옥스퍼드 대학교 출신으로 중동 지역의 영국문화원(British Council)에서 근무하면서 중동 지역에 대한 전문성을 축적했다. 이라크 침공에 반대했던 스카이는 "이라크 주민들에게 속죄하는 심정으로" 이라크에서 일하겠다고 결심하여 2003년 4월 이라크 침공 직후 연합군임시행정청(CPA)에 참여하여 아르빌 지사 역할을 수행했으며, 2006년 가을 오디에어노의 정치자문으로 활동했다. 미군 핵심 지휘관들의 이라크 전쟁 및 주민들에 대한 인식 변화와 이라크 정부와의 소통에 많은 기여를 했다.

15 Hill, *Outpost*, pp.352~353.

16 Sky, *The Unraveling*, pp.312~313.

17 선거를 방해하기 위한 공격이 증가했지만, 이러한 공격은 민간인을 살상하기 위한 것이 아

니라 단순히 소란을 피우기 위해 살상력 없이 소음만을 일으키는 폭발(noise-making 'bottle' IED)이었다. 따라서 그것이 선거에 실질적으로 미친 영향은 거의 없었다. DoD, "Measuring Stability and Security in Iraq"(June 2010), p.27.

18 Leila Fadel, "Iraq Appeals Court Lifts Candidate Ban," *The Washington Post*, February 3, 2010.

19 Timothy Williams and Rod Nordland, "Allawi Victory in Iraq Sets Up Period of Uncertainty," *The New York Times*, March 26, 2010.

20 Sky, *The Unraveling*, pp.316~317.

21 Frederick W. Kagan and Kimberly Kagan, "The U.S. Must Defend the Integrity of Iraqi Elections," *The Washington Post*, April 30, 2010.

22 Hill, *Outpost*, pp.370~374.

23 Steven Lee Myers, "In Recount, Iraqi Commission Finds Little Fraud," *The New York Times*, May 14, 2010. 한편 선거 이전에 전체 유권자 수보다 35%나 많은 투표용지가 인쇄되었고, 이것이 선거 부정에 사용되었을 것이라는 의혹이 제기되었다. 그리고 말리키 총리가 자신의 직위를 이용해 지지 세력을 규합하려고 많은 특혜를 베풀었으며, 이라크 정부가 시아파 부족장들에게 현금을 살포했다는 의혹도 제기되었다.

24 Anthony Shadid, "Followers of Sadr Emerge Stronger After Iraq Election," *The New York Times*, March 16, 2010. 최종 단계에서 사드르 세력은 2010년 12월 정부 구성에서 34개 장관 직위 가운데 8개를 차지했지만, 3개의 부총리 직위 가운데 하나도 할당받지 못했다.

25 Fadel, Leila, "Shiite Bloc Backs Maliki for Iraqi Prime Minister: Election Deadlock Nears End," *The Washington Post*, October 1, 2010.

26 John LeLand and Steven Lee Myers, "Iraqi Lawmakers Approve an Outline for Power Sharing," *The New York Times*, November 13, 2010. 협상 과정에서 알라위는 자신을 지지했던 수니파 세력의 복권을 추가로 요구했으나, 말리키는 이를 수용하지 않았다. 이 때문에 알라위는 협상 결렬을 선언했지만, 일단은 대리인들을 통한 추가 협상을 시도해 잠정적으로나마 합의가 이루어졌다.

27 이러한 '상대적인 안정'은 2006년의 경험과 비교된다. 2005년 12월 총선 결과에 따른 행정부는 2006년 5월에 출범했고, 말리키가 총리로 취임했다. 그리고 이 과정에서 알아스카리 사원이 파괴되고 이라크 종파 내전이 폭발했다. 그러나 2010년 총선 이후 9개월 동안 공백이 있었지만, 이라크는 비교적 안정을 유지했다.

28 John Leland and Jack Healy, "After Months, Iraqi Lawmakers Approve a Government," *The New York Times*, December 21, 2010. 수니파가 새롭게 차지한 재무부와 교육부는 강력한 종파성을 띤 시아파 인물이 그전까지 장관직을 맡았다. 이 때문에 이러한 변화는 수니파의 입지를 강화할 뿐 아니라 이라크 정부 정책에서 시아파 종파성의 영향을 약화시킨다는 측면에서 매우 긍정적이다. 반면에 수니파와 세속적 시아파를 대변하는 이라크국민운동의 정치적 영향력이 확대되면서 여성의 정치적 영향력은 감소했다. 34명의 장관 중 여성은

무임소 국무장관(unspecified minister of state)에 임명된 단 한 명에 그쳤고, 심지어 여성부 장관도 남성이 임명되었다. 이러한 상황은 전체 국회의원 가운데 25%를 여성에게 할당한 이라크 헌법의 취지에 역행하는 것으로, 여성의 강력한 반발을 불러왔으며, 앞으로 변화가 필요한 부분이다.

29 Anthony Shadid, "Iraqi Cleric Embraces State in Comeback Speech," *The New York Times*, January 8, 2011. 사드르는 2008년에 이란을 '방문'하여 2011년까지 3년 동안 체류했다.

30 Michael S. Schmidt and Tim Arango, "Feud Between Maliki and Allawi Paralyzes Iraqi Government," *The New York Times*, June 26, 2011.

31 Tim Arango, "In Shadow of Death, Iraq and U.S. Tiptoe Around a Deadline," *The New York Times*, July 14, 2011.

32 Jack Healy and Khalid D. Ali, "Ex-Insurgent Shot to Death in Baghdad," *The New York Times*, May 26, 2011; Tim Arango, "Spike in U.S. Deaths in Iraq Raises Worries," *The New York Times*, June 26, 2011.

33 당시 말리키 총리를 대체할 지도자로는 재무장관 출신의 압둘-마흐디(Adel Abdul-Mahdi)가 거론되었으나, 바이든 부통령의 반대로 더 이상 논의되지 않았다. 하지만 압둘-마흐디는 석유장관을 역임(2014~2016)했고, 2018년 5월 총선 이후 집권 세력의 총리로 취임했다.

34 이라크 자체가 의원내각제 국가이기 때문에, 대통령은 상징적 존재이며 실권은 행정부서를 장악한 장관에 비하여 약하다. 따라서 대통령에서 '하야'하여 외교장관에 취임하는 것은 그다지 나쁜 선택은 아닐 수 있었지만, 쿠르드족은 이라크 대통령 직위를 쿠르드족이 장악하고 있다는 정치적 상징성을 더욱 중요하게 판단했다. 또한 이라크 북부를 장악한 쿠르드족 지방 정부의 지도부는 탈라바니 대통령이 귀향하여 쿠르드 정치에서 영향력을 행사할 가능성을 배제하기 위해 하야 자체에 반대했다. 2010년 10월 회의에서 탈라바니 대통령이 하야하여 외교장관을 역임하는 방안이 거론되자, 2008년 민주당 대선후보 경선에서 패배하고 오바마 행정부의 국무장관으로 취임한 힐러리 클린턴은 해당 방안을 제시한 바이든 부통령에게 "감사(Thanks a lot, Joe)"한다고 반응했다. Michael R. Gordon and Bernard E. Trainor, *The End Game: The Inside Story of the Struggle for Iraq, from George W. Bush to Barack Obama* (New York: Knopf Doubleday, 2012), p.641.

35 Michael R. Gordon, "In U.S. Exit From Iraq, Failed Efforts and Challenges," *The New York Times*, September 22, 2012.

36 부시에게 신발을 던진 기자의 이름은 자이디(Muntadhar al-Zaidi)로, 현장에서 체포되어 외국 국가원수를 공격한 죄로 3년 형에 처해졌다. 하지만 아랍 세계를 비롯한 국제 세계에서는 그의 행동을 비난하지 않았으며, 사우디아라비아 사업가 한 명은 그 신발을 1000만 달러에 사겠다고 제안했다. 이라크 변호사협회 회장이 직접 법정에서 그를 변호했으며, 결국 형 집행이 시작된 지 20일 만에 3년 형이 1년 형으로 줄어들고, 2009년 9월에는 9개월만 복역한 이후에 '모범수'로 석방되었다.

37 Craig Whitlock, "Czechs Could Shoot Down Hope for Missile Defense," *The Washington Post*, April 5, 2009.

38 이러한 방침은 「균형 잡힌 군사력 구축 전략(Balanced Strategy)」이라는 제목의 글로 오바마 행정부 출범 직후에 공개되었다. Robert M. Gates, "A Balanced Strategy: Reprogramming the Pentagon for a New Age," *Foreign Affairs* (January/February 2009), pp.28~40.

39 Ucko, *New Counterinsurgency Era*, pp.82~88. 또 다른 신형 전투기인 F-22의 가격은 더욱 비쌌다. 2006년 4월 미국 정부는 F-22 한 대당 가격을 3억 6100만 달러로 잡았고, 2007년 국방부는 60대의 F-22를 구입하는 데 73억 달러를 지불했다. 결국 2009년 4월 게이츠 장관은 F-22를 187대만 보유하겠다고 선언하고 의회가 이에 동의하면서, F-22의 생산은 중단되었다.

40 Elisabeth Bumiller, "At an Army School for Officers, Blunt Talk about Iraq," *The New York Times*, October 14, 2007; Kaplan, "Challenging the Generals."

41 Lt. Col. Paul Yingling, "A Failure in Generalship," *Armed Forces Journal* (May 2007); Thomas E. Ricks, "Army Officer Accuses Generals of 'Intellectual and Moral Failures'," *The Washington Post*, April 27, 2007. 이글링 중령은 2009년 9월부터 미국과 독일 정부가 공동으로 설립한 조지 마셜 유럽 안보연구센터(George C. Marshall European Center for Security Studies)에서 교수로 재직하고 있다.

42 Thom Shanker, "Win Wars? Today's Generals Must Also Politik and Do PR," *The New York Times*, August 12, 2010.

43 Mark Kramer, "The Perils of Counterinsurgency: Russia's War in Chechnya," *International Security*, Vol.29, No.3 (Winter 2004/2005), pp.5~62.

44 이라크 사상자 프로젝트에서는 2010년 10월 31일을 기준으로 이라크 전쟁에 따른 사망자를 9만 8691명에서 10만 7707명 정도로 추산했다. 한편 브루킹스연구소(Brookings Institute)는 「이라크 지표(Iraq Index)」보고서에서 그 수를 11만 3980명으로 추산해 발표했다. Brookings Institute, "Iraq Index: Tracking Variables of Reconstruction & Security in Post-Saddam Iraq"(October 31, 2010), Retrieved November 8, 2010, from http://www.brookings.edu/~/media/Files/Centers/Saban/Iraq%20Index/in dex.pdf

45 Brookings Institute, *Iraq Index: Tracking Variables of Reconstruction & Security in Post-Saddam Iraq* (October 31, 2010), p.5.

46 Linda J. Bilmes and Joseph E. Stiglitz, "The Iraq War Will Cost Us $3 Trillion, and Much More," *The Washington Post*, March 9, 2008.

1 Samuel P. Huntington, *The Third Wave: Democratization in the Late Twentieth Century* (London: University of Oklahoma Press, 1991), pp.290~297.

2 이후 튀니지 민주주의 제도화를 위해 2013년 여름 주요 4개 정파의 연합체가 "튀니지 국민 대화 4자 연합체(Tunisian National Dialogue Quartet)"를 구성했고, 개헌 및 정치체제의 재건에 노력했다. 덕분에 튀니지는 빠르게 안정화되었으며, 2015년 이 연합체는 노벨 평화상을 수상했다.

3 Lateef Mungin, "Amnesty: Egypt far from Justice over Unrest that Killed More Than 800," *CNN*, May 19, 2011.

4 공군 장교 출신의 무바라크는 공군 참모총장을 거쳐 1975년 4월 부통령에 임명되었다. 1981년 10월 사다트 대통령이 암살되자 대통령 직위를 승계하고, 선거를 통해 집권을 정당화했다. 2011년 실각 이후 무바라크는 여러 혐의로 기소되었으나 2017년 3월 무죄 판정을 받아 최종 석방되었다.

5 보호책임(R2P) 원칙은 1990년대 원용되었던 인도적 개입(humanitarian intervention) 개념이 정교화된 것으로, 심각한 인권침해가 이뤄지는 경우에 해당 국가의 주권을 일시적으로 무시하고 국제사회가 군사력을 동원하여 개입할 수 있다는 주장이다.

6 카다피는 1969년 쿠데타로 집권하고, 리비아의 석유 자원을 통해 경제성장과 사회발전을 추진하여 상당한 성과를 거두었다. 집권 기간에 카다피는 거의 모든 사안에서 서방측과 대립했으며, 때문에 "서구 제국주의에 대항하는 제3세계의 챔피언"으로 대접받았다.

7 사관생도 신분으로 1962년 공화파 쿠데타에 가담했던 살레는 반복되는 쿠데타와 숙청 와중에서 살아남아 예멘군의 핵심으로 부상했다. 1978년 7월 살레는 의회에서 대통령으로 선출되었고, 1990년 통일까지 예멘 아랍공화국(Yemen Arab Republic)의 대통령으로 재임했다. 1990년 내전이 종식되고 남예멘(People's Democratic Republic of Yemen)과 통일이 이루어지자, 살레는 통일된 예멘 공화국(Republic of Yemen)의 대통령으로 선출되었다.

8 Ahmed al-Haj, "Yemen Says More Than 2,000 Killed in Uprising," *The Washington Post*, March 18, 2012.

9 Patrick J. McDonnell, "In Yemen, Takeover by Houthis Leaves Nation's Future Unclear," *The Los Angeles Times*, February 19, 2015.

10 Kareem Fahim, "The Deadly War in Yemen Rages On. So Why Does the Death Toll Stand Still?" *The Washington Post*, August 3, 2018.

11 전쟁 와중에 영국은 중동 지역에서 서로 모순되는 행동을 했으며, 이를 통해 아랍인들이 오스만 제국에 대해 저항하는 것을 유도했다. 이를 위해 영국은 사이크스-피코 협정 이외에도 아랍인들의 독립국가 수립을 약속했다. 동시에 유대인들의 지지를 확보하기 위해 팔레스타인에 유대인 국가 수립을 지원하겠다고 약속했다.

12 통일 아랍공화국은 아랍 세계 전체를 포괄하는 통일 국가 수립을 위한 첫 단계였으며, 국가

원수로 당시 이집트 대통령인 나세르(Gamal Abdel Nasser)가 취임했다. 기본적으로 중앙 정부가 상당한 권한을 행사하지만 지방정부 또한 많은 권한을 가지는 연방국가(federation) 로 구축되었지만, 시리아 '지방정부'의 이해관계가 계속 경시되고 이집트의 이익이 대통령인 나세르를 통해 적극적으로 반영되면서, 시리아에서 통일 아랍공화국에 대한 불만은 증가했 고 결국 1961년 9월 쿠데타로 이어졌다.

13 내부 권력 투쟁으로 전쟁 직전인 1967년 1월 시리아 정보국은 국방장관인 아사드를 암살하 려고 시도했으나 실패했다. 하지만 아사드는 국방장관의 권한으로 패전 책임을 물어 20여 명의 장교를 처형하고 자신을 위협했던 정보국까지 완전히 장악했다. Michael B. Oren, *Six Days of War: June 1967 and the Making of the Modern Middle East* (Oxford: Oxford University Press, 2002), p.44 그리고 p.310.

14 Patrick Seale, *Asad: the Struggle for the Middle East* (Berkeley, CA: University of California Press), pp.169~171.

15 아사드 자신은 엄격하게는 시아파 출신이 아니라 "시아파로 간주"되는 알라위(Alawis) 출신 이다. 시리아 전체 인구의 75% 정도는 수니파이며, 알라위는 15% 정도이며 나머지는 기독 교(동방정교)와 드루즈 등의 기타 종교이다.

16 당시 소련 지도부는 중동 국가의 군사력 증강 자체에 회의적이었다. 이 때문에 소련은 이집 트 공군 증강에는 소극적으로 동의했지만, "미국과의 관계" 때문에 시리아 공군력 강화를 위 해 소련 공군 출신의 "의용군을 파견"하지는 않기로 했다. Aleksandr Fursenko and Timothy Naftali, *Khrushchev's Cold War: the Inside Story of an American Adversary* (New York: W. W. Norton, 2006), p.143.

17 냉전 초반 이집트는 소련에 접근하여 경제 및 군사 부분에서 많은 지원을 확보했다. 1973년 10월의 제4차 중동전쟁에서 이집트는 이스라엘에 대한 제한적인 승리를 거두었고, 이를 바 탕으로 이스라엘과의 타협을 선택하고 1978년 9월 캠프 데이비드 협정을 통해 이스라엘과 평화조약을 체결했다. 이 과정에서 이집트는 소련 군사고문단을 축출했고, 소련과의 유대관 계를 끊고 미국과 협력했다. 냉전 시기 소련의 중동 정책에 대한 개관으로는 Douglas Little, "The Cold War in the Middle East: Suez Crisis to Camp David Accords," in Melvyn P. Leffler and Odd Arne Westad (eds.) *The Cambridge History of the Cold War: Vol II, Crises and Détente* (Cambridge: Cambridge University Press, 2010), pp.305~326이 있다.

18 시리아 정부군은 도시를 포위하고 식량과 의약품 그리고 식수를 차단했다. 이후 포격을 개 시했고 1주일 동안 공격하여 도시를 점령했다. 이후 2주 동안 정부군은 수니파 극단주의 세 력을 색출한다는 명목으로 민간인을 무차별 학살했다. 전체 희생자의 규모는 정확하게 알려 지지 않았지만, 대략 2만 명 정도가 희생된 것으로 추정된다. Seale, *Asad*, pp.332~337.

19 아사드의 동생은 시리아 정규군과는 독립된 6만 명 규모의 무장 병력(Defense Companies) 을 지휘하고 있었으며, 기갑 부대 및 독자적인 공군까지 보유하면서 정권 수호의 첨병으로 활약했다. 하지만 정규군 지휘부와의 갈등으로 결국 1984년 3월 사실상 쿠데타를 시도했으 나 실패했고, 이후 실각하여 망명했다.

20 이전까지 다마스커스는 아사드 세력이 완전하게 통제했고, 친정부 시위대가 조직되어 아사드 정권에 대한 지지를 독려했다. 공격 자체는 심각한 피해를 입히지는 못했지만, 시리아 반군의 입장에서는 상징적인 공격이었다. Nada Bakri, "New Phase for Syria in Attacks on Capital," *The New York Times*, November 20, 2011.

21 소요 사태 발발 직후인 2011년 3월 아사드 정권은 200여 명의 수니파 극단주의자를 석방했다. 이미 당시부터 아사드 정권의 이 행동이 가져올 파국적 결과에 대한 우려가 존재했다. Leila Fadel, "Syria's Assad Moves to Allay Fury after Security Forces Fire on Protesters," *The Washington Post*, March 26, 2011 그리고 Michael Weiss and Hassan Hassan, *ISIS: Inside the Army of Terror* (New York: Regan Arts, 2015), pp.135~136, 147.

22 이슬람국가의 영어 명칭은 "이라크와 레반트 지역에서의 이슬람 국가(IS: Islamic State in Iraq and the Levant)"라고 해석할 수 있으며, 여기서 레반트(the Levant)는 현재의 시리아, 레바논, 그리고 이스라엘 등이 위치한 동부 지중해 연안을 지칭한다. 이 때문에 ISIL 대신 ISIS(Islamic State in Iraq and Syria)라고 표기하기도 한다. 2014년 이후 이슬람국가(IS: Islamic State)라는 명칭을 고수하고 있으며, 따라서 본 연구에서도 IS라는 영어 약칭을 사용한다. 아랍어 명칭이라고 알려진 다에쉬(Daesh)는 부정적인 의미를 가진 멸칭(蔑稱)으로, IS 세력은 다에쉬라는 표현을 쓰는 사람을 처형하거나 혀를 뽑는 방식으로 가차없이 처벌하고 있다.

23 DOD News Briefing with Gen. Odierno from the Pentagon, Presenter: Commander, U.S. Forces-Iraq Gen. Raymond Odierno, June 04, 2010, http://www.defense.gov/transcripts/transcript.aspx?transcriptid=4632

24 Margaret Talev and Angela Greiling Keane, "Obama Says Quickly Arming Syrian Opposition a 'Fantasy'," *Bloomberg Business*, June 21, 2014. 해당 표현은 오바마 대통령이 6월 21일 CBS 대담에서 사용했다.

25 Anne Barnard and Eric Schmitt, "As Foreign Fighters Flood Syria, Fears of a New Extremist Haven," *The New York Times*, August 8, 2013.

26 여기에 영국군 병력 등이 추가된다. 2008년 12월 당시 이라크 주둔 외국 군대는 총 15만 1350명이었다. Michael E. O'Hanlon and Jason H. Campbell, *Iraq Index: Tracking Variables of Reconstruction & Security in Post-Saddam Iraq* (February 26, 2009), p.24. 그리고 2009년 6월 당시 13만 500명이었다. Michael E. O'Hanlon and Ian Livingston, *Iraq Index: Tracking Variables of Reconstruction & Security in Post-Saddam Iraq* (December 11, 2009), p.23

27 이라크 주둔에 대한 근거는 2003년 10월 UN 안전보장이사회 결의 1511에 기초했다. 이후 이라크 정부는 매년 결의안 1511의 "효력 연장을 요청"했고, 안전보장이사회는 이러한 이라크 정부의 요청을 수용하는 형태로 주둔 근거를 확보했다. 하지만 2007년 말 말리키 총리는 결의안 1511의 효력 연장을 요청하면서 "2008년에는 요청하지 않겠다"고 선언했고, 결국 2008년 12월 그 효력이 종료되었다. Greg Bruno, "U.S. Security Agreements and Iraq,"

The Washington Post, November 18, 2008.

28 오바마 대통령의 연설 원문은 다음에서 찾을 수 있다. https://obamawhitehouse.archives. gov/the-press-office/remarks-president-barack-obama-ndash-responsibly-ending-war-ir aq

29 Liz Sly and Craig Whitlock, "Iraq War Draws to a Quiet Close," *The Washington Post*, December 15, 2011.

30 Tim Arango and Michael S. Schmidt, "Last Convoy of American Troops Leaves Iraq," *The New York Times*, December 18, 2011.

31 Alissa J. Rubin, "Iraq Marks Withdrawal of U.S. Troops From Cities," *The New York Times*, June 30, 2009.

32 해당 혐의는 2007년에 있었던 공격이었으며, 뚜렷한 증거가 제시되지는 않았지만 무죄를 증 명하기도 어려운 사건이었다. 하지만 전향 경력 등을 고려한다면 혐의 자체는 사실이었을 것으로 추정된다.

33 Sky, *The Unraveling*, pp.184~185, 192~193, 250.

34 Philip Dermer, "The 'Sons of Iraq,' Abandoned by Their American Allies," *The Wall Street Journal*, July 1, 2014.

35 말리키 총리와 하시미 부통령은 개인적으로도 원수지간이었으며, 이 관계는 매우 '유명'했 다. Mansoor, *Surge*, p.216. 이라크 정부는 2011년 12월 19일 하시미 부통령에 대한 혐의 를 공개했다. 30분 동안의 TV 방송에서 "3명의 용의자"는 하시미 부통령을 위해 암살과 테 러 행위를 자행했다고 "자백"했다. Jack Healy, "Arrest Order for Sunni Leader in Iraq Opens New Rift," *The New York Times*, December 19, 2011.

36 Dexter Filkins, "What We Left Behind," *The New Yorker*, April 28, 2014. 이라크 전체에 서 얼마나 횡령되었는지에 대해서는 정확하게 파악할 수 없다. 하지만 필킨스(Filkins)는 횡 령 규모는 2200억 달러에 가깝다고 본다.

37 Michael R. Gordon, "Tensions Rise in Baghdad with Raid on Official," *The New York Times*, December 20, 2012.

38 Filkins, "What We Left Behind." 샤흐와니 장군은 수니파 출신으로 1980년대 이란과의 전 쟁에서 혁혁한 공을 세운 전쟁 영웅이었다. 그러나 후세인은 샤흐와니 장군을 계속 견제했 고 결국 투옥했으며, 1996년에는 쿠데타 음모 혐의로 샤흐와니의 아들 세 명을 포함하여 80 여 명의 측근들을 모두 처형했다. 이런 배경으로 장군은 시아파 정권이 들어선 2003년 이후 에도 수니파로서 이라크 국가정보원(National Intelligence Services) 수장으로 활동한 드문 경우이다.

39 Matt Bradley and Ali A. Nabhan, "Iraq Raids Protesters' Camp," *The Wall Street Journal*, April 23, 2013.

40 Daniel Byman, "Understanding the Islamic State: A Review Essay." *International Security*, Vol.40, No.4(Spring 2016), pp.127~165.

41 해당 발언은 다음에서 확인할 수 있다. https://obamawhitehouse.archives.gov/blog/
2011/12/12/president-obama-welcomes-iraqi-prime-minister-nouri-al-maliki

42 Sky, *The Unraveling*, p.360. 이와 같은 관점에서 오바마 행정부의 이라크 정책에 대한 통
렬한 비판은 다음에서 찾을 수 있다. Emma Sky, "How Obama Abandoned Democracy in
Iraq," The Politico, April 7, 2015. https://www.politico.com/magazine/story/2015/04/
obama-iraq-116708 그리고 Peter Beinstein, "Obama's Disastrous Iraq Policy: An
Autopsy," The Atlantic, June 23, 2014.

19장 IS 침공과 이라크의 혼란

1 이라크에서 발생한 2012~2013년 탈옥 및 기타 공격에 대한 분석으로는 다음 자료가 있다.
Jessica Lewis, *Al-Qaeda in Iraq Resurgent: the Breaking the Walls Campaign*, Part I and
Part II (Washington, DC: The Institute for the Study of War, 2013)

2 Raheem Salman and Ned Parker, "The Great Escape: How Al Qaeda Broke Hundreds
of Bad Guys Out of the World's Most Notorious Jail -- and What It Means for America,"
Foreign Policy, August 6, 2013. https://foreignpolicy.com/2013/08/06/the-great-
escape-2/

3 해당 보고서는 http://www.hrw.org/world-report/2014/country-chapters/iraq 에서 찾을
수 있다.

4 Filkins, "What We Left Behind." 이후 알와니는 계속 구금되어 있다가 2014년 11월 테러리
즘 혐의로 사형선고를 받았으며, 미국과 영국 등은 알와니의 석방을 지속적으로 요구하고
있으며 앰내스티(Amnesty International) 등의 국제기구 또한 이러한 요구 노력에 동참하고
있다. 2018년 5월 국제의원연맹은 알와니의 생존을 확인하고 적법절차에 따른 재판절차를
진행할 것을 요구하였다.

5 Yasir Ghazidec, "Deadly Clashes Between Iraqi Forces and Tribal Fighters in Anbar,"
The New York Times, December 30, 2013.

6 Liz Sly, "Al-Qaeda Force Captures Fallujah Amid Rise in Violence in Iraq," *The
Washington Post*, January 3, 2014.

7 Jessica Stern and J.M. Berger, *ISIS: The State of Terror* (New York: Ecco, 2015), p.44.

8 Loveday Morris, "Shiite Militias in Iraq Begin to Remobilize," *The Washington Post*,
February 9, 2014.

9 Rod Nordland and Alissa J. Rubin, "Iraq Insurgents Reaping Wealth as They Advance,"
The New York Times, June 20, 2014.

10 당시 시리아 전체에서도 IS 세력은 1만 명 정도의 전투원을 보유하는 수준이었으며, '이라크
정복'에 많은 군사력을 할당할 수 없었다. 2014년 1월 이라크 침공을 감행한 병력은 본래 이

라크에서 시리아로 넘어간 수니파 병력이었을 가능성이 높으며, '의용군' 개념으로 이라크를 침공했을 것이다.

11 Suadad Al-Salhy and Tim Arango, "Sunni Militants Drive Iraqi Army Out of Mosul," *The New York Times*, June 10, 2014.

12 티크리트 자체는 후세인의 고향이기는 했지만, 2007년 이후 상황이 안정되면서 큰 문제는 없었다. 2010년 무렵에는 경찰 병력과 주민들이 우호적인 관계를 유지했고, 농담까지 주고 받았다. 미군 철수 후 이라크 정부군이 진주하면서, 티크리트는 공포에 억눌리기 시작했고 특히 말리키 총리의 직접적인 통제를 받는 특수부대가 무력을 행사하면서 주민들과 공권력 사이의 신뢰는 소멸되었다. Zaid al-Ali, "How Maliki Ruined Iraq," *Foreign Policy*, June 19, 2014. http://foreignpolicy.com/2014/06/19/how-maliki-ruined-iraq/

13 바그다디의 본명은 정확하게 알려지지 않은 상황이며, 현재 통용되는 "바그다디"라는 이름 또한 "바그다드 출신"이라는 뜻의 가명이다. 바그다디 자신은 2004년 2월 팔루자 인근 지역 에서 미군에 의해 체포되어 아부 그레이브에 수감되어 있었으나 "중요하지 않은 인물(low level prisoner)"로 간주되어 2004년 12월 석방되었다. 수감 기간에도 다른 가명(Ibrahim Awad Ibrahim al-Badry)을 사용했으며, 직업 또한 일반사무직(administrative secretary)으 로 위장했다. 2006년 6월 이라크 알카에다의 지도자인 자르카위가 사망하고 미군이 병력 증 파를 통해 본격적으로 이라크를 안정화시키는 와중에 알카에다 내부에서 세력을 확보하고 이후 IS로 조직을 변화시키는 데 결정적인 역할을 수행했다. 2018년 현재 미국 정부는 바그 다디의 사살/체포/제보에 현상금을 걸면서 추적을 계속하였고, 2019년 10월 바그다디는 미 국 특수부대와의 교전 끝에 자폭했다. Tim Arango and Eric Schmitt, "U.S. Actions in Iraq Fueled Rise of a Rebel," *The New York Times*, August 10, 2014.

14 해당 사원은 1172~1173년에 건설된 것으로 피사의 사탑과 같이 기울어진 탑(leaning minaret)으로 널리 알려진 장소이다. 2014년 6월 이후 IS는 사원의 탑에 IS의 깃발을 게양했 으나, 2017년 6월 모술을 수복하는 과정에서 저항하던 IS 병력이 사원 전체를 폭파하면서 역 사 속으로 사라졌다.

15 원조 금액은 군사원조에 국한되지 않고, 개발원조, 경제원조, 민주주의 기반 조성 원조 등을 모두 합한 금액이다. 2015년 회계연도까지의 금액과 함께 2016년 회계연도에 오바마 행정 부는 현재 10.5억 달러의 원조를 의회에 요청했다.

16 미국은 이라크에 3500대에 가까운 험비를 공급했고, 이 가운데 3000대가 방탄 기능을 가진 차량이었다. 이후 IS의 자살공격팀은 미군 험비를 사용하여 자폭 직전까지 운전자를 "보호" 할 수 있었고, 때문에 자살공격의 정확도는 더욱 향상되었다. Sean D. Naylor, "The Islamic State's Best Weapon Was Born in the USA," *Foreign Policy*, June 4, 2015.

17 Liz Sly and Ahmed Ramadan, "Insurgents Seize Iraqi City of Mosul as Troops Flee," *The Washington Post*. June 10, 2014.

18 Loveday Morris, "Iraqi Army Faces Death and Desertions as It Struggles with Anbar Offensive," *The Washington Post*, May 8, 2014.

19 David Zucchino, "Why Iraqi Army Can't Fight, Despite \$25 Billion in U.S. Aid, Training," *The Los Angeles Times*, November 3, 2014.

20 Joshua Keating, "Iraq's Built-to-Fail Military," *Slate*, June 19, 2014. https://slate.com/news-and-politics/2014/06/how-maliki-s-paranoia-created-iraq-s-dysfunctional-military.html

21 Richard R. Brennan, Jr. *Ending the U.S. War in Iraq: the Final Transition, Operational Maneuver, and Disestablishment of United States Forces-Iraq* (Santa Monica, CA: RAND, 2011), pp.175~189.

22 Economist, "Why Iraq's Army Crumbled," *The Economist*, June 21, 2014; Sam Jones and Borzou Daragahi, "Iraq's Security Forces Ill-Equipped to Face Militants," *The Financial Times*, July 10, 2014; Ned Parker, Isabel Coles, and Raheem Salman, "How Mosul Fell - An Iraqi General Disputes Baghdad's Story," *Reuter*, October 14, 2014.

23 Eric Schmitt and Michael R. Gordon, "The Iraqi Army was Crumbling Long Before Its Collapse, U.S. Officials Say," *The New York Times*, June 12, 2014.

24 International Crisis Group, *Loose Ends: Iraq's Security Froces Between U.S. Drawdown and Withdrawal* (International Crisis Group, October 2010), p.29.

25 Loveday Morris, "Iraqi Army Increasingly Bolstered by Shiite Militias as ISIS Advances," *The Washington Post*, June 20, 2014.

26 Loveday Morris and Liz Sly, "Iraq Disintegrating as Insurgents Advance Toward Capital; Kurds Seize Kirkuk," *The Washington Post*, June 13, 2014.

27 Helene Cooper, Mark Landler, and Azam Ahmed, "Troops in Iraq Rout Sunni Militants from a Dam," *The New York Times*, August 18, 2014.

28 뮤라드는 2014년 8월 납치되어 강간당했고, 노예 생활을 하다가 11월에 탈출했다. 이후 강간 피해자로 공개 증언했으며, 2015년 12월 UN 안전보장이사회에서 인신매매 및 성폭행과 관련하여 증언했고, 이를 통해 IS의 악마성을 고발했다.

29 모술 함락 후 IS는 시아파 포로들을 집중 처형했으며, 2017년 2월 모술을 탈환한 직후 4000구의 시신이 암매장된 형태로 발견되기도 했다.

30 적군에 대한 공포심과 증오심 등은 전투력을 소부대 응집력을 강화하고 전투력을 향상시키는 요소라는 주장이 있다. 하지만 이와 같은 주장은 상당한 논란의 여지가 있으며, 많은 경우에 소부대 응집력(unit cohesion)이 존재하지 않는다면 공포심과 증오심은 전투부대의 붕괴와 전투력 손실을 초래한다고 알려져 있다. 이에 대한 고전적인 연구로는 Edward A. Shils and Morris Janowitz, "Cohesion and Disintegration in the Wehrmacht in World War II," *Public Opinion Quarterly*, Vol.12, No.2(January 1948), pp.280~315; Omer Bartov, *The Eastern Front, 1941-45: German Troops and the Barbarization of Warfare* (New York: St. Martin's Press, 1986)가 있다. 이라크 전쟁에서 미군 병사에 대한 최근 연구는 Leonard Wong et al., *Why They Fight: Combat Motivation in the Iraq War* (Carlisle,

PA: U.S. Army War College, July 2003). 해당 연구는 다음에서 찾을 수 있다. https://ssi. armywarcollege.edu/pdffiles/PUB179.pdf

31 Loveday Morris, "Shiite Cleric Sistani Backs Iraqi Government's Call for Volunteers to Fight Advancing Militants," *The Washington Post*, June 13, 2014.

32 Sky, *The Unraveling*, pp.360~361.

33 Farnaz Fassihi, "Iran Deploys Forces to Fight al Qaeda-Inspired Militants in Iraq," *The Wall Street Journal*, June 12, 2014.

34 이와 함께 많은 정치 세력이 연합했으며 때문에 2005년과 2010년 총선에서 등장했던 정당들 가운데 많은 세력들은 명칭을 변경하여 2014년에 등장했다. 따라서 정치 세력을 이해하기 위해서는 인물 중심으로 추적하는 것이 더욱 편리하다.

35 Tim Arango, "Maliki's Bid to Keep Power in Iraq Seems to Collapse," *The New York Times*, August 12, 2014. 이후 말리키는 신변 안전을 위해 망명 또는 면책특권을 요구했고, 결국 협상을 통해 전담 경호팀과 면책특권이 보장되는 부통령에 취임했다.

36 하지만 이와 같은 '정권 교체'는 인물의 측면에서 교체이며 시아파 세력의 퇴장은 아니었다. 그럼에도 이러한 변화 자체는 민주주의 측면에서는 큰 발전이었다. Tim Arango, "Maliki Agrees to Relinquish Power in Iraq," *The New York Times*, August 14, 2014.

37 Loveday Morris, "A Letter from Sistani Turned the Tide against Iraq's Leader," *The Washington Post*, August 13, 2014.

38 국무부 대변인이 발표한 6월 10일 성명서 원문은 다음에서 볼 수 있다. https://2009-2017. state.gov/r/pa/prs/ps/2014/06/227378.htm

39 Michael D. Shear, "Obama Says Iraq Airstrike Effort Could Be Long-Term," *The New York Times*, August 9, 2014.

40 Michael R. Gordon, "Kerry Issues Warning to Iraqi Leader,"*The New York Times*, August 11, 2014. 오바마 대통령의 성명서 원문은 다음에서 볼 수 있다. https://obama whitehouse.archives.gov/the-press-office/2014/08/09/statement-president-iraq.

41 Nick Cumming-Bruce, "5,500 Iraqis Killed Since Islamic State Began Its Military Drive, U.N. Says," *The New York Times*, October 2, 2014.

20장 재정비와 폭격, 그리고 반격 준비

1 연설 자체는 9/11 공격 13주년을 기념하여 이루어졌다. 연설 원문은 다음에서 찾을 수 있다. https://obamawhitehouse.archives.gov/the-press-office/2014/09/10/statement-president-isil-1

2 하지만 이러한 정책 기조는 많은 문제가 있었다. 가장 심각한 문제는 IS를 국가가 아니라 테러조직으로 규정한 것이었으며, 일정 영토를 점령하고 국가 형성을 추구하고 있는 IS에 대한

대응이 알카에다와 같이 영토국가를 지향하지 않았던 테러조직에 대한 대응과 유사해졌다는 사실이다. 이 때문에 미국의 IS 대응이 신속하지 않게 진행되고 너무나 많은 시간과 희생을 치르게 되었다는 비판이 가능하다. 보다 상세한 내용에 대해서는 다음 연구가 있다. Byman, "Understanding the Islamic State."

3 앨런은 예비역 해병 대장으로 2006~2008년 안바르 지방에서 수니파 무장집단의 결성을 총괄했던 미국 제2 해병원정여단의 지휘관이었으며, 이후 2010년 중부군 사령관(CENTCOM) 권한대행을 거쳐 2011~13년 아프가니스탄 국제지원군(ISAF) 사령관을 역임했다. 2016년 7월 민주당 전당대회에서 클린턴 후보에 대한 지지 연설을 담당했으며, 2017년 10월 미국 브루킹스연구소(Brookings Institute) 소장에 취임했다.

4 일부에서는 ISIS 최고 지도자인 바그다디 또한 미군 공습으로 부상당했다고 했으나, 확인되지는 않았다. 동시에 미군 특수부대는 야간 습격을 통해 IS 지휘부를 제거했으며, 5월 IS 재정 및 군사 지휘관을 사살했다. Gordon Lubold, "U.S. Special Forces Kill Senior ISIS Leader in Syria, Capture His Wife," *The Wall Street Journal*, May 17, 2015. 이러한 특수부대 작전의 대부분은 그 성격상 공개되지 않는다.

5 이러한 인식을 가장 잘 드러내는 것은 다음의 언론 기고이다. Keren Fraiman, Austin Long, and Caitlin Talmadge, "Why the Iraqi Army Collapsed (and What Can Be Done About It)," *The Washington Post*, June 13, 2014.

6 Lead Inspector General, *Operation Inherent Resolve* (October 1, 2015~December 31, 2015), p.55.

7 해당 발언은 미국 상원 군사위원회에서 이루어졌다. 발언 전체에 대해서는 다음을 참고하라. https://dod.defense.gov/News/Article/Article/626113/carter-outlines-strategy-to-counter-isil-at-senate-armed-services-hearing/

8 해당 조항은 "민간인 살해, 고문, 강간, 장기간 불법 구금"을 심각한 인권 유린의 대표 사례로 인정하고 있다. https://www.state.gov/j/drl/rls/fs/2018/279141.htm 이러한 원칙은 민주당 출신의 버몬트 상원의원인 리히(Patrick Leahy)가 제안했고, 제안자의 이름을 따서 리히 조항이라고 불린다.

9 Lead Inspector General, *Operation Inherent Resolve* (January 1, 2016 - March 31, 2016), p.28.

10 Caitlin Talmadge and Austin Long, "Why the U.S. (Still) Can't Train the Iraqi Military," *The Washington Post*, September 22, 2015.

11 그럼에도 불구하고 수니파 병력 가운데 상단 부분은 리히 조항에 저촉되어 미국이 제공하는 군사훈련을 받지 못했으며, 많은 수니파 무장 세력은 "비공식적으로 미국과 협력"했다. 또한 이라크 정부가 미국의 군사원조를 집행하고 실제 훈련은 미군 교관이 담당하는 방식으로 수니파 병력에 대한 군사훈련을 실행했다.

12 Lead Inspector General, *Operation Inherent Resolve* (April 1, 2016~June 30, 2016), p.32.

13 미국 이외에 독일, 덴마크, 알바니아, 영국, 이탈리아, 캐나다, 크로아티아, 프랑스 등 총 9개 국가가 2014년 말 쿠르드 자치정부에 무기를 제공했으며, 특히 독일은 쿠르드족 민병대에게 가장 필요한 대전차 무기를 공급했다. 하지만 이라크와 터키 등의 주변 국가들은 전체 인구가 3500만 이상으로 추정되는 쿠르드족의 독립국가 형성 가능성을 고려하여, 쿠르드족 군사력 강화에 반대하는 입장을 견지한다.

14 제공된 장비는 여기에는 차량 150대와 자동소총 및 기관총 4만 5000정, 탄약 5600만 발, 대전차 로켓 6000문과 포탄 5만 6000개, 700문의 박격포와 8만 발의 박격포탄, 그리고 3600개의 가스 마스크 등이었다. Seth Robson, "Kurdish Peshmerga Getting Heavy Weapons for Mosul Push," Stars and Stripes, April 13, 2016.

15 Missy Ryan and Erin Cunningham, "U.S. Seeks to Build Lean Iraqi Force to Fight the Islamic State," The Washington Post, November 27, 2014.

16 Ahmed Ali, "Iraq's Prime Minister Reshuffles the Security Commanders," Institute for the Study of War Blog, November 13, 2014. http://iswresearch.blogspot.com/2014/11/iraqs-prime-minister-reshuffles.html

17 Dmitry Zhdannikov, "Iraqi PM says West and Iran both helping against Islamic State," Reuters, January 23, 2015. 이란이 제공한 무기의 상당 부분은 이라크 정부 대신 시아파 중심의 민간의용군 병력에 직접 제공되었으며, 이로 인해 많은 문제를 야기했다. 하지만 시스타니 직할의 PMF 병력은 이란이 직접 제공한 무기를 거부했고, 무기를 제공하는 이란 정부에게 "공식적인 경로로 무기를 이라크 정부에게 제공하고 이라크 정부가 PMF 병력에게 다시 무기를 공급하는 방식을 취하라"고 통보했다.

18 이란의 영향력은 2018년 총선에서 PMF 출신자들이 대거 당선되면서 더욱 강화되었다. Tim Arango, "Iran Dominates in Iraq After U.S. 'Handed the Country Over'," The New York Times, July 15, 2017.

19 아미리는 이라크 국회의원이며, 2010년 12월 입각하여 2014년 9월까지 말리키 내각에서 교통부 장관을 역임했다. 시리아 내전이 격화되면서 이란은 시리아 아사드 정권에 무기를 제공하려고 했고, 아미리의 이라크 교통부는 이란 수송기가 이라크 영공을 통과할 수 있도록 허용했다.

20 Michael R. Gordon, "Joint Chiefs Chairman Arrives in Iraq to Assess Fight Against ISIS," The New York Times, October 20, 2015.

21 Lead Inspector General, Operation Inherent Resolve (January 1, 2016 - March 31, 2016), pp.27~28.

22 Lead Inspector General, Operation Inherent Resolve (December 17, 2014~March 31, 2015), p.30.

23 시리아 반군 지원을 위한 예산 5억 달러 가운데 4억 달러 가량은 반군 병력에 제공할 무기와 장비를 구입하는 데 소요되었으며, 훈련에 투입된 비용은 1억 달러가 되지 않는다. Lead Inspector General, Operation Inherent Resolve (April 1, 2015~June 30, 2015),

pp.36~41.

24 훈련이 중단되기까지 훈련을 마친 병력은 54명과 75명으로 130명에 지나지 않았다. 훈련소 1기생 54명 가운데 2015년 9월 말 현재 전투에 참가하고 있는 병력은 6명이다. 중도 탈락자 등에 대한 상세 정보는 기밀 사항으로 공개되지 않았다. Lead Inspector General, *Operation Inherent Resolve* (October 1, 2015~December 31, 2015), p.43.

25 훈련 목표는 미군 전투 부대 수준의 숙련도를 달성하는 것이 아니라 IS 병력과 독자적으로 전투를 수행할 정도의 숙련도를 달성하는 것이었다. 또한 개별 부대에 따라 훈련 내용 및 기간이 달랐으며, 쿠르드족 및 수니파 민병대 병력에 대한 훈련 과정은 이라크 정규군 훈련 과정과 차이가 있었다.

26 Lead Inspector General, *Operation Inherent Resolve* (July 1, 2016~September 30, 2016), pp.33~34.

27 Lead Inspector General for Overseas Contingency Operations, *Operation Inherent Resolve: Quarterly Report and Biannual Report to the United States Congress* (December 17, 2014~March 31, 2015), p.26. 폭격에 참가한 국가는 총 14개 국가에서 후일 9개 국가로 축소되지만, 작전의 대부분은 미국이 담당했다.

28 전체 공습 가운데 미군은 1만 3000회를 담당했으며, 1만 7211회 가운데 시리아에 위치한 IS 목표물에 대한 공격이 6408회로 전체의 3분의 1 정도를 차지했다. Lead Inspector General, *Operation Inherent Resolve* (October 1, 2016~December 31, 2016), p.30.

29 Mary Grace Lucas, "ISIS Nearly Made It to Baghdad Airport, Top U.S. Military Leader Says," *CNN*, October 13, 2014.

30 Lead Inspector General, *Operation Inherent Resolve* (January 1, 2016~March 31, 2016), p.30.

31 제2차 세계대전의 와중인 1943년 8월 미국과 영국은 독일의 석유 자원을 파괴하기 위해 유럽 최대의 유전지대인 루마니아의 플로에스티(Ploesti)를 공습했다. 공습 자체는 독일의 석유 생산에 큰 타격을 주지 못했으며, 반대로 연합군 공군은 출격한 항공기 177대 가운데 53대가 격추당하는 피해를 입었다. 해당 공습의 작전명은 'Operation Tidal Wave'였으며, IS의 석유 자원을 파괴하려는 미국의 작전은 플로에스티 공습 작전명을 따라 'Operation Tidal Wave II'라고 명명되었다.

32 Michael R. Gordon, "U.S. Warplanes Strike ISIS Oil Trucks in Syria," *The New York Times*, November 16, 2015.

33 Eric Schmitt, "U.S. Says Its Strikes Are Hitting More Significant ISIS Targets," *The New York Times*, May 25, 2016.

34 월 급여는 이라크 정규군 수준의 1000달러로 산정했다. Lead Inspector General, *Operation Inherent Resolve* (July 1, 2015~September 30, 2015), p.57; Lead Inspector General, *Operation Inherent Resolve* (October 1, 2015~ December 31, 2015), p.65.

35 Lead Inspector General, *Operation Inherent Resolve* (January 1, 2017~March 31, 2017),

p.48.

36 Lead Inspector General, *Operation Inherent Resolve* (July 1, 2015~September 30, 2015), p.32.

37 Lead Inspector General, *Operation Inherent Resolve* (July 1, 2015~September 30, 2015), pp.65~72.

38 Lead Inspector General, *Operation Inherent Resolve* (July 1, 2015~September 30, 2015), p.66.

21장 이라크의 반격과 실지 회복

1 Borzou Daragahi, "Biggest Bank Robbery that 'Never Happened' — $400m ISIS Heist," *The Financial Times*, July 17, 2014.

2 Alissa J. Rubin and Suadad Al-Salhy, "For Iraq, Debacle in Tikrit as Forces Walk Into Trap Set by Militants," *The New York Times*, July 16, 2014. 당시 생존자들의 증언에 따르면, 무기는 충분했지만 탄약과 식량 그리고 식수 공급이 제대로 이루어지지 않았다.

3 Omar Al-Jawoshy and Tim Arango, "Iraqi Offensive to Retake Tikrit From ISIS Begins," *The New York Times*, March 2, 2015.

4 최후의 농성을 위해 IS는 티크리트 도심에 요새를 구축했고, 이를 보호하기 위해 IED를 집중 매설했다. Matt Bradley, "Iraq's Battle to Take Back Tikrit Slows," *The Wall Street Journal*, March 19, 2015.

5 Tim Arango, "Escaping Death in Northern Iraq," *The New York Times*, September. 3, 2014. IS가 장악한 상황에서 수니파 세력은 자신들의 생존을 위해 시아파 포로 및 사관생도 처형에 지역 주민들을 동원했고, 이를 통해 지역 주민들이 시아파와 대립 관계에 처하도록 강요했다.

6 수니파 출신으로 이라크 국회의장인 주부리(Saleem al-Jubouri)는 라마디 수복이 진행되는 과정에서 《뉴욕타임스》 기고를 통해 티크리트 수복의 문제점을 우회적으로 지적했다. Saleem Al Jubouri, "Keep the Militias Out of Mosul," *The New York Times*, March 27, 2016.

7 아바디 총리의 티크리트 전선 시찰에 전직 총리이자 현직 부통령인 말리키 또한 참여했고, 병력은 말리키의 등장에 환호했다. 이후 말리키는 지역방위군 창설에 반대했으며, 아바디 총리가 제안했던 방안은 결국 의회에서 부결되었다. Borzou Daragahi, "Former Iraq Prime Minister Maliki Clings to Remnants of Power," *The Financial Times*, March 16, 2015.

8 Haider Al-Abadi, "A United Iraq Is Pushing ISIS Back," *The Wall Street Journal*, December 18, 2014. 여기서 아바디 총리는 쿠르드족 병력과의 연합작전과 수니파 세력과의 협력 및 화해 필요성을 강조했다.

9 Rod Nordland, "After Victory Over ISIS in Tikrit, Next Battle Requires a New Template," *The New York Times*, April 7, 2015.

10 Lead Inspector General, *Operation Inherent Resolve* (July 1, 2015 - September 30, 2015), p.36. 하지만 이라크 정규군 훈련 예산은 12억 달러였으며, 쿠르드족 민병대 훈련 예산은 3억 5000만 달러였다. 이러한 차이는 기본적으로 훈련 병력의 규모에 따른 것이었다.

11 카터 장관은 10월 27일과 상원 군사위원회에 출석하여 발언했다. 원문은 다음에서 찾을 수 있다. https://dod.defense.gov/News/Article/Article/626113/carter-outlines-strategy-to-counter-isil-at-senate-armed-services-hearing/

12 해당 부대인 101 공수사단은 2003년 이라크 침공 당시 참전하여 모술을 점령했으며, 초기 단계에서 안정화를 달성했다. 이에 카터 장관은 다시 파병되어 지역 안정화를 달성해 달라고 당부했다.

13 파병 대상은 500명 정도였으며, 사단 병력 전체는 아니었다. 연설 원문은 다음에서 찾을 수 있다. https://dod.defense.gov/News/Speeches/Speech-View/Article/642995/remarks-to-the-101st-airborne-division-on-the-counter-isil-campaign-plan/

14 Ricks, *Fiasco*, p.412.

15 John McCain and Lindsey Graham, "Stop Dithering, Confront ISIS," *The New York Times*, August 29, 2014.

16 Stephen Kalin, "U.S. Senators Call for 20,000 Troops in Syria and Iraq," *Reuters*, November 29, 2015.

17 Lead Inspector General, *Operation Inherent Resolve* (October 1, 2015~December 31, 2015), p.2. 하지만 2016년 초 미국 정부는 100명 규모의 특수전 전력이 이라크에서 IS 요인 체포 임무를 수행하고 있다고 공개했다.

18 Lead Inspector General, *Operation Inherent Resolve* (July 1, 2016~September 30, 2016), p.27.

19 Borzou Daragahi, "ISIS Fighters Seize Key Military Base in Iraq's Anbar Province," *The Financial Times*, October 13, 2014. 라마디로 진격하는 IS 병력을 저지하기 위해, 미군은 420회 이상의 공습을 통해 다양한 목표물을 파괴했으나, 라마디 함락을 저지하지는 못했다.

20 이후 미군은 차량폭탄(VBIED)을 저지하기 위해 보병용 대전차무기를 이라크에 지원했다. 특히 미국은 AT-4 휴대용 대전차 무반동총 2000기를 이라크 정부에 제공했다.

21 Michael R. Gordon and Eric Schmitt, "Iraqi Forces Plan Offensive to Retake Ramadi From ISIS," *The New York Times*, July 6, 2015.

22 Lead Inspector General, *Operation Inherent Resolve* (July 1, 2015~September 30, 2015), p.24.

23 Missy Ryan, "U.S. Trained Iraqi Forces Prepare for Ramadi Offensive Against Islamic State," *The Washington Post*, July 23, 2015.

24 Omar Al-Jawoshy, Falih Hassan and Tim Arango, "Iraqi Forces Advance in Campaign

to Retake Ramadi From ISIS," *The New York Times*, December 11, 2015.

25 Omar Al-Jawoshy, Sewell Chan, and Kareem Fahim, "Iraqi Forces Fighting ISIS for Ramadi Push Toward City Center," *The New York Times*, December 22, 2015.

26 Lead Inspector General, *Operation Inherent Resolve* (January 1, 2017~March 31, 2017), p.52.

27 Loveday Morris, "The Force Leading the Iraq Army's Fight Against ISIS Went From 'Dirty Division' to Golden Boys," *The Washington Post*, July 26, 2016; David Witty, *The Iraqi Counter Terrorism Service* (Washington, DC: The Brookings Institution, March 2015).

28 Lead Inspector General, *Operation Inherent Resolve* (April 1, 2016~June 30, 2016), p.36.

29 지역 세력은 여성을 구타하는 IS 병력과 충돌했고 외부의 지원을 요구했으나, 팔루자를 포위하고 있는 시아파 민병대는 수니파 무장 세력을 돕기 위한 분명한 행동을 취하지 않았다. 결국 IS는 '반란'을 진압하고 180명에 달하는 수니파 병력을 처형했다. Tamer El-Ghobashy, "Islamic State Reasserts Control Over Fallujah," *The Wall Street Journal*, February 21, 2016.

30 Falih Hassan and Tim Arango, "Iraqi Forces Try to Retake Falluja From ISIS," *The New York Times*, May 23, 2016.

31 Ned Parker and Jonathan Landay, "Special Report: Massacre Reports Show U.S. Inability to Curb Iraq Militias," *Reuters*, August 23, 2016. 이러한 상황을 고려한다면, 2016년 2월 IS에 대한 수니파 봉기 당시 팔루자에 대한 포위망을 구축하던 시아파 병력의 팔루자 진입은 상당한 문제를 야기했을 수 있으며 더 큰 충돌을 가져왔을 수 있다.

32 Tim Arango, "A Tour of Falluja Reveals Grim Remnants of Life Under ISIS," *The New York Times*, June 22, 2016.

33 Ahmed Rasheed, "Death Toll in Baghdad Bombing Rises to 324: Ministry," *Reuters*, July 31, 2016. 공격은 이슬람 전통의 금식 기간인 라마단 기간에 이루어졌다. 해가 떠 있는 시간에는 어떠한 음식물도 먹을 수 없도록 되어 있는 라마단 기간이기 때문에, 많은 인파가 자정 무렵에 쇼핑센터에 나와 있었다. 자정 직후에 운전자가 자살공격의 형태로 트럭으로 반입된 대형 폭탄을 폭발시키면서 최악의 사상자가 발생했다.

34 맥팔런드 장군은 2006년 안바르 각성 과정에서 핵심 역할을 수행했다. 당시 대령으로 제1기갑사단 휘하 전투여단 지휘관으로 라마디에 주둔하면서 지역 수니파 무장 세력과 협력하고 유대관계를 형성하는 데 성공했고, 이를 통해 지역 알카에다 세력을 무력화시키는 데 성공했다. 맥팔런드 장군은 2018년 2월 중장으로 전역했다.

35 Department of Defense Press Briefing by Lieutenant General Sean MacFarland, commander, Combined Joint Task Force-Operation Inherent Resolve via teleconference from Baghdad, Iraq (August 10, 2016). 기자회견의 발언 내용은 다음에서 찾을 수

있다. https://dod.defense.gov/News/Transcripts/Transcript-View/Article/911009/depart
ment-of-defense-press-briefing-by-lieutenant-general-sean-macfarland-comm/

36 Jack Watling, "The Shia Militias of Iraq," *The Atlantic*, December 22, 2016.

37 Tamer El-Ghobashy and Mustafa Salim, "Top Iraqi Shiite Cleric Calls for Scaling Back Militia Influence, Backing Prime Minister," *The Washington Post*, December 15, 2017.

38 Lead Inspector General, *Operation Inherent Resolve* (January 1, 2016~March 31, 2016), p.32; Lead Inspector General, *Operation Inherent Resolve* (July 1, 2016~September 30, 2016), p.15.

39 Mark Thompson, "Former U.S. Commanders Take Increasingly Dim View of War on ISIS," *Time*, August 31, 2016.

40 Lead Inspector General, *Operation Inherent Resolve* (July 1, 2016~September 30, 2016), p.32.

41 Lead Inspector General, *Operation Inherent Resolve* (October 1, 2016~December 31, 2016), p.35.

42 Maher Chmaytelli and Saif Hameed, "Iraqi Forces Claim Recapture of Eastern Mosul After 100 Days of Fighting," *Reuters*, January 23, 2017.

43 Tim Arango, "Iraq Celebrates Victory Over ISIS in Mosul, but Risks Remain," *The New York Times*, July 10, 2017.

44 Samuel Oakford, "Counting the Dead in Mosul," *The Atlantic*, April 5, 2018.

22장 미국과 이란 그리고 이라크의 혼란

1 Lead Inspector General, *Operation Inherent Resolve* (April 1, 2019~June 30, 2019), p.15. 이 가운데 해외에서 유입된 외국인 전투원은 최대 3000명 정도로 추산된다.

2 해당 회의는 온라인으로 진행되었으며, 다음에서 회의 및 발언 내용을 확인할 수 있다. USCENTCOM, Transcript, "CENTCOM Commander Gen. McKenzie and CENTCOM Director of Operations Maj. Gen. Grynkewich Participate in a U.S. Institute of Peace Online Event on 'How ISIS Really Ends," August 12, 2020. https://www.centcom.mil/MEDIA/Transcripts/Article/2319187/centcom-commander-gen-mckenzie-and-centcom-director-of-operations-maj-gen-grynk/

3 미군 평가와 UN 조사단 평가는 IS 병력에 대한 개념 정의가 다를 수 있다. 하지만 IS 병력이 감소한다는 추세 자체는 확인된다. Edith M. Lederer, "UN: Over 10,000 Islamic State Fighters Active in Iraq, Syria," *The Washington Post*, August 25, 2020.

4 Lead Inspector General, *Operation Inherent Resolve* (April 1, 2020~June 30, 2020), p.21.

5 Lead Inspector General, *Operation Inherent Resolve* (July 1, 2020~September 30, 2020), p.17.

6 이러한 여론 조사에서 수니파 주민들이 IS를 지지한다고 해도 자신들의 지지 의사를 조사원에게 솔직하게 표명하지는 않았을 것이며, 따라서 IS에 대한 부정적인 견해는 상당 부분 과장된 결과일 것이다. 하지만 최소한 이라크 정부에 대한 좌절감을 표출했다는 측면에서, 해당 조사의 신뢰성은 제한적이기는 하지만 존재한다고 볼 수 있다. Lead Inspector General, *Operation Inherent Resolve* (July 1, 2020~September 30, 2020), p. 16.

7 멕켄지 장군의 경고는 8월 12일 USIP 온라인 회의 내용에서 발췌했다.

8 2019년 제거된 병력은 1000명에 육박했고, IS 조직원은 저항하다가 사살되지 않고 체포되면서 더욱 많은 정보를 이라크 정부군에 제공했다. 소탕 작전에서 IS 병력은 조직에서 단순히 이탈하거나 아니면 이라크 정부군으로 전향하면서, IS 병력은 전투 손실 이상으로 더욱 많이 감소했다.

9 IS의 송금망이 차단되면서 바그다디는 생존에 필요한 자산을 현금으로 확보해야 했고, 미국 정보기관이 현금 운반책을 추적하면서 신변이 노출되었다. 바그다디는 2004년 2월 미군에 의해 체포되었고 따라서 미국은 바그다디의 생체정보 및 DNA를 가지고 있었다. 바그다디를 제거한 후 미군은 은신처에서 핸드폰과 서류, 그리고 노트북 등을 확보했으며, 해당 지역이 향후 IS 및 기타 근본주의 세력의 성지(shrine)로 부각되지 않도록 은신처를 집중 폭격하여 완전히 파괴했다.

10 Lead Inspector General, *Operation Inherent Resolve* (January 1, 2020~March 31, 2020), p.20. 이 가운데 이라크에서의 공격은 2020년에 들어서면서 매달 30회 수준으로 더욱 감소했다.

11 하지만 알사드르 자신은 총선에 출마하지 않았고, 따라서 자신의 정치연합이 총선에서 승리했지만 총리로서 집권할 수 없었다.

12 Ben Hubbard and Falih Hassan, "Iraq's New Leaders Seen as Technocrats, in a Break From Sectarian Politics," *The New York Times*, October 2, 2018.

13 Alissa J. Rubin and Falih Hassan, "Iraqi Prime Minister Tries to Rein in Militias, and Their Grip on Economy," *The New York Times*, July 1, 2019.

14 해당 보고서는 공개되지 않았다. 하지만 트럼프 대통령의 지시 내용은 다음에서 확인할 수 있다. https://www.whitehouse.gov/presidential-actions/presidential-memorandum-plan-defeat-islamic-state-iraq-syria/

15 Department of Defense Press Briefing by Secretary Mattis, General Dunford and Special Envoy McGurk on the Campaign to Defeat ISIS (May 19, 2017). https://dod.defense.gov/News/Transcripts/Transcript-View/Article/1188225/department-of-defense-press-briefing-by-secretary-mattis-general-dunford-and-sp/

16 Peter Baker, "A Strategy for the Mideast That Has Even Trump's Allies Scratching Their Heads," *The New York Times*, January 7, 2020.

17 이라크 남부 시아파 거주 지역에서는 2018년 여름 오염된 수돗물을 마시고 11만 명 이상이 입원하는 사태가 발생했으며, 전력 부족 문제가 겹치면서 시위 규모 및 범위는 점차 확대되었으며 시위 방식도 점차 폭력적으로 변화했다.

18 Falih Hassan and Alissa J. Rubin, "Iraq Struggles to Contain Wave of Deadly Protests," *The New York Times*, October 4, 2019.

19 Alissa J. Rubin, "Iraq Will Prosecute Military and Police Leaders Over Protest Shootings,"*The New York Times*, October 22, 2019.

20 총리가 사임을 발표한 이틀 후인 12월 1일 이라크 의회는 총리의 사임을 공식 승인했다. 단 압둘-마흐디 총리 자신은 차기 총리가 선출되어 내각을 구성하기까지 한시적으로 총리 권한 대행(caretaker)으로 제한된 업무를 수행하기로 했다.

21 Lead Inspector General, *Operation Inherent Resolve* (July 1, 2020~September 30, 2020), p.40. 석유 가격의 하락은 이라크 정부에게는 치명적이었다. 정부 재정수입의 90% 정도가 석유수출 대금이었기 때문에, 석유 가격이 $56에서 $30로 하락하면서 재정수입은 절반 정도로 떨어졌다.

22 Louisa Loveluck, "Iraq Names New Prime Minister, Paving the Way to Tackle Nation's Deepening Crisis," *The Washington Post*, May 7, 2020. 최종 승인된 장관 22명은 시아파가 9명, 쿠르드족 4명, 수니파 2명, 그리고 종파 성향이 없는 중도파 7명 등으로 구성되었다. 이 가운데 수니파는 국방장관과 산업부 장관을, 시아파는 내무장관과 석유장관을 차지했고, 쿠르드족이 외교장관과 법무장관을 차지했으며, 중도파 인물이 재무장관을 맡았다.

23 Lead Inspector General, *Operation Inherent Resolve* (April 1, 2020~June 30, 2020), p.43.

24 Lead Inspector General, *Operation Inherent Resolve* (January 1, 2020~March 31, 2020), p.40.

25 "방 하나와 컴퓨터 2대 그리고 몇 명의 직원들만이 소속되어 있는 은행"이 정치인과의 연줄을 통해 40억 달러의 현찰을 불하받고 즉시 시장환율로 판매하여 2억 달러의 이익을 보기도 했다. 2017년 이라크는 이란에서 16억 달러의 토마토를 수입했지만, 그 규모는 2016년의 1000배가 넘었다. 2016년 1600만 달러의 수박을 이란에서 수입했지만, 2017년 이라크는 이란에서 28억 6000만 달러 상당의 수박을 수입했다.

26 Robert F. Worth, "Inside the Iraqi Kleptocracy," *The New York Times Magazine*, July 29, 2020.

27 이란과 밀접하게 연관되어 있는 민병대 조직인 하슈드(Hashd)는 8만 명 정도의 병력을 거짓으로 추가 등록하여 월 1000달러 상당의 급여를 부당하게 수령했다. 해당 조직의 수장은 2020년 1월 미군의 솔레이마니 암살 과정에서 같이 살해되었다.

28 Isabel Coles and Benoit Faucon, "U.S. Plans to Renew Sanctions Waiver on Iraq's Imports of Iranian Power," *The Wall Street Journal*, February 6, 2020.

29 Helene Cooper, Eric Schmitt, Maggie Haberman and Rukmini Callimachi, "As Tensions

With Iran Escalated, Trump Opted for Most Extreme Measure," *The New York Times*, January 4, 2020.

30 솔레이마니 후임은 가니(Esmail Ghani) 장군이 임명되었지만, 이라크 전략을 오래 담당했던 솔레이마니와는 달리 가니는 이란의 아프가니스탄/파키스탄 전략을 총괄했던 관료 출신으로 이라크 경험 및 아랍어 배경 그리고 이라크 지도자들과의 연결점이 없다.

31 이란은 이라크 정부에 탄도미사일 공격에 대해 사전 경고했고, 공격 지점에 배치되어 있던 미군 병력은 일단 방공호에 집결하여 인명 피해를 완전히 예방했다. 이란의 탄도미사일은 매우 정밀했으며, 원형공산오차(CEP; Circular Error Probability)는 10m 수준으로 평가된다.

32 미군 병력은 60일 동안 이동이 금지되었고, 필수 병력을 제외한 잔여 병력은 북부 쿠르디스탄 지역으로 이동하거나 아니면 쿠웨이트로 이동 배치되었다.

33 Lead Inspector General, *Operation Inherent Resolve* (April 1, 2020~June 30, 2020), p.37.

34 Alissa J. Rubin, Ben Hubbard, Farnaz Fassihi and Steven Erlanger, "Iran Ends Nuclear Limits as Killing of Iranian General Upends Mideast," *The New York Times*, January 5, 2020.

35 전략대화의 공동성명은 다음에서 찾을 수 있다. https://www.state.gov/joint-statement-on-the-u-s-iraq-strategic-dialogue/

36 Mustafa Salim and Louisa Loveluck, "New Iraqi Leader Tries to Rein in Iran-Backed Militias, but Task Proves Daunting," *The Washington Post*, July 3, 2020.

37 Alissa J. Rubin, "Killing of Security Analyst Seen as Message to Iraqi Government," *The New York Times*, July 7, 2020.

23장 두 번째 결론, 2021년 현재 시점에서

1 Lead Inspector General, *Operation Inherent Resolve* (July 1, 2018~September 30, 2018), p.3.

2 https://www.whitehouse.gov/briefing-room/statements-releases/2021/02/23/readout-of-president-joseph-r-biden-jr-call-with-prime-minister-mustafa-al-kadhimi-of-iraq/

3 Lead Inspector General, *Operation Inherent Resolve* (July 1, 2018~September 30, 2018), p.22.

4 Margaret Coker and Falih Hassan, "Iraq Prime Minister Declares Victory Over ISIS," *The New York Times*, December 9, 2017.

5 Lead Inspector General, *Operation Inherent Resolve* (July 1, 2018~September 30, 2018), p.22.

6 Ryan Crocker, "Dreams of Babylon," *The National Interest*, No.108 (July/August 2010),

pp.18~23. 해당 인용에서 크로커 대사는 "쿠르드족은 과거와 미래를 모두 두려워한다"고 덧붙였다.

7 https://www.iraqbodycount.org/

8 Martin Chulov, "Rout of Ramadi Reawakens Iraq to 'Brutal Reality'," *The Guardian*, May 18, 2015.

9 말리키 총리는 수니파 무장 세력의 이와 같은 문제점을 이용해 무장 세력 지휘관들을 체포했고, 수니파 병력을 해산하는 빌미로 사용했다. 하지만 미국 및 아바디 총리 등은 수니파 무장 세력의 과거 행동과 문제점을 불문에 붙였으며, 이를 통해 수니파 군사력을 IS 전쟁에 동원하는 데 성공했다.

10 Waitling, "Shia Militias of Iraq."

11 이전 정부 수반이었던 마수드 바르자이는 2015년 8월 임기가 만료되어야 했으나 퇴임하지 않고 2017년까지 집권했다. 당시 총리였던 조카는 삼촌의 퇴임으로 권력을 승계했지만 자치정부 정부 수반으로 공식 취임지지는 않았으며, 2017년 11월 이후 지금까지 정부 수반은 공석으로 유지되고 있다.

12 Helene Cooper, "Jim Mattis, Defense Secretary, Resigns in Rebuke of Trump's Worldview," *The New York Times*, December 20, 2018.

13 1860년 미국 인구조사에 따르면 당시 미국 인구는 3144만 3321명이었다. 남북 전쟁에서 희생된 사람들의 숫자는 집계에 따라 다르지만, 최근까지는 62만 명 정도로 추정했으며 최근 75만 명 정도가 사망했다는 견해가 널리 수용되고 있다.

14 링컨 대통령은 취임식 직후인 4월 14일 암살되었다. 두 번째 취임연설문은 미국 정치사상 가장 유명한 연설 가운데 하나이며, 워싱턴 DC에 위치한 링컨 기념관(Lincoln Memorial)의 내부 북쪽 벽에 음각되어 있다. 내부 남쪽 벽에 음각된 것은 민주주의를 "인민의, 인민에 의한, 인민을 위한 정부(government of the people, by the people, for the people)"라고 정의한 게티스버그 연설(Gettysburg Address)이다.

15 Annie Karni and Eric Schmitt, "Biden Takes Two Paths to Wind Down Iraq and Afghan Wars," *The New York Times*, July 26, 2021.

참고문헌

Al-Abadi, Haider. 2014.12.18. "A United Iraq Is Pushing ISIS Back." *The Wall Street Journal*.

al-Ali, Zaid. 2014.6.19. "How Maliki Ruined Iraq." *Foreign Policy*. http://foreignpolicy.com/2014/06/19/how-maliki-ruined-iraq/

"A Letter from Sistani Turned the Tide against Iraq's Leader." *The Washington Post*.

al-Haj, Ahmed. 2012.3.18 "Yemen Says More Than 2,000 Killed in Uprising." *The Washington Post*.

Ali, Ahmed. 2014.11.13. "Iraq's Prime Minister Reshuffles the Security Commanders." *Institute for the Study of War Blog*. http://iswresearch.blogspot.com/2014/11/iraqs-prime-minister-reshuffles.html

Al-Jawoshy, Omar and Tim Arango. 2015.3.2. "Iraqi Offensive to Retake Tikrit From ISIS Begins." *The New York Times*.

Al-Jawoshy, Omar, Falih Hassan, and Tim Arango. 2015.12.11. "Iraqi Forces Advance in Campaign to Retake Ramadi From ISIS." *The New York Times*.

Al-Jawoshy, Omar, Sewell Chan, and Kareem Fahim. 2015.12.22. "Iraqi Forces Fighting ISIS for Ramadi Push Toward City Center." *The New York Times*.

Al Jubouri, Saleem. 2016.3.27. "Keep the Militias Out of Mosul." *The New York Times*.

Al-Khalidi, Ashraf and Victor Tanner. 2006. *Sectarian Violence: Radical Groups Drive Internal Displacement in Iraq*. Washington, DC: Brookings Institute.

Al-Khalil, Samir. 1990. *Republic of Fear: The Politics of Modern Iraq*. Berkeley, CA: University of California Press.

Allawi, Ali A. 2007. *The Occupation of Iraq: Winning the War, Losing the Peace*. New Haven, CT: Yale University Press.

Al-Salhy, Suadad and Tim Arango. 2014.6.10. "Sunni Militants Drive Iraqi Army Out of Mosul." *The New York Times*.

Arango, Tim. 2010.5.3. "Iraqi Sunnis Frustrated as Awakening Loses Clout." *The New York Times*.

_____. 2010.7.18. "Dozens Killed in Iraq Suicide Attacks." *The New York Times*.

_____. 2011.6.26. "Spike in U.S. Deaths in Iraq Raises Worries." *The New York Times*.

_____. 2011.7.14. "In Shadow of Death, Iraq and U.S. Tiptoe Around a Deadline." *The New York Times*.

_____. 2014.8.12. "Maliki's Bid to Keep Power in Iraq Seems to Collapse." *The New York Times*, August 12, 2014.

_____. 2014.8.14. "Maliki Agrees to Relinquish Power in Iraq." *The New York Times*.

_____. 2014.9.3. "Escaping Death in Northern Iraq." *The New York Times*.

_____. 2016.6.22. "A Tour of Falluja Reveals Grim Remnants of Life Under ISIS." *The New York Times*.

_____. 2017.6.10. "Iraq Celebrates Victory Over ISIS in Mosul, but Risks Remain." *The New York*

Times.

_____. 2017.6.15. "Iran Dominates in Iraq After U.S. 'Handed the Country Over'." *The New York Times*.

Arango, Tim and Eric Schmitt. 2014.8.10. "U.S. Actions in Iraq Fueled Rise of a Rebel." *The New York Times*.

Arango, Tim and Michael S. Schmidt. 2011.12.18. "Last Convoy of American Troops Leaves Iraq." *The New York Times*.

Atkinson, Rick. 2005. *In the Company of Soldiers: A Chronicle of Combat*. New York: Henry Hold & Com.

_____. 2007.9.30. "The Single Most Effective Weapon against Our Deployed Forces." *The Washington Post*.

_____. 2007.10.1. "There was a Two-Year Learning Curve... And, a Lot of People Died in Those Two Years." *The Washington Post*.

_____. 2007.10.2. "You Can't Armor Your Way Out of This Problem." *The Washington Post*.

Baker, Peter, Helene Cooper, and Mark Mazzetti. 2011.5.1. "Bin Laden Is Dead, Obama Says." *The New York Times*.

Baker, Peter, Karen DeYoung, Thomas E. Ricks, Ann Scott Tyson, Joby Warrick, and Robin Wright. 2007.9.9. "Among Top Officials, 'Surge' Has Sparked Dissent, Infighting." *The Washington Post*.

Bakri, Nada. 2011.11.20. "New Phase for Syria in Attacks on Capital." *The New York Times*.

Barnard, Anne and Eric Schmitt. 2013.8.8. "As Foreign Fighters Flood Syria, Fears of a New Extremist Haven." *The New York Times*.

Bartov, Omer. 1986. *The Eastern Front, 1941-45: German Troops and the Barbarization of Warfare*. New York: St. Martin's Press.

Beinstein, Peter. 2014.6.23. "Obama's Disastrous Iraq Policy: An Autopsy." *The Atlantic*.

Bennhold, Katrin. 2011.7.20. "Afghanistan War 'Fragile' but Doable, General Says." *The New York Times*.

Bergen, Peter. 2006. The Osama bin Laden I Know: An Oral History of al Qaeda's Leader. New York: Free Press.

_____. 2006.3.21. "An Iraq Success Story's Sad New Chapter: Bush's Struggle in Reassuring U.S. Is Illustrated by City's Renewed Strife." *The Washington Post*.

_____. 2009.2.27. "With Pledges to Troops and Iraqis, Obama Details Pullout." *The New York Times*.

Bickel, Keith B. 2000. *Mars Learning: The Marine Corp's Development of Small Wars Doctrine, 1915~1940*. Boulder, CO: Westview Press.

Biddle, Stephen. 2006. "Victory Misunderstood: What the Gulf War Tells Us about the Future of Conflict." *International Security*, Vol.21, No.2. pp.139~179.

Biddle, Stephen and Robert Zirkle. 1996. "Technology, Civil-Military Relations, and Warfare in the Developing World." *Journal of Strategic Studies*, Vol.19, No.2. pp.171~212.

Biddle, Stephen. Jeffrey A. Friedman, and Jacob N. Shapiro, 2012. "Testing the Surge: Why Did Violence Decline in Iraq in 2007?" *International Security*, Vol.37, No.1. pp.7~40.

Bilmes, Linda J. and Joseph E. Stiglitz. 2008. "The Iraq War Will Cost US $3 Trillion, and Much

More." *The Washington Post*.

Bolger, Daniel. 2014. *Why We Lost: A General's Inside Account of the Iraq and Afghanistan Wars*. New York: Houghton Mifflin Harcourt.

Bradley, Matt. 2015.3.19. "Iraq's Battle to Take Back Tikrit Slows." *The Wall Street Journal*.

Bradley, Matt and Ali A. Nabhan. 2013.4.23. "Iraq Raids Protesters' Camp." *The Wall Street Journal*.

Bremer III, Paul. 2003.9.8. "Iraq's Path to Sovereignty." *The Washington Post*.

Brennan, Jr. Richard R. 2011. *Ending the U.S. War in Iraq: the Final Transition, Operational Maneuver, and Disestablishment of United States Forces-Iraq*. Santa Monica, CA: RAND.

Brinkley, Joel. 2003.12.4. "U.S. Rejects Iraqi Plan to Hold Census by Summer." *The New York Times*.

Brookings Institute. 2010.10.31. "Iraq Index: Tracking Variables of Reconstruction & Security in Post-Saddam Iraq." Retrieved November 8, 2010, from http://www.brookings. edu/~/media/Files/Centers/Saban/Iraq%20Index/index.pdf

Bruno, Greg. 2008.11.18. "U.S. Security Agreements and Iraq." *The Washington Post*.

Bumiller, Elisabeth. 2007.10.14. "At an Army School for Officers, Blunt Talk about Iraq." *The New York Times*.

_____. 2011.3.7. "Gates Says U.S. is in Position to Start Afghan Pullout." *New York Times*.

_____. 2011.3.16. "Petraeus Tells Panel July Drawback in Afghanistan May Include Some Combat Troops." *The New York Times*.

Burns, John F. 2006.6.8. "Leader of Al Qaeda in Iraq Is Killed." *The New York Times*.

Bush, George and Brent Scowcroft. 1998. *A World Transformed*. New York: Knopf.

Byman, Daniel. 2016. "Understanding the Islamic State: A Review Essay." *International Security*, Vol.40, No.4(Spring), pp.127~165.

Byman, Daniel, Kenneth Pollack and Gideon Rose. 1999. "Rollback Fantasy." *Foreign Affairs*, Vol.78, No.1. pp.24~41.

Caldwell, William B. 2007. "Operational Update (Press Briefing, February 14, 2007)." Retrieved September 24, 2010, from http://www.usf-iraq.com/news/press- briefings/press-briefing-feb-14

Callwell, C. E. 1996. *Small Wars Their Principles and Practice*. Lincoln, NE: University of Nebraska Press.

Carter Outlines Strategy to Counter ISIL at Senate Armed Services Hearing (2015.10.27). https://dod.defense.gov/News/Article/Article/626113/carter-out lines- strategy-to-counter-isil-at-senate-armed-services-hearing/

Cave, Damien and Graham Bowley. 2007.6.13. "Shiite Leaders Appeal for Calm After New Shrine Attack." *The New York Times*.

Cave, Damien and James Glanz. 2007.8.22. "Toll Rises Above 500 in Iraq Bombings." *The New York Times*.

Central Intelligence Agency (CIA). 2003.1. "Putting Noncombatants at Risk: Saddam's Use of 'Human Shields'." Retrieved October 31, 2010, from https://www.cia.gov/library/reports/general-reports-1/iraq_human_shields/iraq_human_ shields.pdf

_____. 2007.4.22. "DCI Special Advisor Report on Iraq's WMD." Retrieved July 7, 2010, from https://www.cia.gov/library/reports/general-reports-1/iraq_wmd_ 2004/index.html

Chandrasekaran, Rajiv. 2007. Imperial Life in the Emerald City: Inside Iraq's Green Zone. New York: Alfred A. Knopf.

Chiarelli, Peter W. and Stephen M. Smith. 2007.9-10. "Learning From Our Modern Wars: The Imperatives of Preparing for a Dangerous Future." *Military Review*, pp.2~15.

Chmaytelli, Maher and Saif Hameed. 2017.1.23. "Iraqi Forces Claim Recapture of Eastern Mosul After 100 Days of Fighting." *Reuters.*

Chulov, Martin. 2015.5.18. "Rout of Ramadi Reawakens Iraq to 'Brutal Reality'." *The Guardian.*

Claire, Rodger W. 2004. *Raid On the Sun: Inside Israel's Secret Campaign That Denied Saddam the Bomb.* New York: Broadway Books.

Clausewitz, Carl Von. 1976. *On War.* translated by Michael Howard and Peter Paret. Princeton, NJ: Princeton University Press.

Cleveland, William L. 2000. *A History of the Modern Middle East.* Boulder, CO: Westview Press.

Cloud, David S. and Damien Cave. 2007. "The Reach of War: Push in Baghdad is Short of Goal, Commanders Say." *The New York Times.*

Cloud, David S. and Eric Schmitt. 2006.4.14. "More Retired Generals Call for Rumsfeld's Resignation." *The New York Times.*

Cloud, David S. and Steven Lee Myers. 2007.9.4. "Bush, in Iraq, Says Troop Reduction is Possible." *The New York Times.*

CNN. 2005.1.23. "Purported al-Zarqawi Tape: Democracy a Lie."

Coalition Provisional Authority (CPA). 2003.5.16. "CPA Order No. 1: De-Ba'athification of Iraq Society." Retrieved from http://www.iraqcoalition.org/regulations/20030516_CPAORD_1_De-Ba_athification_of_Iraqi_Society_.pdf

_____. 2003.5.23. "CPA Order No. 2: Dissolution of Entities." Retrieved from http://www.iraqcoalition.org/regulations/20030823_CPAORD_2_Dissolution_of_Entities_with_Annex_A.pdf

_____. 2003.8.18. "CPA Order No. 22: Creation of a New Iraqi Army." Retrieved from http://www.iraqcoalition.org/regulations/20030818_CPAORD_22_Creation_of_a_New_Iraqi_Army.pdf

_____. 2003.9.3. "CPA Order No. 28: Establishment of the Iraqi Civil Defense Corps." Retrieved from http://www.iraqcoalition.org/regulations/20030903_CPAORD_28_Est_of_the_Iraqi_Civil_Defense_Corps.pdf

_____. 2004.3.8. "Law of Administration for the State of Iraq for the Trransitional period." Retrieved July 10, 2010, from http://www.cpa-iraq.org/government/TAL. html

_____. 2004.6.28. "A Historical Review of CPA Accomplishments." Retrieved July 13, 2010, from http://www.iraqcoalition.org

_____. 2004.6.7. "CPA Order No. 91: Regulation of Armed Forces and Militias Within Iraq." Retrieved from http://www.iraqcoalition.org/regulations/20040607_CPAORD91_Regulation_of_Armed_Forces_and_Militias_within_Iraq.pdf

Cohen, Eliot A. and Bing West. 2007.1.8. "Our Only Hope." *The Wall Street Journal.*

Coker, Margaret and Falih Hassan. 2017.12.9. "Iraq Prime Minister Declares Victory Over ISIS." *The New York Times.*

Commission on the Intelligence Capabilities of the United States Regarding Weapons of Mass

Destruction. 2005.3.31. "Report to the President of the United States." Retrieved July 7, 2010, from http://www.gpoaccess.gov/wmd/pdf/full_wmd_ report.pdf

Congressional Research Service. 2008.2.22. "Operation Iraqi Freedom: Strategies, Approaches, Results, and Issues for Congress" (Order Code: RL34387). Retrieved October 5, 2010, from http://assets.opencrs.com/rpts/RL34387_20080222.pdf

Connolly, Kate. 2003.2.10. "I am not convinced, Fischer tells Rumsfeld." *The Daily Telegraph*.

Cooper, Helene. 2018.12.20. "Jim Mattis, Defense Secretary, Resigns in Rebuke of Trump's Worldview." *The New York Times*.

Cooper, Helen, David E. Sanger, and Thom Shanker. 2010.9.16. "Once Wary, Obama Now Relies on Petraeus." *The New York Times*.

Cooper, Helene, Mark Landler, and Azam Ahmed. 2014.8.18. "Troops in Iraq Rout Sunni Militants from a Dam." *The New York Times*.

Cooper, Helene and Sheryl Gay Stolberg. 2009.3.7. "Obama Ponders Outreach to Elements of Taliban." *The New York Times*.

Cordesman, Anthony H. and Abraham R. Wagner. 1990. *The Lessons of Modern War: The Iran-Iraq War*. Boulder, CO: Westview Press.

Crocker, Ryan. 2010.7-8. "Dreams of Babylon." *The National Interest*, No.108, pp.18~23.

_____. 2007.9.10. "Report to the Congress on the Situation in Iraq." Retrieved September 24, 2010, from http://merln.ndu.edu/archivepdf/iraq/State/91941.pdf

Crossette, Barbara. 2001.3.19. "Taliban Explains Buddha Demolition." *The New York Times*.

Cumming-Bruce, Nick. 2014.10.2. "5,500 Iraqis Killed Since Islamic State Began Its Military Drive, U.N. Says." *The New York Times*.

Dagher, Sam. 2009.8.19. "2 Blasts Expose Security Flaws in Heart of Iraq." *The New York Times*.

Daragahi, Borzou. 2014.10.13. "ISIS Fighters Seize Key Military Base in Iraq's Anbar Province." *The Financial Times*.

_____. 2015.3.16. "Former Iraq Prime Minister Maliki Clings to Remnants of Power." *The Financial Times*.

Department of Defense (DoD). 2007.2.16. "DoD News Briefing with Maj. Gen. Fil from Iraq." Retrieved September 27, 2010, from http://www.defense.gov/Transcripts/Transcript. aspx?TranscriptID=3891

_____. 2007.5.31. "DoD Press Briefing with Lt. Gen. Odierno from the Pentagon." Retrieved September 27, 2010, from http://www.defense.gov/transcripts/transcript.aspx?trans criptId =3973

_____. 2007.12.17. "DoD News Briefing with Maj. Gen. Joseph Fil at the Pentagon, Arlington, Va." Retrieved October 5, 2010, from http://www.defense.gov/transcripts/transcript.aspx? trans criptid=4107

_____. 2010.7.17. "Measuring Stability and Security in Iraq." Retrieved July 17, 2010, from http://www.defense.gov/home/features/Iraq_Reports/Index.html

Department of Defense Office of Inspector General. 2007.2.9. "Review of Pre-Iraqi War Activities of the Office of the Under Secretary of Defense for Policy." Retrieved July 10, 2010, from http://www.npr.org/documents/2007/feb/dod_iog_iraq_sum mary.pdf

Department of Defense Press Briefing by Lieutenant General Sean MacFarland, commander,

Combined Joint Task Force-Operation Inherent Resolve via teleconference from Baghdad, Iraq (August 10, 2016). https://dod.defense.gov/News/Transcripts/Transcript-View/Article/911009/ department-of-defense-press-briefing-by-lieutenant-general-sean-macfarland-comm/

Department of Defense Press Briefing by Secretary Mattis, General Dunford and Special Envoy McGurk on the Campaign to Defeat ISIS (May 19, 2017). https://dod.defense. gov/News/Transcripts/Transcript-View/Article/1188225/department-of-defense-press-briefing -by-secretary-mattis-general-dunford-and-sp/

Dermer, Philip. 2014.6.1. "The 'Sons of Iraq,' Abandoned by Their American Allies." *The Wall Street Journal.*

Dershowitz, Alan M. 2002.1.22. "Want to Torture? Get a Warrant." *San Francisco Chronicle.*

Desch, Michael D. 2007.5-6. "Bush and the Generals." *Foreign Affairs*, pp.97~108.

DeYoung, Karen. 2006.9.24. "Spy Agencies Say Iraq War Hurting U.S. Terror Fight." *The Washington Post.*

_____. 2008.4.11. "U.S., Iraq Negotiating Security Agreements." *The Washington Post.*

DeYoung, Karen and Jonathan Weisman. 2007.5.9. "House Bill Ties War Funding to Iraq Benchmarks: Measure Would Free Half the Money Now, Require a Second Vote for Approval in July." *The Washington Post.*

DeYoung, Karen and Thomas E. Ricks. 2007.8.7. "As British Leave, Basra Deteriorates: Violence Rises in Shiite City Once Called a Success Story." *The Washington Post.*

Diamond, Larry. 2004.10.25. "Not Perfect, but 'Reasonably Credible'." *The Wall Street Journal.*

_____. 2005. *Squandered Victory: The American Occupation and the Bungled Effort to Bring Democracy to Iraq.* New York: Times Books.

Director of National Intelligence (DNI). 2007.1. "Prospects for Iraq's Stability: A Challenging Road Ahead." Retrieved August 26, 2010, from http://www.dni.gov/press_releases/ 20070202_release.pdf

_____. 2007.8. "Prospects for Iraq's Stability: Some Security Progress but Political Reconciliation Elusive." Retrieved from September 28, 2010, from http://www.dni.gov/press_ releases/ 20070823_release.pdf

Dobbins, James. et al. 2003. *The Beginner's Guide to Nation-Building.* Santa Monica, CA: RAND.

DOD News Briefing with Gen. Odierno from the Pentagon, Presenter: Commander, U.S. Forces-Iraq Gen. Raymond Odierno, June 04, 2010. http://www.defense.gov/transcripts/ trans cript.aspx?transcriptid=4632

Drogin, Bob. 2007. *Curveball: Spies, Lies, and the Con Man Who Caused a War.* New York: Random House.

Dules, Allen W. 2003.11-12. "That Was Then: Allen W. Dulles on the Occupation of Germany." *Foreign Affairs*, Vol.82, No.6, pp.2~8.

Eaton, Paul D. 2006.3.19. "A Top-Down Review for the Pentagon." *The New York Times.*

Economist. 2001.4.17. "China and America."

_____. 2005.12.17. "How to Deal with Iraq's Insurgents."

_____. 2014.6.21. "Why Iraq's Army Crumbled." *The Economist.*

Edelstein, David M. 2008. *Occupational Hazards: Success and Failure in Military Occupation.* Ithaca, NY: Cornell University Press.

El-Ghobashy, Tamer. 2016.2.21. "Islamic State Reasserts Control Over Fallujah." *The Wall Street Journal.*

El-Ghobashy, Tamer and Mustafa Salim. 2017.12.15. "Top Iraqi Shiite Cleric Calls for Scaling Back Militia Influence, Backing Prime Minister." *The Washington Post.*

Ellis, John. 1995. *From the Barrel of a Gun: A History of Guerrilla, Revolutionary and Counter-Insurgency Warfare, from the Romans to the Present.* London: Greenhill Books.

Esposito, John L. 1999. "Political Islam and Gulf Security." in John L. Esposito (ed.). *Political Islam: Revolution, Radicalism, or Reform.* Boulder, CO: Lynne Rienner Publishers.

Fadel, Leila. 2010. "Iraq Appeals Court Lifts Candidate Ban." *The Washington Post.*

_____. 2010.10.1. "Shiite Bloc Backs Maliki for Iraqi Prime Minister: Election Deadlock Nears End." *The Washington Post.*

_____. 2011.3.26. "Syria's Assad Moves to Allay Fury after Security Forces Fire on Protesters." *The Washington Post.*

Fadel, Leila and Aziz Alwan. 2010.6.17. "Sunni Fighter's Killing is Latest in Attacks on Former al-Qaeda Insurgents." *The Washington Post.*

Fahim, Kareem. 2018.8.3. "The Deadly War in Yemen Rages On. So Why Does the Death Toll Stand Still?" *The Washington Post.*

Fallow, James. 2004.1-2. "Blind Into Baghdad." *The Atlantic Monthly*, pp.52~74.

_____. 2004.10. "Bush's Lost Year." *The Atlantic Monthly*, pp.68~84.

_____. 2005.12. "Why Iraq has No Army." *The Atlantic Monthly*, pp.60~77.

Farrell, Stephen. 2007.8.29. "50 Die as a Bitter Power Struggle Between Shiite Groups Turns Violent in Karbala." *The New York Times.*

Fassihi, Farnaz. 2014.6. "Iran Deploys Forces to Fight al Qaeda-Inspired Militants in Iraq." *The Wall Street Journal.*

Fattah, Hassan M. 2006.12.22. "Bickering Saudis Struggle for an Answer to Iran's Rising Influence in the Middle East." *The New York Times.*

Feaver, Peter D. 2011. "The Right to Be Right: Civil-Military Relations and the Iraq Surge Decision." *International Security*, Vol.35, No.4 (Spring 2011), pp.87~125.

Federation of American Scientist (FAS). 2003.10.2. "Statement By David Kay on the Interim Progress Report on the Activities of the Iraq Survey Group(ISG) before the House Permanent Select Committee on Intelligence, the House Committee on Appropriations, Subcommittee on Defense, and the Senate Select Committee on Intelligence." Retrieved July 7, 2010, from http://www.fas.org/irp/cia/product/dkay100203.html

Ferguson, Niall. 2004. *Colossus: The Price of America's Empire.* New York: The Penguin Press.

Filkins, Dexter. 2004.6.3. "UN Envoy Wants New Iraq Government to Court Foes of Occupation." *The New York Times.*

_____. 2005.12.16. "The Struggle for Iraq: Election." *The New York Times.*

_____. 2009.12.1. "With Troop Pledge, New Demands on Afghans." *The New York Times.*

_____. 2010.9.4. "Inside Corrupt-istan, a Loss of Faith in Leaders." *The New York Times.*

_____. 2014.4.28. "What We Left Behind." *The New Yorker.*

Fisher, Ian. 2003.4.30. "U.S. Force Said to Kill 15 Iraqis During an Anti-American Rally." *The New York Times.*

_____. 2004.4.20. "U.S. Gives Leaders in Falluja a Chance to End the Insurgency." *The New York Times*.

Frankel, Glenn. 2004.6.16. "Prison Tactics A Longtime Dilemma For Israel: Nation Faced Issues Similar to Abu Ghraib." *The Washington Post*.

Fraiman, Keren, Austin Long, and Caitlin Talmadge. 2014.6.13. "Why the Iraqi Army Collapsed (and What Can Be Done About It)." *The Washington Post*.

Friedberg, Aaron L. 2005. "The Future of U.S.-China Relations: Is Conflict Inevitable?" *International Security*, Vol.30, No.2, pp.7~45.

Friedman, Thomas L. 2004. "In My Next Life." *The New York Times*, November 25, 2004.

Fund for Peace. 2005~2010. "Failed States Index." Retrieved October 30, 2010, from http://www.fundforpeace.org/web/index.php?option=com_content&task=view&id=99&Itemid=323

Fursenko, Aleksandr and Timothy Naftali. 2006. *Khrushchev's Cold War: the Inside Story of an American Adversary*. New York: W. W. Norton.

Galbraith, Peter W. 2006. *The End of Iraq: How American Incompetence Created a War without End*. New York: Simon & Schuster.

Gall, Carlotta. 2008.6.14. "Taliban Free 1,200 Inmates in Attack on Afghan Prison." *The Washington Post*.

_____. 2011.3.8. "Petraesu Sees Military Progress in Afghanistan." *New York Times*.

Galula, David. 1964. *Counterinsurgency Warfare: Theory and Practice*. New York: Praeger.

Gertz, Bill. 2000. *The China Threat: How the People's Republic Targets America*. Washington, DC: Regnery Publishing.

Gettleman, Jeffrey. 2004.4.8. "Sunni-Shiite Cooperation Grows, Worrying U.S. Officials." *The New York Times*.

Ghazidec, Yasir. 2013.12.30. "Deadly Clashes Between Iraqi Forces and Tribal Fighters in Anbar." *The New York Times*.

Giroux, Greg. 2007.1.17. "'Move On' Takes Aim at McCain's Iraq Stance." *The New York Times*.

Glanz, James. 2005.8.10. "Baghdad Mayor is Ousted by a Shiite Group and Replaced." *The New York Times*.

Glanz, James and Alissa J. Rubin. 2008.4.20. "Iraqi Army Takes Last Basra Areas From Sadr Force." *The New York Times*.

Glanz, James and Stephen Farrell. 2007.8.19. "A U.S.-Backed Plan for Sunni Neighborhood Guards Is Tested." *The New York Times*.

Gordon, Michael R. 2000.10.21. "The 2000 Campaign: Bush would Stop U.S. Peacekeeping in Balkan Fights." *The New York Times*.

_____. 2004.10.19. "Catastrophic Success: the Strategy to Sure Iraq did not Foresee a Second War." *The New York Times*.

_____. 2006.7.22. "Battle for Baghdad Boil Down to Neighborhoods." *The New York Times*.

_____. 2006.10.22. "To Stand or Fall in Baghdad: Capital is Key to Mission." *The New York Times*.

_____. 2006.11.29. "Bush Aide's Memo Doubts Iraqi Leader." *The New York Times*.

_____. 2007.9.2. "The Former Insurgent Counterinsurgency." *The New York Times*.

_____. 2007.11.16. "Iraqi Premier Wants Trial of Two Shiites in Killings." *The New York Times*.

_____. 2008.2.8. "After Hard-Won Lessons, Army Doctrine Revised." *The New York Times*.

_____. 2010.8.18. "Civilians to Take U.S. Lead After Military Leaves Iraq." *The New York Times*.

_____. 2010.12.5. "Meddling Neighbors Undercut Iraq Stability." *The New York Times*.

_____. 2012.12.20. "Tensions Rise in Baghdad with Raid on Official." *The New York Times*.

_____. 2014.8.11. "Kerry Issues Warning to Iraqi Leader." *The New York Times*.

_____. 2015.10.20. "Joint Chiefs Chairman Arrives in Iraq to Assess Fight Against ISIS." *The New York Times*.

_____. 2015.12.16. "U.S. Warplanes Strike ISIS Oil Trucks in Syria." *The New York Times*.

Gordon, Michael R. and Andrew W. Lehren. 2010.10.23. "Tensions High Along Kurdish- Arab Line." *The New York Times*.

_____. 2012.9.22. "In U.S. Exit From Iraq, Failed Efforts and Challenges." *The New York Times*.

Gordon, Michael R. and Bernard E. Trainor. 2006.3.12. "Iraqi Leader, in Frantic Flight, Eluded U.S. Strikes." *The New York Times*.

_____. 2012. *The End Game: The Inside Story of the Struggle for Iraq, from George W. Bush to Barack Obama*. New York: Knopf Doubleday.

Gordon, Michael R. and Eric Schmitt. 2015.6.6. "Iraqi Forces Plan Offensive to Retake Ramadi From ISIS." *The New York Times*.

Gordon, Michael R., Eric Schmitt, and Stephen Farrell. 2008.4.3. "U.S. Cites Planning Gaps in Iraqi Assault on Basra." *The New York Times*.

Gordon, Michael R. and General Bernard E. Trainor. 2006. *Cobra II: The Inside Story of the Invasion and Occupation of Iraq*. New York: Vintage.

Gordon, Michael R. and Julie Hirschfeld Davis. 2015.6.10. "In Shift, U.S. Will Send 450 Advisers to Help Iraq Fight ISIS." *The New York Times*.

Government Accountability Office (GAO-05-672). 2005. *Radiological Sources in Iraq: DOD Should Evaluate Its Source Recovery Effort and Apply Lessons Learned to Future Recovery Missions*. Washington, DC: GAO.

_____ (GAO-05-876). 2005. *Rebuilding Iraq: Status of Funding and Reconstruction Efforts*. Washington, DC: GAO.

_____ (GAO-07-444). 2007. *Operation Iraqi Freedom: DoD Should Apply Lessons Learned Concerning for the Need for Security Over Conventional Munitions Storage Site to Future Operations Planning*. Washington, DC: GAO.

_____ (GAO-07-503R). 2007. *Operation Iraqi Freedom: Preliminary Observations on Iraqi Security Forces' Logistics and Command and Control Capabilities*. Washington, DC: GAO.

_____ (GAO-07-639T). 2007. *Operation Iraqi Freedom: DoD Should Apply Lessons Learned Concerning for the Need for Security Over Conventional Munitions Storage Site to Future Operations Planning*. Washington, DC: GAO.

_____ (GAO-07-711). 2007. *Stabilizing Iraq: DoD Cannot Ensure That U.S.-Funded Equipment Has Reached Iraqi Security Forces*. Washington, DC: GAO.

_____ (GAO-07-1195). 2007. *Securing, Stabilizing, and Rebuilding Iraq: Iraqi Government Has Not Met Most Legislative, Security, and Economic Benchmarks*. Washington, DC: GAO.

Grace Lucas, Mary. 2014.10.13. "ISIS Nearly Made It to Baghdad Airport, Top U.S. Military Leader Says." *CNN*.

Graham, Bradley. 2005.1.26. "Pentagon Prepares to Rethink Focus on Conventional Warfare: New

Emphasis on Insurgencies and Terrorism is Planned." *The Washington Post.*

Hafez, Mohammed M. 2007. *Suicide Bombers in Iraq: the Strategy and Ideology of Martyrdom.* Washington, DC: United States Institute of Peace Press.

Hamza, Khidhir. 2000. *Saddam's Bombmaker: The Terrifying Inside Story of the Iraqi Nuclear and Biological Weapons Agenda.* New York: Scribner.

Hassan, Falih and Tim Arango, 2016.5.23. "Iraqi Forces Try to Retake Falluja From ISIS." *The New York Times.*

Healy, Jack. 2011.12.19. "Arrest Order for Sunni Leader in Iraq Opens New Rift." *The New York Times.*

Healy, Jack. and Khalid D. Ali. 2011.5.26. "Ex-Insurgent Shot to Death in Baghdad." *The New York Times.*

Hegghammer, Thomas. 2010. *Jihad in Saudi Arabia: Violence and Pan-Islamism Since 1979.* Cambridge: Cambridge University Press.

Hersh, Seymour M. 2004.5.10. "Torture at Abu Ghraib: American Soldiers Brutalized Iraqis. How Far Up does the Responsibility Go?" *The New Yorker.*

Hill, Christopher R. 2015. *Outpost: Life on the Frontlines of American Diplomacy.* New York: Simon & Schuster.

Howard, Michael. 2006/2007. "A Long War?" *Survival*, Vol.48, No.4, pp.7~14.

Hubbard, Ben and Falih Hassan. 2018.10.2. "Iraq's New Leaders Seen as Technocrats, in a Break From Sectarian Politics." *The New York Times.*

Huntington, Samuel P. 1991. *The Third Wave: Democratization in the Late Twentieth Century.* London: University of Oklahoma Press.

I Marine Expeditionary Force. 2006.8.17. "State of the Insurgency in al-Anbar." Retrieved September 4, 2010, from http://media.washingtonpost.com/wp-srv/nation/documents/marines_iraq_document_020707.pdf

Ibrahim, Youssef M. 1996.8.15. "Saudi Rebels Are Main Suspects In June Bombing of a U.S. Basel." *The New York Times.*

International Crisis Group. 2010.10. *Loose Ends: Iraq's Security Froces Between U.S. Drawdown and Withdrawal.* International Crisis Group.

Iraq Body Count Project. http://www.iraqbodycount.org/

Iraq Coalition Casualty Count. http://www.icasualties.org/

_____. "Iraq Coalition Military Fatalities by Year." Retrieved June 5, 2010, from http://www.icasualties.org/

Iraq Study Group. 2006. *Iraq Study Report: the Way Forward — A New Approach.* Washington, DC: United States Institute of Peace.

Jaffe, Greg. 2007.5.3. "At a Lonely Iraq Outpost, GIs Stay as Hope Fades: U.S. Soldiers Persevere Despite Snipers, Ambush; Fighting for Each Other." *The Wall Street Journal.*

_____. 2010.6.27. "Military Disturbed by Rapid Turnover at Top in Afghan, Iraq Wars." *The Washington Post.*

Jaffe, Greg and Ernesto Londoño. 2010.6.22. "Obama to Meet with McChrystal Before Making 'Any Final Decisions' on Dismissal." *The Washington Post.*

Jayamaha, Buddhika, Wesley D. Smith, Jeremy Roebuck, Omar Mora, Edward Sandmeier, Yance

T. Gray, and Jeremy A. Murphy. 2007.8.19. "The War as We Saw." *The New York Times*.

Jones, James L. et al. 2007.9.6. "The Report of the Independent Commission on the Security Forces of Iraq." Retrieved July 1, 2010, from http://csis.org/files/media/csis/pubs/isf.pdf

Jones, Sam and Borzou Daragahi. 2014.6.10. "Iraq's Security Forces Ill-Equipped to Face Militants." *The Financial Times*.

Kagan, Frederick W. 2007.1.7. "Choosing Victory: A Plan for Success in Iraq(Phase I Report)." Retrieved September 3, 2010, from http://www.aei.org/docLib/20070111_Choosing Victory updated.pdf.

Kagan, Frederick W. and Kimberly Kagan, 2010.4.30. "The U.S. Must Defend the Integrity of Iraqi Elections." *The Washington Post*.

Kagan, Kimberley. 2009. *The Surge: A Military History*. New York: Encounter Books.

Kalin, Stephen. 2015.11.29. "U.S. Senators Call for 20,000 Troops in Syria and Iraq." *Reuters*.

Kaplan, Fred. 2007.8.26. "Challenging the Generals." *The New York Times*.

_____. 2014. *The Insurgents: David Petraeus and the Plot to Change the American Way of War*. New York: Simon & Schuster.

Karni, Annie. and Eric Schmitt, 2021.7.26. "Biden Takes Two Paths to Wind Down Iraq and Afghan Wars." *The New York Times*.

Kaufmann, Chaim. 2004. "Threat Inflation and the Failure of the Marketplace of Ideas: The Selling of the Iraq War." *International Security*, Vol.29, No.1, pp.5~48.

Keating, Joshua. 2014.6.19. "Iraq's Built-to-Fail Military." *Slate*. https://slate.com/news-and-politics/2014/06/how-maliki-s-paranoia-created-iraq-s-dysfunctional-military.html

Keaney, Thomas A. and Eliot A. Cohen. 1995. *Revolution in Warfare? Air Power in the Persian Gulf*. Annapolis, MD: Naval Institute Press.

Keller, Bill. 2003.2.8. "The I-Can't-Believe-I'm-a-Hawk-Club." *The New York Times*.

Kessler, Glenn. 2008.4.3. "Ex-Envoy Details Hussein Meeting." *The Washington Post*.

Khalil, Ashraf. 2008.6.14. "Shiite Cleric Sadr to Demobilize Most of His Militia." *Los Angeles Times*.

Khalilzad, Zalmay. 2006.8.23. "The Battle of Baghdad: Rampant Insecurity — And a Detailed Plan to Combat It." *The Wall Street Journal*.

Kilcullen, David. 2009. *The Accidental Guerrilla: Fighting Small Wars in the Midst of a Big One*. Oxford: Oxford University Press.

Kissinger, Henry A. 2005.8.12. "Lessons for an Exit Strategy." *The Washington Post*.

Knickmeyer, Ellen and Bassam Sebti. 2006.2.28. "Toll in Iraq's Deadly Surge: 1,300 Morgue Count Eclipses Other Tallies Since Shrine Attack." *The Washington Post*.

Knowlton, Brian. 2003.7.16. "Top U.S. General in Iraq Sees 'Classical Guerrilla-Type' War." *The New York Times*.

Kramer, Mark. 2004/2005. "The Perils of Counterinsurgency: Russia's War in Chechnya." *International Security*, Vol.29, No.3. pp.5~62.

Krepinevich, Andrew F. 1986. *The Army and Vietnam*. Baltimore, MD: Johns Hopkins University Press.

_____. 2005. "How to Win in Iraq." *Foreign Affairs*. pp.87~104.

Landler, Mark and Helene Cooper. 2011.6.22. "Obama Will Speed Pullout From War in

Afghanistan." *The New York Times.*

Lewis, Jessica. 2013. *Al-Qaeda in Iraq Resurgent: the Breaking the Walls Campaign*, Part I and Part II. Washington, DC: The Institute for the Study of War.

Leland, John and Jack Healy. 2010.12.21. "After Months, Iraqi Lawmakers Approve a Government." *The New York Times.*

LeLand, John and Steven Lee Myers. 2010.11.13. "Iraqi Lawmakers Approve an Outline for Power Sharing." *The New York Times.*

Linzer, Dafna and Thomas E. Ricks, 2006.11.28. "Anbar Picture Grows Clearer, and Bleaker." *The Washington Post.*

Little, Douglas. 2010. "The Cold War in the Middle East: Suez Crisis to Camp David Accords." in Melvyn P. Leffler and Odd Arne Westad (eds.). *The Cambridge History of the Cold War: Vol II, Crises and Détente.* Cambridge: Cambridge University Press, pp.305~326

Lubold, Gordon. 2015.5.17. "U.S. Special Forces Kill Senior ISIS Leader in Syria, Capture His Wife." *The Wall Street Journal.*

Lynch, Colum. 2008.6.27. "U.N. Finds Afghan Opium Trade Rising." *The Washington Post.*

Lynch, Rick. 2006. "Operational Update(Press Briefing, February 23, 2006)." Retrieved July 20, 2010, from http://www.usf-iraq.com/news/press-briefings/operational-update-feb-23

_____. 2006. "Operational Update(Press Briefing, February 25, 2006)." Retrieved July 20, 2010, from http://www.usf-iraq.com/news/press-briefings/operational-update-feb-25

_____. 2006. "Operational Update(Press Briefing, March 2, 2006)." Retrieved July 20, 2010, from http://www.usf-iraq.com/news/press-briefings/operational-update-march-2

Lynn-Jones, Sean and Steven Miller (ed.). 1993. *The Cold War and After: Prospects for Peace.* Cambridge: MIT Press.

MacGregor, Douglas A. 2009. *Warrior's Rage: The Great Tank Battle of 73 Easting.* Annapolis, MD: Naval Institute Press.

Mansoor, Peter R. 2008.8.10. "How the Surge Worked." *The Washington Post.*

_____. 2008.11.23. "How to Leave Iraq — Intact." *The New York Times.*

_____. 2009. *Baghdad at Sunrise: A Brigade Commander's War in Iraq.* New Haven, CT: Yale University Press.

Margolick, David. 2007.4. "The Night of the Generals." *Vanity Fair*, pp.246~251.

Mazzetti, Mark and William Glaberson. 2009.1.21. "Obama Issues Directive to Shut Down Guantá namo." *The New York Times.*

McCain, John and Lindsey Graham. 2014.8.29. "Stop Dithering, Confront ISIS." *The New York Times.*

McChrystal, Stanley A. 2009.8.30. "Commander's Initial Assessment." Retrieved October 29, 2010, from http://media.washingtonpost.com/wp-srv/politics/documents/Assessment_Redacted_092109.pdf?hpid=topnews

McDonnell. Patrick J. 2015.2.19. "In Yemen, Takeover by Houthis Leaves Nation's Future Unclear." *The Los Angeles Times.*

Mearsheimer, John J. 2001. "The Future of the American Pacifier." *Foreign Affairs*, Vol.80, No.5, pp.46~61.

Metz, Steven. 2008. *Iraq and The Evolution of American Strategy.* Washington, DC: Potomac

Books.

Meyers, Steven Lee. 2003.3.30. "A Nation at War." *The New York Times*.

Meyers, Steven Lee and Thom Shanker. 2010.3.24. "General Works to Salvage Iraq Legacy." *The New York Times*.

Moghadam, Assaf. 2008/2009. "Motives for Martyrdom: Al-Qaida, Salafi Jihad, and the Spread of Suicide Attacks." *International Security*, Vol.33, No.3, pp.46~78.

Morris, Loveday. 2014.2.9. "Shiite Militias in Iraq Begin to Remobilize." *The Washington Post*.

_____. 2014.5.8. "Iraqi Army Faces Death and Desertions as It Struggles with Anbar Offensive." *The Washington Post*.

_____. 2014.6.13. "Shiite Cleric Sistani Backs Iraqi Government's Call for Volunteers to Fight Advancing Militants." *The Washington Post*.

_____. 2014.6.20. "Iraqi Army Increasingly Bolstered by Shiite Militias as ISIS Advances." *The Washington Post*.

_____. 2016.6.26. "The Force Leading the Iraq Army's Fight Against ISIS Went From 'Dirty Division' to Golden Boys." *The Washington Post*.

Morris, Loveday and Liz Sly. 2014.6.13. "Iraq Disintegrating as Insurgents Advance Toward Capital; Kurds Seize Kirkuk." *The Washington Post*.

Mungin, Lateef. 2011.5.19. "Amnesty: Egypt far from Justice over Unrest that Killed More Than 800." *CNN*.

Multi-National Forces in Iraq(MNF-I). 2006.8.8. "Phase II of Operation Together Forward Kicks Off in Baghdad(Press Release: 20060808-05)." Retrieved September 5, 2010, from http://www.usf-iraq.com/news/press-releases/phase-ii-of-operation-together-forward-kicks-off-in-baghdad

_____. 2006.12.12. "Lt. Gen Chiarelli Media Roundtable, Dec. 12(Press briefing)." Retrieved September 6, 2010, from http://www.usf-iraq.com/news/press-briefings/lt-gen-chiarelli- media-roundtable-dec-12

_____. 2007.3.6. "Clearing Sadr City MND-B General Pleased with Initial Results 1st Cavalry Division Public Affairs(Press Release: 20070306-13)." Retrieved September 24, 2010, from http://www.usf-iraq.com/news/press-releases/clearing-sadr-city-mnd-b-general-pleased-with-i nitial-results-1st-cavalry-division-public-affairs

Mundy III, Carl E. 2003.12.30. "Spare the Rod, Save the Nation." *The New York Times*.

Murray, Shailagh. 2007.9.26. "Senate Endorses Plan to Divide Iraq: Action Shows Rare Bipartisan Consensus." *The Washington Post*.

Murray, Williamson and Robert H. Scales, Jr. 2003. *The Iraq War: A Military History*. Cambridge, MA: Harvard University Press.

Myers, Steven Lee. 2010.5.14. "In Recount, Iraqi Commission Finds Little Fraud." *The New York Times*.

Nagl, John. 2005. *Learning to Eat Soup with a Knife: Counterinsurgency Lessons from Malaya and Vietnam*. Chicago, IL: University Of Chicago Press.

National Commission on Terrorist Attacks Upon the United States(9/11 Commission). 2004. *The 9/11 Commission Report: Final Report of the National Commission on Terrorist Attacks Upon the United States*. New York: W.W. Norton.

National Security Archive. 2006.9.1. "New State Department Releases on the 'Future of Iraq' Project." Retrieved from http://www.gwu.edu/~nsarchiv/NSAEBB/NSAEBB198/index .htm

National Security Council. 2005.11. "National Strategy for Victory in Iraq." Retrieved July 17, 2010, from http://georgewbush-whitehouse.archives.gov/infocus/iraq/iraq_strategy_ nov2005.html

National Security Presidential Directive (NSPD). 2004.5.11. "United States Government Operations in Iraq." Retrieved May 11, 2004, from http://www.fas.org/irp/offdocs/nspd/ nspd051104.pdf

Nordland, Rod. 2009.1.25. "Now It's a Census That Could Rip Iraq Apart." *The New York Times.*

Naylor, Sean D. 2015.6.4. "The Islamic State's Best Weapon Was Born in the USA." *Foreign Policy.*

New York Times. 1990.9.23. "Excerpts From Iraqi Document on Meeting with U.S. Envoy."

_____. 2007.1.23. "Transcript: General Petraeus's Opening Statement."

_____. 2007.3.29. "Legislating Leadership on Iraq."

_____. 2007.7.8. "The Road Home."

_____. 2007.9.9. "Hiding Behind the General."

_____. 2009.1.20. "Transcript: Barack Obama's Inaugural Address."

_____. 2010.10.29. "Ambassador Eikenberry's Cables on U.S. Strategy in Afghanistan."

Nordland, Rod. 2015.4.7. "After Victory Over ISIS in Tikrit, Next Battle Requires a New Template." *The New York Times.*

Nordland, Rod and Alissa J. Rubin. 2014.6.20. "Iraq Insurgents Reaping Wealth as They Advance." *The New York Times.*

Oakford, Samuel. 2018.4.5. "Counting the Dead in Mosul." *The Atlantic.*

O'Hanlon, Michael E. 2002. "A Flawed Masterpiece." *Foreign Affairs*, Vol.81, No.3, pp.47~63.

O'Hanlon, Michael E. and Kenneth M. Pollack. 2007.7.30. "A War We Just Might Win." *The New York Times.*

Oppel Jr., Richard A. 2005.6.16. "Magnet for Iraq Insurgents Is a Crucial Test of New U.S. Strategy." *The New York Times.*

_____. 2007.2.4. "At Least 130 Die as Blast Levels Baghdad Market." *The New York Times.*

Oren, Michael B. 2002. *Six Days of War: June 1967 and the Making of the Modern Middle East.* Oxford: Oxford University Press.

Owens, William. 2002. *Lifting the Fog of War.* Baltimore, MD: Johns Hopkins University Press.

Packer, George. 2005. *The Assassins' Gate: America in Iraq.* New York: Farrar, Straus and Giroux.

Paley, Amit R. 2008.2.8. "Shift in Tactics Aims to Revive Struggling Insurgency: Al-Qaeda in Iraq Hopes A Softer Approach Will Win Back Anbar Sunnis." *The Washington Post.*

_____. 2008.2.21. "Sadr's Militia Enforces Cease-Fire With a Deadly Purge." *The Washington Post.*

Paley, Amit R. and Joshua Partlow. 2008.1.23. "Iraq's New Law on Ex-Baathist Could Bring Another Purge." *The Washington Post.*

_____. 2008.2.4. "Iraqi Leaders Allow Controversial Baathist Law to Take Effect." *The Washington Post.*

_____. 2008.2.16. "Evolution Of a U.S. General In Iraq: No. 2 Commander Transformed Tactics." *The Washington Post.*

Parker, Ned. 2007.7.15. "Iraq Insurgency Said to Include any Saudis: They Outnumber Other Foreigners, and Half Join as Suicide Bombers, a Senior U.S. Officer Says." *Los Angeles Times.*

_____. 2007.7.30. "Interior Ministry Mirrors Chaos of a Fractured Iraq." *Los Angeles Times.*

Parker, Ned, Isabel Coles, and Raheem Salman, 2014.10.14. "How Mosul Fell — An Iraqi General Disputes Baghdad's Story." *Reuter*.

Parker, Ned and Jonathan Landay. 2016.8.23. "Special Report: Massacre Reports Show U.S. Inability to Curb Iraq Militias." *Reuters*.

Parker, Ned and Saif Hameed. 2009.4.3. "Sunni Paramilitary Leader Released from Iraq Jail." *Los Angeles Times*.

Partlow, Joshua. 2007.1.27. "Sheiks Help Curb Violence in Iraq's West, U.S. Says: Others See Peril in Tribal Confederation." *The Washington Post*.

_____. 2007.2.11. "Path in Iraq Hard But Not Hopeless, U.S. General Says Petraeus Assumes His New Command." *The Washington Post*.

_____. 2007.10.27. "'I Don't Think This Place is Worth Another Soldier's Life': After 14 Months in a Baghdad District Torn By Mounting Sectarian Violence, Members of One U.S. Unit Are Tired, Bitter and Skeptical." *The Washington Post*.

Partlow, Joshua, Ann Scott Tyson, and Robin Wright. 2007.9.14. "Bomb Kills a Key Sunni Ally of U.S.: Sheik Had Organized Rival Tribes in Anbar To Oppose Extremists." *The Washington Post*.

Petraeus, David H. 2004.9.26. "Battle for Baghdad." *The Washington Post*.

_____. 2007.9.10. "Report to the Congress on the Situation in Iraq." Retrieved September 24, 2010, from http://www.defense.gov/pubs/pdfs/Petraeus-Testimony20070910.pdf

Pincus, Walter. 2004.10.19. "Zarqawi Is Said to Swear Allegiance to Bin Laden." *The Washington Post*.

_____. 2008.3.31. "U.S. Unsure about the Future of Iraq's 'Sons'." *The Washington Post*.

Pollack, Kenneth M. 2002. *Threatening Storm: The Case for Invading Iraq*. New York: Random House.

_____2004.1-2. "Spies, Lies, and Weapons: What Went Wrong." *The Atlantic Monthly*, pp.78~92.

_____2010.8.22. "Five Myths about the Iraq Troop Withdrawal." The Washington Post.

Posen, Barry R. 2000. "U.S. Security Policy in a Nuclear-Armed World, or What If Iraq Had Had Nuclear Weapons?" in Victor A. Utgoff (ed.) *The Coming Crisis: Nuclear Proliferation, U.S. Interests, and World Order*. Cambridge, MA: MIT Press.

_____. 2006.1-2. "Exit Strategy: How to Disengage from Iraq in 18 Months." *Boston Review*.

Postol, Theodore A. 1991/1992. "Lessons of the Gulf War Experience with Patriot." *International Security*, Vol.16, No.3, pp.119~171.

Powel, Colin L. 2003.2.5. "Remarks to the United Nations Security Council." U.S. Department of State. Retrieved from http://2001-2009.state.gov/secretary/former/powell/remarks/2003/17300.htm

Power, Samantha. 2007.7.29. "Our War on Terror." *The New York Times*.

Presidential Memorandum Plan to Defeat the Islamic State of Iraq and Syria (January 28, 2017). https://www.whitehouse.gov/presidential-actions/presidential-memorandum-plan-defeat-islamic-state-iraq-syria/

Preston, Julia. 2003.1.28. "Inspector Says Iraq Falls Short." *The New York Times*.

Quinlivan, James T. 1999. "Coup-Proofing: Its Practices and Consequences in the Middle East." *International Security*, Vol.24, No.2, pp.131~165.

Raghavan, Sudarsan. 2007.3.14. "Mailiki, Petraeus Visit Insurgent Hotbed in Iraq: Premier's First Official Trip to Ramadi Urged by Top U.S. Commander in Iraq." *The Washington Post.*

_____. 2008.12.5. "Sadr Movement Seeks Its Way As Others Gain Power in Iraq." *The Washington Post.*

Raghavan, Sudarsan and Saad Sarhan, 2008.11.30. "Top Shiite Cleric in Iraq Raises Concerns About Security Pact." *The Washington Post.*

Raghavan, Sudarsan and Sholnn Freeman. 2008.4.1. "U.S. Appears to Take Lead in Fighting in Baghdad: U.S. Forces Battle Mahdi Army in Sadr City, Aircraft Target Basra." *The Washington Post.*

Rasheed, Ahmed. 2016.7.31. "Death Toll in Baghdad Bombing Rises to 324: Ministry." *Reuters.*

Rashid, Ahmed. 2001. *Taliban: Militant Islam, Oil and Fundamentalism in Central Asia.* New Haven, CT: Yale University Press.

Remarks of President Barack Obama - Responsibly Ending the War in Iraq, February 27, 2009, https://obamawhitehouse.archives.gov/the-press-office/remarks-president-barack-obama-ndash-responsibly-ending-war-iraq

Rice, Condoleezza. 2000. "Promoting the National Interest." *Foreign Affairs*, Vol.79, No.1, pp.45~62.

Ricks, Thomas E. 2004.5.9. "Dissension Grows in Senior Ranks on War Strategy: U.S. May Be Winning Battles in Iraq, but Losing the War, Some Officers Say." *The Washington Post.*

_____. 2004.10.18. "General Reported Shortages in Iraq: Situation is Improved, Top Army Officials Say." *The Washington Post.*

_____. 2006.2.16. "The Lessons of Counterinsurgency: U.S. Unit Praised for Tactics Against Iraqi Fighters, Treatment of Detainees." *The Washington Post.*

_____. 2006.2.21. "U.S. Counterinsurgency Academy Giving Officers a New Mind-Set: Course in Iraq Stresses the Cultural, Challenges the Conventional." *The Washington Post.*

_____. 2006.2.26. "In the Battle for Baghdad, U.S. Turns War on Insurgents." *The Washington Post.*

_____. 2006. *Fiasco: the American Military Adventure in Iraq.* New York: The Penguin Press.

_____. 2006.9.11. "Situation Called Dire in West Iraq; Anbar Is Lost Politically, Marine Analyst Says." *The Washington Post.*

_____. 2007.4.27. "Army Officer Accuses Generals of 'Intellectual and Moral Failures'." *The Washington Post*, April 27, 2007.

_____. 2009. *The Gamble: General David Petraeus and the American Military Adventure in Iraq, 2006~2008.* New York: The Penguin Press.

Risen, James. 2008.10.4. "Reports Link Karzai's Brother to Afghanistan Heroin Trade." *The New York Times.*

Robinson, Linda. 2008. *Tell Me How This Ends: General David Petraeus and the Search for a Way Out of Iraq.* New York: Public Affairs.

Robson, Seth. 2016.4.13. "Kurdish Peshmerga Getting Heavy Weapons for Mosul Push." *Stars and Stripes.*

Rodriguez, Alex. 2006.6.29. "Iraqi Shrine Blast Suspect Caught: Tunisian, 15 Others Arrested as Checkpoint Near Baghdad Stormed." *Chicago Tribune.*

Rohde, David. 2007.10.30. "Foreign Fighters of Harsher Bent Bolster Taliban." *The New York Times*.

Rohde, David and David E. Sanger. 2007.8.12. "How a 'Good War' in Afghanistan Went Bad." *The New York Times*.

Rondeaux, Candace and Imtiaz Ali. 2008.4.25. "Taliban Leader Calls Cease-Fire Within Pakistan: Move Part of Peace Talks." *The Washington Post*.

Rubin, Alissa J. 2007.3.29. "70 Killed in Wave of Revenge in Northern Iraq." *The New York Times*.

_____. 2009.4.11. "Arrests Deepen Iraqi Sunnis' Bitterness." *The New York Times*.

_____. 2010.7.14. "Afghans to Form Local Forces to Fight Taliban." *The New York Times*.

_____. 2007.7.19. "At Least 12 Die In Iraq Attacks: Sunnis Condemn Shiite Militia." *The New York Times*.

_____. 2009.7.30. "Iraq Marks Withdrawal of U.S. Troops From Cities." *The New York Times*.

Rubin, Alissa J. and Doyle McManus. 2004.10.24. "Why America has waged a Losing Battle on Falluja." *Los Angeles Times*.

Rubin, Alissa J. and Rod Nordland. 2009.3.28. "Troops Arrest an Awakening Council Leader in Iraq, Setting Off Fighting." *The New York Times*.

_____. 2009.4.15. "U.S. Military Expresses Concern About Perception of an Iraqi Crackdown on Sunnis." *The New York Times*.

Rubin, Alissa J. and Scott Shane. 2011.7.13. "Half Brother of Hamid Karzai Is Killed in Kandahar." *The New York Times*.

Rubin, Alissa J. and Suadad Al-Salhy. 2014.7.16. "For Iraq, Debacle in Tikrit as Forces Walk Into Trap Set by Militants." *The New York Times*.

Ryan, Missy. 2015.6.23. "U.S. Trained Iraqi Forces Prepare for Ramadi Offensive Against Islamic State." *The Washington Post*.

Ryan, Missy and Erin Cunningham. 2014.11.27. "U.S. Seeks to Build Lean Iraqi Force to Fight the Islamic State." *The Washington Post*.

Sabah, Zaid. 2009.8.23. "Iraqi Official Says Security Forces May Have Colluded in Bombings: Zebari Accuses Government of Overconfidence Prior to Deadly Attacks." *The Washington Post*.

Sabah, Zaid and Sudarsan Raghavan. 2009.3.2. "Hundreds of Iraqi Shiites Protest Voting Results, Allege Fraud." *The Washington Post*.

Sagan, Scott D. 2000. "The Commitment Trap: Why the United States Should Not Use Nuclear Threats to Deter Biological and Chemical Weapons Attacks." *International Security*, Vol.24, No.4, pp.85~115.

Salman, Raheem and Ned Parker. 2013.8.6. "The Great Escape: How Al Qaeda Broke Hundreds of Bad Guys Out of the World's Most Notorious Jail — and What It Means for America." *Foreign Policy*. https://foreignpolicy.com/2013/08/06/the-great-escape-2/

Sanger, David, Michael R. Gordon and John F. Burns. 2007.1.2. "Chaos Overran Iraq Plan in 06, Bush Team Says." *The New York Times*.

Santora, Marc. 2007.1.23. "2 Car Bombs Kill Scores at Packed Market in Baghdad." *The New York Times*.

_____. 2007.2.20. "Iraqi Militants Launch Attack on U.S. Outpost." *The New York Times*.

Scales, Jr. Robert H. 1994. *Certain Victory: The U.S. Army in the Gulf War*. Dulles, VA: Potomac Books.

Schmidt, Michael S. 2011.6.21. "Attack in Iraq Kills Dozens Near House of Governor." *The New York Times*.

Schmidt, Michael S. and Tim Arango. 2011.6.26. "Feud Between Maliki and Allawi Paralyzes Iraqi Government." *The New York Times*.

Schmitt, Eric. 2003.2.28. "Pentagon Contradicts General on Iraq Occupation Force's Size." *New York Times*.

_____. 2004.9.20. "Efforts to Train New Iraqi Army is Facing Delays." *The New York Times*.

_____. 2010.1.25. "U.S. Envoy's Cables Show Worries on Afghan Plans." *The New York Times*.

_____. 2016.5.25. "U.S. Says Its Strikes Are Hitting More Significant ISIS Targets." *The New York Times*.

Schmitt, Eric and Michael R. Gordon. 2014.6.12. "The Iraqi Army was Crumbling Long Before Its Collapse, U.S. Officials Say." *The New York Times*.

Scowcroft, Brent. 2002.8.15. "Don't Attack Saddam: It would Undermine Our Antiterror Efforts." *The Wall Street Journal*.

Seale, Patrick. 1989. *Asad: the Struggle for the Middle East*. Berkeley, CA: University of California Press.

Select Committee on Intelligence. 2010.8.1. "Report on Postwar Findings about iraq's WMD Programs and Links to Terrorism and How They Compare with Prewar Assessments." Retrieved August 1, from http://intelligence.senate.gov/phaseiiaccuracy.pdf

Select Committee on U.S. National Security and Military/Commercial Concerns with the People's Republic of China. 1999. "U.S. National Security and Military/ Commercial Concerns with the People's Republic of China." Retrieved from http://www.house.gov/ coxreport/cont/gncont. html

Semple, Kirk. 2006.7.10. "Sectarian Clashes: Baghdad Erupts in Mob Violence." *The New York Times*.

_____. 2006.10.20. "Attack on Iraqi City Shows Militia's Power." *The New York Times*.

_____. 2006.11.23. "Deadly Attack Kills at Least 144 in Baghdad." *The New York Times*.

_____. 2007.3.14. "Iraq Premier Meets Leaders in Area Torn by Insurgency." *The New York Times*.

_____. 2007.4.19. "Bomb Rip Through Baghdad in Wave of Attacks, Killing 171." *The New York Times*.

Shadid, Anthony. 2005. *Night Draws Near: Iraq's People in the Shadow of America's War*. New York: Henry Holt.

_____. 2009.10.26. "Bombings Rock Iraq's Political Landscape: Deadliest Attacks in Two Years, 'A Clear Message' to Maliki Before Elections." *The Washington Post*.

_____. 2011.1.8. "Iraqi Cleric Embraces State in Comeback Speech." *The New York Times*.

Shah, Taimoor and Alissa J. Rubin. 2011.5.8. "Broad Taliban Attack Paralyzes Kandahar." *The New York Times*.

Shambaugh, David. 2000. "Sino-American Strategic Relations: From Partners to Competitors." *Survival*, Vol.42, No.1. pp.97~115.

Shane, Scott. 2008.7.2. "China inspired Interrogations at Guantánamo." *The New York Times*.

Shanker, Thom. 2008.3.12. "Mideast Commander Retires After Irking Bosses." *The New York Times.*

_____. 2010.8.12. "Win Wars? Today's Generals Must Also Politik and Do PR." *The New York Times.*

_____. 2011.3.15. "General Sees Joint Bases for Afghan After 2014." *The New York Times.*

Shanker, Thom and Charlie Savage. 2011.2.2. "In Book, Rumsfeld Recalls Bush's Early Iraq Focus." *The New York Times.*

Shanker, Thom and Eric Schmitt. 2009.3.18. "U.S. Plans Vastly Expanded Afghan Security Force." *The New York Times.*

Shanker, Thom and David S. Cloud. 2007.7.20. "U.S. Generals Seek Patience in Judging Iraq." *The New York Times.*

Shear, Michael D. 2014.8.9. "Obama Says Iraq Airstrike Effort Could Be Long-Term." *The New York Times.*

Shils, Edward A. and Morris Janowitz. 1948.1. "Cohesion and Disintegration in the Wehrmacht in World War II." *Public Opinion Quarterly*, Vol.12, No.2, pp.280~315

Simon, Steven. 2008.5-6. "The Price of the Surge." *Foreign Affairs*, pp.57~76.

Sky, Emma. 2015. *The Unraveling: High Hopes and Missed Opportunities in Iraq.* New York: PublicAffairs.

_____. 2015.4.7. "How Obama Abandoned Democracy in Iraq." *The Politico.* https://www.politico.com/magazine/story/2015/04/obama-iraq-116708

Sly, Liz. 2014.1.3. "Al-Qaeda Force Captures Fallujah Amid Rise in Violence in Iraq." *The Washington Post.*

Sly, Liz and Craig Whitlock. 2011.12.15. "Iraq War Draws to a Quiet Close." *The Washington Post.*

Smith, R. Jeffrey. 2007.4.6. "Hussein's Prewar Ties to Al-Qaeda Discounted: Pentagon Report Says Contacts were Limited." *The Washington Post.*

Smith, Tony. 2007. *A Pact with the Devil: Washington's Bid for World Supremacy and the Betrayal of the American Promise.* New York: Rougledge.

Special Inspector General for Iraq Reconstruction (SIGIR). 2009. *Hard Lessons: The Iraq Reconstruction Experience.* Washington, DC: US Independent Agencies and Commissions.

Spinner, Jackie and Bassam Sebti. 2005.1.24. "Militant Declares War on Iraqi Vote: Zarqawi Terms Democracy an 'Evil Principle'." *The Washington Post.*

Statement by the President on ISIL. 2014.8.9. https://obamawhitehouse.archives.gov/the-press-office/2014/08/09/statement-president-iraq

_____. 2014.9.10. https://obamawhitehouse.archives.gov/the-press-office/2014/09/10/statement-president-isil-1

Stern, Jessica and J.M. Berger. 2015. *ISIS: The State of Terror.* New York: Ecco.

Stevenson, Richard W. 2004.1.29. "Ex-Arms Monitor Urges an Inquiry on Iraqi Threat." *The New York Times.*

Stolberg, Sheryl Gay. 2009.8.17. "Obama Defends Strategy in Afghanistan." *The New York Times.*

Stout, David. 2007.2.16. "House Passes Iraq Resolution With 17 Votes From G.O.P." *The New York Times.*

Susman, Tina. 2007.6.19. "Violence Resumes, Scores Die as Curfews are Lifted in Iraq." *Los*

Angeles Times.

Taguba, Antonio M. 2004.5.27. "AR 15-6 Investigation of the 800th Military Police Brigade." Retrieved July 6, 2010, from http://www.dod.mil/pubs/foi/detainees/taguba/TAGUBA_REPORT_CERTIFICATIONS.pdf

Talev, Margaret and Angela Greiling Keane. 2014.6.21. "Obama Says Quickly Arming Syrian Opposition a 'Fantasy'." *Bloomberg Business.*

Talmadge, Caitlin and Austin Long. 2015.9.22. "Why the U.S. (Still) Can't Train the Iraqi Military." *The Washington Post.*

Tavernise, Sabrina. 2008.7.27. "A Shiite Militia in Baghdad Sees Its Power Wane." *The New York Times.*

_____. 2006.9.28. "Cleric Said to Lose Reins of Parts of Iraqi Militia." *The New York Times.*

Taylor, John B. 2007.2.27. "Billions over Baghdad." *The New York Times.*

Thompson, Robert. 1966. *Defeating Communist Insurgency: Experiences from Malaya and Vietnam.* London: Chatto & Windus.

Thompson, Mark. 2016.8.31. "Former U.S. Commanders Take Increasingly Dim View of War on ISIS." *Time.*

Transparency International. 2009. "Corruption Perceptions Index 2009." Retrieved October 29, 2010, from http://www.transparency.org/policy_research/surveys_indices/cpi/2009/ cpi_2009_table

_____. 2010. "Corruption Perceptions Index 2010." Retrieved October 29, 2010, from http:// www.transparency.org/policy_research/surveys_ indices/cpi/2010/results

Tyler, Patrick E. 2004.9.17. "The Reach of War: U.N. Chief Ignites Firestorm by Calling Iraq War 'Illegal'." *The New York Times.*

Tyson, Ann Scott. 2005.4.19. "Increased Security In Fallujah Slows Efforts to Rebuild Checkpoints: Curfew Bog Down Economy." *The Washington Post.*

_____. 2007.3.19. "Military Ill-Prepared for Other Conflicts." *The Washington Post.*

_____. 2007.4.20. "Gates Warns Iraq Leaders That 'Clock Is Ticking' on U.S. Presence: U.S. Defense Secretary Robert M. Gates arrives at Camp Fallujah in Anbar Province After a Stop in Baghdad." *The Washington Post.*

_____. 2007.5.23. "New Strategy for War Stresses Iraqi Politics: U.S. Aims to Oust Sectarians From Key Roles." *The Washington Post.*

_____. 2007.11.2. "U.S. Sees Decline In Bombs In Iraq: Fewer Projectiles Linked to Iran, but Officials Are Wary." *The Washington Post.*

_____. 2008.6.15. "A Sober Assessment of Afghanistan: Outgoing U.S. Commander Cites 50% Spike in Attacks in East." *The Washington Post.*

Tyson, Ann Scott and Josh White. 2007.4.12. "Strained Army Extends Tours To 15 Months: Move Is Needed for Iraq Troop Increase." *The Washington Post.*

U.S. Army and Marine Corps. 2007. *Counterinsurgency Field Manual.* Chicago, IL: The University of Chicago Press.

U.S. Department of Justice Office of Legal Counsel. 2002.8.1. "Memorandum for Alberto R. Gonzales" Retrieved July 7, 2010, from http://dspace.wrlc.org/doc/bitstream/2041/70964/00355_020801_001display.pdf

U.S. Government. 2007.7.12. "Initial Benchmark Assessment Report." Retrieved September 24, 2010, from http://georgewbush-whitehouse.archives.gov/news/releases/2007/07/ 20070712. html

Ucko, David H. 2009. *The New Counterinsurgency Era: Transforming the U.S. Military for Modern Wars*. Washington, DC: Georgetown University Press.

UN Assistance Mission for Iraq(UNAMI). 2005. "Iraqi Constitution." Retrieved July 10, 2010, from http://www.uniraq.org/documents/iraqi_constitution.pdf

UN News Centre. 2002.11.8. "Security Council Members Say New Iraq Measure Contains No Automatic Triggers for Force." Retrieved from http://www.un.org/apps/news/story Ar.asp?NewsID=5305

UN Security Council. 2002.11.8. "Resolution 1441." Retrieved from http://www.un.org/ Depts/unmovic/new/documents/resolutions/s-res-1441.pdf

_____. 2003.5.22. "Resolution 1483." Retrieved from http://www.un.org/Depts/unmovic/ new/documents/resolutions/s-res-1483.pdf

_____. 2003.8.14. "Resolution 1500." Retrieved from http://daccess-dds-ny.un.org/doc/UN DOC/GEN/N03/467/78/PDF/N0346778.pdf?OpenElement

_____. 2003.10.16. "Resolution 1511." Retrieved from http://daccess-dds-ny.un.org/doc/U NDOC/GEN/N03/563/91/PDF/N0356391.pdf?OpenElement

U.S. Department of State Statement - U.S. Condemns ISIL Assault on Mosul, https://2009-2017.state.gov/r/pa/prs/ps/2014/06/227378.htm

Vick, Karl and Naseer Nouri. 2004.8.26. "Top Shiite Cleric Plans March to Najaf: Sistani's Surprise Return Complicates Standoff Between U.S. and Militia." *The Washington Post*.

Watling, Jack. 2016.12.22. "The Shia Militias of Iraq." *The Atlantic*.

Warrick, Joby and Mary B. Sheridan. 2011.6.17. "Zawahiri faces Hurdles as Bin Laden Successor." *The Washington Post*.

Weiss, Michael and Hassan Hassan. 2015. *ISIS: Inside the Army of Terror*. New York: Regan Arts.

West, Bing. 2006. *No True Glory: A Frontline Account of the Battle for Fallujah*. New York: Bantam Books.

_____. 2008. *The Strongest Tribe: War, Politics, and the Endgame in Iraq*. New York: Random House.

White House. 2002.9.12. "President's Remarks at the United Nations General Assembly." Retrieved from http://georgewbush-whitehouse.archives.gov/news/releases/2002/09/ 20020912-1.html

_____. 2006.1.31. "President Bush Delivers State of the Union Address." Retrieved July 20, 2010, from http://georgewbush-whitehouse.archives.gov/news/releases/2006/01/2006 0131-10.html

_____. 2007.1.10. "President's Address to the Nation." Retrieved August 26, 2010, from http://georgewbush-whitehouse.archives.gov/news/releases/2007/01/20070110-7.html

_____. 2007.1.23. "President Bush Delivers State of the Union Address." Retrieved August 26, 2010, from http://georgewbush-whitehouse.archives.gov/news/releases/2007/01/200701 23-2.html

_____. 2008.11.27. "Text of Strategic Framework Agreement and Security Agreement Between the United States of America and the Republic of Iraq." Retrieved October 10, 2010, from http://georgewbush-whitehouse.archives.gov/news/releases/2008/11/200811 27-2.html

_____. 2009.12.1. "The New Way Forward: The President's Address." Retrieved October 29, 2010, from http://www.whitehouse.gov/blog/2009/12/01/new-way-forward-presidents- address

_____. 2021. 2. 23. "Readout of President Joseph R. Biden, Jr. Call With Prime Minister Mustafa Al-Kadhimi of Iraq," Retrieved July 13, 2021, from https://www.whitehouse.gov/briefing-room/statements-releases/2021/02/23/readout-of-president-joseph-r-biden-jr-call-with-prime-minister-mustafa-al-kadhimi-of-iraq/

White, Josh. 2004.12.1. "U.S. Generals in Iraq Were Told of Abuse Early, Inquiry Finds." *The Washington Post.*

Whitlock, Craig. 2009.4.5. "Czechs Could Shoot Down Hope for Missile Defense." *The Washington Post.*

Williams, Timothy and Rod Nordland. 2010.3.26. "Allawi Victory in Iraq Sets Up Period of Uncertainty." *The New York Times.*

Williams, Timothy and Suraid Adnan. 2010.10.16. "Sunnis in Iraq Allied with U.S. Quitting to Rejoin Rebels." *The New York Times.*

Witte, Griff. 2007.10.3. "Pakistan Seen Losing Fight Against Taliban And Al-Qaeda." *The Washington Post.*

Witty, David. 2015.3. *The Iraqi Counter Terrorism Service.* Washington, DC: The Brookings Institution.

Wong, Edward. 2006.3.28. "Shiites Say U.S. Is Pressuring Iraqi Leader to Step Aside." *The New York Times.*

_____. 2006.9.24. "It's Moving Day, All over Iraq." *The New York Times.*

_____. 2006.11.26. "A Matter of Definition: What Make a Civil War, and Who Declares It So?" *The New York Times.*

Wong, Edward and David S. Cloud. 2007.4.21. "U.S. Erects Baghdad Wall to Keep Sects Apart." *The New York Times.*

Wong, Leonard et al. 2003.7. *Why They Fight: Combat Motivation in the Iraq War.* Carlisle, PA: U.S. Army War College.

Woods, Kevin et al. 2006. *The Iraqi Perspectives Report: Saddam's Senior Leadership on Operation Iraqi Freedom from the Official U.S. Joint Forces Command Report.* Annapolis, MD: U.S. Naval Institute Press.

Woodward, Bob. 2002. *Bush at War.* New York: Simon & Schuster.

_____. 2004. *Plan of Attack.* New York: Simon & Schuster.

_____. 2006. *State of Denial.* New York: Simon & Schuster.

_____. 2008. *The War Within: A Secret White House History, 2006~2008.* New York: Simon and Schuster.

Worth, Robert F. 2006.2.25. "Muslim Clerics Call for an End to Iraqi Rioting." *The New York Times.*

Wright, Lawrence. 2006. *The Looming Tower: Al-Qaeda and the Road to 9/11.* New York: Knopf.

Wright, Robin and Ann Scott Tyson. 2006.12.14. "Joint Chiefs Advise Change In War Strategy." *The Washington Post.*

Yergin, Daniel. 2008. *The Prize: The Epic Quest for Oil, Money, and Power.* New York: Simon and Shuster.

Zavis, Alexandra. 2008.6.4. "Daughters of Iraq: Women Take on a Security Role." *Los Angeles*

Times.

Zhdannikov, Dmitry. 2015.1.23. "Iraqi PM says West and Iran both helping against Islamic State." *Reuters*.

Zucchino, David. 2014.11.3. "Why Iraqi Army Can't Fight, Despite $25 Billion in U.S. Aid, Training." *The Los Angeles Times*.

찾아보기

이라크 전쟁 주요 일지

1990년	8월 2일	이라크의 쿠웨이트 침공
1991년	1월 17일	사막의 폭풍 작전 개시
	2월 28일	이라크에 대한 군사작전 종료
2001년	1월 20일	부시 대통령 취임
	9월 11일	9·11 테러 공격
	10월 7일	미국의 아프가니스탄 침공
2002년	1월 29일	부시 대통령의 '악의 축' 발언
2003년	3월 20일	미국의 이라크 침공
	4월 21일	연합군임시행정청 설치
	4월 30일	팔루자에서 미군에 대한 공격 시작
	5월 1일	부시 대통령의 '임무 완수' 선언
	5월 23일	연합군임시행정청령으로 이라크군과 바트 당원의 공직 취임 금지
	12월 13일	후세인 체포
2004년	3월 2일	바그다드와 카르발라 지역에서 자살폭탄 공격(200여 명 사망)
	4월 4일	나자프 전투
	4월 5일	미군의 제1차 팔루자 공격
	6월 28일	이라크 임시정부 수립 및 연합군임시행정청 해체
	11월 7일	미군의 제2차 팔루자 공격
2005년	1월 31일	이라크 제헌의회 선거
	10월 15일	이라크 헌법 선포
	11월 30일	「이라크 전쟁 승리를 위한 국가 전략」 공표
	12월 15일	이라크 제1대 총선
2006년	2월 22일	알아스카리 사원에 대한 첫 번째 폭파 공격
	5월 20일	시아파 중심의 이라크 정부 출범
	11월 7일	미국 중간선거
	11월 8일	럼즈펠드 국방장관 사임
	12월 6일	이라크연구단 최종 보고서 공개
	12월 30일	후세인 처형
2007년	1월 10일	부시, 이라크 증파 선언
	1월 26일	퍼트레이어스가 이라크 주둔군 사령관에 취임

	6월 13일	알아스카리 사원에 대한 두 번째 폭파 공격
	6월 말	저항 세력 공격이 최고조에 달함
	8월 15일	퍼트레이어스가 이라크의 아들 지도자 면담
	9월 10일	크로커와 퍼트레이어스의 의회 청문회
	12월 16일	영국군이 바스라 지역의 관할권을 이라크 정부에 이양
2008년	4월 8일	퍼트레이어스가 증파 병력 연장 요청
	8월 21일	미국과 이라크 정부 간 2011년 미군 철수에 합의
	9월 16일	퍼트레이어스가 중부군 사령관에 취임
	10월 10일	미국과 이라크 정부 간 주둔군지위협정과 전략구상협정 합의
	11월 4일	미국 대통령 선거(오바마 당선)
2009년	1월 1일	바그다드 그린존 관할권을 이라크에 이양
	1월 31일	이라크 지방선거
	2월 27일	오바마 대통령이 미군 전투 병력 철수 계획 선언
	6월 29일	바그다드를 비롯한 도시지역에서 미군 철수 시작
	12월 1일	오바마 대통령이 아프가니스탄 증파 선언
2010년	3월 7일	이라크 제2대 총선
	6월 14일	제2대 의회 소집
	12월 21일	이라크 정부 출범(말리키 총리 연임)
2011년	10월 21일	오바마 대통령이 이라크전쟁 종료 선언
2011년	12월 18일	이라크 주둔 미군 완전 철수
2011년	1월	아랍의 봄 시작
	4월	시리아 아사드 정권에 의한 시위대 무력진압
	10월 21일	오바마 대통령의 이라크 철군 선언
	12월 18일	미군 병력의 이라크 철군 완료
	12월 19일	하시미 부통령에 대한 체포 영장 발부
2013년	7월 21일	아부그라이브 탈옥, 죄수 500명 이상 탈출
	12월 28일	수니파 국회의원 알와니 체포
2014년	1월 2일	IS의 이라크 침공
	1월 4일	팔루자 함락
	4월 30일	이라크 3대 총선
	6월 9일	모술 함락, 이라크 정규군 붕괴
	6월 11일	티크리트 함락
	6월 12일	쿠르드족 페시메르가의 키르쿠크 점령
	6월 13일	IS에 대한 항쟁을 호소하는 시스타니의 성명
	7월	이라크 정부의 티크리트 수복 작전 실패

이근욱

1970년 서울에서 태어났다. 1989년 서울대학교 외교학과에 입학해 학사와 석사 과정을 마쳤으며, 2002년 6월 미국 하버드 대학교에서 국제정치이론과 동맹 문제 연구로 정치학 박사학위를 받았다. 2004년 3월부터 서강대학교 정치외교학과에서 국제정치 및 군사안보 관련 과목을 가르치고 있다. 단독 저서로는 『왈츠 이후: 국제정치이론의 변화와 발전』(2009), 『냉전: 20세기 후반의 국제정치』(2012), 『쿠바 미사일 위기: 냉전 기간 가장 위험한 순간』(2013), 그리고 『미국의 아프가니스탄 전쟁: 9/11 테러 공격 이후 20년』(2021) 등이 있다.

한울아카데미 2323

전면개정판

이라크 전쟁
부시의 침공에서 오바마의 철군, 그리고 IS 전쟁까지

ⓒ 2021, 이근욱.

지은이 **이근욱**
펴낸이 **김종수**
펴낸곳 **한울엠플러스(주)**
편집 **조수임**

초판 1쇄 발행 **2011년 11월 21일**
전면개정판 1쇄 발행 **2021년 9월 30일**

주소 **10881 경기도 파주시 광인사길 153 한울시소빌딩 3층**
전화 **031-955-0655**
팩스 **031-955-0656**
홈페이지 **www.hanulmplus.kr**
등록번호 **제406-2015-000143호**

ISBN **978-89-460-7323-4 93340(양장)**
       978-89-460-8115-4 93340(무선)

Printed in Korea.
* 책값은 겉표지에 표시되어 있습니다.